北からみた倭国

刊 行 に よ せ て

　福島雅儀さんは篤学のひとである。京都府南部、綴喜郡井手町の出身であるが、高等学校を終えると、なぜか同志社大学の神学部に進学された。その理由を何度かお聞きしたが、私にはよくわからない。理屈好き、何事も徹底的に分析して論理的に整理しないと気が済まない性格の所為であろうか。いずれにしても同志社大学の神学部での組織神学の勉学が、その理論好きと論理的思考法に磨きをかけたことは疑いなかろう。

　考古学へ足を踏み入れられたのも、この同志社大学神学部の学生時代のことである。当時は列島改造が叫ばれた時代で、各地で開発に伴う遺跡の事前発掘調査が盛んに行われていた。友人に誘われて手伝った発掘調査現場での、過去の人びとの歴史を掘り起こすという魅力的な仕事に、持ち前の好奇心が疼いたのであろう。京都市旭山古墳群の調査を出発点に、京都市内やその周辺の発掘調査に積極的に参加され、遺跡発掘に関する基礎的な技術や知識を身に付けるには、それほど時間はかからなかった。

　私が、福島さんを知るようになったのも丁度この前後である。そのころ私は奈良県立橿原考古学研究所に勤めていたが、毎週の定例の研究会への出席をはじめとして、母校同志社の考古学研究室を訪ねることも少なくなかった。福島さんは神学部に身をおきながら、文学部の考古学研究室にも積極的に顔を出し、考古学の専攻生と何ら変わるところなく振舞っておられた。

　この頃は、開発に伴う発掘調査の増加に、限りのある埋蔵文化財の調査担当者不足が深刻で、考古学の発掘をはじめて間もない学生の福島さんが、地元井手町の古墳時代終末期の群集墳である小玉岩古墳群の発掘調査を担当された。このことを聞いて少し驚いたが、木津川右岸の山頂の発掘現場を訪れて調査成果について説明を聞くと、いくつもの古墳の発掘調査が見事になされているではないか。しばらく後になってからのことであるが、福島さんが内容豊富なその報告書を仕上げられたのには、さらに驚かされた。

　その後、福島さんは同志社大学を卒業、（財）福島県文化センターへ埋蔵文化財の専門職員として勤務されることになった。そして本書にも収録されている福島県内の興味深い遺跡の発掘調査に携わられることになり、その発掘や出土遺物の整理、さらに報告書の作成などに真剣に取組まれた。それとともに陸奥南部の古代史の考古学的研究を意欲的に進められた。それは本務で発掘した遺跡に関連する課題だけではなく、装飾古墳あるいは装飾付大刀をはじめ、ひろくこの地域特有の遺跡や遺物に関する研究にも努力された。

　それと前後して、私も千葉県佐倉市に創設されることになった国立歴史民俗博物館（歴博）に勤務することになった。そして1999年4月にはこの歴博に大学が設置されることになり、いくつかの大学共同利用研究機関が参加する総合研究大学院大学（総研大）の文化科学研究科に加わった。この歴博の新しい大学院では、各地の教育委員会などで歴史や考古学の調査・研究に従事しておられる方々に、さらに研究を深め、研究技量を高めて頂くために、そうした立場の研究者を積極的に受け入れることとなった。福島さんはそれ以前に福島大学の大学院で修士号を取得しておられたが、この総合研究大学院大学の博士後期課程に進学された。本書は、2003年にこの総研大に提出された学位請求論文『古代日本国家形成期における陸奥南部の考古学的研究』を基礎

とするものにほかならない。

　最近ではパソコンの普及もあって、ワープロのデータさえあれば、比較的容易に書物の刊行が可能になった。そのためであろうか、研究書としては価値の認め難い、しかも大部な出版物が書店の書架に並ぶようになった。

　上述の通り、本書は福島雅儀さんが総研大へ提出された博士論文を骨格とするものである。ただ本書は、最近特に考古学の世界で目に付く、研究書としてはあまり価値の認め難い博士論文をそのまま刊行した少なくない書籍とは似て非なるものである。それは書名の示すごとく、倭国の北辺から、長年の調査・研究によってえられたところを基にして、古代東アジア世界の中での倭国の歴史的特質を追究した優れた研究書である。

　私はこの書物の刊行が、わが国の古代史研究の前進に一定の役割を果たすであろうことを信じて疑わない。

　　　　2019 年 2 月

　　　　　　　　　　　　　　　　　　国立歴史民俗博物館名誉教授
　　　　　　　　　　　　　　　　　　総合研究大学院大学名誉教授

　　　　　　　　　　　　　　　　　　　　白石　太一郎

は　じ　め　に

　東北は豊かな土地である。急峻な山岳、重なる丘陵、激しくゆるく流れる河川、平野の緑。暖流と寒流が交差する海。四季の変化と対応する風土。多種多様な動植物。日々日常の東北は、楽園にもみえる。しかし、自然の災害が繰り返されてきた厳しい土地でもある。磐梯山など多くの活火山、繰り返し襲い来る地震と津波。豪雪と狂冷。それに今日は、原子力災害が加わった。東北は長く日本国の北端、辺境の地であった。この地では、日本国が大きく変わる時に必ず戦乱が起こる。敗者は常に東北の側にあった。難治の地である。

　日本国は、倭国が国号を変えて成立したという。日本人につながる祖先の幹根も倭人にあるという。倭国の歴史については、大和川流域と淀川流域とする後の畿内を中心として膨大な研究がある。ところが倭国北辺の歴史を記した文献資料は、皆無に近い。『古事記』『日本書紀』にいくつかの物語は伝えられているが、それは奈良時代の述作である。この地の営みは、遺跡にのみ伝えられている。しかしこの地で各種遺跡の発掘調査が本格的に実施されるようになったのは1970年代後半からである。当然、研究の蓄積も少ない。

　倭国は、今日の九州から東北中部までを版図にしていたらしい。その身体は、多様な土地で構成されていた。気候風土が異なる細長い日本列島にある倭国には、それぞれの土地に生活があり、言葉があり、行動様式があり、信仰があり、文化があり、価値基準があり、そして在地権力があった。中核地のみで、成り立っていたのではない。

　南東北は、倭国の側に属し、この北側には北海道に続く文化圏があった。ここは両者が交わり、伸縮する波打ち際である。明確な境界線はないが、この地を介してこちらとあちらが区別される。辺境は、属する国や人々の特質を端的に表す場所である。倭国北辺には、北辺の独自の役割があった。

　この本書では、倭王権にとってこの地はどのような意味があったのか。あるいは北辺の人々にとって、倭王権とはどのような存在であったか。このことを遺跡の調査から考えた。ただ、遺跡自体は自らを語らない。遺跡から史実を引き出すためには、見るものが意味のある痕跡を選び取り、秩序を与えなければならない。史実は、見ようとしなければ見えない。文字記録が語るのは、常に勝者の歴史である。それを検証して、敗者と強者が共に遺した痕跡、つまり遺跡から両者を物語りたい。

　遺跡を知るには、発掘調査が前提である。発掘調査は、分布調査で遺跡の所在を調べることに始まり、忍耐強い掘削と記録を積み重ねる現場である。現場の様々な作業に従事する人々、遺物と記録を整理する人、現場を維持する事務を担当された方々の労力を積み重ねて、発掘調査報告書が作られる。長く行政調査に従事してきた者として、このことに感謝を申し上げたい。

福島　雅儀

図表目次

序　章
舞台と考え方

第1節　倭国北辺の気候風土

　舞　台　人間の生活が、自然環境と深く結びついていることはいうまでもない。人々は自然に働きかけ、その環境と結びついた多様な生き方を創造して生きる。その生き方が文化であり、共有する人々が人間集団をつくる。そして人々の集団は環境を越えて拡がり、あるいは縮小する。自然環境に対応して造り出す様々な文化と人間集団が存在する。この多様性が人々の生活を豊かにする。

　日本列島は、ユーラシア大陸の東岸沖につらなる弧状列島群のひとつである。歴史上の倭国はこの中緯度に存在した国のひとつである。今日の本州島から九州島に至る諸島を版図としていた。この地は、温帯気候であるが、北の日本海側と南の太平洋側とでは、気候はかなり異なる。とくに夏場と冬場では大きな格差がある。太平洋側の夏場は高温多湿であり、台風の被害もある。日本海側の冬場は、シベリア高気圧と対馬海流があわさって湿潤な気候であり、北陸・東北は豪雪地帯である。九州島・四国島・本州島は、大陸プレートに海洋プレートが沈み込む境に形成され、山地が主体となり平野部は少ない。

　人の営みは、環境と深く結びついている。山と海・川は、人々の生活を限る関所でもあり、交流の道筋でもある。倭国の日本海側には対馬海流があり、太平洋側には黒潮と親潮があった。近代的な交通網が発達する以前は、水路が有力な交通手段であった。日本海側の版図は、対馬海流の影響が衰え豪雪地帯となる山形県付近が北端である。太平洋側は南下する親潮により黒潮が東転する付近の宮城県北部にあった。日本海側対馬海流、太平洋側の黒潮は人々の交流と強く結びついていた。

　この本の舞台は、その倭国北辺の東部にあたる現在の南東北である（図1）。まずこの地の気候風土をまとめておこう。この地が、福島県という行政単位に編成されたのは明治時代である。倭国の時代も、ひとつの王国や文化圏を形成したわけではない。現在の福島県も、地形や気候から会津、中通り、浜通りに分かれている。現在の行政単位ではあるが、歴史的に形成された地域というわけではない。

　奥羽山脈と阿武隈高地に挟まれた低地が中通りである。関東平野と仙台平野を結ぶ通り道で、阿武隈川の上・中流域と久慈川上流域を合わせ南北に細長い土地である。阿武隈川は、那須山系の東斜面を始源とし、奥羽山脈と阿武隈高地に挟まれた低地を北流して仙台湾に至る大河である。中通り地域の低地部は、西側の奥羽山脈と東側の阿武隈高地に挟まれた細長い盆地であ

る。この地の平野部は、丘
陵地帯によって区分され、白
河市から本宮町に至る郡山盆
地、福島市の信達盆地、宮城
県の丸森盆地に分かれてい
る。阿武隈川中流域は、福島
盆地で60〜90ｍ、郡山盆地
では250〜350ｍの標高となって
いる。

　福島盆地では、阿武隈川と
支流に沿って沖積平野が細長
く形成されている。さらにそ
の周辺は、扇状地や河岸段丘
が発達している。河岸段丘
上や扇状地の開発は近世以降
で、古墳時代の集落遺跡数は
少ない。

　郡山市から白河市に至る阿
武隈川上流域の低地部では、
丘陵と台地が発達している。
明治時代以前の耕地は、丘陵
の縁辺部の畑、沢地の谷地と
中小河川の氾濫源に水田が造
られた。安積台地や矢吹台地

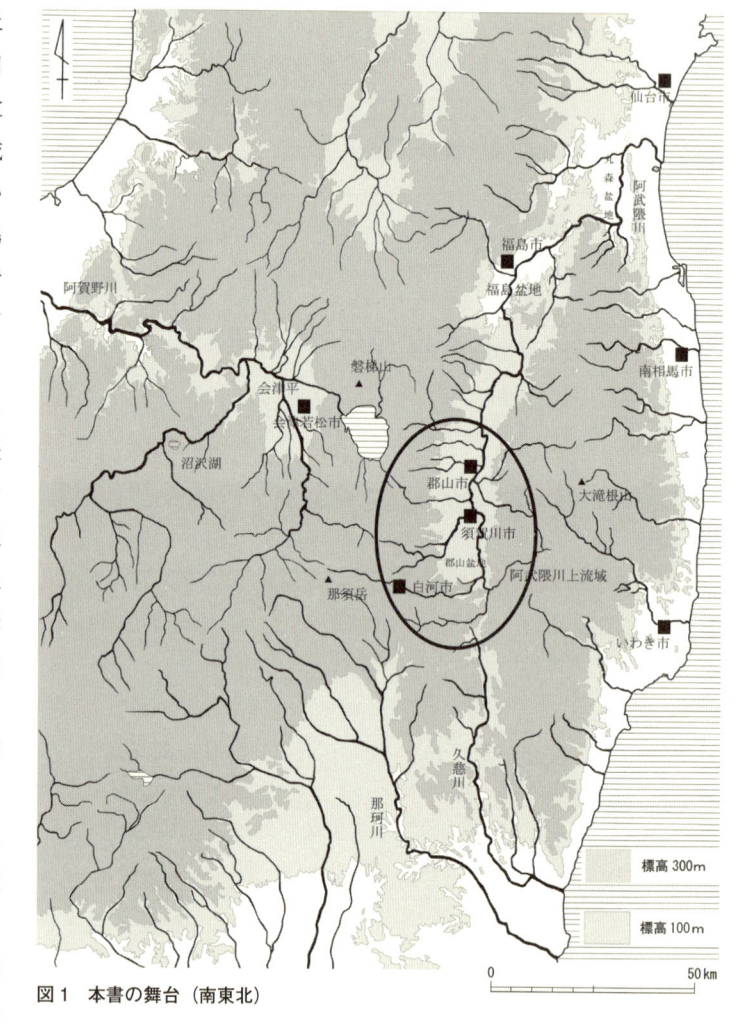

図1　本書の舞台（南東北）

は明治時代以降の開発により水田地帯となったが、それ以前は大半が山林原野である。阿武隈川
上流域から阿武隈高地にかけては、丘陵・台地が広がり、これを複雑に開析した小河川が発達し
ている。

　中通りは落葉広葉樹林帯で、夏は高温、冬は寒さが厳しく比較的少雨な地域である。阿武隈
川の上流域は東北南端に位置するが、標高が比較的高いことから、仙台平野南部より冷涼な気
候となっている。年間を通じた気温の変化は、宮城県北部とほぼ同じである。とくに冬場の気
候は寒冷である。白河周辺で桜の開花は、北に400ｋｍ離れた岩手県盛岡市と前後する頃である。

　現代の水田の多くは河川沖積平野に造られているが、阿武隈川流域は水害の常襲地である。
1998年の阿武隈川洪水では、大きな被害が発生し、平成の大改修が行われた。河川周辺に水田
が造られたとしても、完備された治水施設がなければ、安定的な農耕を営むことは難しい。

　地質学上で阿武隈高地は、地形的に老年性丘陵地帯に区分され、中央部から西斜面はなだらか
な高地である。最高峰の大滝根山でも標高は1,192ｍである。この高地は奥羽山脈の東側にあた
ることから冬季の雪はそれほどでもないが、寒さは厳しく山間部の気温は盛岡市と変わらない。
夏季も、ヤマセの影響から冷涼な気候である。

奥羽山脈の西側にあたる会津は、急峻な山地と平坦な会津盆地で構成されている。山間部は、標高2,000m近い山々と深い峡谷が連続している。山の産物に恵まれてはいるが、水田耕作を営むことは難しく、この地の主要な生業ではなかった。比較的まとまった谷間に、古墳時代の小規模な遺物散布地も確認されてはいるが、極めて数は少ない。一方、会津盆地の平坦面を地元では会津平という。東北一の豊かな耕土がある。豪雪の地ではあるが、夏は高温多湿である。気候風土は北陸に近い。

福島県の太平洋岸が、浜通りである。仙台平野と関東平野を結ぶ海岸沿いの通路である。この地は、阿武隈高地の東縁の急斜面にそって海岸段丘が発達し、これを開析してから太平洋に東流する小河川が発達している。海岸部の丘陵地帯は、近年まで常緑広葉樹の雑木林となっていた。冬期は海水の影響により比較的温暖である。

南東北は、南に接する関東より寒冷な場所である。関東平野が常緑広葉樹林帯に属するのに対して、阿武隈川上流域や阿武隈高地は落葉広葉樹林帯である。東関東の千葉県・茨城県沿岸部は、黒潮の影響もあって温暖な気候である。一方、いわき市より北の太平洋岸は、親潮が沿岸を洗うように流れ、夏期は寒冷な気候となっている。千島方面に高気圧が居座ると、冷涼な北東風ヤマセによって冷害が発生する。ヤマセは阿武隈川に沿って内陸部まで進入することもある。近代までは、水稲農耕の北限地帯であった。

倭国時代の気候　古墳時代のミクロな気候変化については、歴史気候学でもほとんど解明はされていない。考古学では、縄文時代以降は、多少の変動はあっても現在とそれほど大きな違いはないという認識が一般的である。これは、氷河期のような大規模な気候変化を念頭においての認識であろう。縄文時代後期の寒冷化、弥生時代の海進期が指摘される程度である。しかし、東北の歴史を考える場合には、気候条件を十分に考慮する必要がある。

この時期の気候分析の例として、尾瀬ヶ原のハイマツの花粉分析を基に坂口豊の研究（坂口1984・1993）がある。坂口によれば、古墳時代は寒冷で多雨による洪水が頻発し、稲作にとって決して有利な環境ではなかったらしい。また5世紀を中心とする前後は、世界的な規模で天候不順な状態にあったと考えられ、ヨーロッパにおけるゲルマン民族の南下や、中国における北方諸族の侵入も、これが一因といわれている。近年では関西方面でも、気候の寒冷化や頻繁に河川が氾濫を繰り返していたことが明らかになった（宮本ほか2001）。

1980年代は、東北各地でも大規模な発掘調査が本格化して、考古学的に大きな成果が得られた時期である。青森県垂柳遺跡では、弥生時代の水田跡が発見された。それまでの予想を大きくこえて、古くから東北でも水稲農耕が開始されたことが明らかになった。これにより、東北の初期農耕文化に関心が集まった。さらに古墳時代前期の大古墳が次々に発見された。やがて発掘調査が進展すれば、北東北で弥生時代や古墳時代の農耕集落が数多く発見され、関東と同様な地域であるという見通しさえ生まれていた。

しかしこの後の発掘調査によって明らかにされたのは、北東北では古墳時代になると農耕集落が衰退することであった。この時期の北東北では、続縄文文化の南下が著しい特徴として指摘されている（佐藤1976）。弥生時代には水稲農耕が行われていた北東北は、続縄文文化圏に変化した。さらに太平洋側では宮城県北部の江合川流域まで、続縄文文化の集落が集中して確認されている。この考古学的状況から、工藤雅樹は、北東北では北海道的な気候風土地域に含まれ、農耕

社会から再び狩猟採集を中心とする社会に変化したと推定されている（工藤 1994）。

　宮城県北部までが、農耕社会を維持できなくなるほどに寒冷化が進めば、阿武隈川上流域にも重大な影響を与えたと想定される。現在の気候も、仙台湾岸域と比べると高地にあることから、年平均気温は宮城県北部と同じ程度である。当時の農業技術では、安定した水稲農耕を維持することは困難であったと考えられる。

　生活の場　近年、阿武隈高地における各種の開発が実施され、それにともなって分布調査・発掘調査が広範に実施されている。これによって、各時代にわたる多くの遺跡が確認された。ところが標高 350 m を越える高地では、5・6 世紀の集落はほとんど知られていない。小野町落合遺跡で、4 世紀の集落が知られている程度である。南東北では古墳時代の集落限界線高度が、この付近にあったことを示している。主要な生活の場所は、標高 300 m までの平野や丘陵地帯である。会津山地や奥羽山脈・阿武隈高地の山間部では、人々の生活痕跡は乏しく、定住的な農耕社会は営まれていなかったらしい。

　阿武隈川上流域の低地に当たる矢吹台地や丘陵には多くの遺跡が確認されている。矢吹町白山 C 遺跡・D 遺跡などである。これらの遺跡の周辺の小規模な沢は、現代の気候条件では谷地水田を営むには絶好の条件を備えている。谷地には湧水があり、沢部を造成して階段状の水田を造ることは、沖積部と比べて容易である。さらに、谷頭に溜め池を造れば用水も安定する。洪水の心配も少ない。中世以降、阿武隈川流域で、谷地水田の水稲農耕が重要な位置を占めていたのは、この条件が生かされた結果である。しかしながら白山 D 遺跡で水田が営まれるのは、平安時代になってからである。古墳時代の谷地は、自然の湿地であった。

　また、花粉分析とプラント・オパール分析によれば、古墳時代に周辺の山林で広葉樹が広がり、稲作、ソバの栽培は平安時代以降と推定されている。同様に、太平洋岸のいわき市大猿田遺跡は、弥生時代・古墳時代の遺構や遺物が知られているが、花粉分析とプラント・オパール分析によって、水田の経営が確認されるのは奈良・平安時代になってからである。また、いわき市中山館遺跡や番匠地遺跡では、弥生時代に水田となっていた沢地が、古墳時代に放棄されたことも確認されている。

　阿武隈川上流域の丘陵・台地で広く集落が出現するのは、5 世紀からである。この頃より矢吹台地の、本格的な開発も同時に進められたと推定されよう。しかし、水田造成が好条件にある沢部では、古墳時代の水田が営まれていない点は重要である。この時期の集落が丘陵部を中心に形成され、しかも水田を造成する最適地の沢部が自然のままであった。当時この地域の農耕は水稲農耕ではなく、畑作を中心に置いていたと推定される。

　このことは、阿武隈川上流域で実施された多くの試掘調査・発掘調査の結果でも裏付けられている。これまでの発掘調査で、丘陵地帯の沢部からは、古墳時代の水田跡は検出されていない。沢部は自然の低湿地で、試掘調査では遺物が確認されなければ、遺跡の範囲から除外されている。5 世紀代の阿武隈川上流域では、沢部で水稲農耕を営むことが難しい条件が存在していたと考えられる。

　災　害　古墳時代には、集落を埋没させるような洪水層が確認されている。山形県物見台遺跡では、6 世紀の 100 年間に 4〜5 回の洪水層が確認されている。会津坂下町中平遺跡では、5 世紀の集落が阿賀川の氾濫により集落が厚い砂層に覆われた状態で検出されている。洪水の原因は、

気候的な要因以外に山林の荒廃によっても引き起こされるが、この時期は山間部に集落がほとんど存在していない状況から考えて、人為的な山林の荒廃は考えられない。このように各地で洪水層が確認されていることは、古墳中後期の南東北の気候が、湿潤で不安定であったことの反映であろう。現在でも、阿武隈川洪水（1998年）や新潟・福島豪雨（2011年）は記憶に新しい。近現代に至るまで、大洪水は定期的に発生していた。

　内陸部の会津には、活動の活発な活火山も多い。明治の磐梯山の噴火では、山塊の上半部が破裂するとともに、裏磐梯の湖沼群が出現した。これより古い縄文時代の沼沢火山噴火では、大火災流で只見川が埋まり、会津盆地低部、会津平に大きな塞湖が出現したらしい。また室町中期の白髭水（1536年）は、阿賀川水路が大きく変わるほどの洪水であった。そして江戸初期の慶長会津地震（1611年）では、阿賀川の会津平からの出口が山崩れにより塞がれて15ヶ村が水没した。自然災害の多い土地である。

　会津平では、古墳中期から奈良時代にかけての集落は極めて少ない。会津盆地では、阿賀川が盆地外へ流出する場所に河岸段丘を開析して大規模な褶曲を発達させている。この部分は、沼沢火山灰を基盤とする河岸段丘であり、極めて脆弱な地層である。したがって段丘の崩壊や断層の隆起などの要因で、付近の阿賀川に閉塞が生じれば会津盆地は水没する可能性がある。文献記録に残る以外にも、阿賀川を閉塞した丘陵の崩落が想定されなければならない。古墳中期・後期の遺跡が少ない要因として、このような自然災害も、その一因と推測されよう。

　東北では、地震や津波の発生も頻繁に発生する。近年でも秋田県沖地震（1983年）・宮城沖地震（1998年）や宮城北部地震（2003年）、そして2011年の東日本大震災と続いていた。古代においても平安前期に大規模な地震が発生している。津波はこれらの地震とともに、太平洋の対岸に面する南米の巨大地震が原因で襲来することもある。古墳中期には、太平洋岸で大規模な津波が発生したことも想定されている。太平洋岸の低地部は、津波の被害を受けやすい土地である。

　太平洋岸の浜通りは、海岸段丘が発達して平坦ではあるが、親潮の影響を受けて夏は冷涼である。水稲農耕には困難がともなう。北部の段丘地帯では、近世に多数の溜池が造られたが、それまでの耕地は狭く小さい。沿岸部の河口部には潟湖が発達し、可耕地は限定的である。南部のいわき市では、夏井川河口に大きな平野が形成されている。この平野は砂丘列が発達して、近世以前の可耕地は見た目ほど多くはない。周辺の大半は丘陵地帯で、これを開析して規模の小さい河谷平野が続く土地である。太平洋岸では火山や台風の被害は少ないが、ヤマセの常襲地帯であり、巨大地震と津波が頻発する。

　東北の太平洋岸が稲作の北限地帯にあることは、今も昔も変わらない。気候の小さな変動でも、東北の人々に相当の困難を生じさせ、社会的に大きな影響を与えることになる。自然環境は社会と密接に結びつき、重大な影響を与えている。まして農耕社会の北端部に位置する場所で、気候変化や大規模な災害が社会に与える影響は決定的である。5・6世紀の南東北で有力古墳の造営が衰退することは、関東以西の相違点として重要である。これも気候の寒冷化が進行したことと無関係ではないであろう。政治・経済関係のみで説明の可能な現象ではない。

　私的な経験である。1980年は、狂冷の年であった。4月19日、阿武隈高地では雪が降り、そして薄く積もった。5月初めには、桜に続いて梅が咲いた。この夏、阿武隈高地では、ヤマセが太平洋から谷筋にそって押し寄せた。山中は濃い霧に包まれ、設定したトレンチの10m先にあ

5

る端も見えない日々が繰り返された。阿武隈高地では立ち枯れの稲があるだけで、籾のなかに米はなかった。収穫は皆無である。報道が伝える水稲作況指数80の実態である。

　自然環境は社会と密接に結びつき、重大な影響を与えている。東北は、繰り返し巨大な自然災害が襲う土地である。巨大災害が発生すれば、社会資本の蓄積は無になる。東北の厳しい歴史がそれを証している。ところが平時の東北は、自然環境に恵まれた豊かな土地である。

第2節　倭・倭地・倭国および古墳について

　倭・倭地・倭国　古代中国の文献による「倭」の記載は、先秦時代の記録にもあるが、実態は不明である。この後、『漢書』には「東海、海中に倭人有り、分かれて百余国をなす。」とある。百余国の地に北部九州周辺が含まれていたことは確かであろうが、明確な範囲は限定できない。またこの「倭人」自体が、自称か他称であるかも不明である。この倭人は倭地の住人という意味であり、民族としての概念ではない。『漢書』では、倭人の居住する土地が倭地である。

　『後漢書』には、AD2世紀に倭王の存在が伝えられている。いわゆる「倭国王帥升等」である。ただ考古学的に日本列島西部には、北部九州・山陰・山陽・北陸・東海などで特徴的な文化圏が形成されていたので、これらの土地を統合した倭地を統べる王国が存在したとは考えられていない。また倭国の版図も限定できない。

　そしてAD3世紀前半頃、『魏書東夷伝倭人条』には「倭国女王卑弥呼」が登場する。考古学では、地域ごとに特徴的な墳丘墓が分立した弥生時代後期から、この前後までに瀬戸内沿岸東岸を中心に前方後円墳が造営されたことが明らかにされている。この倭国は、少なくとも西日本の大半を版図としていよう。

　『魏書東夷伝』の「国」について、西嶋定生によれば三様の使われ方があるという。ひとつは魏王朝そのものを示す国家、もうひとつは王が統治する国、さらに「奴国」という環濠集落などを中核として周辺を領域とする国や一支国などの島国である。これは『魏書』の時代における「国」の考え方である。また、女王卑弥呼は邪馬台国に居住し、倭国には邪馬台国を含めて三十余国があったと伝えている。倭国は、卑弥呼が王として諸国を合わせた国である。ただし、この倭国は、魏の側からみれば、独立国としての倭国ではない。魏において、最高の爵位ではあっても、皇帝に対する臣下の身分である。藩国のひとつであり、冊封国としての倭国である（山尾2005）。

　倭の側からは、卑弥呼が倭国の版図における統一性を具現して存在し、それを三十余国が承認していた場合、これはひとつの国として存在していた。卑弥呼が現実には、邪馬台国しか支配していなかったとしても、倭地の三十余国を総べた倭王としての倭国である。

　このことは、王は秩序であるという韓非子の指摘、ジョン・ロックが論じた法秩序の体現者が王であるという考えとも齟齬はない。一定の版図内で、法を作りそれを執行する機関を維持し、聖別された人物が王である。同時代的に王権を共有した証言者の認識である。それは、近代の西洋で形成された領土・国民・主権を有する国民国家概念とは、別な国である。倭国は一元的な統治機構をそなえた集権国家ではない。倭王を宗主とし、版図内の多様で著しい偏差のある在地王権が、人的統合により結び付いたきわめて緩い政治体であった。

　　倭国王が葬られた最も古い古墳は、奈良盆地東南部に造営された箸墓古墳と推定されている。3世紀中頃前後であろう。この古墳は、それまでの墳丘墓を飛躍させた、墳丘長300m近くに至る巨大な前方後円墳である。発掘調査はされていないが、同時期の古墳から段築・葺石・埴輪等の外表面施設、長大な竪穴式石槨、そこに納められた割竹形木棺・銅鏡・武器・装身具等の副葬品という画一化された内容が推察されよう。このような古墳は、同時期に瀬戸内沿岸周辺地域で造営されている。古墳の造営には、膨大な労力と物資がつぎ込まれ、それを組織的に機能させる権力が前提となる。巨大古墳の出現は、倭地に、それまでとは異なる強力な権力者が誕生したことを示している。

　　後漢の衰退とともに、東アジアは不安定になる。中国は、三国時代から五胡十六国の動乱を経て、南北朝時代となる。倭地でも古墳が出現する前段階、弥生後期から終末にかけて社会が大きく動く。西日本では、弥生時代の銅鐸や銅矛・銅剣祭祀は急速に衰退する。環濠集落も維持されなくなる。この前後に、西日本から東日本にかけては高地性集落も営まれる。通常とは異なり生活に不便ではあるが、防御に適した場所である。

　　繰り広げられた戦いは、土地の取り合いではない。中世の砦・山城とは性格が違う。資源である人を奪い合う戦いである。この時期の活発で顕著な土器の移動の背後には、人とその集団の移動があろう。鳥取県青谷上寺地遺跡では、惨殺された人骨も出土している。いわゆる倭国大乱に関連した痕跡であろうか。流動的な社会状況の一端を示している。このなかで、山陰の四隅突出型墳丘墓、北近畿の方形墳丘墓、瀬戸内東岸の前方後円形墳丘墓などの大型墳丘墓が営まれる。濃厚な地縁・血縁を核とした在地王権の形成である。

　　あわせて、東日本の諸地域も変化する。この状況は、土器型式の変化が端的に示している。新潟方面の阿賀野川以南では、それまでの山草荷式に代わって、山陰・北陸系土器群が定着する。各地に多様な土器型式が並立していた関東では、群馬県方面で東海系土器そのものが移入され、古墳時代には石田川式が成立する。東関東の十王台式土器は南東北に進出す

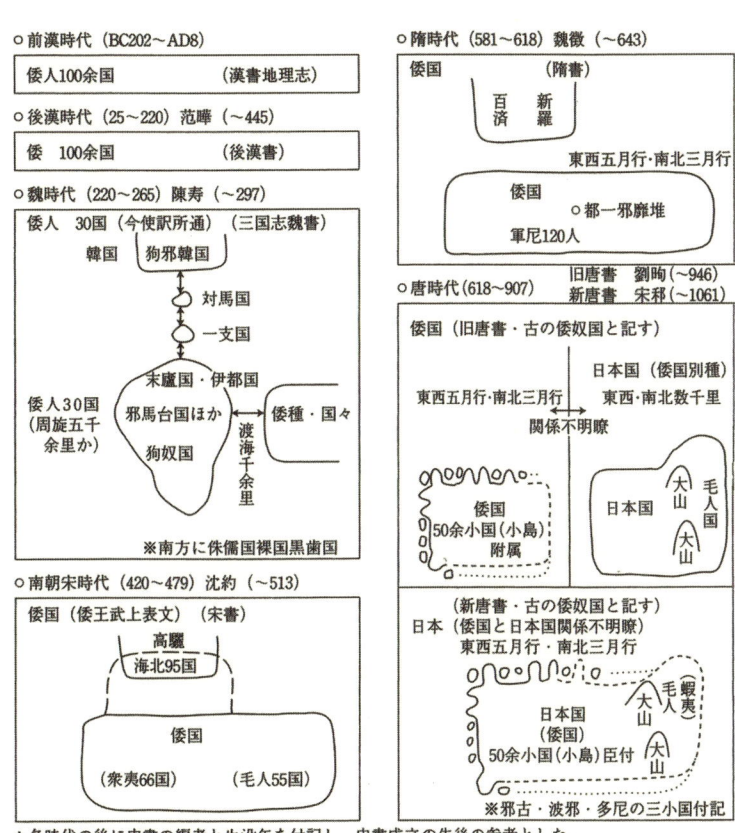

＊各時代の後に史書の編者と生没年を付記し，史書成立の先後の参考とした。

図2　中国史書にみる倭国・日本国（阿部1999）

7

る。そしてこの地では、天王山式を母体に北陸と東関東の要素をあわせた桜町式が生み出された。各地の土器型式間の交流により、特徴を合わせた個性的な土器が誕生する。その背後には、人間集団の集団の移動と離合集散があった。それは、平和的な交流と出会いであったとは限らない。

　流動的な社会状況は、3世紀前半には安定に向かったらしい。瀬戸内沿岸周辺では、邪馬台国連合による政治的秩序が成立した。3世紀中頃には、大和川流域の奈良盆地東南部で古墳の造営が開始された。3世紀末葉までには、九州から南東北に至る範囲で古墳が受容される。大和川流域を核として、諸国の上に立つ倭王権の誕生である。諸国の王は、倭王の古墳に似せた墳墓を造営することにより、造営者の政治的地位や被葬者の社会的役割を表示した。またこれを相互に確認することにより、倭国の秩序が再生されたのであろう。ひとつの政治秩序を形成した倭国の成立である。

　倭国の版図は、古墳が造られ、価値観を共有する範囲である（図3）。奈良盆地に営まれた巨大古墳を頂点に、各地で造られた大小様々の古墳が造営される状況から、倭地の諸国に覇を建てた倭王による倭国が成立したとする考えである。また、古墳が継続して造られた期間は、倭国の時代でもある。古墳の造営が終わるとき、倭国から日本国に国号も替わる。古墳には、倭国の特質を示す何かがあるはずである。

　古墳の考え方　　古墳は、墓であるとともに、倭国の政治的秩序に基づいて造営された構築物であるという。古墳の築造は、倭国の政治秩序を維持する上で不可欠であった。だからこそ造る必要があり、造られたのである。古墳は、ヤマト政権を構成する首長間の政治・経済・宗教的基盤を反映した墳墓であり、ヤマト政権を構成する首長間の相互地位承認を表示して、ヤマト政権を構成する首長が共同して造るものであるというのは大筋の理解である（白石2009ほか）。

　考古学から古代国家の研究が本格的に開始された戦後、小林行雄は「伝世鏡理論」と「同笵鏡理論」から、古墳の出現と大和政権の成立が不可分であると説いた。つまり、弥生時代の首長が権威の根拠として伝世した銅鏡が、ヤマ

図3　倭国の版図

ト政権の地位承認により不要となり古墳への副葬が始まったという伝世鏡理論、同じ范により造られた鏡の配布を通したヤマト政権による各地首長の掌握という同范鏡理論である。首長権を世襲する段階に至り、古墳は出現したとした（小林1961）。

　ただそこに、国家という言葉はない。この段階の研究で日本国の起源は、すなわち大和政権の成立というのが、一般的な認識であった。周囲を海に囲まれた風土、周辺に強力な海洋民社会が存在しなかった特殊な環境から、大規模な住人の転換がなかった歴史をもつ日本列島で、日本は先天的に存在していたということであろう。

　西嶋定生は、古墳の築造開始を卑弥呼が倭国王に任命されたことから生じた中国墓制の遵守義務の発生と考えた。あわせて古墳によって国家的身分秩序、大和政権の擬制的同族関係が表示されているとした（西嶋1961）。白石太一郎による、畿内大型古墳群築造過程からヤマト政権の政治体制を論じた研究、ヤマト政権による擬制的同族関係設定を前提とした群集墳の分析は、西嶋の指摘を踏まえた成果である（白石1966）。

　古墳造営の外的要因、突発的な出現観に対して、近藤義郎は日本列島における内的発展の視点から、それまで不明であった古墳出現に至る段階的過程を明らかにした。弥生時代の集団墓から分離して規模の大きな墳丘墓が単独で造られるようになったこと、それは共同体祖霊を新しい首長に継承する儀礼の場であったという。このために、墳丘墓では神人飲食儀礼がなされたとした。続く古墳は、首長権の世襲が確立したことを受けて、各方面諸地域の弥生時代墳丘墓の要素を止揚して創設されたと考えた（近藤1977）。巨大な古墳が必要とされたのも、弥生時代の地域王権に対して確立された倭王権との社会体制の違いを顕示するためである。そして古墳は、大和を中心とした部族連合と擬制的同族関係の表示であるとして、西嶋定生と同様の結論に達した（近藤1983）。

　1980年代までの歴史学では、マルクス史学の国家概念から日本列島における国家の形成を分析する方法が主流であった。古代国家は、律令国家の成立ということになる。これに対して都出比呂志は、社会を国家誕生以後と以前に峻別することが困難なことから、文化人類学の初期国家概念を導入して、それまで経済学や社会学から援用されてきた国家概念とは異なる前方後円墳体制論を展開した。考古学の成果をもとに、階級関係の形成、租税と徭役制度の萌芽形態、中央首長と地方首長にみる支配組織の存在、物流機構を掌握する政治権力という観点から、倭国は初期国家段階の社会であるとした（都出1991ほか）。

　都出のいう初期国家は、鉄資源を始め社会維持に必要な資材の入手と分配を行う中核と、これに集う地域首長からなる政治体制である。当時の倭国で、鉄は生産されておらず、自国内で基礎物資を自給できない対外依存経済であった。このことから地方は、中央に対して強い求心性があり、中央王権の政治変化と連動して地方の政治勢力も変化したとした。この国家体制は、古墳の形により被葬者の系譜を示し、規模で被葬者の実力を示す二重規定で秩序付けていると理解した。前方後円墳体制である。これを受けて和田晴吾は、初期国家の諸要素が古墳時代を通して形成されたとして、初期国家の確立を古墳時代中期と後期の境頃とすることを提案している（和田2004ほか）。

　和田と都出の分析は、古墳時代の中核地を対象としているが、これを倭国全体でみた場合、場所による差異は大きい。なかでも倭国北辺では、都出や和田の指摘するような指標が、認められ

ないことは明白である。階級的支配者も中核的政体も王権も、一時的に存在したかもしれない
が、恒常的には存在しない。なお、大和川流域を倭王権の本貫地と考え、淀川流域とその周辺を
本書では中核地とする。この地域は後の畿内にほぼ相当するが、倭国の時代に「畿内」は設定さ
れていないからである。

　近年、広瀬和雄は前方後円墳国家論を論じ、前方後円墳は共同体の守護神となった亡き首長を
祭るために造られた構築物であるとしている。古墳は、首長間の画一性と階層性を表示するため
に造られた。そこに、中央政権と地方政権の意志が二重に表徴されているとした。首長層による
「モノ・ヒト・情報の再分配システム」、首長層の利益共同体が前方後円墳国家であると説明して
いる（広瀬2003ほか）。

　上記の諸説は、倭国の体制が、古墳を介した政治秩序で表示されているという点で共通してい
る。古墳の造営には、倭王権の主導的立場が強調されてきた。古墳にある墳形や規模・外表面施
設、埋葬施設、副葬品などの相違に較差を認めて、そこに倭王権を構成する人々の政治的秩序が
表示されているとする考えである。これとともに倭国各地の首長層の地位とその継承が、倭王権
によって保障され、あるいは剥奪がなされたという。古墳消長に政権の変動や権力の変化を読み
取るのである。これは古墳を造らせた側の視点であり、造る側の事情は考慮されていない。

　この観点は、古墳の造営が倭国の版図で厳格に管理されていたことが前提になる。造らせる側
が古墳築造の管理を徹底して実行するには、倭国内で有効な罰則と強制力をともなう執行機関、
すなわち近代国家の統治機構に類する組織の存在が必要となる。官僚制度、軍隊組織と治安維持
組織、法体系とその執行機関、これを維持する租税徴収などという国家組織である。また古墳に
より倭国の身分秩序が規定され、これらを古墳で示すには、明確な規定と画一的な表示が前提で
ある。

　それにしては、古墳は多様である。当時の倭国に、中央集権的な国家制度と身分規定は成立し
ていたであろうか。あるいは大和川・淀川流域の周辺では、国家制度組織の原型が構築されてい
たかもしれないが、少なくとも倭国北辺では形成されていない。

　在地王権の視点　　これらの考えに対して、古墳の築造は流行であっても、政治的な結びつきを
表示する役割はないとする田中琢の指摘は、鋭く、強烈である（田中1991）。田中は、弥生時代の
銅鐸などの青銅祭具の地域性に政治的な結びつきを考えないのであれば、古墳も同様ではないか
と指摘した。また王の存在は、その地位が世襲により継承される点も重視した。いわゆる王家と
婚姻関係による親類とは別である。婚姻による親族は王家以外、あるいは地域を越えて結ばれ
る、同時代的関係である。他方、世襲される王家の家系は、時間軸のなかで形成される。

　白石太一郎が、継体大王とその王子が倭王家の子女との婚姻を通して、王統を継承したと考え
るのは、少なくとも古墳中期には倭王家が存在していたことが前提になろう。また、ヒメ・ヒコ
制による兄弟姉妹を核として前期の古墳が造られ、王墓が継承されていることも、血統をもとに
した王家の存在がなければ、成立しない（白石2009ほか）。王家に類する聖別された世襲的な集団
は、古墳の創設前後には成立していたことになる。

　造る側の独自性を重視した田中琢の考えに対して、都出比呂志は4点をあげて否定している
（都出1995）。①同じ平野や盆地に同時期、前方後円墳・後方墳、円墳、方墳という多様な墳形が
ある。これは共通の習俗の波及で説明することのできない複雑さを有している。②一定の地域に

造営された首長系譜の墳形が、世代ごとに変化することもある。③この首長系譜が断絶・変動する時期は列島の各地で共通することが多い。④巨大古墳の築造技術や設計そして埴輪製作に、広域間で緊密な関係があり、同じ墳丘規格を有する首長間に同盟や主従などの緊密な関係を想定した。そうして各地の有力首長間の共通性や差異は彼ら相互の政治関係を反映したと解釈し、墳形の差は首長の出自や系譜の差を表し、規模は政治的実力を表す原理を各地の首長どうしが承認しあった結果とした。

都出の根拠①は、古墳の墳形が主要4形態にすぎず、これにより複雑多様な倭国住人の身分表示をすることはできない。また、古墳の主要4形態に階層的整合性はない。古墳の形に加えて、外表面施設と埋葬施設や副葬品の相違から身分秩序の細分化を主張する考えもある。しかし細分化された事象から整合的な身分秩序を読み取るには、場所と時期による偏差が大きい。

根拠②は、墳形が首長の出自や系譜を示すならば一貫して堅持されるはずである。しかし、これ自体が都出の考えとは逆のことを示していよう。根拠③は、少なくとも南東北には当てはまらない。この地では中期・後期に有力古墳自体の造営が衰退する。また中核地での政権交代があったとしても、周辺地も同様に連動するとは限らない。

根拠④は、現象としてあるが、古墳全体をみれば在地差は顕著である。前方後方墳・後円墳の分布、横穴式石室の地域差、関東における後期古墳の造営などである。規模の格差は確かに政治的実力を示しているが、それが倭王権により認定された格式とする理由はない。

また都出は、必要物資と威信財の流通に対するいわゆる畿内の役割を強調して、地域政権の脆弱性を指摘している。確かに古墳前期の銅鏡や石製腕飾類など古墳の副葬品に示された出土量のグラフは、いわゆる畿内に頂点があり、周辺に向かって傾斜する凸形である。流通の中心は畿内にあった。一方、必要物資としての鉄の流通を強調するが、古墳時代前期になっても鉄器の普及をグラフで示すと北部九州から東に向かって傾斜する状況に変わりはない（村上1998ほか）。

さらに古墳時代中期以降は、重要器物であっても畿内の中心性が崩れる傾向にある。銅鏡・甲冑などである（下垣2011ほか）。須恵器生産は関東で十分には受容されなかったが、独自の変化を遂げている（酒井2002）。古墳前期に凸形を描いた物流グラフや古墳の画一性は、中期・後期には崩れてゆく。

「畿内」の覇権が確立したとされる古墳後期、古墳の在り方はますます在地化が進行する。西日本で大型古墳の築造が停滞するなかで、関東の古墳造営は異様に活発化する。それは、畿内とは異なる独自の在り方を示す。大和川流域でも300mを越える巨大古墳は造られるが、例外的である。多くは100m級である。この規模の古墳であれば、関東では数多く造られている。しかもその数は畿内より多い。しかも、畿内型の横穴式石室・石棺は普及しない。木棺の使用を推定させる鉄釘の出土例も少ないし、玄室に須恵器が副葬されることも少ない。このことは、古墳で取り行われた葬送方式の基本的な相違を示している。玄室に遺体を安置する開かれた空間方式は、九州と同様である。九州と東国の一部で壁画古墳が描かれることも、このような共通性を背景としているのであろう。後期になれば、古墳の在地化が顕現する。つまり、古墳に倭王権の政治秩序は示されていない。

また熊本県江田船山古墳から出土した冠帽は、百済国の身分制度に基づいたものである（宇野1990）。この一方で、倭国王とされる獲加多支鹵大王の象嵌鉄刀も出土している。倭国・百済国

に両属的に行われた外交の一端である。古墳後期の冠帽や装飾大刀は多様であり、統一的な身分秩序を表現してはいない。これほどに多様で在地的な古墳の在り方を見るならば、古墳で倭王権の身分秩序を示すことはできない。器物で身分や職掌という政治的秩序を表現するのは、推古朝の冠位制度であり、画一的な金銅装装飾付大刀の出現を待たねばならねばならなかった。

　古墳の相異・多様性について、下垣仁志は格差を強調している（下垣2011）。墳丘規模であり、埋葬施設とその位置、副葬品の優劣・大小・数量である。古墳の格差は畿内王権と地域首長の間で付けられ、地域首長がそれを地域内で反復すると主張している。もしそうであれば、倭王と諸地域の格付けは、諸地域の首長を介して貫徹されなければならない。しかし、埋葬施設の構造的差異、その状況に示された遺体安置方法、副葬品にある須恵器の有無は、むしろ地域間における埋葬儀礼自体の基本的な相違を意味していよう。しかも、地域により在地化した相違があることは、倭王権が古墳を通した格付けを意図していなかったことを意味している。

　地域の非自立的な性格を都出比呂志は強調しているが、福岡県岩戸山古墳の別区は、在地王権の裁判を表現している。そこには在地の法があり、在地王権がそれを執行している場面である。群馬県三ッ寺遺跡や原ノ城遺跡における大型住居とこれにともなう手工業工房や倉庫などは、王の居館と家政機関である。水野正好が論じた「埴輪芸能論」に見られる埴輪群像は、王権の執政機関の一端を示していよう（水野1971）。王は秩序の核であり、法の制定と執行は王権の主要な柱のひとつである。在地王権は倭国内で独自の権力機構を保持していたのである。かって、門脇禎二が提起した地域国家論（門脇1975）を考古学から再検討する視点も必要であろう。

　文献史学からは、関晃と早川庄八により畿内政権論が有力な学説として提起されている。古代日本国、律令国家は畿内貴族による畿外豪族を支配する体制であり、天皇は畿内貴族連合の首長という考えである（関1976、早川1986aほか）。さらに大津透は、畿内は王権による直接統治であり、畿外は在地首長制による間接統治であると指摘した。そして畿外の豪族が繰り返し服属儀礼を要求されることは、畿外豪族が畿内貴族とは異なる存在であったことを意味していたとした（大津1993）。律令国家ですら、このような体制であれば、倭国の段階で倭王権による一元的な統治がなされていたとは考えられない。また大宝律令は、律令国家の設計図であり、目標という吉田孝の指摘は重要である（吉田1983）。法制度ができたからといって、その通りに実施され、運営されたとは限らないからである。あるいは律令国家でも、在地の慣習法に律令の外皮を被せたのかもしれない。

本書の考え方　古墳は、出現から終焉に至る過程で、時期により場所により執り行われた埋葬方法には多様な変化がある。この多様性に倭王権の身分秩序が示されているとされる。しかし逆に、このことは造営者・地域の独自性ともみえる。はたして古墳に、倭王権の身分秩序や政治的序列を表示する機能があったのか、なかったのか。古墳はこういう目的で造られたと、当時の人々が直接に説明した史料はない。証明することも、否定することも難しい。古墳自体に、倭王権の身分秩序を表示する機能はないと筆者は考えている。

　ただ古墳が、王権の共同作業によって造られる政治的構築物であるならば、少なくとも古墳の造営に結集した王権間の政治経済的、宗教的な結びつきの一端は反映されていよう。古墳の分布範囲は、それが流行であったとしても、倭国の社会を端的に示す政治的な構築物である。古墳には、労働力の編成と土木技術、執り行われた儀式を支える思想、経済・政治体制が反映されてい

るはずである。また、古墳築造技術の受容や副葬品の流通を通して中核地と地方、あるいは地方間の交流も窺い知ることができる。現代からみれば無駄な浪費かもしれないが、古墳は倭国にとって必要な政治装置であった。だからこそ造られたのである。

　古墳は墓である。死者を葬る施設である。葬儀の場において、被葬者は先に逝った人であり、葬儀を執り行うのは遺された人々である。これが繰り返され慣習となれば、被葬者は祖先になる。継続して造られた古墳は、世々を経た王統を伝える構築物となる。そして造営者集団の系譜を示すことになる。大古墳の近辺には、造営集団のなかで果たした役割に応じた人物を被葬者とする小古墳も造られる。古墳には、造営集団の系譜が地表に表示される。それは、始祖と先祖を崇拝する社会規範の形成に至る。

　各地に遺された大古墳は王たちの墳墓であり、周辺に営まれた大小の古墳は王権を支える執行に携わった人々が葬られた。そうであるならば、古墳の大小は、王権を支えた人々による自己主張と各王権内の実力を背景としている。前方後円墳あるいは、前方後方墳という形は、初期倭王墓の墳形に似せて、それぞれの王や各種存在した人間集団の長であることを示すという共通認識から造られた。前期古墳の複数埋葬は、ひとつの王権を構成してそれぞれの役割を果たした人々が、同じ古墳に埋葬された結果であろう。これらを支えた人々も、周辺の円墳・方墳に葬られたのである。

　古墳の規模は造営集団の動員力を誇示し、納められる副葬品は蓄積された富とそれを入手する権限を示している。つまり古墳を造営することにより、造営者の力を誇示し、それぞれの場所で、造営者および造営集団の立ち位置を主張したのである。倭国の版図で倭王が優位にあり、覇権を保持していても、それぞれの土地でそれぞれの在地王権があった。『魏書東夷伝』にいう三十余国も、このような国々であろう。

第3節　発掘現場の視点から

　現場の視点　5W1Hというが、遺跡の調査では、誰が、なぜ、という問いに答えることは容易ではない。遺跡が直接、これを語ることはない。状況証拠を集め、そして視ようとする主観で対象を認識し、隠れている史実を引き出すことになる。

　遺跡には、土地に刻まれた人々の活動痕跡が遺されている。遺跡から掘り出された遺構と遺物は、当時の人々が遺した具体的な活動の跡である。遺跡には、文献からみた歴史では窺い知ることのできない、人々の活動の痕跡が埋もれている。それを掘り出す作業が発掘調査である。遺跡は、土層の集合体である。ひとつひとつの土層がまとまって遺構となる。遺物はひとつの土層とみる。土層をどのように認識して区分するか。そして掘り下げるかである。

　発掘現場は、繰り返しのきかない実験場である。遺構を正確に把握して、形や造り方、遺構間の変遷を矛盾なく把握し、出土した遺物の意味を考え、遺構を復元し、遺物の作り方、使い方を考える場である。このことにより、当時の人々が遺した過去の痕跡を拾い集める。一にも二にも土層を読みとること、試行錯誤の連続である。

　なによりも、遺跡に何を問いかけるかということである。意図的に土層をみなければ、見たいものは見えてこない。何を知りたいのか。何を知らなければならないのか。どのように遺跡を掘

り下げ、記録を作成すれば、それを示せるのか。調査者の積極的な遺跡への働きかけによって、具体的な答えを引き出すのである。引き出した答えとともに、問われなかったことは永遠に失われる。発掘調査は、マニュアルに準拠した処理ではない。

　これまでの発掘調査では、客観的な事実が重視されてきた。発掘調査は客観的でなければならないと。しかし、事実と真実は別である。事実は、それぞれの当事者にとっての主観的なものでしかない。遺跡の調査結果は、事実報告ではなく遺跡から引き出した答えを基に、史実を提示することである。発掘調査の結果に、客観的な真実は存在しない。

　遺跡から歴史の材料を得るには、まず発掘現場に立ち、現場を知ることである。考古学で発掘調査の技量が重視されるのも、現場が研究の基盤になっているからである。発掘現場を熟知していなければ、考古学上の資料批判を行うことはできない。発掘現場は、歴史を考える場所である。

　本書の構成　倭国北辺を総合的に検討することは、筆者の能力を越えている。ここでは、筆者が従事した遺跡の発掘調査を中心に、現場で考えたことに論点を絞って構成した。本書の内容は、倭国北辺の断片でしかないが、古墳が受容され、それが変形して独自の形態になり、そして再び中核地の古墳が出現するまでを述べている。これとあわせて、集落の在り方や群集墳についても分析を行った。この地が倭国の版図に組み込まれる過程から、その後の展開を検討した。そして、この地が倭国で果たした役割を考え、古代日本国が誕生に至る見通しを述べた。各章の主題と分析視点を示しておく。

　第１章では、会津平に古墳が受容される過程を考えてみた。古墳が受容される前段階の弥生後期、この地に水稲農耕が北方から伝来した。気候の寒冷化を受けた動きであろう。つづいて、北陸方面との交流のなかで周溝墓が受容された。あわせて、東関東方面との交流も行われた。こうして会津平を基盤に北陸と東関東の文化が融合し、古墳受容に続く墳丘墓が造られた。つまり下地となる在地社会が形成されていた。またこの頃一時期、気候も温暖になったらしい。

　古墳前期の中核地で古墳は規格化されているが、同時期の東日本では前方後方墳が主体となっている。外表面の段築・葺石も、普及しない。埋葬施設も、中核地の竪穴式石槨が造られた例は少ない。この相違を倭王権の秩序による規定とみるか、在地の主体性とみるかでは、古墳自体の評価が大きく異なる。この地では古墳が受容された結果、倭国の版図を構成する一郭を占める過程にあり、この北方に広がる外との境界を画することになった。これら一連の動きは、湯川村桜町遺跡の調査から判明した。

　第２章では、人々の営みの場である集落の在り方を考えた。古墳中期・後期は気候の寒冷化が進んだ時期である。古墳前期に東日本でも有力な古墳が造られていた南東北は、中・後期には著しく衰退する。この地の社会は低迷したらしい。しかし弥生後期と異なり、北方文化の南下は東北中部までで、この地は倭国の版図としてとどまっていた

　集落を考える上で、住居の使われ方とそこで行われた暮らしに留意して論を進めた。集落は、在地社会そのものである。人々の日常的な暮らしの場であり、在地の論理を体現している場所である。衣食住の具体的な実態が埋もれている場所である。そういう意味で集落遺跡は、在地社会を知る基本的な史料である。この時期、標高350ｍを越える高地では集落は激減する。一方丘陵地帯には散在する集落が形成されていた。また河川付近の集落は少なくなる。水田の状況も不明

である。丘陵地帯が生活の場であれば、農耕に占める畑作の割合が高くなろう。

　第3章では、古墳の在地化について考えた。受容された古墳は、中核地とは独自の変化をする。古墳の在地化である。この地の古墳も中期以降は、中核地とは異なる墳丘と埋葬施設が造られた。中期古墳では、段築や葺石を施すことは少ない。埋葬施設は箱式石棺や粘土槨である。中期後半から後期にかけて埴輪も一部で採用されるが、関東のようには普及しない。また古墳中・後期は、大型古墳の造営がみられなくなり、小型古墳や小円墳からなる古墳群が造営されていた。大型古墳の造営が継続する関東との大きな相違である。

　第4章では、古墳後期末に復活する豪族層の古墳から、在地支配の核となる豪族層の政治的動向を切石積横穴式石室から考えた。この地の有力古墳では、関東と結びついた横穴式石室が7世紀後半まで造られていた。しかし古墳時代末葉には、畿内的な横口式石槨が旧白河郡で造られた。この変化の背後に、旧白河郡の支配者と畿内王権との直接的な結びつきが想定される。一方で旧岩瀬郡では、在地的要素と寺院建築の基礎構造を合わせた横穴式石室が造られ続けた。関東とは異なり、終末期古墳の横穴式石室には、強い中核地志向を読み取ることができる。

　第5章では、7世紀に大きく変化する集落について考えた。7世紀になる頃には、気候も温暖化に向かったらしい。これとともに集落の様子が大きく変化する。それまで散在していた集落が、7世紀に河川周辺に集住する。あわせて規模も大きくなる。また、竪穴住居跡から出土する鉄器や須恵器類も、それまでとは格段に増加する。一般集落でも大型掘立柱建物群が出現する。経済力の充実を受けて人々の生活水準は向上したであろう。倭国の時代とは大きく変化した景観が展開する。

　第6章では、河川周辺の集落と対応する群集墳について、造営集団や構成員について、矢吹町弘法山古墳群の調査成果から考えた。この地の群集墳は横穴が主体である。矢吹町弘法山古墳群の造営過程を復元して、そこに葬られた人々や副葬品の在り方を分析した。この横穴の副葬品には、装身具を優位と武器優位の差異はあるが、横穴自体に格差はない。

　横穴群は、小河谷平野を臨む段丘崖に造営されている。河谷平野のなかで、群集墳を営む集団の構成員による共同作業で造営され形成されたらしい。そこに地域的な人々の編成も重なるが、群集墳の規模には大小がある。この分布状況から、横穴群の造営集団は、小河谷平野で、地縁と血縁によるひとつの共同体と推定した。

　葬られた人々は、装身具を身につけ、あるいは武装していた。ただ、玄室に須恵器が副葬されることは少なく、木棺の使用を示す鉄釘も出土しない。西日本とは異なる特徴であり、埋葬儀礼に相違があった。有力古墳も副葬品は豪華であるが、埋葬施設内部へ須恵器が副葬されることは少ない。中核地とは異なる葬送儀礼の慣習である。

　この地の群集墳は7世紀に盛行期があり、後半には衰退する。この期間は、地方行政組織である「評」が設けられた期間と重なっている。続く「郡」段階で、群集墳は急速に衰退する。群集墳は、族制原理により営まれた古墳時代の政治装置である。一方「郡」は律令体制の地方行政単位である。この両者の間にある「評」の意味が問われよう。

　第7章では、鉄刀把構造の変化に着目して、いわゆる装飾付大刀の暦年代とその役割を考えた。7世紀代の金銅装飾付大刀は、畿内の有力後期古墳からほとんど出土しない一方で、東日本や瀬戸内・山陰などでは終末期の古墳から出土している。また、古墳後期までの装飾付大刀

は、多様であり、それぞれに個性的である。多様であれば、装飾付大刀による倭王権の秩序を表示することはできない。これに対して7世紀代の金銅装装飾付大刀は、画一化していることに意味がある。画一化することにより保持者が、倭王権と結びついて在地における権力代行者の地位や職掌を明示するためである。倭王権は、金銅装装飾付大刀の配布を通して地方支配を担う人々を編成し、在地を統治する体制を整えたのである。

　第8章では、古墳造営の精神的な背景について、南東北に展開した装飾古墳について考えた。前期古墳と後期古墳では、古墳造営の意味も大きく異なるが、ここでは古墳時代後期から終末期における古墳造営の意味を装飾古墳から考えた。装飾を施した古墳は少ないが、装飾が施されることにより、そこに古墳の造営意義が集約されている。

　長く、装飾古墳は謎の古墳と呼ばれていた。施された装飾は、被葬者の遺体を邪悪なものから守る避邪を目的に施されたというのが定説である。はたしてそうであろうか。邪悪なものとは具体的に何か。説明されたことはない。装飾古墳には、何が描かれているか。思想かそれとも現実にある具象物か、あるいは被葬者の経歴か、日常であろうか。

　多視点画という見方が佐原眞から提起されている（佐原1999）。原始絵画を理解する斬新な視点である。この場合、描かれた絵画は現代の写生画とは異なる。それは物事を説明する図であり、言葉であると筆者は理解している。装飾壁画にも、具体的なことが描かれているという視点である。

　この結果、いわき市中田1号横穴の連続三角文は陣幕のような物を描いたと考え、被葬者の権力を示す武力を誇示したと推定した。さらに、人々の生活状況を描いた泉崎横穴などは、死後の生活を想定して描かれたのではないかと考えた。横穴を死者の安らぎの場所とする黄泉観であろう。古墳による権力の誇示から、人々の生活と結びついた死後の世界観への転換である。これは、被葬者の階層変化の反映でもある。

　終章では、各章の分析結果をまとめて、この地が倭国で担った役割を考えた。つぎに古墳の出現と倭国が誕生する過程、あわせて古墳の在地化による諸王権の競合に考えた。最後に、外圧による古代日本国成立要因について、見通しを述べた。

　本書では、古墳は政治的な構築物ではあるが、そこに倭王権による身分秩序は規定されていないと考えている。古墳は、それぞれの場所で造られる在地の意思であり主張であった。古墳にある各種較差に倭王権の政治的秩序があるとする考えが、洞窟の壁に映った影のようなものとすれば、これまでの古墳に対する理解は、根底から失われる。

第1章
倭国北辺の形成

は じ め に

　南東北の古墳時代研究は、埋蔵文化財の発掘調査が増大したここ半世紀の間に急速に進展した。多数の集落や居館、古墳、祭祀関連遺跡等の発掘調査が実施された。その成果の蓄積により詳細な土器編年も作られた。これを受けて古墳の編年の再検討が進み、それまでの認識は一変した。

　前方後円墳研究会による古墳編年案は、中核地と同じ前期古墳から巨大な中期古墳、そして後期の群集墳盛行という図式を崩し、次のような変化を明らかにした（近藤編 1994）。①古墳は中核地にさして遅れることなく南東北に受容された。②古墳時代最大規模の古墳は、前期に造営された。中期には古墳造営が停滞する一方で、岩手県南部まで古墳築造が及ぶ。古墳築造の停滞は後期まで続く。③群集墳の盛行は終末期にある。この成果を受けて、さらに詳細な検討も始まり、継続されている（辻 1993、菊地 2010、藤沢 2018 ほか）。

　ところが、湯川村桜町遺跡の発掘調査で弥生時代の周溝墓が確認されたことにより、古墳受容過程が再検討され、前方後円墳研究会の考えとは別に、弥生後期の役割を重視する考えも提起された（福島県教育委員会 2011a ほか）。

　すなわち大和川流域において、古墳は、東西の弥生墳丘墓の要素を飛躍させて創られた。この古墳が倭国の版図各地に受容されるには、それを受け入れる社会の成熟がなければならなかった。南東北における古墳の受容は、この地に古墳が造られることだけではなく、古墳に葬られた王の存在と王権を構成する政治・宗教・経済機構の受容でもあった。この地は倭国の北端に位置を占めたことを意味する。ただし、この地の主体は在地の側にあった。

第1節　湯川村桜町遺跡の調査成果

　会津盆地の平坦面を地元では、会津平と言う。周囲を険しい山地に囲まれた会津のなかで、そこは一面に美田の広がる土地である。会津が会津であるのは、豊かな会津平の米作りがあったからである。会津平で本格的な水稲農耕が開始されたのは弥生時代後期、今から約 2,000 年前である。今ある会津の原型は、この時代に誕生した。

　桜町遺跡の発掘調査により、会津平で古墳を受容する前段階の状況が明らかになった（図5・11）。1 次調査では、弥生文化に特徴的な周溝墓 8 基が検出された。すべて四隅切れ周溝墓であ

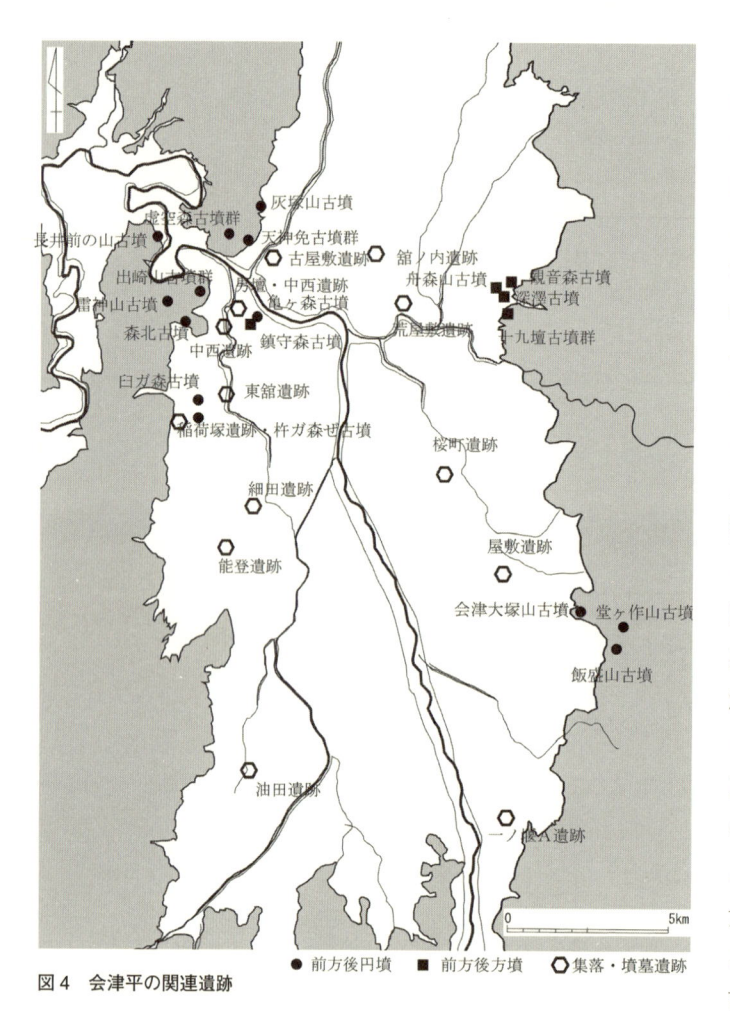

図4　会津平の関連遺跡

凡例: ● 前方後円墳　■ 前方後方墳　⬡ 集落・墳墓遺跡

る。2次調査では、掘立柱建物跡や井戸、土坑、周溝墓が検出され、当時の墳墓や農耕集落の景観が判明した。各種遺構からは、土器や鍬、掘り棒、建築部材、籾殻や豆などの栽培植物の種子が出土した。調査結果は、会津平の弥生時代後期像、古墳の受容過程の歴史を大きく変えることになった（福島県教育委員会2005・2011a）。さらに3次調査では、2次調査の南東部から2基の円形周溝墓と1次調査区の南で3基の四隅切れ周溝墓を検出した（福島県教育委員会2011b）。この時26号周溝墓からは二重口縁の壺が出土した。1次調査区の西端と2次調査区の東端は、約150m離れている。この間の遺構は希薄であるが、大規模圃場整備が終了していることから、削平により失われた可能性が高い。井戸や溝跡など

をわずかに確認したにすぎない。

　桜町遺跡で検出した弥生時代遺構は、周溝墓25基、周溝のある建物跡4基、掘立柱建物跡5棟、集落の外縁溝跡1条、井戸跡4基、貯蔵穴2基、土坑墓3基、土器棺墓1基である。このほか、時期の不明確な土坑も含まれているが、限定はできなかった。水田は検出されてはいないが、栽培植物遺体は出土している。農耕集落と墳墓で構成される遺跡である。これらの遺構は、3時期に区分することができた（福島県教育委員会2011aほか）。

　桜町式土器群　また出土した土器の遺構とまとまりから、弥生後期から古墳前期に至る時期の土器変化を考えた。なかでも93号土坑で確認された土器群と土層の関係が重要である（図6）。93号土坑から出土した土器は、井戸の基底面下にある土坑から出土した土器、井戸の構築埋土から出土した土器片、井戸が廃棄された時点の土器が出土している。井戸が造られてから廃棄されるまでの間に存在した土器群である。とくに基底部下の土坑からは、北陸系土器と北東関東系土器、天王山系土器が混ざって出土している。しかも、この三者の特徴をあわせた装飾がなされた土器もある。これを根拠に、関連する周溝墓・住居跡から出土した土器とあわせて桜町Ⅰ式を設定した。この土器型式は、新潟県阿賀野川流域から会津平・阿武隈川上流域・そしていわき市方面に分布している。

　また桜町Ⅰ式の前に会津坂下町能登遺跡の土器群を置いた。北陸や関東方面の土器の影響を受けていないのに対して、青森県田舎館式土器の要素を強く伝えている。この遺跡から出土する石器も同様であり、会津平でこの時期の金属器も未確認である。天王山式土器の成立について佐藤信行は、田舎館式からの変化を指摘している(佐藤1976)。

　桜町Ⅱ式は、101号土坑から出土した土器をもとに周溝墓からの出土品をあわせて設定した。甕の形態は前段階の特徴を保っているが沈線文様が少なくなり、全体に装飾が少なくなる。口縁部下端に頸部との境に、連続させたツマミを施した凸帯が特徴的である。土器の分布圏は会津平から阿武隈川上流域で安定している。

　桜町Ⅲ式は、20・21号溝跡と8号周溝墓から出土した土器群である。天王山式土器は形骸化して、従属的である。代わって北陸方面の土器が顕著になる。塩釜式土師器の前段階であり、会津化した北陸系土師器であろう。

桜町Ⅰ式期　2次調査区の北部を中心に、集落と墳墓が営まれている（図5）。居住施設は掘立柱建物である。26号・35号・41号・42号・46号掘立柱建物跡などである。建物規模は小さく、10〜17㎡の規模である。最大の35号掘立柱建物跡は、桁行4.25m、梁行4.0mである。掘立柱建物の柱穴掘形は、直径に対して深い特徴がある。住居や倉庫類であろう。建物群軸線は不統一である。また35号掘立柱建物跡の周辺からは、多数の柱穴を確認している。その中に柱根の遺存した例があり、炭素年代測定によって、弥生時代後期であると理解して矛盾しないことを確認している。

　掘立柱建物跡5棟が弧状に配置され、42号掘立柱建物跡と東端の6号・7号竪穴状遺構の間に直径20m前後で、遺構の希薄な空間があった。集落にともなう広場であろう。これらは一体となった建物群であり、居住施設と家財・食料などを保管する施設である。またこの北側には、井戸跡と貯蔵穴もあった。すべて桜町Ⅰ式期の遺構であり、集落を形成したまとまりのひとつである。

　竪穴状遺構については、調査者の間で見解の相違がある。竪穴住居跡とする考え、あるいは生活廃棄物を処理した土坑とする考えである。竪穴住居遺構とするには、柱穴や焼土面が未確認であるこ

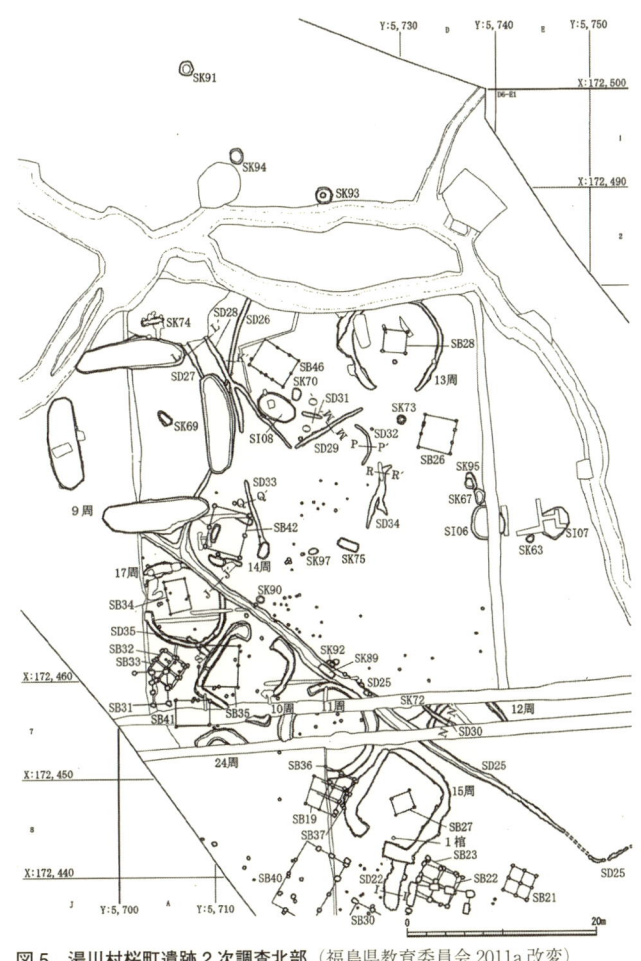

図5　湯川村桜町遺跡2次調査北部（福島県教育委員会2011a改変）

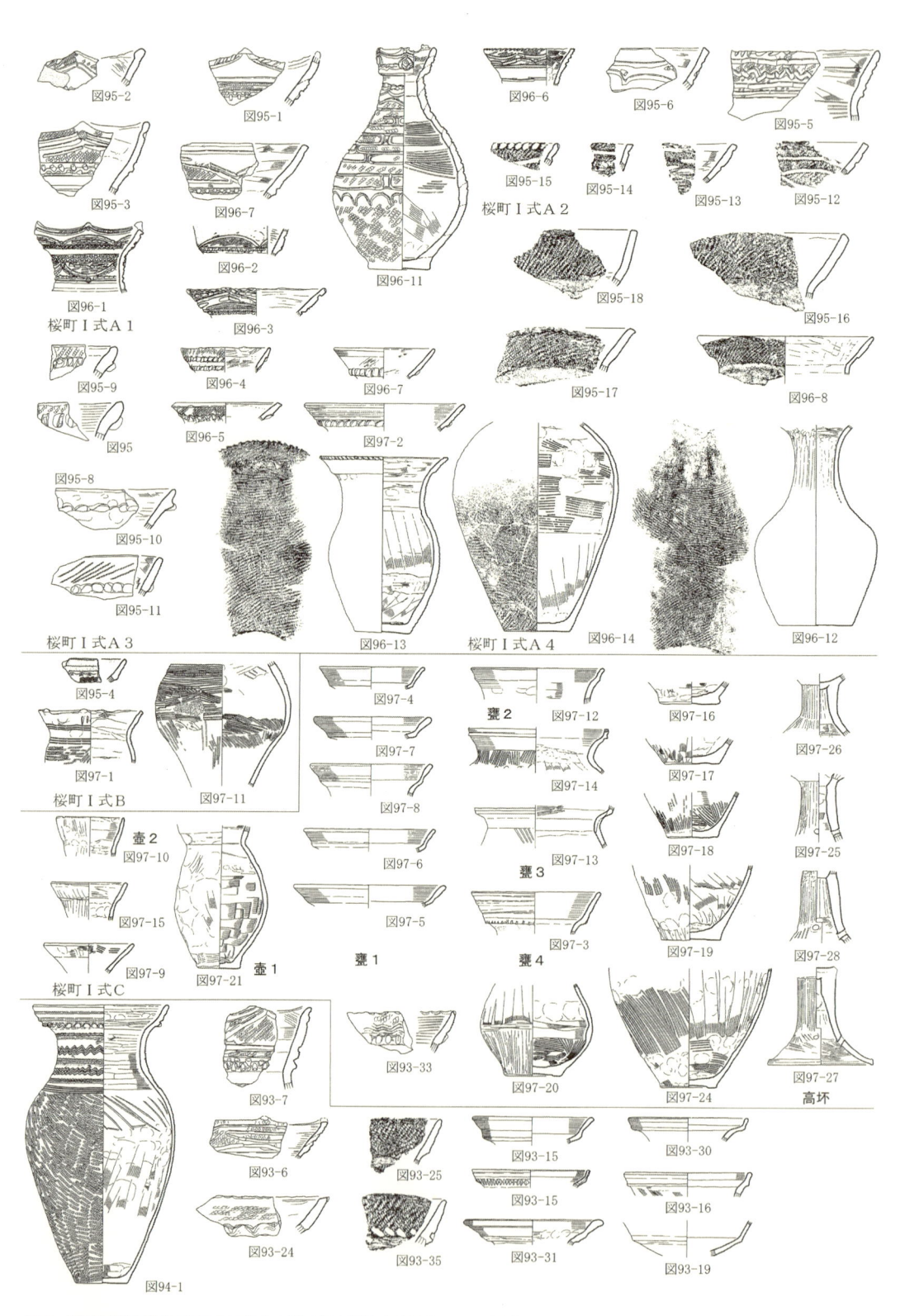

図6　湯川村桜町遺跡 93 号土坑出土土器（福島県教育委員会 2011a 改変）

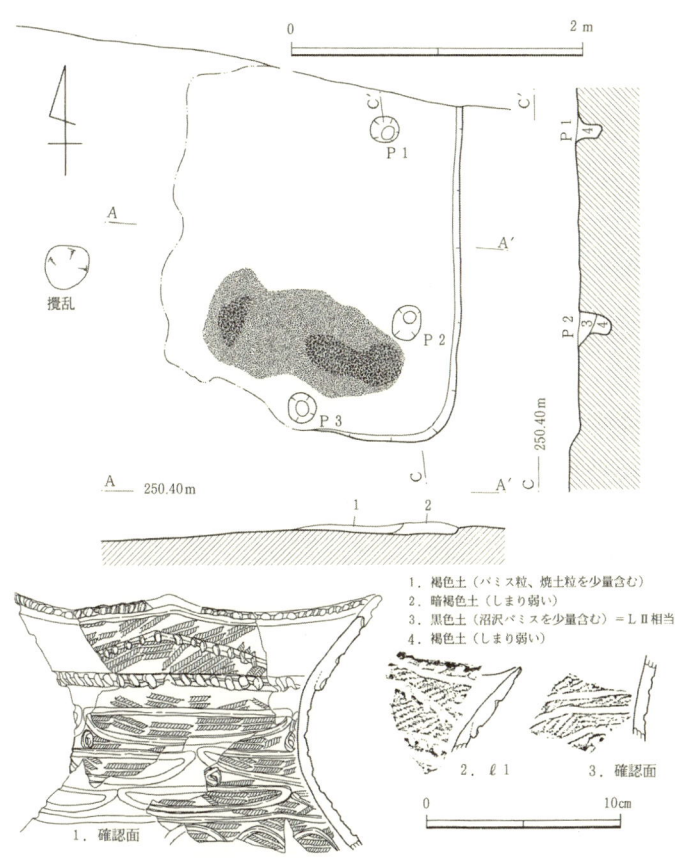

1. 褐色土（パミス粒、焼土粒を少量含む）
2. 暗褐色土（しまり弱い）
3. 黒色土（沼沢パミスを少量含む）＝LⅡ相当
4. 褐色土（しまり弱い）

2.ℓ1　　3.確認面

1.確認面

0　　　　　　　　　10cm

図7　郡山市正直B遺跡桜町1式期竪穴住居跡（郡山市教育委員会1992b改変）

と、平面形が楕円形や不正円形で一定しないことから、ここでは一応、土坑と考えておく。竪穴状遺構は掘立柱建物の周辺につくられ、近くには小型土坑もある。小型土坑も、竪穴状土坑と同様に開口した状態で使用された穴であろう。桜町遺跡が立地する地区は、会津平で最低標高域にあたり、地元で「ドッコスイ」と呼ばれる自噴水が湧出る場所である。したがって竪穴住居を造るには不向きである。

弥生時代の南東北では、竪穴住居は円形で4本柱を基本としている。福島県内では、いわき市龍門寺遺跡1号住居跡である。これは弥生中期である。このほか、竪穴住居跡

と報告された例の大半は不定形で、確実なことは不明である。弥生時代の竪穴住居跡の検出例は少ない。桜町Ⅰ式の例として、郡山市正直B遺跡の遺構を示しておく（図7）。方形の平面形と床面に地焼面が形成された例が知られている（郡山市教育委員会1992b）。方形化と地焼土面のある古墳時代的な竪穴住居が、この時期には出現していた。

円筒形の大型土坑は、北部で3基確認されている。91号・93号・94号

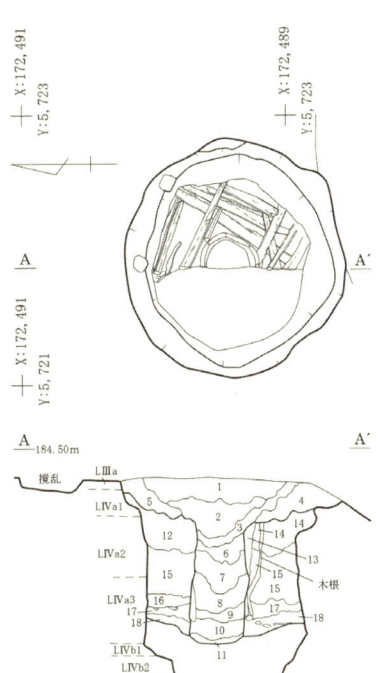

基本土層
LⅢa　褐色土　10YR4/4（NP含む）
LⅣa1　褐色粘土　10YR4/4
LⅣa2　褐灰色粘土　10YR6/1
LⅣa3　オリーブ灰色粘土　2.5GY5/1
LⅣb1　暗緑灰色砂　2.5GY4/1
LⅣb2　暗オリーブ灰色砂　2.5GY4/1
LⅤ　　暗オリーブ灰色砂礫　2.5GY4/1

93号土坑堆積土
1　黒色粘土　10YR2/3（NP極少量、褐色粘土塊含む）
2　黒色粘土　10YR2/1（NP極少量、褐色粘土塊含む、砂が縞状に入る）
3　黒褐色粘土　10YR2/2（NP極少量、灰白色粘土塊多量含む、黒色土と灰白色粘土の混土）
4　暗褐色粘土　10YR3/3（NP極少量、砂・灰褐色土塊多量含む）
5　黒褐色粘土　10YR3/3（NP極少量、砂少量、褐灰色粘土塊含む）
6　暗褐色粘土　10YR3/3（NP・砂・白色粘土粒含む、ややグライ化）
7　黒褐色粘土　10YR2/2（NP・砂・灰褐色粘土含む、ややグライ化）
8　黒色粘土　10YR2/1（灰褐色粘土塊少量、NP・砂含む、ややグライ化）
9　黒褐色粘土　2.5Y3/1（砂・酸化鉄分多量、灰褐色粘土極少量含む、ややグライ化）
10　オリーブ粘土　5Y3/1（青灰色粘土と黒色粘土の混土、ややグライ化）
11　黒色粘土　5Y2/1（砂・青灰色粘土極少量との混土、ややグライ化）
12　オリーブ黒色粘土　5Y3/2（NP極少量含む、灰褐色粘土と黒色粘土の混土）
13　黒色粘土　2.5Y2/1（NP・酸化鉄分・灰色粘土極少量含む）
14　黒褐色粘土　5Y2/1（NP極少量、褐灰色粘土と黒色粘土の混土）
15　黒色粘土　5Y2/1（NP極少量、灰褐色粘土と黒色粘土の混土）
16　オリーブ灰色粘土　2.5GY6/1
17　灰オリーブ色砂　7.5Y4/2（NP極少量）
18　オリーブ黒色粘土　7.5Y3/2（NP・砂極少量含む、灰褐色粘土と黒色粘土の混土）
19　オリーブ灰色粘土　2.5GY5/1（青灰色粘土と黒色粘土の混土）

0　　　　　　　　　1m

図8　湯川村桜町遺跡93号土坑（福島県教育委員会2011a）

である。このうち93号土坑は井戸跡である（図8）。直径50cmの原木丸太を半裁して、内側を剥りぬいた井戸枠が使われていた。その下端は、割り材で固定されているという特異な造り方である。

　井戸跡は、検出面で直径1.8m前後、掘形底面までの深さは検出面から1.7mである。規模・構造からみて、集落の主要な公共施設とみなすことができよう。井戸の周辺には建物跡や墳墓は造られていなかった。井戸の周辺は、広場的な空間と推定される。

　井戸枠下部には、砂利層に達する基礎構造があった。この部分からは、甕を中心に高坏や壺の破片がまとまって出土している。類例のない構造の井戸である。基礎構造から出土した甕には、内外面に油煙・炭化物が分厚く付着したものも含まれている。煮炊きに使用されたことを示している。このほか、高坏、細頸壺などがある。井戸の構築にともなう祭祀や呪術の遺物であろうか。

　91号・94号土坑は、円筒形大型土坑である。直径1.5m、深さ1.3～1.5mである。掘形底面は湧水線に達しており、多数の木質遺物が出土した。木製鍬や掘り棒、建築部材などである。建築部材の中には、梯子や框状の部材もあった。この中には表面が炭化しているものも少なくない。開口していた穴に、廃材を廃棄したのであろう。梯子などの建築部材の出土は、桜町遺跡に大型

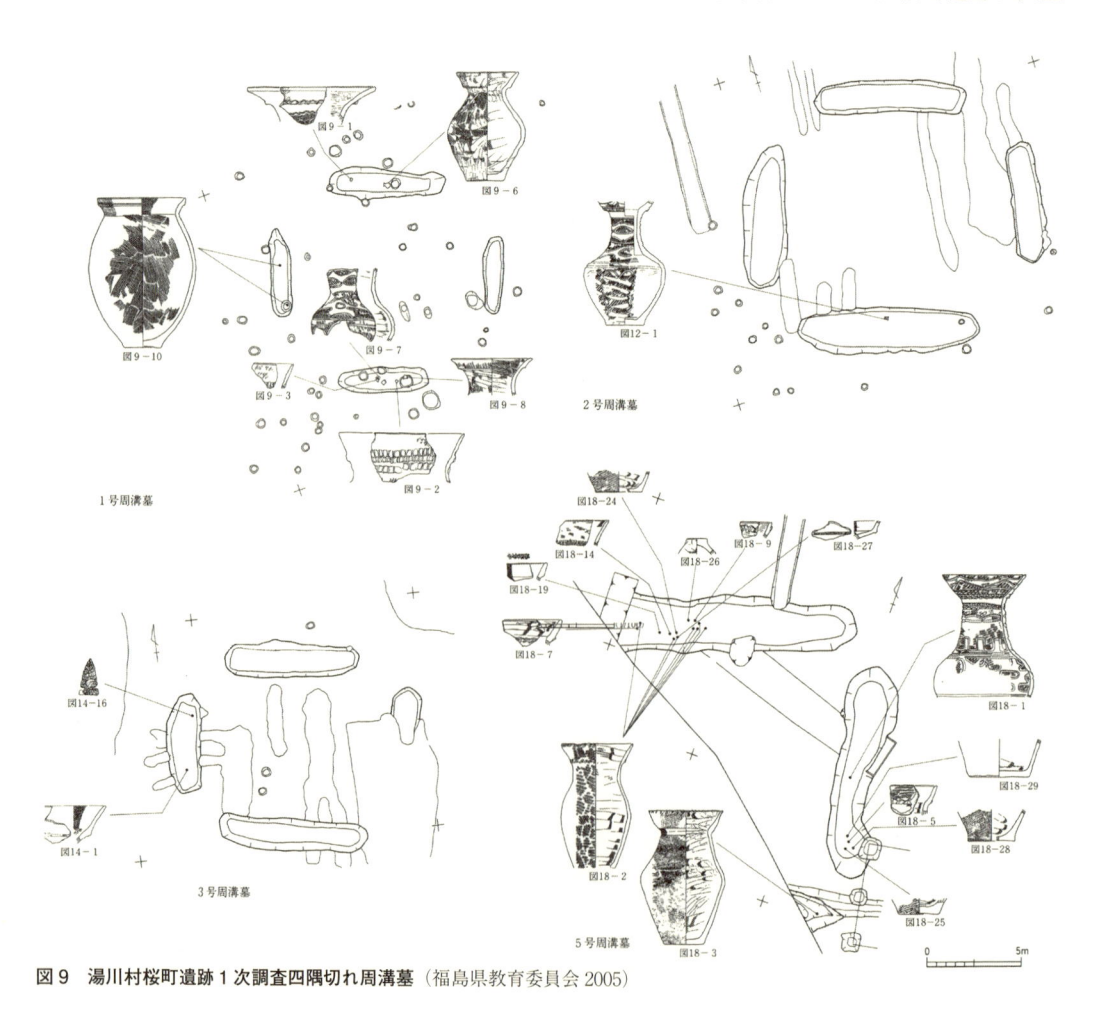

図9　湯川村桜町遺跡1次調査四隅切れ周溝墓（福島県教育委員会 2005）

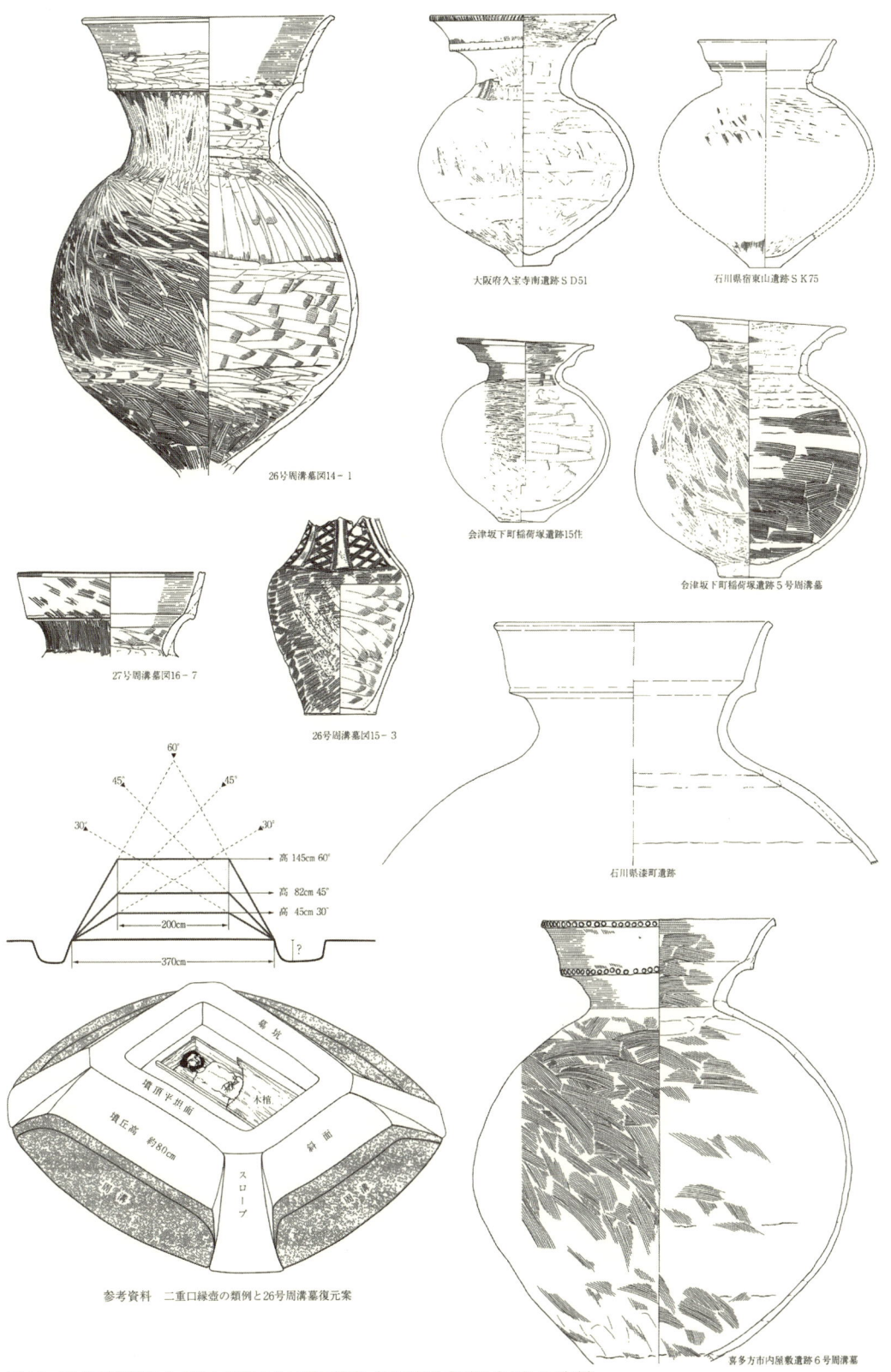

大阪府久宝寺南遺跡ＳＤ51

石川県宿東山遺跡ＳＫ75

会津坂下町稲荷塚遺跡15住

会津坂下町稲荷塚遺跡5号周溝墓

26号周溝墓図14-1

27号周溝墓図16-7

26号周溝墓図15-3

石川県漆町遺跡

喜多方市内屋敷遺跡6号周溝墓

参考資料　二重口縁壺の類例と26号周溝墓復元案

図10　26号周溝墓出土土器と関連する二重口縁壺（福島県教育委員会2011b改変）

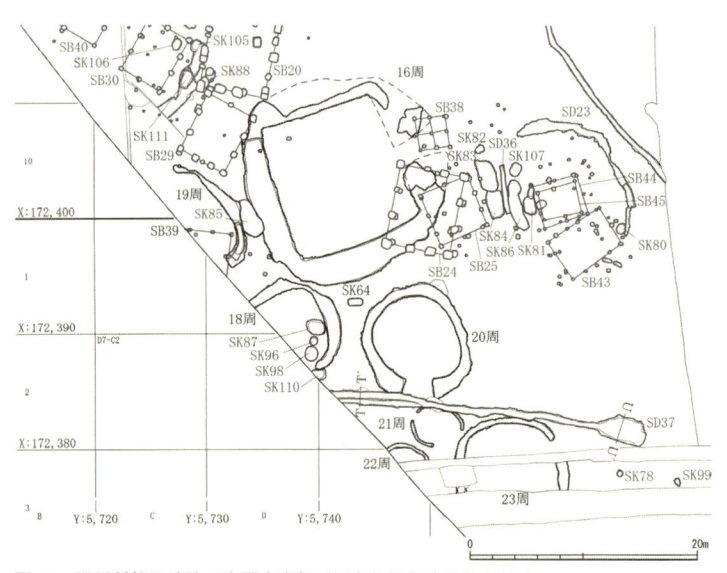

図11　湯川村桜町遺跡2次調査南部（福島県教育委員会 2011a）

掘立柱建物が存在したことを示している。大型土坑は通常、貯蔵穴などの用途が考えられる。イネの籾殻、豆類、アサの実の出土も農耕が営まれていた一端を示している。

四隅切れ周溝墓は、9号と14号の2基がある。14号は42号掘立柱建物跡と重複しているが、14号周溝墓のほうが新しいと考えている。9号周溝墓の方台部から検出した遺構は、69

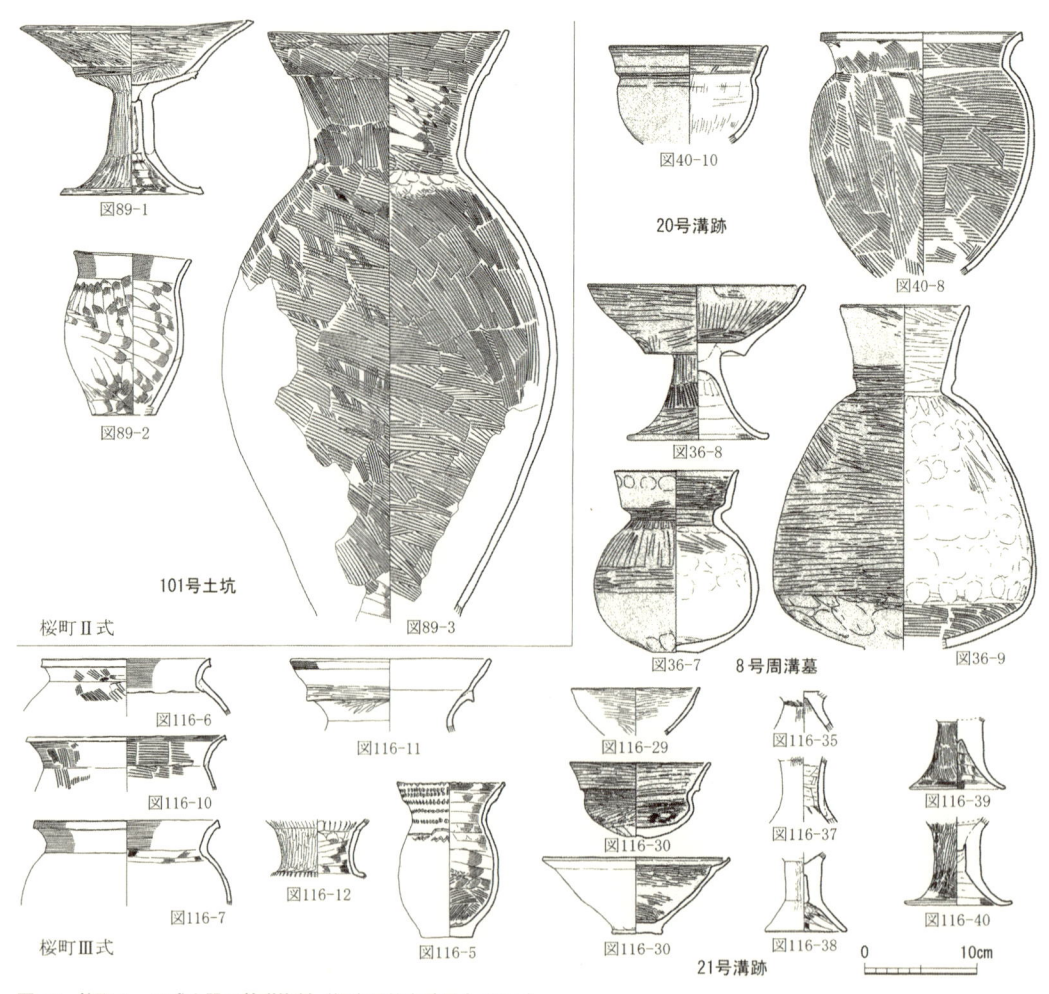

図12　桜町II・III式土器の基礎資料（福島県教育委員会 2011a）

24

号土坑のみである。これは埋葬施設のひとつと考えている。内部から土器片と石鏃が出土している。また方台部からは、柱穴などは確認していない。集落とともに周溝墓があって、他の施設が造られなかったのであろう。周溝からは、大小の細頸壺と甕、高坏が出土している。

　桜町Ⅰ式期の調査区中部では、集落の一郭が明らかになった。掘立柱建物を中心とする建物、廃棄坑、貯蔵坑、井戸、広場、それに周溝墓である。出土遺物には、石器、木鍬や梯子、建築部材、稲や麻の実、豆などの栽培植物がある。会津平における農耕集落の原風景が明らかになった。それは、弥生時代北陸の集落と大きく異なる景観ではない。

　また1次調査と3次調査において、桜町遺跡の南部では、6基の四隅切れ周溝墓と円形貯蔵穴を検出している。これらの周溝墓からは、二重口縁壺が出土しており、桜町Ⅰ式期の型式年代を端的に示していよう。

　桜町Ⅱ式期　引き続き、居住区の近くに墓地が造られている。住居様式は、13号・17号周溝状遺構の掘立柱建物である。前段階の集落から継続している。周溝状施設の一方に開口部を残し、中央に掘立柱建物を設けている。溝は、幅と深さに凹凸があり、周溝墓と比べると不整形である。掘立柱建物の防水施設である。この部分からは土器片も出土しているので、生活用品の廃棄場も兼ねているのであろうか。部分的に遺存する12号周溝状遺構も、同様に住居跡であろう。この時期でも、継続して広場の周りに居住施設が造られていた。

　自然堤防の高所には、周溝墓が並んで造られる。10号周溝墓から16号周溝墓である。遺存状況の比較的良好な10号や11号周溝墓では、周溝幅が一定して造られ、溝壁の立ち上がりもしっかりしている。周溝状遺構とは、この点が異なっている。方台形の10号・15号・16号周溝墓では、土橋状施設が設けられている。土橋は周溝の一部が途切れた形態である。周溝の外側へ「ハ」字形に開いているが、周溝幅から大きく飛び出すことはない。10号と16号周溝墓の土橋は北東側に、15号周溝墓は南西側に土橋状施設が造られている。これに対して11号周溝墓は円形の台部で、北西側に土橋状施設が造られている。

　10号・11号・15号・24号周溝墓は、周溝を接するように造られている。一方、15号周溝墓と16号周溝墓の間には、比較的広い空間がある。造営にかかわる人のまとまりに、何らかの区別があったのであろう。土器型式から周溝墓ごとの造営順序を把握することは難しいが、北西端の9号周溝墓から南東側に向かって造営されたと考えている。16号周溝墓の突出部は、他の周溝墓と比べて少し発達しているように見える。

　調査区の北西部では土坑墓を確認した。101号土坑である。東西方向に軸線を置いた墓坑である。大小の甕と高坏が副葬されていた。101号土坑は長さ2m以上であり、成人を伸展させた埋葬が可能である。周溝墓に埋葬されない人々の墓も存在していたのであろう。このほか、時期は不明確ながら、74号・75号土坑も同様な土坑墓であると考えている。

　桜町Ⅲ式期　居住施設は確認していない。検出したのは周溝墓3基と周溝施設2基、溝跡1条である。このほか62号土坑も、この時期の可能性がある。周溝墓は、調査区南端の18号・19号・20号周溝墓である。前段階の16号周溝墓に溝を接するように造られている。18号・19号周溝墓は調査区外に延びていること、遺存状態がよくないことから、形は不明確である。台部は円形を基調とし、これに土橋状施設が付く形である可能性が高い。19号周溝墓では、土橋の東側周溝部分がとくに深くなっていた。後の会津坂下町男壇3号周溝墓などに特徴的な

溝の形である。

　20号周溝墓は、円形の台部から「ハ」の字形に突き出した土橋を持っている。くびれは明確に造られている。突出部を挟む溝は幅が広くなっている。突出部は先端部を失っているが、他の円形周溝墓と比べると発達している。また21号・22号周溝状遺構は、規模が小さいことから周溝墓ではない。住居の排水溝でもないらしい。造られた目的は限定できなかった。

　このほか、調査区の北西部で断面形が「Ｖ」字形の21号溝跡を検出している。深さは0.8ｍ以上である。これに旧表土を想定して加えると、本来の深さは1ｍを越えることになる。2回以上の造り替えがある。比較的長く機能していたのであろう。自然堤防の西端に沿って造られており、集落の区画施設であろうか。桜町Ⅲ式の土器片が比較的まとまって出土している。溝の掘削時期は不明であるが、廃絶はこの時期である。同様な溝は、会津坂下町男壇遺跡でも検出されている。

第2節　会津平の周溝墓受容過程

　会津平の弥生後期から古墳初頭にかけて、土器編年と対比して周溝墓および古墳を配置したのが図18（32頁）である。変化の過程と要素を表1（46頁）に示した。

　能登式期以前　会津美里町油田遺跡（会津美里町教育委員会2009）では、縄文時代晩期から弥生中期まで継続する再葬墓・土坑墓が検出されている。そして弥生中期後半になると土坑墓に移行する。土坑墓では、以前のような遺体の解体や加火処理という二次的処理の施された痕跡はみられなくなるという。

　弥生中期、会津若松市一ノ堰Ｂ遺跡や油田遺跡では、多数の土坑墓、あるいは土器棺墓が集まって墓地を形成していたが、土坑墓間に規模や副葬品による格差は無い（福島県教育委員会1988b）。この時期の墓制からは、首長層の存在を確認することはできない。近くでは、新潟県三条市内野手遺跡から山草荷式期の四隅切れ周溝墓が検出されている（三条市教育委員会1999）が、会津平で周溝墓は未確認である。

　桜町Ⅰ式期の前段階にあたる能登式期の墓は、会津若松市屋敷遺跡などで、土器棺墓や土坑墓が知られる程度である。周溝墓がこの時期に受容されていたとしても、普及はしていないであろう。北陸方面とは、管玉や平玉の出土から、交易はあった。しかし、土器類の出土例は少ない。北陸の弥生中期、小松式の土器は、会津坂下町台畑遺跡と会津若松市一ノ堰Ｂ遺跡から出土しているにすぎない（石川2004）。両地間に、活発な交流はなかったらしい。

　会津の弥生前期・中期の集落は、山間高地に分布していた。この時期の墳墓や遺物包含層の分布が確認されている。山間部や丘陵・扇状地に集落が営まれる状況は、縄文時代と大きな違いはない。農耕が営まれていたとしても、畑作が主体と推定される。多くの集落が立地する環境は、大規模な水田を営むには不都合な場所である。

　たとえば奥羽山脈西斜面、標高750ｍの高地にある下郷町南倉沢稲干場遺跡からは、弥生中期の墓が検出されている（福島県教育委員会2003）。ところが江戸時代でも名倉沢地区の生業は、山仕事と畑作、それに峠越えの運送業で、稲作はできなかった。遠賀川系土器が出土した三島町荒屋敷遺跡も、山間部の遺跡である。弥生中期に至っても会津の山間部では、水稲農耕を基盤とする文化が

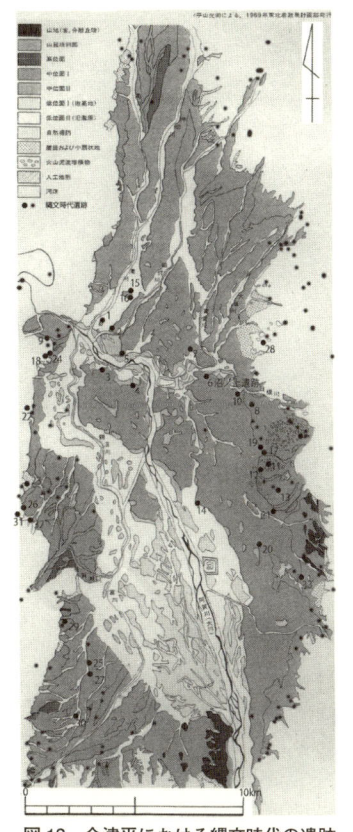

図13　会津平における縄文時代の遺跡分布（福島県教育委員会 2008 改変）

形成されていたとは考えられない。この地域では縄文的要素の強い生活様式も伝えられていたのであろう。弥生前・中期までの遺跡は、丘陵と山間部に多く、沖積平野では希薄である。

また縄文時代の遺跡は、会津平周辺の丘陵や山間部が主体である。会津平の低地では扇状地の高台にも営まれているが、数は少ない。会津平の低地で縄文遺跡とされる例は、若干の土器片が出土しているにすぎない。湯川村沼ノ上遺跡では、縄文後期の貯木池状の遺構が検出されているが、この岸を形成する地層には沼沢火山灰が水平に堆積していた。会津平中央部の低地で陸化が進行したのは縄文後期以降であろう（福島県教育委員会 2007）。ところが天王山式期の弥生遺跡は、この低地部の微高地に形成されている。

北からの水稲農耕　会津の集落立地が大きく変化するのは、弥生後期、能登式期（図15）からである。会津平の低地で集落が急速に増加する。低地の遺跡を調査すれば、ほとんどの場所から天王山系の土器が出土する。立地条件からみれば、また後続する集落の状況からすれば、水稲農耕を主な生業としていた可能性が高い。

この頃、気候の寒冷化が指摘されている。坂口豊は、尾瀬沼に堆積した泥炭層の花粉分析の結果、弥生前期の温暖期、弥生中期から後期までの移行期を経て、古墳時代の寒冷化を指摘している（坂口 1993）。古墳時代の寒冷化は、4世紀末の一時的な温暖化もあるが6世紀初頭に最も寒くなったという。温暖期と寒冷期では、平均気温で±3度の変化があったという。また過去8000年の気候変化のなかで、古墳時代の寒冷期が最も寒かった。たとえば平均気温±3度の変化を東京で示すと、温暖期では足摺岬、寒冷期では仙台付近の気候となる。

1980年、東北は狂冷の年であった。この夏、阿武隈高地では稲はほとんど熟さなかった。立ち枯れである。ヤマセが吹き込んで濃霧の日が連日続いた。それでも平年気温でいえば、－1度の低下範囲であった。古墳寒冷期の年平均気温が－3度にまで至れば、東北で水稲農耕は不可能であろう。人々が気候寒冷化に対応するには、生業を変化させるか、温暖な地へ移動するかである。できなければ、滅びるしかない。移住先も、水田の造成が容易な場所でなければならない。十分な耕地の造成を行うための蓄えには、限界もあろう。この点で会津平の低湿

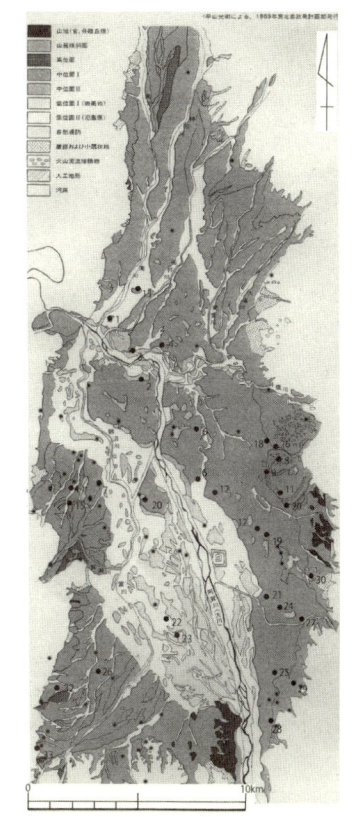

図14　会津平における弥生後期の遺跡分布（福島県教育委員会 2008 改変）

27

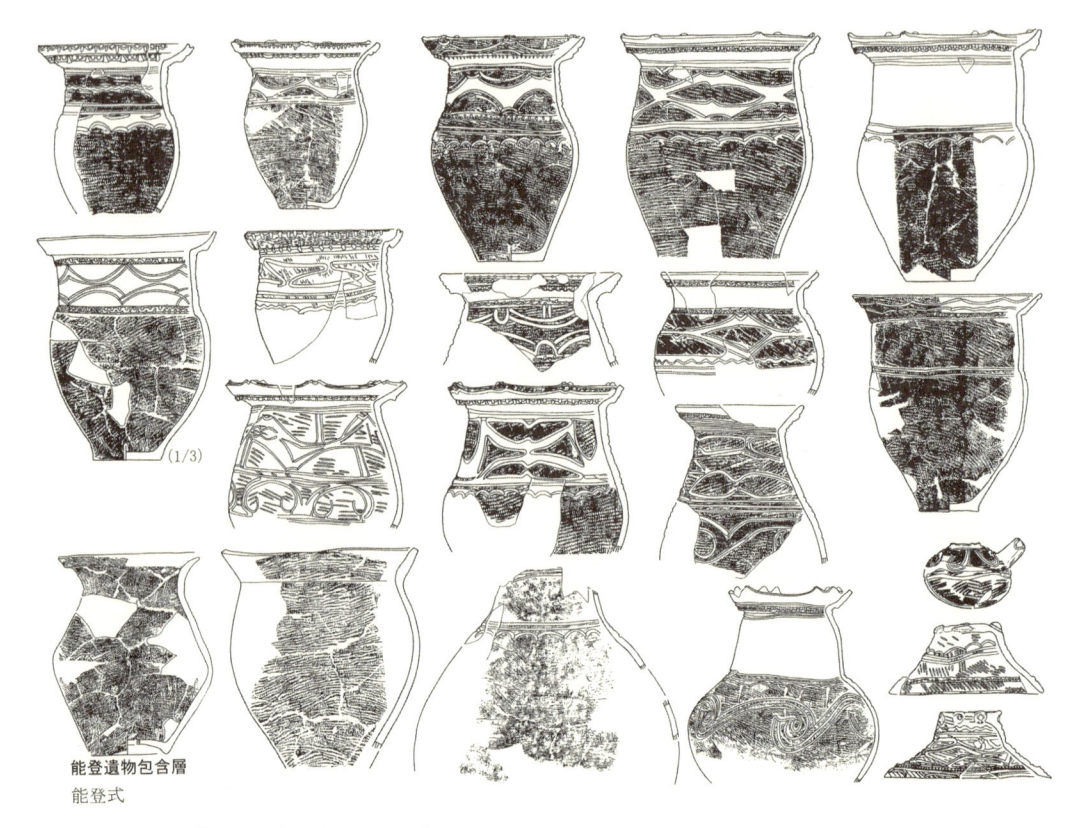

図15　能登式土器（福島県教育委員会 1990c 改変）

地は、水稲農耕に最適の場所であった。しかもこの地に、定住民はほとんどいない。

　弥生後期から古墳後期にかけて、東北では北海道系の続縄文文化が南下する。縄文的な生業が復活した結果と考えられていた（工藤1998ほか）。天王山系土器自体も、縄文的な装飾が施されている。会津平における天王山式期の集落も、北方系文化との結びつきが強調され、農業よりもおける狩猟・採集を基盤にした生業に高い比重を置いていたとみなされていた（辻1993ほか）。続縄文文化の南下説である。

　弥生前・中期には、津軽平野や仙台平野では水稲農耕が定着していた。この地の農耕は、気候の寒冷化で放棄されたというのが、これまでの定説である。仙台湾では、弥生中期に巨大津波により甚大な被害を被ったことも判明している（斎野2012）。両者の相互作用により、東北の弥生社会が壊滅状態に追い込まれた可能性はある。東北の弥生文化は、中期と後期の間で断絶が生じたとする。しかし、水稲農耕を継続する努力もなされていた。白河市天王山遺跡からは、炭化米も出土している。

　北東北の気候条件が悪化しても、仙台平野の水田が使用できなくなっても、農耕の可能な場所もあった。会津平もその一つである。能登遺跡の土器の系譜は、直前の河原町口式や山草荷式から継続するのではなく、青森県の田舎館式土器との結びつきが強い（図16）。剥片石器や石斧類も同様である。桜町遺跡から出土した狭鍬・掘り棒も、弥生中期の東北に特徴的な木器である。この頃に南下した北方文化は、狩猟・採集文化をともなう、北の農耕文化であった。北方農耕文

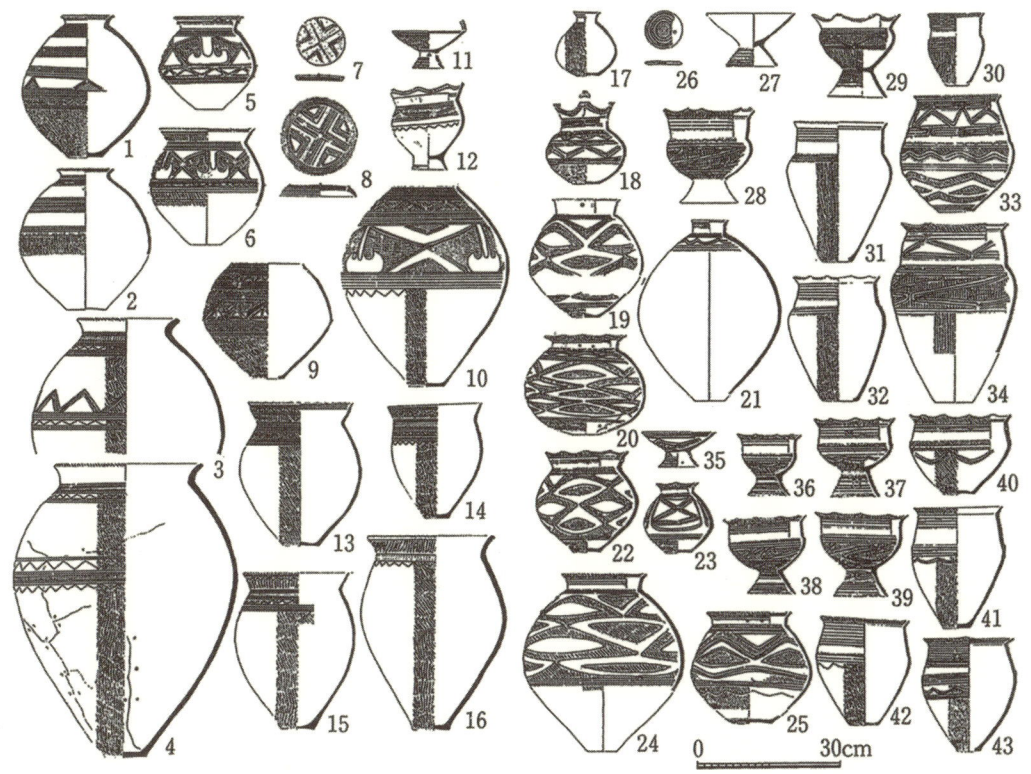

1・2・5・6中形壺　3・4大形壺　9・10無頸壺　7・8蓋　11高坏　12台付鉢　13～16精製・
大・中・小の甕　17～25大・中・小形壺　26蓋　27・35高坏　28・29・36～39台付鉢　30・31・32・
41～43中小形甕　33・34精製甕　40鉢

図16　青森県垂柳遺跡の田舎館式土器の構成（1～16はA群、17～43はB群）（阿部1999）

化人の移住説である。この地に環濠集落や武器類が存在しないことは、西日本の弥生文化と著しい相違である。またこの時期の会津平では、北陸や北関東との活発な交流は希薄である。ただ、この時期の農耕文化を「弥生」の範疇でとらえるかは議論もあろう。極めて縄文的な土器と石器をともない金属器のない文化であり、その背後には関東以西の弥生文化とは異なる要素が想定される。

　弥生期水稲農耕の生産性については、これを高く評価する佐原眞などの考え（佐原1975）と十分ではなかったとする寺沢薫・寺沢知子などの主張（寺沢1981）に分かれている。これについて近年、高瀬克範により詳細な検討が加えられている（高瀬2004）。高瀬の結論は、寺沢の見解に近く、食料に占めるコメの熱量は、8～22％であるという。これを補うために、縄文以来の食料が利用されたという。

　しかし、会津平の低地に集落を営めば、縄文方式の狩猟採集による食料確保は、事実上困難である。この地の立地条件は、食料としての水稲農耕が十分でないと成立しない。ただし農耕集落では山地の物産は必要であり、これを入手する交換がなければ、この場所に集落を営むことは難しいのではないだろうか。

　桜町I式期　現状で周溝墓が確認されるのは、桜町I式期になってからである（図17）。四隅切れ周溝墓である。四隅切れ周溝墓は、東海を起源とする墓制である。この墓制は、本格的な農耕生活の導入とともに分布圏を東方に拡大したと考えられている（山岸1991ほか）。これが南関東に

到達するのは、弥生中期になってからである。中部高地や北陸方面にも伝播する。会津平には、ようやく弥生後期になって伝播した。

弥生中期までの四隅切れ周溝墓は、細長く直線的な溝を基本としている。桜町遺跡1次調査において検出した1～3号周溝墓もこの形態を踏襲している。この段階では、四隅の土橋幅が、他の地域の例と比べて開く傾向がある。14号周溝墓も同様である。

9号周溝墓は、周溝の方台部が真っ直ぐに造られているのに対して、周溝の外側は弧を描くように造られている。4条の周溝を合わせた周溝墓の外郭線は円形となる。この周溝墓も、やはり東海地域の新しい段階でみられる形態である。桜町I式期に伝播した形である。

埋葬施設については、9号周溝墓の方台部で確認した69号土坑が推定できるのみである。この土坑は方台部の中心から外れているので、埋葬施設としては従位にあろう。別に中心となる埋葬があったと推定される。周溝埋葬も念頭に調査を行ったが、桜町遺跡では15号周溝墓の土橋近くで土器棺墓を1墓検出したにすぎない。

9号周溝墓の深さは、現状で0.6mである。本来の表土からは1m以上を想定しなければならない。中心となる埋葬施設の痕跡が失われていることからも、現状より1m以上の高さを想定することが可能になる。そうすると、墳丘と周溝の途切れた部分を合わせて復元された周溝墓の形態は、四隅突出形になる。図19に示した静岡市鷹ノ道遺跡の例が近似した形状であろう。

周溝墓から出土した遺物は、69号土坑と1号土器棺以外は、すべて周溝からである。69号土坑から出土した副葬の石鏃は、優品である。桜町I式期の遺構では、能登式期と比べると石器の出土数が著しく減少している。石鏃の他に剝片と石錐、石匙、磨石、石皿などが出土している

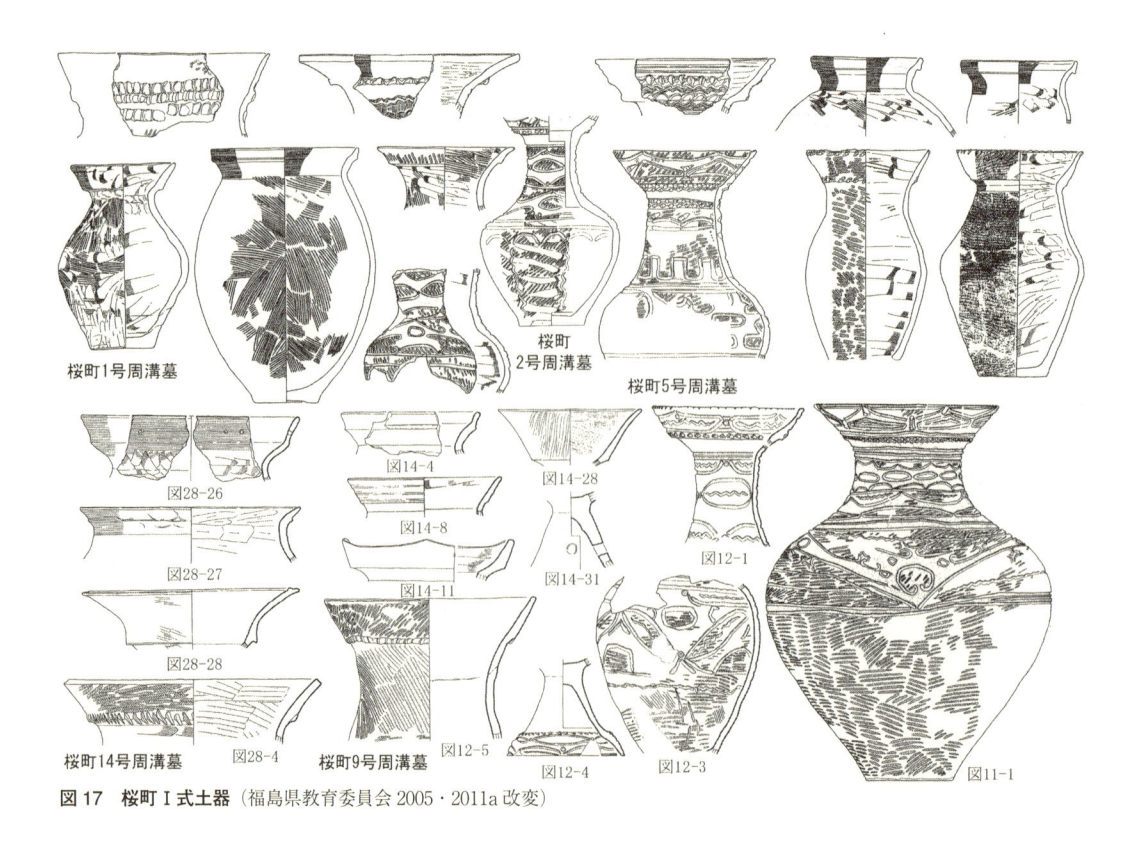

桜町1号周溝墓　　桜町2号周溝墓　　桜町5号周溝墓

図28-26　図14-4　図14-28　図12-1　図14-8　図14-31　図28-27　図28-28　桜町14号周溝墓　図28-4　桜町9号周溝墓　図12-5　図12-4　図12-3　図11-1　図14-11

図17　桜町I式土器（福島県教育委員会2005・2011a改変）

が、数は極めて少ない。93号土坑や91号土坑から出土した木製井戸枠、建築部材の加工痕から見て、鉄器は使われていた。それでも副葬品には、伝統的な石鏃を納めたのである。この石鏃は扁平で軽く、縄文時代の狩猟用石鏃と変わりはない。戦闘用の武器ではない。

　同時に出土した土器片には、甕と高坏がある。埋葬儀礼にともなう土器の破砕行為であろうか。墓坑やその上に土器片を集める例は、弥生中期にある。会津若松市川原町口遺跡などである。この伝統を伝えていよう。北陸の周溝墓でも、埋葬施設から土器片が出土している例がある。新潟県長岡市（旧寺泊町）屋鋪塚遺跡などである（新潟県考古学会編2005）。

　周溝墓からは、壺・甕と高坏が出土している。壺には大小がある。文様は、沈線や交互刺突文で装飾されている。甕は調理用の煮炊き用具である。器壁は薄く弥生後期から古墳初頭に盛行した西日本のいわゆる軽量薄甕の特徴をもっている。土器は、食器や調理道具である。これらが出土することは、周溝墓で飲食形式の葬送儀礼などが、執り行われた結果であろう。

　9号周溝墓の土器は、在地の土器が主体となっている。広口壺・長頸壺・細頸壺、それに高坏である。この時期、北陸方面では、多様な器種で構成される土器群に特色がある。これと比べると桜町I式土器の器種分化は少ない。大型器台や装飾器台などは、会津平ではほとんど普及していない。

　桜町I式土器は、前段階の要素を受け継いで、在地の独自性を保持している。北陸や北関東方面の要素を合わせた土器も作られるが、客体的である。周溝墓とそれにともなう祭祀が会津平で受容される時、受容される土器の一部が選択されている。このことは、受容の主体が会津平にあったことを示している。

　この時期、周溝墓のほかに土坑墓と土器棺墓がある。周溝墓でも9号周溝墓は、周溝も含めると全長21mに達する大きさであるのに対して、1号や3号周溝墓では全長5〜6mである。周溝墓のなかにも大小の格差があり、さらに土坑墓や土器棺に葬られた人々が存在したことになる。この相違を階層差とみるか、性別や年齢などそのほかの要因とするか。要因を限定するには、資料が乏しい。この場合、土器棺墓には幼児埋葬の例が少なくないことに留意しておきたい。幼児も含めて埋葬された可能性である。

　周溝墓が集落と近接して造られていることからすれば、被葬者は集落の住人であった。ただ周溝墓数が少ないことからすれば、集落の住民すべてが葬られたというよりは、集落を運営する核となる人々が周溝墓に葬られたのであろうか。周溝墓に大小があっても、古墳のような隔絶した格差はではない。集落住民の協業として周溝墓が営まれたのであろう。集落を形成する会津平の人々のなかで、そのような習俗が受容された結果である。

　また桜町遺跡の1次調査区と2次調査区の間で、周溝墓の造られなかった地区がある。2次調査区でも、15号と16号周溝墓の間で、周溝墓群を区分するような空間が設けられていた。桜町遺跡を構成した人々の間にも、さらに周溝墓群を造るいくつかのまとまりが存在していたのであろう。

　弥生後期、会津平に受容された水稲農耕が本格的に発展しようとするとき、先進地域からの技術導入が不可欠である。手本となったのは北陸方面である。この時期、北陸方面の遺跡から縄文の施された土器、いわゆる天王山系土器が出土する（石川2000）。会津平と北陸方面との交流が、急速に活発となった結果に注目したい。

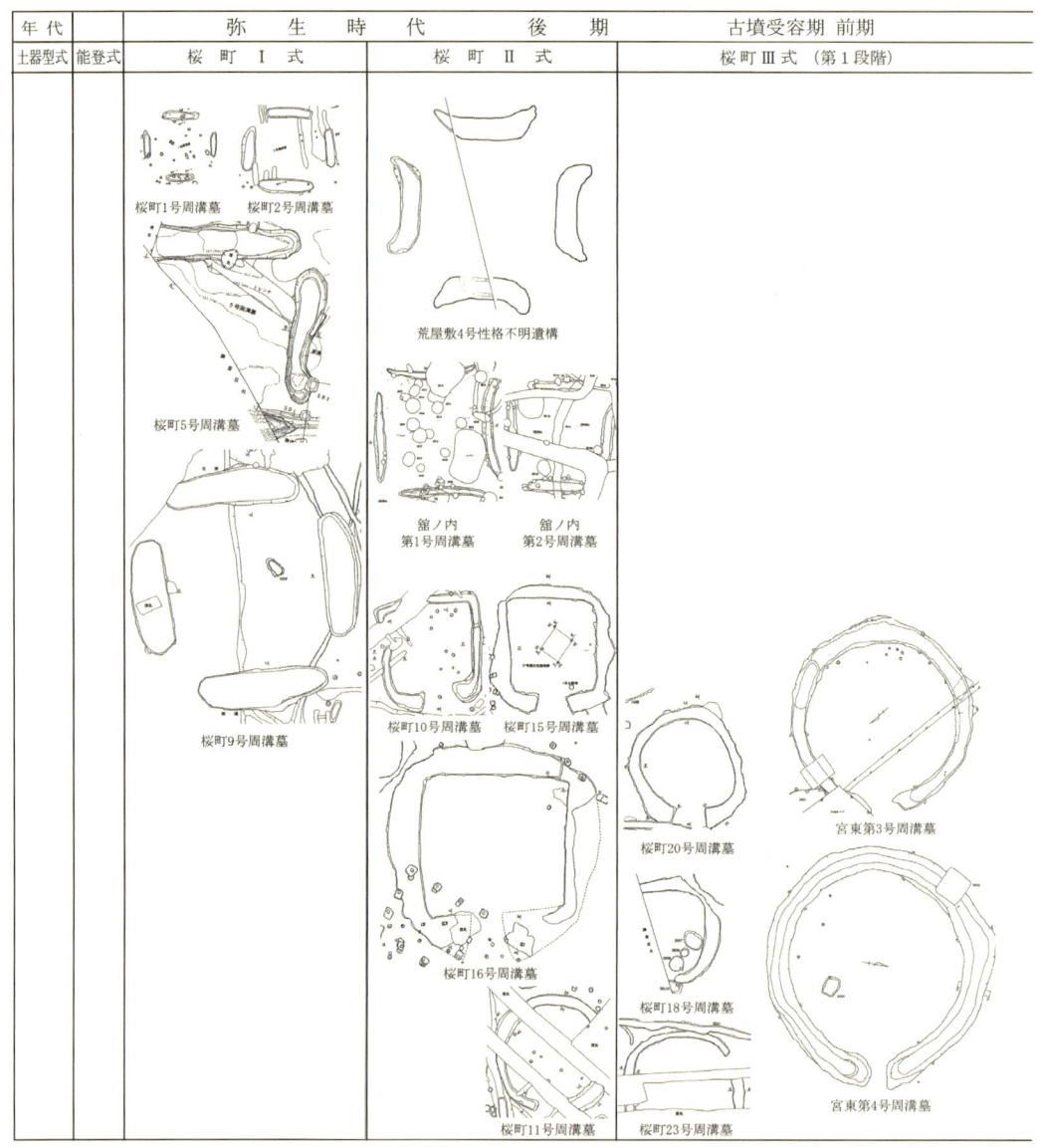

年　代		弥　生　時　代　後　期		古墳受容期　前期
土器型式	能登式	桜　町　I　式	桜　町　II　式	桜　町 III 式（第 1 段階）

図 18　桜町 I・II・III 式期の周溝墓（福島県教育委員会 2011a 改変）

　桜町遺跡から出土した北陸系土器の胎土は、在地土器と同じである。このことは、土器自体や内容物が交易の対象とされたのではなく、また土器に詰められた中身が交易物ではないことを示している。ただし、北陸の特徴的な器台や装飾高坏などはほとんど出土しない。出土する北陸系土器は甕が中心で、少数の高坏と壺が含まれている。大半が実用的な土器で、顕著な装飾は施されていない。会津平で作られた生活用具としての土器である。土器を作る人が来て、在地の要請に合わせて選択的に作った土器である。

　北陸と会津平は、気候も、沖積平野の状況も近似している。水稲農耕に特化した北陸の農業技術は、会津平にも適していよう。このことは両地域が近接しているばかりではなく、交流が活発化する必然があった。開拓が開始されたばかりの会津平には、土地が豊かにあった。北陸の農業技術を身につけた人は、会津平の人々にとって、得がたい有用な人材として受け入れられたであ

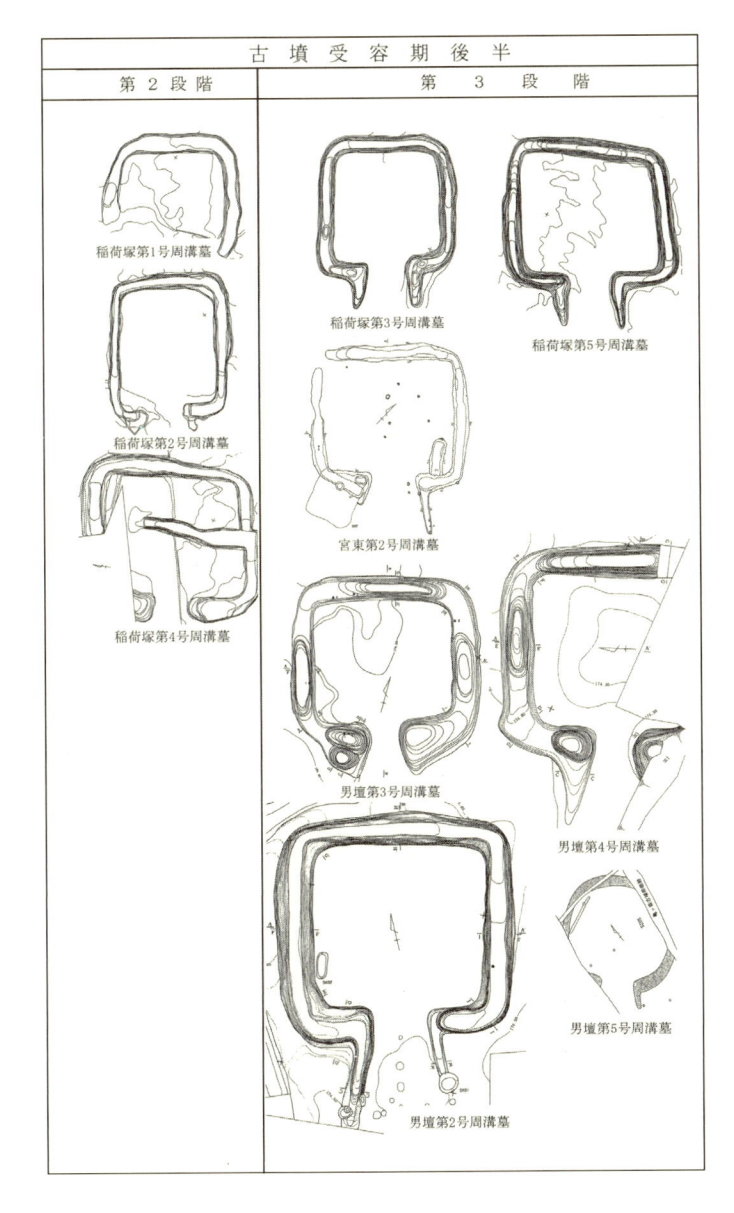

古 墳 受 容 期 後 半

| 第 2 段 階 | 第 3 段 階 |

稲荷塚第1号周溝墓

稲荷塚第2号周溝墓

稲荷塚第4号周溝墓

稲荷塚第3号周溝墓

稲荷塚第5号周溝墓

宮東第2号周溝墓

男壇第3号周溝墓

男壇第4号周溝墓

男壇第5号周溝墓

男壇第2号周溝墓

ろう。

　弥生後期の北陸東部では、高地性集落が発達する。戦いをともなう動乱期である（日本考古学協会1993）。これを逃れて、会津方面に移動する人々も少なくなかったのではないだろうか。この時期の会津平には、高地性集落や強固な防御的施設の存在は確認されていない。戦乱や軍事的緊張をうかがわせる兆候を見つけることは困難である。北陸と比べれば、安全な場所である。

　桜町式期の墳墓変遷、桜町遺跡調査からの農耕具や建築部材、籾殻・アサと豆の種子出土、また屋敷遺跡と桜町遺跡の掘立柱建物跡と井戸の存在は、会津平において北陸方面と大きく異なることのない農耕集落が形成されていたことを物語っている。確かに縄文の施された土器を使用してはいるが、生業の中心は狩猟・採集ではなかった。土器や墳墓が選択的受容であることは、在地社会の継続的・自立的な変化を示している。変化の主体は、会津平が堅持していた。

　生業の変化は、社会構造の変化をともなう。この状況は、墓制に顕在化する。周溝墓は、同形・同大で群在する特徴があり、弥生前期では個人であるが、弥生中期には、複数の人々が葬られる墓に転化すると理解されている。この時、大和川・淀川流域の周辺では、墳丘に複数埋葬がなされるのに対して、東日本では、墳丘に中心的な埋葬施設があり、周溝に付属的な埋葬施設が敷設される特徴がある（都出1984）。

　桜町遺跡の調査結果は、弥生前・中期とは異なり、集住する人々、集落をともに営む人々の間に、周溝墓を造営するまとまりを単位とする人間の集まりが出現したことを意味している。ただし、現在のところ桜町I式期の周溝墓は、桜町遺跡以外では未確認である。また周溝墓から埋葬施設の検出例は、極めて少ない。桜町9号周溝墓のみである。したがって会津平で、周溝墓が普遍的に出現していたかどうか、葬られた人物の数、その関係は不明である。

　農業、しかも水稲農耕を営むには、耕地の開拓から水路の掘削という土木工事に始まり、農

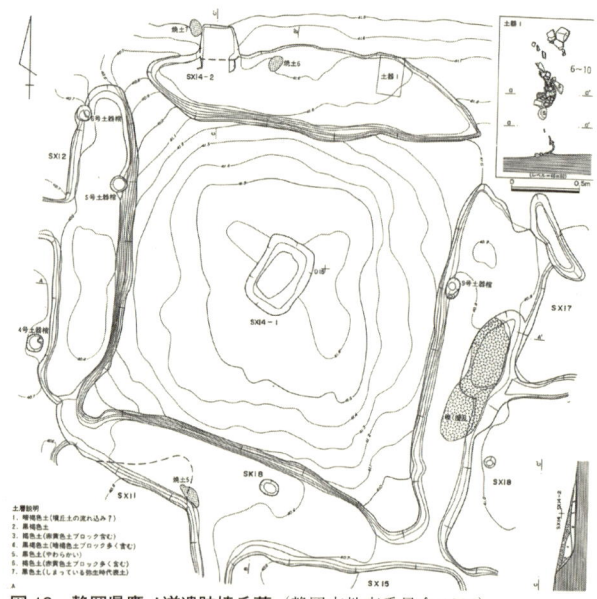

図19　静岡県鷹ノ道遺跡墳丘墓（静岡市教育委員会 1996）

作物に関する知識や技術、道具類の製作、各種協業となど、複雑な維持管理が前提になる。さらに土地と水利をめぐって近隣の人々との交渉も生じる。水稲農耕はある程度の労働力の集中がなければ成立しない。この労働力を集めた人々を統合して、集落が構成されていたのである。その人間関係を表示するのが、周溝墓である。周溝墓の大小やまとまりは、集落を構成する人々のまとまりや役割を反映して造られたであろう。

　四隅切れ周溝墓は、東海を起源に北方や東方に伝播している（図19）。この時点で、墓制を受け入れた側、伝えた側の間に、後の古墳に見るような政治的な連合を想定する研究者は少ない。周溝墓の規模にも、中核から周辺に及ぶ規模や規格の較差はない。弥生農耕社会の文化規範として、在地社会で影響力のあった人々は、周溝墓に葬らなければならないという共通意識が生まれていたのである。その意識が必要な葬送儀礼となって、制度化が進行したのであろう周溝墓は、会津平で農耕社会が本格化することにより、変化した社会構造を反映した墓制である。

　会津平の周溝墓からは、Ｌ字やコ字形、あるいはＩ字形溝を組み合わせた周溝墓はほとんど知られていない。わずかに喜多方市塩川町内屋敷遺跡で、その痕跡が知られている程度である。この形の周溝墓は、東海などでは弥生後期に出現しているが、会津平では十分に受容されないまま、突出部付周溝墓に移行している。北陸地域という中間地帯を挟んだことから生じた現象である。四隅切れ周溝墓が特異な形に変化したものである。周辺地域における受容形態のひとつである。

桜町Ⅱ式期（図20）　四隅切れ周溝墓に代わって、方台部の一辺に突出部の造られた周溝墓が導入される。田中新史が提唱するＢⅠ型周溝墓である（田中1984）。また円形周溝墓も出現する。桜町遺跡 10 号・15 号・16 号周溝墓である。突出部は周溝の幅から大きく突出することはない。これとともに、甕を主体とする北陸系土器の割合が増加する。在地の土器では、沈線文が衰退して、ツマミ凸帯やキザミ文が多くなる。

　喜多方市塩川町荒屋敷遺跡 SX04 は、周溝墓の一辺とそれに対応する両辺の一部を検出したにすぎない。四隅切れ周溝墓の一部である。周溝のなかほどは平行であるが、両端は土橋部にあわせて跳ね上がるように終わっている。四隅の切れた土橋を強調した形である。復元される全体の形は、石川県白山市（旧松任市）一塚 21 号周溝墓と同じで、月影式に属する土器が周溝から出土している（松任市教育委員会 1995）。四隅突出形から山陰地域との関連が指摘されているが、一塚遺跡のなかで在来の四隅切れ周溝墓も検出されている。また静岡県高尾向山遺跡（袋井市教育委員会 1990a）などでも、在来系周溝墓から四隅突出形周溝墓の成立する過程が明らかにさ

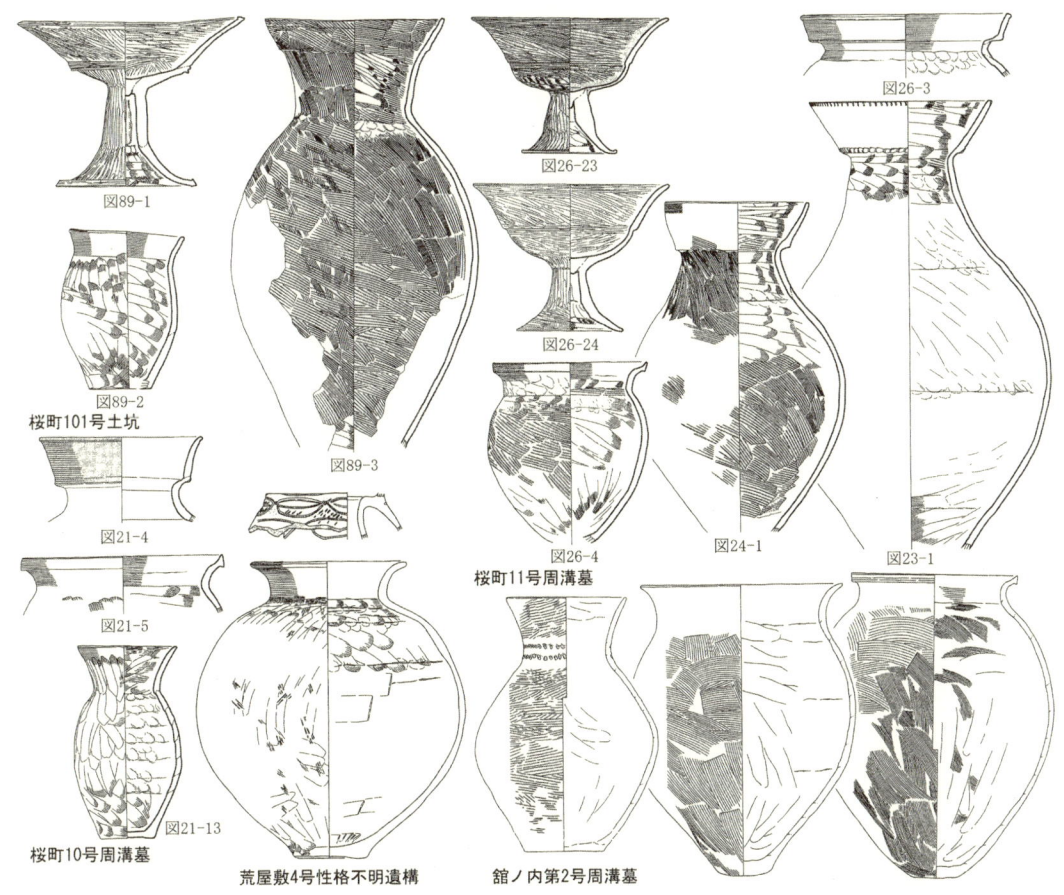

図20　桜町Ⅱ式土器（会津坂下町教育委員会1988改変、福島県教育委員会2006・2011a）

れている。周溝の「溝」が発達して墳丘の四隅が土橋となり、合せて四隅突出形に変化する。この点で墳丘の四隅が発達して形成される山陰の四隅突出型墳丘墓とは異なる系統である点は重要である。

　喜多方市（旧塩川町）舘ノ内1号・2号周溝墓は、山陰の四隅突出型墳丘墓との関連が指摘されている（塩川町教育委員会1998）が、東海系の変化のなかで理解しておく。この周溝墓も、溝で墳丘部を区画することが原則となっている。報告書（塩川町教育委員会2004）では古墳時代とされているが、桜町Ⅱ式期であろう。この周溝墓を最後に、会津平で四隅切れ周溝墓は造られなくなる。

　集落においては、竪穴住居の存在が明確になり、周溝をめぐらせた掘立柱建物を造る住居は衰退する。新しく出現した例は、会津坂下町稲荷塚1号・6号竪穴住居跡や同町中西遺跡5号竪穴住居跡である。方形あるいは隅丸方形を基調とする平面形、四本柱の竪穴式住居である。これに地床炉がともなう。稲荷塚6号竪穴住居跡では、南壁の近くに方形貯蔵穴があり、4本柱の主柱を想定できる位置に柱穴が検出されている。古墳中期にカマドが受容されるまで一般的な竪穴住居構造である。

　矩形竪穴住居は、弥生後期に関東で普及する形態である。いわき市八幡台遺跡でも、この形態の竪穴住居が確認されている。八幡台遺跡の土器は、作り方や文様・器形などに桜町Ⅰ式と共通する要素をもっている。在地間の交流が想定されよう。竪穴住居の方形化は、古墳時代以降の斉

一的な現象であるが、伝播の中心地があるようには見えないし、政治的関係を反映しているようにもみえない。四隅切れ周溝墓の造営が終了して、周溝の一部を掘り残して突出部とする前方後円形、前方後方墳形の周溝墓が造られた。

　桜町Ⅲ式期（図21）　北陸の土器編年でいう白江式期である（石川県立埋蔵文化財センター 1986b）。桜町遺跡では、前方後方形の周溝墓は確認していないが、他遺跡の会津坂下町宮東3号・4号周溝墓は、円形墳丘の一部が土橋状になる例である。また20号周溝墓は、括れ部が明確になり、前方部の発達が始まっているが、前方部端線は不明確である。円台の形は、整った正円は少なく、歪んだ形である。また東日本の弥生時代的な土器棺墓は、桜町遺跡では16号周溝墓の突出部近くで確認されているにすぎない。この時期までに衰退するのであろう。

　土器では、在地土器が北陸系土器を受容・消化して、土師器に続く会津系土器への変化が一段落した段階である。甕、高坏、鉢、壺などの器種はあるが、北陸の土器群と比べると器種の分化は少ない。桜町遺跡以外の資料では、小型器台がある。宮東4号土坑の土器では、「広く浅い坏部のある高坏（器台）」として能登と関連を指摘された土器である（川村 2003）。高坏や壺も、北陸方面とも関連する土器であろうか。

　このほか、比較的規模の大きな溝も検出されている。桜町21号溝跡や男壇1号溝跡である。これらの溝跡は、断面形がV字で直線的に延びている。部分的に確認されているにすぎないので、環濠とする積極的な根拠は乏しい。桜町21号溝は、自然堤防の縁辺近くに造られている。用水溝よりは、むしろ区画施設の可能性を考えるべきであろう。

　古墳受容期前半でも新しい時期には、突出部も未発達なBⅠ型周溝墓が確認されている。この頃から、東海系土器が若干出土するようになる。稲荷塚2号・4号周溝墓では東海系高坏や小型器台、直口壺などである。小型器台・脚部の大きく開く高坏、直口壺など、新しい器形が出現す

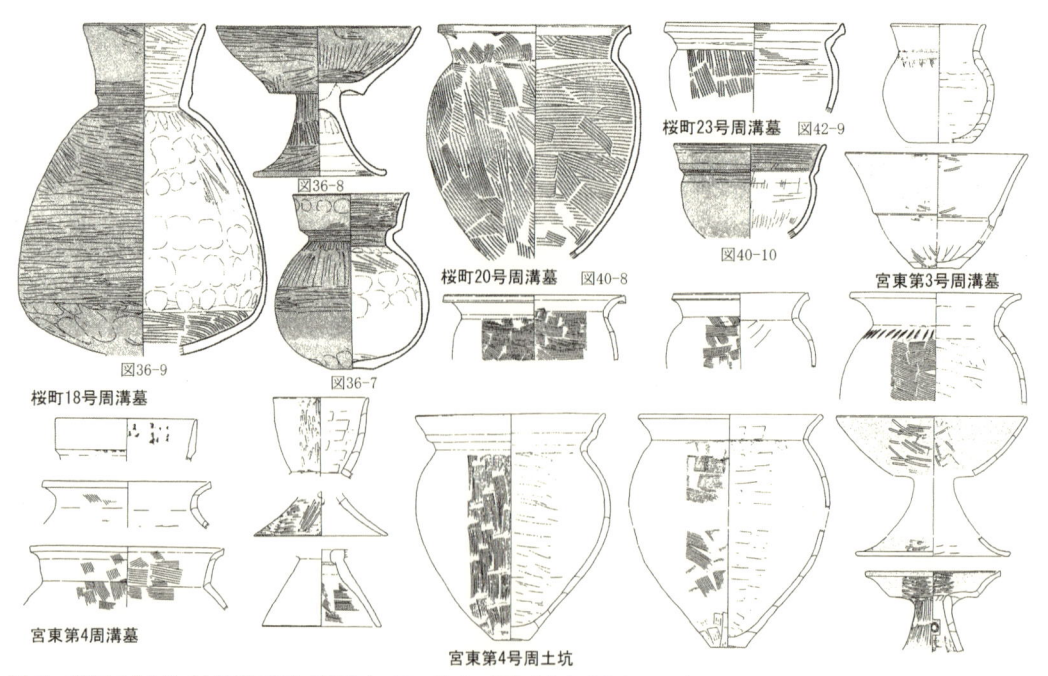

図21　桜町Ⅲ式土器（会津坂下町教育委員会 1990a 改変、福島県教育委員会 2011a）

る。しかし装飾器台については、出土例はあるが数は少ない。Ｓ字口縁の甕や手焙形土器など、この時期に特徴的な東海も出土していない。会津平では、ＢⅠ型周溝墓の受容に際して、東海地域の直接的な影響はそれほど大きくはない。

この周溝墓では、突出部が発達して周溝幅を越えて長くなる。しかし先端部を区画する溝は設けられていない。田中新史のＢⅡ型段階である（田中1984）。会津坂下町を中心に男壇遺跡、稲荷塚遺跡、宮東遺跡で、前方後方形周溝墓が多数確認されている。男壇5号周溝墓もこの段階であろう。検出された周溝墓では、前方後方形が大半で、前方後円形は男壇5号周溝墓のみである。

この段階の周溝墓は、後方部の溝が深くなる特色がある。とくに方台部をめぐる周溝の中央部と突出部の付け根部分が深く造られている。突出部の左右溝を深くすることにより、後方部の墳丘をより強調する効果があろう。これに対して突出部の溝は、先端に向かって急速に浅くなる。墳丘が突出部まで続いていることはなかったのではないだろうか。また、周溝に埋葬施設の痕跡はない。

周溝墓の規模は、大きな男壇2号墓でも、全長25ｍ程度である。桜町Ⅰ式期の9号周溝墓と比べて大差はない。小型の男壇5号周溝墓は12ｍ程度である。この段階で、周溝墓の規模に大きな格差は生じていない。つまり、集落群を統合する大首長は出現していない。

周溝墓にともなう土器では、二重口縁壺が新たに導入される。壺は、葬送儀礼のなかで重要視され、後に古墳の埴輪へと転化する。布留式へ続くいわゆる畿内系土器である。この土器が、会津平でも受容されたことになる。

甕や壺の口縁部端部は、それまでの三角形から端部がつまみ上げられる形態になる。口縁部は、北陸系甕の特徴として、注視された要素である（新潟県教育委員会1989、川村2003）。一方、布留甕の特徴である口縁端部の小さく内面に突き出す形の甕は、会津平の遺跡からは出土していない。周溝墓の変化は、北陸を介した間接的な動きの反映である。

会津平では、北からの水稲農耕が伝わることにより、水稲農耕に特化した農業が成立した。これを受けて、北陸や北関東方面との交流が活発になる。当然その背後には、集落施設ひいては社会構造の変化が想定されよう。四隅切れ周溝墓の受容から前方後方形・前方後円形墳丘墓への変化がそのことを端的に示している。会津平は、倭地の一部を形成するようになった。おおむね弥生後期から庄内式期にかけてであろう。これより北方には、周溝墓の存在はいまのところ知られていない。

第3節　会津平の王権形成

受容段階の古墳　周溝墓の突出部先端に溝が設けられ、前方部が明確になり、前方後円形・前方後方形の古墳としての形が確立する（図23）。会津平における古墳時代の開始である。北陸でいう国府クルビ式期と並行する頃である。

稲荷塚6号墳は前方後方形、宮東1号墳は前方後円形であるという墳形の違いはある。しかし、後円部と後方部をめぐる周溝は、前方部の溝より一段深く造られている。発掘調査は実施されていないが、会津若松市飯盛山古墳も後円部が平坦で大きく、前方部が短く突き出した形である。

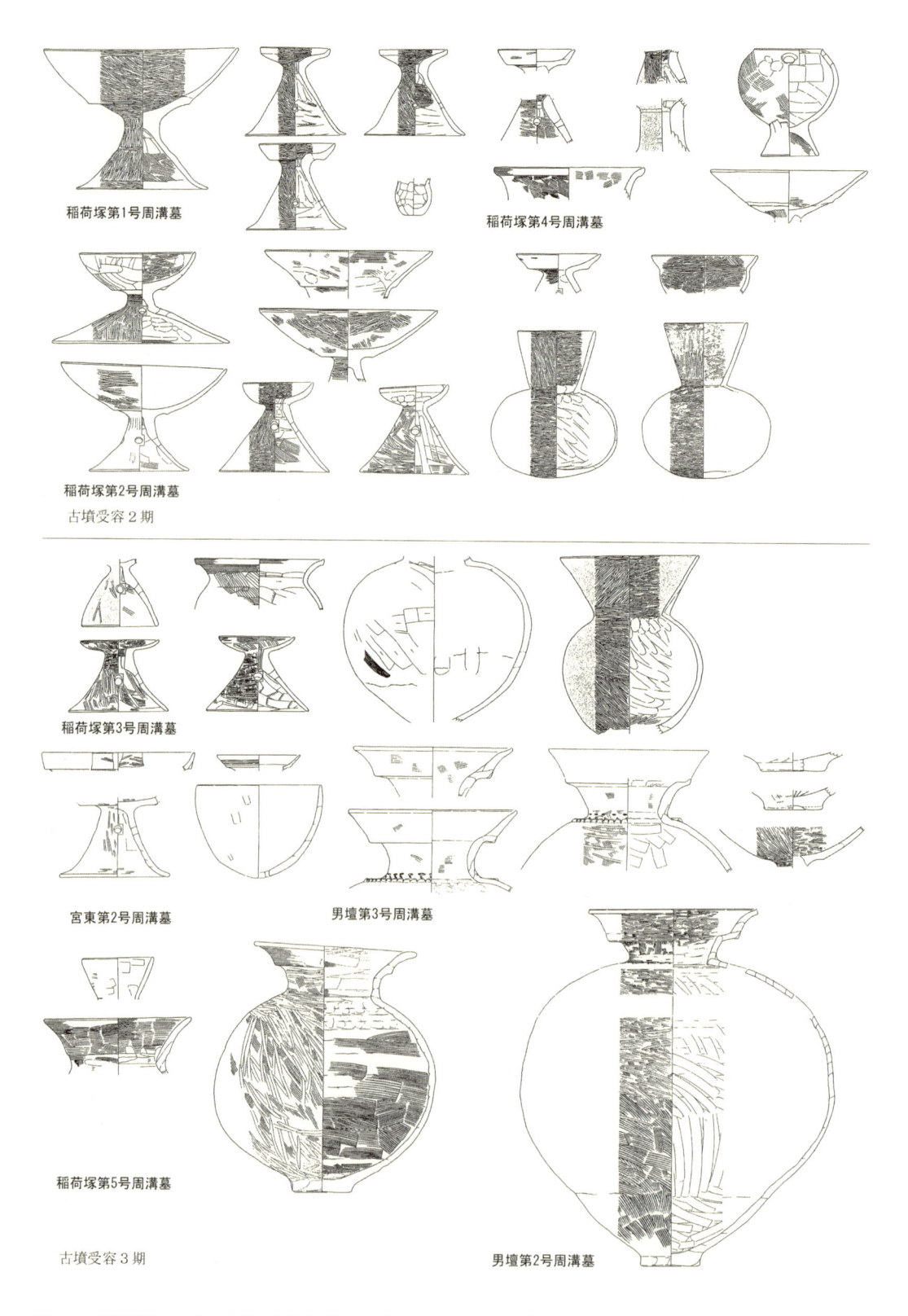

稲荷塚第1号周溝墓

稲荷塚第4号周溝墓

稲荷塚第2号周溝墓

古墳受容 2 期

稲荷塚第3号周溝墓

宮東第2号周溝墓

男壇第3号周溝墓

稲荷塚第5号周溝墓

古墳受容 3 期

男壇第2号周溝墓

図 22　古墳受容期 2・3 期の土器（会津坂下町教育委員会 1990a・1995 改変）

　この特徴は、石川県宿東山 1 号墳と共通している。この古墳は、丘陵上に造られた全長 21.4 m の前方後円墳である。後円部は、直径 15.7、高さ 2.6 m である。後円部をめぐる溝は幅 1.5～2 m、深さは、2 m 近くにもなる。一方前方部の溝は浅く、墳丘の高さも 0.5 m 程度である。宮東 1 号墳や稲荷塚 6 号墳の墳形も、これに近い形状である。

　会津平最古とされる会津坂下町杵ガ森古墳からは、古墳年代の決め手となる土器は出土していない。わずかな破片が出しているのみである。重複関係にある桜町 II 式期の竪穴住居跡よりも新しいが、周辺の周溝墓との関係は微妙である。周溝墓から出した土器のうち、稲荷塚 1 号・4 号・2 号は桜町 III 式に後続する土器である。3 号・5 号はこれより 1 段階は遅れる土器である。これらの周溝墓より、杵ガ森古墳を古く位置づける可能性は少ない。田中敏が微妙と表現した（新潟県考古学会編 2005）のも、この可能性を考えたのであろうか。土器破片ながら、二重口縁壺の破片も出土している。

　杵ガ森古墳の墳丘長は 45.6 m である。この古墳の墳形については、奈良県箸墓古墳を 1/6 にした規格で造られたとされている（澤田 1990）。確かに、墳丘形を合わせた形態は見事に合致している。しかし周溝の形態、それから復元される墳丘の立体的な形状の検討も必要である。杵ガ森古墳の周溝形状は、稲荷塚 6 号墳や宮東 1 号墳と共通している。後円部をめぐる周溝が深く造られ、前方部が著しく浅くなる特徴がある。石川県分校カン山古墳の周溝も同様である。この形態であれば、想定される墳丘は、後円部が半球状であり、前方部は平端な平場である。これは、箸墓古墳の立体形と大きく異なる。また杵ガ森古墳の後円部は変形が著しく、段築の有無は不明である。

　男壇 1 号周溝墓は、矩形の方墳である。古墳時代になると南東北の周溝墓にも、周囲に溝をめぐらす形態が普及する。墳丘は南北 21.3 m、東西 16.9 m である。長辺の中央部に狭い土橋状の施設がある。周溝の四隅は切れることなくめぐっているが、西周溝の中央に畦状の土橋が設けられている。これと同様な施設は、石川県御経塚シンデン 10 号墳にもある。南溝の一部が狭くなっているのは、先行する 2 号周溝墓に規制された結果である（会津坂下町教育委員会 1990a）。北溝の東部には、溝幅が広くなり矩形の突出部がある。

　大型古墳　低地に造られた古墳に対して、新たに丘陵上や会津平を見渡す山頂に造られた大型古墳が出現する。会津坂下町森北 1 号墳、会津若松市

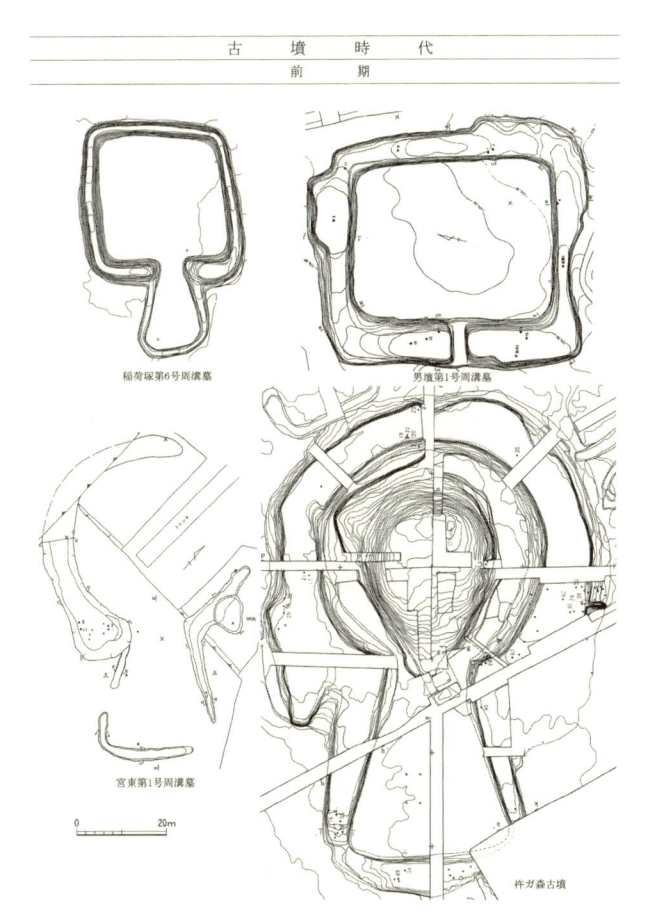

図 23　古墳時代初頭の古墳と周溝墓（福島県教育委員会 2011a）

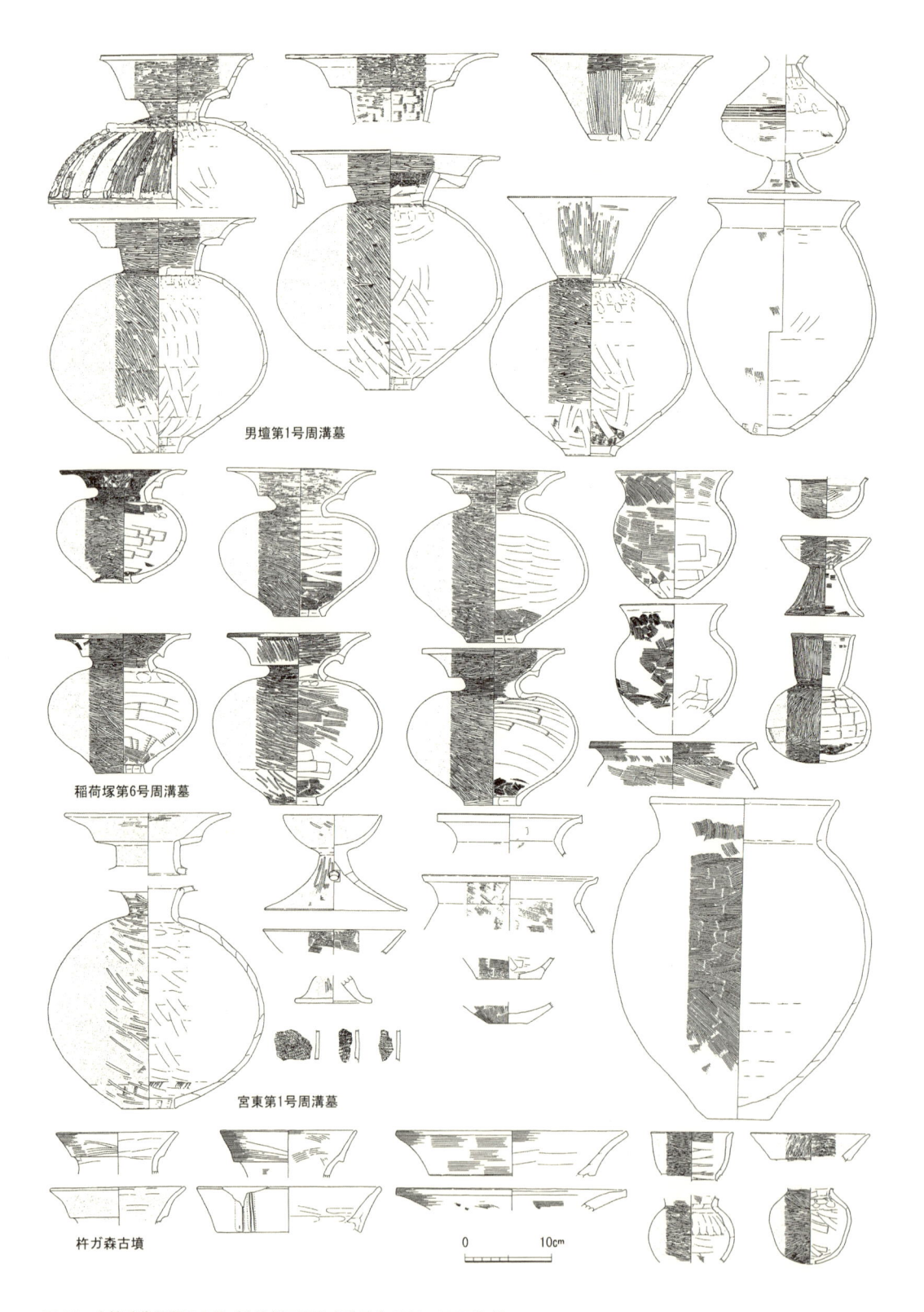

男壇第1号周溝墓

稲荷塚第6号周溝墓

宮東第1号周溝墓

杵ガ森古墳

0　　　　　10cm

図24　古墳時代前期の土器（会津坂下町教育委員会 1990・1995 改変）

堂ヶ作古山墳である。森北1号墳は、墳形、埋葬施設、副葬品、儀器化土器という古墳の要素を満たしている（会津坂下町教育委員会1999）。会津平の前期古墳で、埋葬施設の発掘調査が実施された数少ない例で、少し詳しく見ておきたい。

　森北1号墳は、全長41.4mの前方後方墳と報告されているが、後方部は痩せ尾根に造られているため、歪んだ形になっている（図25）。前方部は、くびれ部から先端に向かって高くなり、最高所は墳丘基底部から1.6mである。細長く前端に向かって伸びている。この形状は前方後円墳にはあるが、前方後方墳には少ない形である。

　後方部墳頂平坦面とくびれ部の比高さは4.3mで、くびれ部から墳頂平坦面に続く坂がある。後方部の稜線は不明瞭で、等高線は円形を描くようになっている。くびれ部において、左右の後方部辺が直角に対応することから前方後方墳であるとされたが、後方部先端側の等高線は円形となっている。軸線はN‐40°32′‐Wである。墳丘斜面や周溝からは、赤彩の施された二重口縁壺を中心とした土器が出土している。壺形埴輪の一種であろう。

　埋葬施設からは、銅鏡、武器、玉、工具という前期古墳の基本的な副葬品がそろっている。埋葬施設は、墳頂面の直下にあり、深い掘形は造られていなかった。南東北の前期古墳ではそれほど特異なことでもない。

　埋葬施設は、割竹形木棺の一方が尖った形態で、舟形木棺と報告されている。墳頂面の表土を除去した直下に、長さ6.7m、幅2.2m程度の隅丸長方形である。この中央に木棺が据えられていた。木棺の軸線はN‐64°‐Wで尖った側を西にしていた。木棺の長さは5.34m、最大幅0.92mである。墳丘の形状に大きな乱れがないことから、墳頂面は築造当初の高さから大きく削平されていることはないであろう。

　木棺の南東部中央寄りでは東から、木箱に納められた放射状区珠文鏡と鉇・鉄針が出土している。この西には、槍先と管玉が出土した。そして槍先の元方に対応して漆皮膜があった。槍柄に塗布された漆であろう。漆皮膜の近くからは鉇が出土した。遺体は頭部を南東側に置いて、木棺の中央に納められたと考えられる。このほか、木棺内から若干の土器片が出土している。

　堂ヶ作古山墳は、三方の尾根が集まる標高382.5mの山頂に立地している。ふもとの山裾とは、比高差110mもある（会津若松市教育委員会1991・1992）。墳丘長84m、前方部二段、後円部三段の段築と報告されている。前方部は平坦で、後

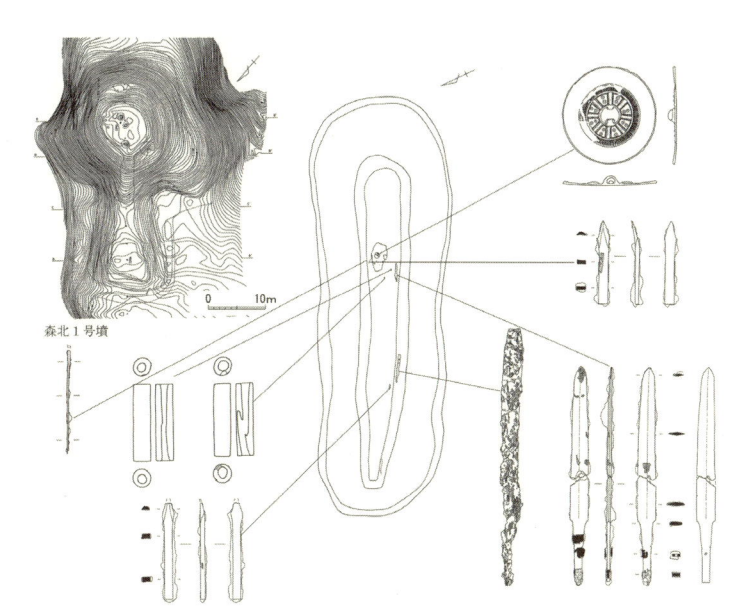

森北1号墳

図25　会津坂下町森北古墳と出土遺物（会津坂下町教育委員会1999）

円部から前方部に続くスロープは設けられない形である。地形の制約から、全体の形は整っていない。前方部先端は刃物の切っ先形、後円部は無花果形である。段築も、会津大塚山の帯状にめぐる整った平坦面とは大きく異なっている。また、岩盤を加工した葺石状の造作があり、調査では葺石と認識されているが、通常の葺石とは異なる。

墳頂部からは、赤彩された二重口縁壺などが集中して出土している。壺形埴輪の一部であろう。焼成前に底部が穿孔された二重口縁壺である。体部器形は球形で、中央に最大径がある。頸部は外傾して立ち上がるもの、大きく外反して湾曲するものがある。前者では口縁部に平面を設けているのに対して。後者では頸部からそのまま口縁部端に至る。口縁部は大きく水平方向に伸びて、端部や角張っている。儀器として作られた土器である。この土器は、会津坂下町男壇1号周溝墓や同町稲荷塚6号周溝墓、同宮東1号周溝墓、森北1号墳から出土している。このほか。長頸壺にも、焼成前に底部が穿孔された例がある。土器の外面はミガキで仕上げられ、赤彩も施される。儀器化が進んだ土器である。甕では、口縁端部を小さくツマミ上げたもの、あるいは丸くおさめたものもある。内外面とも、ハケメが顕著である。ただし、大和川流域の布留式甕は未確認である。

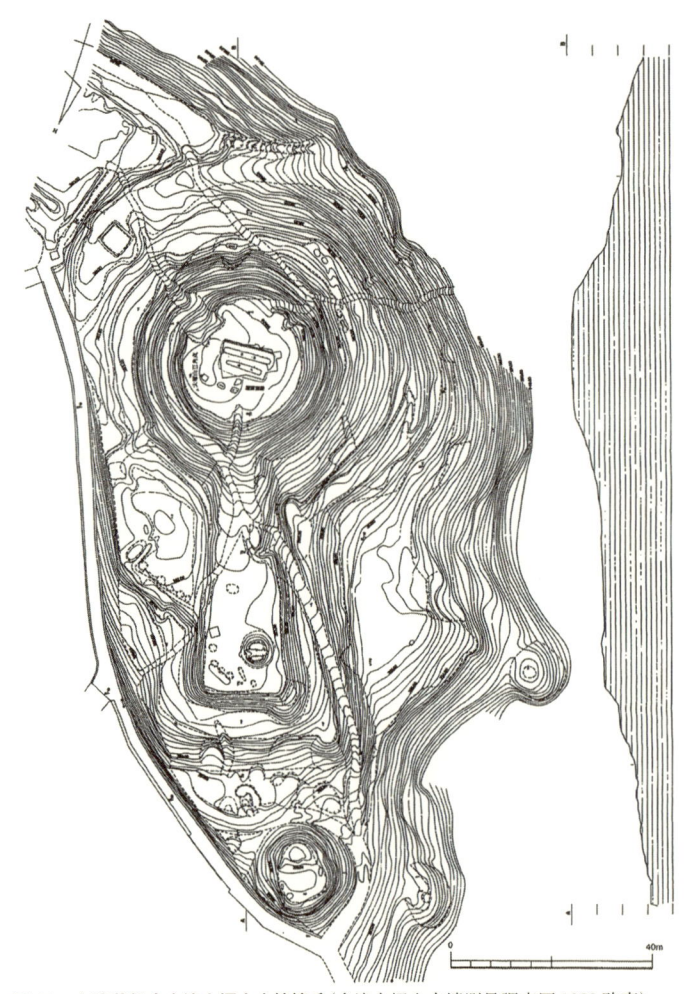

図26　会津若松市会津大塚山古墳墳丘（会津大塚山古墳測量調査団1989改変）

堂ヶ作古山墳の立地条件・規模から、造営には膨大な労力と物資が必要である。それまでの墳丘墓とは格段の違いである。被葬者、被葬者達は、そこまでして古墳を造り、葬られる人物である。ただし古墳を造営する組織を運営し古墳祭祀を主催するのは、後継者である。それは会津平の王権を担った人物である。

これに続く古墳は会津大塚山古墳である（会津若松市1966ほか）（図26〜28）。墳丘長は114m、前方部を北に向け、主軸は平野と平行して造られている。後円部二段ないし三段、前方部二段である。墳丘の東側括れ部に、区画施設がある。後円部から前方部に移る墳頂面には、後円部中腹にいたる斜道がある。葺石はない。また古

墳にともなう土器は、確認されていない。

　後円部には、軸線と直行する位置で、南北二つの埋葬施設がある。平坦面から墓坑の掘形が確認されている。北棺は南棺の北部で重なる位置に造られている。南棺が先で、北棺が後に造られたことになる。南棺の掘形は四隅の角が丸い長方形である。長さ12m、幅4m、深さ1.9m、木棺は割竹形と推定され、長さ10m、幅1.1mである。木棺小口の両端は、粘土塊で押さえられている。遺体を厳重に密封して葬る施設である。

　南棺の出土遺物は、次の通りである。三角縁三神二獣鏡1、変形四獣鏡1、勾玉・管玉・算盤玉・ガラス小玉、櫛、三葉環頭大刀1、大刀1、槍1、剣6、銅鏃29、小刀1、鉄鏃48、靫1、鉄斧5、鉇3、刀子2、砥石、1石杵1、台石1である。

　副葬品の配置を確認しておく。棺の東半部では靫と銅鏃・鉄鏃と合わせて、鉄斧・短冊状鉄斧などの工具と砥石・石杵・鉄剣・大刀がまとまっていた。鉄斧は、武器の可能性もあろう。木棺中央部の南寄りには三角縁三神二獣鏡が鏡面を下にして出土し、この上に三葉環頭大刀が切先を西に向けて重なっていた。この間からは、鉄剣2と刀片、棒状鉄器が出土している。

　これに対応する北寄りからは、鉄剣2、中央部からは刀子が出土している。銅鏡近くからは、ヒトの大臼歯が出土している。被葬者の頭部があった痕跡である。足先を鉄刀の切先に向けて葬られたのであろう。木棺の西部からは、ガラス玉群とその西に勾玉と管玉・鉇と変形四獣鏡の一群、鉄剣と管玉・刀子・鉄鏃である。

　北棺は南棺よりやや小型で、副葬品も少ない。捩文鏡1、紡錘車形石製品1、直刀1、鉄剣5、銅鏃4、鉄鏃41、靫1、刀子1、管玉40が出土している。被葬者は南

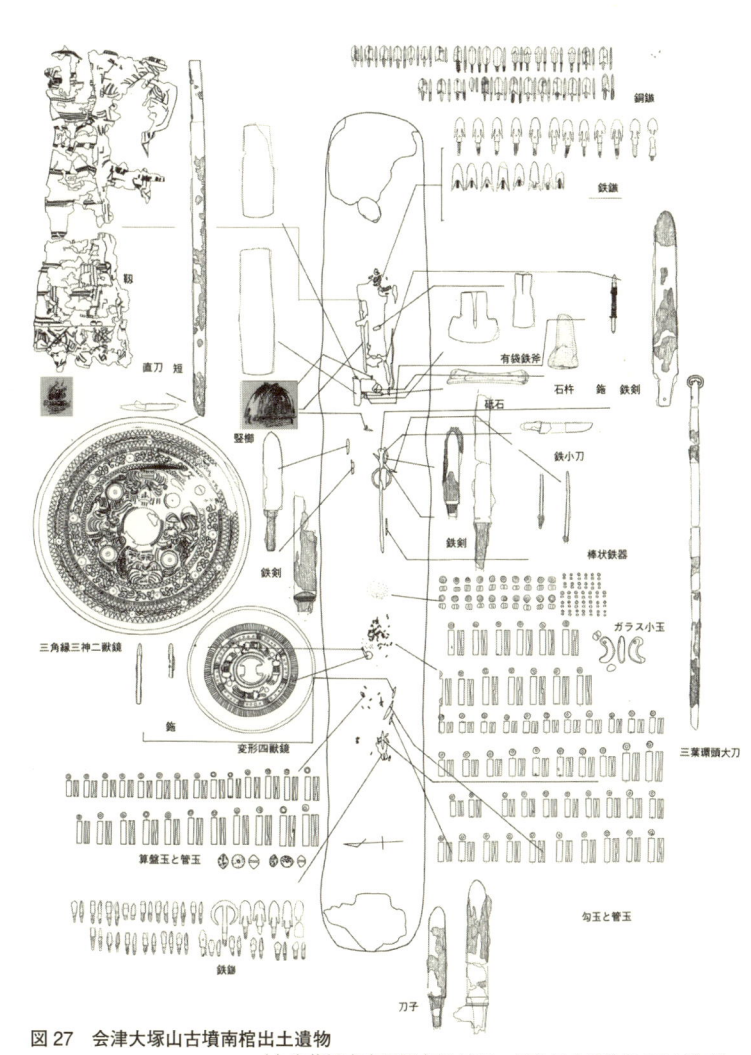

図27　会津大塚山古墳南棺出土遺物
（会津若松市史出版会編 1964、福島県立博物館 1994 改変）

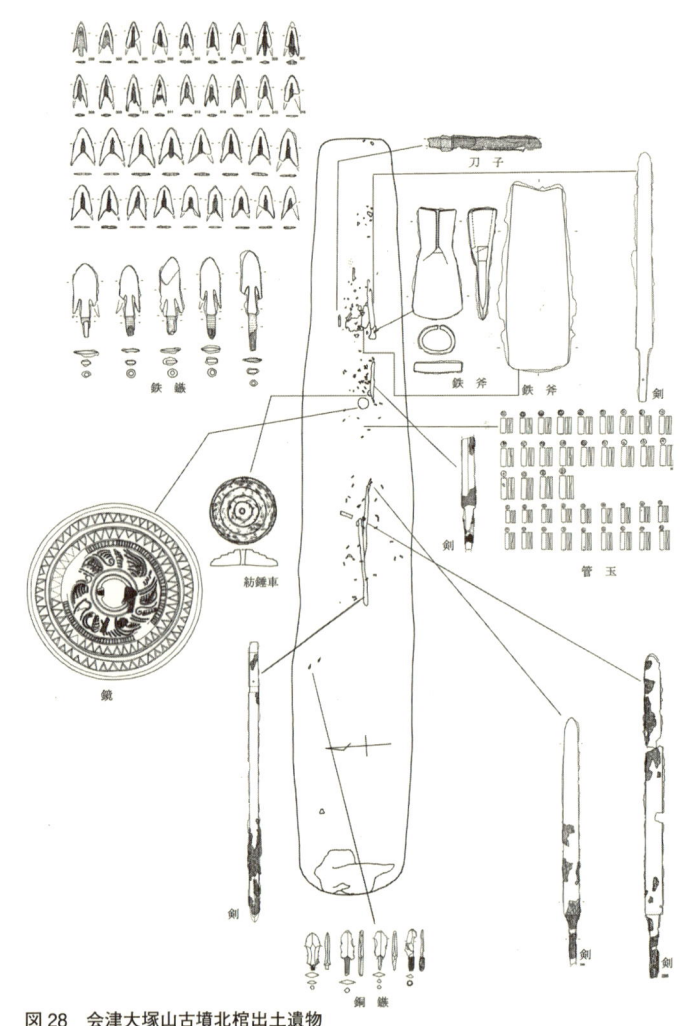

図28　会津大塚山古墳北棺出土遺物
（会津若松市史出版会編 1964、福島県立博物館 1994 改変）

棺より従位にある人物であろう。副葬品の種類や配置は基本的に南棺と同じである。棺の東半部には鉄剣と鉄鏃・鉄斧・刀子などが、中央部には鉄剣2と鉄刀1がある。

　副葬品は、木棺の東から西に向かって4群に分かれて納められていた。被葬者の頭部側東側に武器・武具・工具類、鉄剣と鉄鏃・鉄斧・刀子などの一群がある。また、被葬者の頭部付近の中央部寄りに捩文鏡と紡錘車形石製品・鉄剣がある。そして中央部では、身体に沿って武器が配置され、また装身具をともなっている。足下には祭具類が納められている。副葬品はいずれも棺内と推定される位置から出土している。前期古墳の基本的な副葬品配置の類例を踏まえている。ただし、石製腕飾類は出土していない。

　副葬品の組成からこの古墳は、大阪府紫金山古墳と三重県石山古墳の間、古墳前期後半と推定されている（会津若松市史出版委員会1964）。その後の検討により、菊地芳朗は、副葬品の再検討から古墳前期後半でも古く置いている（福島県立博物館1994）。これまで想定されていた年代幅のなかで、古墳前期後半でも古い段階に限定した考えである。確かに、前期末とすることはできないし、前半に引き上げることも困難である。辻秀人は前方後円墳集成3期としている（辻1993）。

　会津大塚山古墳の副葬品は、各種の斬撃刺突用武器と弓矢関連武器、銅鏡と装身具、それに工具である。これを身につけた被葬者は、武力と宗教的権威を体現し、各種玉を装身した姿である。その内容は、南東北の諸古墳から出土した副葬品でも突出して豪華である。被葬者は、会津平の王権を担った人物であろう。ただ、被葬者の血縁関係と性別は確実に判断することは難しい。

　上記の両古墳が丘陵部に造られていたのに対して、会津坂下町鎮守森古墳と亀ヶ森古墳は会津平でも河川が合流する低地に造られている。鎮守森古墳は前方後方墳で、墳丘長は55mである。前方部と比べて後方部が小さく、くびれ部の狭い形態である。試掘調査（福島県会津坂下町教育委

員会 1998)では周溝が確認され、埴輪破片も出土している。前期古墳のひとつである。

　鎮守森古墳の北側には墳丘長約 130 mの亀ヶ森古墳がある。南東北で宮城県名取市雷神山古墳に次いで大きな古墳である。現在は集落や墓地となり墳丘は変形しているが、おおよその規模は推定できる。後円部は直径 67 mあり、高さは現状で 10 mである。前方部は長さ・幅とも 60 m程度である。墳丘を取り囲むように、幅 15〜35 mの周濠跡が遺っている。

　試掘調査によって葺石が確認され、埴輪の小破片も表採されている。埴輪の年代は川西編年（川西 1978）のⅡ期あるいはⅢ期であろうか。墳丘規模から見て段築が設けられていたであろう。これに葺石があり、少量とはいえ埴輪がともなっている。会津平で大和川流域的な外表施設が確認された唯一の古墳である。前期でも後半の古墳である。

　文物の選択的受容　北條芳隆は出現期の古墳に、弥生時代の墳丘墓からの変化を受け継いだ古墳があることを指摘している。そして、大和や畿内勢力の主導性を再検討するとともに在地のかかわり方を強調している（北條 2000）。東日本の前期古墳では、段築・葺石の施された例は少なく、埴輪の配置も少ない。埋葬施設も竪穴式石槨はほとんどない。さらに中核地の古墳では、墳丘に埋葬施設を設ける掘形があり、墳丘を構築した後に埋葬が執り行われるのに対して、地表面から埋葬施設を造り、埋葬が終了してから墳丘を構築するということも行われている。たとえば千葉県木更津市手古塚古墳である。一方で、埋葬施設の上など墳丘から土師器が出土することも少なくない。

　前方後方墳あるいは前方後円墳という形、武器・武具・銅鏡・装身具・農耕具という副葬品は同じであるが、古墳の造りとそこで執り行われた葬送儀礼までが同じではなかった。中核地の定型した外形をそのままで受容したのではなく、前方後円墳（後方墳）の築造という情報を受けて、在地の土木技術で古墳は造られたのであろう。古墳を造る主体は、在地である。

　堂ヶ作山古墳の埋葬施設と副葬品は不明であるが、大型前方後円墳という墳丘、儀器化した壺形土器の配置というが、墳丘の葺石が特異な点、段築幅が狭い特徴がある。このことは、在地色である。定型化した古墳といっても、中核地の古墳要素をそのまま受容しているわけではない。

　会津大塚山古墳は、明確な段築を持った整美な前方後円形の墳形、そして中核地の前期古墳と同様な副葬品の質と量からして、畿内型古墳という評価が定まっている。しかし、墳丘に葺石はない。繰り返し実施された測量調査や踏査において、埴輪片も確認されていない。また埋葬施設の割竹形木棺の粘土閉塞も小口部のみである。埋葬施設の掘形も報告書からは不明瞭のようにも見える。これらの相違点は、会津大塚山古墳を造る側の事情が反映されていよう。他の古墳でも同様に、古墳構成要素の変形受容がある。亀ヶ森古墳の埴輪も、墳丘の全域に樹立されていたとするには、出土量があまりにも少ない。

　会津平の古墳は、中核地で成立した定型化古墳の要素を備えて造られているわけではない。在地の要請も加味して造られた古墳である。古墳という一定の墳墓形式がそれぞれの在地で造営されるときに、造る側の理解や持っている技術により、多様な較差が生じたのである。選択的受容には、会津平の自己主張がある。古墳は与えられたのではなく、会津平の人々が主体的に受容したのである。

　古墳を造る社会　周溝墓から古墳への飛躍は大きい。古墳を造営するには、膨大な労力と資材

表1　会津平における周溝墓から古墳への変遷（福島県教育委員会 2011a）

時　期　区　分			弥　生　時　代　後　期			
北 陸 地 域 の 土 器			猫　橋　　　法　仏		月　　　影	
北関東地域の土器			十　王　台　（樽）			
会 津 地 域 の 土 器			能　登	桜　町　I	桜　町　II	桜町III（古墳受容期前半）
墓制	周溝墓	四隅切れ周溝墓		桜町1周〜5周・7周〜9周	荒屋敷SX4・舘ノ内1周・2周	
		方形周溝墓			桜町10周・15周・16周	稲荷塚1周→4周→2周
		円形周溝墓			桜町11周	桜町18・20・23周　宮東3・4
	古墳	前方後方墳				
		前方後円墳				
		方（円）墳				
	土　坑　墓				桜町101坑・75坑	桜町64坑
	土 器 棺 墓				桜町1号棺	
集落遺跡	竪穴住居跡			桜町3住・7・8堅		中西4〜6住　宮ノ北3・8住
	掘立柱建物跡			桜町42建		稲荷塚1・6住
	周溝＋掘立柱建物跡			桜町6周　屋敷11住	桜町13周・17周	
	その他施設			桜町93坑・94坑　屋敷5井戸		
会津盆地内の社会変化			山間部から平野部に集落が展開	地域間交流の活発化　四隅切れ周溝墓の受容　外来系土器（北陸主体）　盆地内に水田農耕が普及	前方後方形周溝墓の受容　在地沈線文土器の減少　四隅切周溝墓の造営停止	前方後円形周溝墓の受容　弥生→古墳の転換期　土器の会津化　東海系土器の散見

を確保して、それを運用する組織の存在が前提である。それは新しい社会システムの成立を象徴する構築物である。倭国の各地に出現した大型古墳に葬られた人物は、墳丘墓に葬られた人物と比較して比較にならない強力な権力を保有していた。奈良盆地における箸墓古墳とそれ以前の墳丘墓には、大きな飛躍があり、その造営は突然である。

　大きな権力が出現する過程には多くの場合、戦いが惹起する。会津平被征服や移住説（甘粕・辻 1993 ほか）による古墳時代の開始が説かれる一因である。はたしてそうであろうか。会津平では、弥生後期に本格的な農耕社会が形成されていた。また庄内式期には古墳の原型となる周溝墓も造られていた。この状況は、北陸西部の状況と大きな相違はない。しかも周溝墓や土器の受容に際しては、それぞれの要素を選択して受容している。つまり選ぶ側が自主的な判断を保持していた。選択的受容である。日常的な土器は、縄文と刺突紋により装飾が施されている。在地の伝統を継承する土器である。会津平が主体となった変化である。

　また大型古墳の多くは単独で造られ、周囲に中小の古墳群が形成されていない。このことは、王権を構成する臣僚層が成立していなかったことの反映である。古墳を営んだ社会は王を頂点としていたが、これを支える広範な臣僚は存在していなかった。比較的有力な人々のなかから、王が選出されたのであろう。大型古墳の出現に先立ち、男壇遺跡、稲荷塚遺跡、宮東遺跡の方形周溝墓あるいは小型古墳は、会津平の各所でこれらの墳墓を営む人々が出現していたことを示している。

　これらに着目すれば、会津平における古墳の出現を武力被征服説・移住説で説明することは無理がある。武力征服や移住がなされた場合、必ず軋轢が生じる。会津平にその痕跡はない。紛争や戦争状況を示す高地性集落や環濠集落は確認されていない。古墳前期の会津平において、周辺と比べて多くの大型古墳が出現する理由は、弥生後期以来の成熟した農耕社会が形成され、そこに平和が

古墳受容期	古墳時代
白　江	古府クルビ
古墳受容期後半	古墳前期
▬▬▬▬▬▬▬▬▬▬	
▬▬▬▬▬▬▬▬▬▬	
周　鶴塚1	
▬▬▬▬▬▬▬▬▬▬	
稲荷塚3周→5周	稲荷森6周
宮東2周　男壇3周→4周→2周	
▬▬▬▬▬▬▬▬▬▬	
	宮東1周　杵ガ森　堂ヶ作　森北
▬▬▬▬▬▬▬▬▬▬	
内屋敷3周→6周→7周→2周	内屋敷4周　男壇1周
宮ノ北1・7住	中西2住　樋渡台畑22住
稲荷塚15住	
古墳前方部の明確化	定型化した古墳の受容
複合口縁壺の受容	大型古墳の出現
盆地外縁部に集落増加	底部焼成前穿孔の壺形土器

保たれていたことである。近接地の騒乱が常体化していれば、平和を保持すること自体が、地域の富強を裏付けることになる。同様に、南東北で大型古墳が受容される前後で、戦乱や社会的緊張関係の兆候を示す遺跡はほとんど確認されていない。それぞれの場所で王が必要とされ、王権が形成されたのであろう。ただ近年宮城県栗原市入の沢遺跡で防御施設のある集落跡が明らかになったが、今後の研究成果を待ちたい。

会津平の王権　古墳時代の開始と前後して、有力古墳の近くに政治・宗教の中心となる大集落が多くの場所で新たに出現する。奈良盆地における奈良県桜井市纒向遺跡がそうである。会津平においても、桜町遺跡や屋敷遺跡が途絶する一方で、大型古墳の周辺に集落群が集中する傾向がある。会津坂下町周辺や喜多方市塩川町東部などである。近隣の阿武隈川流域や新潟県でも、同様な例が確認されている。郡山市大安場古墳の南側には、山中日照田遺跡や正直B遺跡などが営まれている。新潟県胎内市城の山古墳の周辺でも、大塚遺跡や天野遺跡という集落がある（胎内市 2016）。

　会津平は低湿地が発達している。耕地の開発、水路の維持管理、洪水対策が十分であれば、豊かな土地になる場所である。土地が豊富な一方で労働力が不足する場合、集落を集めて労働力を確保することにより、各種の開発が可能になり、それは富を生む。富の蓄積は、繰り返し社会資本の充実に投資される。耕地の拡大と用水路の掘削、集落の建設が投資の対象である。人々を集めてこれらの作業に当たる社会システムが、古墳の出現と前後して確立したのであろう。この事業を推進するためには、王に類する役割を担う人物が必要になる。古墳に葬られた人物は、この役割を担った人物であろう。王には、結集した人々の繁栄を図る使命があった。

　古墳受容前後の会津平は、鉄器時代になっていた。会津内のみで自給自足の独立経済を営むことはできない。各種の社会資源が必要であった。古墳時代の社会資源は、宗教思想や国内外の情報、各種生活用品と道具、装身具、武器・武具・農工業技術、労働力、食料などである。このうち会津平自体で獲得できるものは、食料と労働力・山と河川・湖沼の産物である。外から入手しなければならないのは、情報と思想、技術、装身具、武器、鉄素材、農工具などの手工業品、塩や魚介類という海産物である。いずれも、古墳時代の生活に必要不可欠なものである。なかでも銅鏡や武器・武具・装身具など王の身体を装飾し、祭祀を執り行う祭具は、地域王権を維持する上で不可欠な外来の宝器であった。

　必要な社会資源を入手して、これを配分するのは王権の役割でもある。会津平の3ないし4大古墳群を束ねる王は、会津平内の折衝とともに、外に向かって交渉を行う役割があった。古墳の造営が大和川流域で開始された時、会津平の外を代表するのは、北陸の勢力ではなく、その背後

にある倭王権である。各種社会資源を獲得するには、倭王権を中核とする社会資源の分配システムに参加する必要があった（都出1996、白石2009ほか）。古墳時代の物流は、倭国各地の王権が相互に存在を認めて、必要な社会資源を交換するシステムである。この結節点を象徴する構築物が古墳である。古墳の副葬品には、当時の物流品の一端も窺い知ることができよう。

　中核地における古墳は、各地の弥生時代墳丘墓の要素を集めて創設された墳墓である（近藤1983）。それぞれの地域の首長（王）たちが、共に造るものであった。そこに首長連合という関係が想定される一因がある（白石2009）。ただしこの関係では、倭王権の覇権を認めても、それによる支配や統治という関係ではなかったであろう。

　古墳時代の王達は、墳墓として古墳を築造することにより、その実力と権威を内外に示していた。古墳の造営には多大な労力が必要となる。労働組織の編成である。それには政治的指導性が求められる。大古墳の出現は、大きな労働力の集中が可能な社会ができたことを示している。また関連諸地域の王権が協業によって古墳を造り、その祭儀に参加することは、各種社会資源の交換関係を王権間の相互承認行為となる。

　会津平においても同様に、この地の各首長間の協業が必要とされ、古墳が造られたのであろう。王権が集約する労働力と各王権の協業が墳丘の大型化を可能にしたのである。会津大塚山古墳や亀ヶ森古墳は、古墳時代前期における会津平の実力を今も示している。ただし、古墳の造営が倭王権の承認のもとに規格や規模が決定された、あるいは副葬品の量と質が被葬者の地位や身分を反映しているかは別である。

　古墳前期の会津平では、3ないし4箇所で地域の核となる王統系譜を示す古墳群が形成された。会津若松市街東部域、喜多方市塩川町東部地域、会津坂下町および喜多方市南西部地域である。それまで比較的小規模な周溝墓を造営していた会津平のなかから、大型古墳に葬られる王が出現して、世代を重ねるようになった。墳形も、前方後円墳、前方後方墳、帆立貝形がある。阿賀川東岸の会津若松市街東部では堂ヶ作山古墳→大塚山古墳・（一箕山古墳）、日橋川北岸の喜多方市塩川町東部では、観音森古墳と田中舟森山古墳、旧鶴沼川河口部の会津坂下地区ではこれより規模は小さい杵ガ森古墳、臼ガ森古墳、さらに鎮守森古墳と亀ヶ森古墳、それに阿賀川北岸の喜多方市山崎地区でも、虚空蔵森古墳がある。さらに王墓とともに、これを支える中小古墳も造営されていた。この状況は、関東・北陸西部と比較しても遜色はなく、この地に王権が確立していたことを示している。

　また会津平には、「四道将軍の物語」が『古事記』・『日本書紀』に伝えられている。古代日本国の領域形成過程を、奈良時代統治者の立場から述べた歴史である。これに対して発掘調査による歴史は、記録を残せなかった人々の活動痕跡、遺跡から、歴史を生き返らせることである。遺跡には、在地の論理が遺されているはずである。遺跡からみた会津平の歴史に、四道将軍の痕跡はない。会津大塚山古墳の被葬者が、ヤマトの将軍であると積極的に理解する証拠はない。

　会津平周辺の王権　新潟県方面は、弥生時代は北陸に含まれる土地であるが、墳丘墓から古墳の受容状況は、会津平と近似している。この地で周溝墓の受容は会津平よりも早く、弥生中期には出現していた。三条市内野手遺跡の例である。こののち、弥生後期には四隅切れ周溝墓の点在が確認され、桜町II・III式期の前方後方形墳丘墓と続いている。新潟市古津八幡山遺跡では周溝墓から鉄剣も出土している。

　桜町Ⅲ式期に続く古墳前期には、新潟平野南東部の東山丘陵と南西部の弥彦山周辺で継続的な古墳の造営が認められる。弥彦山周辺では、前方後円形の稲場塚古墳に始まり、前方後方形の山谷古墳さらに菖蒲塚古墳が造営された。菖蒲塚古墳が全長53ｍ、山谷古墳は全長37ｍである。規模はそれほど大きくはない。また円墳の隼人塚古墳・観音山古墳と続く。両方とも円墳で直径は20ｍ強である。この間、その北方には円墳の緒立八幡神社古墳も造られた。東山丘陵では保内古墳群が継続して営まれている。小型の前方後円墳と前方後方墳、円墳が混ざっている。そして古墳前期後半には、全長56ｍの帆立貝形古墳、古津八幡山古墳が出現する（新潟県考古学会編2005）。

　新潟平野の阿賀野川北岸側は、北陸の弥生土器分布圏とは異なり、弥生時代には北方文化と結びついていた。この地では、周溝墓の痕跡は希薄である。ところが古墳前期には、大型集落が急増する。そして胎内市城の山古墳が造営される。墳形は楕円形で、長軸45ｍ、短軸35ｍ、高さ5ｍである。近年の調査により、粘土槨から、会津大塚山古墳に匹敵する副葬品が出土した（新潟県胎内市教育委員会2016）。南東北の前期古墳では、仙台市遠見塚古墳のように墳丘規模に対して副葬品は貧弱であることが少なくないので、城の山古墳の豊かさは突出している。

　新潟平野では、最大規模の古墳でも50ｍ級である。王権は、弥彦山周辺で中規模古墳が継続していることから、この地に形成されていたと推定される。一方、東山丘陵の古津八幡山古墳、阿賀野川北岸の城の山古墳は、単独で孤立した存在である。継続的な王権は成立していないのであろう。この地は、早くから北陸西部と結びついた社会を形成していたが、古墳前期の王権は会津平と比べて低調である。

　会津平の北方に位置する米沢盆地では、桜町Ⅰ・Ⅱ式の周溝墓は確認されていない。この地で現在確認されている墳丘墓は、米沢市比丘尼平１号であろう。桜町Ⅲ式か、これより新しい段階であろうか。米沢盆地では、古墳前期中頃を前後する頃から前方後方形古墳が急増する。土器も土師器に変化する。米沢盆地西部では、全長74ｍで前方後方形の川西町天神森古墳、米沢盆地南部では全長80ｍで前方後方形の宝領塚古墳から全長60ｍで前方後円形の成

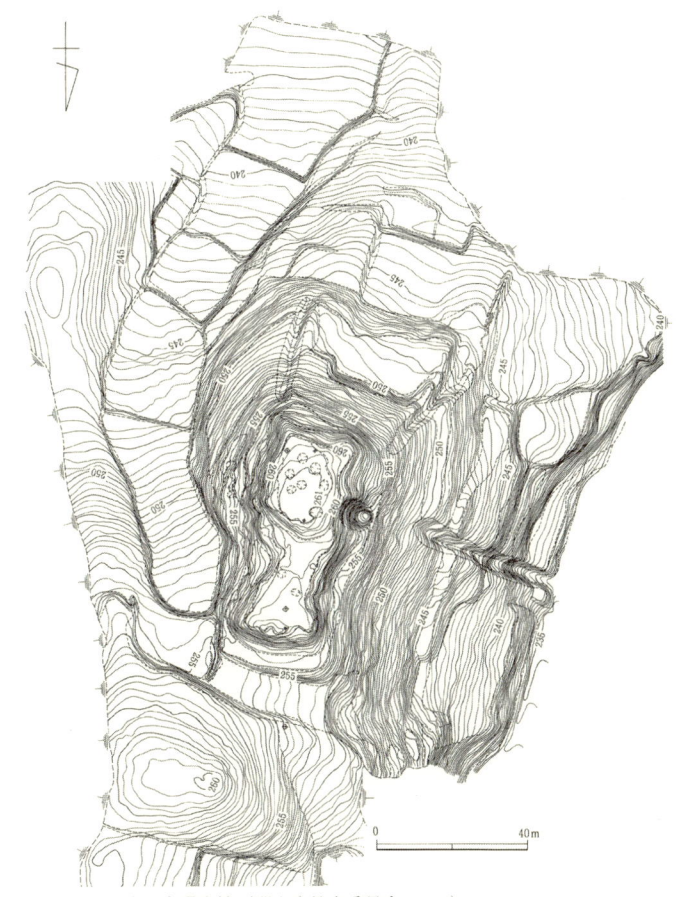

図29　郡山市大安場古墳（郡山市教育委員会1997c）

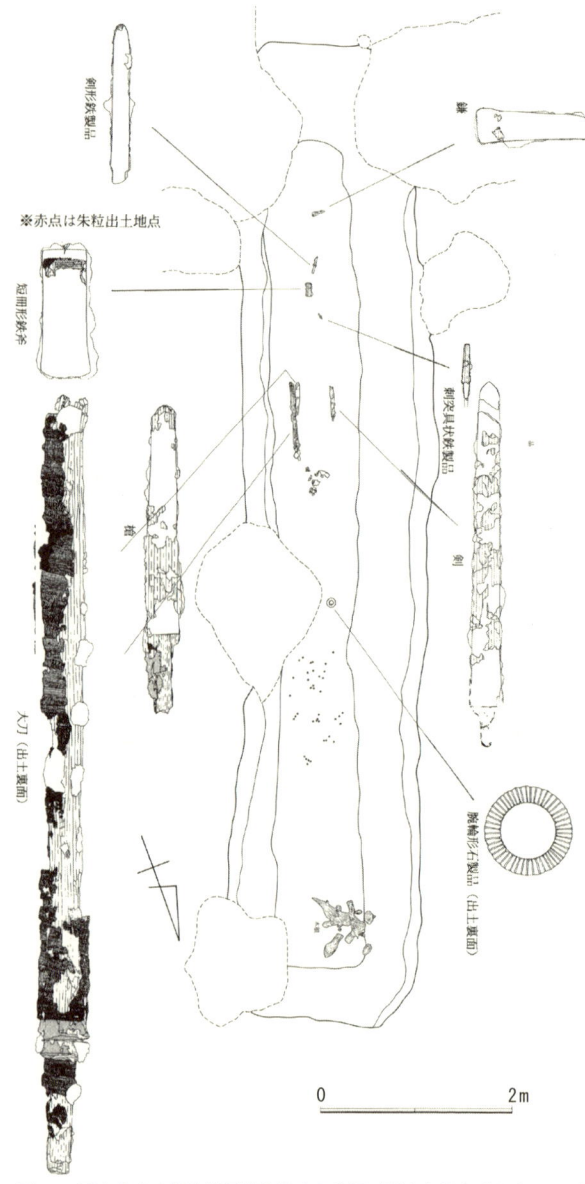

※赤点は朱粒出土地点

0　　　　　　　2m

図30　郡山市大安場古墳埋葬施設出土状況（郡山市教育委員会 1999c）

島古墳、北部では全長30ｍ前後で前方後方形の南陽市蒲生田3・4・2号墳、全長90ｍで前方後円形の稲荷森古墳がある。前期古墳の様相は、会津平と近似している。

奥羽山脈の東側では、会津平より少し古墳の受容が遅れる。阿武隈川流域では本宮市傾城壇古墳が全長42ｍの前方後円墳で最古と推定されている。辻秀人は古墳時代前期後半に置いている（辻1992a）が、菊地芳朗は前期前半と考えている（菊地2010）。

また郡山市大安場古墳は、古墳前期後半の古墳である（図29・30）。全長80ｍの前方後方墳と報告されている（郡山市教育委員会 1997c～1999c）。埋葬施設の調査も実施され、割竹形木棺から車輪石や鉄刀農耕具が出土している。銅鏡もなく、古墳の規模に比べて副葬品は少ない。墳丘には、体部が長い壺形埴輪が配置されていた。後方部は、明らかな改変を受けており、当初の姿は大きく損なわれている。測量調査の墳丘形状は、前方部二段の段築がある。これは、地震による滑落痕跡や後世の改変というトレンチ調査で理解されている。しかしこの部分は、当初の形状を遺しているのではないか。そうであるならば、南東北の前方後方墳で前方部に広い段築を設けた例はないので、筆者は前方後円墳の可能性を考えている。

福島県の太平洋岸では、浪江町本屋敷1号墳が最も古く古墳前期前半に位置づけられている。全長37ｍの前方後方墳である。続いていわき市玉山1号墳、浪江町堂の森古墳、南相馬市桜井1号墳が古墳前期後半に造られた。桜井古墳は全長75ｍの前方後方墳である。後方部は一辺45ｍ、高さ6.8ｍと大きい。玉山1号墳は全長112ｍの前方後円墳である（いわき市教育委員会 2005）。後円部は、直径60ｍ、高さ10ｍで、三段の段築と葺石がある。埴輪はなく、土師器が出土している。阿武隈川流域、福島県太平洋岸では、大安場古墳、玉山1号墳のような大型古墳が古墳前期後半に出現するが、単独であり、この前後に継続する古墳はない。

仙台湾岸方面で、古墳の築造が開始されるのは古墳前期前半でも新しくなってからである。い

まのところ、弥生時代の周溝墓・墳丘墓は確認されていない。この場所では、村田盆地と名取周辺で大型古墳の造営が継続している。村田盆地では前方後円墳が造られ、千塚山古墳が85m、続いて愛宕山古墳の90m、さらに中期の方領権現古墳が64mである。名取古墳群では前方後方墳が多く、古墳前期中頃から前期後半にかけて60m級の古墳が連続して造られている。観音塚古墳から宮山古墳→名取薬師堂古墳→山居古墳さらに山居北古墳である。そして前期末に全長168mの前方後円墳、名取雷神山古墳が造営される（辻1992a、藤沢2000など）。南東北最大の古墳である。古墳前期末の仙台湾沿岸で最も有力な王を葬った古墳であろう。それは東国全体のなかでも巨大な古墳である。

このほか、仙台市遠見塚古墳が全長110mの前方後円墳、宮城県北部の大崎平野では全長100mの前方後円墳青塚古墳、全長66mの前方後方墳京銭塚古墳がある。古墳前期では、宮城県北部までが前方後円墳分布の北限であった。

古墳前期の南東北では、弥生後期の周溝墓から古墳に至る変化を確認できる場所は会津平のみである。また王統が形成される場所も村田盆地や名取市周辺に限られている。多くの場所では、古墳が造られても継続することは少ない。また造られない場所も少なくなかった。そのなかで、会津平西部の会津坂下町、東部の喜多方市塩川町、南東部の会津若松市の3ヶ所で古墳の造営が継続していた。これらの場所では、大型古墳とともに、中小の古墳も確認されている。会津平は当時、南東北における中核であった。

また南東北で古墳が出現する頃、土師器が姿を現す。浪江町本屋敷古墳で確認された土師器北陸系土器である（川村2003など）。この土師器は、会津において在地化した土師器である。桜町諸型式土器は、北陸の要素を受容しながら在地の土器と融合して、会津平独自の土器に変化した。南東北で古墳が受容されるとき、北陸が周溝墓を伝えた役割を会津平が担った一端を示していよう。

第4節　古墳を造営すること

在地の自己主張　田中琢は、古墳の築造は単なる流行にすぎないという（田中1991）。この考えによれば、杵ガ森古墳や堂ヶ作古山墳は、会津平に形成された王権の自己主張となる。そこに葬られた人・人々は、倭王権の存在を認識していたであろう。また倭王権が、会津平や他地域の詳細な政治状況を把握した上で、各地王権の序列を決めることが可能であろうか。当時の倭国の住人に、倭国人という共通意識はなかったであろう。古墳中期でも大和川流域からみれば、東方は毛人、西方の衆夷である。

古墳は、画一的、定型化した構築物とされているが、墳丘の形態や施設、あるいは埋葬施設の構造、祭祀儀礼の執行手順や副葬品の取り扱い等々に着目して各地の古墳を分析すれば、在地的特色や時期変化もあり、個々の古墳においても独自な特徴が指摘できる。会津平の出現期古墳と中核地の前期古墳を比較すれば、墳丘形や埋葬施設の造りに相異がある。

古墳は、それぞれの王権とその王権を構成する集団の技術を結集して造られたのである。古墳を造ることにより、自らの集団が持っている実力を示すためである。このことにより、倭国の王権、在地間の交易・交流そして政治的優位を保つ手段としたのである。古墳を造り、政治・経

済・思想を介した倭国に参入したのである。古墳を造る主体は、それぞれの在地である。

　はたして、古墳の墳丘や埋葬施設、副葬品の在り方という較差により、倭王権の政治秩序や身分は表示されていたのであろうか。大古墳でも貧弱な埋葬施設と乏しい副葬品である場合があり、小古墳でも豪華な副葬品が納められていることがある。古墳の規模や構造、副葬品の多寡に偏差はある。それは、相対的な力関係を表示しているだけである。古墳は、それぞれの場所で、それぞれの実情を踏まえて造られたと理解したい。

　前期古墳の副葬品に、呪術的な要素が強く見られることは古くから注目されていた。小林行雄は、前期古墳の被葬者が司祭者的性格を持っていたことを強調している（小林 1961）。広瀬和雄は、古墳は神となった首長を葬る施設と考えている（広瀬 2003）。神かどうかは別にして、呪術的副葬品が示すのは、軍事的支配者、行政権力者ではなく宗教的行事の司祭を執り行ったことの表現である（白石 1985b）。

　集落や集落群を束ねるには、経済力や武力に加えて、精神的な権威や宗教的権威も必要になる。王とそれに連なる人物が葬られた古墳に、宗教的権威やそれを象徴する器物が副葬されたのも、これが理由である。そのような政治体制が倭国の成立とともに、古墳により表示されたのである。

　倭国の版図は、多様な自然環境の土地で構成されていた。それぞれの土地では、弥生時代から在地社会を形成する競争が継続されていた。土地がひとつの在地社会を形成するとき、それを維持するには、土地のなかで形成された在地社会の価値基準、在地の論理がなければならない。それは、在地が在地として存在するための掟であり、慣習であり、宗教であり、文化である。在地の基層を掘り崩すには、表層を覆う外来の論理が変化して在地化しなければならない。倭国を構成する諸国の覇権を握った中核地の論理、古墳の論理も偏差をもって受容されたはずである。古墳は、造った在地側が自己を主張するために造られたのであり、倭王権側によって古墳の内容が規定されたのではない。

　葬られた人　古墳には、どのような人々が葬られたか。中核地の巨大古墳に葬られた人物は、倭王やそれに類する人々である。中小の古墳も倭王権に連なる人々である。古墳には倭王や倭王権を構成する人々が葬られていた。この人々は、豪族・貴族、であるのか、族長あるいは首長と呼ぶのか、または単に有力者とするのか。このことは、当時の社会理解と密接にかかわっている。

　考古学では、古墳に葬られた人物は「首長」であるという。『広辞苑』等で首長と言えば、人間集団の「頭人であり、宰領者」である。行政機関の長を首長（くびちょう）ともいう。現在のペルシャ湾南西部にある首長国の首長は実質は王である。地域や人間、宗教集団など、あらゆる集団にも首長はいる。

　首長という用語は、渡辺義通が古墳時代の国造層など、国家機関の職掌を司る長を対象として使用したことに始まる（大久保 2004）。石母田正も、国家機構の部署管理者に使用している。考古学では、社会的職務と階級関係の成長と関連させて考え、古代の郡程度の領域、共同体の統率者を首長としていた。弥生・古墳時代の社会は、単位集団を基礎に農業共同体があり、重層した共同体間の頂点に支配者として、地域共同体を体現するのが首長であるとする理解である（近藤 1966 ほか）。

　ところが古墳の調査が進展するなかで、様々な古墳の存在が明らかとなった。古墳には複数の被葬者があり、埋葬施設の状況や副葬品の量と質から、被葬者間にも社会的役割にも相違があった。同じ古墳に葬られた人が、血縁者や家族とは限らない。あるいは共同体を統括し、運営した人々であったかもしれない。またひとつの地域と考えられる範囲で、複数系列をもって古墳が造営された。あわせて、大小様々な古墳があることなどである。

　古墳は重層的に造られ、被葬者が共同体を統率する単一支配者に限定できないことが判明した。そこで首長墳、非首長墳という用語も現れた。古墳の分布にも、在地間の不均衡がある。ひとつの領域をひとつの権力が統治するという想定自体が虚構であろう。

　近年、社会学・経済学から援用した首長概念に対して、新たに文化人類学の首長概念により、弥生・古墳社会の分析に活用される試みが、都出比呂志などによって導入された。文化人類学では、国家成立する直前に首長制社会を想定している。首長制は出自と出生順位による血縁原理が社会統合の原理であり、これが共同体首長と成員の間に支配従属関係を規定し、同じ原理が首長間にも働く制度である。経済的には、首長と共同体成員では再分配原理、共同体と共同体間では互酬制原理で成り立っている社会である。

　そうして、この首長制社会と成熟国家を結びつけるために、初期国家を設定してこれを古墳時代にあてた。古墳は、首長間の相互承認に基づいて、墳形と規模から首長間の身分秩序を規定したとした。古墳の被葬者が、首長であるという考えに変わりはない。しかし、それで十分であろうか。

　大和川流域の巨大前方後円墳の被葬者は、倭国の王であることに異論は少ない。倭王という身分にふさわしい巨大な墳墓である。倭王としての社会的要請を受けて造られた古墳である。ではその古墳に複数の被葬者があった場合、すべてが在地王という理解は難しい。埋葬施設や副葬品に格差があることからすれば、複数の王が葬られたのではなく、王に連なる人物も埋葬されたと理解すべきであろう。巨大古墳でも、葬られた人物は倭王以外も含まれていたのである。

　倭王は食べるために働く人ではない。一人で住む人でもない。倭王の王権を維持する組織、家政を維持する人々の存在が必要となる。大和川流域に造営された古墳の被葬者は、倭王権を構成する様々な職掌を担った人々であろう。被葬者は、王権内で分担した職掌の長や宰領者的人物であっても、地域の王であるとは限らない。古墳の被葬者は地域首長とその周辺で様々な社会的役割を持った人々の墳墓である。そういう意味で、大和川流域の古墳と古墳群の被葬者は倭王権に連なる人々である。大和川流域以外の場所でも、同様に古墳は造られた。在地の王であり、これに連なる様々な人々である。

　古墳を造る人々　倭王の葬られた前方後円墳のほかに、近似した前方後方墳がある。前方後方墳は、中核地から東側の地域に偏在して濃密に分布している。奈良盆地には、新山古墳や西山古墳という大型前方後方墳が存在している。西方では、山陰にまとまった分布圏がある。前方後方墳も、奈良盆地を基点に分布している。関東・東北の前期古墳は、前方後方墳が卓越するという認識が強いが、南東北では前方後円墳も多い。東日本の首長層が西日本の前方後円墳に対抗して前方後方墳を造営した、あるいは出自を墳形に表示したというという理解は、成立しない。

　墳形のほか、墳丘規模の大小、埋葬施設の相違、副葬品の貧富という相違もある。中核地と東国では、埋葬施設墓坑の有無、粘土槨の在り方、墳丘段築の有無、盛り土の方法、壺形埴輪の盛

行となどの相違がある。概して東国の古墳では、副葬品は乏しい。

　確かに古墳には、相対的な偏差はある。しかし、古墳の差異、副葬品の優劣が、単純に倭王権の身分秩序を表示しているかは疑問である。古墳を造る主体者は、在地の王権である。築造の労働力は地元の人々である。古墳の規模や施設の精粗、副葬品の多寡は、造営主体の築造にかかわる動員力の大小、造営技術の相違、物流品の入手貧富に限定される。在地の技術基盤、労働編成方式が基盤となって造られる。古墳の細部に相違が生じるのも当然である。倭王権には、古墳造営を強制する実行組織や規制する監視装置、違反者に対する懲罰組織もない。古墳を造営することで、倭王権が首長間の整合的格付を行うことは無理であろう。

　中核地の巨大な前方後円墳は、倭王の墓所であり、そこには倭王権の政治的・宗教的・経済的な在り方が凝縮されていた。各地の諸王権も倭王の古墳造営に参加したであろう。関係する王権が寄り集まって古墳を造ることにより、その関係が再確認されたのであろう。これに習って、倭国各地の諸王権も、自らの実力を誇示するために古墳を造営した。この場合も、古墳造営を担う主体はそれぞれの王権とそれに連なる人々である。その社会的要請があって造られた。

　古墳は、倭国の諸地に形成された王権が権力と権威を主張し、また獲得するための構築物である。そういう意味で巨大な威信財である。ただ、古墳の規模や形状、埋葬施設や副葬品の指定、執り行われた葬送儀礼にも地域と時期による偏差があった。古墳にある各種較差は、それぞれに古墳を造営した場所の事情や地域間の各種結びつきにより生じたのである。古墳自体に、倭王権による身分秩序や政治的序列を表示する機能はなかった。古墳造営の主体者は、倭国という版図のなかのそれぞれの諸王権である。

　倭国の成立　倭の地では、周辺地域を含む様々な交流を経て、大和川流域の倭王権が核となり倭国を成立させた。対外的には、倭を代表する倭国王の誕生である。これを象徴するように、巨大な前方後円墳が倭王の墳墓として造営された。古墳の造営とそこで執り行われた葬送儀礼は、倭国版図内の政治的な交流の場でもあった。巨大な墳丘と厳めしい外観は、そこに葬られた王の偉大さを誇示していよう。その埋葬施設は、厳重に密封され、死者の安寧を保障していた。またそこに納められた副葬品には、刀剣や装身具とともに多量の銅鏡がある。この銅鏡は単なる化粧道具ではない。それまでの銅鐸・銅矛に代わる新しい王権の祭具である。

　古墳の被葬者には、司祭者的役割が強く反映されている（小林1961ほか）。この段階の倭国は、軍事的な力ではなく、宗教的な結びつきに重心を置いた統合方式であったことの反映である。古墳は、個人の墳墓をこえた宗教的な施設でもあった。これとともに古墳を造営する膨大な労力、高価な副葬品の経済力を結集した政治的な構築物である。古墳には、倭国の特色が端的に示されている。倭国の時代は古墳の時代でもある。

　古墳の誕生に至る墳墓の変化をみると、副葬の多寡や質的差異が顕著になるのは弥生中期である。これが後期には大型墳丘墓となり、さらに庄内式期には在地色のある四隅突出型墳丘墓や前方後方形あるいは前方後円形墳丘墓とが造り出される。この過程は、共同体成員のなかから血統を限定した首長が出現する過程でもあった（近藤1983、田中1991ほか）。各地の前期大型古墳には、それぞれの王が葬られたのである。

　集落では、古墳時代の始まりとともに、弥生時代に特徴的な環濠集落は営まれなくなる。首長は居館を造って、共同体成員の集落とは別な場所に住むことになった。集落と政治拠点の分離で

ある。首長として地域の核となる結合が形成された結果であろう（都出 1989a）。王の地位と役割を果たす施設である。倭国の王都である可能性が高い奈良県纒向遺跡では、そのような施設の一端が確認され始めている。

通常の集落は、点ではなく、面として営まれた。生業に適した場所に集落が拡大することにより、それぞれの環境により適応した生業が追求された。沖積平野の水稲、丘陵地帯の畑作、山林原野の各種産物利用、水産業なども拡大した。人々の活動の場が拡大することにより、より多様な生活が営まれた。

日常生活品はそれぞれの土地で造られた。それ以外の手工業品では、特定の産地が顕在化した。勾玉や各種の玉、石製腕飾類が北陸や山陰方面の集落で生産される。ガラス玉は関東方面でも生産されている。在地に特化した生産物の出現である。倭国の基幹物資である青銅製品や鉄製品は、大和川流域とその近辺に生産があったと推定されよう。

また宝飾品・武器・武具・繊維織物・鉄素材などという各種交易品の物流網は、倭王権の所在地である大和川流域を核として展開するようになった。西の瀬戸内海から玄界灘を経て朝鮮半島に至る交易路、東へは、伊勢湾岸から北陸、関東に向かう路である。福岡県沖ノ島遺跡や長野県御坂峠遺跡は、交易路上の祭祀遺跡である。

倭国の成立と古墳の造営開始には密接な関係があり、ここに国家の誕生をみる考えが 1950 年代には通有であった。この後、国家の概念規定にマルクス史学の考えが援用されるようになって、律令国家＝日本国の成立をもって日本列島における国家の出現ととらえる見解が主流となった。これに対して、初期国家論の視点から古墳時代社会像に再検討を求める意見も提起されている。何をもって国家とするか。議論は尽きない。

国家の概念規定は、社会学・政治学・経済学、あるいは文化人類学等によってなされてきた。考古学は、これらの成果を援用し、過去の社会や国家が遺した痕跡から実態を追究するにすぎない。国家をどのようにとらえるか。国家には、多種多様な在り方がある（増田 1981）。古代中国から倭あるいは倭国と呼ばれ、そこに住む住人を倭人とされた土地と人々、その王も自らを倭王と称し政治圏が倭国である。

倭国は倭王を宗主として、在地王権がこれに連なる国である。倭王と在地王権の結びつきにより成り立つ穏やかな国であった。倭王権には倭国の版図を統治する官僚機構や単一の制度・法はなかった。したがって倭王権が在地王権の内部を直接掌握することは不可能であったし、その意図もなかったであろう。集権国家ではない。在地には在地の秩序が維持されていた。それは倭国の多様な風土にあって、それぞれの環境と文化に適応させた多様な在地社会となる。

確かに倭王の権威を反映して巨大な古墳が造られた。しかし在地王権の古墳との格差は相対的である。古墳前期の倭王古墳は 300 m 近い規模であるが、南東北の名取雷神山古墳や坂下町亀ヶ森古墳はこの半分以上の規模がある。倭王も大和川流域を本貫地とする有力な王権のひとつであった。倭国を現代の物差しで測ることに無理があろう。

む　す　び

会津平の農耕社会は、北からの水稲農耕伝播を契機として本格的に開始された。つづいて、おもに北陸方面の農業技術や生活様式を受容することにより、周辺地域と結びついて会津平は倭国

北端の一郭を形成した。ただし、変化の主体は会津平在地の人々であった。古墳もこれを基盤として受容した。ここに、会津平の原型が成立した。倭国北端は、あちら側とこちら側を分けた辺境であるからこそ、大和川流域周辺の中核地とともに、その特性が表出したのである。

　会津平は能登式期前後、倭地の北方との境界帯に位置している。境界帯を境にして南方には農耕社会あり、北方には続縄文文化の社会があった。ただこの農耕文化は、縄文晩期の文化を基盤に水稲農耕を受容していた。西方の水稲農耕とはかなり異質な文化である。この時期、天王山式土器は東北に広く分布しているが、水稲農耕の痕跡は希薄である。倭国西端の対馬海峡が鋭いエッジであったのに対して、北方のエッジは霧のなかに潜んでいた。

　桜町Ⅰ式期には、会津平の東西で交流が活発化する。北陸方面は、低湿地が広がる水稲農耕の先進地域である。会津平の農耕はこの地を手本として強化された。また東方へは東関東の十王台文化圏と深く結びついていた。この地は水田よりも丘陵・台地が発達し、畑作農耕に適した場所である。3地域交流は、桜町Ⅰ式と北陸・会津・東関東の要素を合わせたキメラ土器が端的に示している。同時に出現する四隅切れ周溝墓もこれらの地との交流を受けた結果である。同時に周溝墓以外にも多くの文物と知識・技術がもたらされたであろう。

　桜町Ⅱ式になると、四隅切れ周溝墓から方形や円形の周溝墓に変化する。あわせて土器も在地的要素は希薄になり土師器化が進行する。そして桜町Ⅲ式には、北陸方面の土師器と結びつきが強化されるとともに、会津平の土師器が誕生する。この土師器には、塩釜式とは、また別な在地土器である。塩釜式土師器が、関東の五領式土師器と対応するとすれば、それ以前に位置づけられる。

　会津平に大型古墳が造られるのは、北陸でいう古府クルビ式併行期である。堂ヶ作山古墳からは、この時期の土器が出土している。会津平に古墳が受容される頃、この地で戦乱や社会的混乱の痕跡は希薄である。集落は平地に営まれるが、防御的施設はともなっていない。北陸方面で古墳を造営する社会、王権の成立を受けて、この地でも王権が必要とされたのではないか。周溝墓を営む人々のなかから、これらを統合する王を誕生させた。王を社会の核として政治秩序を形成する。利害関係の調整、社会的役割の分担。社会を機能させる意思決定と必要事項の実行。交易・生業・防衛・社会資本の蓄積。社会階層を構築することにより、自らを強化する。秩序と規範による安定した生活を保障する。外部からの脅威に対抗して、自律的な集団を維持する。倭国北端にあって、倭王権の政治秩序の一角を担う会津王権である。

第2章
寒冷期の集落と生活

は じ め に

　気候の変化は、生活に大きな影響を与える。倭国の時代には、大きな寒暖の変化があったらしい。坂口豊の分析によれば、西暦390年頃までは比較的温暖で、西暦510年頃に最も寒冷化が進んだという。最寒冷期は、現在と比べて年平均気温で−3度ほど低下したという（坂口1984・1993）。ここまで寒冷化が進めば、東北は狂冷の害を被る。古墳時代は寒冷で多雨による洪水が頻発し、水稲農耕にとって決して有利な環境ではなく、生活を維持することも困難であっただろう。人々の暮らしは、崩壊の危機に直面したであろう。

　この時期、北東北では続縄文文化の南下が指摘されている（佐藤1976ほか）。太平洋側では宮城県北部の江合川流域まで、続縄文文化の集落が集中して確認されている。弥生時代には水稲農耕が行われていた北東北は、続縄文文化圏に変化した。寒冷化の影響を受けて、農耕社会から再び狩猟採集を中心とする社会に変化したのである（工藤1998a）。宮城県北部までが、農耕社会を維持できなくなるほどに寒冷化が進めば、阿武隈川上流域にも重大な影響を与えたと想定される。当時の農業技術では、安定した水稲農耕を維持することは困難であった。

　阿武隈川上流域で、大規模な国土改造にともなう発掘調査が開始されたのは、1970年代からである。そして、資料の蓄積は現在も継続している。しかし集落論自体は、発掘報告書で分析がなされるほかは、低調である。この地の集落研究が本格化したのは、玉川一郎による天栄村（現須賀川市）舞台遺跡の調査である。報告書では、竪穴住居の構造から土器組成を含めた分析がなされ、1980年代以降の集落遺跡調査の指針となった（天栄村教育委員会1981）。この後、菊地芳朗によって、単位集団の抽出や造営集団の階層関係、集落遺跡の分類と古墳との結びつきが検討された（菊地2001）。しかしこの成果について横須賀倫達は、玉川村江平遺跡の集落を分析するなかで、「個々の集落自体がその階層的位置を明確に具現化し、差別化される段階には至っていない。」と否定的である（福島県教育委員会2002a）。阿武隈川上流域の古墳中・後期に、顕著な有力古墳が造営されていないことを合わせて考えるならば、横須賀が指摘する通りであろう。また、集落の継続期間と分布をもとにした集落動向を論じた垣内和孝の研究もある。これによれば、古墳中・後期の集落は、長期間に継続することはないという特徴が指摘されている（垣内1995・1996）。

　この地の集落については、まだまだ不明確な点も少なくない。そこで、竪穴住居に造り付けカマドが導入され、丘陵に散居集落が展開した古墳寒冷期の集落と生活、および集落の営みについて基本的な事柄の整理をしておきたい。

第1節　寒冷期の生活

人は、周辺の環境に働きかけて生活を営んでいる。その働きかけ方が、文化の基盤である。山や川、海の産物、耕地の造成、燃料、各種鉱物資源などを複合的に利用して生活が成り立っている。様々な土地や社会の基礎となる生活様式である。

集落は、居宅をはじめ各種の施設が集中した生活の場である。人々が日常生活を営む所であり、活動の拠点である。古墳時代集落には、大きくいくつもの生活単位が集まって構成される集村、生活単位が散在する散村がある（岩崎2000など）。当時の南東北に都市はない。集落の周辺、耕地や墓地、道路、山林などがあり、これらの区域を含めた範囲が生活圏となる。この外には、山・野・海がある。

考古学における集落遺跡は、竪穴住居跡を中心に、平地式建物、貯蔵穴、区画施設など各種遺構で構成される範囲を対象としている。集落は生活の拠点である。遺跡には、各種施設と日常用品など生活の実態が埋まっている。

倭国東部の集落遺跡の施設や景観は、火山灰に覆われた群馬県黒井峯遺跡など、群馬県諸遺跡の発掘調査によって具体的な姿が明らかになった。ここでは、竪穴住居に加えて各種付属施設、竪穴建物、掘立柱建物や広場や耕地、柵列、村道、水場、祭祀施設などがあった。さらに耕地、通路、立木跡など、旧地表面がそのまま遺存していた。当時の集落景観そのものが、現れたのである。群馬県諸遺跡の調査成果は、これが関東北西部に特有な特色もあろうが、当時の集落を復元していく重要な資料となる。ただ、群馬県の集落遺跡が、当時の倭国における普遍的な姿とは限らない。倭国は多様な風土で構成されて、生活様式も様々である。この場合、阿武隈川上流域の古墳時代集落は、多くが丘陵に立地することから、群馬県地域の火山灰下集落丘陵地帯と近似する環境に営まれたと考えられる。

多くの集落遺跡では、表土下に各種集落施設の下部が遺構として遺されているだけである。竪穴住居跡を中心とした遺跡を対象としたこれまでの集落分析では、部分的な構成要素を対象としたにすぎないことが明らかになった。集落の実態を解明するには、竪穴建物以外の各種施設を含めた復元作業とその結びつき、これらを含めた考察が求められている。

集落立地　阿武隈川上流域の台地や丘陵地帯の集落は、樹枝状に開折する沢に面して立地している。遺跡の周辺の小規模な沢は、現代の気候条件では谷地水田を営むには絶好の条件を備えている。沢地には湧水があり、沢部を造成して階段状の水田を造ることは、沖積部と比べると容易である。さらに、谷頭に溜め池を造れば用水も安定する。洪水の心配も少ない。

中世以降、阿武隈川流域で、谷地水田の水稲農耕が重要な位置を占めていたのは、この条件が生かされた結果である。しかしながらこの場所で、水田が営まれるのは平安時代からである。古墳時代の谷地は、自然の湿地であった。花粉分析とプラント・オパール分析によれば、古墳時代では周辺の山林で広葉樹が広がり、稲作は平安時代以降と推定されている（福島県教育委員会1999b）。

阿武隈川上流域における丘陵地帯では、阿武隈川右岸の白河市から郡山市南東部に及ぶ母畑開発の圃場整備、釈迦堂川流域の矢吹町から須賀川市南西部の矢吹開発にともなう発掘調査および試掘調査等が実施されている。にもかかわらず、古墳時代の谷地水田跡は検出されていない。

用水路・溜池とい
う水利施設跡も未
確認である。また
阿武隈高地でも、
各種の開発にとも
なって分布調査・
発掘調査が広範に
実施されている。
これによって、縄
文時代・平安時代
から中世にかけ
て、多くの遺跡が
知られるように
なった。ところが
標高350mを越え

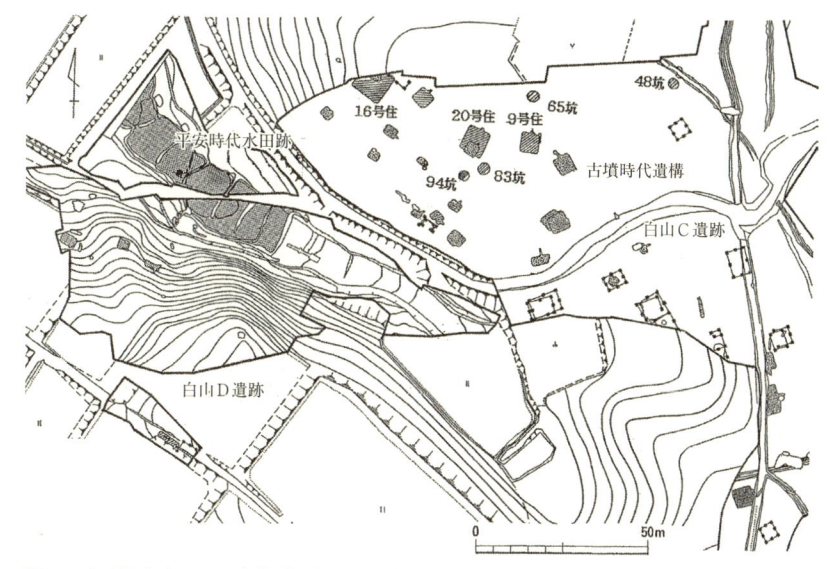

図31　矢吹町白山 C・D 遺跡（福島県教育委員会 1999a・b 合成改変）

る高地では、5・6世紀の集落はほとんど知られていない。阿武隈高地では、小野町落合遺跡で、
4世紀後半の集落が知られている程度である。南東北では、古墳時代の集落限界線高度は、この
付近にあった。

　当時の主要な生活の場所は、標高350mより下の平野や丘陵地帯である。集落は、現在ならば
丘陵・台地を開析した谷地水田に面した場所である。しかし、集落は一時的に大型化することは
あっても、営まれた期間は短い。寒冷化した気候のもとで、丘陵・台地に営まれた集落が短期間
で移動を繰り返す状況であった。この立地状況は、当時の農業が水稲農耕ではなく、畑作農耕が
中心であった一端を反映していよう。

　当時の土地利用について、詳しいことは不明であるが、研究の進んでいる群馬県の例は参考に
なる（斎藤2010）。群馬県では榛名山二ツ岳伊香保テフラ（Hr-FP）に覆われ、当時の地表面が遺存
している。齋藤聡は、黒井峯遺跡周辺の環境を垣に囲まれた集落、その周辺に造られた畠（畑）、
馬蹄痕がある放牧地、湿地・谷地、そして水田という景観を復元している。このなかで、短期
間で集落が畠となり、畑が水田に変化することや、畝のある畠と無い畑、放置された畠、放牧地
の炭化層から定期的な野焼があったことを明らかにした。畑は連作障害を避ける休耕地もあっ
た。さらに大河川周辺の低地は谷地・湿地であり、水田は比較的安定して湧水のある平坦面に
あった。

　また群馬県中郷田尻遺跡では、榛名山二ツ岳伊香保テフラ（Hr-FP）降下前に78軒の竪穴住居
が造られていたが、同時に存在したのは3軒であったという。集落などを結ぶ道路は、両脇に盛
り土がある溝状である。これと同じ遺構は、時期は不明だが、矢吹町白山C遺跡でも確認してい
る（図31）。この地では古墳時代の水田が少なかったと考えられ、谷地や河川周辺の平坦地からい
まだに水田跡は検出されていない。丘陵に集落が散在する状況は、群馬県の山麓集落と近似した
状況であろう。

　食　物　阿武隈川上流域の古墳時代栽培植物については、いくつかの遺跡でイネ、モモ等の炭

化種子の出土例が報告されている程度で、研究は進んでいない。集落が丘陵地帯にあり、水田の痕跡が乏しいのであれば、水稲農耕以外の農耕が重要になる。南東北で、古墳時代の遺跡から出土した食用の植物種子は、いわき市菅俣遺跡でオニグルミ、サンショウ、モモ、イネ、アワ、ヒエ、リョクトウ、マメなどが知られている。遺存する植物が少ないこともあって、これは当時利用されていた植物性食物の一端にすぎないであろう。麦類、豆類、エゴマ、アワ、ヒエ、ソバ、キビ、そしてイネなどの栽培は、当然想定されなければならない。

近代までの農山村では、水田・畑の作物以外に、山野から多くの食物が採取された。ドングリ、トチの実、クルミ、カヤ、イチョウ等の木の実、ヤマノイモ、ヒガンバナ、ユリ、ワラビ、クズなどの澱粉、蔬菜類、キノコ類である。農耕が食料を獲得する上で重要ではあるが、当時の生産性と気候不順を考えれば、山林原野の有用植物が利用されなかった訳はない。山林資源の豊富なナラ林に囲まれた集落であれば、当然である。ただし、これらが主要な食料獲得手段でなかったことは、当時の集落が山間部にほとんど存在しない点で明らかである。

阿武隈川流域の動物性食料では、イノシシ、シカの骨が本宮市百目木遺跡や同市北ノ脇・高木遺跡などで多数出土している。郡山市正直A遺跡ではウマの骨も確認されている。これらはカマドの燃焼部からの出土である。食べ残しを焼却した痕跡であろうか。祭祀というよりは、食料とした痕跡と考えたい。

会津坂下町中平遺跡から、サケ、ウグイ、イノシシの骨が出土している。内陸部の会津で、コイ科の淡水魚のウグイは、近年まで初夏の重要な蛋白源であった。サケの重要性は、いうまでもない。同町樋渡台畑遺跡からは、サケ・マスを捕獲するための鍵針が出土している。現在でも、遡上するサケ・マスを引っ掛ける手法で、捕獲することも行われている。

矢吹町七軒2号横穴・弘法山4号横穴などからは、広根式の鉄鏃が出土している。傷口を大きく広げる狩猟用の鉄鏃である。武器ではなく、動物性蛋白源を求めて狩猟に用いられた可能性がある。内陸部において、川魚・貝類や小型鳥獣は、近年でも蛋白源として重要な位置を占めていた。量を求めなければ、これらの捕獲は子供でも可能な仕事であり、遊びでもある。

海産物について、具体的な資料はほとんどない。太平洋岸では、貝類が横穴から出土することもある。新地町高田1号墳からは、鉄製銛先が出土している。大型海獣類の捕獲も行われたのであろう。このほかの海産物も、数多く利用されていたであろう。製塩土器については、確実な資料は知られていない。南東北で製塩土器が知られるのは、縄文晩期と平安前半期に限られている。

衣服と道具類　衣服の具体的な出土例はない。布では、玉川村平江平遺跡の塩釜式土器で、布圧痕が確認された程度である。しかし、紡錘車が弥生時代から出土することが確認され、古墳時代でも郡山市清水遺跡から土製、正直A遺跡など多くの遺跡で、石製品・土製品の紡錘車が出土している。古墳時代では苧麻、大麻、木綿（コウゾの甘皮）、葛などの草木から繊維を作り、布が作られたと推定される。これに獣皮を組み合わせて、衣服や履物としたのであろう。ただし、絹布は交易により入手したと考えれらる。この地で養蚕の痕跡は、奈良時代になってからである。泉崎村原山1号墳などの埴輪に表現された衣服からは、関東と変わらない様子をうかがうことができる。

木製品は郡山市清水遺跡の竪臼、相馬市大森A遺跡の大足・着柄鋤・広鍬・馬鍬・槽などが出土している。木器にはモミが多用される特徴がある。カシは確認されていない。大型品や強度が

必要とされる部材にはクリ、ヤマザクラ、カヤなどが使用されている。阿武隈川上流域には、常緑広葉樹が存在しないためである。建築部材では、柱材にはクリが多用されている。スギやヒノキは少ない。タケ材も笊や網代などに使われたと推定されるが、出土例はない。

　小　結　古墳時代の生活日常品は、有機物関連資料は遺存例が少ないこともあって不明な点が少なくない。しかしながら、現在の民俗例でも各種多様な品々が作られている。これらの資源利用は、縄文時代・弥生時代から継続している。狩猟・採集活動は、縄文時代で終わったのではない。引き続き現在まで継続しているのである。私たちの生活は、文化の累重の上に成り立っている。

　古墳時代の南東北では、気候の寒冷・湿潤化に対応して、縄文時代以来のナラ林を基盤とする落葉樹林帯生活要素を強く伝えていたのではないだろうか。西日本の照葉樹林地帯と比べて畑作の要素が強く出ているのも、この伝統を受け継いだのである。関東以西の暮らしと異なる点、あるいは奇異の眼で見られる風習や生活習慣も少なくなかったであろう。日本国の成立後、南東北が坂東諸国から分離されて陸奥国に編成される一端も、このような点にあったのかもしれない。

　自然環境は社会と密接に結びつき、重大な影響を与えている。気候の小さな変動でも、東北の人々には相当の困難をもたらし、社会的に大きな影響を受けることになる。弥生時代や古墳時代に大災害が発生したとすれば、被災者を十分に救済するシステムは存在しない。気候変化や大規模な災害が、社会に与える影響は決定的である。ここでは、古墳中後期の阿武隈川上流域の気候が、現在の気候と比べてかなり寒冷・湿潤な環境にあったことに留意しておきたい。

第2節　土師器の型式変化

　考古学による時間軸は、土器型式変化が基軸である。南東北の土師器編年は、氏家和典による型式設定が起点となっている（氏家 1957）。氏家は、「東北地方南部にも関東の土師器型式に相当するものがあるはず」という考えから、代表的な遺跡から出土した土器を抽出して型式を設定した。この段階の研究では、土器型式の時間幅と空間分布の分析は不可能で、関東の諸型式に相当する土器をもとに、代表的な遺跡から型式名称とするしかなかった。たとえば、関東の古墳前期型式である五領式土器に対応させて、塩釜式とするような方法である。そこで次段階になって、南東北の資料のなかから塩釜式など再定義が開始される。丹羽茂などによる研究である（宮城県教育委員会 1985b）。

図32　玉川村江平遺跡 53 号竪穴出土坏・鉢・小型甕
（福島県教育委員会 2002a 改変）

　阿武隈川上流域では、古墳寒冷期の土器型式として、佐平林式・舞台式が設定された（福島県教育委員会 1978、天栄村教育委員会 1981）。佐平林式は引田式、舞台式は住社式に相当するとされたが、氏家編年自体の理解と内容の整合性に、研究者の間で齟齬が生じている（仙台市教育委員会 1984、藤沢 1992 ほか）。

　そこで、阿武隈川上流域の土師器の型式変化について、江平遺跡で古墳時代集落を担当した横須賀倫達による土師器の整理が、古墳寒冷期の中葉と重なっている（福島県教育委員会 2002a）。これを参考に筆者の理解を示しておきたい。横須賀はこの時期を 4 段階に区分している。Ⅰ段階は前期的な土器が消失し、食膳具の主体が高坏になる。Ⅱ段階は、高坏から坏に転換が開始されるが、造り付けカマドが受容されない段階。Ⅲ段階は、食膳具が坏にほぼ統一されカマドが普及する。Ⅳ段階は、多様な坏が出現し、関東の鬼高式的な土器も受容される。

　カマドが導入されれば、それまでの地床炉とは違う土器が必要になる。体部が球形では、カマドの有効利用に支障がある。煮たきでの熱効率も地床炉とカマドでは違う。それに合わせた土器が求められた。またカマドを導入することで、調理方法も豊かになり、多様な食品も生み出されたのではないか。土師器は、大きく変化した。ただし、土師器は、それぞれの土地で多様に変化した。甕・甑・坏が発達したが、形態は多様である。

　江平 53 号住居跡から出土した土器は、坏・鉢・壺・小型甕・甕・甑である（図 32・33）。高坏は出土していない。この段階で高坏は極めて少なくなる。横須賀のⅢ段階である。

　坏の形態は多様である。丸底を基調としている。口縁部は「く」字状に外反するもの、体部とあわせて「S」字形のもの、内側が小さく外反するもの、体部からそのまま立ちあがる半球形となるもの、内彎するものなどである。調整はミガキを基調としているが、外面の体部がヘラケズリ、口縁部がヨコナデで調整されている例もある。

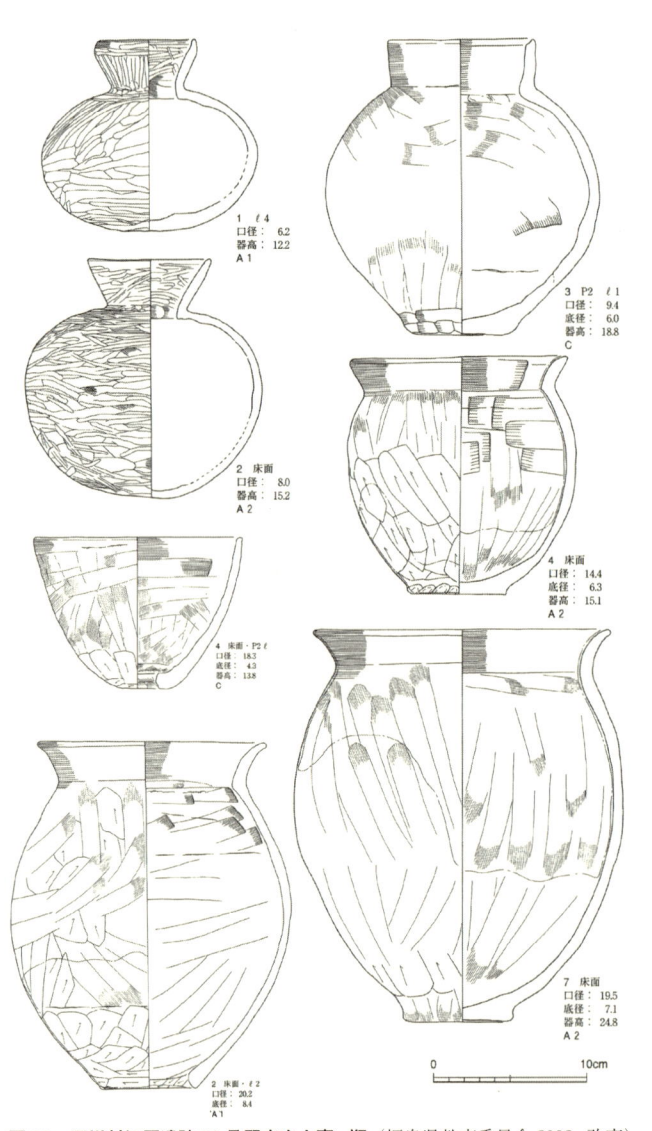

図 33　玉川村江平遺跡 53 号竪穴出土甕・甑 （福島県教育委員会 2002a 改変）

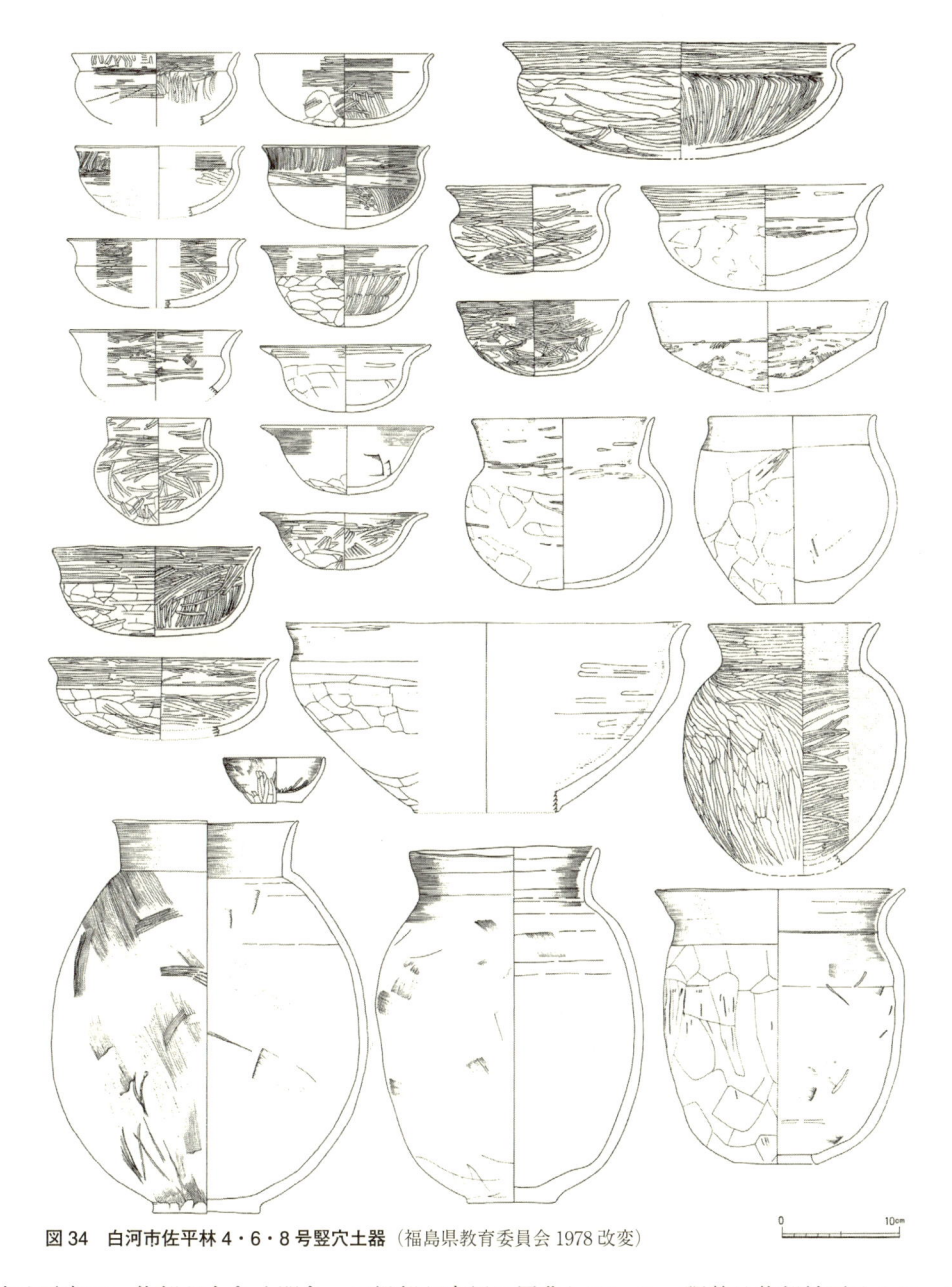

図 34　白河市佐平林 4・6・8 号竪穴土器 （福島県教育委員会 1978 改変）

　鉢は平底で、体部が大きく開き、口縁部が内側に屈曲している。調整は体部外面はナデ、口縁部は内外面ともヨコナデ、内面はミガキである。

　壺は、前段階の形状を伝えている。精製と粗製がある。精製壺は球体の体部と直立する頸部。口縁がそのまま開く例と内側に尖らせて納めるものがある。表面の調整はミガキを基調に丁寧に造られている。粗製壺は，平底で球形の体部。直立する短い頸部、内反りの口縁となっている。頸部はヨコナデ、体部は内外面ともナデ調整である。

　小型甕は体部が球形、口縁部が「く」字形を基調としている。口縁部内面に明瞭な稜線がある。体部はナデが基本である。低部は、丸底と平底がある。

　甕は縦に長いが胴に張りがある。平底である。口縁部は外反して、ヨコナデが施されている。

体部は外面がケズリとナデの調整、内面がナデである。大型甑は、甕の形で底がない形状である。開口部はケズリで整えられている。小型甑は、尖り気味の低部から内彎して立ち上がり、口縁は水平である。底部付近は内外面ともケズリで成形され、体部中央から上部はナデで調整されている。口縁部のヨコナデは軽く施されている。

　江平遺跡 53 号住居跡からは須恵器が出土していないので、時期の限定は難しいが、白山 C 段階の前に置けば、5 世紀中葉頃となる。5 世紀中葉より古くなることはないであろう。

　図 34 は、佐平林式設定段階の資料から、佐平林 4・6・8 号竪穴住居跡の出土土器をまとめた。おおよそ佐平林式土器を示している。この土器型式について、報告書ではつぎの 9 点に特徴をまとめている（福島県教育委員会 1978）。①坏形土器では、全般にやや浅いものが多く、若干体部の

図 35　矢吹町白山 C 遺跡出土土器 (9・20 号竪穴) (福島県教育委員会 1999a 改変)

膨らみが強く口縁が多少長めと
なる。②口縁が長めになるのに
対して、頸部稜線が下降するも
のがある。③坏形土器で、口縁
部が外反するが頸部に稜線をも
たない類がある。④口縁が内彎
する坏が減少する。⑤壺・甕形
土器において、頸部から口縁部
にかけての立ち上がりが、一端
やや直立したのち外反するもの

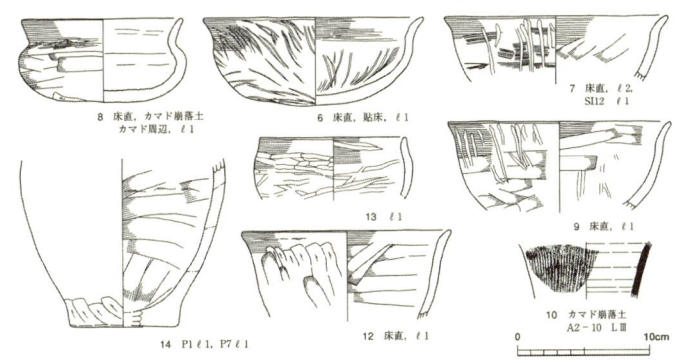

図36　矢吹町白山A遺跡13号竪穴出土土器（福島県教育委員会 1999a 改変）

を特徴とする。⑥精製された小型の壺は頸部が短く、広口をなし、底部は丸底となる。⑦甕形土
器では比較的粗製の小型甕が加わる。⑧新たに鉢形土器が土器構成の一部を占める。⑨内面に黒
色処理された坏形土器が出現する。そして氏家編年の引田式に対応させた。

　ところが白山C遺跡9・20号竪穴住居跡出土土器を佐平林式と認定して、これを引田式と並行
させる報告がある（福島県教育委員会 1999a）。図35に白山9・20号竪穴住居跡出土資料を示した。
土師器坏の「S」字や「く」字口縁が幅広くなる器形に特徴がある。須恵器の影響を受けた口縁部
が直立する坏形土器もこれに加わる。また甕の体部は球形を基本としている。少数の高坏も知ら
れている。同時に出土する須恵器は、田辺編年のⅠ期後半のTK23型式に相当する。5世紀後半
の暦年代である。

　この土器群には、佐平林式に特徴的な丸底から大きく外反する坏は含まれていない。他の坏も形
状が異なる。甕の形状も、体部・頸部・口縁部が異なり、そして整形技法の違いも明白である。佐
平林式土器ではなく別型式である。相違は大きい。そこで仮に白山C段階としておきたい。横須賀
は、佐平林式をⅣ段階の新、白山C段階をⅣ段階の古と区分している（福島県教育委員会 2002a）。

　この前後の土器変化を考える上で、近接する白山A遺跡の成果は重要である（福島県教育委員会
1999a）。この遺跡では、竪穴住居内部に堆積した榛名山二ツ岳伊香保テフラ（Hr-FP）の有無と位
置から、3時期の土器群が判明している。最も古い土器群が出土した、竪穴住居跡の堆積土には
火山灰がなかった。これは、遺棄された竪穴上部に堆積していた火山灰が失われた結果と考えら
れている。このうち火山灰を含まない白山A遺跡Ⅳa群土器は、白山C段階の土器と同時期とさ
れている。

　つぎに竪穴堆積土中位に火山灰層を含む一群がある。白山A遺跡Ⅳb土器群である。このひと
つ白山A遺跡13号竪穴住居跡から出土した土器を示した（図36）。ここで示した須恵器は、カマ
ドの崩壊土中から出土している。田辺編年MT15型式に特徴的な須恵器甕の頸部破片である（図
36-10）。このほか3・12号竪穴住居跡から出土した土器とあわせて、この時期の土器組成がほぼ
判明する。白山C段階よりは新しく、佐平林式よりは古い土器である。須恵器から6世紀前半の
土器群と考えられよう。この段階では坏の「S」字・「く」字口縁がより発達する。白山A遺跡2
号竪穴住居跡などの資料である。6世紀前半の年代が想定されよう。

　さらに4号竪穴住居跡では、床面の上に火山灰が堆積していた。白山AⅣc土器群である。土
器は廃棄された状況で出土していることから、各種土器がある。坏には舞台式に近い特徴があ

り、佐平林式から舞台式への過渡期と報告されている（福島県教育委員会 1999a）。須恵器は出土していないが、火山灰の堆積状況から榛名山二ツ岳伊香保テフラ（Hr‐FP）降下直前の資料である。6 世紀中頃に位置づけられる。

　以上から江平 53 号竪穴住居跡土器段階（江平 53 号段階）は 5 世紀中葉、白山 C 段階（白山 A Ⅳa 群土器）は 5 世紀後半、白山 A Ⅳb 群土器は 6 世紀前半、白山 A Ⅳc 群土器、佐平林式を 6 世紀中頃としておく。佐平林式土器が設定された段階で、これを引田式相当とされたが、白山 A・C 遺跡の調査結果からみれば、氏家編年のこれに相当する土器型式はない。

第3節　竪穴住居

　当時の住まいは、竪穴住居が基本である。平地式の建物は、阿武隈川流域で調査例は少ない

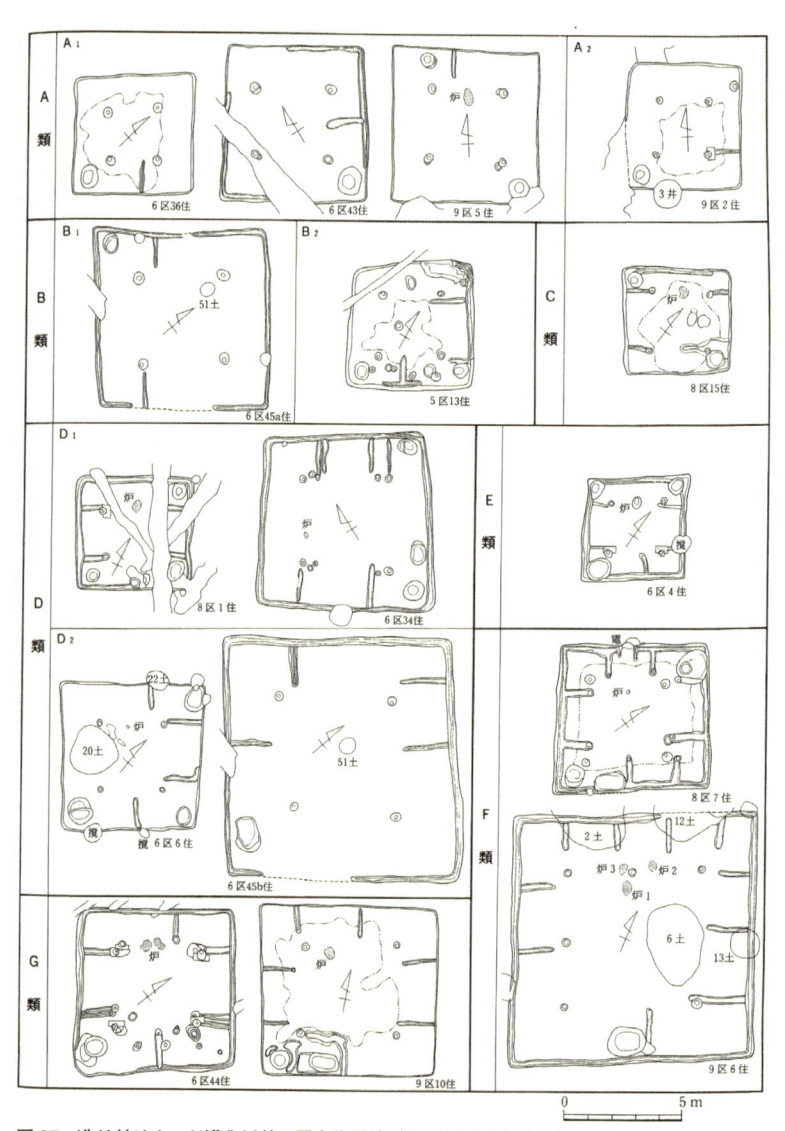

ので詳しくはわからない。竪穴住居の基本構造は黒井峯遺跡で検出されたものと大きく異なるところはない。この地の古墳時代竪穴住居は、関東と密接に結びついて変化している。ただし使われる土器は、この地独特の型式であり、関東の諸地域とは明確に異なっている。

造り付けカマド受容以前　古墳前期から中期前半の集落跡から検出される竪穴住居跡は、方形で 4 本柱、地床炉を基本にしている。貯蔵穴有無や、地床炉の位置に相違もあるが、相対的に差異は少ない。中期前半には竪穴住居の大小が顕著になる。これとともに区画溝が設けられるようになる。この頃の竪

図 37　造り付けカマド導入以前の竪穴住居跡（郡山市教育委員会 1999b）

穴住居跡は、郡山市清水内遺跡で 106 軒前後確認されている。大規模な遺跡ではあるが、中期前半から中頃の住居跡群であり、土器型式でも 3 時期に区分されることから、同時に存在した竪穴住居はより少ない。

　清水遺跡の竪穴住居跡は、多くは一辺が 5・6 m の規模である。これより小さい例は少ない。また一辺 8〜10 m の大型住居跡が点在している。大半はカマド導入以前の竪穴住居跡である。竪穴住居跡の多くでは、区画溝が確認されている。この溝は主柱穴を結ぶ矩形線の内部には設けられていない特徴がある。また多くは主柱穴を起点に壁溝と直交するように設けられているが、主柱結を起点に「L」形になる例はほとんどない。

　区画溝の用途については、根太を設置して竪穴内部の空間区分を想定する考えもある。しかしそれならば、土堤でも支障はない。壁溝と同様な形状であること、主柱と結びついている点からすれば、上部構造があった可能性が高い。また区画溝が検出される竪穴住居跡が大型になるほど数を増すことも、この考えを補強するのではないか。空間が広くなれば、冬場の室内保温が負担になる。これを軽減する効果もある。それに竪穴住居の内部を区画することにより、利用空間も多様になる。カマドが導入される以前の清水遺跡では区画溝が発達するが、カマドが普及するようになると区画溝を設ける竪穴住居は減少する傾向にある。

　貯蔵穴については、竪穴南壁の中央や両端の隅に配置されることが多い。しかし、竪穴の壁から突出することはない。平面の形状は、略円形と矩形である。貯蔵穴の縁に低い堤状の施設を設ける例は少ない。

　造り付けカマドの普及　横須賀が III 段階とした時期は、この地で造り付けカマドが導入される頃である。古墳中期中頃で、これ以降は急速に普及する。玉川村江平 53 号段階である（図 38）。この種のカマドは 5 世紀前半に北部九州に受容され、それが 5 世紀中頃には南東北まで受容される。この受容は急激であり、そこに政治的な関与を考える向きもあるが、山陰東部などこの種のカマドは受容されない土地もある。これは造り付けカマドと同様な炊飯・暖房用施設があったことが要因ではないだろうか。山陰方面には、いわゆる山陰型甑という大型土器がある。甑というよりは、この種の施設で使用されたのではないだろうか。たとえば、排煙用具である。またこの地では土製支脚も発達している。伝統的に独自の居住文化が存在した。

　阿武隈川上流域の造り付けカマドは、江平遺跡 53 号竪穴住居跡がその導入期である。一辺 12.6 m の 55 号竪穴住居跡と近接している。この大型住居跡は、主柱を二重にめぐらせている。また外側の柱列には周壁との間に間仕切り溝が設けられ、小さく区画されている。外側柱列の内側は、広い空間が確保されている。内側主柱穴は 4 基で、これを結ぶ矩形の北西部には、地床炉の焼土面が

53号住居跡

0　　　　　　　　2m
　　　　　　　　　(1/50)

図38　玉川村江平遺跡 53 号竪穴住居跡
（福島県教育委員会 2002a 改変）

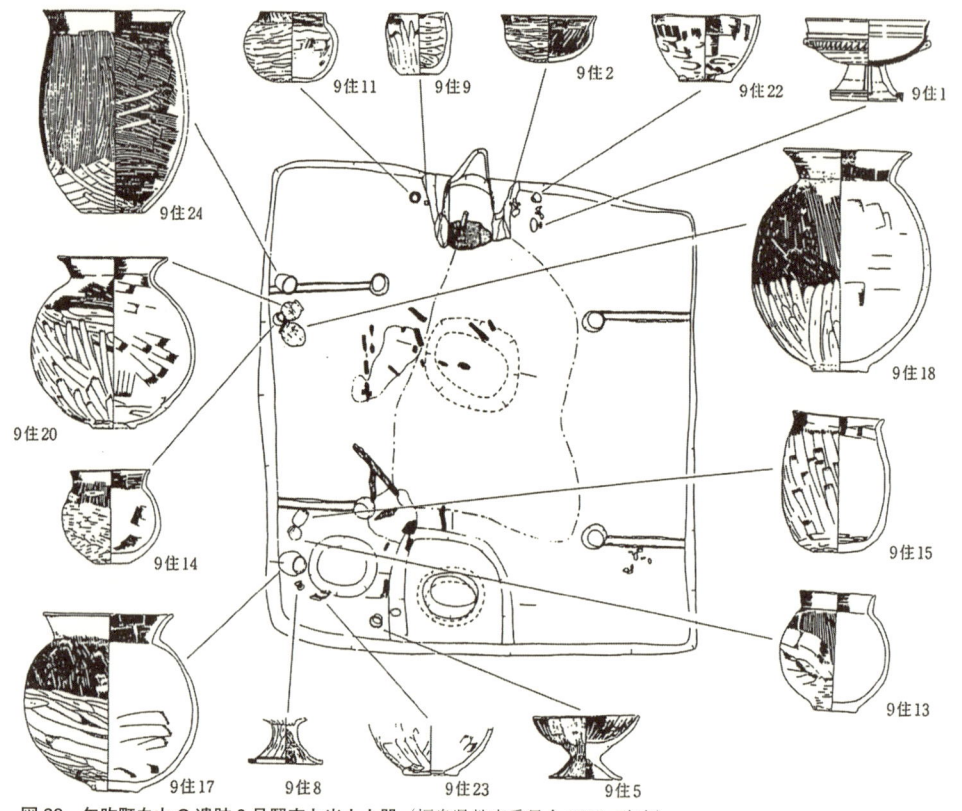

図 39　矢吹町白山 C 遺跡 9 号竪穴と出土土器（福島県教育委員会 1999a 改変）

あった。竪穴住居跡の南辺中央に方形の張り出しピットがあり、これに対応して出入り口施設である柱穴があった。居住専用の竪穴住居である。これと近接して配置された 53 号竪穴住居跡が、55 号竪穴住居跡の調理施設である。同様の竪穴住居跡の対応は、江平遺跡 56 号竪穴住居跡と 72 号竪穴住居跡でも確認されている。

　53 号竪穴住居跡は、一辺 4 m 弱と小型である。南東壁の中央に造り付けカマドが設置され、北西壁の中央に出入り口があった。この配置は、55 号竪穴住居との利便性を考慮しているのであろう。北東側にカマドが造られることは少ない。また、カマドと出入り口に囲まれた南隅には貯蔵穴があった。

　約 88 点の土師器がカマドと東隅、それに貯蔵穴部と出入り口に集中していた。東隅では、坏類が中心で、坏 53・壺 2・小甕 6・甕 6・甑 2 点である。南隅からカマドにかけては、坏 1・甕 1・甑 1 点である。出入り口部周辺では、坏 1・壺 1・甕 1・甑 2 点である。煮沸用具には煤が付着して、器面には使用による劣化の痕跡がある。日常用品である。一方祭具類は全く出土していない。須恵器も出土していない。また北東隅から中央部から、土器類は出土していない。この部分は作業空間としての利用が想定される。整理された土器類が、放置された状況での出土である。

　カマドは袖が大きく開き、壁と袖、焚き口で構成される平面形は台形である。焚き口幅は 0.7 m、奥行き 1.2 m 前後である。焚き口の先端には、板石が据えられていた。焚き口付近に焼土面が形成され、この奥側に支石が据えられていた。煙道は南東壁から 35 cm 延びて、その先に煙

出し穴の基部が遺存していた。

　江平遺跡の造り付けカマドは、まず炊飯施設として受容されたことを示している。北九州にこれが受容されてから、この地に導入されるまでは四半世紀程度の時間差であろうか。極めて短期間であり、倭国内の緊密な情報網の存在がなければ不可能である。この一方で山陰など、造り付けカマドを受容しない土地もあり、それぞれの地において、情報の選択と在地の文化による変容があった。江平遺跡の調査例は、造り付けカマドがこの地で使われはじめた初期の状況を示している。

　造り付けカマドの急速な普及の背景に政治的な背景を想定する考えもあるが、生活の利便性が、それまでの地床炉よりも勝る点に主因があろう。造り付けカマドの普及とあわせて、これに合わせた土師器が造られることも、より有効に活用する工夫である。造り付けカマドの普及により、竪穴居住環境は大きく改善され、カマド用土器の改良とあわせて、古墳時代における大きな画期とされている（辻1989b ほか）。また寒冷化に対応した居住空間の改善も要因であろう。

　カマドは通常、竪穴住居の北壁の中央に設けられる。冬場の風向きを考慮した位置である。焚き口には凝灰岩の柱と楣石があった。燃焼部の床面には、土器を支える石柱があった。受容段階の煙道は壁に沿って立ち上がる例が多く、壁から長く伸びる例は少ない。土壁の屋根であれば、煙道からの火の粉による火災の発生は考慮する必要はなかったのであろう。また燃焼室を長くすれば、室内の保温にも有効であるが、それほど長くはない。

　5世紀後半になると、竪穴住居には通常カマドが設けられる。また箱形の貯蔵穴がカマドに近接して造られる。堤状の区画施設とその近くにある出入り口の柱穴、さらに壁溝という施設が配置されるようになる。江平53号段階から始まった竪穴住居の改良に一段落が付く段階である。

　カマドは、前段階の形態を基本的に引き継いでいる。焼成室と煙道の境は、急角度に立ち上がるか、段となっている。白山A遺跡では、芯材に板石が多用され、強固な造りである。焚き口に板石を渡して楣構造とし、その奥に土師器甕を据える場所を設けて、床に柱石を据えて甕を支える造りである。架け口に据えられた甕数は、横

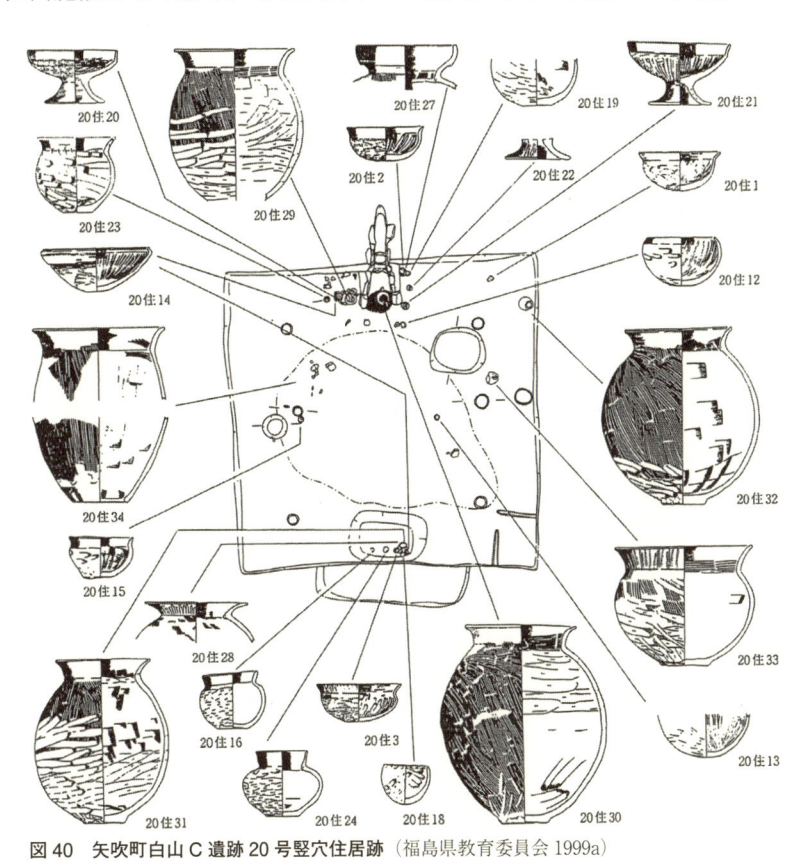

図40　矢吹町白山C遺跡20号竪穴住居跡（福島県教育委員会1999a）

置き二つ架けと一つ架けがある。白山Ａ遺跡でみると、3・11 号竪穴住居跡のカマドは明らかに一つ架けである。また 12 号竪穴住居跡と白山Ｃ遺跡 9 号・20 号などは、二つ架けの可能性が高い（図 39・40）。居住者の数や個性により、工夫がなされた。

貯蔵穴　竪穴住居にカマドが導入されて半世紀前後の間は、いわゆる貯蔵穴の位置が安定しない。屋外に飛び出す貯蔵穴やカマドの対面壁下あるいはカマド袖の左右、それに柱配置である。快適な居住空間を確保するために、試行錯誤による努力がなされたのであろう。これ以前の貯蔵穴は、地床炉と離れた竪穴の隅に設けられていた。カマドの導入段階では、カマドが設置された竪穴住居の壁の対面に造られることも少なくはない。しかしカマドの設置が普及すると、貯蔵穴はカマドに接した場所に定着する。6 世紀後半である。

箱形貯蔵穴については、胎盤収納施設、貯水施設、貯蔵穴という考えが提示されている。このうち胎盤収納施設という説は、竪穴住居が機能している段階で開口していたことが多くの調査例で確認されていることから成立しない。規模も大きすぎる。どのような状態の胎盤を納めたかにもよるが、カマドと関連して、このような施設が設けられる合理的な理由を見出すことは難しい。

貯水施設説は、調査時に内部に溜まった水が無くなるのに時間がかかったという舞台遺跡の調査を踏まえて、玉川一郎が主張している（天栄村教育委員会 1983）。しかし、この遺構に水が溜まる例はまれである。少なくとも白山Ｃ遺跡、白山Ａ遺跡、江平遺跡で、土坑に水は溜まらなかった。また内部に溜水があれば、土坑の底面に粘土層が堆積することになるが、福島県内でその痕跡が報告された例はない。さらに土坑の内部に、箱を据えた痕跡や板を貼った状況もうかがえない。このような土坑に溜めた水を、飲用や調理等に用いることは不適切であろう。

この土坑からは、埦・坏類・甕を中心に土器がまとまって出土する例が少なくない。しかも出土状況は、土坑内に流入したような状況例が大半である。土坑の底部に納められたような状況ではない。土坑が半ば埋まった段階で、落ち込んだ状態である。これに関しては、土坑の周辺に棚状の施設があり、そこからの落下の可能性が事例報告の多くで想定されている。また張り出しピットとして、竪穴壁から突出した位置に設置される例もある。

この土坑は、住居の機能時には開口していたらしい。しかし、上端が板などで開閉した可能性はある。蓋を被せた状態で、内部は外部と比べて温度は安定し、さらに多湿となる。つまり穴蔵、土室のような環境となる。このような状態であれば、蔬菜や根菜類の保存場所ともなる。また発酵食品を造る場所としても利用可能である。群馬県中筋遺跡 1 号竪穴住居跡では、土坑の上縁に木枠の痕跡が確認されている（渋川市教育委員会 1988）。貯蔵穴は、開閉装置をつけて、食に関係した用途を想定しておきたい。

主柱と出入り口　主柱穴は 4 基が基本である。柱穴は 1 ｍ近くと深いが、円筒状で直径は 30㎝程度である。後の掘立柱建物のような大きな掘形はともなわない。主柱を柱穴に刺し込んで立てる構造である。側壁長の 1/5〜1/4 の距離を壁から離して床面に造られ、竪穴住居の四隅を結ぶ対角線上に配置されている。6 ｍ前後より小型の竪穴住居跡では、四辺が矩形とならないで、台形や平行四辺形となっている例もある。これは主柱と梁桁の組み合わせ方法、あるいは屋根垂木の組み合わせがホゾ組でない場合に生じる歪みの可能性が、福田秀生によって指摘されている（福島県教育委員会 2003）。

　これに対して大型竪穴住居跡では、竪穴住居の四隅を結ぶ対角線上に主柱穴が配置され、主柱穴を結ぶ矩形線も側壁と平行している。江平遺跡55号竪穴住居跡（福島県教育委員会2002a）の平面形は方形で、一辺は12.6mである。南壁中央に張り出しピットを持っている。東北側の約1/4が調査区外に延びるため、カマドは確認されていない。主柱穴は内外二重構造で、内側は4本主柱、外側は西側柱が5本、南側柱が6本である。内側主柱、外側主柱を矩形に結ぶ直線は、竪穴住居掘形四隅を結ぶ矩形線と相似形である。また竪穴住居角と主柱を結ぶ矩形線の角を結ぶ対角線も重なっている。外側主柱からは、壁に向かって溝が検出されている。大型竪穴住居であることから、内部区画が必要とされたのであろう。

　この竪穴住居が正確な測量に基づいて、確かな技量で造られたことを示している。柱と梁・桁、垂木の組み合わせはホゾ構造であろう。また飛び出し穴の竪穴住居跡床面には、出入り口用の梯子を据えた柱穴が確認されている。柱穴は竪穴住居の外側に傾斜して開口している。福島県内で検出された最大規模の竪穴住居跡のひとつである。屋根構造は不明であるが、群馬県の諸遺跡の調査結果を参考になろう。

　竪穴住居の出入り口施設は、近年まで明確にはなっていなかった。舞台遺跡の報告で、玉川一郎が、馬蹄形盛り土の周辺にある柱穴でその可能性を言及していた程度である（天栄村教育委員会1983）。同じ頃、千葉県では、いわゆる第5柱穴として主柱を結ぶ矩形線の外に位置する柱穴が出入り口の階段跡であるとして注目されて、谷島一馬によってそれが「梯子ピット」であることが明らかにされた（千草山遺跡発掘調査団1979）。

　この頃、東京都神谷原遺跡の調査で竪穴住居の床面を1cmの等高線で記録する方法（八王子市椚田遺跡調査会1981）、あるいは東京都石川天野遺跡で床面の硬度測定から、その利用状況の分析が加えられ、貯蔵穴の上部や馬蹄形盛り土の設けられた場所が出入り口であったことが判明した（駒澤大学考古学研究室1981）。

　福島県の古代の竪穴住居跡で、出入り口施設が確認されたのは、矢吹町後作遺跡2号竪穴住居跡が最初であろう。奈良時代の竪穴住居跡ではあるが、主柱穴を結ぶ矩形線から壁側に外れて、壁に向かって傾斜するように柱を据える穴の存在である。この竪穴住居跡の場合、検出された柱痕は板状で、平行して2基検出した。この点から福田秀生は、板梯子状の出入り口施設を想定している（福島県教育委員会2001a）。

　同様の視点で古墳時代の竪穴住居跡をみると、やはり、主柱穴を結ぶ矩形線から外れて周壁に取り付く柱痕のある柱穴を検出することができる。多くはカマドの造られた壁とは異なる側にあり、堤状区画部に造られている。郡山市正直A遺跡46号竪穴住居跡、江平遺跡55号竪穴住居跡などである。この場合、柱穴は1基であるので、出入り口には柱梯子が設けられていたと考えられる。

　利用状況　土器類は、カマド焚き口の両側と貯蔵穴付近に集中して出土することが多い、この部分が食料の保管場所と調理場であろう。土器が出土しなかった壁側が休息空間、中央部は共有空間となる。カマド近くの床面からは、拳大の河原石が出土することも多い。なかには加熱痕や破砕痕も認められる。自然物として処理され報告されないこともあるが、周囲の地層中には含まれないことから、人為的に持ち込まれた遺物である。加熱痕があることから、焼き石とすれば調理にも使える。また狭い場所を確保して、水を満たした土器の中に入れれば蒸室とすることも可

能である。あるいは、温石にもなる。

　5世紀後半の竪穴住居は、カマドの定着と貯蔵穴、出入り口、区画溝が整い、それまでの改良に一段落がついたといえよう。また大型の整った竪穴住居が増える時期でもある。さらに竪穴住居内部の施設配置が多様化し、住居以外の用途を持った竪穴住居も明確になる。

第4節　散在する小集落

　大規模集落跡の調査では、複雑な重複関係があり、同時に機能していた集落の状況を復元することは困難である。そこで小さな集落跡から、当時の集落を構成したまとまりを考えておきたい。ここでは白山A遺跡を取り上げることとする。この遺跡は、阿武隈川状中域の中央にある矢吹台地に形成されている。この遺跡は、矢吹台地を東に開析して阿武隈川に流入する阿由利川南岸の台地に位置している（図41）。

　5世紀から6世紀にかけて、丘陵の小尾根を中心に形成された集落跡である。9基の竪穴住居跡と19基の円筒形土坑群で主要施設が構成されている。規模は小さいが、集落全体が調査されている（福島県教育委員会1999a）。比較的単純な重複関係の集落跡では、一時期に機能した施設の復元が比較的明瞭である。

　竪穴住居跡と土坑の堆積土中に、榛名山二ツ岳伊香保テフラ（Hr-FP）があり、その状況により遺構群は大きく3時期に区分することができたことから、集落の変遷を明確に把握することが可能となった。

白山A遺跡の集落変化　白山A遺跡の古墳時代の竪穴住居跡は3時期に分かれる（図42）。5世紀後半期が1号・2号・5号・8号・11号の5軒、6世紀前半期が3号・12号・13号の3軒、6世紀中葉期が4号竪穴住居跡の1軒である。このうち5世紀後半の5軒は、直径20m程度の広場を挟んで造られ、竪穴住居跡の位置と方向から東西に分かれる。西側が1号・2号・8号の3軒、東側が5号・11号である。白山A遺跡の竪穴住居跡は、5世紀後半5軒、6世紀前半3軒、

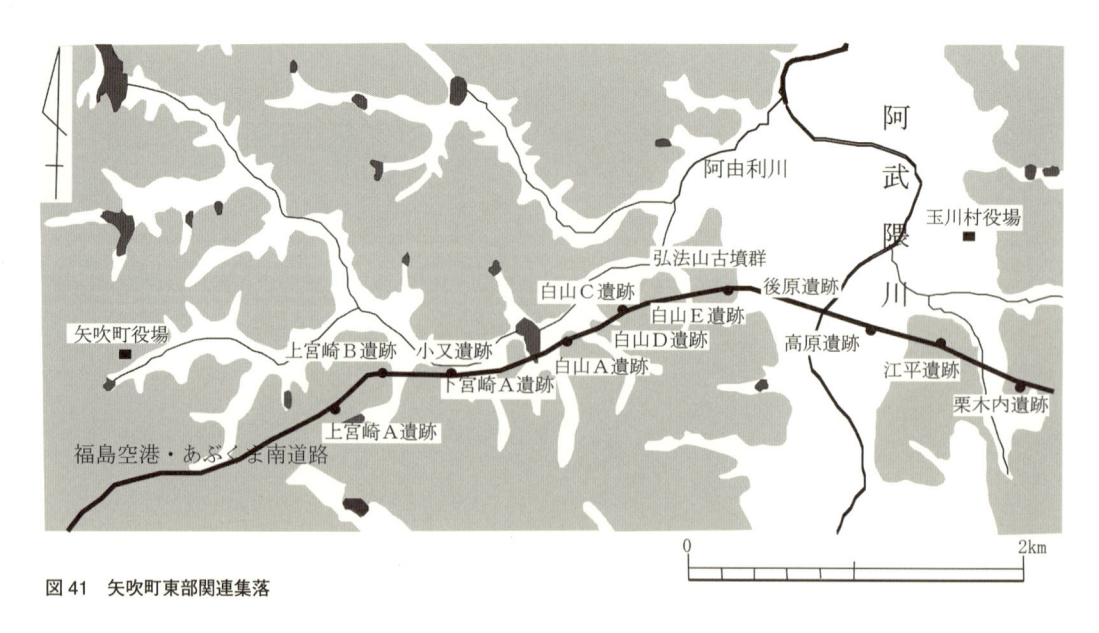

図41　矢吹町東部関連集落

6世紀中葉1軒と変化して、竪穴住居跡の規模は次第に大きくなっていた。

　竪穴住居跡の分布と時期区分からみると、個々の竪穴住居跡がそれぞれに独立していたのではなく、1～3軒が集まっていたことを示している。これらの居住者達でひとつの集落を構成していたことになる。

　5世紀後半期　この時期の竪穴住居跡の西群は尾根等高線に沿うように3軒が一列に並び、東群は尾根線上に2軒が並んでいる（図43）。この間には、直径10m程度の広さで古墳時代の遺構が検出されていない空間がある。蔬菜畑の可能性もあるが、竪穴住居跡に挟まれていることからすれ

図42　矢吹町白山A遺跡全体（福島県教育委員会1999a改変）

ば、広場のような空間の可能性を考えたい。

　西群の2号竪穴住居跡は一辺2～3m程度の規模で、ほかの竪穴住居跡と比べると小型である。貼床があり、丘陵上部側には壁溝が配置されている。カマドは検出されていないが、床面の中央には長さ60cm、幅50cm程度の楕円形の焼土面が形成されている。柱穴は不明である。また北西隅には長さ約2m、幅1.1m、深さ0.9mの長方形箱形土坑が設けられている。この遺構では、中央の炉跡や西側の穴を合わせると、休息空間はかなり限定される。

　住居内の長方形土坑からは、土師器甕の破片が出土している。この土坑は、住居が機能しなくなる直前の状況で、開口していたことを示している。覆土の堆積状況は、上層部で黒褐色シルトが流入するように堆積し、下層部の深さ30cm程度は、埋め戻された状況であった。この特徴から、土坑はいわゆる貯蔵穴と考えて問題はない。この竪穴住居跡は小型で、床面規模に占める各施設の割合からすれば、住居として機能する残余空間が狭くなる。また柱穴がない壁建建物で、カマド等の火処が付設されていないので、通常の竪穴住居跡よりは物置のような用途を想定したい。

　1号と8号竪穴住居跡は、通常の構造である。8号では東壁の中央にカマドがあり、その対辺に三日月状に低い堤の設けられた土坑がある。床には厚さ20cmほどの貼土が施されていた。柱穴は4本である。カマドの焚き口には、側壁に石材が据えられている。壁溝はカマドを挟んでL

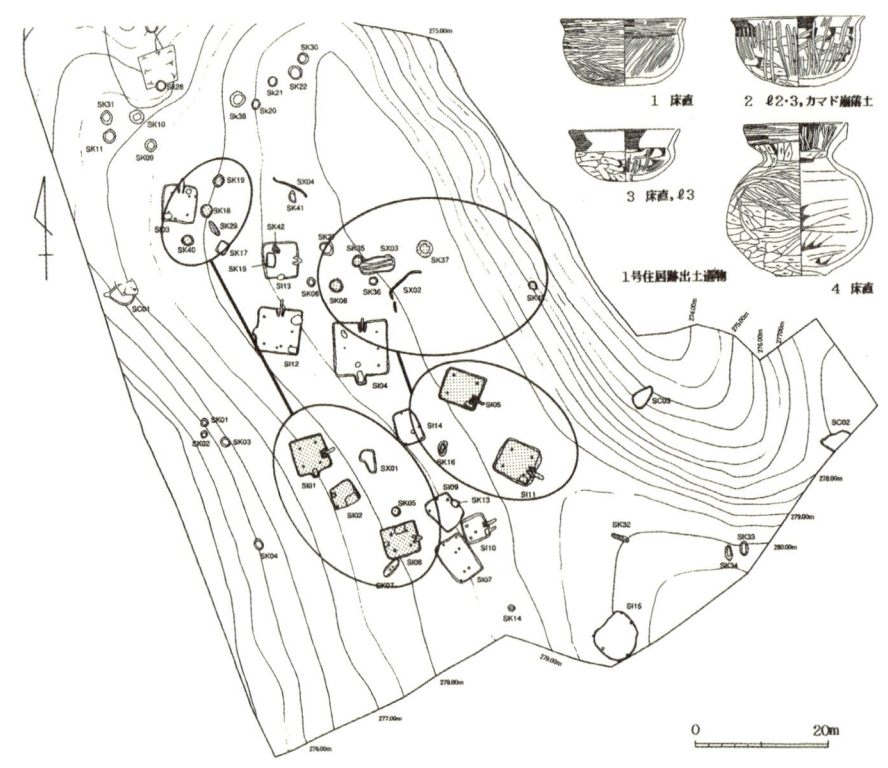

図43　矢吹町白山A遺跡5世紀後半（福島県教育委員会 1999a 改変）

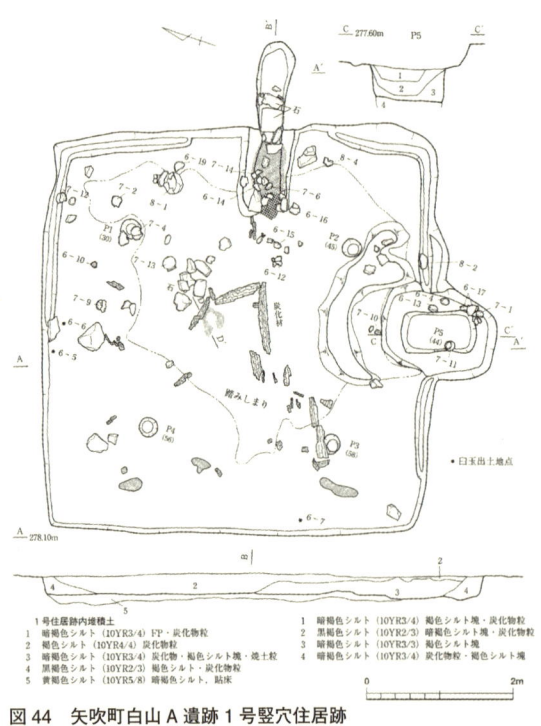

1号住居跡内埋積土
1　暗褐色シルト（10YR3/4）FP・炭化物粒
2　褐色シルト（10YR4/4）炭化物粒
3　暗褐色シルト 炭化物・褐色シルト塊・礫土粒
4　黒褐色シルト（10YR2/3）褐色シルト・炭化物粒
5　黄褐色シルト（10YR5/8）暗褐色シルト、貼床

1　暗褐色シルト（10YR3/4）褐色シルト塊・炭化物粒
2　黒褐色シルト（10YR2/3）暗褐色シルト塊・炭化物粒
3　暗褐色シルト（10YR3/3）褐色シルト塊
4　暗褐色シルト（10YR3/4）炭化物粒・褐色シルト塊

図44　矢吹町白山A遺跡1号竪穴住居跡
（福島県教育委員会 1999a 改変）

字形に造られている。1号竪穴住居跡は、カマド燃焼部が細長い特徴がある（図44）。また南壁の中央に一部が突き出すように箱形の土坑が造られ、この床面側には三日月状の低い堤が設けられている。竪穴住居跡から出土した土師器の特徴からみれば、8号よりは一段階新しい。

広場の東にある5号竪穴住居跡では、南東隅にカマドと貯蔵穴が造られていた。カマドの焚き口には石材が使用され、右袖に接して主柱穴のひとつが造られていた。貯蔵穴の平面形は長方形である。土坑の周囲と中から土器が出土している。貯蔵穴の西側には円形の小さな穴があり、東側から北側に低い堤が造られていた。この穴の西側から住居床面の中央にかけては、堅い踏み締まりが観察されている。主柱穴は4本柱で、床面はローム層の地山

である。床面の中央から炉の跡が検出されている。報告書では鍛冶炉とされているが、鍛造剥片や鍛冶滓は不明である。

11号竪穴住居跡は、カマドや貯蔵穴、柱穴の配置は5号と同じである。貯蔵穴は方形で、その西側には堤を付設した円形土坑が配置されている。さらに2個の小さな円形土坑も確認されている。踏み締まりの位置もほぼ同様である。カマドでは燃焼室から煙道にかけて内面に板石が並べられている。また、燃焼室奥部にも天井に渡された板石が遺存していた。

5世紀後半期は、広場の東西に分かれて、4軒の竪穴住居で構成されていた。カマドの方向も、東部では南東方向、西部では東方向に揃えられていた。この土地に住居を構えて、周辺の農業開発を進めた人々の竪穴住居群である。また竪穴住居跡から多量の土師器が出土していることから、集落は放置されるようにして廃絶したのであろう。つぎの居住者達との間に断絶があったと推定される。

6世紀前半期　前段階の竪穴住居群の北側に、3軒の竪穴住居が造られる（図45）。3号竪穴住居跡は北壁の中央にカマドが設けられ、煙道の内面に板石が立てられていた（図46）。カマドに接して円形の土坑が設けられている。さらに南西隅には、長方形の土坑がある。床には貼土がある。柱穴は主柱穴が4本で、直径20cm、深さ70cm以上である。壁溝は床面東端で、壁溝が鍵形に曲がって主柱穴に向かうようになっており、間仕切りと合わさっている。

12号竪穴住居跡は、北壁の中央にカマドを設け、その東側に円形の貯蔵穴があり、南東隅に長方形の土坑が造られている。主柱穴は6個である。13号竪穴住居跡は、壁線上に土坑が造ら

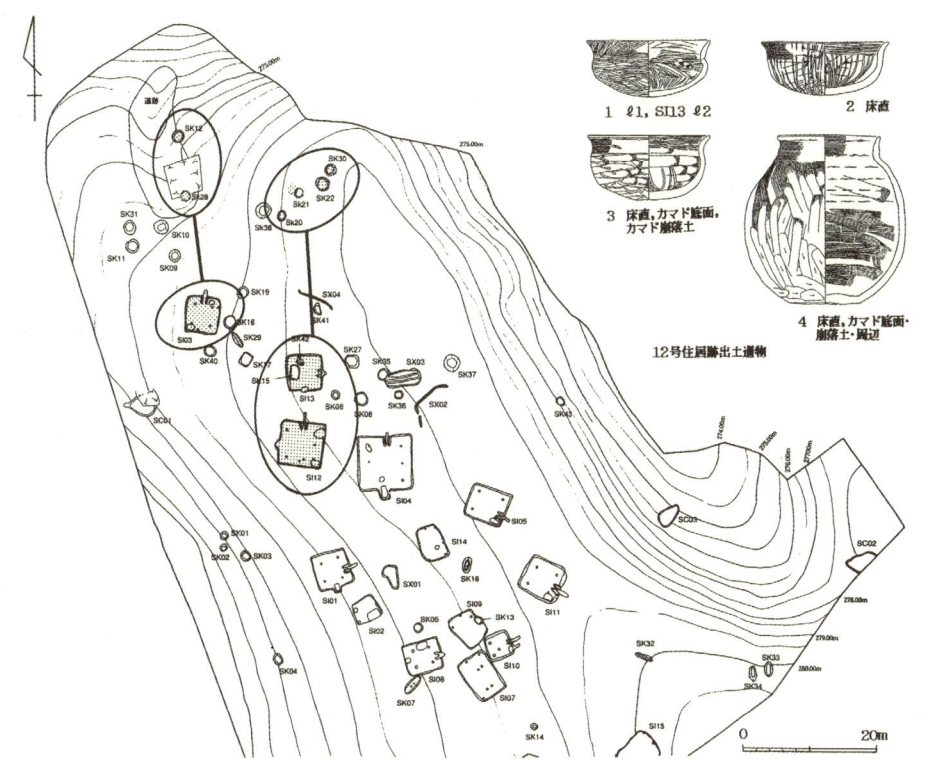

図45　矢吹町白山A遺跡6世紀前半（福島県教育委員会 1999a 改変）

れている。これは、5世紀後半期の1号竪穴住居跡と同じである。13号のカマドは燃焼室が短く、石材も使用されていない。律令期のカマドと近似した形態である。床は貼土で、主柱穴は4個である。5・6世紀では、竪穴住居跡の施設配置が7世紀のように一様ではない。竪穴住居跡の位置関係からすれば、12号と13号が近接し、3号はやや離れている。

6世紀前半も2つの竪穴住居跡群に細分が可能である。竪穴住居自体の規模は、5世紀後半期より全体に大きくなっている。

6世紀中葉期　竪穴住居跡1軒と4基の土坑で構成されている（図47）。4号竪穴住居跡は白山A遺跡のなかで最も規模が大きい（図48）。前段階と比べて竪穴住居数は少ないが、居住者の活力が衰えたということではない。平面形は方形で、一辺の長さは約8mである。北壁の中央から少し東側に寄せてカマドが造られ、これに

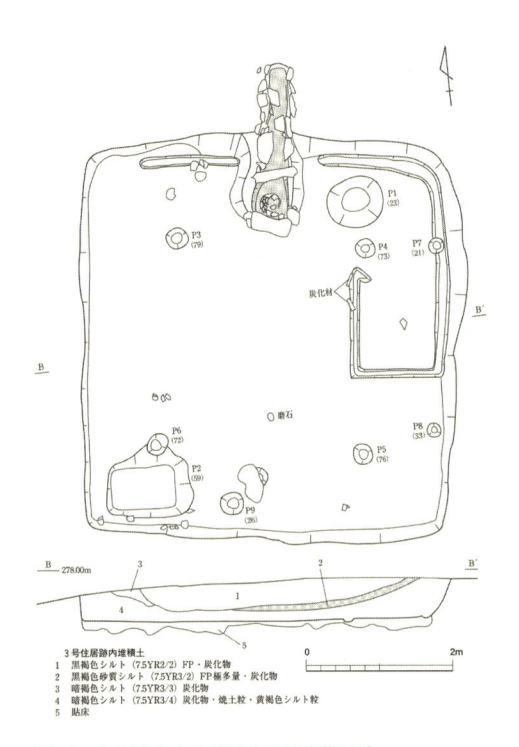

3号住居跡内埋積土
1　黒褐色シルト（7.5YR2/2）FP・炭化物
2　黒褐色砂質シルト（7.5YR3/2）FP極多量・炭化物
3　暗褐色シルト（7.5YR3/3）炭化物
4　暗褐色シルト（7.5YR3/4）炭化物・焼土粒・黄褐色シルト粒
5　貼床

図46　矢吹町白山A遺跡3号竪穴住居跡
（福島県教育委員会 1999a 改変）

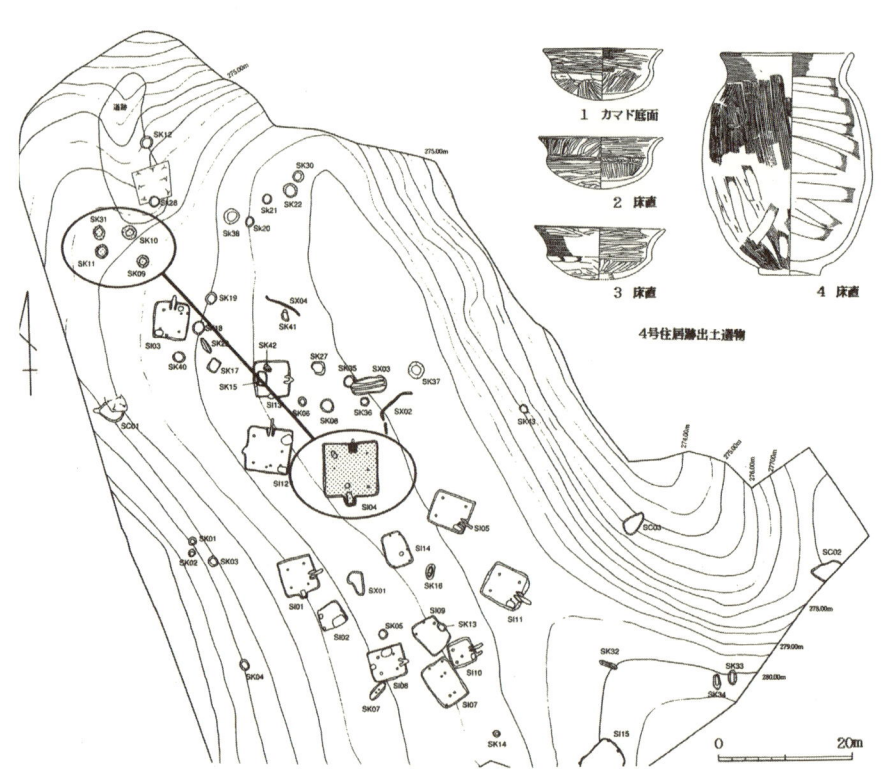

図47　矢吹町白山A遺跡6世紀中葉（福島県教育委員会 1999a 改変）

対応するように方形土坑が南
壁の西に寄せて造られている。
土坑の南半分は、住居の壁線
から外に突き出している。主
柱穴は 8 個で、東西 2 間、南
北 2 間の柱配置である。北柱
列と南柱列の中央柱は、それ
ぞれカマドと土坑が位置して
いるために、中央から少しず
らして造られている。床は掘
り下げた地山である。

　カマドは燃焼室が長い形態
で、焚き口部は石材を用いて
造られている。このほかに主
要施設は検出されていない。
堆積土は、榛名山二ツ岳伊香
保テフラ（Hr-FP）を多量に含
む黒褐色砂質シルトで、床面
に厚く堆積していた。

　出土した土師器は、佐平林
式のなかに含まれる。報告書
の時期区分では、これを前段
階の竪穴住居跡群に含めてい

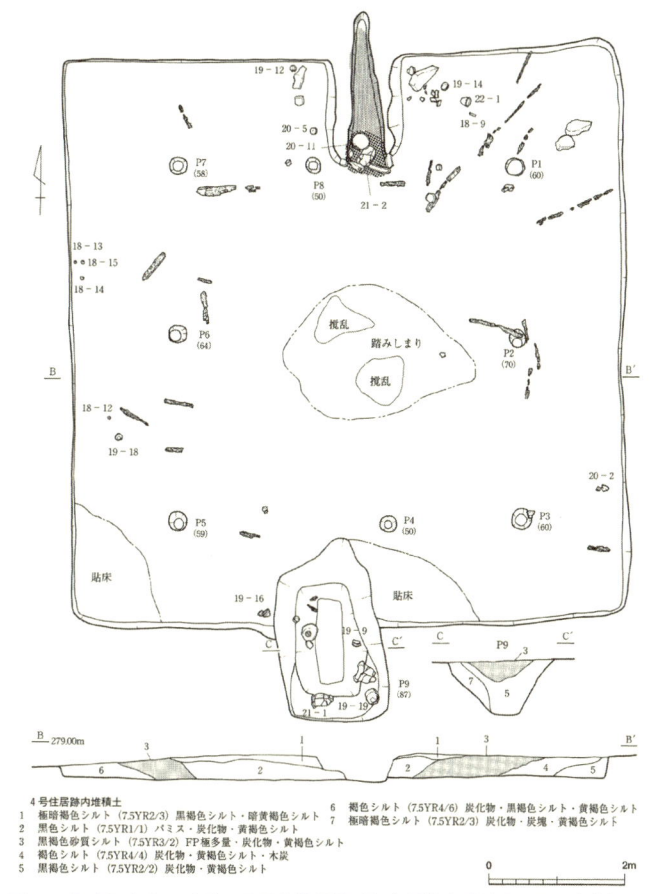

4 号住居跡内堆積土
1　極暗褐色シルト (7.5YR2/3)　黒褐色シルト・暗黄褐色シルト
2　黒色シルト (7.5YR1/1) パミス・炭化物・黄褐色シルト
3　黒褐色砂質シルト (7.5YR3/2) FP極多量・炭化物・黄褐色シルト
4　褐色シルト (7.5YR4/4) 炭化物・黄褐色シルト・木炭
5　黒褐色シルト (7.5YR2/2) 炭化物・黄褐色シルト
6　褐色シルト (7.5YR4/6) 炭化物・黒褐色シルト・黄褐色シルト
7　極暗褐色シルト (7.5YR2/3) 炭化物・炭塊・黄褐色シルト

図 48　矢吹町白山 A 遺跡 4 号竪穴住居跡（福島県教育委員会 1999a 改変）

るが、出土する土器に新しい特徴があることから、最終的な廃棄は遅れたのであろう。これと対
応する土坑以外の施設は確認されていないが、群馬県黒井峯遺跡の例を参考にするならば、平地
式建物や柵、畑等が造られていたと推定されよう。

　以上、5 世紀後半から 6 世紀中葉に及ぶ白山 A 遺跡の集落は、継続して存在していたようにみ
えるが、土器が比較的まとまって出土しているのに対して、鉄器類は全く出土していない。集
落の放棄時に、土器は遺棄された。そして生活用具、鉄器類は住人とともに移り住んだのであ
ろう。このことは、営まれた集落に断絶があったことを反映していると考えている。土器型式で
見ると継続しているように見えるが、集落自体は継続していなかった。竪穴住居跡に、拡張や造
り替えの無いことも、継続的な居住がなされていなかったことの反映であろう。

　土　坑　古墳時代の土坑 21 基のうち、19 基は円筒形である。直径は 1.5〜2 m である。深さは
0.5 m〜1.5 m である。土坑の上部は浸食や削平を受けているため、本来の規模は不明である。体
積は最大で 3.45㎥ である。出土遺物に竪穴住居跡と同時期の土師器が含まれていること、榛名山
二ツ岳伊香保テフラ(Hr-FP)が堆積していることから、集落にともなう遺構と考えられている。

　これらのうち 37 号土坑の底部からは、炭化したイネの種子が出土している（図49）。このイネ
が水稲なのか、陸稲なのかは不明である。白山 A 遺跡周辺の低湿地では、丘陵上に営まれた集

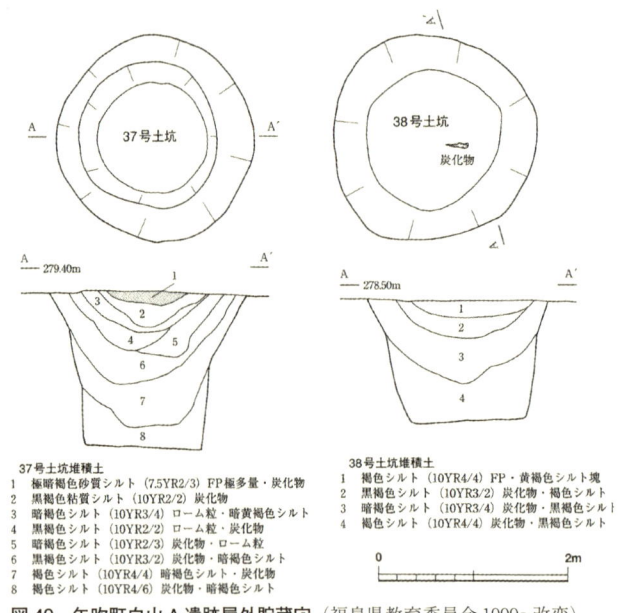

37号土坑堆積土
1　極暗褐色砂質シルト（7.5YR2/3）FP極多量・炭化物
2　黒褐色粘質シルト（10YR2/2）炭化物
3　暗褐色シルト（10YR3/4）ローム粒・暗黄褐色シルト
4　黒褐色シルト（10YR2/2）ローム粒・炭化物
5　暗褐色シルト（10YR2/3）炭化物・ローム粒
6　黒褐色シルト（10YR3/2）炭化物・暗褐色シルト
7　褐色シルト（10YR4/4）暗褐色シルト・炭化物
8　褐色シルト（10YR4/6）炭化物・暗褐色シルト

38号土坑堆積土
1　褐色シルト（10YR4/4）FP・黄褐色シルト塊
2　黒褐色シルト（10YR3/2）炭化物・褐色シルト
3　暗褐色シルト（10YR3/4）炭化物・黒褐色シルト
4　褐色シルト（10YR4/4）炭化物・黒褐色シルト

0　　　　　　　　　2m

図 49　矢吹町白山 A 遺跡屋外貯蔵穴（福島県教育委員会 1999a 改変）

落の前面にある谷地部から水田遺構が検出された例はない。近接した白山 D 遺跡では、南面する谷地部の調査が実施されたが、水田跡らしい遺構は平安時代前期まで確認されていない（福島県教育委員会 1999b）。阿武隈川上流域の他の遺跡でも、同様である。

　出土したイネの種子から穴に籾が貯蔵されていた可能性もあるが、民俗例では籾を土坑に貯蔵することは聞かない。土坑の堆積土中には、多くの炭化物が含まれている。その特徴については報告がないので、詳しくは不明である。民俗例では、堅果類や芋類の貯蔵は豊富にある。芋・堅果類を土坑内で貯蔵する場合には、防水や通風・目印などの目的でワラや木炭を詰め物として入れることがある。出土する炭化物は、それらの取り残しの可能性がある。貯蔵用土坑の形状は上部が浸食などによって失われ、多くは円筒状である。深い土坑では上部が崩壊して開いているなど、本来の形状を失っている場合がある。

　また土坑から検出される榛名山二ツ岳伊香保テフラ(Hr‐FP)は、土坑の上部が埋まりきらない段階で、窪地となった部分に堆積した状況である。これは土坑を掘り返した後に戻されなかったのか、あるいは土坑内部に埋められた有機物が分解して形成された窪地に榛名山二ツ岳伊香保テフラ(Hr‐FP)が堆積した状況である。後者では、土坑内部に有機物が収められた空間の痕跡が検出されるはずであるが、それは確認されていない。多くの土坑では、堆積土が流入するように形成されているので、前者の可能性が高い。土坑使用時の最終段階は、掘り返されて、開口した状態で放置されたと推定される。

　土坑の堆積土をこのように理解すれば、榛名山二ツ岳伊香保テフラ(Hr‐FP)の位置は重要である。開口したままで放置された土坑は、年月の経過とともに自然堆積が進行し次第に埋もれて行くことになる。土坑は、榛名山二ツ岳伊香保テフラ(Hr‐FP)降下以前に廃棄されていたことになる。また、土坑が自然条件で埋没する期間に榛名山二ツ岳伊香保テフラ(Hr‐FP)の降下があると、榛名山二ツ岳伊香保テフラ(Hr‐FP)が土坑の上部に近い位置に堆積していれば、より古いという傾向が推定できる。ただし、検出された土坑の浸食・削平の程度、廃棄された段階での埋まり具合によっては、評価が異なることに留意しなくてはならない。大きく削平されていれば、上部で検出されたとしても、本来は中位であった可能性もある。報告書で上位とされた 20～22 号土坑は、土坑の形状からすれば本来は中位であろう。

　円筒形土坑は、芋・堅果類の屋外貯蔵施設と考えておきたい。貯蔵用土坑が造られた場所は、林や草地ではなかったであろう。林の中に貯蔵穴を造れば、ネズミや昆虫などの小動物による食

害は避けられない。また防湿という点でも不利な環境である。現在でもいわゆる穴蔵は、日当たりのよい畑の隅に造られる。したがって、白山A遺跡でも貯蔵穴周辺の草木は刈り払われていたであろう。

　貯蔵穴と報告されたなかで、矩形を基調とする15・17号土坑は性格が異なっている。15号土坑は長さ2.1m、幅1.4m、深さ77cmである。13号竪穴住居跡の床面下より検出されたことから、竪穴住居の深さを1m弱とすれば本来の深さは1.5m以上となる。堆積土は大きく上下に分かれ、下層が人為的に埋められた土層で、上層が自然堆積

表2　古墳時代土坑一覧（福島県教育委員会 1999a）

番号	長軸(cm)	短軸(cm)	深さ(cm)	体積(㎥)	Hr-FP位置	出土遺物	群	備考
09	190	178	2.8	2.83	上層	縄文土器	A	
10	190	202	1.84	1.84	中層	縄文土器	A	
11	215	185	92	2.3	中層	無し	A	
12	180		150	2.85	上層	縄文土器	A′	
28	144	136	87	1.32	無し	無し	A′	
31	194	180	120	2.21	無し	無し	A	
20	145		46	0.63	中層	無し	B	
21	140	125	64	0.79	中層	無し	B	
22	195	190	85	2.07	中層	土師器	B	
30	170	160	94	1.54	中層	無し	B	
38	118		130	1.75	中層	無し	B	人為堆積
15	210	140	77	1.97	上層	縄文土器・土師器	墓穴	人為堆積
17	190	153	54	1.32	全体	縄文土器・土師器	墓穴	
18	190	180	75	1.66	全体	縄文土器・土師器	C	人為堆積
19	154	128	90	1.1	全体	縄文土器・土師器	C	
40	160		73	1.2	全体	無し	C	
08	182		70	1.64	不明	無し	D	
35	170	150	60	0.99	不明	無し	D	
37	217		160	3.45	上層	縄文土器・土師器	D	
05	147	135	58	0.74	不明	無し	E	
43	120	111	136	1.31	不明	土師器	E′	

と理解されている。ただし、人為と自然堆積の相違を判断することは困難な場合が少なくない。

　この土層の場合、土坑に収められた有機物が分解した空間に上層の土が降下したと考えれば、上層は人為的な堆積が自然崩落によって変化した土層となる。本来は全体が人為堆積となる。土坑の規模と形態、堆積土の特徴からすれば、墓坑の可能性も考えられよう。17号土坑も同様である。同様な特徴を持つ土坑は、郡山市正直古墳群や玉川村江平遺跡などで確認され、古墳時代の墓坑であることが判明している。古墳時代から律令期にかけては、集落跡の近辺で、このような墓坑が検出されることは珍しくはない。郡山市永作遺跡や東村谷地前C遺跡などでも検出されている。

　白山A遺跡の報告書で円筒形土坑群は、A〜Dの4群に区分され、これに竪穴住居跡の2時期4群と対応させて理解されている（福島県教育委員会 1999a）。

白山A遺跡1期　　　　　　　　　　　白山A遺跡1期
　住居：南Ⅰ群（1・2・8号）　　　　　住居：北Ⅰ群（4・13号→4号住居跡）
　土坑：D群（8・35・37号）　　→　　土坑：B群（20・21・22・30・38号）

　住居：南Ⅱ群（5・11号）　　　　　　住居：北Ⅱ群（3・12号）
　土坑：C群（18・19・40号）　　→　　土坑：A群（9・10・11・12・28・31号）

　この場合、土器型式の新しい4号竪穴住居跡は、後半期に含めている。前半期の竪穴住居跡を東西に区分して、これをそれぞれの円筒形土坑C・D群と対応させている。同じく後半期では円筒形土坑群A・Bと対応させている。

　対応関係は、竪穴住居跡の位置関係と円筒形土坑の位置関係、それに円筒形土坑内に堆積した榛名山二ツ岳伊香保テフラ（Hr-FP）を基準にしている。しかし土器型式から4号竪穴住居跡は、

明らかにほかの竪穴住居跡よりは新しいので、遺構の同時性は限定できない。竪穴住居跡の特徴でも、6世紀前半期との対応関係は微妙である。円筒形土坑の位置関係と竪穴住居跡の位置関係が同一関係にあるとは限らない。対応する円筒形土坑の場所を変えていることもあろう。あるいは竪穴住居とは対応しないので、円筒形土坑群が竪穴住居群とは関連しないで造られた可能性もある。直接的な決め手はない。

　土坑の堆積土と位置関係から、この報告書の分類について次のように再検討を加えた。12・28号土坑はA群のなかでも、やや離れた位置にある。B群の土坑では浸食を受けていることから、榛名山二ツ岳伊香保テフラ（Hr-FP）は中位に相当する。D群には43号土坑も加える。5号土坑は8号竪穴住居跡に付属させる。さらに各円筒形土坑群でも位置関係に小さなまとまりがあることから、いくつかに細分される。この細分には規則的な配置はみられない。円筒形土坑群の形成過程では、A群が最も新しく、次にB群、さらにC群、最後にD群という時間的関係であろうか。

　つまり、①円筒形土坑が群を持って造られている。②報告書ではひとつにされたA群が、12・28号土坑と9・10・11・31号土坑に分かれる可能性がある。さらに③A群が最も新しい円筒形土坑群である。このように考えれば、円筒形土坑群と竪穴住居跡群には、対応関係に整合性がみられる。

　土坑と竪穴住居の対応関係は、つぎの通りである。1・2・8号竪穴住居跡と5・18・19・40号土坑、5・11号竪穴住居跡と8・35・37・43号土坑、12・13号竪穴住居跡と20・21・22・30号土坑、3号竪穴住居跡と12・28号土坑、4号竪穴住居跡と9・10・11・31号土坑である。2号竪穴住居跡は、造られた施設から居住を目的とする機能はないのでこれを除くと、各竪穴住居跡あたりの貯蔵穴は2〜4個程度となる。2〜3軒程度の竪穴住居が結びついてまとまり、ある程度の食料を備蓄する施設を維持していたと考えられる。

　小　結　白山A遺跡では、5世紀後半期と6世紀前半期に2個の住居群で集落が構成され、6世紀中葉期には4号竪穴住居跡1軒という変遷であった。白山A遺跡5世紀後半期・6世紀前半期では、各竪穴住居に対応する貯蔵用円筒形土坑の数が2個程度で大きな格差はない。これは竪穴住居群の構成人員がほぼ同数で、耕地自体からの収穫量に大きな格差がなかったことの反映である。小集落における生産物が、比較的均等に分配される仕組みが整っていたのであろう。白山A遺跡の小集落を形成する竪穴住居群の間には、固定化された上下関係は成立していなかった。

　6世紀前半期の4号竪穴住居跡は、大型で整った施設の住居である。黒井峯遺跡のように、1軒の竪穴住居と付属施設で構成されていたのであろう。丘陵部に造られた遺跡で、このような例は、それほど特異なことでもないのではないだろうか。集約的な労働が必要とされる水稲農耕よりも、小さな個別労働で対応可能な畑作の比重が高いからである。白山A遺跡の場合、丘陵尾根は異なるが、近接して白山C遺跡等があり、点在する小集落地帯の一部に含まれていたといえよう。

　生活の中で、食料は最も身近で重要な物資である。食料は生活によって消費されるとともに、集落内部で作れない鉄器や須恵器等を入手するための交換品となる。また、各種生産物を産み出す労働の基礎物資である。富は投資された労働の成果として、耕地や公共施設の構築と維持管理のために蓄積されることになる。その原資となる食料が、竪穴住居の居住者に確保されていることは、開発された耕地の優先利用に結びつくことにもなる。

　しかし、この貯蔵穴に蓄えられた食料が、竪穴住居の居住者群を支える主食食料ではないであ

ろう。土坑の容積は、深さ46cmの20号土坑が最小で0.63㎡、最大が37号土坑の3.45㎡である。大きさにバラツキがあるが、これは遺存する深さの相違も影響している。最大の土坑でも、保存物の保護材が必要であるから、容積がそのまま保存量ではない。内部の保護を考えれば、保存食料の容量は土坑容量の半分程度であろうか。

確認された貯蔵穴だけでは、竪穴住居群に居住した数人の一年間の食料とするには少ない。また貯蔵穴に蓄えられた食料が芋や堅果類などとすれば、ほかに穀物の貯蔵施設が存在したことになる。発掘調査では確認されなかった平地式建物も存在した可能性があろう。集落すべての食料が、確認された円筒形土坑に貯蔵されていたのではない。

白山A遺跡内で抽出した住居のまとまりが、食料という基本物資の一部を管理しているということは、他の生産物についても、このまとまりで消費されていた可能性が高い。衣服や道具類、装身具などである。

しかしそれが、排他的に使用されていたのか、場合と条件により共有物としてあったのか、さらに共有物となる場合の範囲はどこまでなのか。小集落を構成する人々の関係による。あるいは武器類のように集落外にまで共有が及ぶこともあるのかは不明である。

竪穴住居群で消費と蓄積がなされていても、食料貯蔵穴と住居規模・出土遺物にそれほどの格差がないことは、生み出された富が大差なく分配されていたことの反映である。白山A遺跡を構成する竪穴住居群の人々が1個のまとまりとして生活を営み、竪穴住居の住人間に格差の生じないような仕組みもあったのであろう。

白山A遺跡の小集落では、5世紀後半には4軒、6世紀前半には3軒の竪穴住居群により構成されていた。5世紀後半では、さらに広場を挟んで2軒が東西に分かれるまとまりがあった。これにより小家族を構成していたことになる。それが、6世紀中葉には1軒の竪穴住居となる。白山A遺跡では当時の地表面が失われていることから、竪穴住居と土坑以外の施設は不明である。

しかし、群馬県の中筋遺跡で5世紀代の竪穴住居が数軒でまとまりを形成し、6世紀代の黒井峯遺跡では、1軒の竪穴住居と柵で囲まれた平地式建物群と畠で集落単位が形成されていたことと対応するようにもみえる。これが北関東から阿武隈川上流域で共通する変化であるとは限らないが、興味深い結果であろう。

第5節　大規模集落遺跡

永作遺跡・南山田遺跡　小規模な集落遺跡が丘陵部に散在していたのに対して、大規模集落跡は阿武隈川本流や大きな支流を臨む丘陵縁辺部で確認されている。郡山市永作遺跡とこれに近接する南山田遺跡（郡山市教育委員会1991）では、5世紀代を中心に合計94軒の竪穴住居跡が検出されている（図50）。竪穴住居跡は規模から大中小の大きさに区分される。大型は一辺が10m前後で、主柱は4本と6本がある。また区画溝もあり、カマドや貯蔵穴もしっかりしている。大型住居跡の数は少ない。中型住居跡は一辺が5〜7m程度の規模で、小型住居跡では一辺が4m程度となる。中・小型の竪穴住居跡が中心である。竪穴住居跡の規模に差はあるが、内部の施設や出土する遺物に大きな格差は認められない。

一辺が10mを越える大型竪穴住居跡は、数が少ないことから、集落のなかでは優位な世帯

図 50　郡山市南山田・永作遺跡と周辺地形（郡山市教育委員会 1987c）

である。大きな竪穴住居を造り、維持するには、それなりの経済力・政治力が前提となる。この竪穴住居に居住した主は、周辺の竪穴住居群を取りまとめる役割にあったことの反映であろう。ただしこの位置が世代を重ねて保持された確証はない。

　大型竪穴住居跡が集落内部の立地条件でも、尾根平坦面や竪穴住居跡群の中心地区に占地して、鉄器と須恵器、なかには祭祀具が出土する割合が高い傾向にある点は、この世帯が優位な立場にあったことを示している。永作遺跡で大型竪穴住居は尾根に沿って点在して造られ、これを取り巻くように中小の竪穴住居が分布している。大規模集落を構成する竪穴住居群のまとまりである。このことは、点在していた小集落よりは、内部で若干の優劣差が生じていたと考えられる。

　永作遺跡・南山田遺跡では、重複関係にある住居跡が多いこと、5世紀から6世紀の集落継続期間が土器型式で1〜2型式である。このことから、一時期に機能していた竪穴住居は、確認された94軒の約1/3〜1/4と推定される。竪穴住居跡は数軒でまとまりを持っていたことから、大規模集落でも、先に抽出した世帯のまとまりが存在していたことを示している。竪穴住居跡の周辺には作業場的な広場がある。この遺跡でも、掘立柱建物は検出されていない。大規模集落といっても、一時期に機能していた竪穴住居は、検出された軒数の数分の一であろう。

　各世帯のまとまりの居住場所は支尾根平坦面で、これを結ぶ道は主尾根線に沿って造られたと推定される。永作遺跡では派生した支尾根に沿って細い溝が部分的に延びている。現在でも山道は溝状の窪地となっていることが多い。尾根丘陵の先端には、小円墳も数基確認されている。古墳の造営の母体は、位置と年代からみれば永作・南山田遺跡の集落であると考えられる。しかし古墳の数は、竪穴住居跡の数とは対応しない。古墳群と集落の造営期間をほぼ同じとみなし、集落を構成する小家族の数を10〜15群としても、古墳の数は不足する。小集落をこれ以上少なく見積もることは難しい。

　そこで小集落がいくつか集まって古墳を造営したと推定して、この数を2〜3個程度とすればほぼ対応する。推定される小集落のまとまりと古墳の対応関係からみれば、永作・南山田遺跡の小円墳は、集落内部の小家族共同体を統括する首長のような役割の人物が葬られたのであろうか。また集落内にも箱形土坑がいくつか検出され、小家族共同体成員の一部が土坑墓に葬られたと推定されている。

　正直A遺跡　郡山市正直A遺跡では、5世紀代から6世紀前半にかけての竪穴住居跡41軒の発掘調査が実施されている（福島県教育委員会 1994b）。ただ、6世紀前半と報告された竪穴住居跡は、出土した土器型式は江平53号〜白山C段階であり、5世紀代の集落跡であろう。大型竪穴住居跡と中小の竪穴住居跡で構成され、掘立柱建物跡は検出されていない。大型竪穴住居跡は丘陵上の平坦面に造られ、丘陵裾部には中小の竪穴住居跡が造られていた。それらはいくつかの群に分かれるが、竪穴住居跡が複雑に重複していることから明確にはされなかった。円筒形土坑は竪穴住居跡群と重複している場合や、これより離れて造られていた。竪穴住居跡との対応関係は不明である。

　正直A遺跡12号竪穴住居跡では、石製祭具の製作跡が明らかになっている。住居の平面形は長方形で、長辺6m、短辺4m前後の大きさである。主柱穴は2個、カマドは付設されていない。時期は5世紀後半である。床面中央部に不定形な踏み締まりがあり、北半部では4ヶ所で焼土面が形成されていた。

　竪穴住居跡の南半部では楕円形を基調とする土坑が造られ、そのうちのひとつは壁線から突き出して造られていた。また東南部にも焼土面が2ヶ所であった。石製祭具の半製品や製作屑は、床面の中央から北西部よりと東南部に集中していた。この周辺が作業空間となっていたのであろう。通常の竪穴住居跡とは、平面形、主柱穴の数と配置、カマドがない点が大きく異なっている。集落の内部に、石製模造品を作る作業場が造られたことになる。特殊な目的で造られた施設である。それらは、集落の継続期間を通して機能していたのか、短期間で機能を終えたのか判断することは難しい。少なくとも土器型式期を越えて機能していたとはみられない。

　このほか、祭祀遺構と報告された遺構が3ヶ所で検出されている。大型竪穴住居跡が検出され

た尾根の南斜面にあたる1号祭祀遺構では、おおよそ直径4mの範囲から多量の土師器が出土した。多くは完形品である。据えられた痕跡はみられなかったが、まとまっていた。土器は江平53号段階から白山C段階である。これとともに石製祭具も出土している。しかし須恵器や金属製品は出土していない。

この遺構は報告書で、土器を主体に石製祭具をまとめて祭祀を行った場所とされている。ただし土器や祭具をまとめ置くことが、当時の祭祀ではないであろう。土器のなかに食物が納められていれば、短期間で腐敗した状態になる。定期的な祭祀ならば、同じ遺構がもっと多く遺されているはずである。直接の祭祀遺構というよりは、むしろ祭祀用具の廃棄遺構である。ほかの2号・3号祭祀遺構も、少数の土器が集中している程度である。

5世紀代の郡山市正直地区周辺が特異な点は、祭祀関連の遺跡が集中していることである。正直A遺跡の祭祀遺跡以外に、正直B遺跡や田村神社遺跡でも祭祀関連遺物が確認されている。正直30号・36号墳には石製祭祀具が副葬されていた。副葬された祭具は、被葬者が祭祀を行う道具と考えられている（白石1985b）ことから、古墳に葬られた人物は司祭者としての性格も持っていたのであろう。上宮崎古墳群や江平古墳群では武器類の副葬が基本で、石製祭具は出土していない。正直古墳群の被葬者は、正直地区で執り行われた祭祀と深く関係したのであろうか。

正直A遺跡の例では、一辺10〜12m前後の大型竪穴住居跡が丘陵平坦面に集中して4軒が検出されている。規模は通常の竪穴住居3〜4軒分の床面積に相当する。正直A遺跡の古墳時代竪穴住居跡のなかでは、とくに大きい規模である。正直A遺跡の住民の中に、正直古墳群に葬られた人物がいれば、このような大型竪穴住居の居住者が想定されよう。また祭祀の中心的な役割の一端も担っていたであろう。大型竪穴住居の居住者は、広範囲の領域を支配する豪族というよりは、集落内部の小族長である。

小　結　大規模集落とされる遺跡から検出される竪穴住居跡数は多く、郡山市清水内遺跡のように100軒以上に達する遺跡もあるが、数十年の間に重複した竪穴住居が累積した結果である。このような遺跡が機能していた当時の景観は、数軒の竪穴住居がまとまって、丘陵の尾根上に点在していた状況であろうか。ただ、鍛冶遺構や玉作り工房の確認されている割合は高い。大規模集落といっても、小集落と同様の規模の竪穴住居群が、集まった景観であり、本質的な差異はない。

竪穴住居が集中して営まれた大集落は、6世紀になると維持されなくなる（垣内1995）。この時期の集落として、天栄村舞台遺跡や白河市佐平林遺跡、石川町薬師堂遺跡、郡山市丸山遺跡、同市太田遺跡で発掘調査が実施されている。いずれも竪穴住居を中心に構成され、掘立柱建物はほとんど確認されていない。ただ、屋外貯蔵用の円筒形土坑はともなうようである。部分的な調査で、遺跡の全容は不明であるが、数軒の竪穴住居で構成される世帯のまとまりがあるらしい。竪穴住居1軒で1個の小集落を構成した白山A遺跡の6世紀中葉段階が特異な在り方であったのかどうか、さらに分析が必要であろう。

第6節　小集落の住人

小家族　集落を構成する竪穴住居群、その居住者の研究については長い学史がある。研究史の要点は、岩崎卓也や都出比呂志が適確に述べている（都出1989、岩崎2000）。和島誠一は福岡県比

恵遺跡の周溝に囲まれた 6 軒の弥生時代竪穴住居群を農業経営の単位とする世帯共同体とし、東京都志村遺跡の古墳時代集落跡の大小の竪穴住居群を数世帯に分かれた大世帯と小世帯からなる家父長制的な大家族の想定した（和島 1948、和島・金井塚 1966 ほか）。そして、大小 5 軒の竪穴住居群と共有する倉から、この 5 軒が農作業を共同で行い、その消費を共有するまとまりであり、これを最小単位にして共同体が形成されていたとする近藤義郎の単位集団（近藤 1959）である。また発掘調査で抽出される数軒の竪穴住居群、世帯共同体の役割について、文献の分析から鬼頭清明や吉田晶などは自立的安定的としていた。

　現在の集落研究で重視されているのは、都出比呂志の考えである。都出は黒井峯遺跡などで検出された集落の分析から、遺跡において宅地と園地が成立していることを明らかにした。そうして、数軒の住居の集合体である世帯共同体を耕作と収穫物の管理する経営の単位として把握した。また竪穴住居に居住人数は、規模により異なるが、一辺 4.5 m 程度の通常の大きさであれば、食器数と炊飯用具の容量分析から 4〜5 人程度と推定した。竪穴住居の居住者は食事を核に消費をともにする世帯とし、これを消費単位として把握した。世帯共同体とされる小単位は、農耕以前の社会にも経営単位として重要な役割を果たしてきたとした。（都出 1989）。

　竪穴住居に、どのような人間が居住したのか。考古資料は、直接これに答えない。性別、年齢、結びつき、契機と継続性、また小竪穴群相互の関係を考古学的に証明する方法は、まだ確立されていない。状況からの類推、近隣研究分野からの類推でしかない。岩崎卓也は、古墳時代頃の通婚圏は集落内を含む狭い範囲と考え、二重三重に姻族の網がかかる双方的な関係で、外婚制のような排他性はないと推定した（岩崎 2000）。周囲がみな血族となり、固定的に存在するのは、夫婦を核とする世帯である。したがって世代が代われば、あるいは離婚と再婚により新しい結びつきが再生される。そこに継承される財の原則もなく、園地・宅地の永続的占取もないとした。一方、首長層の婚姻はこの通婚圏よりは広く、首長と血縁でつながる民衆もその延長で結びつくことになる。

　岩崎が想定した状況は倭国全体のことであるが、阿武隈川上流域でも通婚圏や婚姻の状況に、それほどの違いはないであろう。この場合、土師器型式の在地的特徴は、それが形成される範囲であり、日常的な交流範囲とも重なっていようから、ひとつの生活圏的まとまりの一端を反映していよう。

　義江明子などの文献研究によると、8 世紀までの家族は、夫婦関係と子供の養育、そして日常の消費を共にする小家族であった。つまり義江は、古代の小家族の構成要素として以下の 3 点を指摘している。①一対の男女の結びつきという意味での婚姻関係。②次世代を育成する生殖＝養育関係。③日常的な消費の単位たる同居の生活共同体。そして流動的な小家族が双系的親族関係で結びつき、地縁と血縁を絡めて構成される小共同体が基礎的経営単位である。双方的親族関係と共同体のなかに包摂されて存在し、明確な親族組織は持たなかった。つまり経営単位としての家族は未成立であるとしている（義江 1985）。

　文献史学による家族の分析は、戸籍・計帳の伝えられた奈良時代以降を対象とすることしかできない。しかも、その記録には実態と擬制をめぐる議論がある。『万葉集』等からの分析にも資料の片寄りはある。また、義江明子のいう小家族と都出比呂志のいう消費単位は一致しない点も確認しておく。

　白山Ａ遺跡の分析でも、居住者の推定は状況証拠を集めたにすぎない。竪穴住居は居住施設で

あり、カマドあるいは炉があり、煮炊き・飲食用土器が出土する。しかも、2 人程度の成人が居住することが可能な空間を持っている。竪穴住居は生活を営む施設であり、性差による役割分担を考慮すれば、夫婦に相当する居住者が想定されよう。竪穴住居の住人は、消費単位としての世帯となるまとまりであろうか。あるいは近い血縁で結びついた兄弟姉妹のような可能性もあろうが、訪婚の慣習があるならば、後者は現実的ではない。

　集落は営みの場所である。限定された空間である。その営みは時間の経過により変化するが、遺跡から判明するのは遺存した一時期の姿である。火山災害で滅んで、集落の様相が明らかな黒井峯遺跡をはじめ、群馬県の諸遺跡においても変わりはない。それはそれで重要な情報を提供してくれるが、集落に居住する人々の社会関係を時間経過で説明できる資料ではない。

　誕生から死に至る人間の一生、幼児期・青年期・成人期・老年期の間で周囲の人間との関係も大きく変化する。当然住む場所も形態も変わる。竪穴住居の住人も施設もそれに対応して変化がある。集落における一時期の姿は、それを切り取ったにすぎない。居住者の人間関係から集落経営の在り方を集落遺跡のなかで解明するには、今日までに蓄積された考古学資料と分析方法では、まだまだ限界がある。

　5 世紀後半から 6 世紀前半の白山 A 遺跡は、小集落はいくつかの消費単位となる竪穴住居で構成され、これらにより生活の基礎となる畑作農耕が営まれていた。これは、義江明子が類推した小家族に類する集団であろう。その外側、周辺には地縁と血縁の重層する小集落群のような集団が形成されていたのではないだろうか。

黒井峯遺跡の集落　当時の集落について、やはり黒井峯遺跡の調査成果をどのように考えるかは重要な指標となる（図 51）。この遺跡について、発掘調査報告書を踏まえて杉井健により興味深い分析がなされている（杉井 2005）ので、これを指針に考えをまとめておきたい。

　杉井は、竪穴住居と平地式住居で季節的な住み替えが行われていたこと、黒井峯遺跡の埋没は平地式住居で居住が行われていた季節を前提に、竪穴住居と平地式住居の対応関係、および地表面の各施設の対応関係を復元して次のように考えている。なお、多くは垣内の施設であり、（垣外）（垣無）注記のあるもの以外は垣内の施設である。

　まず、発掘調査の実施された地区の遺構群を道跡や区画施設から単位群（石井ほか 1991）としてとらえ、これは I・VI 群、II 群、III 群、IV 群、V 群、VII 群、VIII 群のまとまりがあり、このうち I・VI 群、II 群、III 群、IV 群、VII 群の 5 群で群全体の状況が判明している。各群の構成を①～⑥と認識している。

①I・VI 群。竪穴住居 1 軒（垣外）、平地建物（住居）5 棟、平地建物作業小屋 1 棟、高床式建物倉庫 4 棟（内 2 棟は土器保管？）、平地式建物（家畜小屋 2 棟、家畜小屋？ 2 棟、垣外家畜小屋 1 棟）、平地式建物（？ 小屋？ 1 棟）。

②II 群。竪穴建物 1 棟（垣外）、平地式建物（住居 1 棟、納屋？ 1 棟）。

③III 群に垣は無いらしい。すべて（垣外）。竪穴住居 1 軒、平地式建物（住居 1 棟、住居？ 1 棟、？ 1 棟）、高床式建物（倉庫？ 1 棟）。

④IV 群。竪穴建物 1 棟（垣外）、平地式建物（住居 1 棟、納屋または作業小屋 1 棟、作業小屋 1 棟、？ 3 棟、？ 家畜小屋？ 1 棟）、高塚式建物（倉庫、土器保管庫？ 1 棟）。

⑤VII 群。竪穴建物 1 棟（垣外）、平地式建物（住居 1 棟、作業小屋 1 棟、？ 4 棟、）、高塚式建物（倉

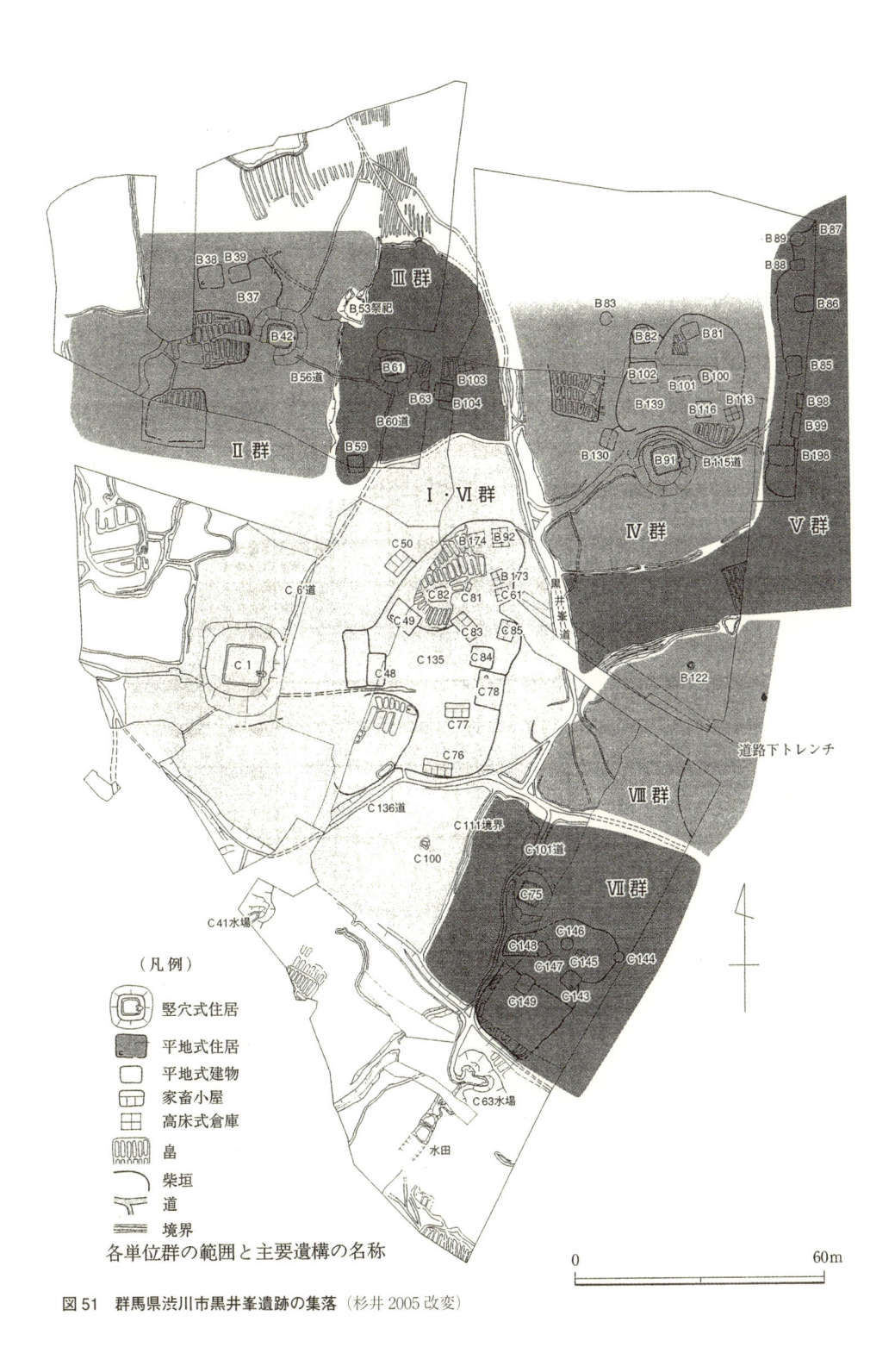

（凡例）

- 竪穴式住居
- 平地式住居
- 平地式建物
- 家畜小屋
- 高床式倉庫
- 畠
- 柴垣
- 道
- 境界

各単位群の範囲と主要遺構の名称

0　　　　　　　　60m

図51　群馬県渋川市黒井峯遺跡の集落（杉井2005改変）

庫？1棟)。

⑥住居と考えられる平地式建物に遺された土器類は、Ⅰ・Ⅵ群のC48号で22個とC49号で27個、Ⅳ群のB102号で25個、Ⅴ群のB198で17個である。土器類は須恵器の坏身・坏蓋・高坏・壺・甕・横瓶それに𤭯、土師器の甕・甑・椀・坏などひと揃えが出土している。ただし、大型甕は出土していない。

そしてⅠ・Ⅵ群の平地式建物跡の分析から、住居と推定されるC48・C49号にそれぞれ1世帯が居住したと考え、冬期にはC1号竪穴住居に2世帯が居住したと考えた。他の群では、Ⅱ群とⅣ群で竪穴住居1軒と平地住居1棟が対応している。この時、床面積を比べると、竪穴住居1軒に平地住居2棟が対応するⅠ・Ⅵ群の竪穴住居が約74.8㎡、1軒対応するⅥ群が31.4㎡であり、約2.4倍の格差があった。このことから竪穴住居の規模は、居住世帯の数に対応するとした。

杉井は、竪穴住居の床面積は、居住人数の多少として、Ⅰ・Ⅵ群の竪穴住居と平地式建物を示した。しかしⅠ・Ⅵ群以外では、1軒の竪穴住居と平地式住居が対応している。またⅠ・Ⅳ群では、平地式建物が他の遺構群と比べて各施設ともかなり数が多い。たとえば、明確な家畜小屋3棟、家畜小屋の可能性があるもの2棟である。これらの家畜がⅠ・Ⅵ群の住人のみで管理されていたのであろうか。周辺の群では、家畜小屋の無い例もある。畜力の利用供与の見返りに、何らかの労力を負担したことも想定されよう。あるいは冬場も、竪穴住居に居住しない世帯があった可能性はないだろうか。単に竪穴住居の床面積が増えても、施設や空間構成に変化がなければ、居住人数を増やせるわけではない。平地住居に年間を通して居住した人も、いたのではないだろうか。いずれにしてもⅠ・Ⅵ群の居住者は、周囲の人々よりも豊かであったであろう。

以上から、「有意な関係にあるいくつかの単位群はそれぞれ一世帯ないし二世帯からなり、さらに有意な関係にあるいくつかの単位群は1つにまとまって単位集団（世帯共同体）を形成している。」と把握した。

小集落・小経営　ところが、経営単位については、小区画の畑の単位群ごとの占有にみられる耕地、生産物の単位群ごとの倉庫管理、単位群ごとの居住地管理から黒井峯遺跡の各単位群が一定程度の独立性を保っている姿とした。そして竪穴住居に着目すれば、その1軒ごとに経営の単位としての独立性が保障されていた状況を想定できるのではないかとした。ただし杉井は、黒井峯遺跡の単位群それ自体を単位集団ではないと考えている。

しかし、住居と平地式建物群および畑が形成された単位群は、世帯であってもそれぞれに自立的な生活のまとまりであり、黒井峯の集落を構成する基礎的な単位ではないのか。白山A遺跡の6世紀前半の状況は、黒井峯遺跡の単位群一つと対応することになろう。それが単独で存在していたのである。とすれば、ひとつの小家族でありかつ小集落を構成する最小単位ということになる。それは、群馬県北部の古墳後期における単位集団に近いあり方と筆者は理解している。

黒井峯遺跡の単位群こそが単位集団に相当するまとまりであり、いくつかの世帯が集まって単位集団を構成していたのではなく、単独の小家族が単位集団として存在していたことになる。単位群の間にも大小優劣があった。杉井が、黒井峯遺跡の単位群に小経営の姿をみた点は、都出比呂志が協同労働に依存し村落全体からの規制を受けつつも、これらの小集団が農作業を自らの経営を実施しえる主体を小経営とする考えとも微妙に異なっている。また黒井峯遺跡の単位群が一定の土地を占めて近接して集落を形成していることは、各単位群を結びつける何らかの紐帯が

前提となる。この紐帯により、単位群の経営が集落を維持する制約を受けていた可能性もある。単位群が集まって、農業共同体に類する組織を形成していた可能性である。

　小　結　共同体の基盤は、土地にある（大塚1970）。とするのが定説である。大地は居住の場所であり食料やあらゆる生活手段を貯蔵する倉庫である。この宝庫に働きかける人間の労働により、生活の糧を獲得する。また共同体は集団の血統・言語・習俗などの共同性を前提として形成される。さらに生産諸力の発達により多様な共同体が形成され、土地を占取して自己再生を行うとされる。そしてゲルマン的村落共同体の土地占取の形態としてとして、共同体成員（各農民「家族」の家長）によって私的に占取される宅地および庭畑地、その周辺にある共同耕地そして山野という考えを説明した（大塚1970）。

　それは、理論上の模式図である。黒井峯遺跡で検出された単位群は、大塚久雄によるゲルマン的土地占取でいう宅地と庭畑地のようにも理解できる。しかし黒井峯遺跡の菜園だけでは、各単位群の主要食料をまかなうにはあまりにも狭い。単位群の占取した屋敷地・菜園の他に、大きな耕地が必要である。この耕作がどのようになされていたのか。直接的な状況は不明である。白山Ａ遺跡でも、散居集落であれば周囲に耕地があったはずと想定したにすぎない。主食を作る耕地の状況は不明である。主食生産が黒井峯遺跡の単位群によって耕作がされていたかどうかである。

　白山Ａ遺跡の立地する阿武隈川上流域の丘陵・台地では、散居集落が分布していた。この場合、主食を生産する耕地、集落の周辺に営まれていたはずである。そうすれば、白山Ａ遺跡のような散居集落では、小集落ごとに自立的な主食の生産がなされていた可能性はある。あるいは集落とは別の場所に耕地があり、それを小集落が共同して耕作していた可能性も考えなければならない。

第7節　　寒冷期の集落

　集落の立地　5・6世紀の集落は、阿武隈川上流域でも比較的海抜の低い標高300ｍ程度の丘陵地帯を中心に分布している。丘陵地帯では、樹枝状開析沢の奥部に面した場所でも集落が形成されている。丘陵奥部は近年の用水によって水田開発が可能になった土地で、それまでは畑地や放牧地で、水稲農耕には不向きな土地である。

　当時の景観は、小集落の周辺に畑があり、その周囲の丘陵は林、沢地は湿地であろう。小集落では、竪穴住居に近接して広場が造られ、さらに貯蔵用円筒形土坑群の覆い屋が数個並んでいた。また畑も造られていた。小集落を区画する施設が確認されていない。垣根や柵列は一部で造られていたかもしれないが、痕跡が残されていないことからすれば、あったとしても、外敵に備えた防御施設ではなく簡便な区画施設であろう。水場も白山Ｃ遺跡で検出された湧き水や溜井程度の施設である。

　一方阿武隈川周辺の低地では、玉川村辰巳城遺跡や高原遺跡のように自然堤防の上に小規模な集落も形成されていた。この段階では、集落周辺に大きな水路などは確認されていない。自然堤防上に集落と畑を造り、周辺の低湿地の利用可能な部分は水田としていたのであろうか。

　夏場の阿武隈川は、たびたび増水する。さらに阿武隈川では所々に峡搾部があって、この上流にあたる河谷平野では氾濫が繰り返されている。河川周辺の低湿地に水田が造成された場合、阿

武隈川の川水が十分には管理されていないことから水害を受けやすく、利用される部分は限られる。少なくとも後背湿地を利用するには、自然堤防を越えて阿武隈川に排水用水路を設ける必要がある。また5・6世紀代は、現在と比べて低温多雨な気候で、洪水が頻発したと推定されている（宮本ほか2001）。この点からも阿武隈川周辺には、集落があまり造られなかったのであろう。

　　頻繁な集落の移動　東日本の古墳時代集落が、頻繁な移動を繰り返していたことは古くから知られている（岩崎2000など）。阿武隈川上流域の5・6世紀の竪穴住居跡からは、多量の土器が出土する特徴がある。この理由のひとつには、突発的な非常事態が発生して住居を放棄しなくてはならなくなった可能性もある。しかしこの場合は、土器以外の生活用具も出土するであろう。多くの遺跡で土器以外の生活用具が出土しないことは、これらを選択して持ち去り、土器を残して行ったことを示している。とくに鉄器の出土量は、かなり少ない。

　　竪穴住居跡から出土する土器は、カマドや貯蔵穴の周辺に集中する傾向がある。しかも廃棄の直前まで生活をしていたような状態で出土する例も少なくない。カマド近くに土器が重ねて置かれたり、伏せてあったり、カマドに据えたままで出土することがある。白山Ｃ遺跡9号・20号竪穴住居跡もこのような例のひとつである。

　　放置された土器群には攪乱を受けた痕跡が乏しい。このことは、同じ集落内に居住場所を移していないことを示す。近接した竪穴住居跡で、型式の違う土器が放置された状況で出土した場合は、集落が継続していたのではなく、集落自体の移動により断続期があったと考えられる。集落が継続しているのであれば、廃屋の処理がなされたであろうが、そのような痕跡は乏しい。竪穴住居跡では、榛名山二ツ岳伊香保テフラ(Hr-FP)が自然に堆積した状況が確認されている例も少なくない。榛名山二ツ岳伊香保テフラ(Hr-FP)の降下前に、竪穴住居は放置された状況である。

　　集落の移動を頻繁に行うことは、耕地の場所もこれにともなって新しく造られたと考えられる。頻繁な移動にともなう耕地の造成は、人力を主体とする当時の技術形態では容易なことではない。これを可能にするには、耕地の造成が比較的容易な焼畑農耕の可能性が想定されるのではないだろうか。焼畑農耕は、水稲農耕と比べて土地からの収穫は高いとはいえないが、労働比でみれば効率的である。一方で、多くの土地が必要となる。とともに耕地の地養能力は急速に低下する。したがって、頻繁な耕地の移動を繰り返すことになる。恒常的な耕地を基盤とする農業であれば、集落が移動することは異常な出来事である。商品経済が未発達な社会では、耕地に社会資本としての富が蓄積されるからである。耕作地を求めて移動することは、蓄積された労働成果である社会資本を放棄することである。

　　丘陵の発達した阿武隈川上流域では、畑作の可能な地形に恵まれている。古墳中・後期段階では、集落の分布から推定して、関東などと比べれば人口が稀薄で、有力な政治勢力が形成されていなかった。丘陵開発が進められる過程で、多数の集落が形成され、表面上は急激に人口が増大したようにみえるが、集落の継続性からみると同時期に維持されていた実数はかなり少ない。

　　古墳中・後期の土師器は、関東でいう和泉式期と鬼高式前半期と平行しているが、阿武隈川流域では別の土器群を産み出している。また仙台平野とも異なっている。技術的な交流はあったであろうが、須恵器を模倣した土師器坏は少ない。阿武隈川上流域で独自の土器圏を形成していることから、丘陵部開発に関東方面からの大規模な移民を想定することもできない。

　　小集落の縄張り　白山Ａ遺跡の小集落が、その集落経営に自立した要素があったとしても、生

計の基盤となる土地が相続により継承されていた確証がない。むしろ、多量の土器が廃棄されていること、農工具そのほかの資材がほとんど出土しないこと、住居の補修・拡張の痕跡が無いことからすれば、白山A遺跡でも5世紀後半から6世紀中葉までの間には、いくつかの断絶期間が存在した可能性がある。

　繰り返し同じ場所に小集落が造られているが、前後の小集落住人間に血縁関係があったかの決め手はない。したがって小集落のある土地が、小集落の経営体に相続されたかどうかも不明である。継続した定住ではなく、点在して移動を繰り返す小集落の形態からすれば、屋敷地および耕地は占取される状態で、相続されることはなかったのであろう。むしろ土地に相続する価値が認められなかったのではないだろうか。

　このように考えると黒井峯遺跡の単位群や白山A遺跡の小集落は、その背後に一定の共同体に類する組織があり、この規制の範囲で半自主的な生活を営んでいたのではないだろうか。それは、小集落が自らにすべての責任と成果を獲得する自立的な経営体としての小経営とは異なるのではないだろうか。つまり、限定された範囲を縄張りとする共同体内部における個別的経営である。

　土地の所有を考古学で扱うのは難しい。ここでは吉田晶の説（吉田1980）を基に、加功・用益・相伝を重視したい。集落が営まれることは、集落の建設、耕地の造成が前提となるので、これは加功に当たる。ジョン・ロックのいう所有、自然に働きかけ獲得したものである。そして自らが居住して耕地を耕作すれば、用益に当たる。相伝は世代を伝えて継続的に集落が営まれることであろう。占有は相伝が欠けた場合である。

　集落の廃絶が頻繁に繰り返されていることから、集落を営んだ集団が限定された耕地に縛り付けられていたとは考えられない。集落の廃絶は、新たな集落の形成である。移動の繰り返しは、耕作利用者が限定されていことの反映である。当時の土地は相伝ではなく、占有の段階にあったと考えられる。

　倭国の時代、阿武隈川上流域では、土地を相続することに、それほどの価値が認められなかったであろう。この頃の阿武隈川上流域では、人口はかなり少ない。律令体制下で集落が激増するのと比べて、確認された集落密度は小さい。奈良時代の陸奥の国の人口を約18万人として、宮城県域・山形県域と福島県域で半分とみなし、そして阿武隈川上流域が安積・岩瀬・白河の3郡の人口を想定すれば、約3万人程度であろうか（鎌田1984など）。倭国の時代は、これよりかなり少なくなる。大雑把な計算ではあるが、人口密度がかなり希薄な土地であることは変わらない。奈良時代になっても相続されたのは「宅」とこれに従属する人である。「田」は相続の対象ではなかった（吉田1983）。

　人口に比べて余りある土地があれば、占有権はそれほどの意味はない。耕地となる場所は豊富にある。土地よりも労働力としての人的資源の方が、各種の富を産出する資源として重要であった。土地を利用している期間においては、占有に類する意識はあったであろう。小集落を営んだ人々にとって、耕地と集落敷地が世代を越えて永く相続されていたようには考えられない。

　耕地・屋敷地が相続されないのであれば、小集落を営んだ人々の共同体はどのように再生されたのか。また小集落の移動場所に制限はなかったのか、縄張りのような限定された範囲はあったのか。小集落は、労働手段と耕地・居住地を保有していたとしても、自給自足の生活を営んでいたわけではない。鉄・金属製品など各種手工業品、海産物など、丘陵地帯に産出しない必需品は、外からの交易により入手するしかなかった。また耕地・屋敷地を占有するにしても、他の小

経営と無関係で決まったわけではないであろう。

　すると、開発する土地が豊富にあっても開発する人間がいなければ、十分な富を獲得することはできない。したがって土地が富を作る基盤ではなく、土地に働きかける人間の労働が富を産み出す第一の要素となる。労働力、人間の確保が共同体を形成し、再生する要であった。

　小集落の解体、世帯構成者の老齢化、成人化による小集落の解体、そして世帯の誕生による小集落の再生、これを繰り返していく。畑作、そしておそらく焼畑農耕による土地の劣化もある。小集落が継続して再生するためには、小集落一つ一つだけでは、完結して存在することができなかった。いくつかの小集落、あるいは大規模集落を統合する紐帯が必要であった。この紐帯が、共同体に相当する組織であり、集落を営む縄張りを確保して、安全と秩序を維持する組織が当時の社会的単位となっていたのではないだろうか。小集落群が持っている縄張りを我々の土地とする組織、つまり縄張り共同体に相当する集団である。それが、同時期に存在した小古墳からなる古墳群を造った集団であろう。

む　す　び

　阿武隈川上流域の古墳時代中期・後期、集落は丘陵・台地に形成される。また山間部では希薄になり、ほとんど営まれなくなる。さらに河川周辺の低地でも低調である。丘陵・台地の多くは、明治以降や戦後の開拓までは林野となっていた土地である。近世以前の水稲農耕には不向きな場所である。この地で営まれた農耕は、畑作が中心であった。古墳時代の農耕も同様の可能性が高い。丘陵・台地の谷地では、多くの発掘調査が実施されているにもかかわらず、古墳時代の水田跡は確認されていない。頻繁に集落を移動することも耕地の造成が比較的容易な畑作が中心であった結果である。水稲農耕では、水利や耕地の造成・管理を協業で行う共同体の存在が不可欠であるが、畑作では極端に低下する。

　この時期、阿武隈川上流域の集落は、数軒の竪穴住居が集まって生活を維持していた。夫婦を核として、親族・子供達を養育し、関連する親族をふくめて日常生活を営む小家族である。この状況は、群馬県中筋遺跡や黒井峯遺跡の状況と近似している。北関東の畑作地帯と同じような集落が営まれていた。畑作農耕であれば、このような小家族により、自らが占有する耕地を開拓し、そして耕作から収穫に至る一連の作業を行うことも可能であろう。畑作農耕を営む小集落である。

　集落を構成する小家族のなかには、一辺10m前後の大型住居も造られているが、これが世代をこえて相伝された訳ではない。周囲の竪穴住居と比べても多少の格差はあろうが、施設や出土品にそれほどの相違があるわけではない。小家族間の格差は少なくほぼ均一な状況である。

　この均一性は、阿武隈川上流域の特性である。自立的な小集落であれば、当然その経営の状況に優劣が生じる。没落する小家族、発展する小集落があった。ところが小集落の状況は、竪穴の大小程度の格差はあるが、同程度の規模と施設である。この状況が古墳中・後期の2世紀にわたって、固定されていたことになる。

　小集落の解体と再生に、格差が生じない規制があったのであろうか。現在の会津山間部では、「山株」という制度がある。下郷町名倉沢地区では、村落が所有する山を固定した家が一定の期間を設けて占有して経営にあたり、期間がくれば、再度の分配を行うことにより、集落を構成する家ごとの格差を一定の間に保つ制度である。ここで取り上げた小集落にも格差が生じない、何

らかの制度が存在したのであろう。小集落は、常に分解され再生される。継続する強固な経営体ではない。だからこそ、小集落の没落も拡大成長もない均一な存在として継続したのであろう。

　また集落跡には規模の大小がある。ただ大集落跡も同時期に営まれた施設をみると、検出された各種遺構群は、小集落のあり方と大きな格差はない。大集落といっても基盤となる生業の状況が近似していたのであろう。規模の大きな集落は、いくつかの小家族が集まった結果であるが、これらがそのまま農業共同体というわけではなかったであろう。生活環境の良い場所に血縁・地縁で集まったのであろうか。集落規模に大小はあるが、それが階層の形成を示しているのではない。律令期の集落で、掘立柱建物の数や配置など施設内容に大きな格差があることと比べて、特徴的である。

　小集落は、その経営を維持するために、交易や安全、婚姻による再生が不可欠な存在であった。小集落を維持するためには、複数の小集落を統合する集団が必要である。また頻繁に移動を繰り返す小集落も自由勝手に居住地を決めていたのではない。竪穴住居跡から出土する土器型式の分布範囲も限定的であり、少なくともこの範囲を出て集落が移動することはなかった。

　ただ小集落も、個々が自給自足していたわけではない。小集落の生産物以外を入手しなければ、その経営は成り立たない。農耕具の素材である鉄の生産はされていないし、海産物その他の食料、様々な手工業品も不可欠であったのは言うまでもない。造り付けカマドの急速で広範な導入は、倭国内部における情報伝達網の一端を示していよう。このような交流には、小集落により構成される在地集団の存在が想定されよう。

第3章

寒冷期の古墳

はじめに

　寒冷化が進行する古墳中・後期には、大型古墳は造られず、少数の中型古墳と小型古墳による古墳群が造営される。この古墳群は竪穴式埋葬施設が営まれ、被葬者に成人が埋葬されているが、幼児の埋葬は少なく、限定的であろう。古墳群の形態は群集墳と変わらないが、造営原理は異なっている。また集落と分離している点で弥生後期の周溝墓とも異なっている。このような古墳を菊地芳朗は、群小墳と名付けた（菊地2010）。群集墳や初期群集墳、あるいは周溝墓と区別する意味があろう。

　古墳群は、継続して造営されることにより造営集団の在り方が時間軸で表示される。これとともに造営集団の規模や特徴が反映されている。これらの小古墳で構成された古墳群を本書では群小古墳群とした。群小古墳群は、この地の散居集落を営んだ人々と結びついているはずである。

　集落遺跡の在り方からは、阿武隈川上流域にあった人間集団の紐帯を明らかにすることに限界がある。集落遺跡は生活の痕跡を残してはいるが、各住居にどのような人が住み、住居間にどのような結びつきがあるかを説明しているわけではない。同時期の平面関係で生活を示していることに、その特質がある。これに対して墳墓は、当時の人々が結びついた紐帯、結びついた生前の関係を反映して

図52　阿武隈川上流域の寒冷期古墳

造られた。しかも、時間経過という縦軸の人間関係に基づいて造営された。集落跡の住居群が、古墳とどのように結びついていたのかを考えてみた。

　集落も古墳も丘陵・台地に営まれているが、集落が散在し、断続していたのに対して、群小古墳群は、100年前後も一定の場所に継続して営まれ、数多くの古墳が一定の場所に集中して造営された。郡山市正直古墳群等である。現在は断片的にしか残っていないが、郡山市大槻古墳群のように、数百基以上の古墳が存在していた可能性も想定されている。群小古墳群の在り方は、散居する小集落を営んだ人々の結びつきを示し、時系列のなかでそれを表示していよう。

第1節　寒冷期の有力古墳

　大玉村古墳群　阿武隈川上流域には、郡山盆地北端に大玉村庚申壇古墳（前方後円墳、35m）、天王壇古墳（帆立貝形墳、41m）、金山古墳、産土山古墳などの中型古墳が集中している。中期の阿武隈川上流域では唯一の古墳造営地である。これらの古墳からは埴輪が出土している。川西編年のⅣ期からⅤ期にかけての時期となる。

　発掘調査の実施された天王壇古墳の周溝部では、多量の埴輪が出土した（本宮町教育委員会1984）（図53）。朝顔形や円筒形埴輪に加えて、甲冑形、女子形、猪形、犬形、鳥形など多くの形象埴輪がある。川西編年Ⅳ期である。円筒埴輪の口縁直下に凸帯があり、栃木県から宮城県にかけて分布する特徴を共有している（藤沢2002）。大玉村古墳群では、金山古墳で円筒埴輪と朝顔形埴輪、久遠壇古墳では、人物埴輪などが出土している。阿武隈川上流域のなかでも、埴輪の集中する古墳群である。とくに形象埴輪が豊富な点も特色の一つである。形象埴輪は、この時期前後に南東北で出現する。山形県菅沢2号墳、相馬市丸塚古墳、泉崎村原山1号墳、いわき市神谷作古墳などである。埴輪は、関東方面との交流のなかで受容された。

　このほか、天王壇古墳周溝岸の内外からは4基の埴輪棺が検出された。箱状の土坑に円筒埴輪を2個体差し入れて棺としている埋葬施設が3例と、1個体の埴輪でこれを埴輪片で塞ぐ埋葬施設が1例である。周溝の約1/6が調査されたにすぎないことから、さらに多数の埋葬施設が設けられているであろう。円筒埴輪は、

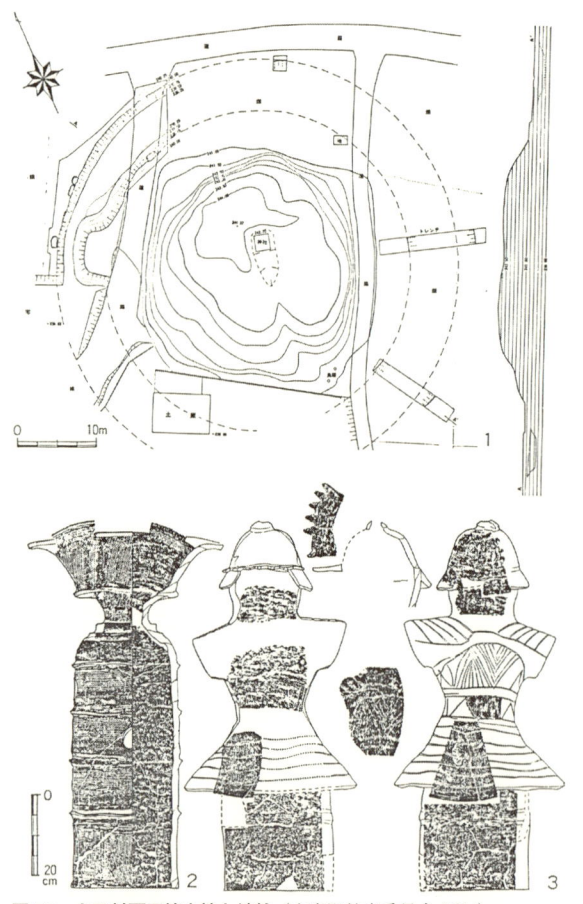

図53　大玉村天王壇古墳と埴輪（本宮町教育委員会1984）

長さ60cm、直径20cm程度の大きさである。埴輪の内部に成人の遺体をそのまま収めることは無理である。しかし、これを小児用に限定する根拠は棺の大きさだけで、改葬などを想定すれば決め手にはならない。埴輪の内部からは副葬品は出土していない。埴輪棺に使用された埴輪は、古墳からの転用と報告され、これらの埋葬施設は古墳よりは新しいと報告されている。周溝の内外に配置されるように分布しているので、天王壇古墳の被葬者を支え、それに連なる人々が、埴輪棺に葬られたと推定しておく。

　庚申壇古墳の墳丘では、葺石と段築が確認されている（図54）。南東北では稀な外表施設である。埋葬施設

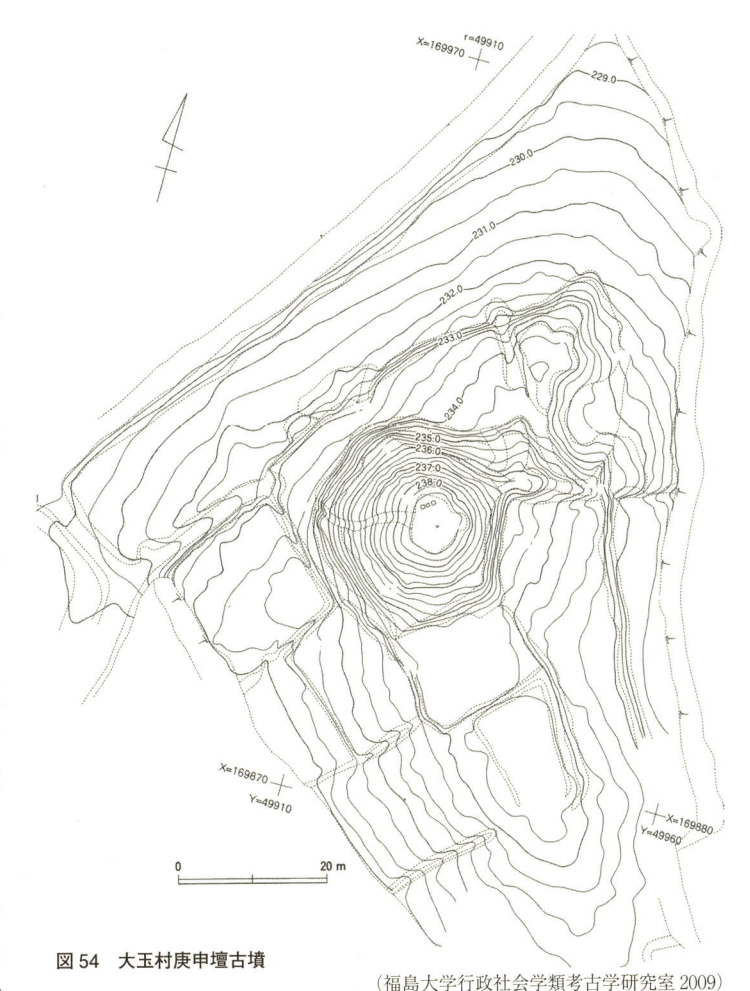

図54　大玉村庚申壇古墳

（福島大学行政社会学類考古学研究室 2009）

は礫槨で、若干の鉄器が出土している程度である。鉄器のなかには、鉄剣の破片も含まれている。出土した埴輪から川西編年Ⅳ期と推定されている。時期は5世紀でも中頃であろうか。古墳の規模からみて貧弱な副葬品である（福島大学行政社会類考古学研究室 2009）。

　散漫な中型古墳の分布　中期の東北では、岩手県角塚古墳が最北端の前方後円墳として造られるように、前方後円墳の分布圏は北上している。南東北には国見町八幡塚古墳・堰下古墳、白石市瓶ヶ森古墳、名取市大塚古墳、仙台市長町裏町古墳、色麻町念南寺古墳などが知られている。これらは阿武隈川水系から仙台湾岸域をへて、北上川水系に連なるように造られている。また日本海側方面では、山形県米沢市戸塚山137・139号墳、菅沢2号墳が点在している。会津方面では会津坂下町長井前ノ山古墳があり、近年の調査によって喜多方市灰塚山古墳が古墳中期の埋葬施設を有していることが判明した（辻 2018）。

　この時期の古墳分布は点としての北進であり、拠点的である。面的な分布の増大ではない。また古墳の規模自体も100m級の大古墳は存在しない。大玉村古墳群も、そのひとつである。倭国北辺の交易路に沿って、拠点的な勢力が存在したのであろうか。東北では、古墳前期の会津平や阿武隈川下流域等にみられたような、地域集団を形成する政治的枠組みは失われたことを示している。

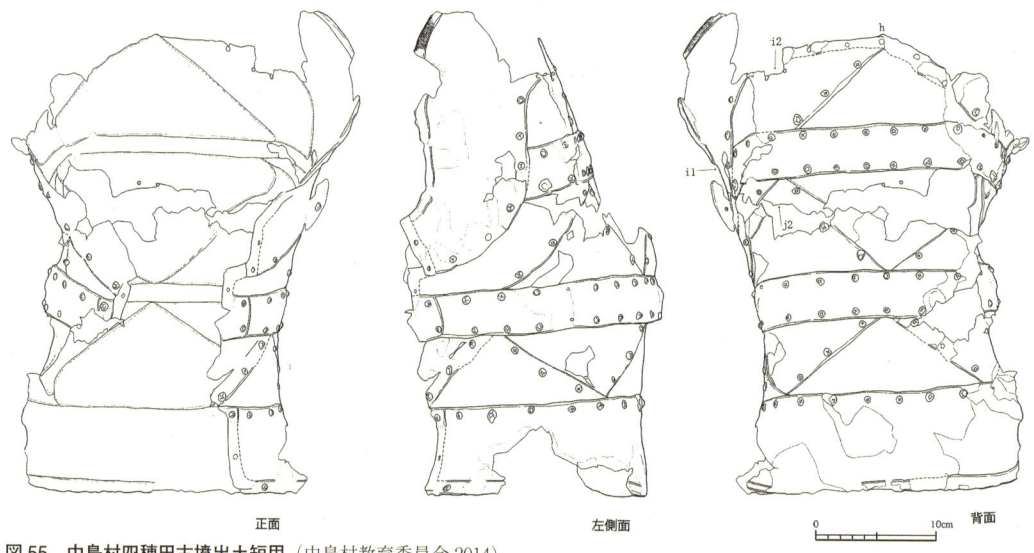

図55　中島村四穂田古墳出土短甲（中島村教育委員会 2014）

　大玉古墳群では、5世紀の後半から6世紀代にかけて継続した豪族古墳が営まれていたことになる。比較的安定した勢力を維持した集団が世代を重ねて維持されていたことになる。ただ、古墳の規模は、最大でも墳丘長さ50mを越えることはなかった。豪族としての勢力は小さく、せいぜい大玉村周辺を基盤とする程度であろう。

　また、阿武隈川上流域の中島村で四穂田古墳が発見された。偶然の発見であり、古墳自体の具体的な形状は不明である。出土した副葬品に鋲留短甲があり（図55）これは、福島県で出土した唯一の例である。報告書では、5世紀前葉から中葉頃とされている。3本の鉄刀・長頸鉄鏃、袋状鉄斧、槍鉋、砥石も含まれていた。土器などは知られていない。鉄刀と長頸鉄鏃が含まれていることもあり、古墳自体は5世紀代中頃から後半の築造であろうか。関東では、5世紀代小古墳のなかに短甲などが副葬されている古墳もある。中規模級の前方後円墳である可能性も指摘されている（中島村教育委員会 2014）。今後の周辺調査に期待したい。

　多数の形象埴輪が出土した泉崎村原山1号は、全長22m程度の小型古墳である（福島県立博物館 1982）。盾持埴輪・琴弾や打楽器をもつ埴輪、力士像、盛装した女子像など多彩な埴輪がある。これとともに、須恵器TK23型式の無蓋高坏が出土している。5世紀後半の古墳である。埋葬施設は判明していないが、阿武隈川上流域では、豊かな内容の埴輪群である。関東と結びついた葬送儀礼が執り行われたのであろうか。

　阿武隈川上流域では、各地に有力古墳が継続して割拠する状況というほどではない。小豪族自体が単発的に出現しても継続する例は、大玉村以外にはなく、小豪族が世代を重ねて維持されていたとはいえない。古墳前期の会津平で形成され、阿武隈川上流域でも大型古墳を造営した集団は、古墳中・後期には解体したのであろう。

第2節　群小古墳群の様相

　5世紀の阿武隈川上流域では、台地や丘陵部に集落が進出すると共に、小古墳が集まって古墳

群が形成される。古くから知られている郡山市正直古墳群、須賀川市仏坊古墳群、近年見つかった玉川村江平古墳群、矢吹町中野目西古墳群などである。この種の古墳は古墳中期に造営が開始され、多くは古墳後期の内に造営を停止する。しかし類例は少ないが、須賀川市早稲田古墳群では古墳中期から終末期まで造営される例がある。

正直古墳群　郡山市正直古墳群（福島県 1964、郡山市教育委員会 1977・1982b・1996 ほか、佐久間 2018）。は、古くから注目されていた古墳群であり、周辺も含めて発掘調査が実施されていることから、比較的詳しく内容が判明している（郡山市教育委員会 1992b ほか）（図56）。阿武隈川と谷田川に挟まれた守山台地の北端に立地し、台地を開析する沢地に面した平坦面の縁辺に造られている。現在 50 基近い古墳が確認されている。前方後方墳 1 基と方墳 2 基、円墳 46 基以上である。古墳群は 10 支群で構成され、それぞれの支群には墳長 20〜30 ｍの比較的大型の古墳が 1 基程度含まれているが、大半はこれより小さな古墳である。墳丘は、比較的低く造られ、段築や葺石、埴輪などは確認されていない。円墳では、周溝がめぐらされている。また前方後方墳は、墳形から推定して 4 世紀代の可能性が指摘されている（柳沼ほか 1991）ので、群小古墳群からは除外しておきたい。

　発掘調査が実施されたのは 8 基で、出土する遺物は 5 世紀中葉から 6 世紀代にかけてである。埋葬施設は、土坑、箱式石棺、礫槨、木炭槨、粘土槨と多様な点に特色がある。周溝からは、南小泉式後半相当の土師器が多数出土している。この種の古墳群では、比較的早く造営が開始されたことを示している。出土土師器からは 5 世紀代の古墳で、一部に 6 世紀代にも続く可能性もある。

　古墳の出土品は相対的に貧弱で、滑石製模造品やガラス玉に刀子や鉄鏃等である。正直古墳群で、最も多くの副葬品が出土したのは 27 号墳である（図57）。古墳中央に 2 基の箱式石棺が造られていた。北側の石棺は、2 個の箱式石棺を縦につなげたような形状である。北棺西側埋葬施設からは、2 体分の人骨と切先を遺骸の足側に向けた鉄剣 2 本が出土している。このうちの 1 本は鹿骨製刀剣装具が装着されていた。装具は把縁突出部のある B 類である。遺骸の東部付近からは滑石製模造品が出土している。剣形 18・有孔円板 9・滑石製臼玉 673・ガラス小玉 3 点である。また東側埋葬施設からは、遺骸の頭部付近を囲むように 4 点の竪櫛が出土し、さらにこの付近から、剣形 23・有孔円板 14・滑石製臼玉 783・ガラス小玉 7 点である。また袋状鉄斧は刃を西側の側壁に向けて出土した。また棺からは、鉄鏃、鉄斧、石製模造品が出土している。5 世紀代の古墳である。

　正直 11・12・13 号墳からは白山 C 段階頃の土器が出土している。このなかには平底の坏もある。6 世紀代の古墳から出土するこの種の土器の先駆けである。また高坏は、南小泉式から白山C 段階の過渡期的特徴がある。高坏の坏は口縁部が開いているが、外面に横ナデが施され、小さな屈曲がある。脚部もラッパ状に開いているが、上半部が中実の柱状である。このほか 13 号古墳からは、鉄製長頸鏃に混ざって平根鏃、それに滑石製の勾玉と円板が出土している。

　正直 30 号墳からは、墳丘の中央部に 3 基の土坑が確認された（図58）。埋葬施設である。中央の 2 号からは、メノウ製勾玉・管玉・ガラス小玉、東側の 1 号からは、土師器坏・管玉・琥珀玉・臼玉と滑石製模造品が出土している。36 号墳の埋葬施設は、排水溝が設けられた礫槨である。この地での類例は少ない。江平 53 号段階の坏と滑石製模造品が出土している。

　鉄刀・鉄剣・鉄鏃は武器である。鉄斧は、工具でもあるが、武器としての用途も可能性があ

図56　郡山市正直 B 古墳群の地形と古墳（郡山市教育委員会 1992b）

る。石製模造品は祭具である。このような品々を副葬された人物は、武器に象徴される武力を保持し、祭具から司祭者の性格を持っていた人物と考えられる。この古墳の被葬者は、正直古墳群の造営集団のなかでも、有力な人物と考えられる。ほかの古墳からも、石製模造品が出土している（図59）ことから、古墳の被葬者は祭祀と関係した人物と考えられる。また古墳の周辺から、土坑墓も確認されており、1号土坑墓を例示した（図58）。このひとつ、3号土坑墓には、曲刃鎌が副葬されていた。

　正直古墳群では、円墳を主体に方墳が含まれること、多様な埋葬施設が造られている点で特異である。埋葬形式の相違は埋葬過程の違いであり、正直古墳群を構成する集団内部での被葬者の社会的役割が、埋葬儀礼に反映されていたのである。埋葬施設の相違が古墳群を構成する群によって異なるのか、個々の古墳によって異なるのかは、7基の調査結果から決めるのは難しい。古墳群を構成する各古墳に大小はあっても、これが身分差を示しているのではない。正直古墳群全体を統合する有力首長は存在していない。

　副葬品に被葬者の果たした社会的役割が反映されているとすれば、鉄剣・鉄刀・鉄鏃は武器であり、また袋状鉄斧も武器の一種である可能性もある。武器を身につけ、秩序と配下の安全を担う人物である。石製模造品は司祭の道具であり、司祭者としての役割を持っていたのである（白石1985b）。装身具はこの人物を飾ることにより、周囲の人々との区別を明示したのであろう。

　いくつかの小豪族により古墳群を造営する集団が構成されていたのである。これは時系列をもって構成されていることからすれば、世代をこえて継承される小規模な人間集団があり、それらがまとまってひとつの古墳群を形成したことを意味している。しかも古墳群を継続して造営するということは貫徹されているが、多様な埋葬方法は、それぞれの事情に合わせて、古墳が営まれたことを示している。

　正直古墳群と近接して、正直A遺跡と正直B遺跡がある。古墳が最も近い同時期の集落によって造られたと考えれば、これらの集落遺跡との結びつきが想定される。正直A遺跡では、遺跡推定面積

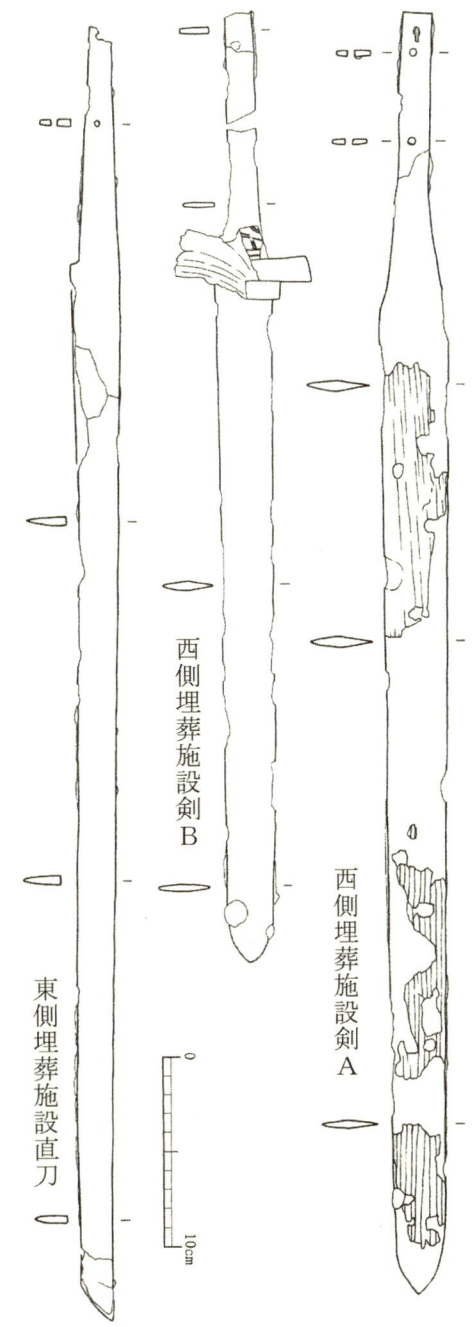

西側埋葬施設剣B

西側埋葬施設剣A

東側埋葬施設直刀

10cm

図57　郡山市正直27号墳北棺出土鉄剣・鉄刀

（佐久間 2018）

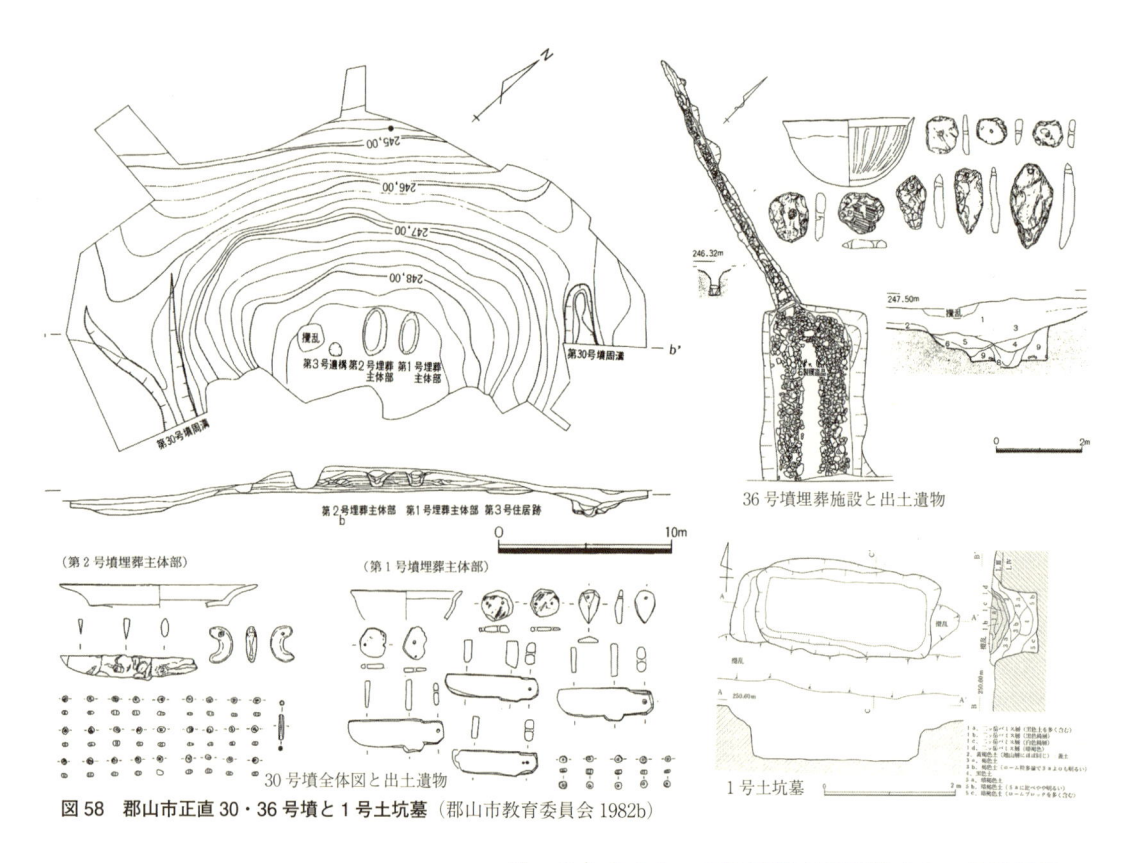

図58　郡山市正直30・36号墳と1号土坑墓（郡山市教育委員会 1982b）

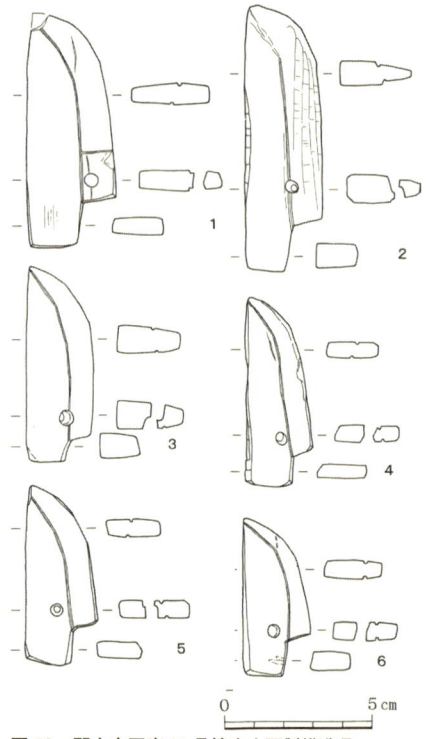

図59　郡山市正直23号墳出土石製模造品
（佐久間 2018）

6haのうち1.4haの発掘調査が実施され、5世紀代の竪穴建物跡41軒に加えて、祭祀に使用された土器と石製模造品の廃棄場も確認されている（福島県教育委員会 1994b）。竪穴建物跡には、一辺10m程度の大型から4m程度の小型建物跡がある。大型竪穴建物跡は住居跡であり、小型建物跡には滑石製模造品の工房も含まれている。それに食料貯蔵用の円筒形土坑が検出されている。しかし溝による区画施設や掘立柱建物跡は未検出である。集落を構成する住居群に大小はあるが、大きな階層差までは認められない。また発掘調査の実施された範囲には、豪族居館はなかった。古墳群と近接する正直B遺跡も、試掘調査の結果から大規模な集落遺跡であると推定されている。まだ数百軒の竪穴建物跡が埋もれているであろう。

阿武隈川上流域では5世紀代の集落は、頻繁な移動を繰り返していたことから、一時期に存在した集落数はかなり少なくなる。あわせて竪穴住居の数も少なくなるのも当然である。正直古墳群が正直A・B遺跡などの集落を母体に造営されていたとしても、それは大

集落ではなかったであろう。

仏坊古墳群　この古墳群は須賀川市街の東南側、阿武隈川を臨む丘陵尾根に造られている。17 基が確認されているが、失われた古墳もある。北方には阿武隈川を挟んで蝦夷穴古墳があり、西側にはやはり阿武隈川を挟んで大仏古墳群がある。また古墳が立地する丘陵の南裾には、一関稲荷神社古墳がある。須賀川市でも古墳が集中する地区である。さらに東方には、同一丘陵上に同時期の上ノ代遺跡がある。溝で囲まれた方形区画を持つ集落である。ただしこの遺構は豪族居館ではないらしい。溝に突出部は設けられていないし、広い空間が内部に想定される。

仏坊古墳群のうち、11・12・13 号古墳の発掘調査がなされている。いずれの古墳も円墳である。11 号墳と 13 号墳は周溝が全周しているが、12 号墳は土橋状になり、土橋の前面に箱式石棺の埋葬施設があった。11・13 号墳の埋葬施設は墳丘の中央に造られていた。墳丘規模は 11 号墳が最大で、周溝外縁で直径 27.3 ｍ、内側で 21.5 ｍ、周溝直径 15 〜 20 ｍ内外、周溝幅は 2 ｍ前後である。周溝上端からの墳丘高さは、2.4 ｍである。11 号墳の大きさは、周溝外縁の直径で 19.2 ｍ、同じく 13 号墳は 19.4 ｍでほぼ同大である。

11 号墳では、墳丘中央部に箱式石棺があり、この北側から江平 53 号段階の土師器壺・坏・高坏が出土している。また 13 号墳では、箱式石棺の痕跡が確認され、3 体分の人骨が出土している。

12 号墳では、墳丘に近接した箱式石棺から、鉄剣 2 本と刀子 1 本、平根鉄鏃 2 点、袋状鉄斧 1 点が出土している（図 60）。箱式石棺は、蓋石を据えた状態で確認された。凝灰岩の割石で、部分的な削り整形が施されている。石棺の内法は、東西 1.55 ｍ、東短辺 0.5 ｍ、西短辺 0.4 ｍである。また石棺の底面から蓋石下面までは 0.35 ｍである。石棺底面には、3 枚の平石が敷かれている。底面から蓋石天井幅の広い東部に頭を置いた伸展葬であろう。東部の石材は、立方体に整形されている。南端は側石を押え、北端は側石に挟まれている。側石は端を合わせて設置され、東部が大きく西部が小さい。西部石材は側壁に挟まれた位置に設置され、2 枚である。東部半部が丁寧に造られている。蓋石は石棺全体を覆う板石である。

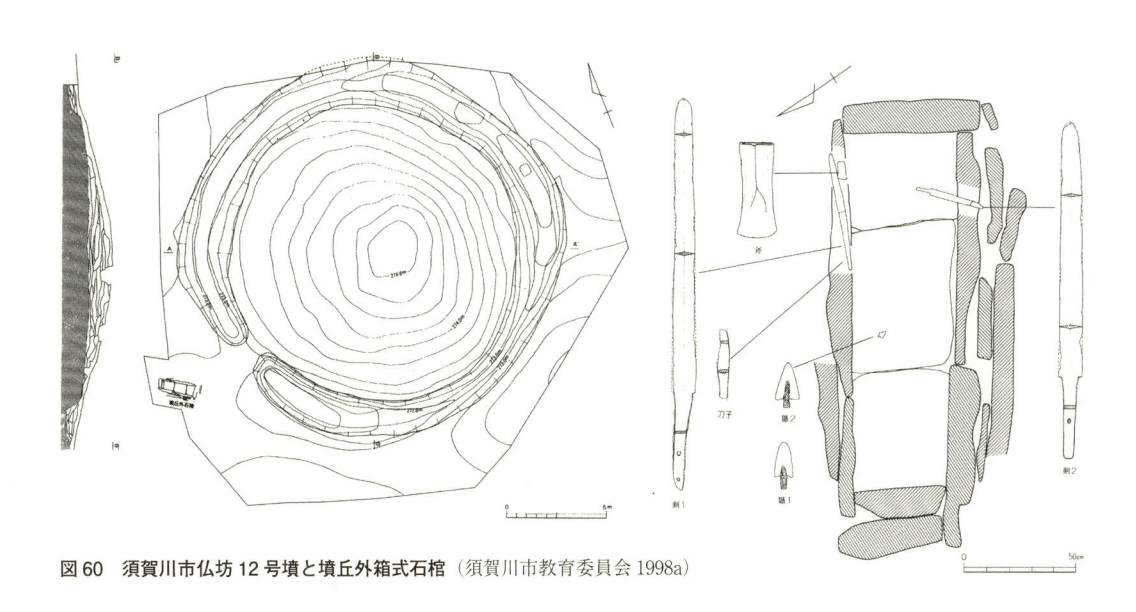

図 60　須賀川市仏坊 12 号墳と墳丘外箱式石棺（須賀川市教育委員会 1998a）

　遺物は、石棺の底面中央北寄りに鉄鏃2点、側石東部の北側上面から鉄剣と鉄斧・刀子、反対側の南側石上面から鉄剣が出土している。鉄斧は袋合わせ側を上にした状態である。側壁上面と蓋石に挟まれて出土しているので、鉄斧には柄が装着されていなかったことを示している。

　仏坊古墳群の築造年代は、11号墳から出土した土器から5世紀中頃、12号墳鉄剣からやはり5世紀代と推定される。また13号墳も江平53号段階の土師器が出土している。群小古墳群では古く位置づけられる古墳群である。また13号墳の埋葬施設から3体の人骨が出土していることは、箱式石棺が単体埋葬とは限らないことを示している。箱式石棺から、複数の人骨が出土する例は、少なくはない。

　12号墳では、墳丘部に埋葬施設が設けられなかったことも留意すべきである。墳丘が遺体を埋葬する場所ではなく、古墳であることの表示を意味している。11号墳の副葬品は、決して貧弱とはいえない内容である。埋葬施設の設置場所は、階層差ではなく、習俗の相違ではなかろうか。

　上宮崎B古墳群　矢吹町上宮崎B古墳群（福島県教育委員会1998）は、矢吹台地の奥部に造られている。矢吹台地を東に向かって開析して阿武隈川に至る小河川、阿由利川によって形成された狭い尾根上に位置している。出土した土器からは、5世紀後半から6世紀中頃を中心とする時期である。約1haの範囲に18基の円墳と2基の箱式石棺、1基の土坑墓によって構成されている。阿武隈川上流域の5世紀代の古墳群では中規模程度である。

　各古墳の墳丘はほとんどが失われ、大半は周溝が確認された状態であった。墳丘の規模を周溝の内側で計測すると、最小が12号の8.4m、最大は5号の11.3mである。大半は10m前後の規模で、大きな差はみられない。周溝幅は、1m程度が大半で、検出面での最大幅は2.5mである。周溝の幅が広くなっているのは、自然堆積が進行する過程で周囲が浸食された結果である。各古墳の墳丘規模に間に大きな優劣はないので、被葬者間に大きな階層差はない。

　埋葬施設が確認された古墳は6基である。このうち8号墳では、周溝の内部から長方形土坑の埋葬施設が検出された。この土坑は、報告書では周溝がある程度埋没した後に造られたと判断されている。また、墳丘内部に埋葬施設があった可能性も指摘されている。埋葬施設は周溝の掘削時に認識され、堆積土は墳丘側の半分で周溝上端が確認されている。周溝の底面と埋葬施設の底面には20cm程度の段差があるので、周溝が開口している状態での埋葬は無理である。

　ただし、墳丘の内部に埋葬施設が設けられない場合も少なくない。このような埋葬施設の設置時期を限定する

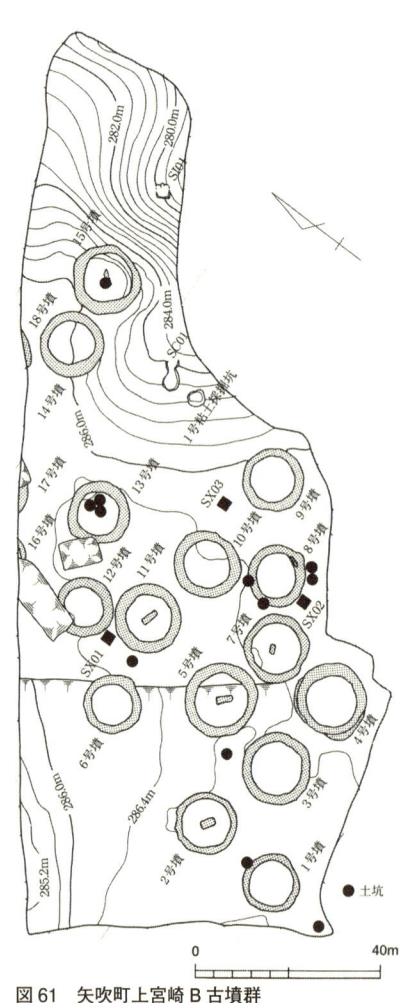

図61　矢吹町上宮崎B古墳群
（福島県教育委員会1998）

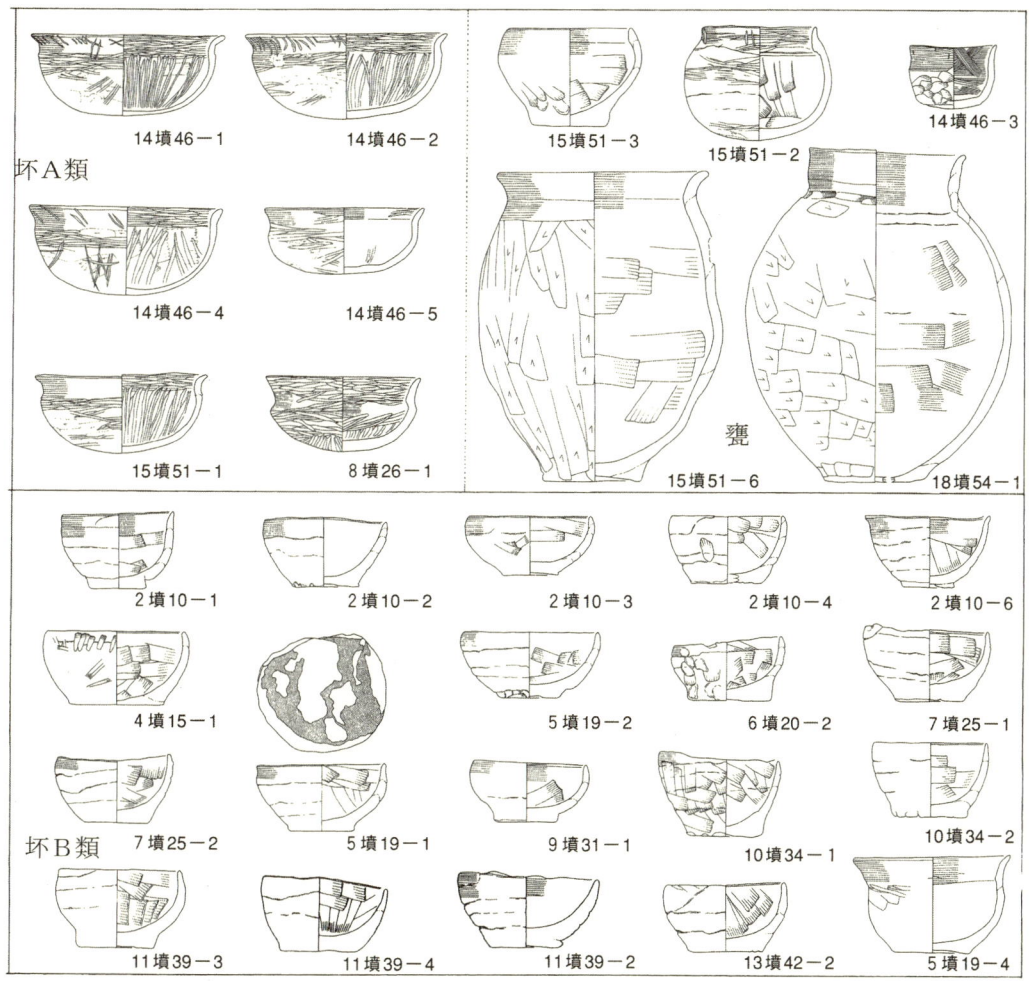

坏A類

甕

坏B類

図62　矢吹町上宮崎B古墳群出土土器（福島県教育委員会 1998）

ことはできないが、墳丘を築いた後に周溝部埋葬を前提にしていたこともあるのではないだろ
うか。周溝部埋葬の例では、周溝底面と埋葬施設底面との比較差が20cm内外であることが多い。
これでは遺体を納めるには深さが足りない。この埋葬施設でも最上部の埋め土に、榛名山二ツ岳
伊香保テフラ（Hr-FP）が混ざった状況で含まれていた。埋葬は火山灰の堆積以降である。つまり
6世紀中頃か、これ以降となる。

　ほかの埋葬施設は、墳丘の中央部に造られていた。箱式石棺が2基、木棺・木炭槨・石槨各1
基である。正直古墳群と同じように多様な埋葬施設で構成されている。木棺は長方形の土坑に安
置されていた。木炭槨と報告されている11号古墳の埋葬施設は、墳丘の中央に設けられている。
長方形土坑の底面と壁によって木炭が詰められ、その内部に木棺を安置した構造である。ただ
し、この木棺の上部に、木炭は詰められていなかったようである。石槨は、底面に敷かれた平石
と側面の平石が遺存していた程度で、詳しくは不明である。いずれにしても、個人を埋葬する施
設である。これらが墳丘の中心部に造られている。古墳に埋葬される被葬者数は限定されるであ
ろう。

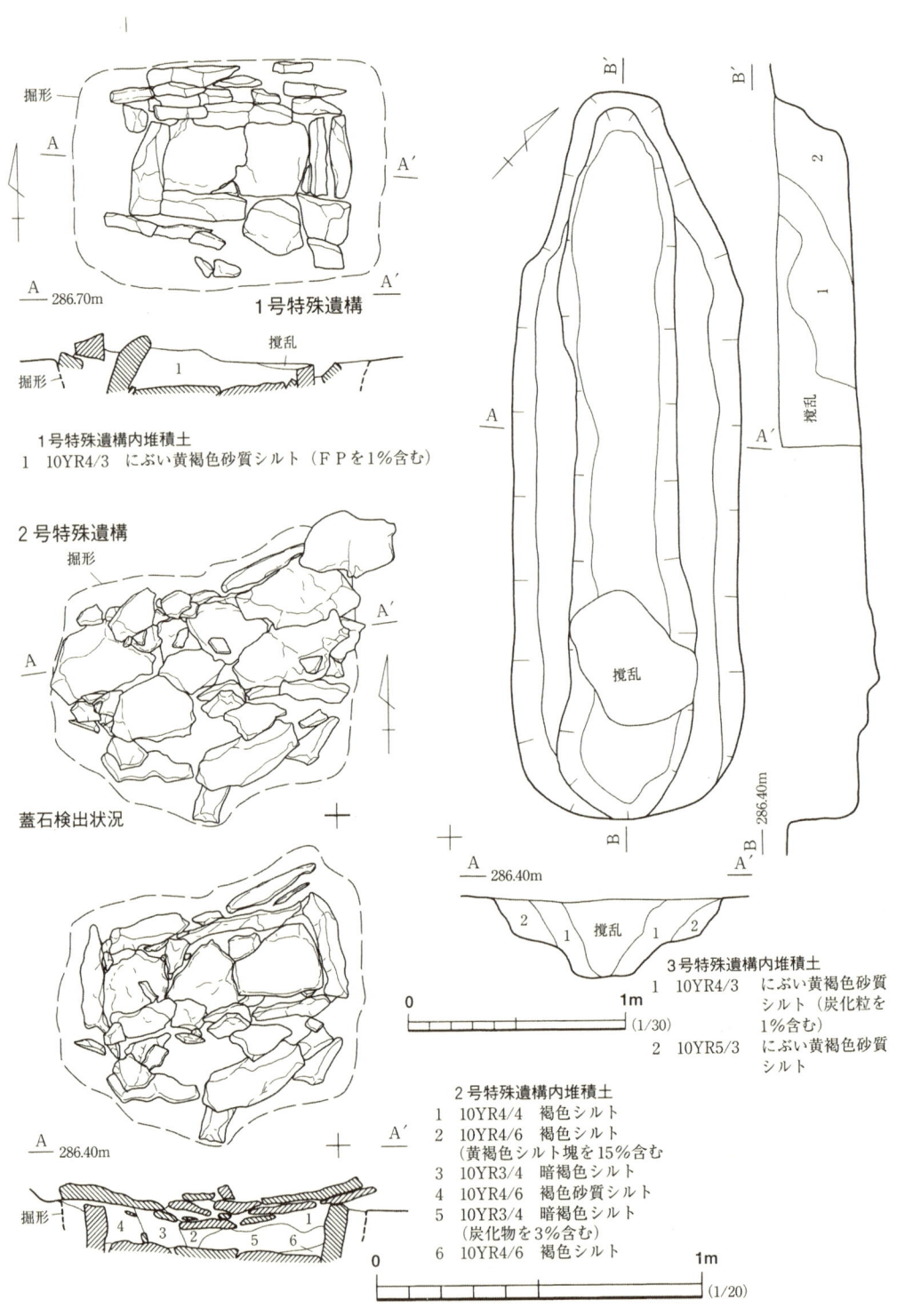

1号特殊遺構内堆積土
1　10YR4/3　にぶい黄褐色砂質シルト（FPを1％含む）

2号特殊遺構
掘形

蓋石検出状況

3号特殊遺構内堆積土
1　10YR4/3　にぶい黄褐色砂質
　　　　　　シルト（炭化粒を
　　　　　　1％含む）
2　10YR5/3　にぶい黄褐色砂質
　　　　　　シルト

2号特殊遺構内堆積土
1　10YR4/4　褐色シルト
2　10YR4/6　褐色シルト
　　　　　　（黄褐色シルト塊を15％含む）
3　10YR3/4　暗褐色シルト
4　10YR4/6　褐色砂質シルト
5　10YR3/4　暗褐色シルト
　　　　　　（炭化物を3％含む）
6　10YR4/6　褐色シルト

図63　矢吹町上宮崎B古墳群特殊遺構（福島県教育委員会 1998）

　古墳から出土する遺物は、周溝中から出土する土器と少数の鉄器、埋葬施設からは鉄刀・鉄鏃・刀子である。鉄刀と鉄鏃は当時の中心的な武器である。それが副葬されていることは、被葬者が武器を保持していたことを意味している。刀子は鉄刀に代わって、武器を表しているのであろう。これら小古墳群の被葬者が、武力を保持していた階層であったことを示している。

　周溝から出土する土器には通常の坏も含まれているが、大半は平底の坏である。通常の坏と比べると、完全には仕上げられていない。丸底の坏を製作するにあたっては、まず平底で成形した後に、底部を削り取って整形が行われたのであろう。古墳の葬送儀礼で用いることから、上からみて坏であれば用が足りるので、低部の整形が省略されたと考えたい。古墳に食物を供献する最低限の必要を満たす土器である。江平53号段階の正直11・13号古墳に初現がある。甕は、坏に入れる食物が入っていたのであろうか。甕の出土数は坏と比べると少ない。埋葬施設ではなく、墳丘外表面で食物供献を示す土器が出土するのは、阿武隈川上流域の葬送儀礼の特徴である。

　周溝からは、土器以外に鉄製鍬・鋤先が出土している。阿武隈川上流域で、農耕具が古墳から出土した例は、ほかに浅川町蓑輪坂ノ前3号墳の一例のみである。古墳に供献されたというよりは、周溝部に設けられていた埋葬施設の可能性もあるのではないだろうか。

　古墳の近くからは、2基の箱式石棺と木棺を埋葬した土坑墓が検出されている。埋葬施設は古墳と比べても大きな格差は認められない。周溝は造られていなかったが、埋葬施設を覆うように盛り土がなされていた可能性はあろう。これらの土坑墓は古墳に比べると数が少ないことから、古墳の被葬者に準じる人物の埋葬施設であろうか。箱式石棺は小型で、成人の遺体をそのまま埋葬するには無理がある。ただし、骨化した遺体の再葬ならば可能であるが、人骨が出土していないことから、検証はできない。土坑は長さ3.4m、幅1.05mで底面の中央が細長くくぼんだ溝状になっている。割竹形木棺類が設置された墓穴に特徴的な形状である。

　古墳群から墳丘のない石棺や土坑墓が検出される例は、いくつか確認されている。江平古墳群でも箱式石棺が検出され、郡山市東丸山遺跡、同市阿弥陀壇古墳群、同市北山田遺跡、同市正直古墳群も同様である。東丸山遺跡の土坑墓からは、木炭槨も検出されている。土坑墓には刀子・鉄鏃が副葬されていた。ただし、埋葬施設が小さいといっても、被葬者を子供と限定することはできない。副葬品を持って古墳群の一角に葬られている点に注意したい。古墳を造った集団のなかでも、一定の役割を担った人物であろう。

　古墳被葬者の性別については、人骨が出土する例が少ないこともあって判別は難しい。遺存した例では、郡山市正直27号墳で成人男性と蓑輪坂ノ前古墳群で同じく成人男性がある。わずか2例では、根拠とするには不十分である。副葬品では武器類が目立ち、装身具類の出土する割合が少ない傾向は認められる。ほとんど副葬されていない古墳も多い。武器が男性に副葬される傾向を持っているとすれば、被葬者の性別は男性優位の可能性が高いことになる。しかし古墳後期の例ではあるが、会津坂下町鍛冶山2号墳（会津坂下町教育委員会1987）では、鉄刀とともに成人女性の人骨が出土しているので、武器が出土した古墳の被葬者を男性に限定することも難しい。

　上宮崎B古墳群は5世紀後期から6世紀中頃の古墳群で、阿武隈川上流域で確認されているほかの古墳群と基本的な性格は同じである。古墳の被葬者は基本的に武器を持つ階層の個人で、当時の住人すべてが古墳に葬られた訳ではないことを示している。また司祭者としての社会的役割は、正直古墳の被葬者よりは稀薄である。7世紀に盛行する群集墳が基本的に小家族の墓である

のとは、この点で古墳の性格に明確な相違がある。小古墳といっても、古墳の被葬者は基本的に首長に限られた人物である。正直古墳群と比べると、副葬品に石製模造品が含まれていない点が大きく異なっている。古墳周辺で検出された埋葬施設数は3基で、古墳よりも少ない。古墳に葬られた人よりもより限定された被葬者でということになる。

　矢吹台地の中央部を西から東に流れる阿由利川の流域は、東西6km、南北3km程度、約20km²の範囲である。小さな河川である。この地域で古墳群が確認されているのは、上宮崎B古墳群だけである。この古墳群も発掘調査が実施される以前には存在が知られていなかったので、ほかにも古墳群がある可能性があろう。しかし、阿由利川流域で、このほかに数多くの古墳群が形成されていた可能性は少ない。上宮崎B古墳群を造営した集団は、阿由利川流域に集落を営んだ人々であろう。古墳群の造営期間も、報告書で指摘されたように、白山A遺跡の造営時間幅と合致している。被葬者は、この地域に点在する小集落を営んだ人々の首長層であると推定されよう。それは小河川の流域で形成された在地集団ではないだろうか。

　江平古墳群　玉川村江平古墳群は、阿武隈川を西に臨むおおよそ100m四方の段丘平坦面に形成されていた。30基の円墳と1基の前方後円墳、それに20基の土坑墓で構成されている。墳丘部の大半を失っているために、確認されたのは周溝と一部の埋葬施設である。周溝内からは、榛名山二ツ岳伊香保テフラ（Hr-FP）と推定される火山灰が検出されている。江平古墳群の火山灰は降下した状況を保つ例は少なく、多くは二次的な撹乱を受けている。調査報告書では、5世紀後半から6世紀前半にかけて形成された古墳群とされている（福島県教育委員会2002）。

　古墳の墳丘は、大きいもので直径15mの円墳が5基、直径10m程度の円墳が14基墳丘長さ17.5mの前方後円墳が1基、7m以下の小円墳9基である。古墳のなかで埋葬施設が確認されたのは箱式石棺が2号・31号の2基、木棺が4号・10号・24号・30号墳4基である。このうち10号墳では埋葬施設が2基あった。木棺のうち4号と10号墳は、矩形墓坑の中央部が一段低くなり、割竹形木棺状である。24号墳では同様の掘形ではあるが木棺の周囲に礫を散らしていた。また一方30号墳は、掘形のなかに木棺の痕跡は確認されたが、底面に段はなかった。また9号・28号墳では周溝埋葬が想定されている。ただし具体的な埋葬施設は把握されていない。

　このほか墳丘をともなわない土坑が20基あった。このうち1基には、箱式石棺を埋葬施設としていた。他は、割竹形木棺、あるいは箱式木棺であろう。土坑の底部が一段深く掘られた形状が確認されており、この部分に木棺が設置されていたことは、土層の堆積状況でも確認されている。土坑から副葬品の出土例は少ないが、土坑からは、11土坑で刀子、306号土坑で長頸鉄鏃、138号土坑で刀子の茎片、305号土坑で石製模造品2点、263号土坑で土師器甕が出土している。副葬品は、古墳と比べれば貧弱である。ただ古墳の数に比べて、この種の土坑墓が比較的多いことは、江平古墳群の特色であり、墳丘部に埋葬施設を設けずに、古墳の近くに埋葬施設を造ることもあるので、判断は難しい。

　古墳から副葬品が確認された例は、多くはない。8号墳の埋葬施設から大刀1と鉄鏃3・刀子1が出土し、34号墳の埋葬施設からは鉄鏃2（？）が出土した程度である。このほか9号墳からは管玉10、琥珀玉2、刀子2が、周溝から出土している。土器は、周溝に転落した状況で出土している。

　古墳の形成は、西部で5号・6号墳などの大きな円墳の造営に始まり、つぎに前方後円墳を含

図 64　玉川村江平古墳群（福島県教育委員会 2002）

む 13 号墳などの中・小古墳、そして東部の中程度の円墳へと変遷するとされている。また古墳
の間に、土坑墓が造られている。

　古墳形態は円墳を基調として、前方後円墳を含むが、これをもって、前方後円墳を頂点とした
階層関係を想定することは、困難である。規模に大きな差異がなく、副葬品も同様である。ただ
江平古墳群を造営した集団に、古墳に葬られない人々と、古墳に葬られた人々があったことは留
意しなくてはならない。土坑の埋葬施設は、幼児・子供の埋葬施設としては比較的大きいことか
ら、被葬者は成人であろう。

　古墳群は数個の集団によって構成されていたが、この集団間に上下関係はない。前方後円墳が

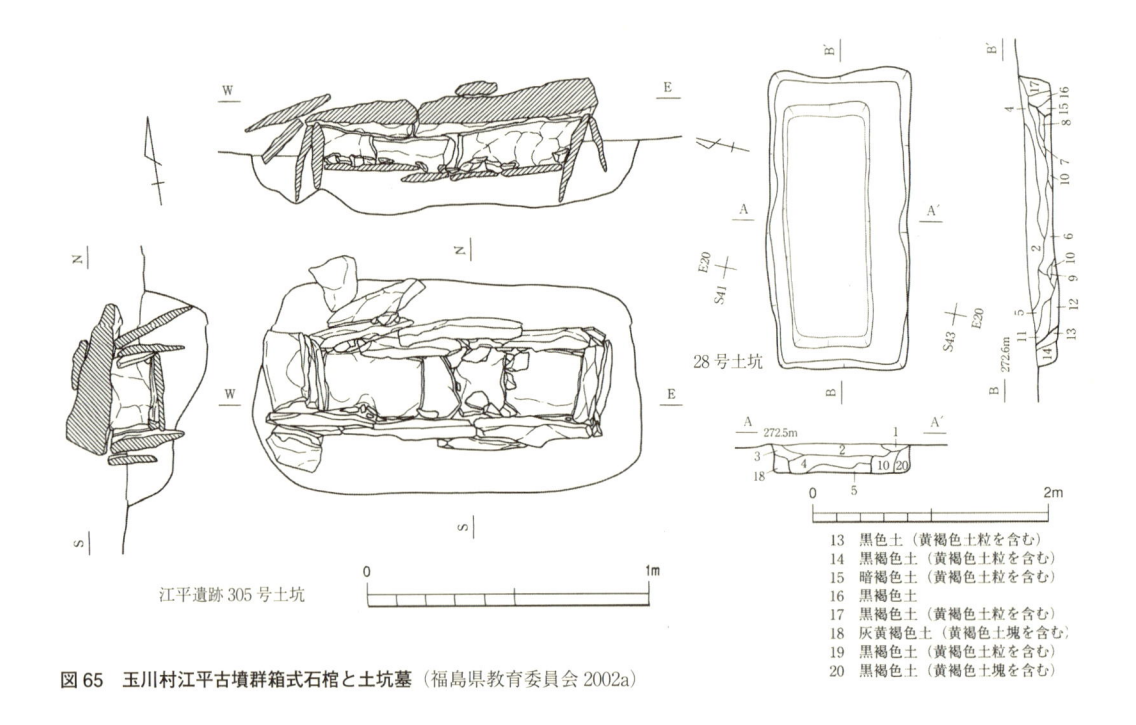

28号土坑

13	黒色土（黄褐色土粒を含む）
14	黒褐色土（黄褐色土粒を含む）
15	暗黄色土（黄褐色土粒を含む）
16	黒褐色土
17	黒褐色土（黄褐色土粒を含む）
18	灰黄褐色土（黄褐色土塊を含む）
19	黒褐色土（黄褐色土粒を含む）
20	黒褐色土（黄褐色土塊を含む）

江平遺跡 305 号土坑

図65　玉川村江平古墳群箱式石棺と土坑墓（福島県教育委員会 2002a）

営まれているが規模は小さく、江平古墳群の造営集団で主要な役割を担ったかもしれないが、一時的な現象であろう。継続して前方後円墳は造営されていない。

　早稲田古墳群　須賀川市早稲田古墳群は、5世紀後半に造られた小型前方後円墳に続き、6世紀代から7世紀前半にかけて造墳活動を継続している。阿武隈川東岸の自然堤防に造られ、19基の古墳で構成されている。小古墳の造営が7世紀代まで継続する特異な例である。ただし、周溝の堆積土に榛名山二ツ岳伊香保テフラ（Hr-FP）の堆積が不明瞭なことから、小円墳の多くは6世紀中葉以降の造営であろう。

　小円墳から出土した土器は、佐平林式の新しい段階から栗囲式である。14号墳では、周溝が土橋状に切れる付近に供献されたように集中していた。また8号墳では周溝内に散在していた。供献された状況が失われたのであろうか。多くは平底の土師器である。この種の土器は口縁部の特徴からは、佐平林式から舞台式にかけてであろう。また2号墳の周溝からは栗囲式土師器が出土している。

　横穴式石室の年代は、15号墳から出土した鉄刀から、最終段階は7世紀中頃であろう。6世紀代の埋葬施設は不明である。また古墳の間に、1基の土坑墓も確認されている。この遺構からは、ヒトの歯冠と琥珀玉1個、土製棗玉1個、土玉4個が出土した。低面の中央が凹み、割竹形木棺の設置されていたことを示している。古墳間の空間に造られていたことから、7世紀前後の時期が想定されよう。古墳外の埋葬施設はこれ以外に確認していない。

　蓑輪坂ノ前古墳群　浅川町蓑輪坂ノ前古墳群は、6世紀代の古墳群で1基の前方後円墳と円墳10基、箱式石棺1基が確認された。このうち、円墳5基と箱式石棺1基の調査が実施されている（浅川町教育委員会1989）。古墳の埋葬施設は、墳丘内部に造られている例が2基、周溝内部が3基である。墳丘が確認されなかった箱式石棺が1基（6号）ある。墳丘のある4号と5号は、直

径が10m程度で、2号と3号墳が13mと少し大きい。周溝は幅2m前後で全周している。ほかの円墳も同様な規模である。前方後円墳は全長20m程度と小型である。地表面からの観察で、近接した2基の古墳である可能性もある。

3・4号墳では、周溝部に埋葬施設が造られていた。長方形を基調とする土坑に木棺が納められた構造である。3号墳では、木棺の内部から鉄刀・刀子・無茎鏃・有茎鏃・鋤鍬先が出土している。鋤鍬先は木棺痕跡の主軸と直交するように、床面から出土していることから、木質部は取り付けられていなかったであろう。また4号では鉄刀と切子玉が出土している。2号墳から出土した土器はほぼ舞台式で、時期は6世紀後半である。

群小古墳群から出土する大刀は、平棟平造り、フクラ切先の刀身と棟区がなく刃区が発達した方区で茎が棟側に片寄っている。また目釘は2個を基本としている。さらに刀身の刃元近くに、刃元孔が設けられている例も少なくない。全長1m前後の大型鉄刀である。この種の鉄刀は、臼杵勲の分析により6世紀前半を中心とする年代が想定されている（臼杵1984b）刃元孔の用途は不明であるが、この周辺に象嵌による装飾の施された例も知られている。熊本県江田船山古墳や奈良県烏土塚古墳出土刀である。烏土塚古墳の例では、鞘口金具におさまっている。レントゲン撮影によって判明した。これは少なくとも、刃元孔の用途が、刀身と鞘を固定する用途ではなかったことを示している。

またこの種の大刀には、いわゆる玉纏の大刀も少なくない。蓑輪坂ノ前4号墳でも鉄刀の把付近から切小玉が出土しており、その可能性が指摘されている。現状では、刃元孔の用途を示す資料は知られていないが、現代も鳥取県若桜町中島鉄工刃物製作所で作られている「山刀」では、刀身の区近くに設けた孔から、茎に紐を巻き付けて柄としている例がある。刃元孔は把構造と関係する可能性もあろう。

蓑輪坂ノ前古墳群の副葬品は、武器・武具を基本に玉類が含まれ、ほかの古墳群と変わる特徴はない。古墳の被葬者も、基本的に個人である。小型前方後円墳を含むとしても、同じ古墳群のなかに造られている点と規模からみれば、大きな格差はない。前方後円墳と

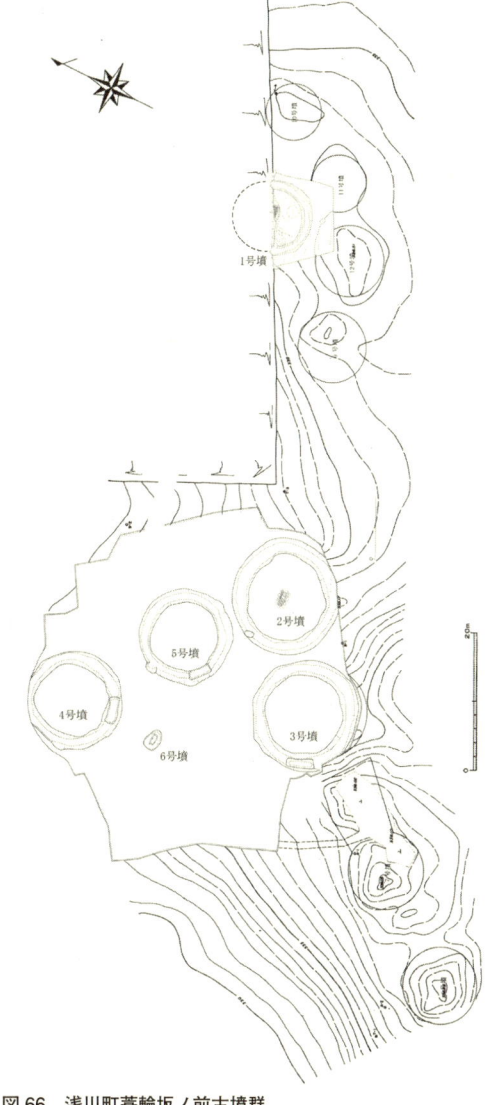

図66　浅川町蓑輪坂ノ前古墳群
（浅川町教育委員会 1989 改変）

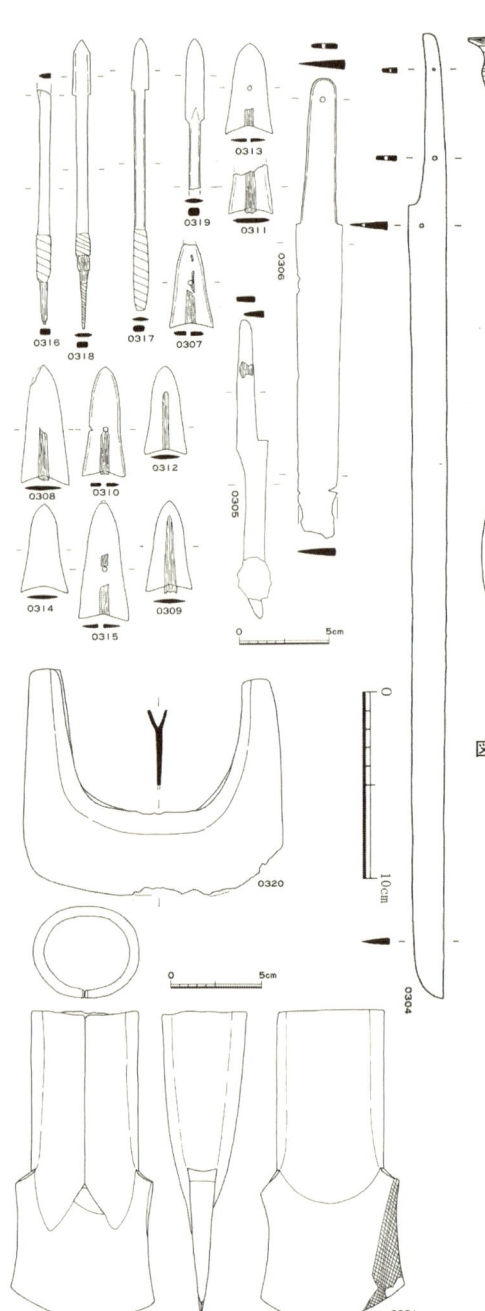

図67　浅川町蓑輪坂ノ前3号墳出土鉄器
（浅川町教育委員会 1989）

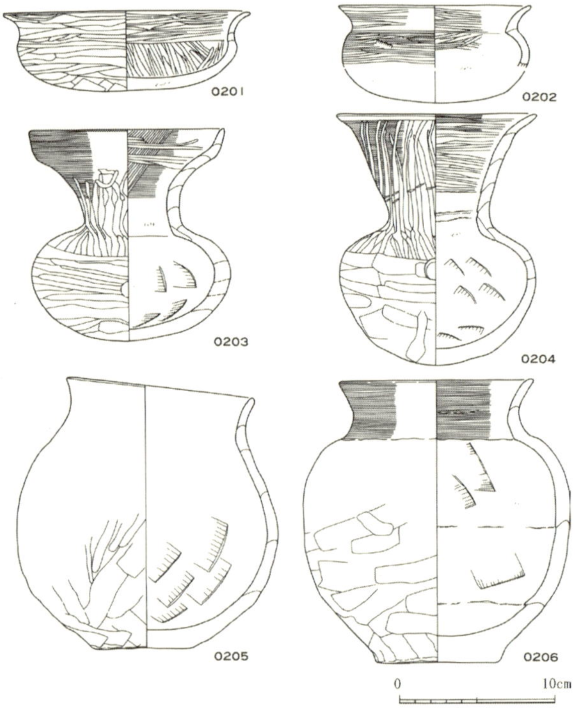

図68　浅川町蓑輪坂ノ前2号墳出土土器 （浅川町教育委員会 1989）

いう墳形からすれば、この古墳群の造営の中心的な首長というような立場にあった被葬者であろうか。同じ古墳群のなかに、優位な墳形を持った古墳が存在した点は重要である。これは、古墳群の造営集団のなかから6世紀後半に有力豪族が出現する兆しである。

　埋葬施設は、箱式石棺と周溝部の土坑である。5世紀代の古墳群と比べると埋葬施設の多様性が少なくなる。箱式石棺は5・6世紀のこの地で盛行する埋葬施設である。周溝部や墳丘縁に埋葬施設が造られた古墳は変則古墳と呼ばれ、関東北東部と結びつく特徴である。浅川町は阿武隈川上流部に位置し、南に向かえば久慈川流域を経て茨城県方面に続いている。この方面との結びつきを反映した埋葬施設である。

　5・6世紀の古墳群では、いわゆる墓道を共有する古墳築造のまとまりを想定することが難しい。上宮崎B古墳群や正直古墳群でも明らかにはされていない。古墳群を構成する集団としてのまとまりが強くて、古墳を造営するまとまりの独自性が後の群集墳と比べると弱いのであろう。蓑輪坂ノ前古墳群でも、墓道は検出されていない。ただ3〜4号墳の埋葬施設は、6号墳とされた箱式石棺の側に造られている。これは造営の方向が意識されていたことを示しており、この方

向に墓前広場のような空間があったのであろうか。そうするとほかの古墳との関係で、古墳群は2～3群に分けることも考えられる。蓑輪坂ノ前古墳群では、2世代で12基の古墳が造られたとすれば、6基程度の古墳を造営するまとまりが存在していたと考えられる。

第3節　群小古墳群の造営者

格差の少ない古墳群　阿武隈川上流域の中・後期古墳群では、古墳群を構成する古墳間に大きな格差はみられない。いくつかの古墳群で前方後円墳も含まれているが、古墳の規模自体に大きな格差はない。また世代を継承して前方後円墳が造営されることもない。古墳の副葬品に大刀や石製模造品を含む例もあるが、これも確認された範囲ではすくない。装身具は、日常品であろう。つまり古墳群は比較的均質な造営体により形成されたことになる。

埋葬施設も箱式石棺以外に木棺や土坑などの多様性がある。副葬品に、武器・武具を含む例もあるが多くはない。むしろ例外的である。単純な墳形と比べて多様な埋葬施設と、比較的乏しい副葬品からみれば、それぞれの古墳造営体により古墳の規模や形状、被葬者の選択などが自主的にこの地の習俗に合わせて造営されたのである。

造営者と縄張り　古墳の副葬品は武器類と石製模造品である。武力を持ち、祭祀を執り行うとともに、集落経営の中心的な役割を担った人々である。集落群の居住者をまとめて指導的立場にある人物が、古墳に葬られたのである。古墳の埋葬施設は、個人を葬るための構造である。古墳のなかには、複数の埋葬施設が造られた例や、ひとつの埋葬施設から複数の人骨が出土することもある。古墳の被葬者が、一人とは限らなかったことを示している。古墳の造営集団が数個の小集落を集めたまとまりならば、やはり限定された人々である。しかも幼児埋葬の痕跡が確認されないことは、弥生後期の周溝墓や古墳終末期の群集墳と大きく異なる特徴である。ただし、これは階層分化ということではない。古墳に葬られた人物も、そうでない人々も日常的には生活を共にする小集落の住人である。

阿武隈川上流域の5・6世紀古墳群は、集落を構成する小家族の集まり、あるいは個々の小集落を営んだ集団をいくつかあわせて造られたことになる。この集団を取りまとめた人物が、古墳群を形成する古墳の被葬者である。このような古墳を造り、小集落を営んだ人々により、この地の在地社会組織が形成されていたのである。

正直古墳群は、正直A遺跡と正直B遺跡の集落と関連する人々によって造られたと考えられる。また上宮崎B古墳群は、阿由利川流域の小集落群によって造られたのであろう。江平古墳群も、周辺の集落群によって造られた古墳群である。古墳と近接して集落も確認されているが、古墳数に比べて集落は小さく、造営期間も短い。

小集落では、基本的な衣食住の自給は可能である。しかし、より安定した農業を営むには、鉄資源や各種の手工業品、あるいは塩等の生活必需品が必要である。これら小集落以外で生産される物資の入手、さらに人的資源の確保や安全の保障、災害時の協力などにはより大きな社会的組織が必要であろう。これは、古墳群を造営するまとまりが形成される原因のひとつと考えられる。

5・6世紀の阿武隈川上流域では、群小古墳群に葬られた人々を中心に地域社会が構成されて

いた。関東と比べると、在地全体を統合する有力豪族層が存在しない点で大きな相違がある。古墳前期に形成された有力古墳が衰退して、中小の古墳が造られた地域は、南東北に広がっている。そうした意味で、古墳の在り方からみれば、小規模な集団が点在する比較的階層差の少ない社会が展開していた。

一方、これらの阿武隈川上流域の古墳群を統合する広域豪族、後の郡程度の範囲を領域とするような古墳は知られていない。畑作農耕を基盤とする地域で、農業経営のまとまりである小集落ごとの自立性が強かったことも有力首長が存在しなかった原因である。それよりも序章で述べたように、当時の自然環境が関東以西の地域と同等な農業を営むことができない状況にあったことが主要な理由であろう。

古墳群の分布状況は、各地域に形成されたまとまりを反映した状況を示している。古墳は人間集団のまとまりを反映した政治的な構築物であり、それぞれが占めたおおよその場所を反映している。古墳時代において商業経済は未発達であり、この範囲で集落は移動を繰り返し、地縁・血縁の交錯した人的集団が組織された。そして、古墳・古墳群を形成することにより、自分たちの属する集団の存在を示していた。決まった場所に古墳を造営するまとまりは、古墳を造ることによって、古墳群を形成する集団の構成員であることも表示していた。

小墳による古墳群造営集団の生活が、北部周辺を基盤としていたことは当然である。占拠する土地の、おおよその範囲は決まっていた。しかしこれが領域というような土地の限定をともなっている根拠は少ない。5・6世紀に集落が形成された台地や丘陵の背後には、無住に近い山林・原野が広がっていた。この阿武隈川上流域では、集落の在り方で検討したように、標高350mを越えると集落の分布は希薄少なくなり、400m以上の高地で集落は構成されない。無住の高地まで領域とする必要は、古墳の造営集団にはない。土地があり、人口密度も低く、畑作主体の農業を生業とする社会では、人の確保が重要である。土地の領域的支配はそれほど意味を持たなかった。

小古墳群の埋葬施設は、箱式石棺、木炭槨、粘土槨、土坑、小型竪穴石室等、多様である。埋葬施設の造られた位置も、墳丘ばかりではなく、周溝やその外にあることも少なくない。これらの特徴は、倭王権の本貫地である中核地の古墳とは大きく異なっている。つまりこの地に対して、倭王権の関与が極めて乏しいことを示している。

群小古墳群の考え方　南東北の「群小古墳」について、菊地芳朗は次の6点を指摘している（菊地2010）。このなかで、阿武隈川上流域の中期・後期の古墳群について興味深い指摘をしている。菊地によれば、①前期の群小古墳が中期に継続することはない。②出自系譜をもとにした同族関係の形成があった。③盟主的首長や地区首長と群小古墳があり、前者は大型円墳や大・前方後円墳が被葬者であり、後者は有力家長層の古墳とした。④そして群小古墳の増加を階層分解ととらえ、これは中期を通じて進行した。⑤中期後半には不整形ながら、重層的な政治構造と首長権固定への動きをうかがうことができる。⑥階層分解（群小墳成立）は倭政権の主導的な政策である。そして①～⑥は、中期の倭政権が新たな地域政策を進めるにあたって、同意した出自系譜観念を思想的基盤として導入し、地域社会に同族関係の形成したことが階層分解の進展と群小古墳の成立・普及に結びついたとした。またそれは、国家成立を視野に入れた倭政権の政治的な産物と結論付けた。

菊地の指摘した点について、まず再確認をしておく。①の前提となる前期の群小古墳は、会津

平では認められるが、阿武隈川上流域では、ほとんど不明である。須賀川市雷古墳群がこれに相当すれば、中期まで継続した例となる。②も被葬者間の血縁関係は不明であるので、断言はできないのではないか。③確かに古墳群を構成する古墳に大小はあるが、その較差は小さい。むしろ同等な規模で構成されているという方が、実態に即していよう。ただ、古墳の外に埋葬された人物が存在ることは、古墳群の造営集団内部で、被葬者間に役割の相違があった可能性を示唆している。大型古墳の造営停止状況で、群小古墳の増加が階層分化の進行とは考えられない。当然、⑤の重層的政治構造と首長権固定などはうかがえない状況である。⑥の倭政権の政策という理解も、この地に倭王権の主体的な関与をうかがわせる痕跡は希薄である。むしろこの地の住人が、在地社会の中で主体的に造営した古墳ではなかろうか。多様な埋葬施設や乏しい副葬品は、そのことの反映である。

このように考えれば、菊地説との相違は大きい。山間地・低地集落の衰退と丘陵台地への畑作集落増加も寒冷化の結果である。畑作による小経営の増加は、群小古墳群の増加を促進した。小古墳が、集落の営まれた丘陵・台地に造られその数を増す。小経営による集落と群小古墳群による古墳群の形成は、寒冷化による環境変化に対応した結果である。これを受けて大型古墳の造営が停止する。寒冷化にありながら、北方文化の南下は、仙台平野から阿賀野川北岸を結ぶ線を大きく越えることはなかった。逆に、須恵器・鉄器など倭国産の文物は北方に分布を拡大する。以上のように、古墳造営を通して古墳に表示される、血縁・地縁・宗教・農業・交換、そして集落編成を紐帯とする人々のいわば古墳共同体のような組織が在地を支えていたのであろう。そこに倭王権の直接的な関与は無かった。したがって、これも在地化した古墳の在り方である。群小古墳群と、菊地の「群小古墳」とは、相違がある点を明記しておきたい。

む　す　び

古墳寒冷期は、この地に多大な影響を与えた。古墳前期に関東とともに大型古墳を造営したこの地の活況は失われた。集落も台地・丘陵地帯に営まれたが、河川周辺の沖積平野では希薄である。この時期の水田は、大規模な発掘調査が実施されているにもかかわらず、確認はされていない。農耕も畑作が中心であったことの反映である。また継続期間が短く、頻繁な小集落の移動が繰り返された。竪穴住居には土器が放棄されるが、貴重な鉄製品はもちさられている。

このような小集落を基盤に、群小古墳群は営まれた。現在、確認される群小古墳群では、古墳群を構成する古墳の数は数十基単位である。これが100年前後の期間で造営されたとすれば、世代数にすれば4世代前後となる。上宮崎B古墳群で約20基、江平古墳群で約30基、正直古墳群が50基前後とすれば、ひとつの世代で造営された古墳数は、数基である。発掘調査で確認される小集落数と比べれば、数は少ない。ひと世代において、小集落の移動がくりかえされたとしても、古墳数と小集落の数は対応しない。やはり群小古墳群の被葬者は、いくつかの小集落を束ねる首長となる。

副葬品も豊富とはいえないが、5世紀代の正直古墳群では石製模造品が含まれている。また仏坊古墳群・正直古墳群の鉄剣、江平古墳群、上宮崎B古墳群、蓑輪坂ノ前古墳群の鉄刀など、集落からはほとんど出土しない武器が含まれていることも、これら古墳群に葬られた人々の社会的地位を示している。副葬品が出土しない古墳でも、古墳に葬られること自体、同様のことを意

味している。

　これら群小古墳群のほかに、これより有力な古墳が少数造営されている。各種人物埴輪がともなう原山1号墳、短甲と鉄刀が出土した四穂田古墳である。被葬者は、群小古墳群の被葬者より抜け出して、社会的に優位な地位を占めた人物であろう。ただし、この有力者の系譜が世代を重ねて継続されたとは限らない。またこれら有力古墳のひとつ大玉村庚申壇古墳の埋葬施設は、礫槨という同時期の関東の古墳とも共通しているが、副葬品は乏しい。

　古墳寒冷期のこのような状況が、後に関東とは異なる場所として区分される要因となった。しかし、古墳を造営し、これを推進した首長を核とした社会がこの地でも営まれていたことに変わりはなかった。古墳は、王権とそれに集う周辺の人々の在り方を時間軸により表示する政治装置であり、この背後には倭国という枠組みが維持されていた。南東北の社会活動が低下しても、倭国の版図に含まれる限り、古墳築造の社会規範は有効であった。古墳寒冷期の北方文化の南下が東北中部に南限がある理由である。むしろ岩手県角塚古墳のように、それまでの前方後円墳の北限線を越えて突出することも、南東北が倭国の北辺を画する役割を果たしていた結果である。

第4章
豪族の復活

は じ め に

　古墳寒冷期の終息を受けて、阿武隈川上流域でも有力古墳の造営が復活する。ただし、復活した前方後円墳は、その形状を維持しているが、後円部の円形と前方部方形が不明瞭になり、くびれ部も不明瞭な形骸化した形状である。これを変形前方後円墳とした。

　この形状は中核地の整った前方後円墳とは大きく異なっている。このことは、有力古墳の再生が阿武隈川上流域のなかでの自律的な動きであり、中核地から墳丘の形状に対しての関与がなかったことを意味している。この地の再生は、この地の人々が主体的になって遂行されたのである。

　有力古墳の造営の復活とあわせて、関東との交流も活発になる。そして、関東と結びついた有力古墳が造営された。つぎの段階では、関東ではなく畿内系の古墳の出現に至る。このような古墳の在り方には、この地を取巻く6世紀末から8世紀代前半にかけての、倭国東部の政治的状況が反映されているはずである。

第1節　変形前方後円墳と有力円墳

　西暦600年前後の有力古墳　この頃になると阿武隈川上流域では、有力古墳が沖積平野や丘陵端辺部に広範囲に出現する。関東諸地域と比べれば規模は小さいが、天栄村龍ヶ塚古墳、白河市下総塚古墳、須賀川市市野関神社古墳、郡山市麦塚古墳、大玉村二子塚古墳である。さらに、須賀川市大仏15号墳、塚畑古墳、前田川大塚古墳、石川町大壇1号・2号墳、矢吹町鬼穴1号墳・谷中古墳などの小型前方後円墳・円墳も各地で造られる。

　このうち、下総塚古墳、鬼穴1号墳、谷中古墳、塚畑古墳、麦塚古墳の5基は、埴輪がともなっている。埴輪は川西宏幸による円筒埴輪編年のV期（川西1978）に含まれるとされている（白河市教育委員会2003aほか）。ただし、塚畑古墳と麦塚古墳は分析するに足る資料の報告はない。谷中古墳は、大型横穴式石室で埴輪をともなっているが、墳丘の形状は不確かである。

　これらの古墳では、埋葬部に横穴式石室が採用されている例が大半である。以前にこの地の横穴式石室を考えた際、埴輪の有無を横穴式石室の新旧区分の目安とした（福島1989）が、関東では須恵器のTK209型式期古墳に埴輪がともなう例も明らかになった。千葉県経僧塚古墳などである。したがって西暦600年前後の古墳では、埴輪の有無は時期区分の根拠になるとは限らない。

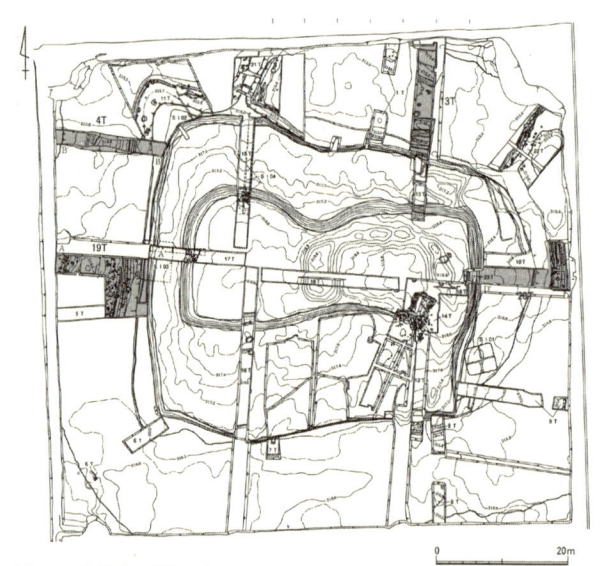

図69　白河市下総塚古墳（白河市教育委員会 2001a）

下総塚古墳　この古墳は、白河市教育委員会による発掘調査により、ほぼ全容が判明している（白河市教育委員会 2001a〜2003a）（図69）。盾形周溝をめぐらせ、下野型前方後円墳に特徴的な基壇をもつ前方後円墳である。二段築成の可能性があるが、二段目の墳丘は、基底部が検出されているが、上部は大きく損なわれている。周溝からは、家形・刀形・翳形・盾形・人形の形象埴輪が出土している。円筒埴輪の凸帯は低位ではない。基壇部の軸線の長さを墳長とすれば約72m、基壇の上で測れば48m程度となる。

埋葬施設は横穴式石室で、全長7.1mの無袖形である（図70）。使用された石材は石英安山岩質熔結凝灰岩である。奥壁の表面は一部が削り整えられている。側壁も角材状に割り整えられ、表面にも工具痕が遺っている。奥壁から4.5m付近に梱石を置いて、玄室と羨道を区別している。また、玄室は羨道より一段低くなっている。玄室幅は奥壁で約2m、高さ2.1mである。側壁は水平方向目地を整えて造られ、玄室は2〜3段である。また羨門幅は1.1mと狭い。白河市教育委員会の再調査でも、副葬品は確認されていない。また江戸時代の『集古十種』には、金銅装装飾付頭椎大刀の出土が伝えられている（穴沢・馬目 1977）。

墳丘の形状は下野型前方後円墳と共通しているが、埋葬施設が前方部に設けられている点と石室形態が異なっている。古墳の調査にともなって、古墳の下から4軒の竪穴住居跡が検出され、このうち掘り下げが実施された2軒から、栗囲式の土師器が出土している（図71）。下総塚古墳の造営は、栗囲式土師器期と同じか、これ以降ということになる。

栗囲式の年代については、本宮市高木遺跡の報告などで、須恵器との関連が検討されている。（福島県教育委員会 2002）。ここでは、栗囲式前半期とTK43型式からTK209型式をあてているが、判別が難しいとしている。確かに田辺昭三が提

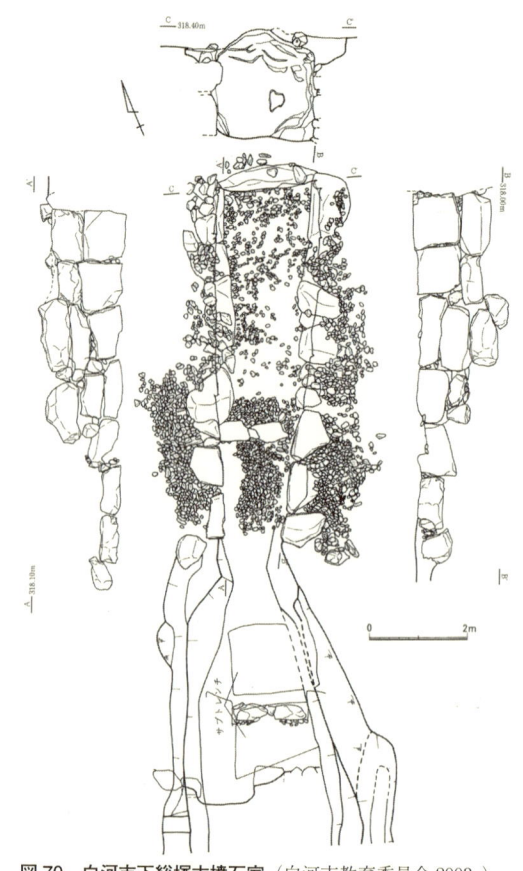

図70　白河市下総塚古墳石室（白河市教育委員会 2003a）

示した TK43 型式は、須恵器自体の数が少ない。また TK209 型式には、ほかの型式の須恵器が含まれている可能性もある。これに加えて、倭国東部では須恵器の在地化が進行しているので、そのままでは中核地の編年案を当てはめることはできない。

ただ相馬市善光寺遺跡の報告（福島県教育委員会 1988c）に述べられていたように、東国における須恵器生産の再導入が TK209 型式期であり、集落から出土する須恵器もこれと歩みを合わせていることからすれば、これらの須恵器は TK209 型式期とする方が無難であろう。とすれば、調査報告書では 6 世紀後半としている下総塚古墳の暦年代は、7

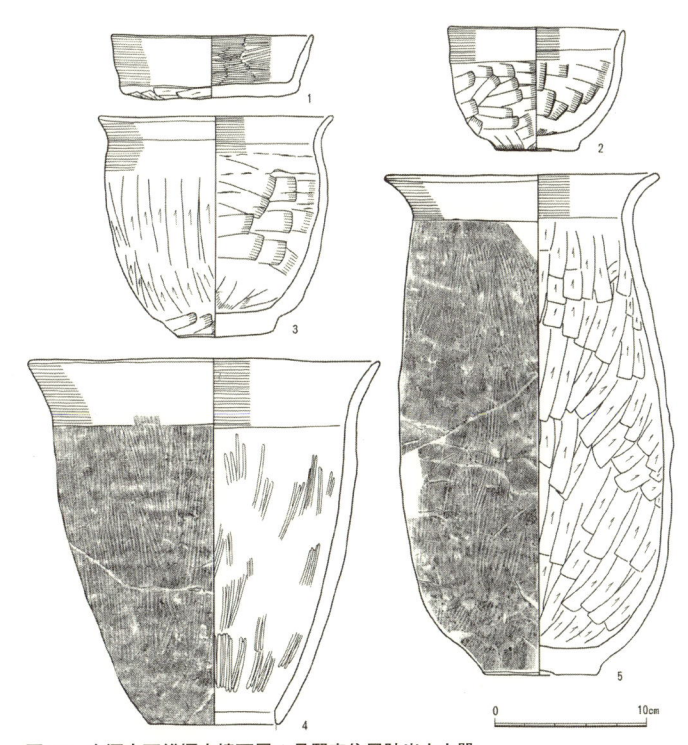

図71　白河市下総塚古墳下層1号竪穴住居跡出土土器
（白河市教育委員会 2003a）

世紀前半の TK209 型式期に置くことも可能となる。この暦年代であれば、金銅装装飾付頭椎大刀がこの古墳から出土したという『集古十種』の伝承とも矛盾はしない。

下総塚古墳から西北側へ約 300 m のところに、舟田中道遺跡がある。凸出部をもつ周溝とその内部に布掘柵列をめぐらせ、内部に竪穴住居を配置した豪族居館である。周溝の下部からは栗囲式前半、上部からは栗囲式中段階の土師器が出土している。下総古墳と同時期かやや新しい居館である。

図72　須賀川市市野関稲荷神社古墳
（福島大学行政社会学類考古学研究室 2007）

市野関稲荷神社古墳　近年、須賀川市市野関稲荷神社古墳の測量調査が実施され、その報告もされている（福島大学行政社会学類考古学研究室 2007）（図72）。全長 39 m、後円部直径 15 m、前方部長 24 m である。古墳の特徴として、①括れ部が幅・高さとも明確ではない、②後円部に比べて前方部が大きい、③周囲に基壇状の施設を備えている可能性が高いことをあげている。また墳丘には、段築・葺石・埴輪はないと報告されている。

③の基壇は、下総塚古墳でも指摘されており、下野に特徴的な施設である。埋葬施設は、後円部北東部で横穴式石室と推定される石材が露出していること

から、この部分に設けられたと考えられる。また②の前方部も大きく、しかも後円部より高くなっていることから、この部分にも埋葬施設が存在する可能性を考慮しなければならないであろう。①に関連して、括れ部が細長いこと、前方部の隅が不鮮明なこと、後円部の平面形が整円ではなくかなり変形している特徴がある。つまり前方部と後円部の形状が不明瞭である。採取された須恵器から年代を決めることは難しいが、墳丘の形状から7世紀前半の古墳と考えておきたい。

大壇古墳群　石川町大壇古墳群は、3基の前方後円墳と3基の円墳で構成されている（石川町教育委員会1996）（図73）。阿武隈川近くの台地に形成された古墳群である。このうち最大の1号墳では墳丘長39m、後円部径22m、前方部幅1mである。また古墳をめぐる周溝が設けられてい

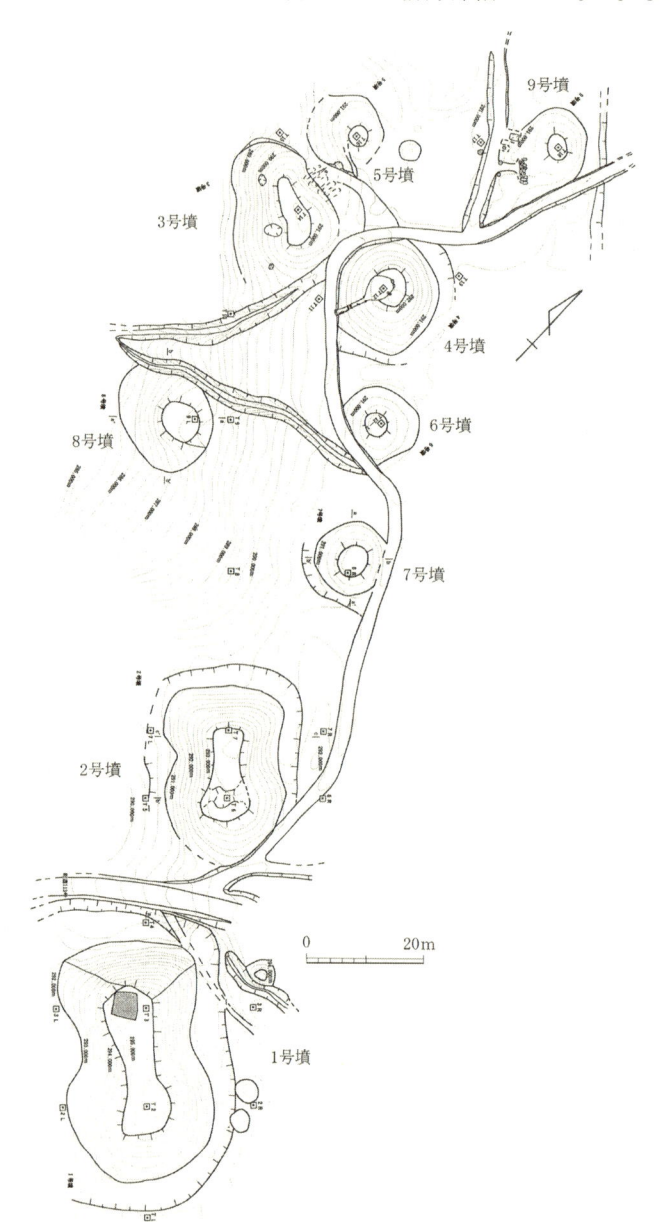

図73　**石川町大壇古墳群**（石川町教育委員会1996）

た。前方後円墳は、いずれも後円部と前方部の高さがほぼ同じである。括れ部の幅が広く前方部と後円部の境界は不明確である。埋葬施設が確認された古墳は、横穴式石室である。

確認調査が実施され、土器の考察で1号墳では墳丘盛り土から旧東村板倉B遺跡出土土器と同時期として、この土器をTK47型式期と考えて古墳の暦年代を6世紀初頭と報告している。しかし出土した土器はすべて砕片であり、坏には使用にともなう器面の荒れも認められると報告されている。しかも盛り土のなかに混ざった状況である。また複数型式の土器片で構成されている。報告書では、「意図的に土器を破砕し、古墳の地固の終了にともなう祭祀が行われた可能性を示している」としているが、築造時に5世紀代の遺構が破壊され、この土が盛り土として使われた結果ではないだろうか。

2号墳は、全長29.2mで墳丘の形状は1号墳と同様な特徴があり、トレンチでは横穴式石室と推定される埋葬施設が確認されている。この地の横穴式石室では、6世紀

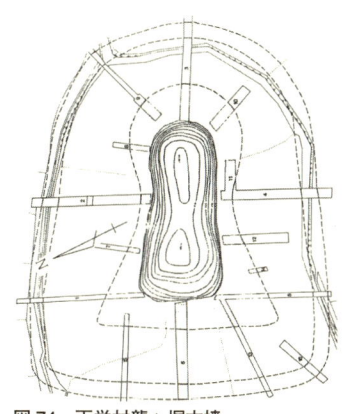

図74　天栄村龍ヶ塚古墳
（天栄村教育委員会 1980）

後半をさかのぼる例は、確認されていない。また3号墳は全長24.6mで、1号・2号よりはやや小さい。墳形は前方後円墳とされているが楕円形で、中央付近がややくびれている程度である。後円部からは、表面を整えた石材を用いた横穴式石室が確認された。さらに横穴式石室の前庭部からは、栗囲式の土師甕と鉢が出土している。鉢は甑の可能性もある。報告書では、「栗囲式の初め」として6世紀末〜7世紀初頭としている。

　また8号墳は、径10.5m、高さ1.3mの円墳で、南東方向に開口する横穴式石室が確認されている。側壁は平石を平積みにして造られ、床面には拳〜頭大の平石が敷かれていた。埋葬施設から出土遺物は確認されていないが、墳丘から栗囲式の土師器甕が出土している。

　以上の調査結果から、大壇古墳群は、栗囲式期に形成された古墳群と考えられる。また埴輪は、全く出土していない。墳形も、前方後円墳の痕跡を残してはいるが、明確な円形と方形を意識した造作ではない。

　天栄村龍ヶ塚古墳　龍ヶ塚古墳は周辺の周溝にトレンチ調査が実施されている。盾形の周溝をともなうが、全長48.5m、前方部24mと前方部の発達した墳形が想定されている。トレンチ調査により、須恵器の大甕が出土している。善光寺1式（福島県教育委員会 1988c）（図74）に近い時期で、口縁部上面に波状文が施されている特徴がある。この部分に波状文が施された甕は、仙台市法領塚古墳からも出土している（仙台市教育委員会1972）。南東北では7世紀前半の年代が想定される特徴である。

　墳丘部の調査は実施されていないので、詳しい古墳の形状と埋葬施設は不明である。現状からみれば、前方部と後方部の高さに大きな差はない。また段築も葺石・埴輪もない。現状では、全長36m程度で、後円部径と前方部幅14m程度である。後円部端は円形の曲線、前方部は端直線である。くびれ部は不明瞭である。形態的にも方形と円形の平面形区分は不明瞭である。後世に大きな改変を受けた痕跡も無いことからすれば、築造当初も前方部と後方部が明確に区分されて造られたとは考えられない。墳丘の周囲は平坦面となっていることから、基壇状の施設の上に構築された可能性も考えられる。

　大玉村二子塚古墳　大玉村二子塚古墳は、現状で全長52.6m、後円部直径21.6mである。後円部高さ3.5m、前方部高さ3mと高い墳丘が特徴

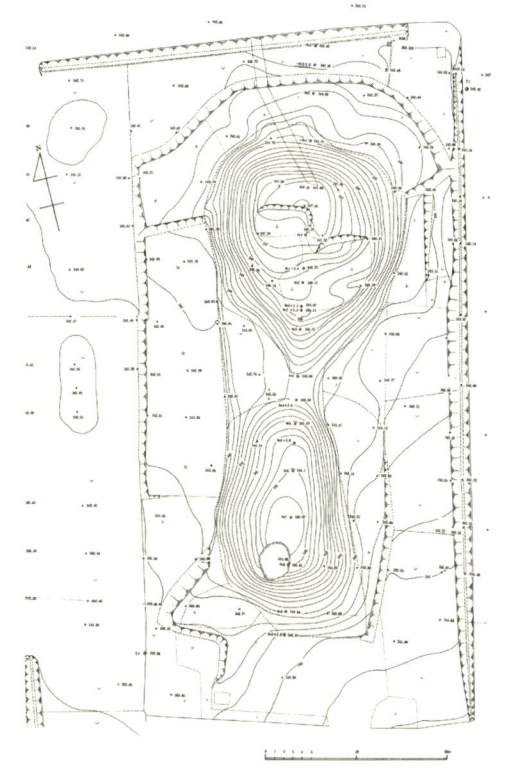

図75　大玉村古墳群二子塚古墳（福島県立博物館 1987）

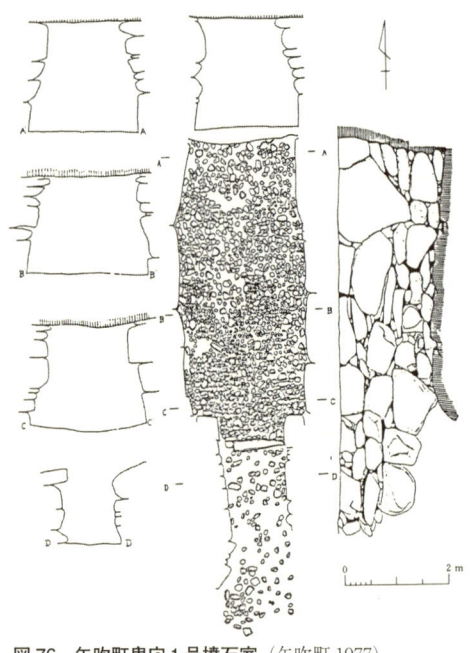

図76　矢吹町鬼穴1号墳石室（矢吹町1977）

的である。埋葬施設は横穴式石室の可能性が捨てがたい。あわせて後円部・前方部ともに形は整ってはいない。また埴輪は出土していない（福島県立博物館1987）。このような特徴は、前方後円墳築造期の終末段階と共通している。中期古墳群のなかに造られていることとあわせて、国見町錦木塚古墳と同様な可能性がある。

　矢吹町鬼穴1号墳　前方後円墳のほかに、直径30m程度の円墳が単独で造られている例がある。この時期では、前方後円墳に続く有力古墳である。鬼穴1号墳は矢吹台地の東端に当たり、阿武隈川を臨む河岸段丘の突端に造られている。近くに2号墳もある。1号墳は、直径30mの円墳である（矢吹町教育委員会1971）。埋葬施設の横穴式石室は、墳丘の中央に奥壁を置いて南側に開口する位置に造られている。全長8.84mを測る。

　空間構成は玄室と羨道からなる（図76）。玄室は、比較的大きく幅約2m、長さ約5mを測るのに対して、羨道は幅1.2m、長さ3.5mとやや小さい。袖部は羨道の側壁が内側へ突き出した状態で、門柱状の玄門は設けられていない。奥壁には大きな1枚の板石が用いられ、幅・高さとも約2mよりやや大きい。床面には、羨道部奥半の仕切石から玄室にかけては、粘土を敷いた上に全面にわたって小石が敷かれている。天井部は玄室部のみが遺存しており、4個の大きな石材で構成されている。

　側壁の石積方法は、玄門と羨道では異なっている。玄室では基底部に大きめの石材が据えられ、それより上部では比較的小さな板石を多用して、平積みを基調として持ち送り気味に積み上げられている。さらに石材と石材の間隙には小石を充填している。壁面も目地は通らないように積み上げている。これに対して羨道部では、比較的大きな塊状の亜角礫を用いて、小口平積みを基調として積み上げられている。

　玄室から出土した遺物は、鉄鏃・刀装具等であるが、いずれも細片となっている。このほか、墳丘裾部には埴輪が配置されていたらしく、埴輪の細片が散布している。

　鬼穴1号墳の石室は玄室平面形、袖の特徴、側壁の石積方法が、いわゆる畿内型横穴式石室と近似している。一方、天井が低いことと羨道の短い点は、畿内型とは異なる特徴である。阿武隈川上流域の横穴式石室の多くとは、異なる特徴を持っている。しかし、畿内型そのものではない。時期を決定する根拠に乏しいが、6世紀後半から7世紀前半の頃であろう。

　須賀川市前田川大塚古墳　この古墳は須賀川市街から南東部にあたり、阿武隈川を臨む河岸段丘の上に造られた直径約30m、高さ約5m前後の円墳である。墳丘に、段築・葺石・埴輪は認められず、周溝についても不明である。周辺に、関連する古墳は確認されていない。

　埋葬施設は、横穴式石室である（図77）。奥壁を墳丘の中央部において南西方向に開口している。空間構成は玄室と玄門・羨道で構成され、玄室は全長11m以上・幅2.2m、高さ3.1mを測

り、側壁の持ち送りが顕著なこともあって狭長な形態である。奥壁には大きな板石が中央に垂直に据えられ、その左右には小さな亜角礫が配されている。側壁の石積方法は、一部の基底石で長手を立てて用いているが、基本的に平積みで構築されている。横断面は台形で、とくに玄室の中央部では持ち送りが著しい。

床面には、玄室から羨道の一部にかけて大きな板石が敷かれている。この板石は大きさから考えると、石室構築の最初に敷かれたと推定され、壁面の完成後には搬入することは不可能である。このような床面はあまり例がない。天井石は玄門近くまで遺存しており、8個の大きな亜角礫で構成されている。

玄門は側壁に挟まれて柱状に造られている。本来は左右に設けられていたが、石室の整備工事によって右側の玄門石柱は失われた。羨道の側壁は、基本的に平積みによって構成されている。玄室と比べてやや小さな石

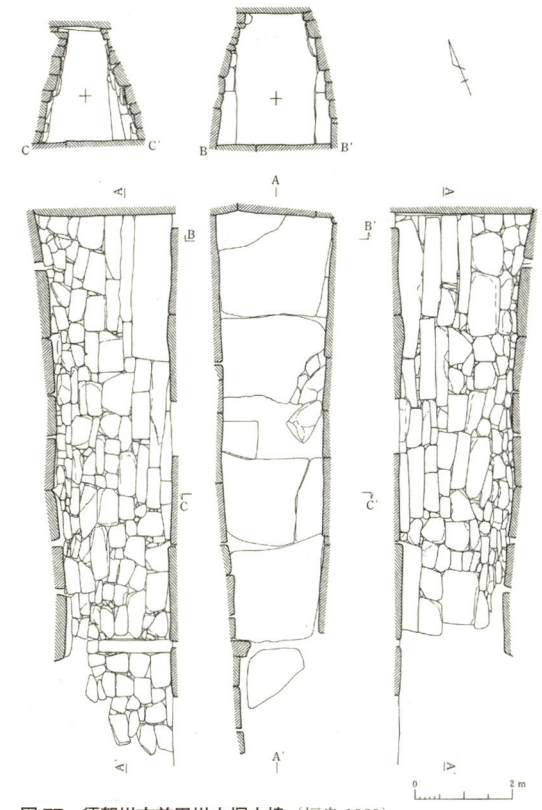

図77 須賀川市前田川大塚古墳（福島 1989）

材が用いられ、簡略化されている。石室の型式からみれば、それほど新しく考えることは難しい。玄室の平面形にいわゆる胴張りはみられない。

前田川大塚古墳は、阿武隈川上流域でも規模の大きな横穴式石室を埋葬施設としている。関東の有力古墳と比べても、見劣りしない規模と構造である。周囲に小古墳は造られていない可能性が高く、単独で造られた古墳である。またこれが後期後半とすれば、横穴による群集墳が形成される前段階となる。この地域で横穴系埋葬施設を持つ群集墳が成立する前段階に、まず有力古墳が造られはじめたことになる。

第2節　関東系埋葬施設の展開

切石積横穴式石室の導入　古墳終末期になると、阿武隈川流域では切石積横穴式石室を埋葬施設とする有力古墳が出現する。切石積横穴式石室は、古墳後期後半から終末期にかけて東国の王族・豪族層の墳墓として造られた古墳の埋葬施設である。この地でも7世紀前半には、同様な古墳が造られた。

原石の表面を加工して整えた石材、つまり切石には、一部を削り整えた粗雑な段階から、石材の各面が直交するように立方体状に加工された整ったものがある。また、表面の加工程度も各種ある。石材加工の違いによって形状は多様である。石材の形状は横穴式石室の石積方法と密接な関係があり、加工度の低い石材では、自然石を用いて構築された横穴式石室とほぼ同様な石積方

法と形態となる。一方、加工度の高い石材を用いて、石材を複雑に組み合わせた堅固な石室を造る例や、単純で整美な造りの石室例がある。加工した石材を用いることにより、石室空間は築造者の意図にあわせて造ることが可能になる。

　切石積横穴式石室の分布は、米沢盆地から宮城県中部辺りが北限である。現在までに阿武隈川流域で確認された切石積横穴式石室は、20基程度である。このうち、白河市長者窪古墳や須賀川市大仏古墳群では切石の一部が露出しているにすぎず、笊内3号墳も大きく損なわれていて形状は明らかではない。近年、確認された浅川町染古墳は大型の横口式石槨の可能性が高い。これは、発掘調査が実施されていないこともあって、内容に不確定な要素がある（福島・福田2003）。

　須賀川市蝦夷穴古墳　須賀川市街の東側に開けた阿武隈川西岸に位置し、低位段丘面の縁辺部に立地している。近くには大仏古墳群・早稲田古墳群などの後期古墳群が数多く分布するとともに、古墳前期に属する雷古墳群や律令期初めに創建された上人壇遺跡などがある。この地区は、阿武隈川上流域の中心地域のひとつである。墳丘は直径30m程度の円墳と推定されているが、大きく損なわれて、墳形は不明確である。蝦夷穴古墳の石室は、明治年間に開口し、多数の遺物が出土したと伝えられている（福島県1964）。しかし現在では散逸したものが多く、わずかに金銅装装飾付頭椎大刀・圭頭大刀・辻金具・銅碗などの破片が東京国立博物館に保管されているにすぎない。

　埋葬施設は、主軸をN-15°-Wにおいて南東に開口する横穴式石室である（図78）。石材には石英安山岩質熔結凝灰岩の切石が用いられている。現状で玄室はほぼ完存しているが、羨道部の大半はすでに失われている。

　玄室の面形は長方形で、長さ4.35m、最大幅2.1mである。玄門付近で幅は1.6mと狭くなり、奥壁と接する部分が最も広くなっている。現在の床面から、高さを奥壁で測ると3.1mである。

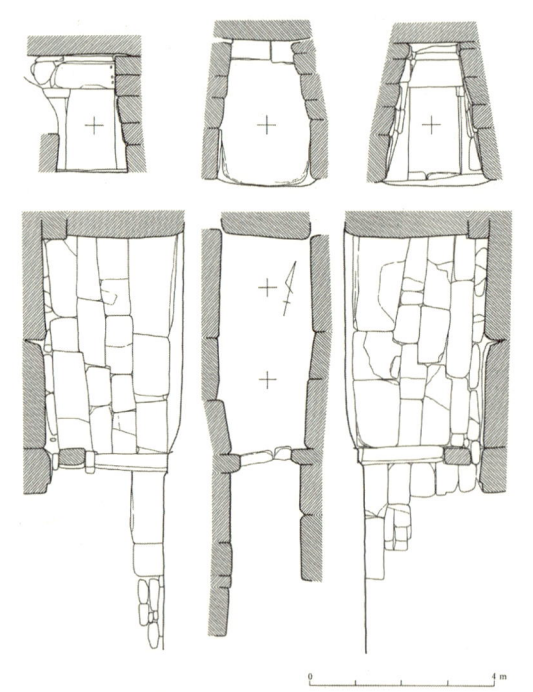

図78　須賀川市蝦夷穴古墳石室（福島1986）

しかしこの計測値は、石室の床面が開口後に掘り下げられた結果である。石室本来の高さは、奥壁や側壁の基底石下部の湾曲や梱石の上面の高さから推定して2.8m程度であろう。

　玄室の基底石底面は、古墳周縁部の地表面とほぼ同じ高さにあることから、石室掘形の造成に大規模な掘削は想定できない。浅い窪地を造り、そのなかに砕石などを敷いて基底面を整えたのであろう。砕石の一部が側壁基底石の下に見えている。

　奥壁は上下2個の石材で構成され、内面がほぼ垂直になるように据えられている。下の石は、高さ2.5m、幅2.1mを測り、石室に使用された石材のなかでは最も大きい。基底面近くの下半部は丸くなっている。壁面は、刃先のまっすぐな工具によって整えられ、細かな痕跡が遺されている。上部の石材との接合面は、原石の端を

削って平坦に整えられている。上の石材は下の石材よりかなり小さく、高さ0.4m、幅1.6m程度である。やはり下段の石材と同様な整形痕跡が遺されている。形状は直方体である。この石材は、中央部で二つに割れている。

側壁の基底石は、奥壁を挟むように据えられ左右とも3個の石材を用いて構成されている。側壁に使用された石材は下方が大きくなっている。四角い石材をほぼ垂直に据え、水平方向に石材の上端をそろえて目地を通している。石材の表面は内側に凹む傾向にあり、底面は丸味をもっている。表面には工具の刃痕があり、玄門に接する左側壁には縦斧刃状の整形痕も部分的に残っている。この整形刃痕は、梱石上面とほぼ同じ高さに整えられて集中している。

基底石より上部は、左右の側壁とも4段で構成されている。このうち最上段の石材は高さ0.2m程度と小さい。これは天井石を載せるために高さを調節した結果であろう。ほかの石材は高さ0.6m、長さ0.8～2m程度の直方体に近い形状である。各石材の表面には、削り整えた調整痕跡がみられる。側壁面の目地は各段とも水平方向には通っているが、垂直方向には目地を違えて段状になっている。

玄室横断面の形は台形状で、2段目からの石材は持ち送り技法によって斜めにせり出している。この結果、天井石と接する部分の幅は約1mで、床面の約1/2まで狭くなっている。また2段目から5段目の石材は、奥壁によって端が押さえられた状態になっている。

玄門の計測値は、高さ1.6m、幅1.1m、奥行き0.2～0.3mである。角柱状の石材が柱石として用いられ、左側で側壁から0.2m、右側で0.3mほど、壁面から突き出している。左の門柱石は右側と比べて約0.2m低いために、この上面に長方の切石を載せて高さが調節されている。この上に角材状の石材を渡して楣石とし、全体の形状は鴨居状に造られている。楣石は左右両端とも側壁に埋め込まれていた。左壁側では、羨道部の上半部が失われて、端部が露出している。先端は、丸味を持って自然面がそのまま残っている。楣石と天井石の間には約0.2mの隙間があり、この部分の側壁は石材によってふさがれている。玄門の石材は著しく風化が進んでいることから、整形痕跡の不明な部分が多い。このなかで、左門柱石の継ぎ足しの石材には、整形時の工具痕跡がよく遺っている。楣石の入り口側には、3個の矢穴が穿たれている。これは位置から考えて、構築当初からあったとするには不自然であろう。

天井石は、玄室から玄門にかけて3個が遺存している。奥壁寄りの石材は、奥壁下部に使用された石材の大きさとほぼ同じであろう。これ以外の石材は、側壁基底石より少し大きい程度である。表面は丸味をもつため自然面とも見えるが、天井石間の接合面には整形痕が遺っている。

羨道は大きく旧状を失っており、明らかな後世の補修がみられる。図示したのは、石室構築時の状況を伝えていると判断した部分である。側壁は玄門から測って左側で3.50m、右側で2.5mまで遺存している。左壁では玄門側2.2mまでは比較的大きな石材をやや内側に傾けて基底石としているが、これより入り口側では小さな板石を平積みにしている。右壁では、左壁より小さな石材を基底石としている。この上部は、4段にわたって小口積みの手法で持ち送り気味に造られ、天井石と接する部分では基底石より約0.2m程度内側にせり出している。目地は玄室と同じく、水平方向は通して垂直方向は違えている。

蝦夷穴古墳の暦年代　阿武隈川上流域が古墳文化の周辺に位置することもあって年代比定の根拠が十分ではなく、研究者によって異なっている点も少なくない。まず蝦夷穴古墳は『福島県史』

通史編によると後期前葉の代表的な古墳とされ（福島県 1964）、『須賀川市史』においてもこの考え
を支持している（須賀川市 1974）。

　蝦夷穴古墳の年代を古く想定した根拠の一つである三輪玉は、他の古墳から出土したものらし
い。金銅装装飾付頭椎大刀については、頭椎が「竪畦目Ⅰ（？）Aでやや新しい（穴沢・馬目 1978）」
方に属し、鐔の中心孔が楕円形で、足金物の身部も楕円形を具して断面形が半円形となっている
ことから、筆者のいう直茎両区鉄刀の構造である。金銅装装飾付圭頭大刀も同様である。7世紀
前半から中頃の大刀と考えられる（福島 2005）。これに銅碗が出土していること、石室の石積方法
や空間構成に自然石積横穴式石室と共通する特徴のあることを考えあわせると、蝦夷穴古墳の築
造年代は7世紀前半から中頃と考えられよう。

　関東で切石積横穴式石室に類するものが出現する時期は、6世紀後半と考えられ、群馬県綿貫
観音山古墳などの例がある。しかし、これらの切石積横穴式石室の空間構成と形態はそれぞれに
異なった特色をもっており、玄室が単室や復室、あるいは羨道を欠く例、胴張り平面形の玄室な
どがある。また石材や石積方法にも各地域により異なった特徴がみられる。石室の多様性は、先
進地から切石積横穴式石室の構築方法が一元的に伝播したのではなく、横穴式石室というアイ
デアをもとに、各地域が多元的にそれぞれの知識と技術を工夫して産み出されたことを示して
いる。

　阿武隈川上流域では、6世紀代から7世紀前半にかけての須賀川市前田川大塚古墳の石室は自
然石を用いて、蝦夷穴古墳とほぼ同様な石積方法で構築されている。この2基の横穴式石室は、
奥壁に大きな板石を据え、側壁には横長の石材を用い、水平方向の目地を通して、垂直方向の目
地は違えて持ち送りの技法によって積み上げられている。空間的な特徴でも、玄室の平面形は狭
長な長方形で、断面形は台形である。これらの横穴式石室と多段積型の切石積横穴式石室の相違
点は、使用された石材が自然石と粗く整えた切石の違いである。

　また須賀川市蝦夷穴古墳の玄門は框石の上に柱石が載せられ、これに楣石を渡す構造である。
これは栃木県方面で多用される玄門の造り方である。玄室側壁の構成も栃木県益子町西坪3号墳
とほぼ同じであるが、栃木県方面では大きな板石を用いた横穴式石室が顕著である。直方体に加
工した石材を用いる横穴式石室は、東京湾北岸地域を核として分布している。この方面の石材加
工方法と栃木県方面の柱状玄門をあわせた横穴式石室である。

玉川村宮ノ前古墳　阿武隈川東岸の樹枝状に開析された独立丘陵の東辺に位置し、丘陵の尾根
よりやや下った斜面の中程に単独で造られている。古墳の南面から西方にかけては小規模な開析
谷がのび、東方から南方へは平坦な地形が阿武隈川の氾濫原まで続いている。この氾濫原の自然
堤防防上には、辰巳城遺跡・別当宿遺跡などの古墳時代集落跡があり、古墳前期・中期の遺物が
出土し、竪穴住居跡や土坑などの遺構が検出されている。近くの丘陵には古墳が造られ、玉川村
江平古墳群がある。

　宮ノ前古墳の墳丘は、石室の前方にあたる部分が開墾などにより大きな変形をうけている。丘
陵側は比較的良好な状態で遺存していたが、近年の造成工事によって頂部は大きく削平されてし
まった。墳丘は、石室を覆う程度に小さく造られていることから、形は不明である。墳頂部は
テラス状で、そのまま背後の丘陵に続いていた。

　現状では、明確な周帯などの区画施設は確認できない。墳丘背後の斜面をみると、墳丘から

丘陵の頂部に到る中程に明確な地形変換線がある。これを境として上部では自然地形にあわせて等高線がのびているが、下部では傾斜がやや急になり、等高線も直線的に平行して走っている。この部分まで古墳築造の地形整形が及んだ結果であろう。背後に丘陵を背負った山寄せの立地である。墳丘規模が小さいことと周辺地形をあわせて考えると、石室前面に前庭部が設けられたとしても、これと直結する配置ではなかったであろう。あるとすれば、一段下がった丘陵裾部であろうか。

図 79　玉川村宮ノ前古墳石室 (福島 1986)

　埋葬施設は、N-15°-W に主軸を置いて南東方向に開口する横穴式石室である(図79)。石材は、石英安山岩質熔結凝灰岩の切石である。石室の内面の石材は、平滑に仕上げられている。一部にはナラシ技法によって整えられたかのような状態のところもある。これに対して、本来は封土によって覆われた天井石や側壁の外面は凹凸が著しく、風化によって明確な工具痕を確認することは難しい。一部で、粗く割り削られた加工痕がみられる程度である。石室は玄室と玄門・羨道で構成され、形状は玄室・羨道ともに直方体である。石室の保存状態は良好で、ほぼ完存している。しかし玄室の左隅方向からひずみを生じ、また羨道部は地盤沈下により歪みがみられる。石室の計測値は、全長 3.9 m、玄室幅 2.05 m、玄室高 1.8 m、玄室長 2.2 m、羨道長 1.3 m である。

　奥壁は、1 個の巨石を垂直に据えて鏡石としている。奥壁の右辺下隅部には長さ 0.45 m、高さ 0.25 m の「L」字状の切り込みがあり、この部分に直方体の石材を填め込んで補っている。側壁との接合方法をこの部分で観察すると、奥壁の側縁には長さ 4 cm、幅 16 cm 程の削り出しを設け、これに側壁の端辺を組み合わせている。左辺も同様の組み合わせであろう。

　側壁は、玄室・羨道とも直方体の石材が 2 段積み上げられ、左右合わせて 9 個の石で構成されている。このうち玄室の左壁基底石では、玄門と接する上端部を高さ 0.2 m、長さ 0.4 m にわたり「L」字状の切り込みを設けて、奥壁と同じように直方体の石材を填め込んでいる。玄室側壁と羨道部の石材は、門柱石の裏側で端を揃えて接合させている。側壁の厚さを羨道の左壁でみると、下段が 0.5 m、上段が 0.6 m である。

　床面には、板状の切石が組み合わされて敷かれている。石材の形は、台形や長方形を基調とし、部分的に「L」字状の切り込みを設けて組み合わされ、大きさは不規則である。これらは側壁と奥壁が設置された後に敷かれたらしい。

　玄門は、石敷きの上に角柱状の門柱石を立て、その上に楣石を横架する構造である。玄門部の内法は、高さ 1.45 m、幅 0.95 m、奥行き 0.45 m である。柱石は側壁に接して据えられている。

榾の構架方法は、左門柱石の上部を「L」字状に切り込んで受け部を作り、右門柱石の上面にそのまま構架したものである。このとき右側壁を少し削り榾石を落とし込んだらしく、調整痕が遺っている。また右門柱石の上面と天井石の間には、0.06〜0.10m程度の隙間がある。

　天井石は、4個の石材で構成されている。各接合面と石室内面側は平滑に整えられ、側壁と奥壁の上に平置されている。天井石の両端は、側壁石材の上面中央に位置している。入り口側の天井石は、築造当初から外端を露出させていたと推定され、石材の上辺を0.5mの幅で斜めに切り削っている。またこの石材の両端には、側面に小さく「L」字状の削り出しを設けている。

　石室の掘形は、立地条件からみて地山を「L」字状に掘り込んで造られたであろう。この掘削は、周辺地形からすれば玄室部分までと推定され、羨道部では斜面に盛り土を行って石室の基底面としたらしい。このために羨道部が沈下して、現在みられるような歪みを生じたのであろう。天井石の隙間からは、構築時の裏込め石に用いられた河原石や石材の加工層が顔を出している。

　羨道の右側壁には、白色の物質が付着して部分的に遺っており、関西大学考古学研究室の調査により「白土」であることが明らかにされている（関西大学考古学研究室1984）。この白土は石材の接合面や間隙にはみられず、石室の築造当初から塗布されていたかどうかは不明である。

　側壁は垂直2段積で、空間構成は、玄室と玄門・羨道からなる。玄室と羨道を合わせた形状は、直方体の箱状である。内部に玄門を設けて、玄室と羨道が区画されている。使用された石材は、表面が丁寧に削り整えられた直方体の切石である。奥壁と側壁は、相欠状の加工で組み合わされている。側壁は、玄室・羨道ともに2段に積まれている。床面には、玄室・羨道とも板状の切石が敷かれている。

関連古墳と宮ノ前古墳の暦年代　この石室と近似した空間構成は、旧下野方面から旧常陸西部にかけての有力豪族古墳で採用されている。宮ノ前古墳の石室と類似する石室として、栃木県下野市壬生車塚古墳（栃木県1979）が知られていた。この古墳の石室は、玄室と玄門・羨道で構成され、

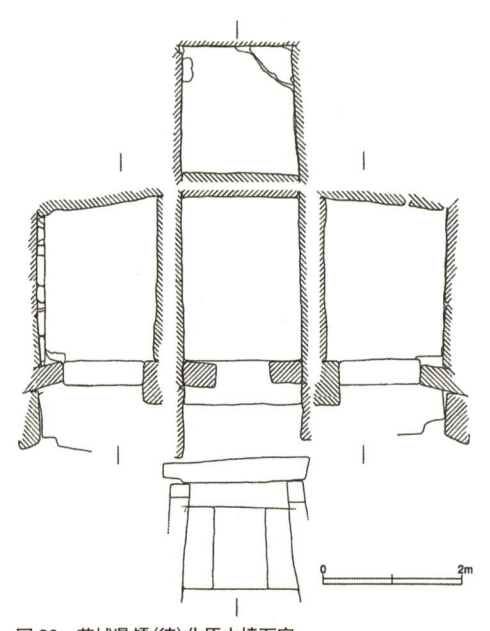

図80　茨城県頓（徳）化原古墳石室
（茨城県桂村教育委員会1985）

形状も箱形で、中程に玄門が設けられていることから、宮ノ前古墳の石室と共通した点が多くみられる。

　一方、石組方法には相違があり、壬生車塚古墳の石室では、側壁は1枚の大きな板石が用いられてやや内傾し、玄門の柱石には大きな柄状の受け口を作って側壁を挿入している。これに対して宮ノ前古墳では、側壁が完全に直立していること、石材がより丁寧に仕上げられていること、奥壁と側壁の組み合わせに相欠状の細工がされていること、床面に板石が敷かれているという相違がある。栃木県で、宮ノ前古墳と同じく玄室の床面に石が敷かれている例として、栃木市石屋古墳と壬生車塚古墳がある。床石は側壁と奥壁挟まれて、大きな2枚の板石を埋め込むように敷かれていた。畿内型横口式石槨とは造りが明確に異なっ

ている。前者は玄室が遺存しているだけで、全体の形状は不明である。側壁・奥壁は直立している。後者は大きく旧状が損なわれていたが、復元された形状は、複室構造で、玄室側壁が内側に傾斜する造りである。

　壬生車塚古墳は、2重の周溝をめぐらせた3段築成の巨大な円墳である。周溝の外周の直径は130ｍ、墳丘の直径86ｍと報告されている。玄室の奥壁と側壁、羨道の側壁は板石1枚で構成され、玄門は側壁にそって柱状石である。この上に楣石を横架した造りである。空間構成は、宮ノ前古墳と共通しているが、石室の造りは宮ノ前古墳の方が精緻である。墳丘の規模と立地条件に格段の相違がある。

　また茨城県頓(徳)化原古墳も、宮ノ前古墳の石室と近似している(図80)。墳丘は一辺20ｍの方墳で、墳丘高さ3ｍで、埴輪や葺石はないとされている(茨城県桂村教育委員会1985)。ただ、この古墳を再検討した稲田健一によれば、円墳の可能性もあり不確かである(稲田2007)。半裁された墳丘の中央に横穴式石室が遺存している。

　石室は、直方体の玄室と羨道、この間に玄門を挟む形態で、宮ノ前古墳と同じである。玄室の奥壁と側壁が一枚石で造られている。全長3.58ｍ、玄室長2.26ｍ、玄室幅1.68、奥壁高1.7ｍ程度である。玄門は、直方体の楣石を両側壁と直交させ、この上に左右の柱石の上面に、横の直方体の玄室と楣石構造の玄門上面に楣石を横架した造りである。さらに羨道も部分的に遺り、やはり一枚石である。前庭部の前面は失われているが、墳丘との関係からすれば、広い前庭部が設けられていたのであろう。

　宮ノ前古墳の年代について福島県内では、長く後期古墳と考えられていた。『玉川村史』では6世紀中葉という年代が与えられて(玉川村1980)いるが、根拠は示されていない。またこの石室に、長大な羨道が設けられていたとも推定している。これに対して筆者は、『文化福島』第133号(福島1983)において、この古墳を終末期に位置づけ畿内の終末期古墳との関連を指摘した。さらに関西大学考古学研究室の調査報告でも同様な見解が示されている(関西大学考古学研究室1984)。

　この古墳の石室は、現状のままでほぼ完存している。出土した遺物は不明である。直方体の玄室と羨道、この間に玄門を挟む形態は、旧下野国を中心に終末期の大型古墳に特徴的な横穴式石室である。ただし下野では、側壁に直方体の石材を側壁に重ねる積み方は採用されていない。また墳丘が石室を覆う程度と小さいのに対して、石室は大きく重厚である。石室の規模からは、この地における有力豪族を被葬者とする古墳と考えられる。墳丘よりも、埋葬施設が重視されていることから、墳丘の形状や規模が重視されなくなった段階の古墳であろう。時期を示す遺物も不明であるが、墳丘と立地からすれば、白河市野地久保古墳へ続く特徴をもち、この直前の年代が想定される。築造年代は7世紀後半としておきたい。

第3節　畿内系埋葬施設と在地の特殊埋葬施設

　阿武隈川上流域の古墳は、古墳前期から後期までは関東と結びついて造営されてきた。ところが、終末期も後半以降は、旧白河郡域に畿内系の埋葬施設を持つ古墳が出現する。

　白河市谷地久保古墳　古墳は、白河市街地の東部にあたり、泉崎村に近い阿武隈川北岸に立地している。古代白河郡家である関和久遺跡の北西にあたる烏峠山塊を樹枝状に開析した急峻な谷

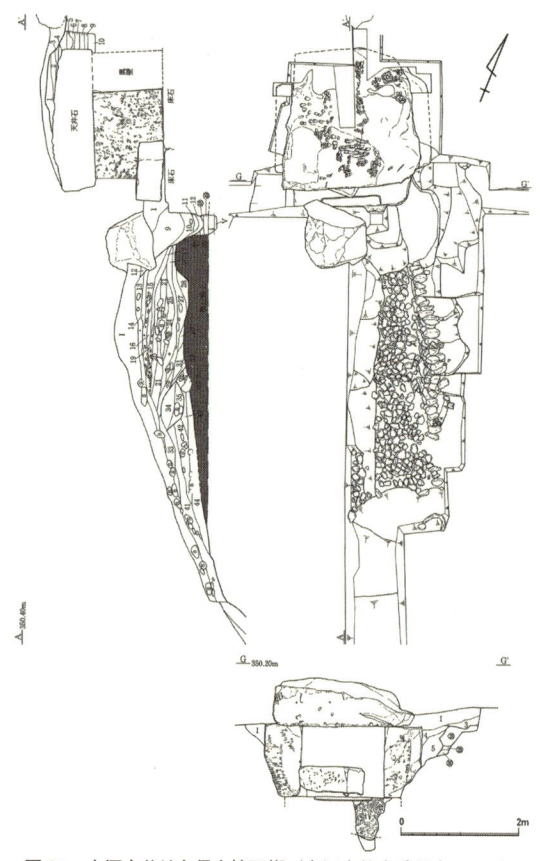

図81　白河市谷地久保古墳石槨（白河市教育委員会 2005a）

の最深部に位置している。しかも谷の中程に立地するために、古墳の北側に沢を背負い、東側と西側は小さな尾根に挟まれている。したがって古墳からの眺望は開けずに、尾根の間から借宿廃寺遺跡の方向に、平野の一部がみえるにすぎない。古墳周辺の現状は、斜面を開墾した階段状の果樹園が造られ、古墳の墳丘の上半部は失われて、玄室は露出している。

白河市教育委員会のトレンチ調査によって、古墳造営にともなう造作の一端が明らかにされている。報告書によれば谷中段に、谷軸線に対して、東西 20.7 m、南北 19.2 m の外周部（報告書名称）が設けられている。そして谷斜面側に寄せて 2 段構成の墳丘が形成されていたという。墳丘の直径は 17 m、1 段目の上端直径 13.6、2 段目の直径 10 m と報告されている。

埋葬施設は、石英安山岩質熔結凝灰岩の切石を使用した横口式石槨である（図81）。主軸方位は、N‐23°‐W に向けて南東方向に開口

している。石室は玄室のみが遺存し、羨道には袖部の石材が横転している。石材の加工度はこの地の切石積石室のなかで最も丁寧で、多くは各辺が直角に整えられた直方体である。石材の表面も、玄室の内面では工具痕を残さず丁寧に仕上げられている。一方、石材の接合面や外面では整形痕が残り、とくに天井石の前面には細かく丁寧なハツリ痕が残っている。天井石にも自然面が残る部分もある。形状からみて原材は自然の転石であろう。

玄室の計測値は、長さ 1.42、幅 1.38 m、高さ 1.20 m を測る。内部の形状は正立方体に近い。入り口側を除いた各面は、1 個の石材を用いて造られ、互いに直角に組み合わされている。まず床面に石材を水平に据え、その上に奥壁と両側壁を載せ、さらに天井石を架構している。このとき両側壁の奥壁側の一辺を「L」字状に削り出して、直方体の奥壁を挟むようにして組み合わせている。

遺存する床石は 2 枚で、玄室端から 0.6 m 程度玄

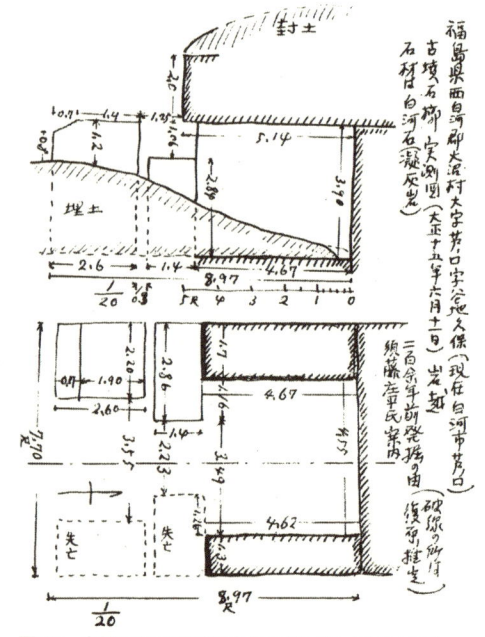

図82　岩越二郎作図谷地久保古墳石槨（岩越 1936）

門側に突き出して玄門石を受けるようになっている。また玄門側の中央に、幅97cm、奥行き16.5cm、深さ3cmの長方形の抉りこみが設けられている。閉塞石を納めるホゾ穴のような造作であろう。また床石は、墳丘盛り土面に直接設置されたらしい。

玄門について、現状では確認できない。玄室内とその南側に石槨の一部であったと推定される石材が横転した状態で遺っている。玄室内の石材は、長さ0.86m、幅0.76m、高さ0.37mの立方体状で、表面は丁寧に磨かれている。南端の石材は、立方体の一角を斜めに削り落とした

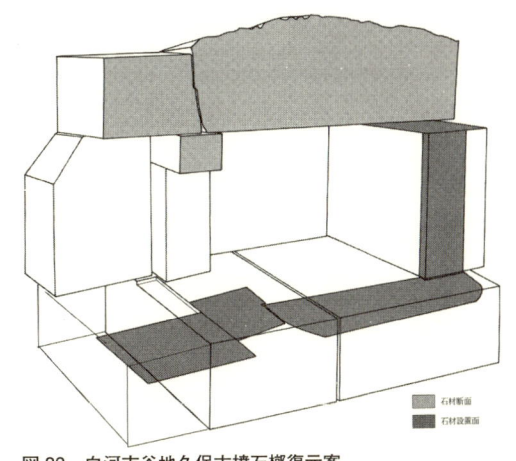

図83　白河市谷地久保古墳石槨復元案
(白河市教育委員会 2005a 改変)

形状である。玄室内の石材よりひとまわり大きく、幅は約0.72m、高さ1.2mである。現状で4面がみえているが、このうちの3面は丁寧に磨かれている。

前庭部は東半部の調査がされている。玄門から端に向かって開くような角度で造られている。側面は、河原石フットボール状の細長い石材で造られている。基底石は横積み、上部は小口積みで高さ50cm程度、長さ3m程度である。前庭部の床は扁平な河原石の石敷きである。石材は掌大である。石敷きの下には前庭部軸線にあわせて暗渠溝が設けられていた。側壁の構造からは、この部分に天井石はなかったであろう。前庭部のような施設であれば、旧下野国方面と関連した埋葬施設であろう。畿内と在地の特徴を合わせた古墳である。また埋葬後、埋め戻しの可能性も検討しなくてはならないが、報告書の記載からの判断は難しい。

谷地久保古墳の埋葬施設設は、玄門と羨道部の旧状が乱掘により失っている。しかし、1925年に岩越二郎により作図された実測図により、旧状が判明している(図82)。岩越の作図では、石材の断面部を太い実線で外形を示し、内部に斜め平行線を入れている。見通した石材は、細い実線で示されている。これに対して復元推定部分は、破線で示している。この実測図によると、玄室内の石材は玄門に、玄門外の石材は羨道に設置されそれぞれ実線で示されている。この場合、閉塞は玄門で行い、羨道の先端は開口していたことになる。

白河市の報告書でも、この案を採用している。ただし白河市報告では、基底石が側壁部に想定されていない。これは、前庭部土層の観察によるのであろうが、この種の石槨で、羨道部に基底石がなければ、構造的に極めて脆弱になり、石槨の不等沈下につながる。この乱掘穴は、前庭部の土層断面図では、遺存する基底石の端から0.6mまでであるが、平面図の前庭部基底石が遺存する部分では1.1mまで及んでいる。報告書の復元案とは異なるが、失われた基底石の存在を想定しておきたい(図83)。

白河市の報告書では、古墳周辺の状況について調査は実施されていないが、この古墳が急峻な谷の中段に造られていることからすれば、築造にともなう何らかの施設や造作も想定しなくてはならないであろう。このような場所に古墳を造るとなれば、地形整形は造られた谷全体と周辺に及んでいたであろう。少なくとも前庭部前面には段上の施設が数段は設けられていたのではないだろうか。

　この古墳の玄室は、床石の上に奥壁と側壁が垂直に据えられている。玄室の形状は、立方体である。ほかの石室と比べて玄室の規模は、著しく小さくなって成人の伸展葬は困難であることから、横口式石槨とすべきであろう。使用されている石材は、四角く厚い板状の切石である。石槨内部に向けられた石材の表面は平滑に磨かれ、整形段階の工具痕はみられない。石組の方法は、1 枚の床石を据えて、その上に側壁と奥壁を置く特色からいわゆる畿内型横口式石槨との関連がある。一方、前庭部の造りと形状は、近接する栃木県の諸古墳と共通する要素である。

　谷地久保古墳の暦年代　　白河市谷地久保古墳については、早くも戦前において岩越二郎により奈良県中尾山古墳との関連が指摘されていた（岩越 1936）。谷地久保古墳の横口式石槨は、底石を敷いた上に各壁を据えるという畿内系の横口式石槨に特徴的な構築方法で造られ、規模も内部に棺や蔵骨器を納めるとほとんど余分な空間がなくなる。したがってこの石槨は畿内型横口式石槨の観念（白石 1985b）に合致し、この系譜を引くと考えられ、東国の切石積横穴式石室の独自の発展の上に産み出されたとは考えられない。

　立地条件も、背後に山を負って左右を小尾根に挟まれて前面が沢となる谷状地形の中程に位置するという、東国の古墳にはみられない例である。これに対して奈良県太安萬侶墓、大阪府石川年足墓のように 7 世紀後半から 8 世紀にかけて、畿内の古墳や古墓に例がある（斎藤 1976 など）。

　谷地久保古墳の横口式石槨が、畿内の横口式石槨の影響を受けて造られたとすると、築造年代は畿内の横口式石槨の型式変化で位置づけることができよう。畿内の横口式石槨の形態は多様であるが、空間構成からは次の 3 類に分類とされている（白石 1985b）。A 類は横口式石槨に前室と羨道をもつもの、B 類は横口式石槨に羨道を設けたもの、C 類は横口式石槨のみのものである。

　築造年代は、7 世紀の第 2 四半期から 8 世紀初頭であるが、このうち A 類と B 類が古く位置づけられ、C 類が新しいと考えられている（白石 1985b）。この分析にしたがうと、宮ノ前古墳と谷地久保古墳の横口式石槨は B 類に属することになる。B 類のうちでも、大阪府お亀石古墳のように古く位置づけられる古墳は長大な羨道を有しており、これに対して新しくなるにしたがって羨道が退化する傾向がある。このことから、白河市谷地久保古墳の横口式石槨は B 類のなかでも新しい方に属すると考えられよう。

　谷地久保古墳の石槨は、おおよそ幅 138 ㎝、奥行き 140 ㎝、高さ 120 ㎝である。この大きさは、被葬者が成人であれば、遺体を伸展させて葬ることは不可能である。とすれば、これに対応した埋葬方法を推定すれば、火葬が有力である。これ以外の方法は、まず考えられないのではないか。谷地久保古墳の石槨は、遺体を火葬の後、遺骨を納めた容器を安置する構造である。畿内では、文武天皇陵ともいわれる奈良県中尾山古墳がこの形式である。谷地久保古墳は、火葬が本格化した以降に造られた可能性が高い。また谷状地形の中腹に造営された立地条件は、8 世紀前半の奈良市太安萬侶の火葬墓と共通している。そして、古墳が造られた最後の段階であることをあわせて考えれば、8 世紀前半の造営と推定される。

　白河市野地久保古墳　　谷地久保古墳の南東方向に約 450 ｍ離れた丘陵尾根部からやや下った場所に造られている。やはり借宿廃寺が望める谷筋にある。背後に標高 350 ｍの丘陵頂部があり、これを切り崩して造成した標高 340 ｍ前後の平坦面に造られている。西側から北側にかけて切り残しの尾根が垣状になっている。2004 年 4 月、筆者らが発見した（福島 2010）。

　白河市教育委員会の調査によって 2009 年に確認調査が実施され、上円下方墳であることが判

明した(図84)。墳丘の東半部は失われていた
が、石槨の床石と上円部の西裾石、下方部の
西部と周溝が遺存していた。また埋葬施設の
石材は、東側の斜面に散在した状況である。
下方部の墳裾は明確に検出されている状況に
はない、下方部上段面の一辺は16m弱であ
ろうか。また下方部の高さは80cm程度が遺
存し、斜面は河原石の貼石が施されていた。
これからすれば、一辺は17m前後であろう。
上円部の直径は10m程度であろう。河原石
の基底石と表面の貼石が検出されている。上
円部の中央に床石がほぼ水平に遺存してい
た。長さ199cm、幅144cm、厚さ73cmと報
告されている。床石の長側辺は、墳丘下方部
の側辺とほぼ並行している。床石は当初の状
況を保っていると考えられる。また上円部の
基底石は、床石と対応するように開口して、
下方部南辺に向かっていた。報告書で指摘さ
れる前庭部が造られていたのであろう。

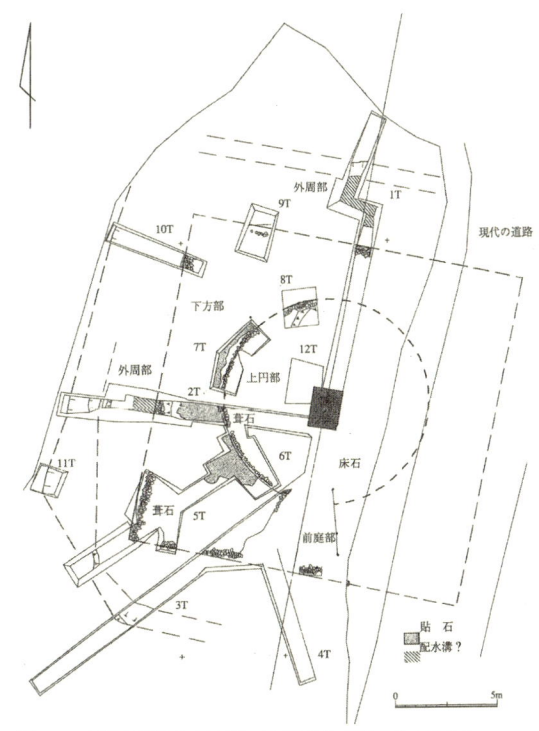

図84　白河市野地久保古墳（白河市教育委員会 2010b）

　このほか古墳の東側斜面には、石槨構築材と推定される石材が6個程度散在している。大きく
損なわれているが、なかには長さ3m、幅1m強の立方体に加工された石材もある。また調査の
結果、この古墳にともなう遺物は報告されていない。上円下方形の古墳は、現在4基ないし6基
が知られている(池上2009ほか)が、これ以外に栃木県多功大塚山古墳もその可能性があろう。わ
ずかに遺存した墳丘は円形で、溝の外形は一辺が53.8mの方形であったらしい。この内部に遺っ
た高まりは円形状にもみえる。南関東や旧上野国方面の古墳には、八角形の墳丘や上円下方墳も
あるので、墳形だけでは、畿内の要素と限定することはできない。

　野地久保古墳の床石は、長さ2m弱、幅130〜144cmの矩形である。この上に奥壁と側壁が設
置される構造は、畿内系横口式石槨の特徴である。床石の周辺に掘削や乱掘の痕跡は報告されて
いないので、壁は床石の上に設置された可能性が高い。また規模は、奥壁、側壁を据えたとして
も、伸展状態に遺体を納めた棺を埋葬することが可能である。構造的には畿内系の要素を指摘で
きよう。

　また、畿内の上円下方墳である奈良県石のカラト古墳は、白石太一郎によれば、平城京造営以
降、8世紀初頭の年代が想定されている（白石2000）。さらに、同じ墳形の静岡県清水柳北1号墳
は、火葬骨を納めた8世紀前半の古墳である。

　一方、東京都三鷹市天文台構内古墳は、複室構造の横穴式石室である。玄室の平面形は円形、
前室は長方形、羨道は短い矩形であり、これに前庭部が設けられている。玄室からはフラスコ
形長頸壺と「比企型坏」が出土している。7世紀後半の古墳である。東国では7世紀後半に上円
下方墳が出現していたことになる。野地久保古墳の立地場所は、丘陵頂部からやや下がった位置

で、谷地久保古墳のように丘陵の谷の中腹ではない。通常の終末期古墳と共通する立地である。立地条件からすれば、谷地久保古墳より古い特徴が指摘できよう。また石槨もこれより大きいと推定されることから、7世紀後半として、谷地久保古墳の前段階としておきたい。

須賀川市稲古舘古墳　須賀川市西部の丘陵上に造られた小さな円墳である。直径12m、高さ1.2mの規模である。水田部から約30mの比高差があり、北西から南西にのびる狭い丘陵の尾根部に造られていた。立地条件は、6世紀の一般的な古墳と変わりはない。石室の空間構成は、長方形箱形玄室の南側小口に玄門があり、これに前庭部を結合させた構成である（図85）。玄室の規模は、長さ3.5m、幅2.1m、高さ1.3mである。玄室の高さからは、石室よりは石槨に近い施設である。しかし、畿内の横口式石槨と比べると幅が広いことから、一応は石室の範疇でとらえておくべきであろう。この構成は、周辺の横穴とも基本的に同じである。

　稲古舘古墳の場合は、玄室壁面の造り方が特殊である。細長い板状の石材を縦に揃えて構成されるという極めて特異な方法で造られていた。石材の下部は埋め込まれ、床面の石材を挟むように据えられていた。玄室の床面には、長方形に加工した板石が敷き詰められ、さらに一部を切り組みに造られている。

　このような構造の壁面構築方法は、横穴式石室や石槨では他に例はない。縦方向で柱状に並ぶ石材は、一見すると寺院基壇の羽目石のようにもみえる。また床面の敷石も基壇の敷石のようである。もし寺院基壇を造る技術があれば、稲古舘古墳の埋葬施設を無理なく造ることはできよう。あるいは材木列で造った柵壁のような造り方である。横穴式石室本来の造り方とは異なる特徴である。また白河市長者窪古墳の玄室は、平面形が方形でこれに狭長な羨道が設けられる空間構成と推定される。須賀川市稲古舘古墳の石室と同じ空間構成であり、山形県高畠町金原古墳の例に近い形状であろう。

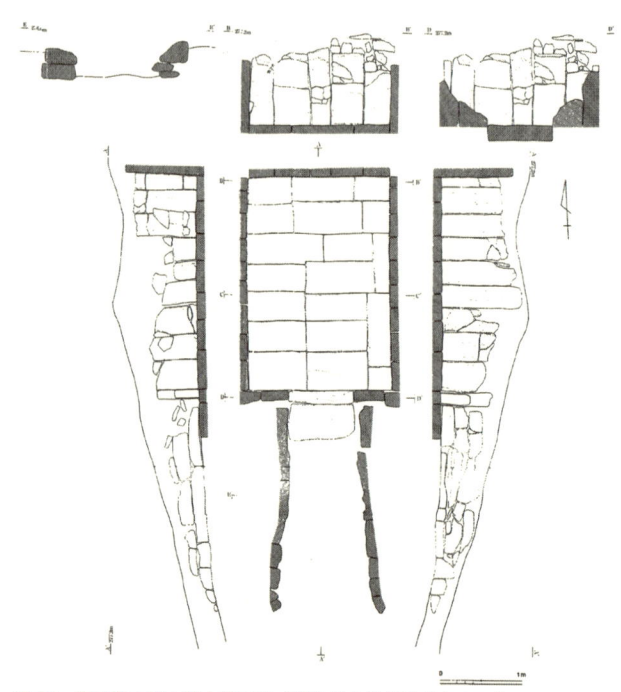

図85　須賀川市稲古舘古墳石室（須賀川市教育委員会 2003）

　出土遺物では、玄室の床面から出土した正倉院様式の鉄刀が重要である。このほか鉄鏃13点と鉄釘3点・刀子1点が散乱していた。また墳丘中からは、内外面黒色処理の施された土師器の坏片が出土している。国分寺下層式であろうか。8世紀代の土器である。

　稲古舘古墳は、特異な横穴式石室の構造から年代を決めることは難しいが、正倉院様式の鉄刀が出土していること、玄室側壁が寺院基壇の構築技法と近似した特異な構造であることから、築造年代は8世紀前半頃と考えられる。墳丘から出土した土器片も、8世紀代である。

　そのほかの関連古墳　この他発

掘調査は実施されていないが、浅川町染古墳と矢吹町高林墓地の石造物も特異な古墳である可能性がある（福島・福田2003）。染古墳は、丘陵部尾根線近くに造られた古墳である。応永年間（14世紀）に開口し、その後は祠として利用されていることから、旧状は大きく損なわれている。尾根の頂部には大きな墳丘の痕跡が残り、これより少し南斜面に寄せて横口式石槨が造られている。玄室の内法は、幅1.8m奥行き約2.5m、高さ1.6m程度である。石槨の構造は鬼の俎板・雪隠古墳のように、床石の上に、石材の内部を刳り抜いて天井と壁を造った上石を被せる構造である。規模は大きすぎるが、特殊な構造からすれば横口式石槨の可能性は高い。詳しくは、発掘調査が必要である。

　高林墓地の石造物は、高さ80cm、幅68cm、奥行60cmと小さいが、鬼の雪隠・俎板古墳の蓋石と近似した形状である。この石造物は、河岸段丘を方墳状に残して、三方を堀状に残した大型方墳状に整形された場所にある。古墳である可能性を考えているが、墓地のなかにあり、確認は難しい。

第4節　埋葬施設の関東系から畿内系への転換

　6世紀代から7世紀中葉にかけて、関東と南東北では、大きな社会的格差が存在していた。6世紀の関東各地では、中核地の有力古墳をも凌駕する規模の前方後円墳が各地で造られていた。7世紀にも同様の大型方墳や円墳が、関東で造営されていた。関東には強力な在地豪族が割拠していたのである。

　これに対して南東北で、6世紀代に関東の有力古墳に匹敵するものは極めて少ない。この時期の南東北は、政治的・経済的に、関東に従属する状況であった。穴沢咊光・馬目順一によれば、「関東の田舎」という（穴沢・馬目1986）。ただ、7世紀代には、いくつかの有力古墳が復活する。また白河市周辺では、関東にはほとんど知られていない畿内系横口式石槨を埋葬施設とする古墳も出現する。東国では特異な場所である。

関東系横穴式石室　阿武隈川上流域の切石積横穴式石室は、蝦夷穴古墳のように矩形と切り込みを加えた石材を持ち送りで、自然石を積むように構築したものが最も古い。旧武蔵国域から東京湾北岸に特徴的な構造である。つぎに側壁を垂直にして切り組み技法で構築するようになる。これは旧下野国域と関連する。錦木塚古墳である。そして石材の大型化と側壁の段を少なくした宮ノ前古墳になる。あわせて玄室が箱形になり、羨道も短くなる。やはり旧下野国域から一部旧常陸国方面と結びついている。

　蝦夷穴古墳のある須賀川市東部地区は、横穴が分布する北限に近く、横穴群とともに横穴式石室を埋葬施設とする群集墳も多数みられる。大半は6世紀後半以降の古墳群であり、それ以前には有力な古墳は存在しないことから、6世紀後半から7世紀代にかけて急速に発展したと考えられる。

　蝦夷穴古墳の切石積横穴式石室は、東北では最大規模である。この石室から推定して、墳丘はかなりの大きさであろう。副葬品も金銅装装飾付頭椎大刀・馬具・銅碗など、関東の有力豪族層の古墳から出土する遺物と比べても、何ら遜色はない。阿武隈川上流域において7世紀前半に造られた古墳の多くは、横穴や横穴式石室を埋葬施設とする比較的小さな古墳であり、蝦夷穴古墳

ほどの規模と内容に匹敵する古墳は存在していない。したがって古墳の占める位置は他と比べると隔絶しており、被葬者は阿武隈川上流域のなかでも最有力者で、この地域の盟主的首長の位置にあったと考えられる。5・6世紀代を通して阿武隈川上流域には有力な勢力の形成はみられなかったが、7世紀前半になってこのような有力豪族が出現したことを蝦夷穴古墳は示している。

　宮ノ前古墳の埋葬施設は北関東方面と関連しているが、山寄せで規模の小さい墳丘は畿内の終末期古墳とも共通している。また染古墳は、床石に側壁と奥壁が一体となった巨大な刳り抜き石を被せる方法で造られている。成人を伸展させた状態で埋葬可能な規模である。畿内系横口式石槨と関連している。ただ、石槨というより石室に近い埋葬施設である。これも在地化の一形態であろう。

　宮ノ前古墳の周辺には官衙遺跡は確認されていないが、玉川村江平遺跡からは、天平15年（743年）の『続日本紀』に記載された聖武天皇による最勝王経転読の詔に対応した木簡が出土している（福島県教育委員会2002a）。この木簡は、玉川村周辺に最勝王経転読の法会を執り行った有力者が存在したことを示している。この祖先となるような豪族が、7世紀に存在した証拠であろう。

　畿内系埋葬施設　阿武隈川上流域のなかで旧白河郡では、それまで東国の諸勢力と結びついていた状況から、7世紀後半になって大きな転換が生じる。白河市谷地久保古墳の埋葬施設は基底石の上に側壁を造る畿内型横口式石槨である。畿内型横口式石槨は、単に石棺の側面に棺の搬入り口を設けたのではなく、床石の上に奥壁と側壁を据える構造の石槨（棺を被覆・保護する施設）である。しかもこの古墳では玄室の規模が狭く、成人を伸展させた状態で埋葬することはできない。谷地久保古墳の埋葬施設は、畿内系横口式石槨の概念に合致するものである。これまで関東と結びついていた関係以上に、畿内の勢力との密接な関係が生じたことを示し、終末期古墳の在り方とあわせて、より直接的な中央からの働きかけが強化されたことを意味している。また在地支配の核となる有力豪族が存在したことを示している。

　畿内型横口式石槨は、7世紀において畿内の上級豪族層に採用された埋葬施設である。畿外では、大分県や広島県、石川県などで確認されている。大分市古宮古墳では、被葬者を天武天皇の舎人「大分君恵尺」と関連させて考えられている（大分市教育委員会1993ほか）。その当否は難しいが、畿外における終末期古墳の築造は、当時の中央政権中枢部との強い結びつきが前提となる。

　白河市谷地久保古墳・野地久保古墳の被葬者は、旧白河郡の首長的な地位にある豪族であろう。その豪族が畿内的な横口式石槨に葬られたということは、この豪族が畿内の中枢部と直接的な関係を結んだことを意味している。白河市東部は、旧白河郡における行政の中枢施設が設けられたこととあわせて考えれば、この古墳に葬られた豪族は、評造・郡司に類する地位を獲得して、地方官人としての地位を獲得した人物であろう。

　古墳の構造が異なれば、執り行われる儀礼も変化する。畿内系横口式石槨を埋葬施設とする古墳では、新たな埋葬儀礼が執り行われたであろう。前後して借宿廃寺が創建されているのであれば、谷地久保古墳では、仏教と結びついた埋葬儀礼が挙行されたのではないだろうか。野地久保古墳でも、従来とは異なる葬儀が、執り行われたと推定されよう。

　豪族の葬儀は、権力継承の場である。丘陵を大きく掘削して、数tもの巨石を運び上げて造られた古墳の造営、仏教という外来の宗教に基づいた荘厳な葬送儀礼は、人々に大きな衝撃を与えたことであろう。葬儀の執行者は、これを挙行することにより、評造・郡司の地位を引き継ぐこ

とを周辺の人々に誇示することになる。職掌を継承する系統の存在である。それは下総塚古墳から継承された系統であろう。古墳は被葬者とその継承者の力を具現する権力装置である。上円下方墳という中央権力者の最新墳形を取り入れて、畿内系横口式石榔を埋葬施設とする葬送儀礼が執り行われたのである。そのことを認識した上で、これらの古墳は造られたのであろう。

　白河市谷地久保古墳・野地久保古墳の造営者は、畿内政権の背後とする在地権力者の実力を人々に誇示したのであろう。8世紀前半の阿武隈川上流域を統治するには、このような権力装置が、まだ必要とされたのである。だからこそ、畿内政権も側も律令体制の成立を誇示する儀礼の一環として、畿内的な終末期古墳を造営させたのであろう。旧白河郡域は古代陸奥国の玄関であり、関東平野と仙台平野を結ぶ幹線通路の役割を果たした地区である。その通路の要に位置する白河市周辺には、畿内勢力から当時も重要な支配拠点として考えられていた。

　稲古舘古墳は、箱形の玄室に細長い羨道を設けた空間構成であるが、壁は柱石を列状に並べているという特異な造り方である。石室の空間構成も、幅広玄室と細長い羨道という空間構成である。この空間は、旧上野国系の横穴式石室の構成である。特異な建柱造りの玄室側壁とあわせて、旧来の伝統形式を新来の技法で構築したのであろうか。建柱造りは、寺院基壇の造り方と近似している。また、側壁の石材を深く埋める方法は、埼玉県八幡塚古墳と共通しているが、直接の関連は考えられない。八幡塚古墳は、7世紀中葉から後半の古墳である。

　稲古舘古墳の玄室からは正倉院様式の鉄刀が出土している。正倉院中倉8金銅鈿荘大刀第5号とほぼ共通する構造と形態の鉄刀である。正倉院中倉8第5号刀は、金銀鈿荘大刀で、金銀装飾横刀以上の階層に属している官人の佩用刀である。稲古舘出土刀は板鐔に山形金具が装着され、鞘や柄に漆の塗布された鉄刀である。施された刀装具は、烏装横刀の中では高位に位置すると考えられる。

　稲古舘古墳出土刀を烏装横刀のなかでも上位に位置づけられるとみれば、律令制地方制度の国司でも下位に相当する身分の佩用刀となる。国守は中央から派遣されるので、任地に古墳を造り葬られた人物ではない。そこで在地豪族層を考えれば、郡司あるいは軍団の大毅・少毅が妥当なところであろうか。ただし武官用とは刀装具の様式が異なることからこれを除くと、郡司あるいはこれに準じる豪族層の可能性が最も高くなる。この古墳を8世紀前半と考えれば、養老2年（718年）に分設された石背国の創設に深くかかわった人物の可能性が高いであろう。近接する郡山市牛庭（古墳）からは、同様の刀装でこれより新しい特徴の鉄刀が出土している。この地では、8世紀の前半でも古墳造営の社会的意義が生きていたのである。

　稲古舘古墳は、南東北における最後の古墳であり、出土した鉄刀からみて在地有力豪族の古墳である。有力者は8世紀前半まで墳丘のある古墳を造ったのである。古墳自体の規模は小さいが、6世紀の東国でいえば100mクラスの前方後円墳に匹敵する古墳である。阿武隈川上流域における古墳の築造は、稲古舘古墳を最後として終了する。以後は一部に矮小化した横穴や小古墳も造られるが古墳としての意義は失われて単なる墓となり、この地域における古墳時代は終わる。

第5節　豪族の勢力範囲

豪族古墳の分布　有力古墳の勢力範囲を周辺地形と古墳の分布から考えてみる。栗囲式期には、

多くの集落は河川周辺に集住するようになり、丘陵・台地の小集落は急速に衰退する。また山間部には依然として、ほとんど集落が形成されずこれらの場所に居住する人々は極めて少なくなった。豪族の想定勢力範囲は、河川周辺の沖積平野を中核として形成された。また、複数の有力古墳がまとまった沖積平野や近接する場所に造営される場合、勢力範囲が重複することも想定される。帰属関係が土地ではなく人的結びつきを原理にしていれば、ひとつの土地が、単独豪族の支配領域に限定することができないが、おおよその範囲は限定できよう。

　下総塚古墳は、阿武隈川の上流部の南端に位置している。この付近の地形をみておこう。白河市街地から東へ約15km付近で、阿武隈川は、社川・今出川と合流する。この合流点まで阿武隈川は奥羽山脈から東流して両岸に細長い河谷平野を形成している。泉崎村・中島村にかけての範囲である。これと丘陵を隔てた南側に並行する社川流域には、浅川町染古墳があり、今出川流域は阿武隈高地に続いている。

　西側は、白河市街より上流では河岸段丘や河谷平野が形成されているが、標高が高くなることもあって、顕著な古墳や集落は営まれていない。横穴群を中心に群集墳が形成される場所は、白河市舟田・久田野地区を中心に西は白河市街、東は中島村蝦夷穴古墳群あたりである。これからすると下総塚古墳を造営した勢力の基盤は、白河市東部を中心に東は石川町西部、西は白河市街までの範囲と推定される。阿武隈川に沿って、おおよそ南北3km、東西6km程度である。

　この地には、下総塚古墳とはやや時間差をもって、野地久保古墳と谷地久保古墳が継続して造られている。後期古墳が数多く分布し、泉崎村と矢吹町にまたがる泉崎・七軒横穴群や白河市観音山横穴群などが散在している。また豪族居館である舟田中道遺跡、さらに借宿廃寺、旧白河郡の郡家である関和久遺跡がある。旧白河郡の中心部であるとともに、有力古墳が継続的に営まれた場所であり、律令体制の在地支配の核となる施設につながっている。6世紀から律令期初め

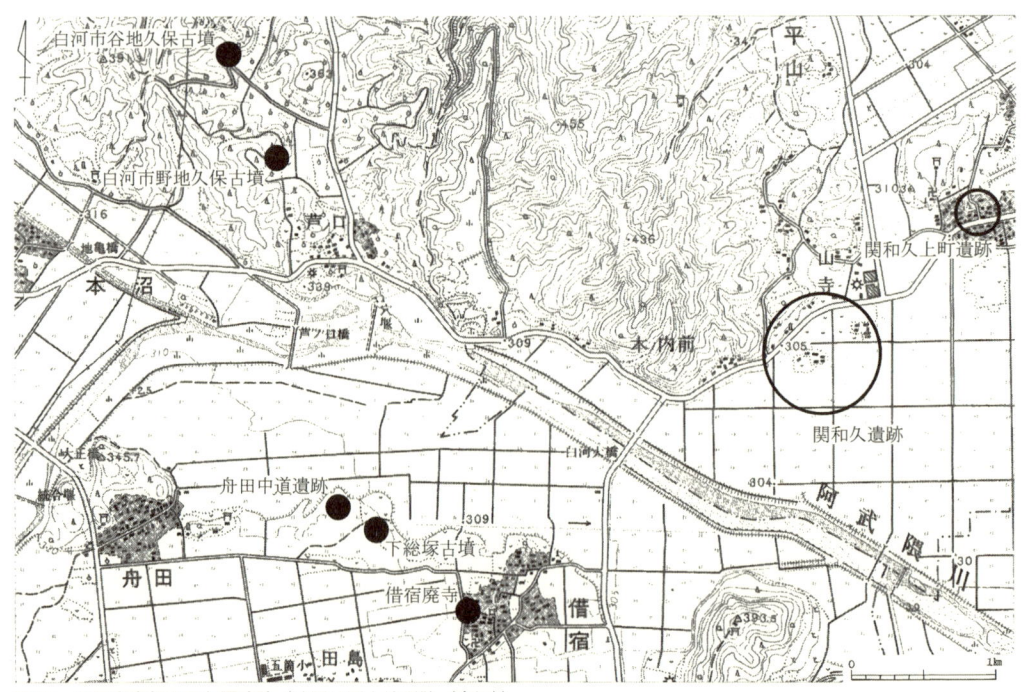

図86　白河市東部地区主要遺跡（地図は国土地理院（白河））

にかけては、陸奥南部のなかでも政治的中枢施設が集中する場所である。これらの古墳に葬られた人物は、旧白河郡に律令体制が導入される過程で、現地の責任者としての役割を担った人々である。

　　豪族居館の復活　白河市東部の舟田地区では近年、舟田中道遺跡から、7世紀の集落に豪族居館と祭祀施設が確認された（白河市 2001）（図87）。舟田中道遺跡は阿武隈川を北に臨む河岸段丘の端辺に造られ、一辺が70m程度の豪族居館が検出されている。堀の幅は3m、深さ1m程度である。突出部は東辺と南東隅で検出され、南辺の中央部に出入り口の橋が設けられている。堀の内側には柵列がめぐらされているが、南部の土橋に対応する部分は開いている。舟田中道遺跡の突出部の規模は小さいが、群馬県三ツ寺Ⅰ遺跡（群馬県 1986）では大きく逆台形に突出し、先端にまで柵列がめぐらされている。見張りを兼ねた防御施設である。舟田中道遺跡の施設は、これが小型化している。内部には、大型竪穴住居跡と大型掘立柱建物が検出されている。時期は6世紀後半から7世紀前半と考えられている。大型の建物跡は豪族の住居跡と考えられている。

凡例：
5世紀中頃
6世紀後半～7世紀前半
7世紀前半～7世紀中葉
7世紀後半～8世紀初
7世紀代
古墳時代

図87　白河市舟田中道遺跡（白河市史編纂委員会 2001）

139

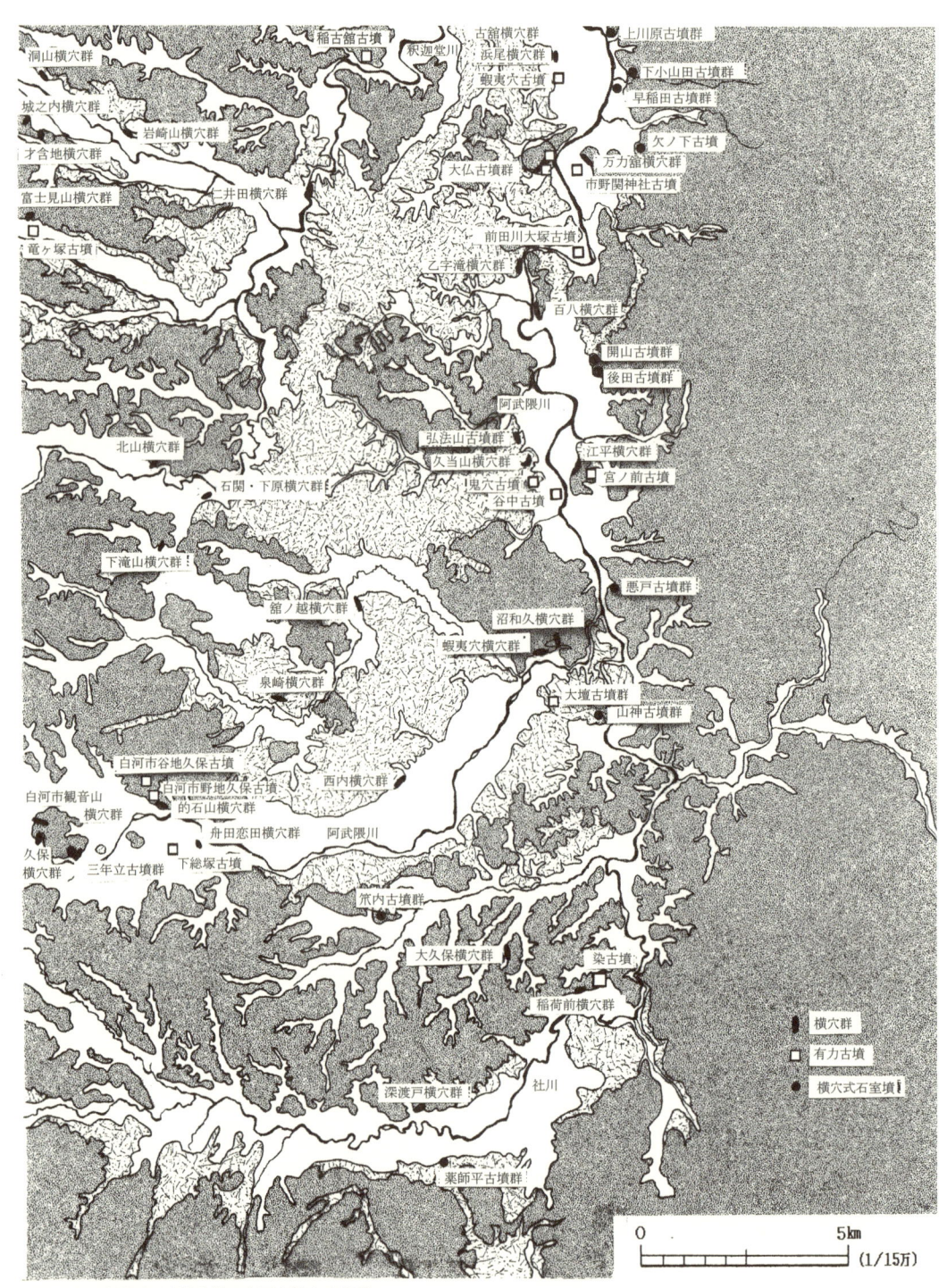

図88　阿武隈川上流域南部の主要古墳と古墳群

　これと近接して、長方形の区画も検出されている。長辺40m、短辺30m程度の区画で南東部に出入り口がある。堀の幅は7〜10m程度で、内側は明確に長方形に造られているが、外側は不整形である。区画施設の内部では、竪穴住居跡や柵列等の施設は検出されていない。この区画施設の軸線は、居館の堀軸線とほぼ合致し、周辺から竪穴住居跡も検出されている。

　舟田中道遺跡のように豪族居館の可能性が高い遺跡でも、堀と柵がめぐらされていることは、防御施設を備えていることを示している。この場合は防御といっても、堀と柵という区画施設を重ねた構造であり、大きな戦争に備えた構造にはなっていない。しかし8世紀の富豪層の屋敷では、堀や柵すら造られないことに比べれば、違いは明白である。舟田中道遺跡でも、8世紀になれば居館をとりまく防御施設はみられなくなる。緊張関係に備える要因が、7世紀の社会には存在していたのであろう。

　弥生時代と古墳時代の集落の特徴に、一般集落から豪族が居館分離することが指摘されている。しかし舟田中道遺跡では、分離はしていない。また群馬県三ツ寺Ⅰ遺跡やいわき市川俣B・A遺跡では、ひとつの豪族居館内に居住空間と祭祀空間が設けられている。舟田中道遺跡では方形区画施設があるが、用途は明確でない。この遺跡以外の類例が確認されていないので、阿武隈川流域の一般的な在り方とは限らないが、特異な遺跡である。

　囲溝広場は、阿武隈川上流域では5世紀から知られている。これらは竪穴住居群のなかに造られ、豪族居館は近くにないらしい。しかし舟田中道遺跡の場合は、豪族居館と竪穴住居群が分離していない。また方形囲形溝と重なった竪穴住居や溝に切られた竪穴住居跡があることから、神聖な場所ではなかった。祭りの場というよりは別の用途が考えられないだろうか。たとえば馬場のような用途である。

　舟田中道遺跡の近くに墳丘長約50mの前方後円墳、下総塚古墳が存在している。舟田中道遺跡の居館主と下総塚古墳の被葬者には強い結びつきが想定される。舟田中道遺跡・下総塚古墳・谷地久保古墳・野地久保古墳・借宿廃寺、それに泉崎村関和久遺跡が集中する白河市東部地区は、7世紀では阿武隈川上流域でも社会的に重要な地区であった。評造や郡司に繋がる豪族の本拠地として継続していた場所である。この地区のように、豪族居館と寺院・墳墓そして郡家が揃っている場所は他にない。

　7世紀における大規模集落の形成には、このような在地の豪族層が中心的な役割を担っていたであろう。このほか、龍ヶ塚古墳・蝦夷穴古墳など同時期の有力古墳がある。5・6世紀に少なかった有力豪族層が、この地でも復活して来たことが確認されている。ただしこれらは、単独で造られ、継続した古墳群を形成することはない。

　白河市東部の河谷平野東端には、大壇古墳群がある。古墳群を構成する古墳の規模は、下総塚古墳よりは小さく、近くの東側には、山神古墳群もあるので、別の集団が近接して存在していたことになる。大壇古墳群を造営した集団は、地形的まとまりと群集墳の分布から考えれば、おおよそ現在の大字程度の範囲を勢力基盤としたのであろう。

　矢吹町鬼穴1号墳は、矢吹町の東部阿武隈川西岸に位置している。この付近の河底平野は、社川と阿武隈川の合流点から乙字ヶ滝の細長い峡谷部まで南北5km、幅4kmの小盆地である。また同時期の谷中古墳もある。先行する有力古墳は未確認であるが、古墳中期から後期にかけての小古墳群が集中している場所である。矢吹町東部、阿武隈川西岸の沖積平野を基盤にした勢力が推

定される。

　阿武隈川東岸の玉川村には、宮ノ前古墳がある。近接する江平古墳群とあわせて、安定した在地集団が維持されていた地区であろう。宮ノ前古墳の被葬者は、この集団を統合するような豪族で、玉川村の平野部、阿武隈川東岸域を基盤に7世紀中頃に活躍したのであろう。この地の北端、乙字ヶ滝近くには、百基以上で構成される玉川村百八横穴群がある。阿武隈川上流域でも最大規模の横穴群である。また7世紀後半には、阿武隈川西岸に有力古墳が見当たらないので、宮ノ前古墳の被葬者は、両岸を勢力範囲としていたとも考えられる。この地にある江平遺跡からは、『続日本紀』にも記載のある天平15年の転読札が出土していることから、律令体制下の有力豪族の存在が推定される。宮ノ前古墳の後継勢力の存在を示している。

　乙字ヶ滝の峡谷を抜けた下流の前田川地区から須賀川市大東地区の峡谷までも、沖積平野に築かれた古墳がまとまっている。阿武隈川西岸の南部には、前田川大塚古墳がある。大東の阿武隈川狭窄部には、西岸に大仏古墳群、東岸に市野関稲荷神社古墳がある。またこれ以前の仏坊古墳群も東岸にある。古墳中期から古墳の造営が継続した場所である。

　阿武隈川東岸の市野関神社古墳も、墳形は龍ヶ塚古墳と近似している。全長35mである。市野関神社古墳の勢力範囲は、阿武隈川を挟んで南側に前田川大塚古墳があることから、東岸の南北3km、東西2km程度であろう。これとともに塚畑古墳を含む大仏古墳群があり、横穴式石室と埴輪が確認されている。これらの古墳には時間差があり、いくつかの小豪族間で首長権の移動も想定されよう。

　須賀川市大東地区の狭窄部から北側で、北流する阿武隈川が大きく西に流路を変えて、釈迦堂川との合流点に向かっている。須賀川市でも規模の大きな沖積平野で、南北5km、幅2km程度である、周辺の丘陵や沖積平野には、多数の古墳が造営された。また横穴とともに、横安穴式石室を埋葬施設とする古墳も多い。最も有力な古墳は、蝦夷穴古墳であるが、これ以前の江持稲荷神社古墳の石室も巨石が使われている。また弥生終末期の可能性がある雷古墳群や、古墳中期の小古墳など、古墳時代を通して古墳の造営が継続した場所である。釈迦堂川が阿武隈川と合流する地点の西岸には、旧岩背郡家である須賀川市新町遺跡、それに上人壇廃寺がある。古代岩背郡の政治的中核地であり、交通の要所でもある。

　この狭窄部は地形的な区分であるが、古墳の分布状況から見れば、蝦夷穴古墳のある河底平野と継続する地域集団のであろう。大仏古墳群は南北の河谷平野の境にあたる丘陵上に造られている。阿武隈川と釈迦堂川との合流点まで至る比較的まとまった土地である。蝦夷穴古墳の周辺には、横穴式石室を埋葬施設とする多くの古墳群が確認されている。釈迦堂川と阿武隈川の合流地点東側に広がる沖積平野を基盤に、古代岩背郡内の中核地である。蝦夷穴古墳の被葬者は、この地の再有力者であり、周辺にも威を及ぼしていたのではないだろうか。

　龍ヶ塚古墳は釈迦堂川流域を中心に東西7km、南北1kmの勢力範囲が想定される。おおよそ現在の大字でいう下松本、白子、牧之内を合わせた範囲である。この場所では、釈迦堂川に沿って15km以上の細長い河谷平野が形成されているが、7世紀の集落が形成された範囲は東部が中心で、西側の奥羽山脈近くには古墳時代の集落は形成されていない。この北側には阿武隈川の支流、江花川により形成された同規模の沖積平野があり、この地区では金銅装装飾付頭椎大刀の出土した前方後円墳を含む柱田古墳群がある。現在は有力な古墳は知られていないが、白河市東部に匹敵

する沖積平野が広がっている。河川規模も阿武隈川本流よりも小さいことから、水害の被害も受けにくい土地である。平安時代には有力豪族の居館である天栄村志古山遺跡が存在している。稲古舘古墳は、須賀川市東部地区と対抗して、釈迦堂川流域の諸勢力を背景に造営されたのではないだろうか。この古墳は、新町遺跡と上人壇廃寺の西側にあって、釈迦堂川流域を扼した場所に造られている。

　阿武隈川上流域では、古墳後期後半になって小河川により形成された沖積平野のまとまりごとに、有力な古墳が出現する。これには、気候の回復が大きく寄与したのではないだろうか。集落も、従来の丘陵・台地から、河川周辺の沖積平野に軌を一にして移動する。この沖積平野を意識した位置にこれらの古墳は造られている。5世紀から6世紀前半に衰退した豪族層が、再び成長して来たことを示している。

　これらの豪族層は、河川周辺に形成され、地形的にまとまった沖積平野を基盤として成り立っていた。ただし、まとまりのある沖積平野が有力豪族の領域として政治的に統合されていたとは限らない。多くの有力古墳は、単独で立地して、継続的な系譜を伝えていない例が大半である。また有力古墳とともに、多くの群集墳が形成されている。

　しかし阿武隈川上流のうち、白河市東部地区では、7世紀を通して有力古墳が継続的に造営され、律令期には白河郡家関連施設が集中して造営されている。この基盤が7世紀に形成されたことになる。また岩背郡家のある須賀川市街北部には稲古舘古墳がある。これに対して、安積郡家のある郡山市中央部で、有力古墳は確認されていない。

む　す　び

　5世紀から6世紀にかけての寒冷化は、南東北の活力を低下させた。もはや大古墳を造る王権は存在しなかった。ただしこの地では、小古墳による古墳群が営まれた。被葬者は武器や武具と石製模造品という祭具である。被葬者は成人の武人や司祭者である。小児など若年者の被葬者は確認されていない。武具にみる秩序と安全保障、司祭が示す祭祀とそれを司る人々が古墳に葬られたのである。この古墳が世代を重ねて造られることは、これを担う役割をもつ家系が存在していたことを示している。さらに小古墳がいくつかの支群が集まった古墳群を形成していることは、これを単位とする社会集団が営まれていた結果である。

　阿武隈川上流域における前方後円墳の復活は、7世紀前半が中心である。しかしこの頃は、関東でも前方後円墳の造営が急速に衰退する頃である。造られた前方後円墳は、伝統的な墳形を踏襲してはいるが、本来の整った幾何学的形態ではない。形態が崩れて前方部と後円部の区別も不明確な古墳である。その規模も比較的小さい。古墳の造営に、厳密な規格がなかった。この種の前方後円墳造営に、倭王権による政治的秩序が反映されることはない。阿武隈川上流域において、復活した豪族層が、伝統的墳形を求めて造営したのである。

　7世紀前半から中頃にかけて、関東の有力古墳と関連する埋葬施設がこの地でも造営される。蝦夷穴古墳のように、関東の大型古墳と比べても遜色のない古墳も造られる。阿武隈川上流域でも、在地豪族が大きく成長していったことを示している。この頃、古墳の埋葬施設は関東でも栃木県方面の影響を強くうけていた。阿武隈川上流域の豪族層がこの場所と結びついて成長していったことの反映であろう。

　古墳後期後半から7世紀代にかけては、阿武隈川上流域の小河川にそって形成された沖積平野のまとまりで、有力古墳が復活した点に注目したい。小平野ごとの政治体制があったことを意味している。ただ、この地においてどのような地域社会が形成されていたか。それを記録した文献は遺されていない。

　白河市東部から泉崎村にかけての地域では、有力古墳が継続して造られている。この地に後の郡司に連なる豪族が、世代を重ねて存在したことになる。その継承方法・血縁関係・被葬者の性別も手掛かりはない。しかし世代を重ねて豪族古墳が造られている。そこに権力の核となる政治勢力が存在していた。この地に民会に類する意思決定方法の痕跡はない。世代を重ねて本貫地を同じくする豪族が存在したのであれば、豪族となる特別な家系があり、このなかから後継者を出す政治的な慣習が考えられる。それは少なくとも地域の有力者階層を政治的に統合する人物が決められたのであろう。

　この場合、古墳という祖先を葬る記念物が当時の社会で重視され、古墳の造営を通して祖先と結びつき、権力と富や権威が継承されたのであれば、豪族の長は血縁が紐帯となって維持されていたと推定したい。しかし、それを裏付けるような古墳群は、白河市東部以外では見当たらない。宮ノ前古墳、蝦夷穴古墳、龍ヶ塚古墳など、いずれも単独墳である。白河市東部以外では、豪族の地位が安定して継承されてはいない。

　7世紀後半になると有力古墳の埋葬施設に、畿内型横口式石槨が採用される。近隣地域や関東にはほとんど存在しない埋葬施設である。阿武隈川上流域が関東を越えて、畿内の勢力と直接結びついた関係が生まれたことを示している。関東でも、この種の埋葬施設は多くはない。群馬県安楽寺裏古墳、千葉県割見塚古墳など数例しかない。上円下方墳の東京都熊野神社古墳・三鷹市天文台構内古墳の埋葬施設は、在地系横穴式石室である。7世紀の緊張した社会環境のなかで、阿武隈川上流域は東国の北端にあたり、北方世界に向かう主要な回廊のひとつであった。また北陸を介して畿内とも通じている。倭王権の側からみれば、東国支配の拠点として重要な位置を占めることになる。

　ただし当時の倭王権では、この場所を直接支配する能力はなかった。そこで6世紀後半から成長してきた阿武隈川上流域の豪族層と結びついて、東国を牽制する政策が実施されたのであろう。畿内型横口式石槨の採用は、倭王権が在地豪族層を地方編成の代理人として組織することを可能にしたことを示している。一方、谷久保古墳や野地久保古墳に葬られた在地の豪族にとっては、倭王権を背景とした地位を獲得したことで、在地支配権を保障する強力な後ろ盾を獲得したことになる。稲古舘古墳から出土した鉄刀と鉄鏃は武器であり、これ以外の副葬品は確認されていない。副葬遺品の用途からすれば、被葬者は、男性の武人が想定されるのではないだろうか。

　律令支配がこの地に及ぶことにより、郡司の統治権と地位の継承は保障され、これと引き換えに、各種の役割を負担することになる。この制度が機能すれば、郡司の地位を保障するのは、律令制度であり、古墳はその役割を終える。この地では、8世紀中頃までに古墳は造られなくなる。

第5章

集住集落の編成

はじめに

　7世紀の中葉の一時期、河川周辺の自然堤防上に規模の大きな集落が営まれる。このことは、1998年の大洪水をうけた阿武隈川の築堤改修にともなう大規模な発掘調査が実施されたことにより、具体的な様子が判明した。石川町殿畑遺跡・同町中悪戸遺跡、玉川村高原遺跡、須賀川市八木遺跡、郡山市徳定遺跡、本宮市山王川原遺跡・同市高木遺跡・百目木遺跡などである。阿武隈川に沿った沖積平野では、ほとんどの場所で、この時期に集落が形成された。たとえば、本宮市の阿武隈川東岸では、自然堤防上に、7世紀の竪穴住居が数百軒も造られていた。寒冷期の散居集落とは大きく異なる状況である。

第1節　栗囲式土師器の暦年代

栗囲式土師器　南東北では、7世紀代の土師器として栗囲式が設定されている。この型式の土師器は、古墳時代後期の多様な形態の坏が、丸底の低部から段や稜を持って外反する口縁部という形態に統合される特徴がある。坏の内面ヘラミガキと黒色処理が施されている。口縁部はヨコナデ、低部外面はヘラケズリである。これに長胴甕・小型甕・甑を主な器種として構成される。甕と甑は、口縁部がヨコナデ、体部内面はヘラナデ・ナデで調整され、体部外面は縦ハケメで整えられている。低部は平底である。画一された土器群で、阿武隈川流域から、仙台平野にかけて分布している。

　ただし太平洋岸のいわき方面では、甕の外面はナデで整えられ、ハケメは盛行しない。南東北より北関東面との強い結びつきがあった結果であろう。いわき方面の土師器は栗囲式圏の在地色ではなく、別の土器型式があった。坏の形にも独自の特色がある。

　栗囲式の年代は、7世紀を中心として、6世紀後半には成立していたとする考えが主流である（柳沼1989、石本1995ほか）。これらは、近藤義郎の京都市幡枝瓦陶兼業窯から出土した須恵器と瓦の年代観（近藤1966）をもとにした飛鳥編年（奈良国立文化財研究所1976、西1986）の暦年代観に依拠していた考えである。しかし、白石太一郎による須恵器暦年代の再検討が提起され（白石1985a）、さらに奈良県山田寺跡の発掘調査などにより、飛鳥編年の暦年代は当初の想定より新しくなることが判明した（奈良文化財研究所2014）。この成果は、栗囲式の暦年代観にも密接に関連しているはずである。ところが南東北の土師器年代に、この考えが反映されることはなかった

145

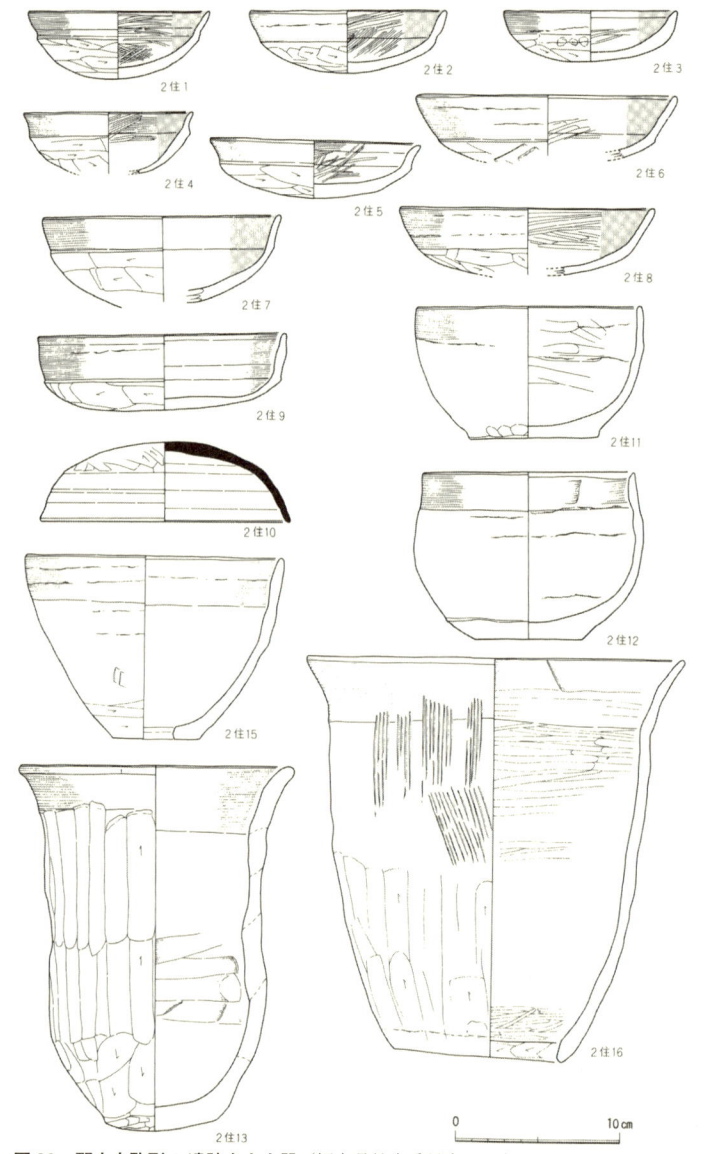

図 89　郡山市駒形 A 遺跡出土土器（福島県教育委員会 1984）

（白鳥 1997 ほか）。また近年、栗囲式の年代をより古くする傾向があり、一部には初現を 6 世紀中頃とする考えもある（福島県教育委員会 1992a）。そこで、栗囲式の成立と暦年代について、整理をしておく。

　先栗囲式土器　阿武隈川上流域では、栗囲式の前型式に舞台式が玉川一郎により設定されている（天栄村教育委員会 1981）。玉川は、舞台式を住社式と対応させている。坏は深く、断面形は大きく「S」字状に湾曲する形態を保っており、佐平林式から続く一連の特徴である。また甕のナデ調整が基調であり、栗囲式との間には、断絶がある。舞台式と栗囲式の間に置くことができる土器群のが、郡山市駒形 A 遺跡 2 号竪穴住居跡（福島県教育委員会 1984）と石川町殿畑遺跡 9 号竪穴住居あと（福島県教育委員会 1994a）出土土器である。

　殿畑 9 号竪穴住居跡の土器は、坏の形態が栗囲式の形態と技法であるが、甕・甑はナデとヘラ

146

ナデ、ケズリ調整で、外面のハケメ調整が施されていない。この種の甕・甑は、前段階の特徴であり、栗囲式とは、異なっている。甕・甑の口縁部ヨコナデも、体部との間に稜線や段がない。また甑の内面はヘラミガキで仕上げられている。坏には、須恵器坏身と坏蓋模倣土師器や口縁部が小さく外反するものがあり、形に多様性がある。

　殿畑9号竪穴住居跡出土（13）の埦の形態は、在地化した須恵器を模している。須恵器坏Hの、内傾して立ち上がる形との受け部が尖る特徴は、本宮市高木遺跡5号溝跡（図95）の須恵器と近似している。在地化した須恵器の形態を模倣した坏である。殿畑9号竪穴住居跡（図90-1〜12）も須

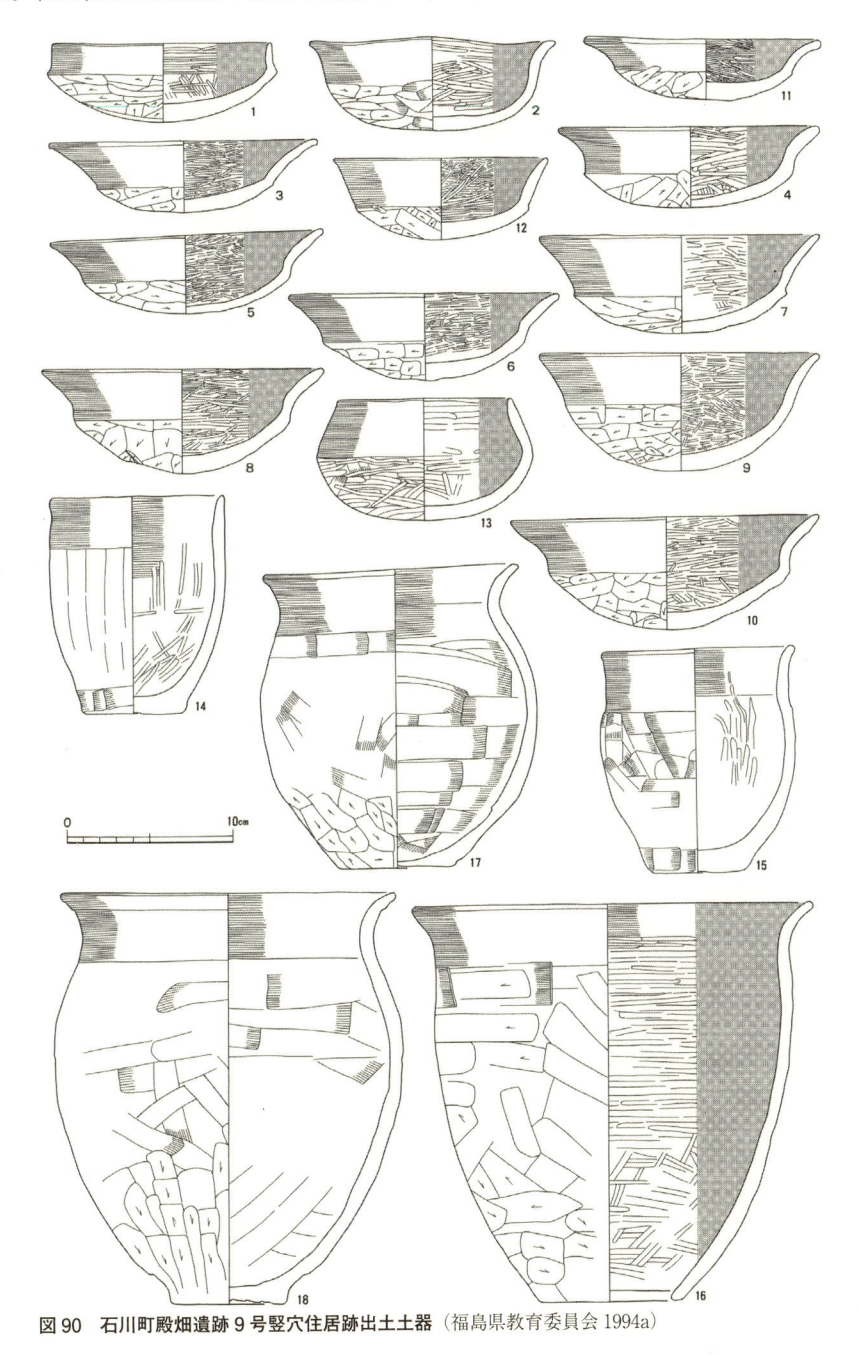

図90　石川町殿畑遺跡9号竪穴住居跡出土土器（福島県教育委員会 1994a）

147

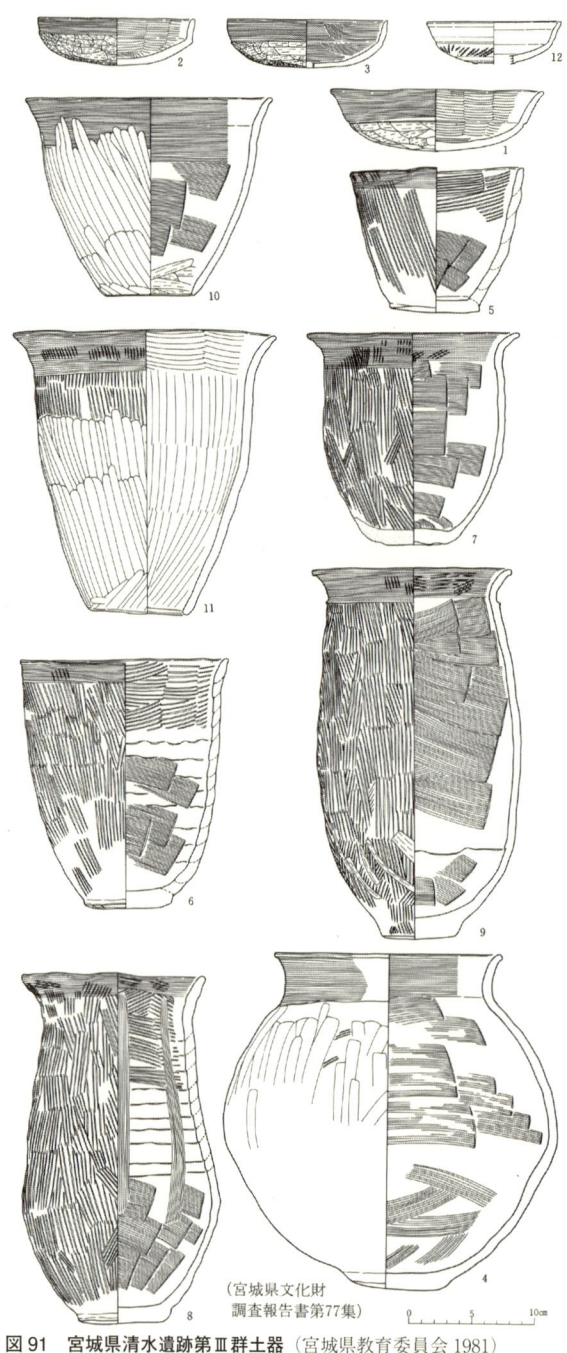

図91　宮城県清水遺跡第Ⅲ群土器 （宮城県教育委員会 1981）

（宮城県文化財
調査報告書第77集）

恵器の形態を模倣している。栗囲式土師器の坏には、このような特徴の坏が含まれている。これが、坏の形態変化を複雑にしている要素のひとつである。

　駒形Ａ遺跡２号竪穴住居跡の土器も、甕と甑の調整方法は、殿畑９号竪穴住居跡と同様の特徴がある。ただし、大型甑には体部上半外面に縦方向のハケメも施されている。またやや小型の長胴甕も出土している。坏は比較的小型で、口縁が小さく外反する形態であるが、丸底から外傾する口縁部形態も含まれている。外面は低部がヘラケズリ、口縁がヨコナデである。内面はヘラミガキと黒色処理である。前段階の坏よりは栗囲式に近い形態である。これ以外に、須恵器坏蓋模倣土器が含まれている。黒色処理はなされていない鬼高式坏である。

　また須恵器坏Ｈの坏蓋も含まれている。頂部から口縁部に段差のない半球形である。頂部はヘラケズリ、そのほかは回転ナデである。形状は須恵器の蓋であるが、用途は坏身であろう。在地化が進んでいるので、中核地の編年をそのままあてはめることはできないであろうが、頂部と口縁部に段がないことからすれば、TK209型式期か、それより新しい須恵器である。坏頂部のヘラケズリは、在地化の特徴である。

　駒形Ａ遺跡の土器は、坏の形状と技法が栗囲式であるが、甕と甑がナデとケズリで仕上げられている。この手法は、栗囲式甕では少ない特徴である。坏の形状に相異もあるが、これは資料の個性であろう。後続する栗囲式時期の竪穴住居跡からは、通常はハケメが施された甕となるので、この相違は土地間の差ではなく、時間差と考えられる。甕に前段階の特徴を残している土器群で、先栗囲式とした。これと近似した土器群は、宮城県清水遺跡において第Ⅲ群土器とされた一群に相当する（図91）。丹羽茂はこれを氏家編年でいう住社式としている（宮城県教育委員会 1981）。

　栗囲式土器・国分寺下層式土器　甕と甑類にハケメ調整が普及した段階から栗囲式として、本宮

市山王川原遺跡8号竪穴住居跡出土土器を示しておく（図92）。またこの竪穴住居跡からは、2点の須恵器がともなって出土している。坏の形は、丸底有段から外反する口縁となる。外面は低部がヘラケズリで口縁部はヨコナデ、内面はヘラミガキと黒色処理となる。また少数の高坏もある。甕の形は、長胴で、口縁部が大きく外反する。低部は平底である。体部外面は縦方向のハケメが施されている。小型甕・甑も同様な調整で仕上げられている。長胴甕は、胴部の下部に分割成形の痕跡が残っている場合がある。接合痕跡を境に、上下で調整も分かれている。この段階では、外面がナデやヘラケズリで整えられた甕類は少なくなる。

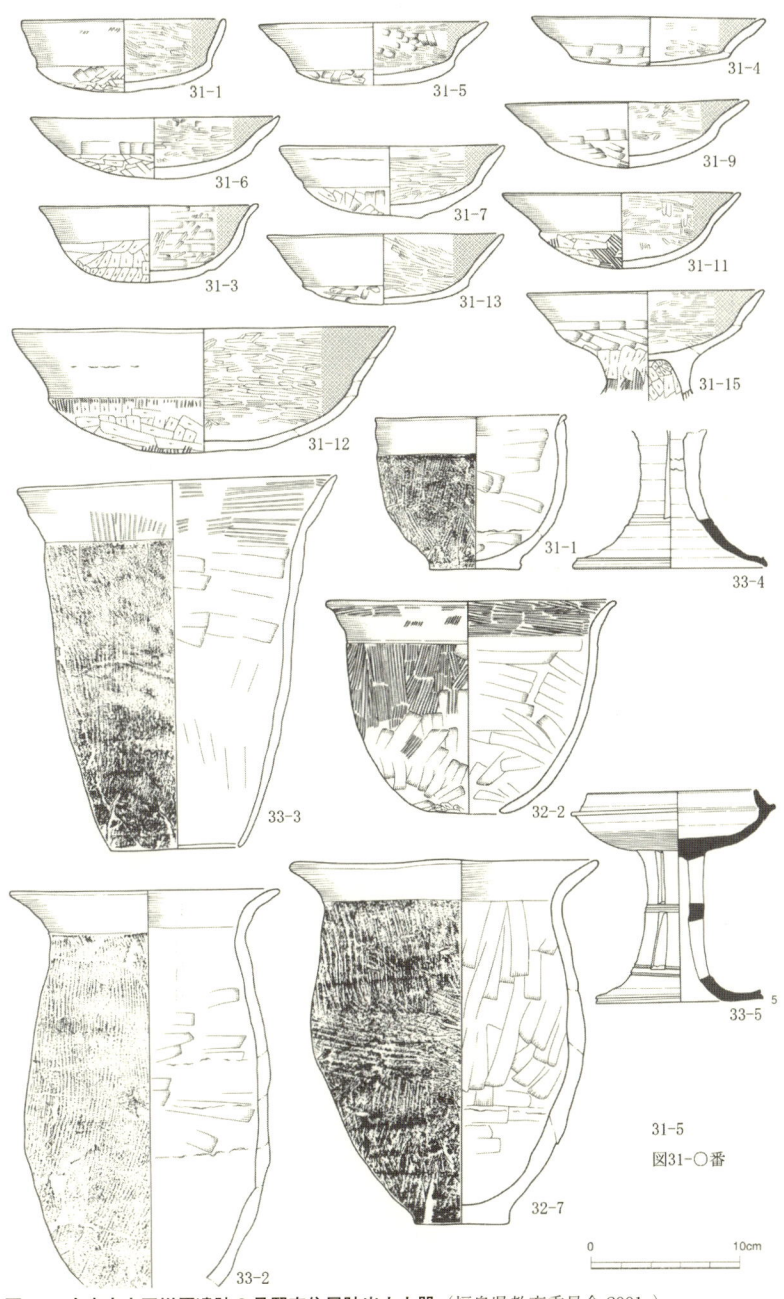

図92　本宮市山王川原遺跡8号竪穴住居跡出土土器（福島県教育委員会2001a）

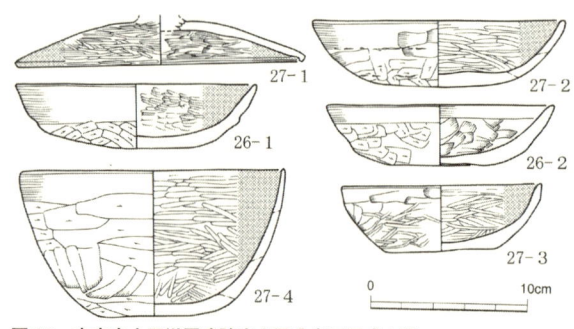

図93　本宮市山王川原遺跡出土国分寺下層式土器
（福島県教育委員会 2001a）

須恵器は、完存する長脚二段三方透かしと長脚三方一段透かしの脚部である。前者（図92-31-5）の坏身は坏Hである。口縁部は、基が分厚く、内傾して立ち上がり、受け口は小さく突き出して丸く収まっている。低部外面は、カキメが施されている。脚部上半は柱状で太めの作りである。脚部裾は周縁が大きくへたって平たくなっている。端部は鋭く仕上げられている。透かしは長台形で、中段と下端に2条の凹線がある。器高13.8cmと小型である。

　もうひとつの須恵器（図92-34-4）は、坏身を失って、脚部のみの資料である。二等辺三角形の透かしが施され、透かしの下端に2条の凹線がある。坏身からラッパ状に開く形で端部上が小さく突き出し、下端は鋭く踏ん張って納めている。これと同様な須恵器脚破片は、近接する高木遺跡19号竪穴住居跡からも出土している。

　両方の須恵器とも在地化しているが、坏身の口縁部の形状は、坏Hのなかでも末期段階の特徴で、TK209型式期より古く置くことはできない。相馬市善光寺窯跡の調査結果からすれば、善光寺1式に相当する須恵器である（福島県教育委員会 1988c）。

　図には山王川原26・27号竪穴住居跡出土土器の国分寺下層式土器を示した（図93）。坏蓋27-1は須恵器模倣で、カエリのない形態である。坏27-2は扁平化が進行して、後円部は内彎し、底部との境は不明瞭である。26-1は口縁部下端に小さな稜を残している。26-2は、口縁部幅が小さく、内面の黒色処理も施されていない。関東系の坏であろう。坏27-3は平底化している。鉢も、鉄鉢形で底部は丸底気味である。27-4は平底で体部との境は丸く作られている。鉄鉢を意識した器形であろうか。

　栗囲式は、坏の形態に着目して変化が段階的に明らかにされている（柳沼1989、石本1995ほか）。深い形から、浅い形、口縁部は外反から内彎へ、口縁部と底部の無段化である。国分寺下層式との境界は、不明瞭であるが、口縁部と体部が一体化して、皿状の器形になった段階を栗囲式の最終段階としておく。この種の坏と共伴する須恵器は善光寺5式か、これより新しい。また玉川村江平遺跡からは、天平15年（743年）の木簡とともに、丸底坏が出土している。これらは、8世紀前半から中葉の暦年代が与えられよう。

　在地化した須恵器　阿武隈川上流域の栗囲式にともなう須恵器は、少ないこともあって対比は難しい。また在地化した坏Hの破片では、TK43型式期とTK209型式期の区別は判断が難しい。これ以外の甕類については、さらに困難である。しかし、各遺跡から出土する須恵器で、坏Hの口縁部の立ち上がり形態に着目すると、TK209型式期より古くなる明確な例はない。

　在地化した須恵器の暦年代を知るには、広範囲で型式差の少ない遺物との共伴から考えることになる。この場合、古墳であれば装飾鉄刀と須恵器が最適である。一例として、福島市月ノ輪山1号墳で、金銅装装飾付頭椎大刀と須恵器の出土例がある。埋葬施設が横穴式石室であることから追葬の可能性もあるが、須恵器の年代の一端は示していると考えられる。この古墳からは、2振りの金銅装頭椎大刀が出土している。完存はしていないが、旧状は知ることができる。頭椎の

破片は、竪畦目である。鐔は 8 窓の板鐔である。責金は断面が半円形。足金物は棟の上に紐通し孔がある。鞘尻は丸形と角形である。刀身は両区で、茎に片寄りはない。目釘孔は 1 個である。切先はフクラ付と切刃がある。このような特徴は、頭椎大刀の変化のなかでも後半に位置づけられる。7 世紀中葉でも古い段階であろう。

　同時に出土した須恵器を図 94 に示した。1 はフラスコ形であるが頸部が短く、口縁部が大きく開いて、端部が凹線をめぐらして小さく突出している。体部は内面に青海波の叩き痕跡を残している。一方の体部中程は平らで、逆側は湾曲して中央を粘土板の貼りつけで塞いでいる。2

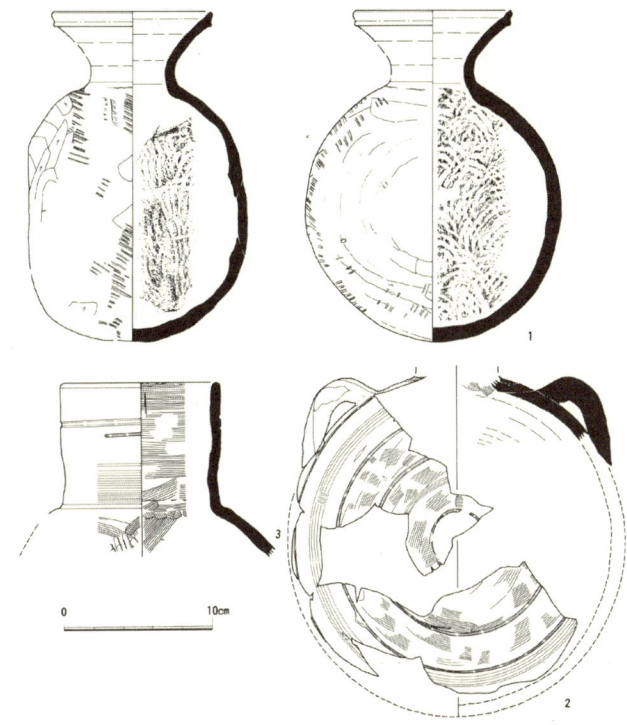

図 94　福島市月ノ輪山 1 号墳出土須恵器（福島市教育委員会 1989）

は破片で、全体の形状は不明である。肩に橋状の提手がある。体部には凹線が 5 重にあり、凹線の間にはカキメが施されている。両方とも、中核地形態を残しているが、在地化している。これに類する須恵器は、高木遺跡 1 号・2 号溝跡の栗囲式の土器群の中から出土している。3 は平瓶と報告されているが、体部が失われていることから限定はできない。直頸壺としておく。南東北では善光寺 1 式期である。月ノ輪山古墳の須恵器もこの時期である。

栗囲式の暦年代　南東北では、田辺編年 I 期の中頃に須恵器生産が導入されたが、これは定着することはなかった。関東では、田辺編年 II 期の須恵器窯跡が知られている。埼玉県桜町窯跡などである。この後も須恵器生産は継続しているが、中核地との密接な技術交流が失われた結果、在地化した須恵器が細々と継続していた（酒井 2002 ほか）。これらの須恵器生産が再び活発化するのは、TK209 型式期である。南東北でもこの種の在地化した須恵器窯跡の資料は、善光寺窯跡の調査で明らかになり、併行期の一端が TK209 型式併行期であることが判明している。

　近年、近接する関東では、在地化した須恵器の研究も進んでいる（駒澤大学考古学研究室 2007 ほか）。また栃木県下野市甲塚古墳からは関連する時期の須恵器が多量に出土して、山口耕一による詳細な分析がある（下野市教育委員会 2014 ほか）。ただ酒井清治（2002）や山口の編年の考えと暦年代について筆者は、これよりやや新しい暦年代を想定している（福島県教育委員会 1988c）。たとえば、栃木県下野市国分寺甲塚古墳から出土した須恵器群は、TK43 型式ではなく TK209 型式相当で、7 世紀前半の暦年代と認識している。

　在地化した器形は、これが中核地で出現する時期が上限であり、これより暦年代は新しくなるとともに器形と技法も変化する。この点に留意して、須恵器の時期を検討してみた。栗囲式期の遺跡で須恵器と土師器の共伴関係を厳密に限定する資料は少ないが、この時期の遺跡から出土し

た土器を検討することで、おおよその土器型式の年代を把握することも可能である。宮城県では1980年代初頭に、丹羽茂により清水遺跡の報告書で検討が行われ、これが基準となっている（宮城県教育委員会 1981b）。しかし、当時の須恵器型式の暦年代観と今日の状況ではかなりの相違がある。そこで、本宮市高木遺跡から出土した須恵器を図95に示した。この遺跡では200軒近い竪穴住居跡が検出され、その大半が栗囲式期であった。また遺物包含層や溝跡からも多くの土器が出土しているので、これらの資料から、栗囲式期の土器群を知ることができる。また高木遺跡の報告で、周辺遺跡も含めて栗囲式にともなう須恵器を分析している（福島県教育委員会 2002b）。改めて検討を加えておく。

在地化した坏Hでは、坏身と坏蓋が出土している。中核地の須恵器では坏身の底部と坏蓋の頂部は回転ヘラケズリが施されるが、これに代わりヘラケズリで整形が加えられている。1溝 a・1溝 b・2溝 a の坏蓋、1a・2溝 c の坏身である。

坏蓋は頂部と口縁部に明瞭な段差がある。口縁部外面から坏の内面は回転ナデで整えられている。器の上下を逆にすれば、土師器坏と近似した形になる。1a では口縁部はやや厚く作られている。坏H後半の特徴であり、善光寺1式に相当する。

144a の坏蓋は頂部を失っている。頂部と口縁部の間は、小さな段がある。口縁部は「ハ」字形に踏ん張り、端部内面に凹線が施されている。この凹線は栃木県国分寺甲塚古墳や群馬綿貫観音山古墳の資料にもあり、TK209型式期にもある。また頂部と口縁部の段は、善光寺3式にも近似した須恵器があるので判断は難しい。

1溝 d の提瓶は、両肩に橋状取手があり、古い形状を伝えている。しかし口縁端部が矩形になり、頸部外面に波状文と凹線が施されている特徴は、善光寺1式に含まれよう。1b の甕頸部破片の波状文も同様である。

164 の甑は、頸部が締まった器形で、TK209型式以降の特徴である。19の高坏脚部は長脚1段透かしで、やはりTK209型式期以降の須恵器である。

高木遺跡から出土した栗囲式前半に相当する須恵器では、TK43型式より古くなる資料は確認できない。おおよそ善光寺1式期のなかでとらえられよう。

図95中段は、善光寺2式期から4式期の須恵器を集めた。1溝 c は坏G蓋の初期形態である。内面のカエリが小さく、口縁端部の内側におさまっている。111と2溝 c はこれに対応する坏身であろうか。在地化した形態である。60・99・2溝 c は円頂部の坏蓋である。坏H最終段階の形状を伝えている。飛鳥III式期では坏身として使われている。

144b は、善光寺窯跡から出土していないが、埼玉県熊野遺跡から近似した須恵器が出土している。飛鳥II・III期である。2溝 d の脚付甕があり、TK217型式期より古くなることはない。2溝 f の長頸壺も、フラスコ形の初現形態で、この時期頃であろう。87の円面硯は、善光寺2号窯跡から出土した資料と形態的には近似している。

宮城県で栗囲式土器の研究で重要視されている塩沢北遺跡1号竪穴住居跡からも須恵器坏Gが出土している（宮城県教育委員会 1980a）。土師器の平底化と扁平化が進行する時期である。善光寺2式期から4式期は、7世紀中頃から後半の暦年代が想定される。

図95の下段は、坏蓋のカエリがなくなった段階で、善光寺5式に相当する。62はリング状のツマミ、137は宝珠形ツマミである。器高の扁平化は進行していない。137は、坏身の可能性も

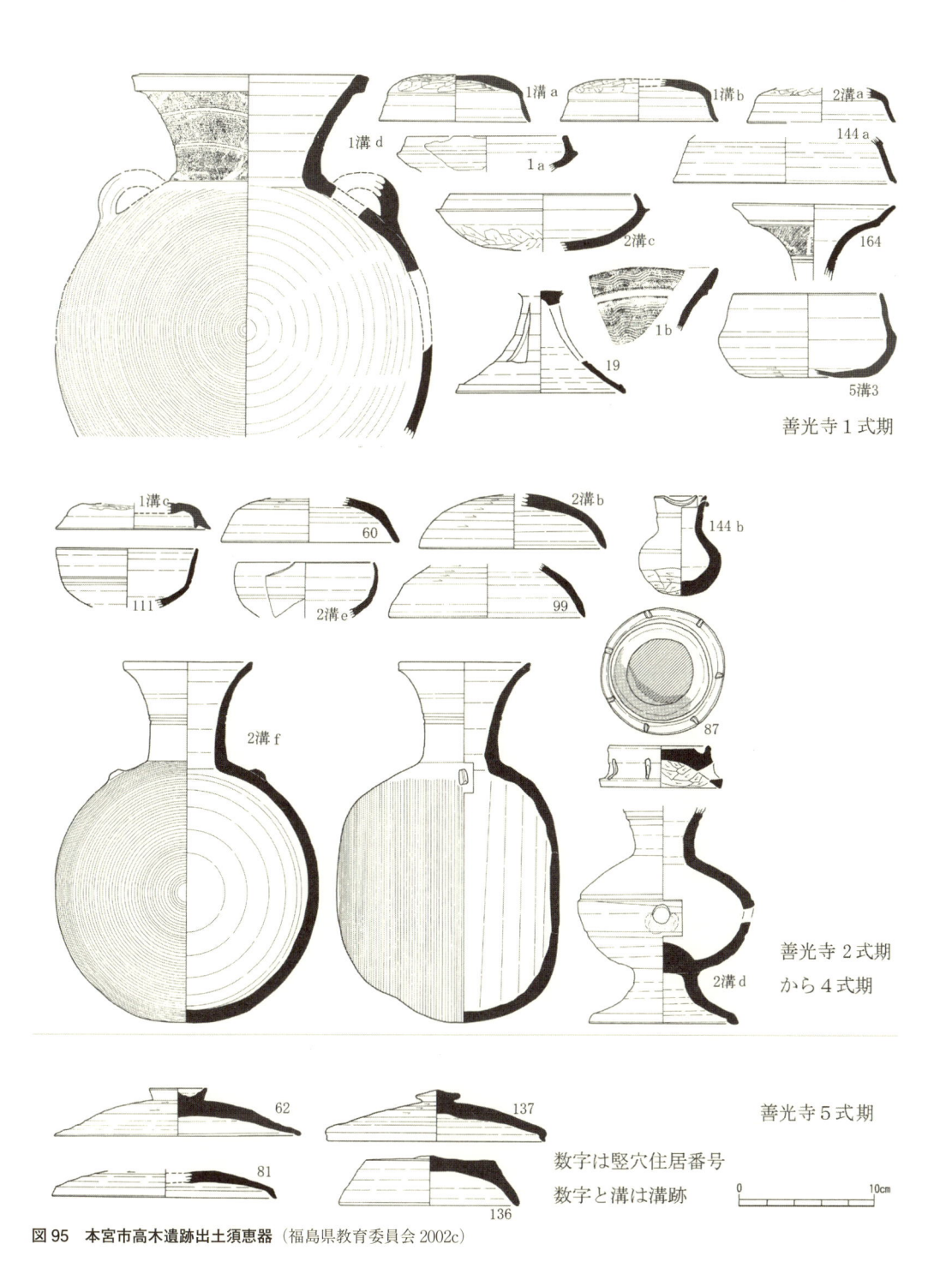

図95　本宮市高木遺跡出土須恵器（福島県教育委員会 2002c）

あろう。回転ヘラキリ痕がある。器形の類例は少ない。これらは、国分寺下層式土師器にともなうと考えている。8世紀前半の暦年代である。

第2節　栗囲式期の竪穴住居

竪穴住居の改良　7世紀になり竪穴住居は、古墳時代のものと比べて、いくつかの改良が加えられる（図96）。主柱穴の掘形は、矩形を基調とする平面形で、中に柱を据えて内部に粘土質の土を詰め、突き固めて柱を固定する方法が普及する。律令期の掘立柱建物跡の掘形と基本的に同じになる。先官衙関連遺跡で、掘立柱建物のような新しい建築が出現することに関連して、導入された建築方法であろうか。

　床構造も、7世紀以降は貼床が普及する。竪穴住居の掘形は、主柱穴で囲まれた内部を一段高く掘り残して、側壁側を少し深く掘り下げた掘形となる。この一段深くなった部分に粘土質の土を詰めて貼床とする方法である。これによって水筋を切り、床面から昇る湿気を緩和することができる。壁に沿った溝では、板の痕跡や炭化した板材が検出される。壁溝の所々には、側柱が設けられ、強化される。これは、8世紀中葉の大型竪穴住居跡で多くみられる。

　カマドも燃焼部が短くなり、以前の細長い燃焼部ではなくなる。そして壁に接して燃焼部が造られることから、周辺に火の粉と煙を処理する施設が設けられたのだろう。カマドの両脇には、側柱がある。天井を高くしたのであろうか。あわせて煙道も長くなり、竪穴の掘形が細長く伸びている。また土管状の土製品がカマド周辺から多く出土する。これは7世紀に特徴的な土製品で、カマドの焚き口に使用されることも多い。支脚という考えもあるが、高さが20cmを超えるような土器を支脚とすれば、土器の上端はカマドから出てしまう。掘り下げて高さの調節を行った痕跡はない。焚き口の横柱として使われたのであろう。この種の土器は、中部高地を起点に、東日本で広く普及している。この時期の活発な広域間交流の一端である。

　貯蔵穴もカマドの左右どちらかに造られる。平面形は楕円形で、深さは、50cm程度である。古墳時代のようにカマドの反対側など、離れた場所に造られることはない。蓋の痕跡は確認されていない。この内部や周辺から土器類が出土する点は、古墳後期と同じである。

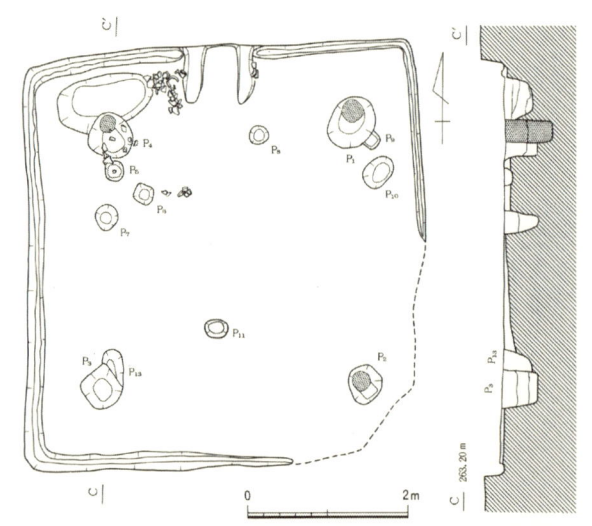

図96　郡山市駒形A遺跡2号竪穴住居跡（福島県教育委員会 1984）

竪穴住居の改築　通常の竪穴住居は側壁の長さが5m前後であるのに対し、一辺の長さが2～3m内外の小型竪穴住居が、この時期から増加する。住居の施設はカマドが検出されるのみで、大半は貯蔵穴や主柱穴などは造られていない。床面も掘形を平に整えた程度の簡単な造りである。

　主柱穴や側柱穴もないことから、側壁の上に屋根をのせた構造であろう。壁は板材を組み合わせて造る大きな箱のよう

な形状であろうか。掘形の外側に主柱穴を想定する考えもあるが、そのような柱穴は検出されていない。

この時期の小型竪穴住居跡は、拡張によって規模を大きくする場合がある。最初の段階で規模が小さくとも、住人の増加は婚姻や出産によって居住人員や家族が増えることに対応した結果であろう。小型竪穴住居の住人も、基本的にほかの竪穴住居に住む人々と社会的な格差がなかったことの反映である。また居住が継続していたことを示している。

5・6世紀では、重複関係の竪穴住居跡はあるが、拡張されることは少なかった。7世紀以降は、竪穴住居を拡張する例が多くなる。郡山市弥明遺跡

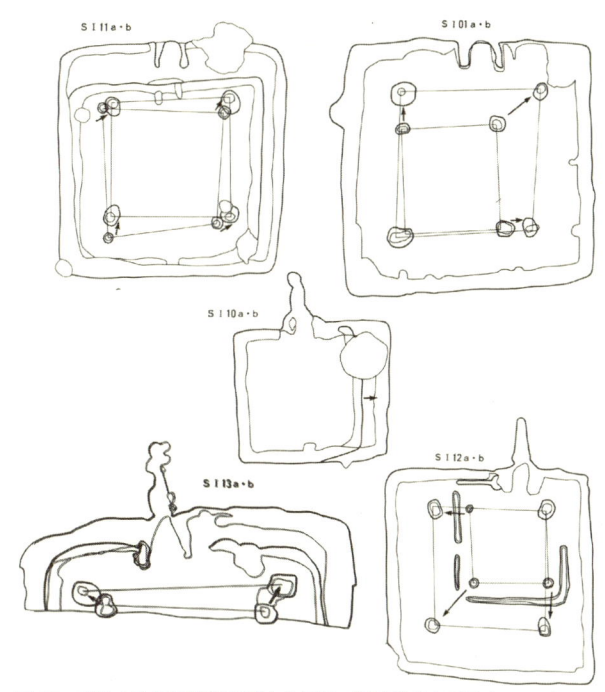

図97　郡山市弥明遺跡拡張竪穴住居跡（福島県教育委員会 1992b）

では、7世紀以降の 16 軒のうち 5 軒で竪穴住居の拡張が確認されている（図 97）。竪穴住居の拡張方向を検討した佐々木修によれば、①1 個の柱穴をそのままに 3 個を広げるのは、竪穴住居跡の隅を起点に拡大する方法である、②2 個の柱穴をそのままに 2 個を広げるのは、竪穴住居の側壁を広げることである、③竪穴住居の中心から 4 壁を広げることで、4 個の柱穴を広げる方法があるという（福島県教育委員会 1992b）。側壁の位置を変えない場合、間隔も広くなる。5・6 世紀の寒冷期とは異なっている。

これは柱穴や側壁の位置が変わることから、拡張というよりは建て替えである。同一地点に長く居住していた結果で、集落構成で基本的な建物配置が継続していたことの反映である。これに対して重複は、継続性が一定期の間途切れた場合や集落構成の大きな変化をともなっていることがある。5・6 世紀では集落の細かな断絶が想定されることは、先に指摘した通りである。

小型竪穴住居が、造り替えによって通常規模の竪穴住居に変化してゆくことは継続した居住者が存在することが前提である。小型竪穴住居では、規模が小さいことから複数の居住者を想定することは難しい。それが造り替えにより規模を拡大すれば、通常の竪穴住居規模となる。単婚世帯に類する居住者を想定することもできよう。つまり、未婚者が既婚者になり、居住人数の増加に対応して竪穴住居の造り替えが必要になったのではないだろうか。居住者の増加により、家財も増加する。集落内部で、安定した生活が保障された結果である。

栗囲式期に集落が規模を拡大する現象は、単に大規模集住集落が出現したばかりではなく、人口の増加が推定される。遺跡数も増え、継続期間も比較的長くなるからである。しかし、阿武隈川上流域において、他地からの積極的に多量の人口が流入した痕跡は乏しい。関東系の土器出土例も散見するが、これが主体となる集落は阿武隈川上流域には存在しない。また在地の栗囲式土器が、在地性を保持していることも、多量の移民・移住が無かったことを示している。

第3節　本宮市山王川原遺跡の集落構成

　河川に沿った自然堤防上の遺跡では、多くの住居跡が複雑に重複することから、同時期に存在した集落景観の復元は難しい（図102）。しかも同じ栗囲式期でのことであり、遺物からの同定も困難となる。さらに、自然堤防上に形成された遺構は脆弱で、調査も困難な場合が少なくない。そこで、比較的重複の少ない山王川原遺跡（福島県教育委員会2001a）を例にして、この時期の集落について検討を加えておく。近接する大型集落の縁辺部にあって遺構の重複が比較的少ないことから、集落の在り方を把握するのに適した遺跡である。

　山王川原遺跡の南側には、北の脇遺跡・高木遺跡・百目木遺跡の大規模遺跡群が続いている。発掘調査が実施された地区は遺跡推定範囲の西部で、遺跡全体約4.5haの1/5に当たる8,500㎡の範囲である。総数37軒の竪穴住居跡・掘立柱建物跡4棟・鍛冶遺構・溝跡などが検出されている。ただ調査区で、浸食などによって失われた遺構も多く、竪穴住居跡も痕跡程度しか確認されない例もある。

山王川原遺跡の変遷　山王川原遺跡では、出土した土器を報告書（福島県教育委員会2001a）ではⅠ～Ⅵ群に分け、これを基に遺構分析がなされている。このうちⅠ群土器は5世紀の土器である。栗囲式はⅡ群～Ⅳ群土器、国分寺下層式はⅤ群、ロクロ土師器がⅥ群である。竪穴住居跡と重複関係から土器群を設定されている。遺構間の前後関係は把握されているが、それと合わせて土器群が変化しているとは限らない。設定された土器群のなかでは、Ⅱ群とⅢ群の区別は難しい。またⅢ群とされた竪穴住居跡は、2軒しかない。そこで、Ⅱ群とⅢ群土器を合わせて栗囲式前半の7世紀中葉、Ⅳ群土器を栗囲式後半の7世紀後半とした。またⅤ群とされた竪穴住居跡でも、ハケメ甕と丸底坏を基調としている一群をⅣ群に含め、残りのⅤ群を国分寺下層式の8世紀前半とした。報告書の時期区分とはこれらの点で異なっている。Ⅵ群は表杉ノ入式期で、Ⅴ群との間に断絶があると考えている。

　報告書の時期区分との相違についてまとめておく。栗囲式前半期では、Ⅲ期とされた2号・6号竪穴住居跡をこれに含めた。また重複関係から20号・31号・32号竪穴住居跡を一連のものとして含めた。またⅤ期から4号竪穴住居跡と31号竪穴住居跡を栗囲式前半に入れた。8世紀国分寺下層式期には、33号竪穴住居跡を含めた。1号・2号掘立柱建物跡は、主軸方位の点から、表杉ノ入式期とした。筆者の想定した以降の時期区分を表3に示した。

表3　本宮市山王川原遺跡集落時期区分　　　　　　　　　　　　　　　　　　　（　）は重複を示す。

世紀　（土器型式）	遺構数	遺構番号
7世紀中葉（栗囲式前半期）	竪穴住居跡23軒	1、2、4・(3)、5・(6)、7、8、9、10、11・(21)、12、13、15、16、17、19、26、30、31・(32)、30、35、
7世紀後半（栗囲式後半期）	竪穴住居跡4軒	18、24、25、36
8世紀前半（国分寺下層式期）	竪穴住居跡7軒	14、20、23・(22・33)、27、34
	鍛冶遺構1基（SB04含）	
	溝跡1条	
8世紀後半以降（表杉ノ入式期）	掘立柱建物跡3棟	1、2、3
	竪穴住居跡2軒	28、29

　栗囲式前半期　この時期では23軒である（図98）。重複関係にある竪穴住居跡は4軒で、同時に存在した竪穴住居はこれよりも少なくなるが、これ以降の時期と比べて時間幅に大きな相違はないが、竪穴住居の数は格段に多い。

　竪穴住居群は、大型竪穴住居を核として形成されているとすれば、17号竪穴住居跡の周辺に3軒、13号竪穴周辺の3軒、12号・6号周辺の17軒が想定される。ただし12・17号周辺は重複も多く、比較的小型の竪穴住居跡も集中しているので、同時に機能した数はこれより少ない。竪穴住居にともなって土坑も造られたであろうが、時期を限定することは難しい。しかし、この時期の掘立柱建物跡は、山王川原遺跡では出現していなかったらしい。

　栗囲式前半期は、竪穴住居が河川周辺で集中して営まれる点で、前後の時期と比べて特異な現象である。

　厳密には確定できないが、調査範囲で10軒以上はあったと推定されよう。竪穴住居が31と32号がほぼ同じ場所に造られ、規模を大きくしていることは、弥明遺跡でも確認されているように、居住人数の増加に対応した結果で、この時期の特徴のひとつである。またこの時期では，古墳時代中・後期の集落で造られた屋外貯蔵用の筒形土坑は検出されなくなる。

　竪穴住居跡の分布をみると西部では、12号と13号の大型竪穴住居中心に9軒の竪穴住居群が形成される。この竪穴住居群は1、2、4・（33）、5・（6）、7、8、11、12、35の11軒で群集しているが重複関係もあるので同時期は、9軒よりも少なくなる。河川の河岸段丘方向に二列に配置されたとすれば、同時に存在し

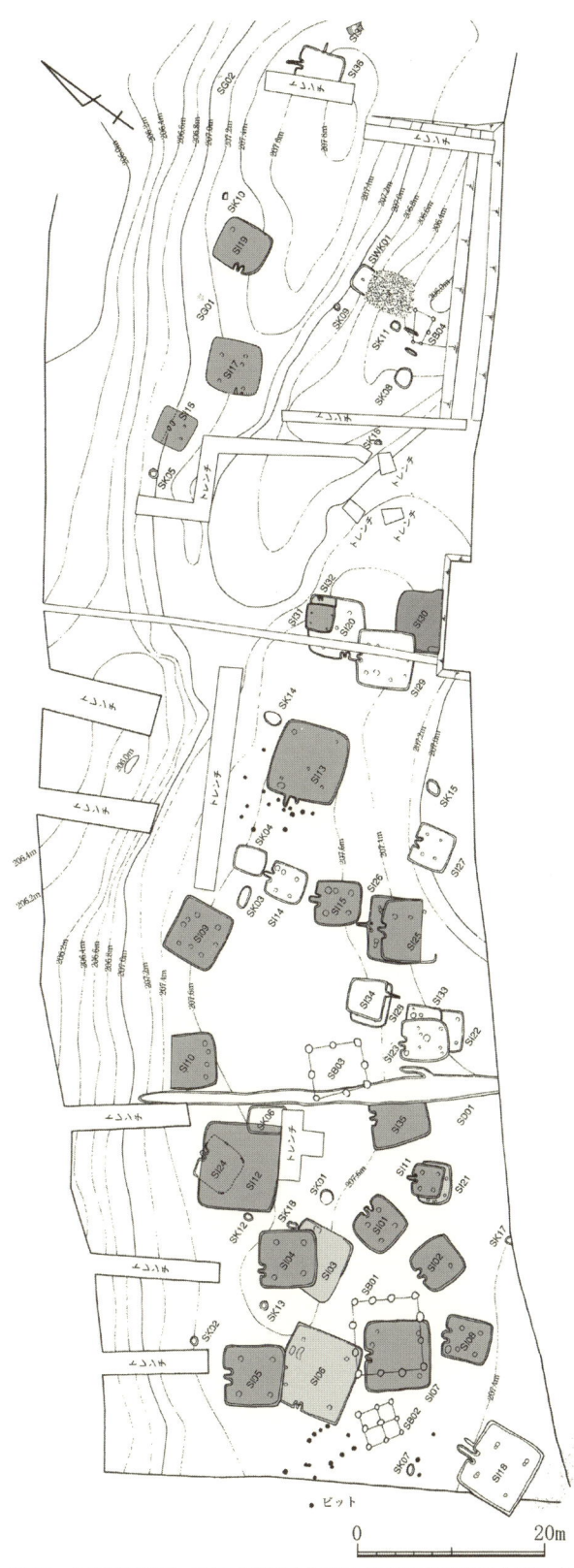

図98　山王川原遺跡　栗囲式期前半全体図（福島県教育委員会2001a）

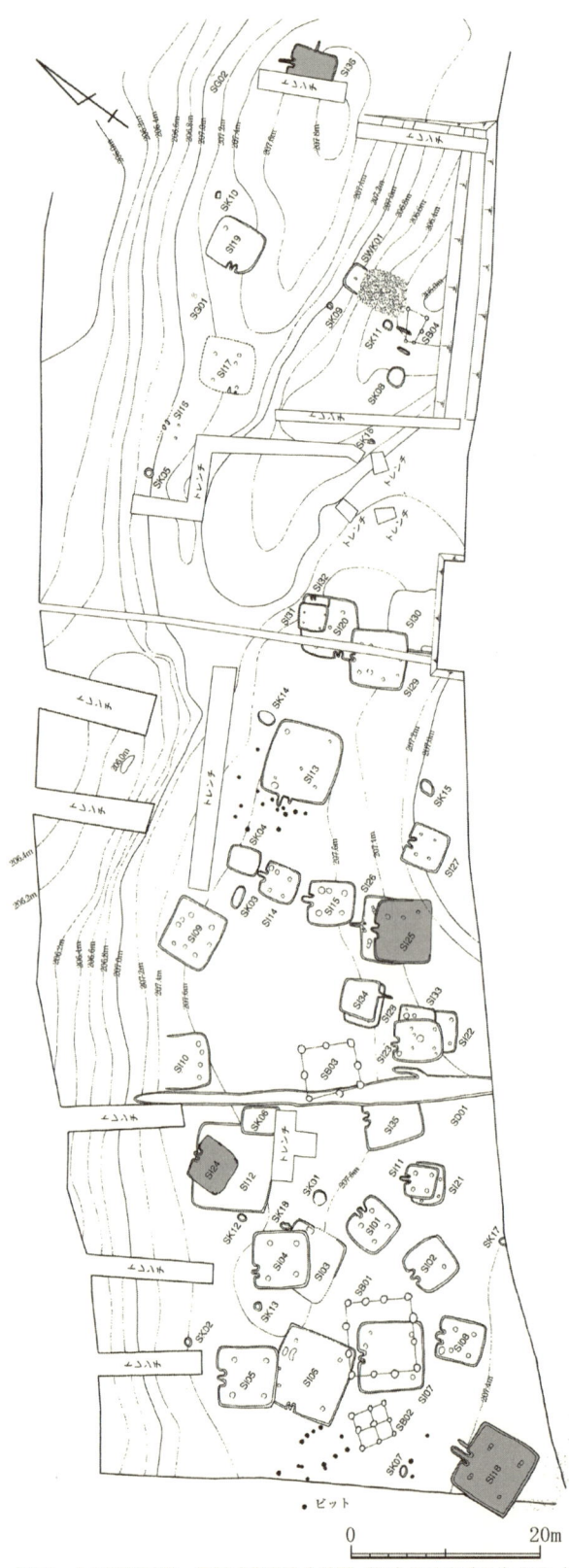

図99　山王川原遺跡　栗囲式期後半全体図（福島県教育委員会 2001a）

たのは6軒程度であろうか。また13号竪穴住居跡を中心としては西側9、10、15、26号の4軒、東側に30、(31・32)の3軒がある、そして調査区の東部に16、17、19の3軒が並んでいる。

栗囲式後半期　確認のできる住居は、18、24、25、36の4軒である（図99）。調査区に点在して造られ、竪穴住居跡が集まることはない。竪穴住居の規模は、ほぼ同じ程度である。調査面積が限定されていることから、遺跡全体を含めた変化かどうかは確定できないが、少なくとも、調査範囲では、集落規模が急激に小さくなっている。集落の立地する場所が、自然堤防上という限定的な場所であることからすれば、竪穴住居数は急激に減少したと考えられる。集住集落の解体である。

国分寺下層式期　14、20、23・(22・33)、27、34号と7軒の竪穴住居跡、鍛冶遺構・掘立柱建物跡、それに溝跡で構成されている（図100）。自然堤防を横断する溝の北側に、竪穴住居が散在し、最北端に鍛冶遺構が造られていた。23号竪穴住居と22・33号竪穴住居が重複しているので、同時期の竪穴住居は、最多でも5軒である。

自然堤防を横断する溝に区切られた敷地に形成された集落である。鍛冶遺構は、竪穴の中央部に鍛冶炉が設けられた構造で、自然堤防の後背湿地側に開口していたと推定され、この方向に竪穴から排出された鍛冶滓が散布していた。出土した鍛冶滓は約90kgである。また羽口なども出土している。鍛冶滓の散布域の南端に掘立柱建物跡があった。主柱穴を結ぶと台形となる。失われた柱穴も想定されよう。鍛冶の操業にともなう施設であろうか。さらに鍛冶遺構の周辺には、

土坑も散在していた。

　各竪穴住居は、一辺4m程度で、大きさに大きな格差はない。鍛冶施設の操業を目的に形成された竪穴群であろうか。多量の鍛冶滓が出土していることから、近接する集落で使われる鉄製品の製造と補修を担当した施設であろう。東北南部では、奈良時代から平安時代前半の集落跡からは、鍛冶滓の出土例は多くなる。河川周辺の集住集落が解体された以降も、近接して小規模な集落は営まれていた。

　表杉ノ入式期　国分寺下層式との間には、半世紀以上の断絶があり、継続した集落ではないと考えられる（図101）。この時期には、掘立柱建物が普及する。山王川原遺跡では、側柱建物跡が2棟と総柱建物跡が1棟確認されている。これに2軒の竪穴住居跡で構成されている。1〜3号の掘立柱建物跡と28号竪穴住居跡がまとまっている。これも集落を構成する住居群のひとつであろう。34号竪穴住居跡はこれから少し離れている。竪穴住居跡にはやや距離があるが、全体でひとつの住居群を構成していたのではないだろうか。

　2号掘立柱建物跡は、総柱建物であることから倉庫と考えられよう。大型の2号側柱建物跡は桁行、梁行とも三間で、この住居・建物群の中心施設である。その近くの3号掘立柱建物跡と28号竪穴住居跡は付属的な施設である。2号掘立柱建物跡の存在によって、この世帯群が富を蓄積する独自の施設を保有していたことを示している。

　8世紀後半以降になると、掘立柱建物の普及とともに竪穴住居は少なくなる傾向にあり、この段階で竪穴住居から掘立柱建物への転換が急速に進んだことを示

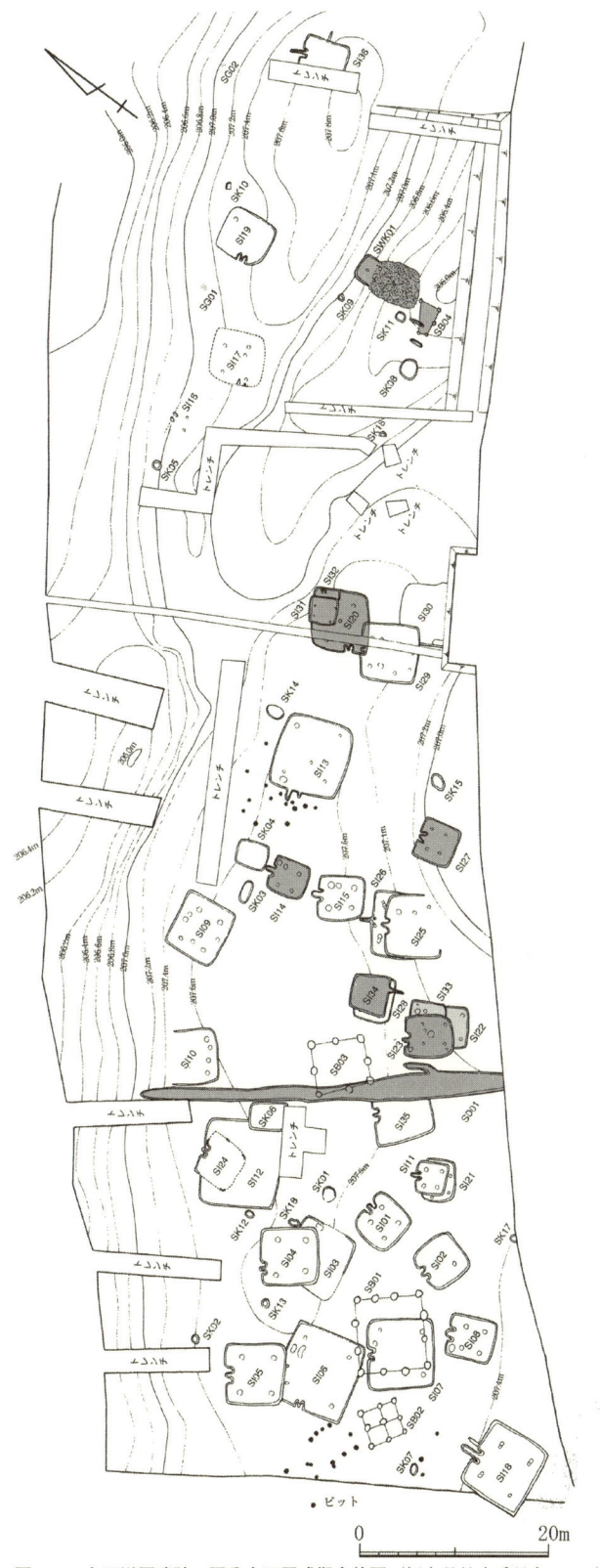

図100　山王川原遺跡　国分寺下層式期全体図（福島県教育委員会 2001a）

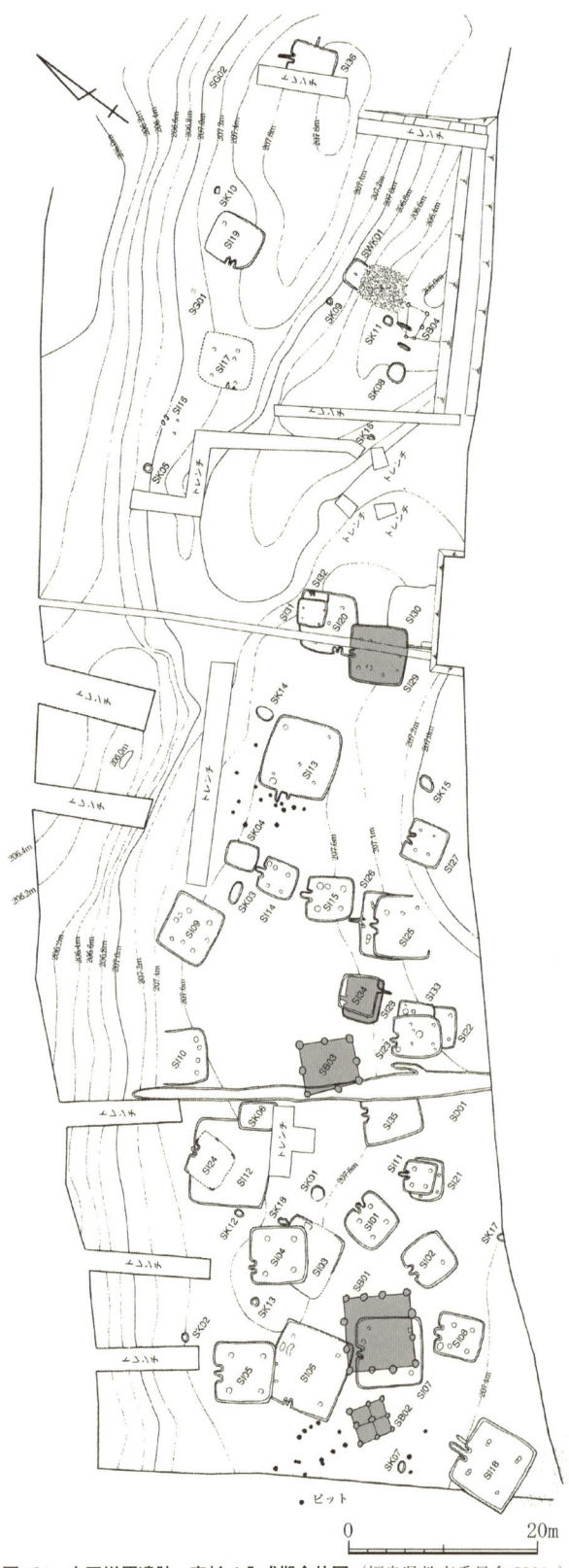

図101　山王川原遺跡　表杉ノ入式期全体図（福島県教育委員会 2001a）

している。これにともなって竪穴住居の多くは小型化して内部施設もカマド以外は不明確になる。なかには、大型竪穴住居跡が確認される遺跡もあるが、これは大型掘立柱建物群で構成される天栄村志古山遺跡、東村谷地前Ｃ遺跡等の富豪層屋敷に限定されている。

山王川原遺跡の特徴　山王川原遺跡の集落では、栗囲式前半期に営まれた集住集落が、栗囲式後半期には解体して、以降は再び散居集落が展開されることになる。栗囲式前半期とこれ以降では、大きく様相が異なっている。

栗囲式前半期の竪穴住居は、いくつかの竪穴群で構成されているが、住居群の周辺には、あっても蔬菜畑程度の空間があるにすぎず、主食となる穀物を栽培する農地はない。また竪穴住居以外には、自然堤防を横断する溝が設けられているが、掘立柱建物や広場、墓地などの痕跡も確認されていない。竪穴住居という居住施設が、集中して営まれた状況である。極めて人為的に編成された集落ではないだろうか。耕地は、自然堤防に接した後背湿地が推定されるが、調査は実施されていないので、不確定である。この時期前後の集落は、散居集落が営まれるので、集住はかなり特異な状況である。

出土遺物も、古墳時代と比べて須恵器の出土する割合が高くなる。この地の周辺で須恵器生産が活発化したこと、それが流通した結果である。あわせて鉄製品の出土も増加する傾向が始まる。手工業製品の供給が増加した結果であり、やはり人為的な施策が想定されよう。

ところが栗囲式後半期には、集落の竪穴住居数は激減する。集落の内部では、竪穴住居跡の分布に粗密があり、集

160

落内部がいくつかの竪穴住居群に分かれていたことを反映している。この竪穴住居群では、5・6世紀の小集落と異なり、住居の外に食料貯蔵用の円筒形土坑は造っていなかった。これらの集落が、以前の小集落のような農業経営の単位かどうかは難しい。

国分寺下層式期の区画水路も、継続期間が短く、表杉ノ入式期までは継続していない。これも占有場所が相伝されなかった反映である。ただし、鍛冶施設は、この集落群のみを対象としたとするには、出土した鍛冶滓の量は多い。周辺の集落に鉄器を供給し、また鉄器の修理も行った施設であろう。

栗囲式後半期から表杉ノ入式期の集落は、丘陵から山間部まで分布範囲を拡大させる。この時期には、古墳中・後期には希薄であった散居集落が阿武隈高地でも9世紀までに展開する。これら散居集落には居住施設と貯蔵施設があり、ひとつの生活単位と考えられる。この時期の山王川原遺跡の集落状況も同様である。自然堤防に沿って、細長い集落が営まれているが、これは自然地形の制約であろう。

第4節　栗囲式期前半期の大規模集住集落

大規模集落の形成　古墳時代中・後期の丘陵集落、たとえば白山C遺跡で検出された7世紀の竪穴住居は1軒である。同様に、5世紀の竪穴住居跡が検出された正直A遺跡でも7世紀の竪穴住居は1軒のみであった。当時の社会において、竪穴住居1軒だけで、生活の維持が成り立たなかったのであれば、通常の居住施設とは異なる用途が想定されよう。

集住的に形成された河川近くの集落から離れて、丘陵地帯で畑作や山仕事に従事する出作り小屋の場合、丘陵部や山間部にこのような竪穴住居を設けると便利である。いわゆる離れ国分である（中山1976）。白山C遺跡で検出された7世紀の竪穴住居跡もそのひとつである。

これに対して、郡山市山中日照田遺跡（郡山市教育委員会1982a）では、丘陵部の集落が規模を縮小するなかで、7世紀を中心に多数の竪穴住居跡が確認されている。正直地区の東側に当たり、阿武隈川近くの丘陵端縁に立地している。

遺跡の範囲は東西280m、南北480mで、このうち3.6haの調査が実施されている。検出された竪穴住居跡は、古墳前期から終末期まで、総計210軒である。このうち山中日照田B地区では、86軒の竪穴住居跡のなかで54軒が7世紀と報告されている。竪穴住居跡の分布には粗密があって、数軒でまとまりを形成していたと考えられる。

この遺跡では、古墳時代的集落の在り方を継続していたのであろうか。比較的中型の竪穴住居跡で構成されているが、中には一辺が9m程度の大型竪穴住居跡も含まれている。掘立柱建物は、この段階で造られていなかったらしい。出土遺物は土師器類が主体で、これに少数の須恵器が含まれる。通常の集落と比べて特別なものは出土していない。この遺跡は、4世紀から集落の存在が確認されているが、多くの断絶と再生が繰り返されている。山中日照田遺跡では住民が増加して、7世紀の竪穴住居群を形成したと考えるよりは、周辺の集落からの集住によって形成されたのではないだろうか。

7世紀集落の大きな特徴のひとつは、阿武隈川周辺の自然堤防上に大規模集落が出現することである。この時期に、河川周辺の多くの遺跡で新しく出現する集落が確認されている。それまで

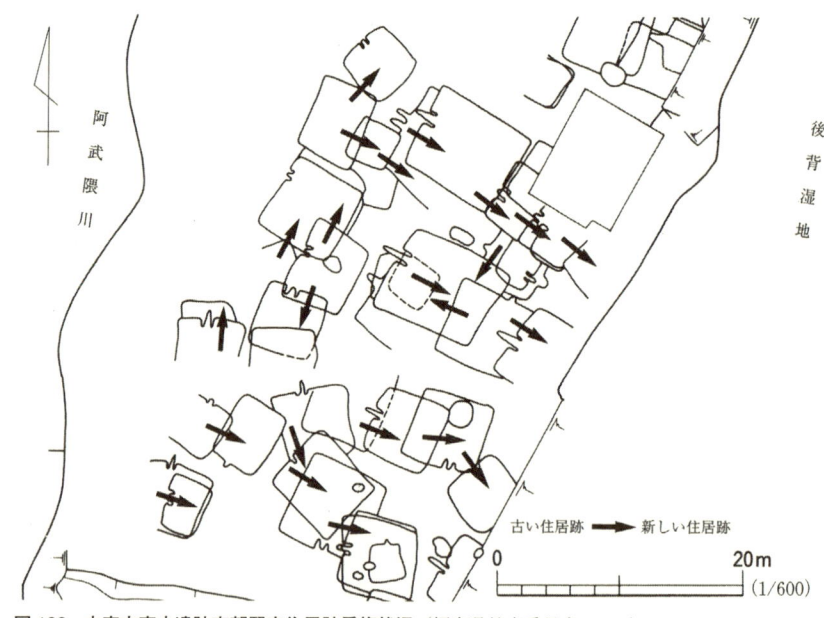

阿武隈川

後背湿地

古い住居跡　→　新しい住居跡

0　　　　　　　　　　　　　　20m
(1/600)

図102　本宮市高木遺跡南部竪穴住居跡重複状況（福島県教育委員会 2002c）

集落が営まれなかった場所に、大規模な集落が一斉に出現することは、これが人為的な編成によって形成されたことを示している。自然な増加であれば、前段階の集落が解体することもない。

　殿畑遺跡は、阿武隈川の支流社川の自然堤防上に立地している。竪穴住居跡と大溝が検出され、多量の7世紀代の土師器が出土している（福島県教育委員会 1994a）。山王川原遺跡でも、後背湿地から自然堤防を横断して阿武隈川に至る大溝が設けられていた。溝からはやはり多量の土師器が出土し、据えられた状況を保っていた例もあった。祭祀遺構とされている。玉川村高原遺跡も、検出された25軒の竪穴住居跡のうち19軒が7世紀代で、このほかの3軒も、この可能性が指摘されている。ところが高原遺跡でも8世紀前半になると検出された竪穴住居跡は、1軒にすぎなかった。

　高木遺跡は、南北250m、東西50mの阿武隈川東岸の自然堤防上に形成された集落跡である。主に栗囲式期の遺構群で構成され、竪穴住居跡176軒、土坑35基、溝跡5条。集積遺構1基、遺物包含層1ヶ所などである。多くの竪穴住居が重複しているが、阿武隈川近くから、後背湿地側に向かって重複している傾向が報告書で指摘されている。また自然堤防を横断して、後背湿地から阿武隈川に流入する溝も約100mの間隔をおいて造られている。溝を跨いで竪穴住居が展開することから、後背湿地からの排水を主目的にした施設である。溝が設けられることにより、集落は当然区画されることになる。やはり竪穴住居は栗囲式期が中心で、これ以降は激減する。図102にその状況を示した。

　この地では、大規模集落が形成された時期は、7世紀代に限られる。おおよそ7世紀中葉を中心にした約40年前後の期間である。

　状況からの推論　5・6世紀の河川周辺には、大規模集落は形成されていなかった。規模の小さな集落は確認されているが、これも継続的に営まれていたのではない。阿武隈川の自然堤防と周辺の湿地地帯は、耕地として開発された部分も限定されていたであろう。あぶくま南道路関連遺

跡の試掘調査によれば、開発がなされる以前の阿武隈川の周辺は、自然堤防と後背湿地に旧河川の沼が広がっていた。また阿武隈川は、各所に狭窄部が点在していることから、洪水による氾濫が発生しやすい特徴を持っている。近年行われた平成の阿武隈川大改修にともなう発掘調査も、洪水防止を目的とした堤防建設が起因している。当時においても、洪水の被害は深刻であったと推定される。

さらに水稲農耕を可能にする気候的条件も前提条件として重要である。7世紀の気候について、詳しい研究は進んでいないので具体的な状況の確認は、今後の課題である。この時期は、ヨーロッパでいう中世温暖期の前半に当たり、世界的な気候の歴史からみて温暖な気候条件にあったと考えられている。南東北でも再び集落遺跡が山間部でも出現してゆく兆しがみられる。7世紀には、気候は温暖化に向かったと推定されよう。南東北でも再び、水稲を中心とする農業が復活した。河川周辺の低湿地は、大規模な水稲農耕を行う好適地であることに変わりはない。

水稲農耕と畑作農耕では、生産性に大きな特徴がある。水稲農耕の土地生産性は、畑作農耕よりも土地生産性が極めて高い。したがって権力の側からすれば、資本を水稲農耕に投資する方が有利に働く。設楽博己のいう大陸系弥生文化（設楽2006）の特質も権力と結びついているし、この伝統を倭王権も継承している。また江戸時代の支配者が、水稲農耕に固執したのも同様である。7世紀における河川周辺の集住集落の変化も、土地生産性の向上を意図して、在地首長層によって水田の開発が進められた結果であろうか。

現在までの調査で、集住集落周辺で当時の水田跡は確認されていないが、集落居住者の食料生産の場は必要不可欠である。自然堤防上に耕地を営む空間がなければ、近接する後背湿地に耕地が営まれた可能性が高い。しかし、この部分の調査は実施されていないので、現状では推論でしかない。

阿武隈川周辺の低地を耕地とするには、井堰・用排水路の掘削が必要であり、水田の造成が必要になる。丘陵地帯の畑作耕作では、小経営でも対応が可能であったが、沖積平野の水稲農耕を営むには膨大な労力と富を投資して社会資本の蓄積が必要となる。これは、それまでの小集落では対応できない。

阿武隈川流域の狭窄部で区切られた小盆地は、今でも水田用水路網のまとまりであり、大字の単位として生きている。水稲農耕にはこのような小盆地ごとの協業が不可欠となる。水稲農耕の復活にともなう各種工事の遂行には、小盆地ごとにまとまった在地集団の成立が必要となる。丘陵の好地を選んで散居集落を営んでいた小集落の住人が、河川周辺に集住させられて大集落を形成し、この開発と耕作に従事したのではないだろうか。

殿畑遺跡で検出された多数の7世紀の水路跡は、水田開発にともなう排水設備のひとつであろう。また高木遺跡などでも、自然堤防を横断して水路が造られていた。この水路は、集落の水害防止機能は、あまり役目を果たさない場所に造られている。後背湿地から自然堤防を越えて阿武隈川と結んでいることからすれば、湿地の排水機能が第一に想定される。

水稲農耕が集約労働型の農業であることは、これまで繰り返し多くの研究者によって強調されてきた。さらに田植えと刈り入れにも、集中的な労力を確保しなければならない。除草・用水管理、施肥料も忘れてはならない。集落全体の協業や、利害調節を行う組織が必要である。また大規模集落を維持するためには居住地の分配、道路整備、生活廃棄物の処理、各種の規制が加えら

れるのは当然の動きである。

　なによりも河川周辺には、それまでほとんど水田が造られていなかったのであるから、水稲農耕を行うにも耕地の開発から始めなければならなかった。そのために丘陵地帯の小集落が、河川周辺に集住する必要があった。

　小集落の住人が阿武隈川近くの自然堤防上に集住して水稲農耕を営めば、それまで畑作農耕の小集落自体が持っていた自立性は制限されるようになる。以前の小集落がそのまま農業経営の単位として移行することはできない。この段階の小住居群では、以前の小集落とは違って相対的に制約のない営農はできなかったであろう。栗囲式期の集落には、竪穴住居が高密度で形成されているが、竪穴住居群の単位は不明確になる。以前の小経営単位に類するまとまりを見分けることは難しい。

　農業とともに国力の基盤として、労働力の編成は重要な課題のひとつであった。当時の社会的構成が、個人ではなく、いくつかの世帯を合わせたまとまりを基盤としていたのであれば、世帯のまとまりを掌握することは各種開発を実施するためにも重要である。この目的のために戸籍が造られるのであるが、これを造る技術が確立していない段階では、実際に人々を集めて掌握する方法が、最も確実な方法である。これによって労働力数を確認して、各種開発や徴用を実施に移すことが可能になる。

　阿武隈川周辺で、水稲農耕のために用水・治水などで利害が一致する土地を統合して在地集団を形成すれば、労働力の集積が可能になり、各種の協業も規模を大きくすることができるようになる。耕地の開発や治水などの土木工事を行う条件が整えられたのである。そうして8世紀以降の開発や地方官衙の創建・維持、手工業生産の発展につながる労働力が確保されたのである。

　地域の社会全体の足腰を強くするには、生産を向上させ経済力を育てることが基本である。6世紀後半から成長してきた豪族層を中心に、各種の優遇政策を絡めて集落の編成が行われたのであろう。これが在地の状況を無視した政策でなかったことは、大きな社会的混乱の痕跡が無いことからも、推測することができる。

　7世紀前半段階の倭王権には、在地の人々を直接掌握する実力は持っていなかった。また人々の実数調査は支配の強化であり、支配される側からすれば強烈な反発が生まれる原因であることは明らかである。それでも、在地社会のなかで直接的に労働力の掌握を目指す階層と集住する人々の利益を図ることも必要になる。そこで在地豪族を介して間接的な方法で、大集落の形成を促進し、水田開発を推進してそれぞれの地域集団が育成されたのであろう。

　7世紀の阿武隈川上流域では、集落の立地条件と規模が6世紀と比べて、急速にしかも大きく変化した。河川近辺に集落が移動することは埼玉県などでも指摘されており、井上尚明は条里制の成立と結びつけて考えている（井上1988）。しかしこの時期、福島県で条里制耕地が造られたかは、いまのところ不明確である。一部、いわき市荒田目遺跡では、奈良時代頃には、区画された耕地が出現していたようである。

倭王権の在地政策　近畿や北陸でも、集落の再編成が7世紀に行われたことが、広瀬和雄や宇野隆夫などによって指摘されている（広瀬1978・1993、宇野1991）。須恵器の年代観によって多少の時間差はあるが、この頃に日本列島の各地で、場所の再編成があったことは確かである。集落の再編成は、阿武隈川上流域という狭い場所の在地的な原因が理由となったのではなく、中央の

政治的な動向と結びついている可能性が高い。広瀬や宇野が指摘するように、国家（支配）体制整備の一環として実施された政策であろう。動乱の世紀をむかえて国力の強化は急務であった。国力の主要な基盤のひとつは農業である。この場合、中央からみれば水稲農耕が中心である。

　阿武隈川上流域では、それが従来の畑作農耕から水稲農耕への転換として、実施されたのであろう。律令期になっても、農業が国の基として重視されたのはいうまでもない。郡司による勧農政策は、種籾の改良に一端が示されているように、重要性に変わりはなかった（平川 1996）。阿武隈川周辺に 7 世紀に出現する大規模集落には、以上の施策も反映されているのである。

　ただこの地では、班田制度を考古学から証明することは難しい。場所は異なるが、大規模な耕地の区画と稲作関連の木簡が出土している鳥取県青谷横木遺跡の例は、集団的な耕地の造成と統合された耕作管理をうかがわせる遺跡である（鳥取県埋蔵文化財センター 2018）。中国山地から流れ出た河川の河口付近にあった潟湖周辺の低地を一町程度に区画する堤を造り、その内部をさらに分けた耕地を造成した遺構が検出されている。これにともなって、多くの稲の品種を示した木簡と租税関連木簡が出土している。木簡は、種籾の管理とこれを踏まえた種蒔時期の調整による水田経営の総合的な管理がなされていたことを示している。それは、集団農場に近い経営ではないだろうか。

　7 世紀に始まる広域的な集落の編成、大規模集落の出現は、このような動きを目的とした政策が背後にあったのであろうか。古墳中・後期の丘陵地帯に散在していた集落が、河川周辺に再編成される過程で、小集落が行っていた小経営から集団経営のような式に変化したと筆者は考えている。

　大集落に集住した人々がまとまって、新たに集落を維持するには政治組織が必要になる。河川周辺に大集落が形成され、これと対応するように群集墳が造営される点はこれと連動した動きである。それまでの小集落が地縁と血縁をおりまぜて沖積平野で水稲農耕を営む共同体として組織され、これを裏付けるように群集墳の造営体が組織されたのである。河川周辺へ集住と群集墳の造営は表裏一体の政策である。

　しかし栗囲式期の大規模集落は、つぎの国分寺下層式期には解体する。河川周辺の集住が、現地の状況では維持できなかった無理な施策であったのか。あるいは国分寺下層式から始まる丘陵・山間部への集落拡大は、集住政策の成果を受けて発展した結果であろうか判断の分かれるところである。国分寺下層式期から、表杉ノ式期の集落には、大規模な掘立柱建物群で構成される居館や官衙的建物配置の集落が出現することから、社会的発展期であったとはいえよう。

第5節　国分寺下層式期の集落

　7 世紀末までに、山王川原遺跡や高原遺跡など阿武隈川周辺の大規模集落は急速に衰退する。これと前後して、再び丘陵や台地の中央に集落が進出する。この傾向は、律令期を通して続く。

　集落の 7 世紀代と 8 世紀前半代の違いに、竪穴住居の規模に格差が明確になる点がある。8 世紀前半の竪穴住居跡は、規模が大きくなって主柱穴や側柱、カマド、貼床など竪穴住居の施設が整った構造になる。大型の竪穴住居跡では 6 個の主柱穴が設けられる例もある。この一方で、小型竪穴住居の割合が高くなり施設も貧弱な例が多くなる。掘立柱建物はこの頃から一般集

落にも出現するが、普及するのは8世紀後半になってからである。

江平遺跡の8世紀集落　玉川村江平遺跡では、古墳中期と律令期を中心とした集落に加えて、中世館跡や古墳群などが確認されている。遺跡は阿武隈川の河岸段丘上にある東西500m、南北300mの広がりを持っている。約4haの発掘調査が実施され、遺跡の中央に大きくT字形の調査区が設定されている。集落遺跡としては、4世紀・5世紀の竪穴住居跡などが検出されているが、断続的な空白期間がある。

7世紀後半、江平遺跡で集落が再形成されるのと前後して、西側にある阿武隈川の自然堤防上に造られた高原遺跡では、集落が急速に規模を縮小する。人々の居住場所が阿武隈川周辺の低地から、丘陵地帯へ居住場所が移行した結果である。

江平遺跡のおける7世紀から8世紀集落は、7世紀後半期と8世紀前半の2時期がある。このうち7世紀後半期、栗囲式後半期期で30・33・35号竪穴住居跡である。30号竪穴住居跡は調査区の北部に造られ、主要遺構が検出された段丘面から一段下の段丘上に位置している。調査区の端に当たることから、関連する竪穴住居跡の有無は確認されていない。しかし遺構の集中密度が稀薄な場所であることから、造られていたとしても大きな群ではない。33号と35号竪穴住居跡は約10mの距離をおいて並び、周辺に関連する竪穴住居跡は確認されていないので、2軒がひとつのまとまりを構成していたのであろう。竪穴住居跡の規模は、30号が南北4.6m、東西4.2m、33号と35号が一辺5.5m程度である。

竪穴住居跡の周囲からは、これと関連する遺構が検出される例は少ない。しかし、竪穴住居が山林原野の中に造られた訳ではない。竪穴住居の周囲が山林であれば、日当たりを確保するために木々は切り払われ、各種活動の場所として広場状の空間が必要である。さらに竪穴住居の近辺には、畑も造られていたであろう。集落というよりは、出作り小屋のような施設であろうか。

ここでは、8世紀前半期、国分寺下層式期を対象に、江平遺跡の奈良時代集落を考えておく。竪穴住居跡は、1・2・3・5・6・9・11・12・20・28・37・45・51・52・54・74号の16軒である。竪穴住居跡は、いくつかの群を構成して造られている。最も大きな群は、調査区の南西部で確認された7軒である。このほか調査区の東端では4軒が列状に造られている。さらに中央部北側に2軒が確認され、残りは調査区の中央と西端に各1軒が分布している。

これらの居住施設と関連して、調査区の西南隅からは沢地に井堰を造った泉状施設が検出され、鋤身・竪杵・曲物・槽・底板・竹笛・最勝王経精誦木簡・鉄製紡錘車・土師器坏などに加えて、ヒョウタンの種子・モモの核果が出土している。このほかの遺構の時期を限定することは難しいが、調査区の西南部に造られた土坑群と掘立柱建物跡は、周辺の竪穴住居跡と重複していないことから、この頃の可能性が高い。

竪穴住居　検出された竪穴住居跡のなかで、30号竪穴住居跡は、隅丸方形の平面形、4本柱の主柱穴、カマドとその右側に造られた貯蔵穴、床面はローム層という特徴である。貼床以外は7世紀代の白山C遺跡21号竪穴住居跡と近似している。隅丸方形の竪穴住居は、7世紀を中心に造られているが、数は少ない。8世紀前半の51号竪穴住居跡も、不整形な隅丸方形である。

35号竪穴住居跡の平面形は方形で、壁溝が発達して貼床があり、カマドの左右にも壁柱穴がある。しかし貯蔵穴は造られていない。竪穴住居内の貯蔵穴は、この頃から少なくなる傾向がある。8世紀前半のうち、貯蔵穴が確認されたのは5・51号竪穴住居跡である。住居跡の規模は、

5号竪穴住居が一辺9m程度で最も大型である。つぎに5〜6mの中型が5軒、4m前後の小型が5軒である。これに規模の不明確なものが6軒あるが、多くは小型に近い規模であろう。

　大型の5号竪穴住居跡は、6本柱である。東半部が遺存していたにすぎないことから、詳しい検討はできない。床の一部は貼床であったらしい。壁溝がめぐらされ、細かな間隔で壁柱穴が確認されている。報告者はカマドが設けられなかったと考えているが、削平を受けて痕跡が失われたのであろう。P1を貯蔵穴と考えれば、北壁に接して設けられていたことになる。大型の竪穴住居跡である。

　中型竪穴住居跡は、4本の主柱の構造である。なかには主柱穴を結ぶ直線から飛び出して、5本目の柱穴が南側で検出されることがある。2号や52号の竪穴住居跡で、52号では柱痕跡が壁側に向かって傾く特徴的がある。同様な遺構は矢吹町後原遺跡の1号竪穴住居跡から検出され、板材で造られた階段の痕跡であることが明らかにされている。江平遺跡では、出入り口の階段が丸太材で造られたのであろう。同様な位置に柱穴や柱穴状の施設が造られた竪穴住居跡は、2・5・6・51号が確認されている。着目されることは少ないが、かなり普及した施設である。

　これと関連して、中型竪穴住居跡では出入り口施設の壁に壁柱穴が設けられない傾向がある。壁柱は、カマドを挟む2本と住居四隅近く、東西の側壁を2〜3分するように設けられている。壁に沿って直立した柱穴で、屋根を補助的に支える構造と推定される。出入り口部分に壁柱が設けられないのは、屋根を広げて南側に開放部を設けたのであろうか。

　中型の竪穴住居跡では、カマドは燃焼部が竪穴内部にあり、細長いトンネル式の煙道で先端に煙出し穴が造られている。燃焼部は小石や砂を混ぜた粘土で造られ、なかには構築材のひとつとして土師器甕が入っていることもある。小型竪穴住居跡では、燃焼部の奥半部が竪穴の外に突き出すようになっている場合がある。竪穴住居内部空間を少しでも広げる工夫である。

　掘立柱建物　南東北で箱形柱穴の掘立柱建物は、7世紀になって寺院や官衙と関連する施設で造られ、この後8世紀になって一般集落に普及する。古墳時代にも平地式建物は、造られていたであろう。発掘調査でこれが確認はされていないのは、遺構として遺りにくい簡易な構造であったからであろう。火山灰に覆われた群馬県の遺跡では、数多く検出されている。また掘立柱建物跡という性格から、時期を限定することが難しい点も、確認されない理由である。

　江平遺跡で8世紀中葉とした掘立柱建物跡も、明確な証明は難しい。柱穴から土器が出土する場合もあるが、意図的に埋納された状態でなければ、時期は限定できない。8世紀の遺跡の上に中世の遺構があれば、中世の柱穴に8世紀の土器片が混ざることもあるので、これが根拠にならない。したがって時期の限定も難しくなる。

　8世紀とした3棟の掘立柱建物跡は、掘形が貧弱な掘立柱建物跡である。また38号掘立柱建物跡は細長いことから、住居とするよりは物置のような形態の建物であろう。16号・32号建物跡は、性格を限定することはできなかったが、住居ではないと考えられる。須賀川市沼平東遺跡などでは、掘立柱建物跡と近接して、生活廃棄物を処理する土坑が造られている（福島県教育委員会1981）。この例とは異なることから、倉庫や作業小屋のような施設であろうか。

　江平遺跡で、8世紀の可能性を指摘した掘立柱建物跡と同様な掘立柱建物跡は、三春町越田和遺跡12号掘立柱建物跡でも検出されている（福島県教育委員会1996b）。19号掘立柱建物跡と同じような柱穴から、埋納された8世紀の土師器が出土している。

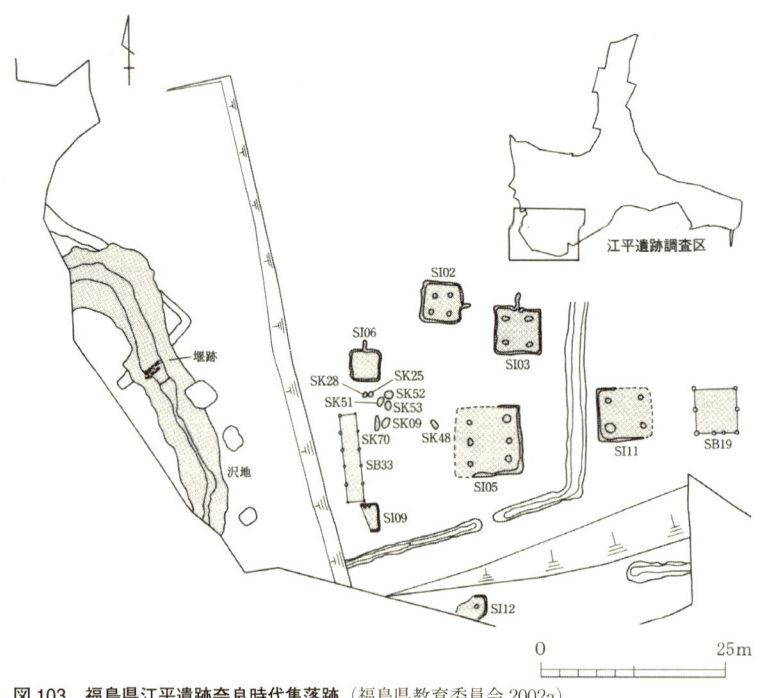

図103　福島県江平遺跡奈良時代集落跡（福島県教育委員会 2002a）

調査区の南西部、6号竪穴住居跡の南側に造られていた土坑は、周囲の建物を避けるように造られている。存在していた建物を避けて造られているので、8世紀中葉の遺構と考えられる。直径1m前後で不整形な平面形である。中からは土器片が出土することもある。塵穴のような用途であろうか。墓穴のような整った形態ではないことから、穴さえあれば用が足る程度の目的で造られたのであろう。

　沢地の井堰　沢地の泉状施設は、柴木を混えた土砂と杭や割板を組み合わせて造られ、ダム状にした構造である。上部は失われて、堰の全体は不明である。沢の流水と湧水を溜める施設で、基底部に導水施設はなかった。堰上面から溜まった清水が溢れるような造りであろう。付近は中世の泉井も造られていたので、地形的に清水が湧出する場所である。泉状施設の水は、湧水で飲用も可能な清水である。

　掘り抜き式井戸は、古墳時代の例は極めて少ない。これが阿武隈川上流域の集落で普及するのは9世紀になってからである。古墳時代の泉井では、白山C遺跡で湧水地点に穴を掘った施設が知られている。このほか白山E遺跡では、時期は限定できなかったが、奈良・平安時代の可能性が推定できる長方形の清水を溜めた施設が造られていた。一辺7.2〜7.9m、深さ1m前後の施設である。近くに湧水地点がある場所では、泉状の施設が基本となっていたのであろう。

　江平遺跡の集落構造　竪穴住居跡の規模から推定居住人員を推定すれば、小型では成人一人程度、中型は単婚世帯が生活する程度である。これより小さくなると、家財道具などを含めれば、複数の成人が居住することは難しくなる。一方、5号竪穴住居跡のように大型であっても、複数の世帯が居住しないのは古墳時代と同じである。やはり竪穴住居跡の居住者は、単婚世帯に類する集団であろう。この場合、竪穴住居規模の大きい方が優位な地位にあったと考えられる。住居の規模が大きくなれば、造る手間も費用も大きくなり、それを維持することにも経費がかさむ。さらに家財道具を多く持っていることからも、大きな住居が必要とされたのであろう。住居の規模は、集落を構成する集団内の地位を反映している。

　8世紀前半の江平遺跡で、竪穴住居跡が最も多く集中する場所は、大型の5号竪穴住居跡を中心とした調査区の南西部である。この地区は南側の丘陵から北側に緩く傾斜する地形で、丘陵裾

部にあたる場所である。竪穴住居跡群の東側は段平坦面で、西側は沢地となっている。沢部では小川を堰き止めて泉状の施設が造られていた。さらに沢地の西側は若干の平坦面となっている。これは中世に大きな整地作業が実施された結果で、それ以前の旧地形は尾根状で、住居を造るには不向きである。このような地形からすれば、5号竪穴住居跡を中心とする竪穴住居跡群と泉状施設は強い関連性を持っていたと考えられる。

　5号竪穴住居跡を中心とする竪穴住居跡群は、南北50m、東西40mの範囲に配置されている。カマドは北側壁を中心に配置されているが、一部では斜面にあわせて東側壁にも設けられていた。出入り口が確認された竪穴住居跡では、すべて南向きに造られている。床面の標高は、最も高所にある12号竪穴住居跡が海抜276m、最も低い2号竪穴住居跡で271mである。約5mの比高差がある。各竪穴住居跡の間でも床面に1m前後の比高差がある。つまり、竪穴の掘削によって生じた排土を階段状に造成して、この平坦面に竪穴住居が造られたのであろう。

　竪穴住居跡は大型が1軒（5号）で中型が（9・11）号・2・3号、小型が6・8・12号である。9号と11号は重複しており、建て替えである。大型と中型は単婚世帯に類する近親者の竪穴住居であろう。小型の竪穴住居跡からは、カマド以外の施設は確認されていない。住居内部自体が狭くて、調理や炊飯は空間的に困難な広さである。カマドは炊飯用というよりは、むしろ除湿と暖房を目的に造られたのであろう。居住人員も成人2名は難しい広さである。世帯として自立する生活は成り立たなかったと考えられる。ただし、小型竪穴住居の居住者は成人となった個人であろう。竪穴住居の居住者をこのように考えると、調査区南西部の成人数は最大で10人程度となる。これに子供を加えても15人を越えることはない集団である。小世帯の住家群である。

土坑・掘立柱建物跡　竪穴住居跡以外の遺構は、この地区が中世の舘跡の南部と重複していることもあって、確認は難しいが、土坑は竪穴住居跡にともなう可能性がある。縄文時代の陥とし穴を除く、6号と8号竪穴住居跡に挟まれた地区にある約15基の土坑は、竪穴住居跡にともなう可能性が高い。塵穴処理用の土坑であろうか。

　また、竪穴住居跡群の周辺には、小さな掘立柱建物跡が分布している点も重要である。このうち32号・33号掘立柱建物跡は土坑や竪穴住居跡とは重複していない。主軸方向も、ほぼ竪穴住居跡とあっている。位置的には5号竪穴住居跡の西側にあり、竪穴住居跡の間に当たる場所である。また東側の19号掘立柱建物跡の軸線方向は、竪穴住居跡群と同じである。大きな掘形が設けられた通常の掘立柱建物跡は、阿武隈川上流域では奈良時代の後半になってから急速に普及しているので、それ以前の掘立柱建物跡の可能性もある。

最勝王経精誦木簡と祭祀関連遺物　江平遺跡の井堰とその周辺からは、木製品と鉄器が出土している（図104）。これらはすべて祭祀に関連する遺物である。槽は浅く作られ、盛りつけられた内容物がよく見える形状になっている。鋤と紡錘車は農耕と機織りに関連して、農業と布生産を象徴する器物である。鋤身と紡錘車は生産用具であるが、祭祀に用いることもあろう。東大寺正倉院に伝わる祭祀用唐鋤や機織り具などと同じである。江平遺跡でもこれに類する祭祀が執り行われていたのであろう。竹笛は雅楽の龍笛に近似した横笛で、指孔は6個である。出土した横笛としては、現在の時点で最古である。横笛は歌舞音楽に必要なひとつであり、この笛が雅楽に通じる構造であれば、横笛とともに演奏する曲も伝えられたであろう。このほか井堰からは、完形土師器坏1点も出土している。

　最勝王経精誦木簡は、平川南の判読によって、天平 15 年（743 年）正月 13 日に聖武天皇の大乗金光明最勝王経転読の詞に応じた呰万呂が、最勝王経（金光明経四巻本）を精誦したことを示す内容であることが明らかになった（福島県教育委員会 2002a）。これは正月 14 日から七七日にわたって、東大寺の前身寺である大養徳国金光明寺を中心に全国で催された法会である。詔という形式で、命令ではなく天皇の呼びかけに応じる「詞」という形態で執り行われ、この期間中は殺生の禁断が命ぜられている。転読会の方法は伝えられていないが、読経に加えて仏を供養するために歌舞音曲が催されたのであろうと筆者は推定している。当時の仏教儀礼と歌舞音曲は、密接に結びついていた。『続日本紀』によれば、大養徳国金光明寺では、全国の手本となる法会が執り行われ、その最終日には当時の右大臣橘諸兄によって僧侶の慰労がなされている。

　天平 15 年前後は、天然痘の流行や藤原広嗣の乱、恭仁京遷都、新羅との関係悪化など騒然とした社会不安のなかにあった時期である。これを仏教の力で鎮めようとして、大仏建立の詔が出される。その前準備のひとつが、最勝王経転読の詞である。

　呰万呂などが読経を行った場所は、木簡には記載されていないことから限定はできないが、聖武天皇の詞では「海内出家之衆於住處」とされている。正式な寺院以外にも在地首長層の居宅などで、転読会が執り行われたであろう。また木簡の署名が呰万呂という名前のみが記載されて、姓や郡郷が記載されていないことから、役所への提出木簡ではない。「呰万呂」という名前で、人物名が明示される範囲を対象とした木簡である。呰万呂という名前は在家の名前で、僧侶名ではない。したがって呰万呂は、寺院で執り行う読経の中心とり得る人物ではない。しかし、経典を精誦する能力のある人物であることから知識人で、仏教の教義にも詳しい人物である。このような知識を取得するには、地元の有力者層に属していなければ難しい。少なくとも呰万呂は、江平遺跡の小世帯群を統括するような人物であろう。

　このように考えれば、呰万呂が最勝王経の精誦を行った場所は、官衙の付属寺院という公的な場所ではなく、江平遺跡周辺の可能性が高い。聖武天皇の詞も「海内出家之衆於住處」と全国に呼びかけていることからすれば、それぞれの場所で読経がなされることを意図している。江平遺跡では、最勝王経精誦木簡と

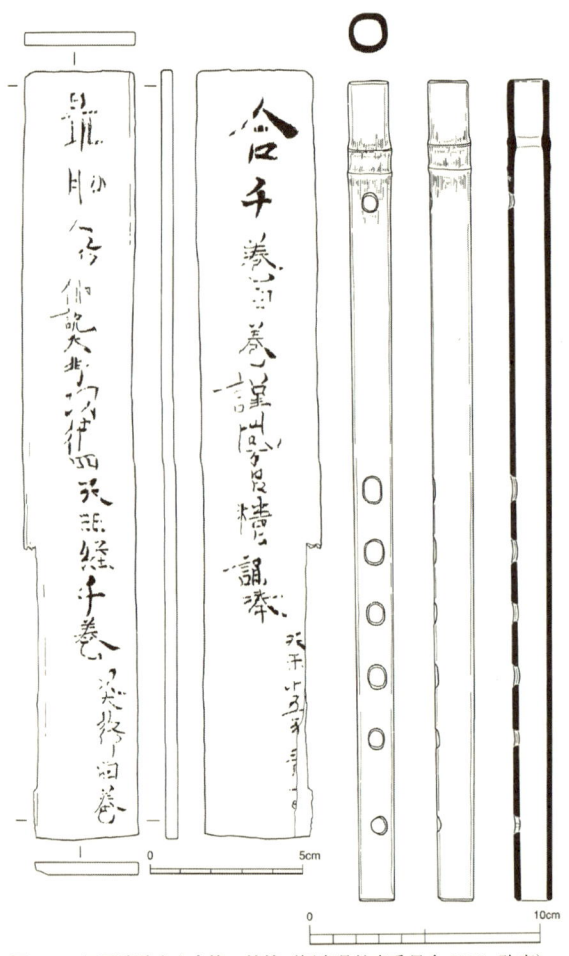

図 104　江平遺跡出土木簡・竹笛（福島県教育委員会 2002a 改変）

ともに、横笛や槽という祭祀や音曲に関連する遺物が出土している点は重要である。最勝王経精誦の場所が、江平遺跡周辺であったことを間接的に示す出土品である。大養徳国金光明寺を手本として、江平遺跡の周辺で法会が執り行われれば、やはり読経に加えて歌舞音曲がともなった可能性を想定したい。

また皆万呂が精誦に使用した最勝王経は、平川南によれば当時の最新版である大乗金光明最勝王経ではなく、いくつか編集本を合わせたものである（福島県教育委員会 2002a）。これは最勝王経が、転読者に直接頒布されたのではなく、別々に入手したものを合わせたか、あるいは部分的に集めたものを入手していたのであろう。

正式の寺院であれば、統一的に編集された経典が頒布されるはずであろう。版が異なれば内容も異なり、経典の一貫性が失われ、思想の混乱と錯誤などの不都合が生じる。正式な寺院では、思想統制の意味からも、各版を混ぜた経典の使用は差し控えられたのではないだろうか。

転読会の終了月日は、『続日本紀』によれば3月4日であり、江平出土木簡に記載された月日と合致するか、せいぜい1日の違いでしかない。皆万呂も正月14日から精誦を開始したことを示している。詞を受けて古代日本国の版図で同時に開催されたのである。これは正月13日の詞が出される以前に、十分な準備が中央と地方で完了していたことを示している。江平遺跡の奈良時代集落は、通常集落のひとつである。当時の辺境に当たる陸奥国の集落でも、詞を受けて一斉に最勝王経転読会が執り行われていた。このことは、律令統治がこの地の末端にまで及んでいたことを示している。

8世紀前半のヤケ　竪穴住居は基本的に住居であり、各種の生活用具や農耕具類、食料などの保管には不向きである。現在でも農家では道具小屋・作業小屋は必要なように、8世紀においても不可欠である。7軒の竪穴住居で構成される集団であれば、3棟程度の倉庫を想定しても不自然ではない。しかし総柱建物の倉庫跡は、調査範囲では確認されていない。

江平遺跡南西部で検出された建物群は、阿武隈川上流域の集落をみても8世紀中葉の住居群としては大きい方である。それは小規模な建物群であるが、住居と倉庫からなるヤケ（吉田1983）のひとつではないだろうか。沢部の井堰から出土した最勝王経精誦札と合わせて考えるならば、皆万呂を含む裕福な世帯によって形成された遺構と推定されよう。皆万呂は、最勝王経を精読することが可能な知識を持った在家の人物である。文字の読み書きは、律令体制の統治機構のなかで、地位を占める基本的条件のひとつである。皆万呂がこの世帯の家長と考えても大きく外れることはない。さらに皆万呂は、江平遺跡周辺でも有力な一人であるからこそ、最勝王経転読会を執り行ったのである。

8世紀の小集落は古墳時代後期や7世紀の例と比べると、掘立柱建物を含むこと、竪穴住居間に大きな格差があるという点が、大きく異なっている。山王川原遺跡の8世紀前半の26号竪穴住居跡を中心とした竪穴住居跡群も、このような小集落である。

江平遺跡西南部で竪穴住居群が形成された時期は、8世紀前半の一時期である。8世紀後半になるとこの地区では、17号竪穴住居跡が1軒検出されているのみである。17号竪穴住居跡は、東側壁の一部と柱穴が検出されているにすぎないが、主柱穴の2基が側壁に設けられる特徴を持っている。これはロクロ土器の出現期に特徴的な竪穴住居で、時期の限定が可能である。また、カマドの痕跡が確認された7号竪穴住居跡とも、重複した位置に造られている。

　8世紀前半には江平遺跡西南部の小世帯が衰退した可能性もあるが、同遺跡の東部では寺院に類する施設や掘立柱建物群が造られていることを合わせて考えれば、皆万呂の小世帯が、居住場所を移した可能性も推定される。この場合は、占地した場所が宅地・園地として相伝されなかったことになる。

　階層分化の進行　8世紀前半の竪穴住居は、河岸段丘に単独、あるいは2軒程度で散在している特徴がある。また白山A遺跡、沼平遺跡、東村（現白河市）谷地前C遺跡など、8世紀の集落遺跡では少数の竪穴住居跡が散在している。この時期は、竪穴住居1軒や2軒のまとまりが、生活の単位となっていたことを示している。古墳時代よりは小さなまとまりである。この構成員は小世帯に類する規模で、成人2名程度の構成員である。律令期に小世帯より小さな単位成立するには、在地社会の在り方に大きな変化があったことを示している。

　これとは逆に、大小の竪穴住居と掘立柱建物で構成される屋敷が、8世紀には出現する。この住居群を構成する竪穴住居には大小があり、規模も大きく内部施設の整ったものから、小型でカマド以外に遺存する施設が無いものまで含まれている。大型竪穴住居の住人を結合の中心として、これに従属する構成員を含む世帯群である。阿武隈川上流域集落では、8世紀になって急速に階層分化が進行したことを示している。在地の最有力首長である郡司層と小さな世帯を営んだ人々の間に立つ、中間的な勢力であろう。

　8世紀前半から中葉の集落は、河岸段丘平坦面や丘陵部・台地内部という場所に竪穴住居の小群が散在している形態になる。竪穴住居のまとまりは、周囲とは離れて営まれる。地縁・血縁関係がすべて解消されることはないであろうが、このような集落の出現と前後して、河川周辺の大規模集落が解体してゆく。さらに同時期は、群集墳も造営を停止する時期にも当たっている。竪穴住居が丘陵地帯に進出する8世紀前半を境として、在地社会に急激な変化があったことを反映している。

　8世紀になって新しく集落が営まれる場所は、一部で5世紀に小集落が営まれた所であるが、大半はそれまで集落が分布していなかった場所である。これは8世紀の集落が、新たな開発によって出現したことを示している。さらに8世紀中葉にかけて、竪穴住居の数が増加して行くことは、江平遺跡での事例が示すように、開発も順調に発展していったのであろう。ほかの遺跡でも、継続的に集落が営まれてゆくことが明らかになっている。集落の急速な増加と分布の拡大は、この時代が社会的に成長期にあったことを示している。

　この時期の集落が丘陵部から山間部に分布圏を拡大させてゆくことは、耕地の在り方からすれば特異である。基本的に山間部は、水稲農耕に向かない場所である。しかも集落規模は小さい。これは当時の集落で行われた農業で、畑作の占める位置が重要になったことを示している。古墳時代以来の、畑作を重視した方向で開発が進められた。

　古墳時代では、1軒程度の竪穴住居で耕地の開発を進め、農業を経営することは困難であった。これに対して8世紀代の集落では、数軒の竪穴住居群で、それまで耕作が行われていなかった場所に進出して行くことは確かである。開発を進めるには投資が必要である。開発が軌道に乗るまでは、衣食を支える物資、開墾道具・鉄製品・須恵器の供給に加えて開発技術の援助がなければ、事業の遂行は不可能である。数軒の竪穴住居規模で、このような資本の蓄積を想定することはできない。個々の開発には、労働力と資材を供給する社会的組織の存在は不可欠である。

　7世紀後半から8世紀代にかけて、この地域の手工業生産に新たな発展がみられる。土器類では、須恵器の割合が比較的多くなる。須恵器の坏は出土例が増加するし、須恵器の甕も多くなる。多くは地方官衙と関連する窯で造られた製品である。これ以外では、須賀川市大久保A須恵器窯跡で甕類を主体にする製品が造られている例が知られている（福島県教育委員会1981b）。大久保窯跡では、土師器形の長胴甕が焼成されていた。8世紀後半の時期である。製品は、須賀川市東部から郡山市東南部の狭い範囲で流通していたことが確認されている。新しく山野を開発して出現した集落を供給先として営まれた須恵器窯である。経営主体は、丘陵地帯の開発を進めた首長層と関連する階層であろう。

　8世紀代になると竪穴住居跡から出土する鉄製品は、古墳時代と比べて急速に数を増やしている。鉄製品の供給が、それ以前と比べて飛躍的に増大した結果である。福島県の太平洋岸地域を中心に、この時期の製鉄遺跡が知られている。阿武隈川流域でも、律令期の製鉄関連遺跡は知られている。調査が実施された遺跡が少ないだけである。郡山市梅ノ木平遺跡では製鉄炉が、矢吹町赤沢B遺跡では鉄滓と製鉄関連木炭窯の発掘調査がなされている。開発を支える鉄製品は、十分に確保される状況となっていた。

　新しく山林荒野の開発を推進したのは、江平遺跡西南部のような規模の大きい小世帯群や郡司などの豪族層である。在地で鉄や須恵器を生産して供給し、労働力を編成して開発を推進した主体となった階層で、いわゆる富豪の輩と呼ばれた人々である。

　周辺の小世帯群は、富豪層に従属して必要な物資の供給を受け、その代償として、従属的な地位に組み込まれていたと考えられる。江平遺跡を例にすれば、南西部の5号竪穴住居跡を中心とする世帯、これに周辺に点在する小世帯の住人が従属する状況であろう。8世紀前半の集落構造は、古墳時代の小集落が比較的自立的な農業経営を行っていたのとは異なっている。9世紀になって出現する谷地前C遺跡等の、掘立柱建物を主体にしたいわゆる律令官衙風の建物群は、8世紀の小世帯層が発展した結果であろう。江平遺跡東部の9世紀の建物群もこの階層によって造られたのである。富豪層とそれに従属する人々が出現したのである。

　しかし、8世紀以降に開発が進む丘陵や山間部の集落は、9世紀あるいは10世紀には消え去る。律令期の集落は律令制度の社会体制によって維持されていたのであり、それが十分に機能しなくなると急速に衰退していった。したがって8世紀になって各地に出現する集落も、律令体制のなかで経営されていたといえよう。小世帯が自立的な農業経営がなされたのではなかった。このような集落の盛衰は、律令体制の組織によって各集落が経営されていたことを示している。

　8世紀から9世紀代にかけての律令期は、河川近くの大規模集落が解体して、再び丘陵地帯に集落が進出する時期である。これと合わせて、地方統治のために郡家が造られて行く。阿武隈川上流域では、泉崎村関和久遺跡や須賀川市栄町遺跡、郡山市清水遺跡である。8世紀にはこの地域にも、地方官衙が出現したのである。地方官衙の出現は、この地にも律令制度による統治機構が成立したことを示している。

　律令制度の支配方法の特徴は、人々を戸籍によって把握する方法にある（井上ほか1971）。戸籍が完成すれば人口と世帯構成を把握できるようになる。律令政府は、戸籍によって人的資源を掌握して、租税の徴収、庸役や兵役の動員が可能になった。また、それまでの血縁関係の族制的結合をより細かく分けて、郷戸さらには房戸・個人までが帳簿上にまとめられた。

戸籍によって個人までが登録され、房戸という単婚世帯が把握されるようになる。血縁組織の細分が、制度上は進行した。この中で集落を構成するまとまりも、規模が小さく分けられたのであろう。8世紀前半に竪穴住居跡が1～2軒のまとまりで集落が構成されるのは、これと合致している。また丘陵部に再び集落が営まれるのは、この地本来の生産基盤が河川流域ではなく、台地や丘陵部であったことへの回帰である。

7世紀の大規模集落では、竪穴住居の規模に大小はあるが、一定の場所に集合している。住居に農地や菜園がともなうことはない。これが維持されなくなり、8世紀前半には従来の散居集落が復活する。そして安定した集落が営まれて時間が経過すれば、開発能力の差、事故や災害などの要因から格差が生まれる。江平遺跡の西南部で検出されたような富豪の屋敷である。これとは逆に、規模の小さな竪穴住居の数も増加した。7世紀後半から8世紀初頭前後で、階層分化が急速に進展したのである。貧富の差は拡大した。

富豪層は、律令体制と結びついて勢力を拡大して行く。聖武天皇の詞を踏まえた最勝王経精誦木簡はこれを示している。いわゆる富豪の輩と呼ばれる有勢者層が形成されるのとともに、零落して行く人々も生まれていった。こうして、古墳時代では族制的結合のなかで、大きな階層差のなかった在地社会は解体していった。江平遺跡の在り方は、阿武隈川上流域という陸奥南部に当たる周辺地域にまで、8世紀には確実に律令体制が浸透していた一端を示している。

む　す　び

それまで丘陵地帯に散在していた集落は、7世紀中葉に河川周辺に集住する。畑作農耕から水稲農耕が指向された結果であろう。これにともない小集落による小経営から在地集団による集団営農に変化した。この推進を推進したのは復活した豪族層であろうが、その背後には、7世紀の危機に対応した倭国の戦時体制があった。

集落の変化とあわせて群集墳が形成される。集団営農を支える同族組織である。群集墳はいくつかの横穴（古墳）造営体により、世代を重ねて造営されている。集落においても住居群の継続的まとまりがある。あるいはこのようなまとまりが、群集墳の造営体と対応していたのであろうか。群集墳の形成が倭王権の在地政策であれば、7世紀における集落の編成もこれ対応する政策であろう。7世紀段階の在地支配は、土地ではなく人の編成が要ではなかったか。当時の権力が在地を編成する方法は、これまでと同じく群集墳を造営することにより、在地の人々を掌握する方式しかなかった。富を生み出すのは、土地ではなく、土地を開発する人間とその労力の結集である。

しかし、この政策は7世紀末には転換される。河川周辺の大集落は解体に向かう。この政策が成功とはいえなかった結果であろう。ところが8世紀の丘陵地帯に復活する集落は、掘立柱建物と竪穴住居を組みあわせた構造である。また須恵器と鉄器の出土量も増大する。集落の編成とともに、各種手工業生産の改革が実施され、成果を上げたことの反映である。

そして8世紀、律令による統治体制は在地の集落まで貫徹された。江平遺跡から出土した「最勝王経精誦木簡」はこのことを端的に証明している。律令政府により大養徳国金光明寺で執り行われた儀礼と並行して、陸奥国の集落でも同様な儀礼が同時に催されたことを物語っている。これを遂行するには、詔の徹底と事前の準備が国家機構を通してなされたであろう。ここに、律令体制による実効統治の一端をみることができよう。

第**6**章
群集墳による支配の網

はじめに

　限定された狭い場所に集まって小古墳が造られる群集墳は、平野部から山間部まで広く営まれ、時期と場所を移して造られる。倭国の西半部は古墳後期が盛期で、倭国の東半部では概ね古墳終末期である。そして北東北では奈良時代に造られた。現在知られている9割以上がこの古墳である。群集墳には老若男女から幼児が葬られている。副葬品は、装身具と武器・馬類があるが、なかにはほとんど出土しない例も多い。群集墳に葬られた人々は、王や豪族ではない。

　群集墳の研究史は半世紀以上もあり、現在も分析が続けられている。近藤義郎は1952年の『佐良山古墳群の研究』において、社会の基礎的な単位＝共同体のなかから成長した家父長制家族の自立宣言として、群集墳の出現と考えた（近藤1952）。群集墳の造営体を家父長制家族とする考えは、エンゲルスの発展段階説を継承した氏族共同体、親族共同体そして古代家族に至るなかでの想定を踏まえた結果である。近藤の考えは、小経営が成立していたとする都出比呂志の主張を先取りしている（都出1986）。

　これに対して小林行雄は、『図解考古学辞典』の解説で、大和政権の統治機構が整備され、官司制度を担う官人層の編成を受けた結果とした。共同体の分解現象に、地域内で大きな格差があることはないが、群集墳の分布には大きな偏差がある（水野・小林1959）。

　白石太一郎は、西嶋定生による『古墳と大和政権』（西嶋1961）を受けて、旧河内国の群集墳の分析を行った（1961年）。このなかで白石は、古墳の造営自体が共同体的行為であり、一須賀古墳群、平尾山古墳群、高安古墳群という超大型群集墳の形成が個々集落を単位にしたとはとうてい考えられないことから、大和政権を構成する有力氏族による擬制的大同族集団の形成に対応しているとした。そして、有力氏族の興亡に対応して群集墳の造営も左右される政治的な墳墓とした。つまり群集墳の造営を通して、大和政権およびその有力氏族が在地の中小共同体にまで支配を貫徹しようとすると指摘した（白石1966）。また大型群集墳の盛行時期にある時間差から、6世紀代に盛期がある高安型と7世紀代に造営盛期を置く平尾山型に分けた（白石1982）。

　近接する場所で群集墳の分布偏差と盛行期の相違があれば、生産性の発展を重視する近藤義郎の説は成立しない。そこで甘粕健と石部正志は、群集墳の盛行は、共同体の分解にともなって成長した有力家父長家族への大和政権や中央有力豪族から地方への賜姓や擬制的血縁関係の設定に対応した動きと考えた。（甘粕2004、石部1980）。

　さらに水野正好は、群集墳内部を墓道の視点から支群に分け、家父長を核とする一世代一墳で

構成される家族墓とする群集墳造営原理を主張した。そして群集墳の終焉と単葬墓に至る過程に推古朝の冠位規定による統治機構の強化を想定した（水野1970b・1974b）。群集墳に大和政権の政治的政策を読み取る考えである。

中核地でも石部正志がいう5世紀代の初期群集墳（石部1980）、たとえば5世紀代に盛期がある奈良県新沢千塚古墳群では、前方後円墳、大型円墳、小型円墳という内部墳形の相違があり、その数をグラフに表すと前方後円墳を頂点として小型円墳を底辺とする三角形となる。均一的な古墳で構成される通常の群集墳とは異なる。

また山中敏史は、群集墳は氏族首長層の族性的原理に基づいて編成され、家父長制的世帯共同体の自立を示すのではなく、同族関係の主張と確認にあったとした。群集墳は氏族や小部族首長により、共同体成員をこの内部に押しとどめる方式ということになる（山中1986）。この場合、群集墳の造営権は、氏族や小部族長が把握していたのであろうか。同族とは系譜を同じくする一族のことか、あるいは姻戚を含めた系族か、両者を含むのか。区別に言及はない。

中核地での群集墳は後期から終末期前半、TK10型式期前後からTK209型式期に盛行する。横穴式石室と横穴を埋葬施設にする小古墳群で構成され、老若男女から幼児までが同一埋葬施設に葬られる。そして古墳は造られないが、追葬期を経て7世紀のなかでほぼ活動を停止する。また7世紀中頃に造られる古墳では、個人用埋葬施設に変化する（水野1970b・1974a・b）。

南東北の群集墳はTK209型式期に出現して、盛行期は7世紀後半にかけてである。また横穴と横穴式石室の普及はTK209型式期頃である。この群集墳では、玄室に須恵器の副葬は少ない傾向にある。太平洋岸に沿って横穴が盛行して一部では内陸部にも到り、浸透するように徐々に受容される（阿部1999）。

そして、8世紀には北東北でいわゆる末期古墳が盛行する。埋葬施設は横穴式石室を意識しているが、形骸化した単葬用施設である。造られる場所は、北上川上流域に集中する。これ以外は馬淵川流域、それに三陸海岸部の一部など限られる。さらに北海道石狩川低地にもある。群集墳の盛行期の偏差は、狭範囲内では比較的少なく、広範囲間では大きい。

以上のように群集墳は展開する。ただ中核地と東国の群集墳では、盛行期が異なるにもかかわらず、複数埋葬から単層埋葬に変化して、いずれも7世紀末葉までにほぼ活動が停止するという共通する傾向がある。横穴による群集墳は、九州では5世紀代に始まる。これは九州南部で、地下式横穴という特異な埋葬施設に変化する。また横穴自体の伝播は、九州から段階的に東に伝播する（阿部1999）。古墳埋葬施設の伝播に倭王権の関与はなかった。

南東北では、太平洋岸と阿武隈川上流域で盛行する横穴に対して、会津平と福島盆地で群集墳は少ないという格差がある。阿武隈川上流域の南部でも須賀川市以南では、濃密に分布しているのに対して、郡山市では少なくなり、さらに北部では著しく少なくなる片寄りがある。南東北という限定され場所でも、群集墳の分布は片寄っている。

阿武隈川上流域では、TK209式期頃から複数埋葬を想定した横穴が造られ、7世紀後半には単数埋葬とする横穴になる。横穴への埋葬は9世紀前半まで続くが、横穴自体の造営は7世紀代に終了するらしい。いわゆる平尾山型群集墳に近い造営過程がある。7世紀は倭国から古代日本国への転換期である。また、倭国東部での群集墳盛行期は7世紀にある。そこで、このような古墳を終末期型群集墳とした。

　群集墳は古墳の一種であり、評は律令体制に至る制度である。ところが評は、住民の土地区分ではなく人間集団を把握した組織であるとする有力な見解も、提起されている（山尾1977、大町1986ほか）。考古学からも山中敏史は、地方行政機構の分析をするなかで、「評」を国民区分のための地域区分ではなく、管理下に置いた人的集団に付随する領域とした（山中2001）。

　この地で盛行する7世紀代の群集墳は、律令体制の形成過程と連動して造営されている。古墳時代的な支配体制のもとで造営された群集墳が、古代律令国家の形成過程において郡に先立つ評の段階で盛行する。また倭国東部と西部という場所の相異、6世紀と7世紀という盛行期の相異があるなかで、限られた範囲の墓域で、複数葬埋葬から単数埋葬という共有変化をもって終始する。6世紀の後期型群集墳と7世紀の終末期型群集墳は、どこが同じで、何が異なるのか、この意味が問われよう。

第1節　東村（現白河市）笊内古墳群の様相

　阿武隈川上流域で、群集墳の全容が明らかにされた唯一の発掘調査例が、東村（現白河市）笊内古墳群である。この群集墳が、この地の典型例かどうかの検証は今後の課題であるが、群集墳を構成する要素、その実態を知る上では、重要な資料である（福島県教育委員会1979・1996a）。以下では報告の概要と筆者の理解を述べておく。

　笊内古墳群は、阿武隈川の支流社川から分かれた矢武川の沖積平野を南に臨む丘陵の頂部から南斜面にかけて造られている（図105）。丘陵の北側は阿武隈川の沖積平野がある。借宿廃寺や関和久遺跡の東南に当たる場所である。丘陵は頂部と矢武川沖積平野の比較差は30m程度で、緩やかに波打つような凹凸が続く丘陵地帯の一郭である。

　発掘調査によって検出された遺構は、墳丘古墳2・3・4号墳の3基、埋葬施設の営まれていない土盛り8基、箱式石棺1基、土坑1基、横穴54基である（図105）。これらの遺構は、標高330m弱の丘陵頂部から南東に緩やかに傾斜する尾根線にそって、その南西斜面に形成されていた。東西150m、南北100mの範囲である。最高所の盛土1が墳頂で標高329m、最低所は2号墳墳裾の306mである。

　古　墳　2号墳は、横穴群西半部の南に位置していた。全長17mの前方後円墳である。墳丘の北・東・南にU字形の周溝がある。周溝の幅は約4m、深さは1m程度であろうか。後円部は直径10m、高さ2.5m程度である。前方部は丸みがあり、方形というよりは、形の乱れた円形に近い。高さも、後円部より0.4m程度低い。括れ部はあるので前方後円墳状ではあるが、報告書で想定されたような鋭角的な前方部の形状ではない。

　埋葬施設は、後円部のほぼ中央に奥壁を据えて、主軸方位をN-15°-Eにとって墳丘の南側面に開口する横穴式石室である（図106）。全長5.27m、玄室長2.46m、同最大幅1.2m、同高さ1.5mである。横穴式石室は、斜面を「L」字状に掘削した掘形のなかに営まれた玄室と玄門・羨道で構成されている。石材は石英安山岩質熔結凝灰岩で、雑に整えた切石である。奥壁は、2個の石材をほぼ垂直に積み上げて構成され、端部は左右の側壁をおさえるようにして組み合わされていた。玄室の側壁は、5段ないし6段に積み上げられている。

　水平方向の目地は通しているが、垂直方向では目地を違えている。断面形は、持ち送りが著し

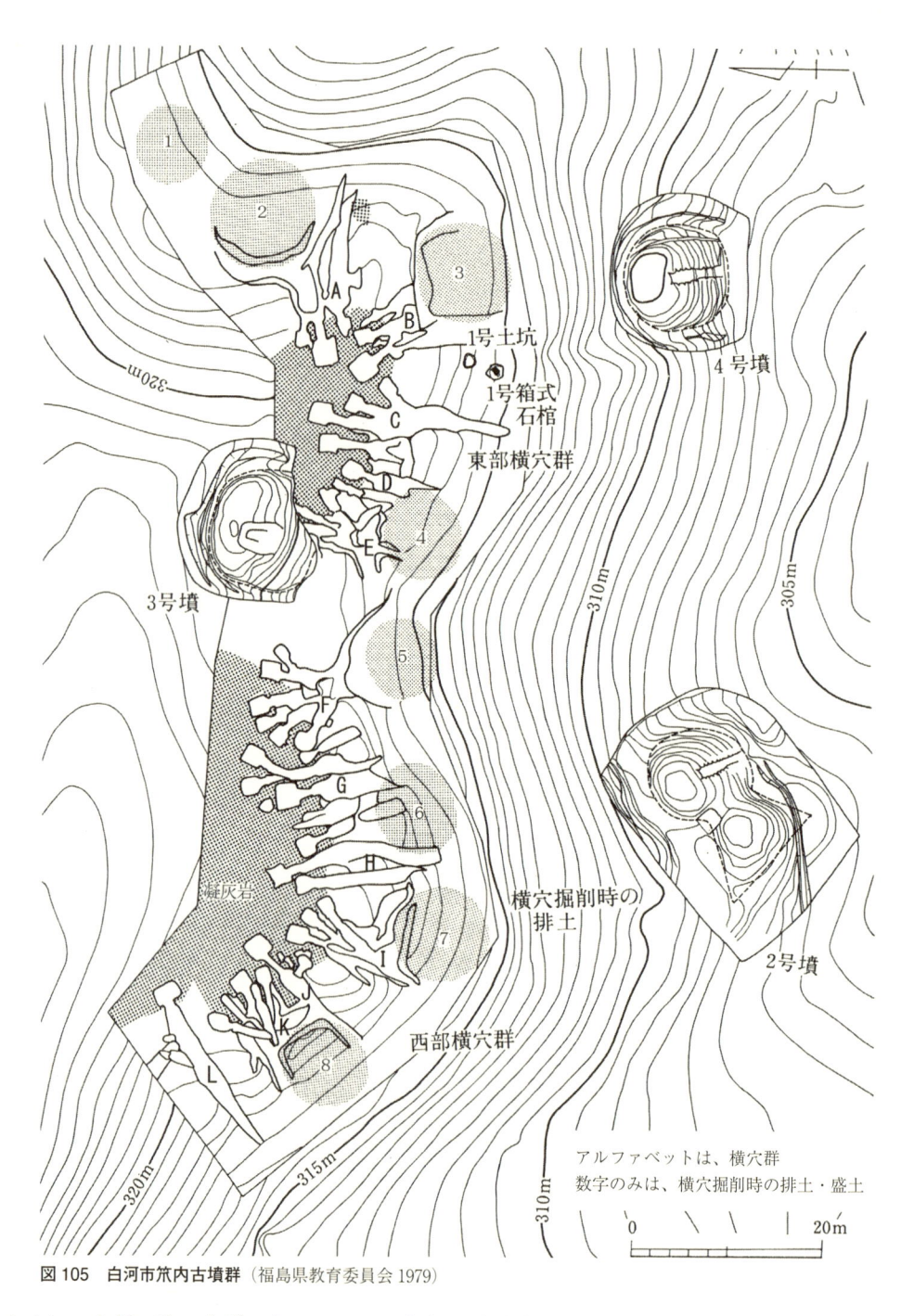

図105　白河市笊内古墳群（福島県教育委員会 1979）

いために、上部の狭い台形になっている。玄室の平面形は、やや胴張り気味である。玄門には楣石を置いて境としている。門柱石は角塊状の石を積み上げて造られ、高さも側壁の中程までしかなく、明確な造りではない。

　羨道の壁面構成は、玄室と同様であるが石材の積み上げに持ち送りはない。上部が開いているために断面形は逆台形でまた壁の上面の高さは、墳丘の傾斜に合わせて高さを減じている。このことから羨道部は、天井石が架構されなかった可能性が高い。機能的には、羨道よりも前庭部で

ある。石室の閉塞は、羨道から玄門にかけて小さな石材を詰める方法である。床面は、斜面に立地するために入り口に向かってわずかに傾斜していた。またこの部分の実測図では、基底石と床面の間は地山になっていたらしい。出土遺物は、玄室からガラス小玉、土玉、青銅製釧がある。

　3号墳は横穴群の中央東よりの丘陵尾根に造られていた。墳丘は東西11m、南北8.8m。丘陵尾根をU字形に掘った幅1.4m、深さ1mの周溝が設けられている。墳丘は、周溝の底面から測ると最高所で2m程度である。墳丘の南端は失われていた。埋葬施設は凝灰岩の切石横穴式を用いた横穴式石室であるが、大きく損傷を被っていた。

　4号墳は横穴群の東南に位置している。丘陵側をU字形に掘削した周溝が設けられている。墳

丘規模は直径11m前後、周溝底面からの高さは1〜3mである。周溝幅は1.4m、深さは1m程度である。墳丘・周溝とも遺存状況は、良好である。

　埋葬施設は切石積横穴式石室である。ほぼ2号墳と同様な形状であるが、相違点もある。玄室では、天井石が無かったことから、木製等の造作を想定した報告がなされている。また羨道部の奥半は玄室側壁と同じ高さまで積まれ、この部分までは天井があった可能性が高い。羨道中ほどに梱石があり、この部分ら羨門側に一段低くなっていた。さらに梱石から羨門にかけて、閉塞石があった。遺物は、羨道奥半部西壁に沿って床面から、小鉄刀2本が出土している。

　箱式石棺は、凝灰岩の切石を組み合わせた構造である。石棺内部は、長さ81cm、幅20cm、高さ28cmである。内部および石組からの出土遺物はなかった。成人の火葬骨ならば、遺存する可能性もあろうが、そのような痕跡は確認されていない。火葬ではない人骨であれば、分解したとも考えられよう。また近接して土坑もあっ

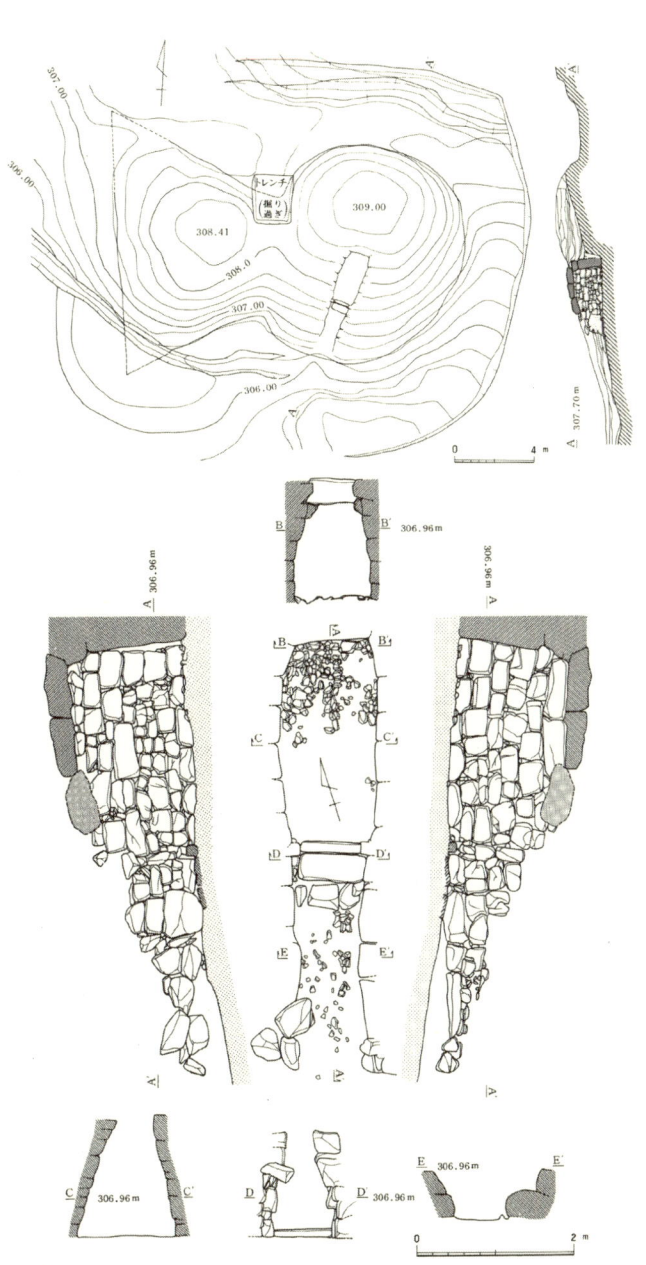

図106　白河市笊内2号墳（福島県教育委員会 1979）

た。時期は不明で、古墳群との結びつきは不確かであるが、横穴群のなかに造られていることからすれば、これらは埋葬施設であろうか。

横穴と土盛り　横穴群は、造られた凝灰岩層の縦幅が狭くなだらかな丘陵斜面に造られたという条件から、玄室床面の高さが標高317m前後に造られていた。またいくつかの横穴の前庭部が重複していた。この重複関係から、54基の横穴はA〜Lの12群に区分されている。横穴群が大きく東西の2群に分かれ、対応する前庭部のまとまりは、数え方により変わるが、これが造営単位を示しているとすれば、全体で10群程度はあったことにある。また玄室全体平面形、玄室平面形、玄室率面形から横穴の分類がなされているが、複雑である。そこで空間構成と玄室規模から、横穴群の造営変化を整理しておく。

玄室平面の大きさは、長さと幅が2mより大きな大（8基）、複室構造（1基）、長さと幅が1.5m程度の中（24基）、幅が1m程度の小（21基）である。玄室の大きさは、想定される被葬者数に対応していよう。横穴小の大きさから被葬者が成人ならば単体埋葬、横穴大・中は複数埋葬であるが、横穴大の方が多数の被葬者を想定していることになろう。前庭部の重複関係からは、横穴大→横穴中→横穴小への変遷傾向がある。この逆は確認されていない。ただし、横穴中の前庭部堆積土を除去して、新しい横穴があるにもかかわらず、横穴大へ追葬が行われたと想定される堆積土の変遷は確認されている。このほか複室構造の横穴18号から、横穴中の横穴16号への変遷が確認されている。横穴玄室の規模変化は、複数埋葬から単体埋葬に移行したことを示している。

閉塞位置は、羨道天井の有無とも関連している。玄室に続いて奥行きの短い玄門が設けられ、玄門前に閉塞石があれば、玄室・玄門に続いて前庭部となる横穴が想定される。これに対して、玄門に続いて細長い羨道の設けられた羨門部に閉塞石がある場合は、天井のある羨道が想定される。前庭部の重複関係からは、1号・9号・10号・16号・21号・32号・33号・39号横穴で羨門部閉塞が確認されている。すべて横穴大である。

横穴群の前面に造られた円形の盛り土は、8基が報告されている。このうち東端の1基については横穴が対応しないほかは、すべて横穴前庭部に造られている。この盛り土を報告では横穴掘削排土として理解されている。しかし、横穴の前庭部の脇に円形の盛り土を行えばそれは、一種の標識となる。意図的に造られた遺構である可能性もある。これと埋葬施設が確認された古墳を加えれば、笊内横穴群は横穴で想定された12群の造営単位と近い数となる。埋葬墳が確認された3基の古墳の被葬者は、この古墳群が形成される段階で大きな役割を果たした人物であろうか。また7世紀後半までに継続した古墳が造られていないことからすれば、これらの後継者は横穴に葬られたのではないだろうか。

横穴の遺物　横穴群から出土した遺物は、須恵器、土師器、鉄刀、刀子、馬具、鉄鏃、鉄釘、鉄鋲、砥石、紡錘車、装身具（耳環、勾玉、ガラス小玉、切小玉、琥珀玉、土玉、錫釧、銅釧）、銅碗である。出土遺物の種類は多いが、出土した横穴と古墳は限定的である。

須恵器のうち最も古い一群は、いわゆる北関東系須恵器の一種で、在地化した形状である。短脚高坏、高台付長頸壺がある。波状文による装飾もこの種の須恵器の特徴である。おおよそ善光寺1式と同時期であろう。このほか、大甕、フラスコ形長頸壺、坏Hの蓋などがあり、善光寺5式までの須恵器である（福島県教育委員会1988c）。土師器は、栗囲式から国分寺下層式までが大半である。これより古い土師器は出土していないし、新しい表杉ノ入式土師器は少数である。土器

類は、前庭部や閉塞施設前面からの出土である。西日本のように玄室から出土する例は少ない。

　鉄刀は、破片も含めて大刀8振り、小刀4振りが報告されている。大刀は6号横穴から3振りと、1号、16号、23号、26号、44号横穴で各1振りである。このうち16号と44号は刀身の一部である。また板鐔が、1号、24号、34号横穴から各1点出土している。小刀は、4号墳から2振り、41号、43号横穴から各1振りである。刀子は、破片を含めて16点が出土している。

　1号横穴から出土した鉄刀は、茎が棟方に寄って刃区が大きく造られていることから最も古い。7世紀前半の鉄刀である。また26号横穴から出土した鉄刀は、鋼が無く、喰出鐔が茎に直接装着されている。8世紀後半の鉄刀である。

　馬具では、23号横穴と37号横穴から金銅製馬具がほぼ一式出土している。TK209式期である。このほか38号横穴からも、辻金具1点が出土していると報告されているが、誤記の可能性があろうか。また鉄鏃は破片を含めて18点があり、6号横穴からは全長25.8cmと20.7cmの大型鉄鏃2本が報告されている。このほか、23号横穴5角形平根の棘箆付がある。形状は鉄鏃であろうが、銛のような使用方法も考えられよう。

　装身具は、1号横穴で勾玉10点と錫釧1点、15号横穴で耳環2点、33号で勾玉9点、35号でガラス小玉1点と耳環2点、36号で耳環1点、37号で勾玉7点とガラス小玉1点と耳環1点、39号で勾玉3点と切小玉5点、40号で耳環1点、41号で青銅釧1点、45号で勾玉3点と琥珀玉3点と土玉4点、2号墳でガラス小玉9点が出土している。また錫釧は数点が出土したが、脆弱で取り上げられなかったと報告されている。

　このほか9号横穴からは鉄釘11点出土しているが、木棺に使用されたとするには少ない。44号横穴からは、止め釘のある石突状の鉄製品がある。石製紡錘車1点が、21号横穴から出土している。

　笊内古墳群から出土した遺物からは、円墳と前方後円墳が7世紀前半に造られ、それ以降は造られなかったこと、横穴は7世紀前半に造営が始まり、盛期は7世紀代にある。8世紀前半には追葬活動が低下して、9世紀初頭をもって追葬も終了したことを示している。

　武器や装身具・馬具は一部の横穴から出土し、副葬品の出土しない横穴も多くある。古墳の副葬品は、横穴と比べて豊富とはいえない。横穴では、追葬による撹乱や改葬による片づけ、埋葬終了後の撹乱もあって、副葬品や供献品が失われることも想定されるが、前庭部の堆積土や排土からの遺物出土例は少ない。有機物の多くは失われたであろうが、土器類と金属製品などの副葬品は、比較的良好に遺存していたであろう。

　被葬者　笊内古墳群のうち、人骨が出土した横穴が7基で確認されている。玄室に土砂の堆積が少ない横穴である。このうち9号横穴では、玄室の中央に頭蓋骨、大腿骨、上腕骨が並んで出土した。また16号横穴でも玄室中央の玄門よりに頭蓋骨、玄室西壁に大腿骨、脛骨、上腕骨、東壁に大腿骨、上腕骨、脛骨が散乱していた。埋葬後に整理された人骨が経年変化により、散在した結果であろう。

　17号横穴の大きさは、単体埋葬と推定される横穴小である。出土した人骨も単体である。また18号横穴は複室構造、このほかの5基は横穴大である。複数埋葬を前提とした横穴である。出土した人骨の性別・年齢は表4の通りである。合計18体が確認され、男性成人4名、女性成人7名、性別不詳5名、小児2名である。これらは、埋葬された一部が遺存したにすぎないが、

表4　笊内横穴群出土人骨（福島県教育委員会 1979 改変）

横穴番号	成　人			小児	合計	処理
	男性	女性	不明			
9 号	1	2			3	整理
16 号	1	1	3	1	6	
17 号			1		1	
18 号	1	1			2	
26 号	1	1		1	3	伸展
37 号		1			1	
39 号		1	1		2	
総計	4	7	5	2	18	

複数埋葬では男女成人と小児からなる点に留意しておきたい。なかでも 16 号横穴は、成人男女各1 体と性別不詳成人 3 名、小児 1 名が出土している。ひとつの横穴にこのような人々が葬られたことになる。ただ、横穴には追葬期間があり、成人が同世代とは限らない。血縁関係は、分析がされていないので不明である。

　景　観　古墳群の造営が一段落した 7 世紀後半頃の笊内古墳群の景観を考えてみよう。丘陵の頂部、横穴群の中央部尾根筋には 3 号墳がある。そして横穴群の前面には 2 号墳と 4 号墳がある。これらは横穴群を取り囲むように配置されている。それは、古墳の造営域を示す、結界を表示しているようにも観える。最高所の円墳形の盛土1 に埋葬施設はない。近年、南東北の横穴群でも、埋葬施設のない土壇が横穴群のある丘陵尾根で知られるようになった。須賀川市北山古墳群では前方後円形の土壇であり、同市大仏古墳群でも横穴の前面と背後の丘陵に古墳が造られている。

　「大伴の遠つ神祖の奥津城はしるく標して人の知るべく」（『万葉集』巻18　4094）のいう「標」に類する土壇であり、盛土である。横穴の前面にある土盛り遺構もそれぞれの横穴枝群を示す標ともみえる。

　横穴の前庭部は埋め戻されていた。この場合、横穴に雨水が流入しないように、外側に傾斜がつけられていたであろう。閉塞装置は獣類の侵入防止の役目もあろう。樹木痕跡は検討されていないが、掘り返して追葬がなされるのであれば、広場のような状況であろうか。帯状に並ぶ横穴群の閉塞部は地表に露出して、周囲の凝灰岩も表土が除去された状態であろう。凝灰岩を覆う表土層を除去した岩面をもとに戻すことは困難である。笊内古墳群が造られた周辺は樹木があったであろうが、墓域内は古墳や土壇、横穴出入り口が見える状況ではなかったか。ほかの横穴群も、規模の大小はあるが基本的な景観は同様であろう。

第2節　矢吹町弘法山古墳群の調査

　横　穴　弘法山古墳群（福島県教育委員会 1999c）は、西白河郡矢吹町奉行塚に所在し、阿武隈川の沖積面を東に臨む河岸段丘に形成された横穴群である（図107）。横穴群が造られた場所は、河岸段丘浸食を受けて南北に細長い尾根状地形となっている。分布調査では、南北 200 m にわたって段丘崖面に横穴の痕跡が確認されている。また尾根筋には、南端と北端に小さな円丘が造られていた。発掘調査が実施されたのは横穴群の南部、南北 60 m の段丘斜面である。

　横穴は、石英安山岩質熔結凝灰岩を割り抜いて造られている。玄室と玄門に前庭部を設けた空間構成である。玄室の平面形は方形が基調である。天井は丸天井と平天井に分かれ、それぞれの横穴によって異なっている。玄門外面の多くは風化・浸食をうけて、造られた当初の形を失っていた。出入り口は、長方形の立面を基調にして、幅 0.6 m 程度、高さ 1 m 程度である。外側には額縁状の縁取りがある。前庭部の平面形は台形で、玄門から先端に向かって開くようになって

いた。

　玄室閉塞は玄門外面に板材を当て、これを割石で押さえる方法である。玄門外面と割石群の間には、約 10 cm 程度の空間が有り、これは木製閉塞板の痕跡である。割石は閉塞板の中程までの高さに積み上げられていた。さらに上部は土砂によって埋め戻されていた。前庭部の半分程度は、埋め戻された状態で横穴の閉塞が行われていた。前庭部から出土する土器類は、この上に置かれていた。

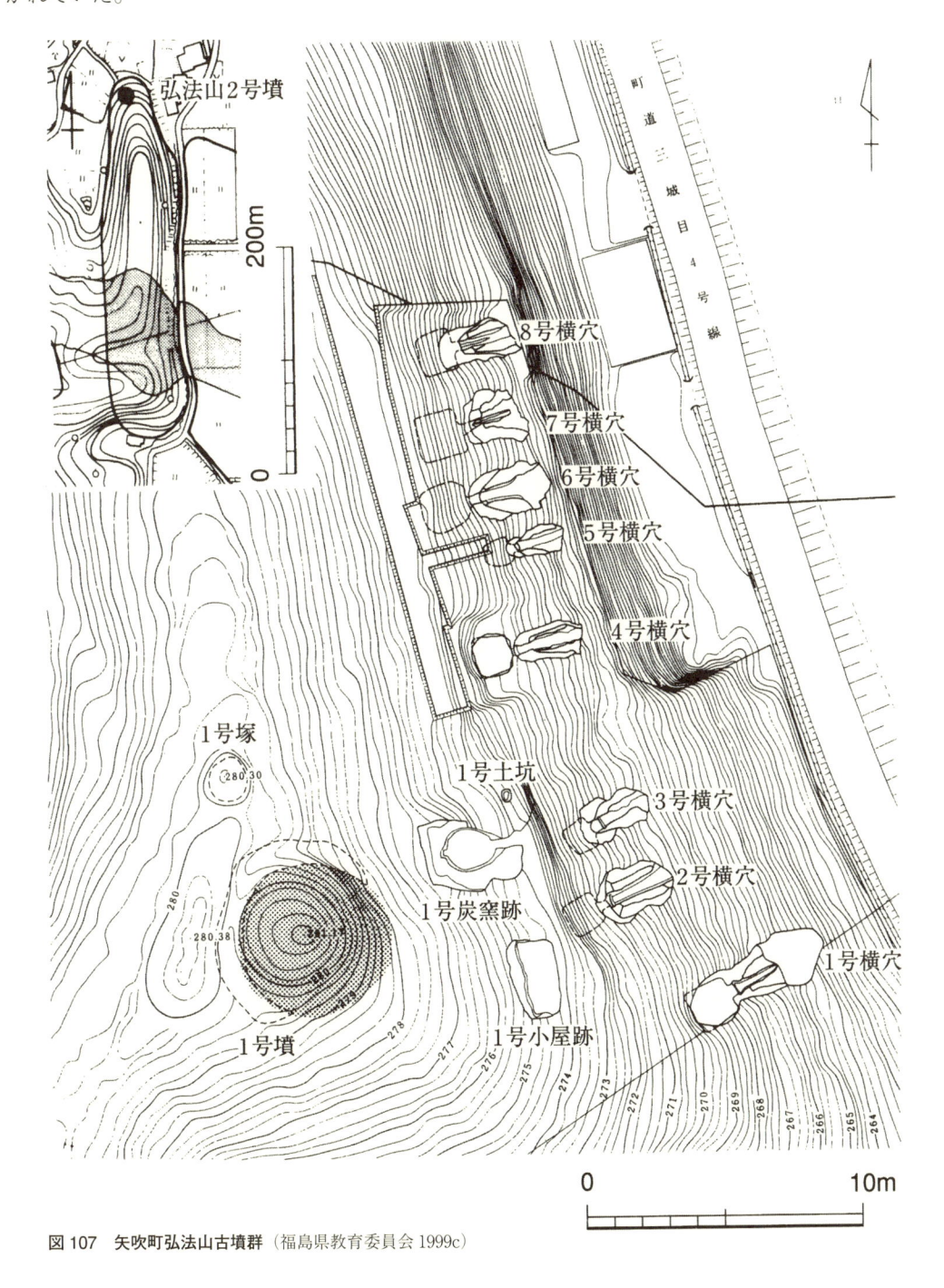

図 107　矢吹町弘法山古墳群（福島県教育委員会 1999c）

183

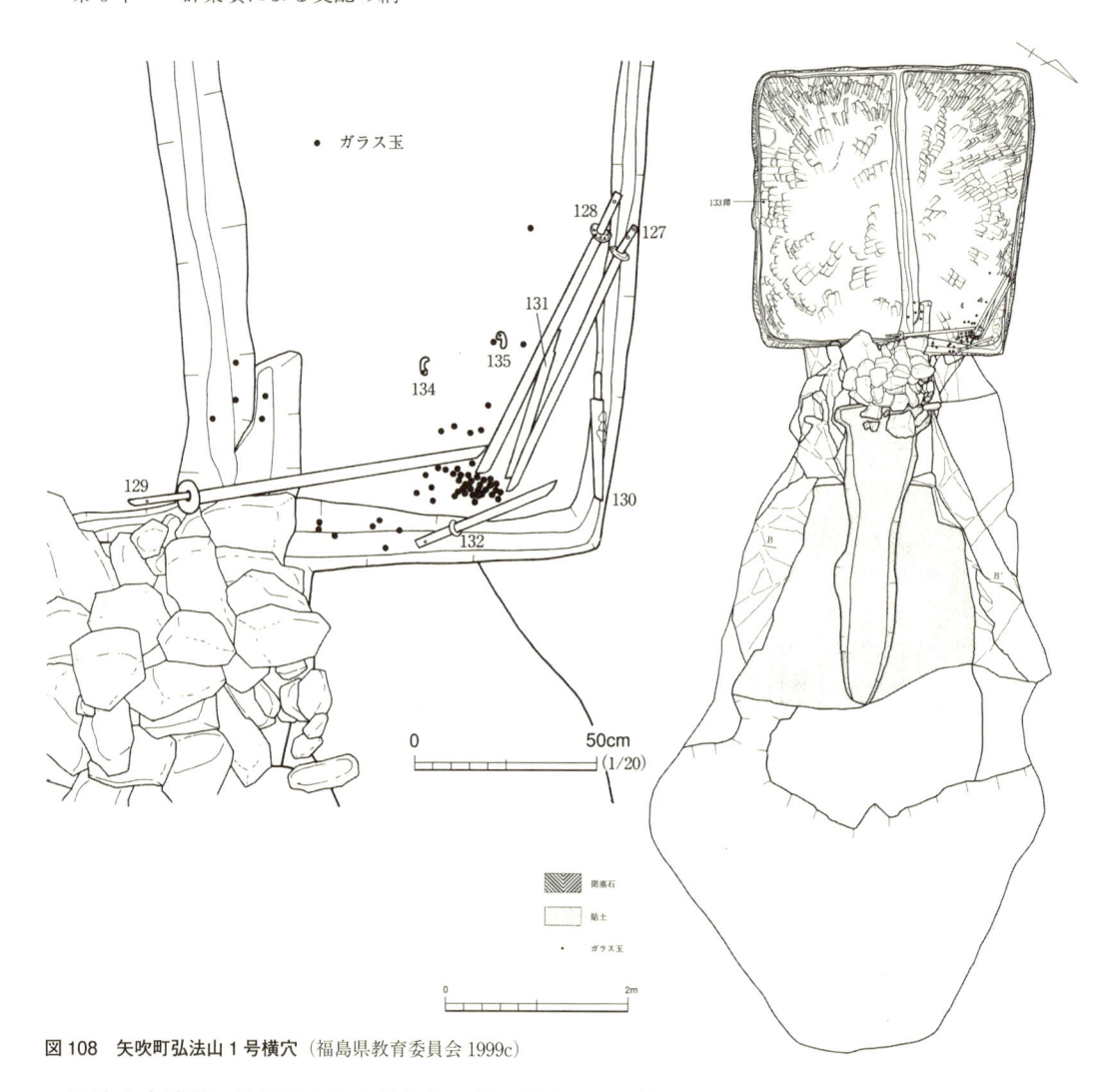

図108　矢吹町弘法山1号横穴（福島県教育委員会 1999c）

　弘法山古墳群で発掘調査を実施した8基の横穴は、最終埋葬が終了した時点から発掘調査が実施される時点までの期間に、玄室内部が人為的な撹乱を受けた痕跡が全く検出されなかった。発掘調査によって明らかにされた玄室内部の状態は、埋葬当時の状況が自然に変化した形状を伝えていることになる。玄室には被葬者とともに各種の副葬品が納められていることから、その在り方には生前の被葬者像が反映されるとともに、横穴の造営者集団や社会構造を復元する重要な資料となっている。

　1号横穴では当初の閉塞部が潰れて、玄門まで失われ、閉塞は崩壊した玄室の入り口部分で行われている（図108）。このとき古い閉塞施設は完全に除去されず、玄門部には最終段階の閉塞石が積まれ、その前にも閉塞部にも閉塞石の一部が残っていた。横穴の使用期間中に玄門の崩壊が進み、最終的には玄室の前壁の一部まで崩壊が進んだ状況で埋葬が終了したことを示している。

　1号横穴では、玄室の手前側右隅から武器と玉類がまとまって出土している。鉄刀の切先は、玄室東南部の隅を向くように集まっていた。切先を下にして隅に立てかけられた鉄刀が、倒れたような出土状況である。

　この鉄刀群に混ざって玉類が多数出土している。整理された副葬品が集められた状況である。

このほか、左側壁の中央部からは鉄刀から遊離した鉄製板鍔が出土している副葬品の片付け残しである。また前庭部からも鉄器や土器の砕片と玉類が出土している。前庭部の埋め戻し土中に含まれる遺物で、玄室の整理時の排出遺物と前庭部に供献された土器破片を起源とする遺物である。

　出土した鉄刀は玄室の隅からは、大小で3組、前庭部からは小刀破片が1本、玄室の左側から出土した大刀の板鍔と合わせて1組である。鉄刀の大小を一組の男性成人の副葬品とみれば、この横穴には4体以上が葬られたことになる。鉄刀の型式から7世紀前半を中心に、半世紀近い埋葬の継続がなされたと考えられる。

　1号横穴の最終段階で遺体が納められた場所は、玄室左半部の可能性が高い。また右半部は、集められた人骨が置かれたのであろうか。多くの玉類が含まれているので、被葬者は男性に加えて、女性の埋葬も想定される。埋葬遺体数は不明である。玄室の空間が弘法山横穴のなかでも最大規模であるので、小児も含めて多数の遺体が葬られたのであろう。阿武隈川上流域では、人骨が良好に遺存する横穴では、小児骨も含まれていることが少なくない。

　2号横穴では、前庭部の床面に造り替えがあり、大きく上下層に区分されている（図109）。玄室の整理は、1回以上行われたことになる。玄室の中央部右よりで玉類が集中的に出土している。この場所に、最終段階で被葬者の一人が葬られたことを示している。これ以外の状況は不明である。玄室の規模は、伸展状態で遺体が3体程度は納まる広さである。玉類が縦方向に散布していたこと、奥壁側の床面が高くなっているので、最後の遺体は頭部を奥側において安置されたのであろ

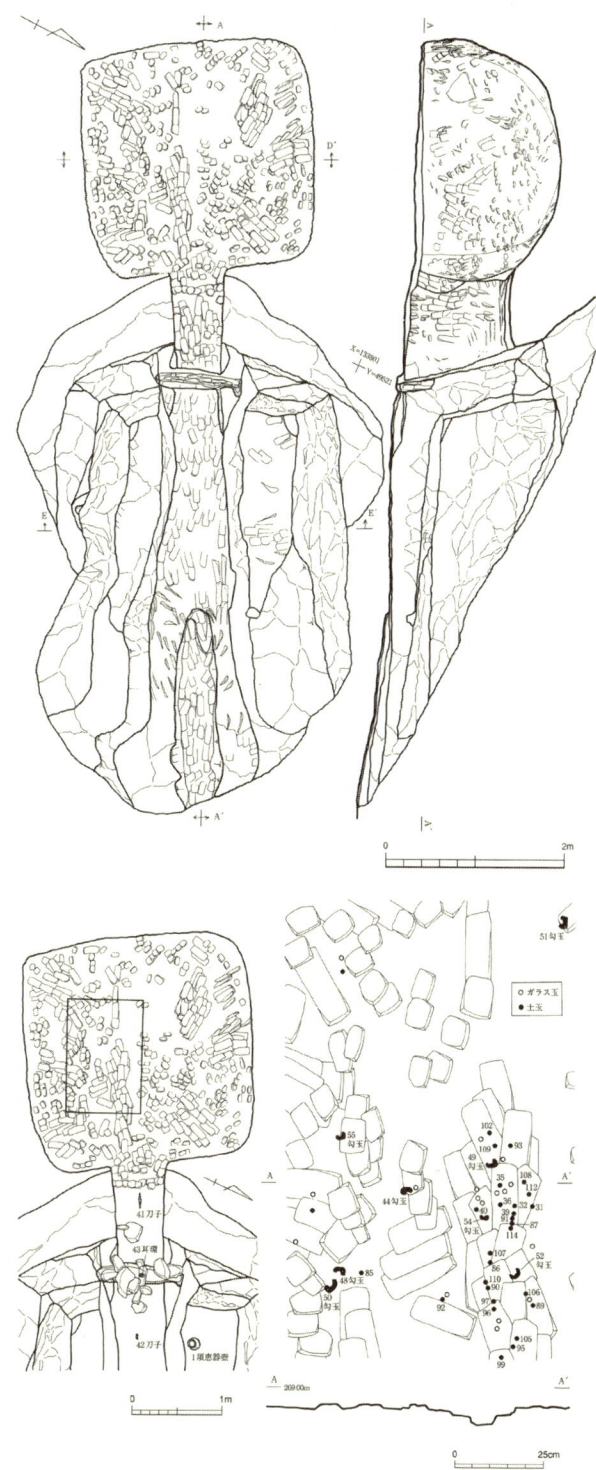

図109　矢吹町弘法山2号横穴（福島県教育委員会 1999c）

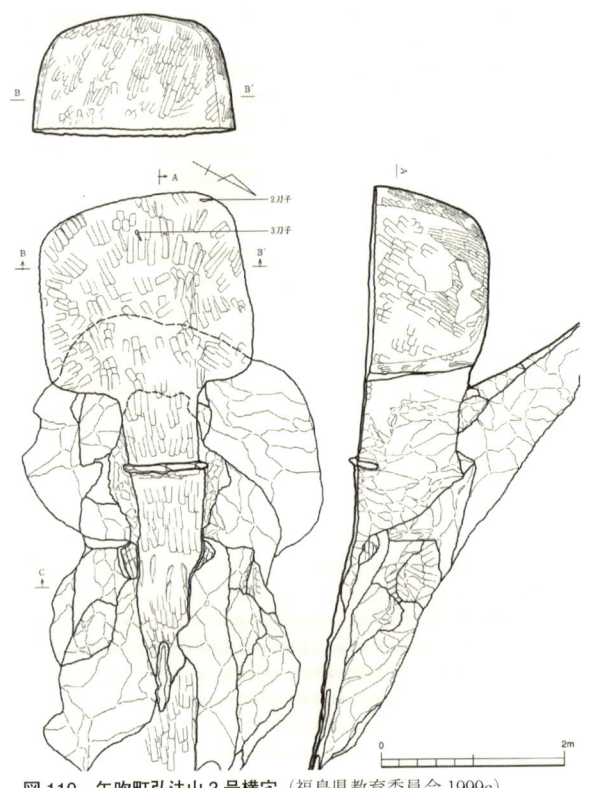

図110　矢吹町弘法山3号横穴（福島県教育委員会 1999c）

うか。また玄門や閉塞部の下部層からは、整理時に排出された刀子や耳環・玉類が出土している。この横穴では鉄刀や鉄鏃など武器類は、副葬された痕跡が全く確認されなかった。被葬者の性別は、武器がなく装身具が出土していることから成人女性と推定しておく。

前庭部右奥から出土した須恵器広口壺は、最終段階で埋め戻された土砂の中から出土した。正位で据えられた状態で置かれていたことから、供献された位置を保っている。土器からみれば、2号横穴は7世紀前半期に機能していたことになる。

3号横穴では、少量の玉類と刀子2本が散在して出土し、遺体の埋葬状況は不明であった（図110）。前庭部からも少量の玉類と須恵器破片が出土しているにすぎない。前庭部の玉類は、玄室の整理によって排出された残りであろう。玄室規模が幅と奥行きとも2m程度で、伸展させた成人ならば2〜3名の埋葬を想定した大きさである。この横穴にも2号横穴と同様に、武器武具類が副葬された痕跡は無かった。

追葬の最後に、閉塞石が玄門の前壁に接した状況で積み上げられていた。これに加えて本来の閉塞が行われた玄門前面にも閉塞石が遺存していた。これは1号横穴と同様な状態である。玄門が崩壊していたことにより、閉塞位置を移動させた結果である。玄門が失われた段階で、これ以上の追葬は停止されたのであろう。前庭部から出土した土器片が、7世紀前半に位置づけられることから、この頃には横穴が機能していたと推定される。

4号横穴は玄室内に流入土があまり堆積していないこと、天井部の崩落岩が玄室床面を覆っていることから、早い段階で横穴が崩壊して横穴の追葬行為が停止されたと考えられる（図111）。想定される被葬者数に至らない段階で追葬が中止された横穴であろう。前庭部からほとんど副葬品が出土しないことも、玄室の整理が行われなかった反映であろうか。

玄室の床面を覆う崩落岩を除去すると、奥壁に平行して切先を北に向けて小刀が1本出土し、左奥隅部からは鉄鏃が出土した。鉄刀に沿って遺体が伸展状態で安置されたとすれば、奥壁に沿って南頭となる。頭部の周辺に矢が副葬された痕跡である。玄室からはほかに遺物が出土していないので、この遺体が初葬された後で、横穴の崩壊が発生したのであろう。鉄刀の型式からすれば7世紀中頃に位置づけられる。また前庭部から、遺物は出土していない。

5号横穴の玄室は、奥行き2.4m、幅1.85mで規模は小さい（図112）。床面の中央にも溝があるので、左右に遺体を安置する計画である。左半部からは、鉄刀と耳環が出土している。耳環の位

置から、遺体は頭部を奥に置いて伸展させて安置されたことになる。土砂の流入によって原位置を失っているが、大体の位置を反映している。右半部の手前からは須恵器坏が正位に置かれた状態で出土している。この部分は、土砂の流入による影響をあまり受けなかった。

　出土した耳環は1点である。これが被葬者に装着されたとすれば、片方のみということになる。形見として親族などが片方を保管する場合、逆に遺族が自己の身の回り品を被葬者に贈る行為、玄室片付けの残り物、あるいは葬送にともなう呪的逃走などが推定されるが、決め手はなかった。鉄刀の把頭金が失われている点も、形見や鉄刀の呪術的破壊行為とも考えられるし、副葬時にすでに装着されていなかったかもしれない。4号横穴や6号横穴の小刀も、鞘尻金は出土したが、把頭金は同様に出土していない。副葬が死後の世界で死者のためになされるのであれば、副葬品の一部を損壊すれば用をなさなくなる。あるいは、生者の世界では使わないことの印であろうか。

　6号横穴では、鉄刀の出土状況から3体の遺体が安置されていたことが明らかである（図113）。玄室の右部には頭部を前壁側に置いて脚部に鉄刀と弓・刀子が配置される1体、左部には奥壁側に頭部を置いて1体が納められている。この人物の頭部には耳環を飾り、腰には刀子が吊され、脚に沿って鉄刀が置かれていた。また奥壁に沿って小刀が副葬された一体もある。

　この横穴に最初に葬られた人物は、位置から判断して奥壁側の一体である。つぎに鉄刀の型式から右部の一体となる。最後は左部の一体となる。すべて鉄刀が副葬されていることから被葬者は男性で、しかも成人である可能性が高い。副葬された多くの品々は、経年変化で移動するが、鉄刀は置かれた位置を保持した状態で出土する傾向がある。鉄刀の型式からは、7世紀中頃を中心とする時期が想定される。

　前庭部からは、埋土の上から土師器坏が出土している。これ以外に遺物は出土していないので、玄室内の整理は行われなかったのであろう。少なくとも玄室内部を整理した痕跡はみられなかった。

図111　矢吹町弘法山4号横穴（福島県教育委員会 1999c）

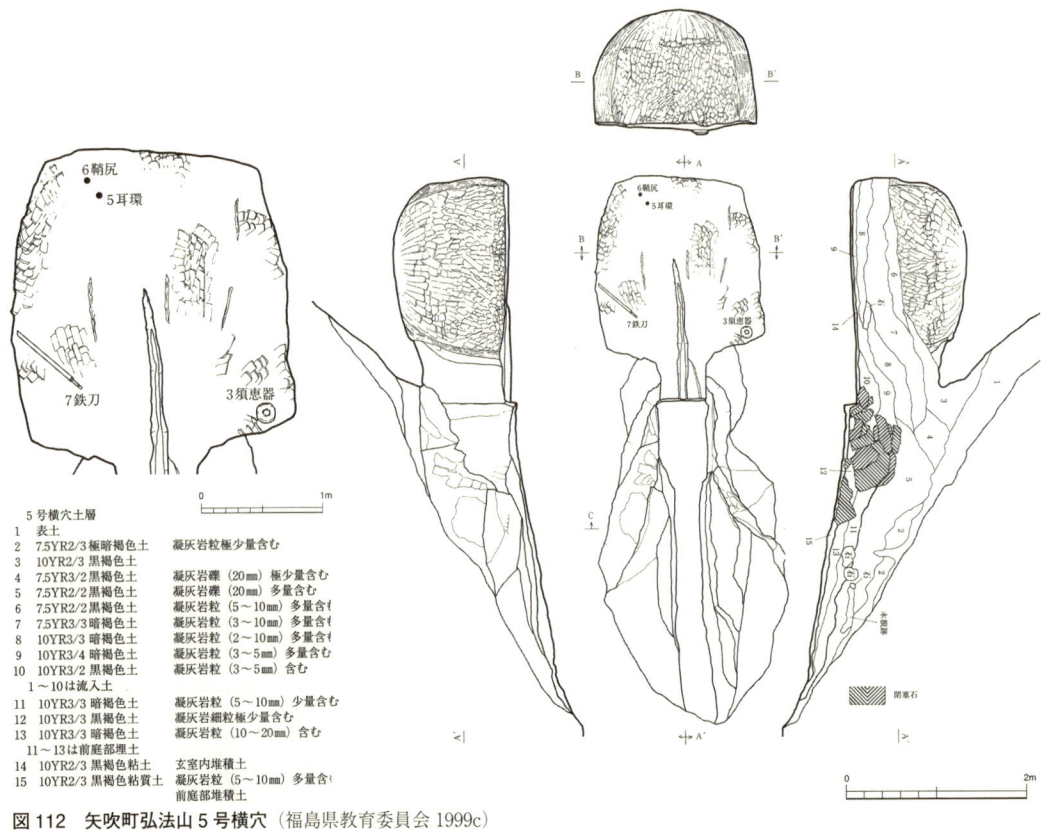

図 112　矢吹町弘法山 5 号横穴（福島県教育委員会 1999c）

この土器は 7 世紀後半の土器で、最終的な埋葬時期はこの頃である。

　7 号横穴の玄室では玉類を主体にする装身具類が、玄室床面に造られた溝を境に左右に分かれて出土している（図 114）。左半部では、奥よりの左右の耳環を中心に玉類が散乱した状況であった。耳環 19 の下からは臼歯が出土している。この部分に頭部が置かれたことを示している。玉類とともに鉄鏃が出土し、足下には小刀と土師器坏が置かれていた。鉄鏃がともなうことから、被葬者は男性であろう。

　右半部では、玉類が壁側に散乱していた。左半部よりは個数が少ない。この部分では、玉類のなかでも、勾玉が多い特徴がある。また鉄鏃も 3 点出土しているが、これは玉類から少し離れた部位で散乱していた。片付けの残り物であろうか。被葬者は、頭部を奥側に向けた成人女性を想定した。遺物の散布状況から最終段階で安置されていたのは、この 2 体である。幼児については不明である。

　8 号横穴では、右半部の入り口近くに 3 本の大刀が集められていた（図 115）。鉄刀の型式変遷からは刀 12 が最も古く、つぎに刀 11 になり、刀 10 が最も新しくなる。刀 12 が 7 世紀前半、刀 10 は 7 世紀中頃の鉄刀である。約半世紀の年代差がある。出土した土器からも、7 世紀中頃の年代が想定される時期である。これらの鉄刀は、玄室内の整理によって集められたと考えられる。

　これとは別に、玄室中央部の右よりからは、ガラス小玉が集中して出土した。この部分に 1 体が安置された痕跡と考えられる。ガラス小玉が玄室の主軸と合わせて縦長に散布しているので、遺体の頭部を北にして安置された可能性が高い。ガラス小玉が副葬されている点から、被葬者は

女性であろうか。

埋葬状況と副葬品　弘法山横穴の玄室の状況は、遺体と副葬品の配置状況がそのまま遺された4号〜7号横穴と遺骨整理が行われた1号〜3号・8号横穴に大きく分けることができる。遺体自体は7号横穴から臼歯が出土したほかは、全く遺されていない。遺体の埋葬状況は、副葬品の配置状況から推定した。

遺体が玄室に安置された場所からは、鉄釘が全く出土していないので、遺体が木棺に納められた可能性は少ない。阿武隈川上流域では笊内6号横穴からは鉄釘も出土しているが、多くの横穴では鉄釘が出土することは希である。横穴式石室を埋葬施設とする古墳でも、木棺の痕跡はほとんど確認されていない。阿武隈川上流域の後期・終末期古墳では、遺体を木棺に納めることは一般的ではなかったらしい。ただし、遺体を布等で保護して、玄室の中で見えないようにした可能性は高いのではないだろうか。

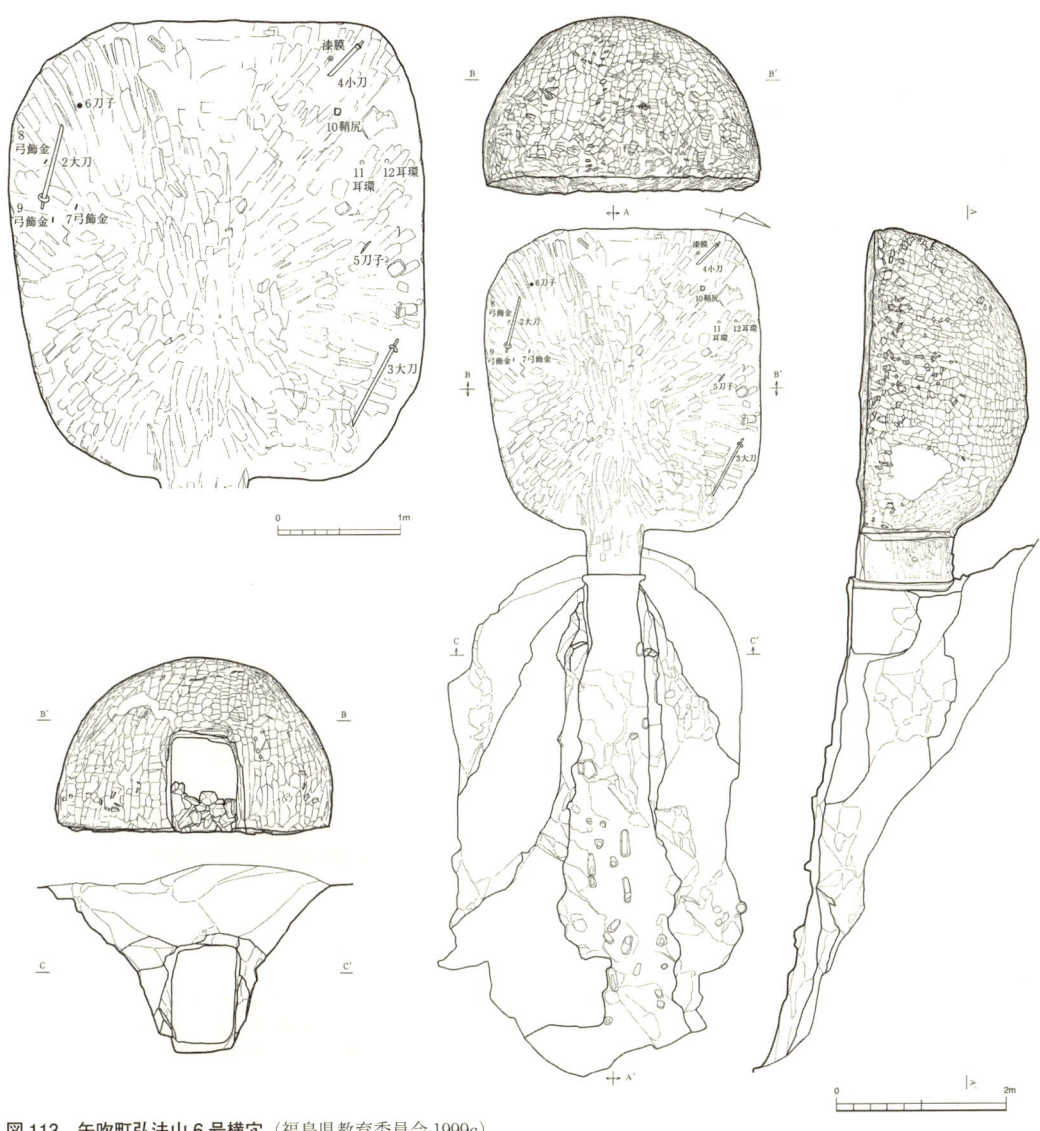

図 113　矢吹町弘法山 6 号横穴（福島県教育委員会 1999c）

遺体を横穴に移送するには、担架に類する運搬用具が必要である。木板は最も簡単な用具の一つであり、そのまま玄室に安置されることも多かったと推定される。弘法山横穴では造られていなかったが、棺台あるいは屍台とされる造り付けの施設や石材を並べ置いて棺台とした例は、いわき市館崎12号横穴など、南東北でも数は少ないが確認されている。南東北では、横穴の葬送方法のなかで遺体移送用や納める木棺が使用された痕跡は乏しい。横穴の玄室が家形や箱形に

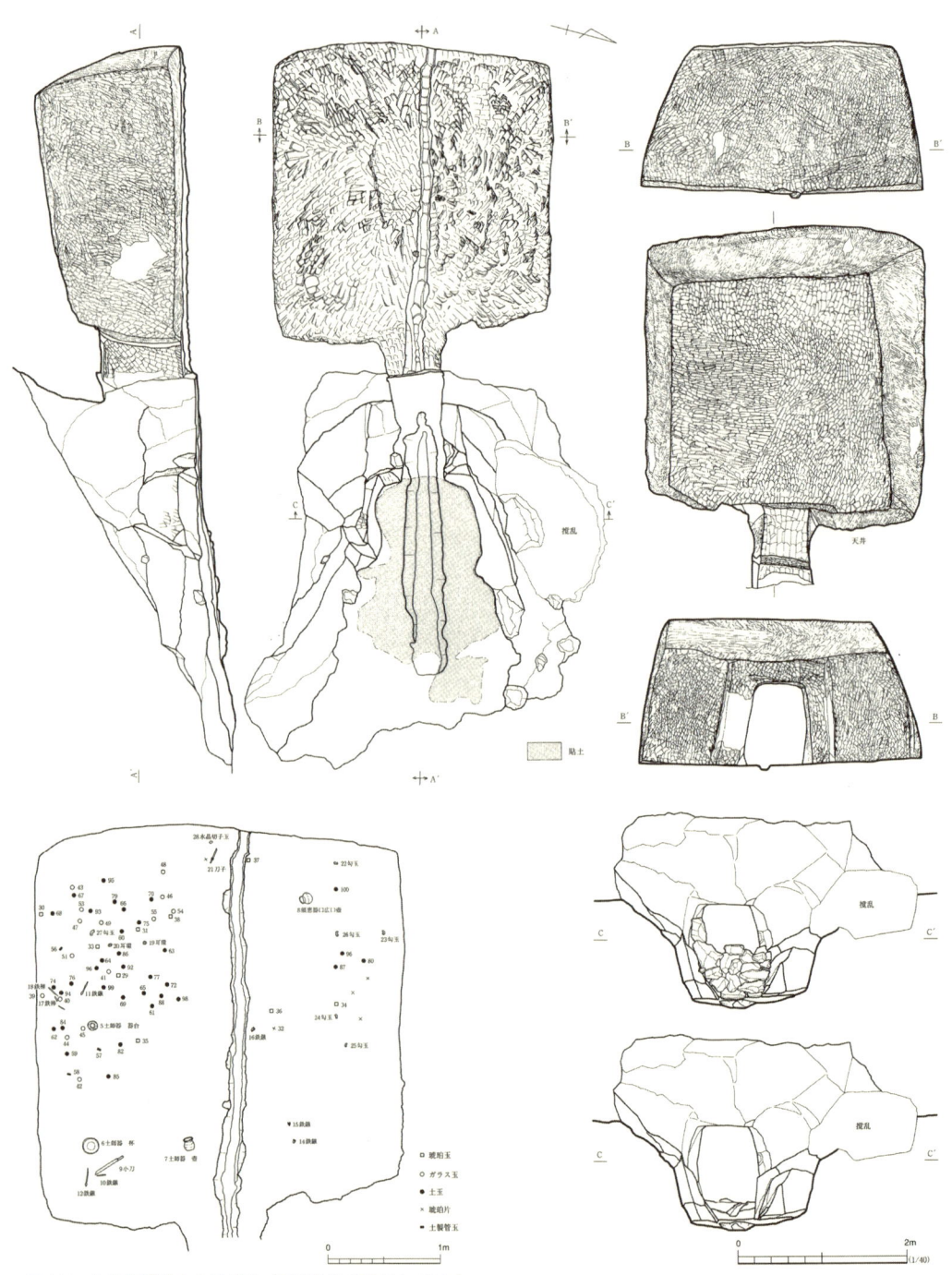

図114　矢吹町弘法山7号横穴（福島県教育委員会1999c）

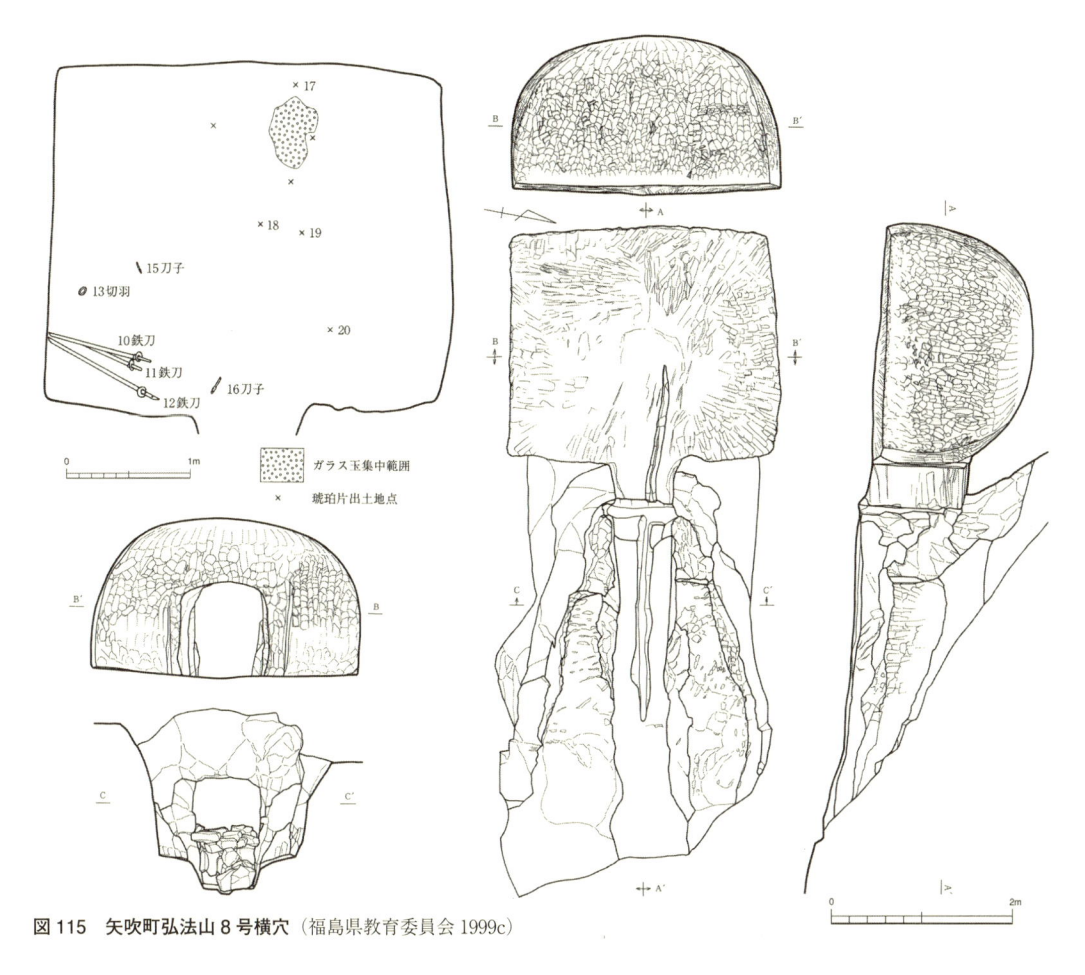

図 115　矢吹町弘法山 8 号横穴（福島県教育委員会 1999c）

整形されていることを合わせて考えれば、それ自体が大きな棺のような施設としてみなされていたのかもしれない。

　ただし、仙台市大年寺 10 号横穴では、鉄釘の使用されない木棺が報告されている（宮城県教育委員会 1990）。長さ 2.1 m、幅 40 cm の大きさで、粘土化した木質部が 2 枚になって検出され、この板に挟まれて直刀が 2 振り出土した報告である。構造は不明であるが、遺物の出土状況から木棺と推定されている。この木質は端部近くに扁平な 4 個の台石が置かれていたことから、遺体の安置に関連する木板が使用された可能性もある。

　また千葉県の鷲ノ山横穴群では、造り付け木棺に多数の遺体が納められていた例もある（沢田 1991）。柏木善治も組み合わせ式造り付け木棺の存在を想定している（柏木 2009）。これらは、遺体を骨化させる場所としての施設であろうか。木棺の有無については、まだまだ検討も必要である。

　棺は遺体を直接納めて隠すとともに、最も近い各種の身の回り品や装飾品、あるいは近親者から死者への贈り物などが納められる容器である。中核地の後期古墳でも木棺の内部に土器が納められる例では、重ねたりして土器の内部に食物が入らない状態である。この土器は死後の世界で必要な生活用具として納められたのであり、食物を供献したことを示してはいない。遺体とともに身の回り品を副葬し、装身具を身につけた状態で玄室内に安置するのと同じ副葬行為である。

そして、7世紀になると遺体を納めて運ぶことが可能な棺が普及する。

　南東北では玄室内部から土器類が出土する例は少ない。食器に暗示される食物の供献は、一般的に棺の外部に配置される傾向がある。土器類が玄室内部に副葬されるよりも、前庭部に供献された状態で出土することは、玄室が棺としての役割をもっていたことの反映であろうか。中核地とその周辺などで横穴系埋葬施設内部から須恵器が出土するのは、棺の使用とも関連しているのであろう。

　弘法山古墳群の玄室から土器類が出土したのは、5号横穴と7号横穴の2例にすぎない（図116）。使用方法でも、5号の坏蓋形須恵器は天井部を下にして出土しているように、南東北では、この種の土器は通常は坏身として使用される。相馬市善光寺窯跡では善光寺1式で多量の坏蓋形須恵器が出土しているが、確認された坏身形須恵器は1点にすぎなかった。土器は食器であり、これを象徴的に納めたのであろうか。

　7号横穴では、土師器坏と壺形土器、器台形土器、それに須恵器小壺が出土している。出土した状態が原位置を失っているので、土器類の副葬・供献状況は限定できなかった。土器が少ない場合、木製容器が副葬されている大年寺6号横穴の場合もあるが、このような例が確認されることは希である。

　前庭部から出土する装身具や武器類は砕片となって、意図的に置き据えられた痕跡が乏しい特徴がある。1号横穴から出土したガラス玉や鉄器などは、意図的に置かれた状況ではなかった。なかには、閉塞部や前庭部の盛り土からも出土している。弘法山古墳群では、横穴の閉塞が行われると、前庭部は埋め戻されたと考えられることから、閉塞部や前庭部の堆積土中に散在している遺物の多くは、玄室から排出された副葬品を起源とする混入物であろう。玄室内が片付けられ

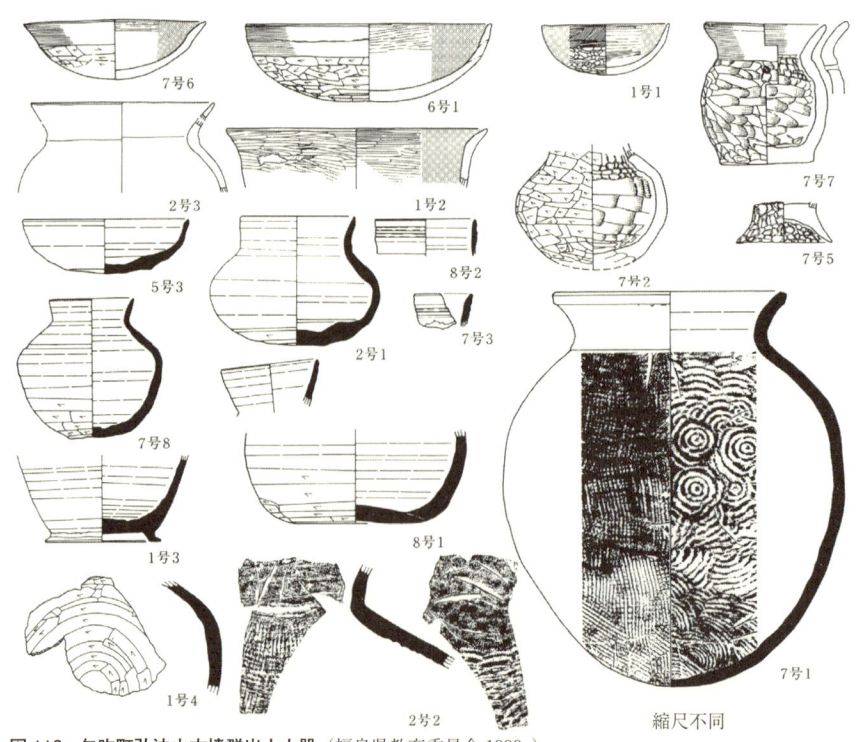

図116　矢吹町弘法山古墳群出土土器 （福島県教育委員会 1999c）

表 5　矢吹町弘法山古墳群出土遺物一覧（福島県教育委員会 1999c）

横　穴	出土地点	出　土　遺　物
1号横穴	玄　室	鉄刀 6 振（大刀 3，小刀 3），鐔 1 点， 勾玉 2 点，ガラス玉150点（管切り16，型作り134）
	前庭部	土師器 2 点（杯・甕），須恵器 2 点（長頸瓶・提瓶） 小刀 1 点，鐔 1 点，鉄鏃 3 点， 切子玉 1 点，勾玉 2 点，琥珀玉 1 点， ガラス玉109点（巻作り 1，管切り38，型作り70）
2号横穴	玄　室	勾玉12点，ガラス小玉29点（管切り18，型作り11），土製小玉33点
	前庭部	須恵器 2 点（広口壺・甕破片），土師器 1 点（甕破片） 刀子 2 点，耳環 1 点，ガラス玉27点（管切り14，型作り13），土製小玉10点
3号横穴	玄　室	刀子 2 点，ガラス玉10点（型作り）
	前庭部	須恵器 1 点，ガラス玉 9 点（管切り 1，型作り 8）
4号横穴	玄　室	鉄刀 1 振（小刀），鉄鏃 4 点
5号横穴	玄　室	須恵器 1 点（杯蓋形） 鉄刀 1 振（大刀，鞘尻と鑷に銀象眼あり），鉄鏃 1 点，耳環 1 点
	前庭部	ガラス玉 2 点（管切り 1，形作り 1）
6号横穴	玄　室	鉄刀 3 振（大刀 2・小刀 1），刀子 2 点，弓飾金 3 点，耳環 2 点
	前庭部	土師器 1 点（杯）
7号横穴	玄　室	土師器 3 点（杯・広口壺・器台？），須恵器 1 点（広口壺） 鉄刀 1 振（小刀），刀子 1 点，鉄鏃 7 点，棒状鉄製品 2 点 耳環 2 点，勾玉 6 点，切子玉 1 点，琥珀玉14点，土製管玉 3 点 ガラス玉17点（管切り），土製小玉34点
	前庭部	土師器 1 点（広口壺），須恵器 2 点（甕・広口壺破片）
8号横穴	玄　室	鉄刀 3 振（大刀 3），切羽 1 点，刀子 3 点， 琥珀玉 5 点，ガラス玉233点（型作り），土製小玉 1 点
	前庭部	須恵器 1 点（提瓶），鉄鏃 6 点，石製品 1 点

た 2 号横穴や 3 号・ 8 号横穴からも、同様な状況でガラス玉や小さな鉄器が出土している。

　一方、土器類は比較的旧状を保って出土する例がある。 2 号横穴の閉塞部近くの広口壺や 6 号横穴の土師器坏、 7 号横穴の須恵器壺と土師器小壺は据えられた土器である。 2 号の広口壺は、前庭部の埋土中に正位で出土した。閉塞部近くにあることから、玄室と外界の境に位置する場所である。また 6 号と 7 号では前庭部の埋め戻し土の上に、転がるような位置から出土している。これとともに出土した土器片は、先に据えられた土器が追葬時に壊れた破片であろう。土器片の量は少なく、短い期間に定期的な継続する供献が行われたような痕跡は少ない。埋葬儀礼の最後に、この種の土器が供献された状況である。阿武隈川上流域の横穴群では、土器の多くは前庭部や閉塞施設の外側から出土している。

　土器の器種は、壺や甕など貯蔵や坏類という盛りつけ用器である。この中には食物が供献されたのであろう。玄門の前に供えられた食物は死者達の食料である。記紀神話にみられるヨモツヘグイに類する儀礼を反映した土器であろうか。

　また『播磨風土記』などでも、境神を祭るときに甕を据える儀礼の存在を伝えている。横穴の前庭部に据えられた甕などは、このように玄室内部を死者の世界とみて外界と区画する儀礼を反

映した遺物であろう。コトドワタシ儀礼に類する痕跡である（白石 1975）。ただし、呪的逃走時の各種器物散投は、確認はできなかった。3号横穴の玄門床面から出土した刀子は、この逃走に関連するかもしれないが、玄室副葬品の掻き出しもあり、決め手は得られなかった。

　攪乱を受けていない横穴では、副葬品と遺体の出土状態は、大きく二つに分かれる。ひとつは、遺体が埋葬された後で人為的改変が加えられない状態である。もうひとつは、埋葬された遺体の人骨を集積、あるいは整理が行われたと想定される状況である。6号や7号横穴などは前者である。1号と3号横穴は後者である。また2号・8号では整理が終了した後で、さらに埋葬が執り行われたと推定される。

　副葬品が玄室の隅部に集積されている1号横穴と8号横穴では、前庭部からも鉄器やガラス玉などが出土している。これは玄室内部が整理されたときに、集められた副葬品の一部が散逸した痕跡であろう。鉄刀は、副葬品のなかでも貴重でしかも比較的大きいこと、被葬者個人との結びつきが明確なことから、玄室内部に集められたと推定される。鉄刀は、使用者が限定される個人の持ち物である。

第3節　副葬品組成の相違

武器と装身具　副葬品は、鉄刀などの武器・武具類が主体となる場合と装身具が多数を占める場合とがある。横穴に葬られた人々の姿を副葬品から復元すれば、弘法山古墳群では、武器と武具を身につけた人々と装身具を主に身につけた人々に分かれる。6号横穴では武器類が主体で、装身具は耳環が一対にすぎなかった。武器に沿って遺体が安置されたとすれば、被葬者を男性と想定するのが合理的であろう。ただ耳環を装着した男性埴輪もあることから、女性と限る資料ではない。これに対して、2号や3号では、武器・武具類は全く出土していない。装身具に整美な玉類も含まれていることから、武器類の副葬されていない被葬者群が、群集墳の造営集団のなかで従属的な位置にある訳ではない。むしろ性別の相違を想定すべきである。

　横穴から武器とともに人骨が出土した例では、いわき市小申田北18号横穴や白河市郭内4号横穴などでは、男性が想定（白河市教育委員会 1981 ほか）されている。武器類が副葬された一群の被葬者を男性とすれば、これに対応して装身具類のみが副葬された被葬者は、女性の可能性が想定されるであろう。ただし、会津坂下町鍛冶山2号墳では横穴式石室から鉄刀とともに女性人骨が出土（会津坂下町教育委員会 1987）していることから、性別が明らかな人骨がともなわない場合は、副葬品のみで限定することには限界がある。しかし、この鉄刀が女性の副葬品とは限らない。横穴式石室であれば、他に別な被葬者も想定されよう。

　また、鉄斧や鎌あるいは鋤先などの農耕具が出土する例はそれほど多くはない。郭内12号横穴といわき市八幡横穴から鉄鎌が、いわき市白穴横穴からは鋤先が出土している程度である。このほか馬具類や銅碗、幡金なども出土している。横穴の副葬品は、弘法山古墳群からも出土した武器類と装身具、それに土器類が一般的である。

　阿武隈川流域の横穴群でも副葬品から被葬者像を復元すれば、武器が主体になる人々と装身具を身につけた人々に分かれる。前者のなかには金銅装の馬具や装飾された鉄刀なども出土することから、当時でも比較的裕福な人々と考えられる。また多くの横穴でも副葬品が納められた状況

を伝えている場合は、武器や装身具類が出土することが多い。弘法山古墳群でも、調査を実施した8基の横穴から、合わせて17本の鉄刀が出土していることもこれを示している。弘法山5号横穴では、銀象嵌で装飾された鉄刀が出土している。この鉄刀の図紋は子葉様で、同様の品は東北から九州の広い範囲で出土している。

　装身具もガラス玉に加えてメノウ製勾玉や水晶製切子玉、コハク製棗玉など各種の玉が出土している。ガラス玉の大半は型作りで、日本でも生産が可能である。一方、ガラスの管切玉は西アジア方面などからの輸入品である。また緑の巻玉は、いわき市中田横穴のような有力豪族の横穴からも出土する高級品である。このほか耳環もある。

　副葬品は死者とともに玄室に納められる器物であり、それが遺体に副えるように置かれることは、これらの品々が生前の被葬者の所持品であることの証拠である。鉄刀の大半は実用品であるが、なかには白河市観音山2号横穴や矢吹町七軒1号横穴のように金銅装装飾付圭頭大刀も出土する例がある。この種の鉄刀は、日本列島の東西から出土することから、畿内勢力と結びついた権威・職掌の一端を示す器物と考えられている（町田1976）。横穴の被葬者のなかには、このような人々も含まれていた場合もあったのであろう。

　鉄刀は当時の主要な武器であり、武器を所持することは、地域社会の構成員であることを標徴するひとつである。弘法山古墳群の被葬者には、このような人々がかなりの割合で含まれていた。調査を実施した8基の横穴から17振もの鉄刀が出土していることは、群集墳の造営集団においては、武器の保持は一般的であったことを示している。律令期になって、鉄器や武器の私的保有を低く想定する考えもある。しかし、横穴に葬られた被葬者個人と結びついて副葬品が出土する点は重要である。これは、鉄刀や武器、装身具が個人とともに墓所に納められ、消費された結果である。それぞれの副葬品が、被葬者と強く結びついていたことの反映である。私的所有と考えて、大きな問題はない。

　また玉類など身体にまとう装飾品は、農作業や手工業生産には不向きであり、そのような労働から離れて、装飾品を身にまとう機会が横穴に葬られた人々にもあったことを示す遺物である。装身具が副葬されて、武器が副葬されていない被葬者は、男性というよりは女性の可能性がより高いのではないだろうか。

　副葬品の相違　横穴の造営集団内部において、豪華な副葬品が多数含まれる場合や、全く出土しない横穴があることに注目して、階層関係を想定されることが多い（新納1987）。たとえば装飾大刀を最上として通常の鉄刀、馬具類さらに鉄鏃から副葬品の含まれない横穴というような順序で上下関係が想定されるのが一般的である。またこれに埋葬施設の豪華さと構造的特徴から上下を推定することもある。

　しかし、豪華な副葬品が出土する横穴が必ず整美で規模が大きいとは限らない。一方で前方後円墳よりも豪華な副葬品が納められた横穴もある。たとえば、笊内37号横穴からは立派な金銅装馬具が出土しているが、同じ古墳群の前方後円墳である笊内1号墳では、小刀が副葬されていたにすぎない。また7世紀後半になれば、阿武隈川上流域の横穴でも鉄刀や馬具の副葬は激減する。

　笊内1号墳は前方後円墳という墳形が、それまでの社会的意義を失う頃ではあるが、在地における首長の墳形を表徴する形式であることに変わりはない。

　もちろん、豪華な武器や武具を持っていなければ副葬もできないわけで、横穴のなかで優位にあったことはたしかである。しかしこの横穴の造営体が、群集墳造営体の「長」と限定することも難しい。群集墳造営集団の優位者と下位者と区分するよりも、横穴造営体として横穴の造営に参加している点で、本質的に対等な立場にあることに留意しなければならない。横穴を造るということは、横穴を造営する集団の社会関係に参加することであり、その一員として対等なことを表徴することである。副葬品の在り方は、横穴内部の整理によっても大きく変化する。副葬品にみられる階層関係は、群集墳造営集団の本質的な内部構造を反映しているのではなく、横穴造営者の個別的な性格や貧富の反映である。

　弘法山古墳群も含めた横穴の造営者は、装身具を身につけ、武装する農民層である。個々の横穴ごとに規模や副葬品で多少の貧富差などはあるが、横穴を造るという点で対等である。横穴を造営する集団内部で大きな階層差はなかった。

第4節　横穴の被葬者

　横穴埋葬過程　横穴の形態的特徴や出土遺物から、各横穴を造営順序に並べてみよう。弘法山古墳群のなかで最初に造られた横穴は1号と8号で、7世紀の前半である。鉄刀のなかで最も古い特徴を持った1号129と8号12が出土している。これより古い時期の遺物は、弘法山古墳群では出土していないことから、最初に造られた横穴のひとつである。また阿武隈川上流域の横穴でも、古い方に属している。

　1号と8号横穴はともに大型で、当初から複数の被葬者が納められることを想定して造られた規模である。横穴の床面に中央で二分されるように溝が造られ、この片側で幅が2m近くあることから、成人であれば4体を安置することが可能な広さである。8号の天井部はドーム形である。1号横穴は天井部が遺存していないが、壁の残存部分から推定して同じくドーム形であろう。また玄室と玄門・閉塞部・前庭部で構成される空間的特徴は、同じである。しかし細部では、相異もある。1号横穴では壁下端に接して排水溝がめぐらされ、8号横穴では玄室前壁と玄門に接して柱状の造作が施されている。

　7号横穴では、7世紀前半の土器が玄室から出土している。大型の横穴であることも比較的古く位置づけた理由である。横穴玄室の形態からすれば、四壁と天井がほぼ直交するように造られ、しかも奥壁が幅広になっていることは、白河市郭内12号横穴と共通する特徴である。郭内12号横穴からは7世紀前半の須恵器が出土している（白河市教育委員会1981）。

　1号横穴と7号・8号横穴の距離は約60mも離れて造られて、弘法山古墳群で横穴の造営が開始された当初は、この間に横穴は造られていなかった。弘法山古墳群の造営集団内部において、横穴の造営場所に関する何らかの取り決めがあったのであろう。

　7世紀の前半から中葉にかけては、2号・3号・6号・7号が造営されたと推定される。遺物では6号横穴2が、この頃に位置づけられる鉄刀である。また2号横穴の須恵器は時期を細かく限定することの難しい遺物ではあるが、広口壺は善光寺3式にはみられなくなることから、一応この時期と想定した。3号横穴前庭部の波状文の描かれた壺は須恵器で、破片で出土した。最終埋葬以前に供献された土器で、善光寺2式と平行する頃であろう。7号の年代は横穴自体が大

型で、玄室の形態が箱形であるというこの地では古い特徴を持っている。

　7世紀中葉には、4号横穴・5号横穴が造られた。4号・5号横穴からは鉄刀が出土している。5号横穴の須恵器坏は善光寺2から3型式で、この頃に位置づけられよう。両方とも玄室の規模は小さい。5号は床面の中央に排水溝が掘られ、成人2体の安置を想定した造りである。これが最後に造られた横穴である。7世紀末葉以降の横穴の造営は、調査を実施した範囲では、確認されなかった。

　つぎに最終的な埋葬が行われた時期が問題になる。前庭部から出土した土器では、6号横穴の土師器坏が最も新しい要素である。8世紀初頭頃である。また1号横穴の須恵器壺の底部破片は新しい要素もあるが、7世紀の須恵器にもあることから、とくに新しくすることもない。7号の前庭部から出土した土師器は7世紀後半頃である。鉄刀も7世紀中頃より新しい型式は出土していない。

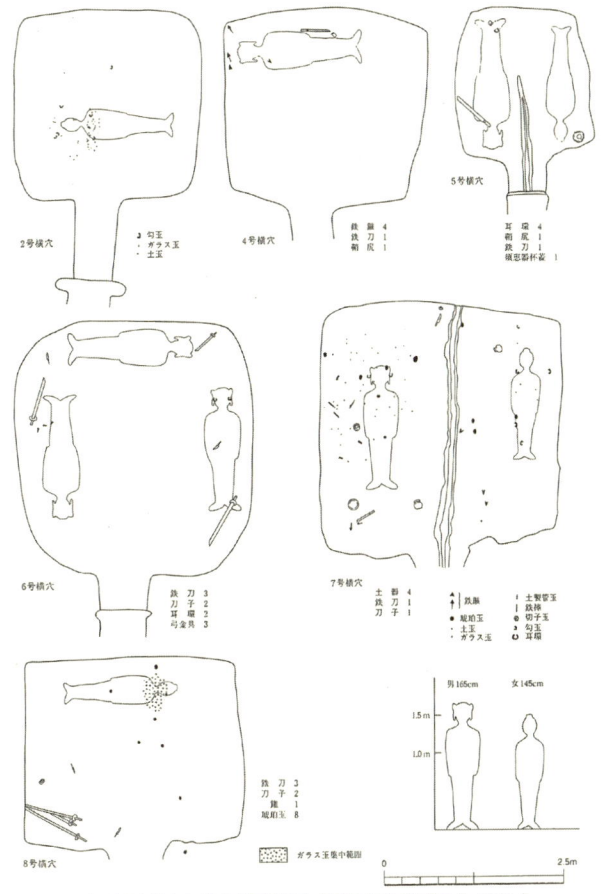

図117　矢吹町弘法山横穴埋葬状況（福島県教育委員会1999c）

　最終埋葬の時期を出土した遺物でみると、大半は7世紀後半で横穴の埋葬が完了したことを示している。なかでも小型の4号横穴と5号横穴では、造営と最終埋葬が7世紀中葉に完了したと推定される。7世紀後半あるいは8世紀初頭の遺物が出土したのは、6号横穴の1基のみである。阿武隈川上流域では、横穴の造営は8世紀初頭には終了していた。この後、奈良時代や平安時代の土器が横穴から出土することもあるが、群集墳として横穴群の造営と埋葬が継続していたのは、7世紀末頃までである。

　このように想定すると8基の横穴は、1号横穴、2号と3号横穴、4号横穴、5号と6号横穴、7号と8号横穴のまとまりが考えられる。各横穴のまとまりと距離関係は、群集墳造営体内部の構成が反映されているのであろう。一般に集団墓地が形成されるには秩序が必要であり、この場合には、集団内部における近接的な系族関係を示していることが多いと推定されよう。

　最初に造営が開始された1号横穴と7号・8号横穴は、明らかに別の横穴造営体である。これに続く横穴は、南部では1号横穴と離れて、2号横穴と3号横穴が造営される。しかし1号横穴は、追葬期間が比較的長く、また2号横穴との間には距離がある。これに対して、2号横穴と3号横穴は並ぶように近接して造られている。このことから、2号・3号横穴の造営体の間には、近しい系族の結びつきが推定される。この2つの横穴には明確な時期差はない。少なくとも、横

穴の使用時期が一時期に重複していた可能性が高い。

　北部では、6号横穴から5号横穴へという順序で継続的に造られている。5号横穴は、6号横穴の造営体から分かれたような関係にあったのであろう。7号横穴の造営体は、8号横穴の造営体と近い関係にあり、平行して横穴が造られたと考えられる。4号横穴は、3号横穴とは小さな窪地で区画され、5号横穴とも少し距離があり、石英安山岩質熔結凝灰岩の自然面を残していた。南北の横穴群に対する結びつきは弱い位置にある。

　弘法山古墳群の8基は、7世紀中葉にすべての横穴で埋葬が行われていることから、8個の横穴造営体はそれぞれ個別に存在していたと考えられる。しかし、ここの横穴造営体がそれぞれに無関係であった訳ではない。造られた位置関係にまとまりがあることから、各横穴造営体の間には結びつきにも、粗密な関係があったらしい。横穴の造られた場所や造営期間の長短は、群集墳を造営する系族集団内部の社会構造の一部を反映しているのであろう。

　古墳時代の親族関係について、西日本を中心に進めた田中良之の研究（田中1995）によれば、古墳時代後期において個々の横穴に葬られた人々は、家長夫婦と子供達からなる家族が推定され、新しい家長は別に新しい横穴を造営したと推定されている。田中の研究は西日本を中心とした資料を基にしているので、南東北でも検証される必要がある。弘法山古墳群の調査では、人骨自体が消失していたことから、検証に耐える調査資料は得られていない。

　しかし副葬品の在り方からみれば、弘法山古墳群では家父長と呼ばれる男性を抽出することは難しい。2号・3号横穴は女性中心の被葬者が想定されること、5号の被葬者を成人男女としても、横穴に納められた点で男女は対等である。6号横穴でも鉄刀が副葬されている点で3者は対等である。横穴の奥壁は埋葬者のなかで多くの場合、優位にある人物が安置される場所であるが、6号横穴では小刀が副葬された人物で、ほかの2体には大刀が副葬されていたことから、優位とはいえない状況であった。また初葬者が家父長であることも多いとされているが、そのような傾向は、調査を行った横穴からは確認することはできなかった。玄室内の片付けからも、敬意が払われた特別優位な被葬者は確認されていない。3号横穴、8号横穴では、玄室を片付けた後にも副葬品をあまりともなわない被葬者が埋葬されたらしい痕跡がみられた。

　弘法山古墳群では、横穴造営体に仮に家父長が存在していたとしても、ほかの被葬者と比べて特別な配慮をもって埋葬が行われた形跡が乏しい。副葬品の在り方には、武器類と装身具が、それぞれ主体となる横穴が確認されている。この違いに被葬者の男女差が反映されていると考えれば、家父長の性別に限定はなかったことになる。家長を男性に限定することはない。弘法山古墳群は、鉄刀と装身具に象徴されるように比較的豊かで武装し

表6　矢吹町弘法山横穴埋葬過程表 （福島県教育委員会1999c）

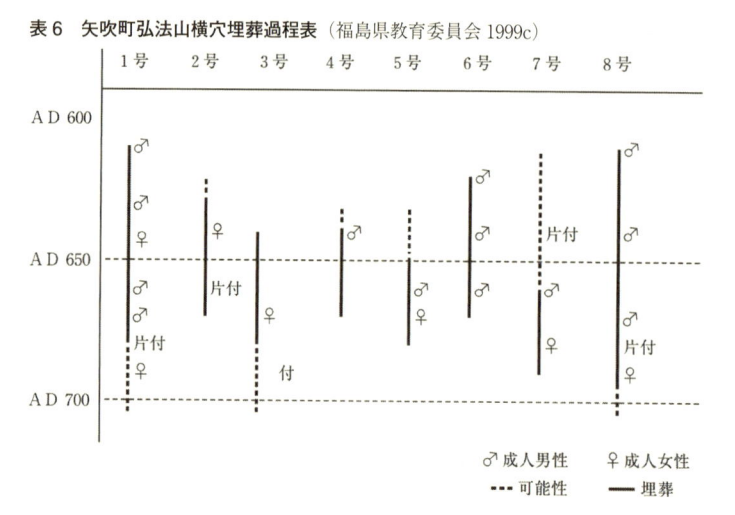

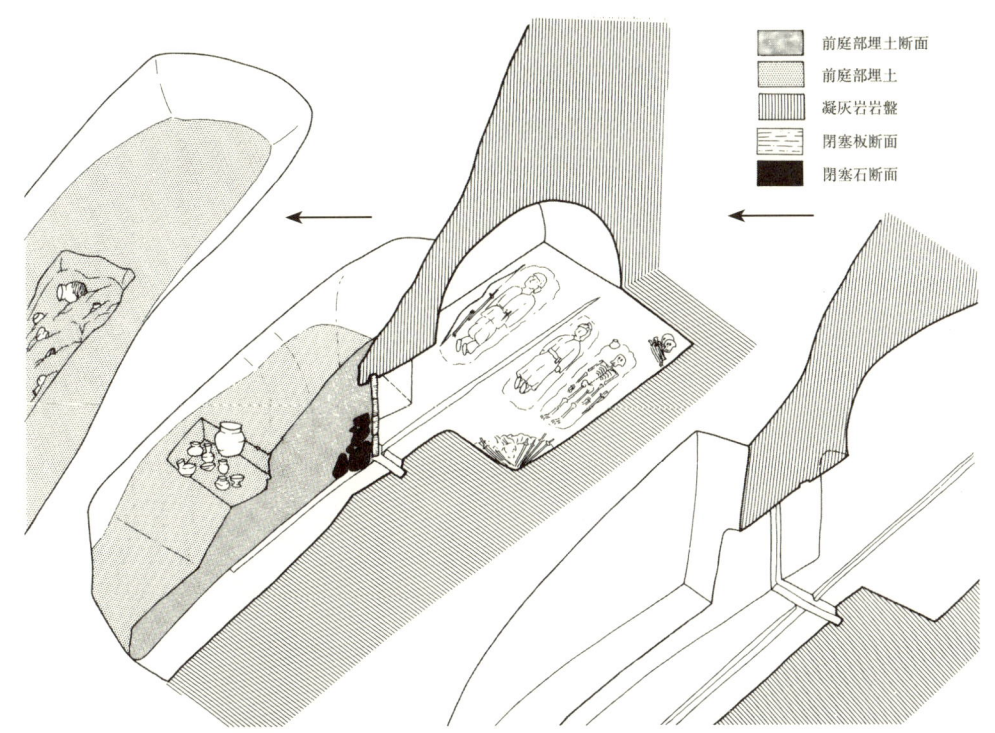

　前庭部埋土断面
　前庭部埋土
　凝灰岩岩盤
　閉塞板断面
　閉塞石断面

図118　矢吹町弘法山古墳横穴使用状況と経年変化（福島県教育委員会 1999c）

た農民層によって造営された系族と考えられる。この造営集団は比較的等質的な人々で構成され
ていた。

　弘法山古墳群の全体の規模については、8号横穴の北側にも連続して横穴が造られているらし
く、小さな窪地が約150 mにわたって点在して続いている。これとともに、丘陵上の北端にも
古墳状施設が 1 基確認されている。この施設が、横穴群の南北を限る位置にあれば、2 つの墳丘
状施設間の距離は約200 mである。この範囲に横穴が造られていれば、今回調査を実施した約 3
倍の 25 基程度の横穴が想定される。

　阿武隈川上流域で横穴群が形成される期間は、河川周辺の大規模集落が形成される期間とほぼ
対応している。大規模集落が解体するのと合わせるように横穴群の造営が終了する。これは、横
穴群の造営が河川周辺の大規模集落の形成と密接に結びついていることを示している。横穴群の
造営は、この大規模集落の住人によって行われたのである。

　また、ひとつの横穴に葬られた人々の間に明確な階層差がみられないことは、横穴造営体が階
層差の少ない集団であったことの反映である。これは、河川周辺の大集落を形成する集落造営体
とも共通する特徴でもある。横穴造営体は、これと関連していた可能性が考えられる。少なくと
も、1 軒の竪穴住居跡の住人ごとに横穴が造られた訳ではない。

横穴被葬者の性別・年齢　横穴の埋葬過程では、内部にこれ以上の埋葬を行う空間がなくなる、
あるいは被葬者の世代交代とか、なにかの理由で内部の整理を行うことが知られている。整理
時には、副葬品を片付けて集めることもあるし、外部に廃棄がなされることもある。この場合、
骨化した人骨が廃棄されることはなかったらしい。玄室の内部に集積されあるいは移動されたの
であろう。人骨の在り方は、葬られた人々の年齢・性別が反映されていることから、横穴造営者

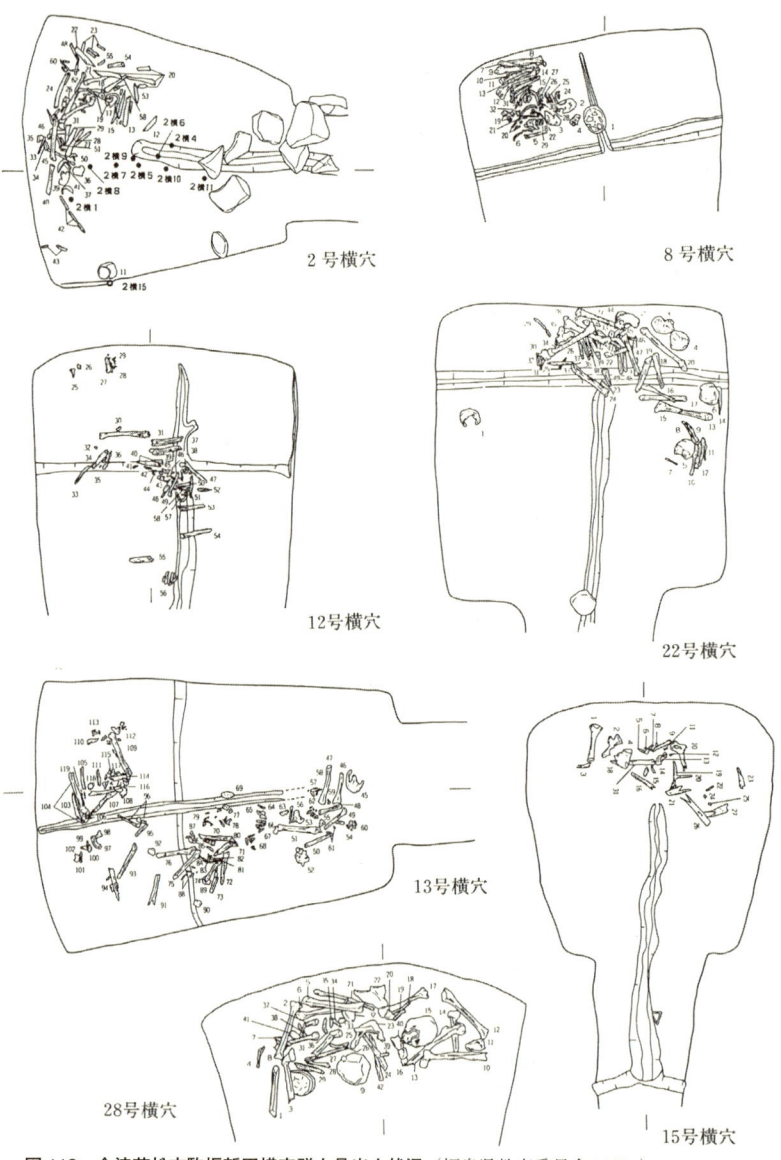

2号横穴

8号横穴

12号横穴

22号横穴

13号横穴

28号横穴

15号横穴

図119　会津若松市駒板新田横穴群人骨出土状況（福島県教育委員会 1989c）

の在り方を考える上で重要である。ただ弘法山古墳群で出土した人骨は、7号横穴の臼歯片だけである。整理時における具体的な人骨自体の取り扱い状況は、不明である。ここではほかの横穴群をみていこう。

　福島県河東町（現会津若松市）駒板新田横穴群（福島県教育委員会1989c）では、玄室奥部を中心に人骨が集積された状態で出土している（図119）。整理された人骨の集積位置は各横穴で共通している。複数体の人骨も、ひとかたまりにされ個人を区別することはない。四肢骨と体骨を集め、さらに頭骨を載せた状況である。集骨が行われた横穴からは、副葬品がそのまま出土することはない。出土する

ことはあっても細片で、清掃時の取り残しである。ひとつの横穴に葬る予定の人々の埋葬が終了し、骨化を待って横穴を封鎖した状況である。封鎖された横穴に、さらに追葬を行った痕跡は確認されていない。

　駒板新田横穴群から出土した人骨は、男性(14＋8？)名に対して女性(10＋7？)名で、被葬者は成人男性がやや優位である。ただし性別不明者もあることから、本来の状況はわからない。個々の横穴をみると、19号や22号横穴では男女比率はほぼ同じで、3号・8号・13号・21・28号横穴では男性が優位な傾向がある（表7）。しかし2号横穴では女性が多いようである。性別の判明した数からみれば、男性が多数を占めている。また小児は3基の横穴から3体が出土している。被葬者の男女比には大差はないといえよう。

　横穴に葬られた人々が成人男性・女性、小児という構成から、これは家族に類する関係の人々

である可能性が高い。成人の男女が複数葬られている点は、死亡時の年齢であり、横穴の追葬期間を考慮すれば、成人が多数含まれていることも説明が付く。

表郷村（現白河市）深渡戸Ｂ横穴群（表郷村教育委員会1991）では、8基の横穴とこれに付属する18基の小横穴・副室が設けられていた。このうち9基の埋葬施設から、26体の人骨が出土している。内訳は、成人男性12体、成人女性6体、性別不明1体、小児7体である。男性が優位な点は駒板新田横穴群と同様である。この横穴群では、大きな横穴を中心に前庭部を共有する小横穴・副室が多数造られている特徴がある。

遺体の埋葬・人骨の処理方法には、伸展埋葬・整理・改葬など（福島県表郷教育委員会1991）がある。伸展埋葬は7号で成人男性の頭骨が出土した例がある。片付け処理では追葬があり、4A号横穴では成人男性2体と成人女性1体、小児1体の人骨が出土している。また5A号横穴では、成人男性3名と成人女性1の人骨が確認されている。

整理は片付けの最後にすべての骨を集めて積み重ねて埋葬を終了することで、3H号横穴と6号横穴がある。3H号横穴では成人男性1体、成人女性1体と小児5体の人骨が出土している。小児骨が良好に遺存していた例である。6号では、成人男性2体、成人女性1体、小児1体が確認されている。

小横穴は、単体の成人を埋葬する程度の規模で、細長い形態である。7号、8D号横穴である。泉崎村観音山横穴群など、横穴築造期の後半に多数造られるようになる。複数埋葬から単体埋葬が主流になることを反映している。この横穴では、追葬や集積の痕跡は不明である。また副葬品も少なくなり、詳しい分析は難しくなる。

副室は、成人一体を伸展させた状態で埋葬することができない規模である。中から複数の人骨が出土することから、骨化した遺体を改葬する施設である。出土した人骨に火葬の痕跡はないので、大型横穴で骨化した遺体を納めたのであろう。小児が独立した副室に埋葬される例は確認されていない。他の横穴から骨化した遺体を別の横穴に埋葬する行為で、改葬である。2B号・8B号・8C号があり、副室の横穴である。2B号横穴壮年男性1体、8B号横穴では男女の成人1体、8C号横穴では男性成人1体の人骨が出土している。深渡戸Ｂ横穴群では、中心となる大きな横穴とこれに付属する副室横穴が設けられている点に特色がある。大きな横穴で骨化した遺体を

表7　会津若松市駒板新田横穴群出土人骨

横穴番号	成　人			小児	合計	処理
	男性	女性	不明			
2号	1+1？	1+3？			6	整理
3号	1				1	
8号	1				1	整理
12号	2？	1？			3	整理
13号	2+2？	1			5	整理
15号	1+1？	1？		1	4	整理
19号	1+1？	2？			4	整理
21号	1				1	整理
22号	3	3		1	7+α	整理
28号	1+1？	1		1	3+1？	整理
総計	14+8？	10+7？		3	27+15？+α	

？は性別不明確。αは以上。

表8　白河市深渡戸Ｂ横穴群出土人骨

横穴番号	成　人			小児	合計	処理
	男性	女性	不明			
2B号	1				1	改葬
3D号		1			1	
3H号	1	1		5	7	整理
4A号	2	1		1	4	
5A号	3	1			4	整理
6号	2	1		1	4	伸展
7号	1				1	
8B号	1	1	1？		2+1？	
8C号	1				1	
総計	12	6		7	25+1？	

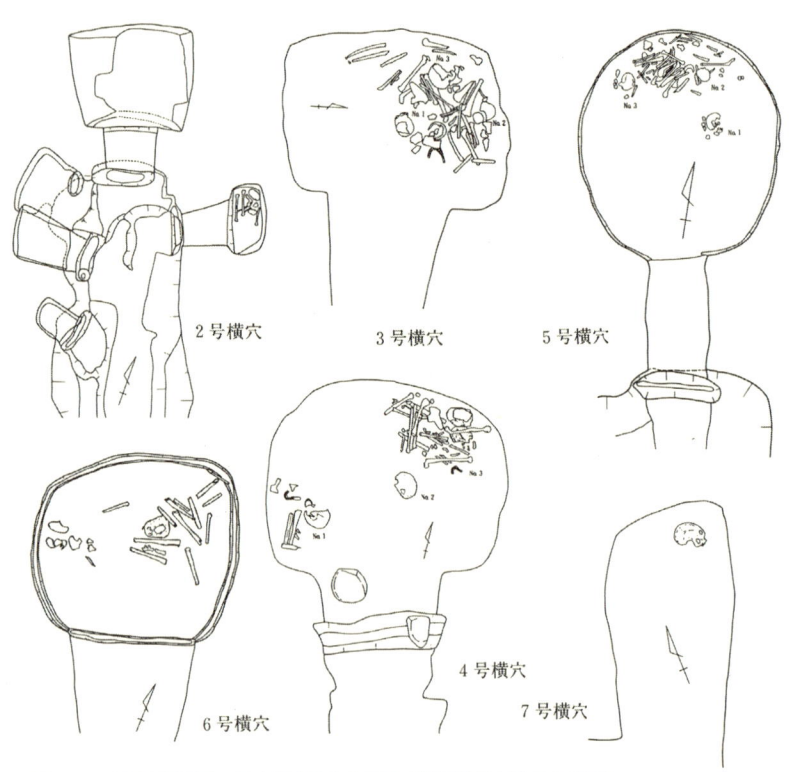

副室に納めたのであろうか。

服部伊久男は、中核地の終末期群集墳を分析したなかで、箱式石棺といえども古墳群のなかに造られていること、そして群集墳の最終段階に造られていることから成人を埋葬した施設と推定している（服部1988）。

南東北の横穴で、人骨が集積された状況の場合は、副葬品が出土しない傾向がある。副葬品の大半は、玄室外に排出される傾向が強いようである。付属す

図120　白河市深渡戸B横穴群人骨出土状況（福島県教育委員会1991）

るように造られた小横穴から副葬品が出土することは少ない。大半は遺物・人骨は出土していない。閉塞された状態で検出され、遺物・人骨が確認されない場合は、副葬品が整理・廃棄され、納められた人骨が腐朽した結果であろう。

これに対して、比較的副葬品が豊富に出土する郭内4号・7号横穴（白河市教育委員会1981）などでは、人骨が集積されないで、遺体が玄室に納められた状況を伝えている（表9）。この例では、遺存する遺物と対応して人骨が出土している。このような状況で遺存する横穴では、整理が行われた痕跡はみられないことが多い。弘法山4号や5号・6号も同様に玄室内の整理が行われない状態で検出された横穴である。安置された遺体と副葬された遺物が、そのまま遺された横穴は、予定された最終的な埋葬が完了していない可能性もある。

人骨が集積され、副葬品の整理が終了した状態は、予定された人数の埋葬が完了したことを示している。この時、遺骨は横穴の玄室内に遺されるが、それ以外の大半は清掃にともなって玄室外に排出されたのであろう。森岡秀人は、玄室内の遺体と副葬品が整理されることは横穴が再生されることであり、造営体のなかで世代交代が行われた結果を反映したとされている（森岡1983）。ただし南東北では、人骨の集積が行われた横穴は閉塞されたままであることも少なくない。駒形横穴群などはこの傾向が顕著である。新しい遺体の埋葬は、行われない傾向がある。

多数の人骨が出土した深渡戸B横穴群、駒板新

表9　白河市郭内横穴群出土人骨

横穴番号	成人			小児	合計	処理
	男性	女性	不明			
4号	1				1	伸展
7号	1		1		2+α	伸展
12号			1		1	伸展
総計	2		2		4+α	

田横穴群では、成人男性の埋葬が多数を占めていた。これに対して、郭内横穴群では男女比率は2対0である。また笊内横穴群では、成人男性4名、成人女性7名、性別不明成人5名、小児2名の合計18名が確認されている。成人男性より女性の方が多い横穴群である。人骨の出土例からは、男性成人の方が横穴に多く葬られている傾向にある。

　しかしこれが逆転している横穴群もあり、個々の横穴でも一定はしていない。女性の人骨が男性と比べて崩壊が早い傾向があると推定されることからすれば、それほど大きな差異と考える必要はないであろう。基本的に横穴に葬られる人の性別に大きな相違はない可能性が高い。男女の社会的地位に大きな格差がなかったことの反映である。小児骨の出土をあわせてみれば、横穴には緊密な血族に類する人々が埋葬されたのである。古墳中・後期の群小古墳群では、小児埋葬の痕跡は希薄であるのに対して、横穴では特異なことではない。

第5節　終末期型群集墳の造営意義

　在地集団の成長　阿武隈川に社川と釈迦堂川が流入する南北15kmの範囲を中心に、弘法山古墳群と関連する古墳群の位置を図88（140頁）で示した。阿武隈川に釈迦堂川が合流する地点より南側の阿武隈川上流域である。おおよそ旧白河郡の北部と岩瀬郡の南東部を合わせた範囲である。この付近では蛇行して北流する阿武隈川の周辺に、阿武隈川の東側は阿武隈高地に続く丘陵地帯、西側は矢吹台地となり、これらに挟まれて狭い沖積平野が形成されている。また沖積平野は所々で区切られて、小さな盆地状地形に分かれている。

　各横穴群は、阿武隈川によって形成された沖積平野と対応するように点在している。これらはほぼ旧大字に対応する比較的狭い範囲で、地形的まとまりも明確である。この範囲が、群集墳造営の基盤になっていたと推定される。横穴群は、耕地の基盤である阿武隈川の沖積地を臨む丘陵の崖面に造られた在地勢力の墓である。当時の横穴群は、切り開かれた緑の樹林に、青白い安山岩質熔結凝灰岩の岩盤が幅200mにもわたって露出する景観である。前面に広がる沖積平野の耕地が、群集墳造営体の占有する土地であることを横穴群が明示しているように見える。群集墳を造ることは、集団内部の編成秩序を古墳造営によって再確認を行うと同時に、集団の外部に対して行う自己表示である。外に向かって、自分たちの古墳群造営体が存在することを主張することになる。

　また、横穴があまり知られていない須賀川市の阿武隈川東岸では、代わりに横穴式石室を埋葬施設にする小規模な群集墳が点在している。横穴と異なり立地条件が限定されることが少ないので、丘陵上のふさわしい場所を占地して分布している。

　5世紀から6世紀前半にかけて、阿武隈川上流域では、関東のような大型前方後円墳に類する有力古墳ばかりでなく、中規模な古墳すら存在しないことも特色の一つである。ところが、6世紀後半になると50m前後の前方後円墳が、比較的まとまった河川沖積平野に点在するように出現する。豪族が出現したことを示している。

　これを受けて造営される群集墳も、豪族の復活と関連して考えなければならない。豪族層の支配が分解して、群集墳の造営者が台頭し台頭したのではない。また群集墳の造営者が成長したのでもない。阿武隈川上流域では、豪族の復活を示す有力古墳の再造営と歩みをあわせて群集墳も

出現した。在地社会は群集墳の造営者を基盤にして、これを統合するように豪族が存在していたことになる。

小家族と小家族共同体　5世紀から6世紀前半の古墳には、小集落群を形成する共同体「長」が埋葬されたのに対して、7世紀の群集墳では集落の構成員が葬られた。古墳に葬られる対象が、「長」個人から集落の構成員まで拡大されたのである。この点で異なる。集落を構成する人々が古墳を通してその存在を主張し、集落共同体の成員として地位を確保したことを示している。古墳の性格は、大きく変化した。

7世紀前半から中葉頃にかけての横穴には、複数人が埋葬される。遺存した人骨には、成人男女から小児までの骨が確認されている。これらの人々がどのような結びつきをもっていたかを証明することは難しいが、生前に密接な結びつきがあったからこそ、同じ横穴に葬られたのであろう。

小児骨が含まれていることは、この小児が横穴の造営単位で養育されていたことを示している。成人男女の骨が複数含まれていることは、横穴の埋葬期間が長期にわたれば、兄弟姉妹ばかりではなく夫婦の埋葬もあったのではないだろうか。また生前の密接な結びつきを前提とすれば、日常生活をも共にする人々であろう。つまり、婚姻と養育・共同生活をともなう人々が埋葬されたことを示していよう。とすれば、1基の横穴には義江明子のいう家族のような関係にある人々が埋葬されたのである。家族とは、a. 一対の男女が結びついた婚姻関係、b. 次世代を養育する関係、c. 日常的な消費の単位である共同の生活共同体からなるとしている（義江1985）。このような人々である。ただし吉田孝は、複数の世帯が集合して形成されているのであれば、それは世帯共同体であるとして、家族とは区分している（吉田1983）。

横穴の埋葬状況をみると、中心となる被葬者を指摘することが難しい場合が少なくない。これは横穴に葬られた人々のなかに、明確な地位の格差が存在していなかったことを示している。横穴の被葬者層がこれまでの在地や人間集団を代表する首長ではなく、在地の比較的貧富の格差が小さい農民層にまで拡大したことの反映である。横穴造営体が、在地農民層の家族類するまとまりを小家族としておく。またこれを取りまとめる「長」、相当する人物が存在したとしても、一般構成員との間に大きな格差はなかったであろう。横穴は、このような造営体が葬られたのであろう。それは近藤義郎のいうような家父長家族（近藤1952）ではない。

横穴自体の造営は、横穴群を構成する集団の共同作業により行われたと考えられる。複数の埋葬者を想定した横穴は、たとえば弘法山7号横穴を例にすれば、概算で玄室の（幅3.2×奥行き3.1×高さ1.4m＝6.33㎥）＋前庭部（前庭部長さ3.0m×平均幅1.5m×平均高さ1.0m＝4.5㎥）＝約11㎥となる。小家族だけで、凝灰岩を掘削して排土を整理するには、厳しい仕事量である。横穴の掘削には群集墳を造営した他の小家族が協力したであろう。個々の横穴に埋葬されるのは小家族であるが、横穴の造営は群集墳を営んだ小家族群からなる共同体によってなされたのではないだろうか。

小家族が1基の横穴を造営して、そこに葬られる。さらに横穴が集合して群集墳が形成される。このことにより、横穴を造営する人々の系譜が横穴を通して表示される。葬儀を執り行うことによって、一族の系譜が蓄積され確認されることになる。横穴群を形成する集団としての帰属意識も形成される。この小家族共同体が、7世紀に河川周辺に集落を営み農耕に従事する共同体

を形成したのであろう。笊内古墳群や弘法山古墳群もそのひとつである。

　また古墳は政治的な墳墓であり、当時の在地社会のなかでの実力や権力を主張する政治的装置であれば、広範な人々が古墳に葬られることになり、古墳造営社会の基盤が拡大したことになる。横穴に葬られた人々に一般的な農民層までが含まれていれば、在地域社会全体が政治的に組織されたことを示している。

　以上の考古学的分析に対して、古代日本の文献分析によれば、父系・母系の単一家系は存在せず、家族は自然的な血縁結合をこえては存在しなかったという。日本の古代社会に、継承される家が一般的に存在したかも疑わしいという（吉田1983）。義江明子によれば、①8世紀以前に経営単位としての家族は未成立である、②流動的な小家族が双系的親族関係で結びつき、地縁と血縁が錯綜して構成される小共同体が基礎的経営単位である、③一般庶民層は双方的親族関係と共同体のなかに包摂されて存在し、明確な親族組織は持たなかった（義江1985）。

　また吉田孝は、「祖父の時より相続したのは「ヤケ」とその従属民（ヤケビト・ヤッコ）でありまだ田を含んでいない」とした。それは農業経営の拠点である。相続の対象となる家領は、院政期以降の世襲化した公家の家業や武士の所領が成立してからである（吉田1983）。これに対して仁藤敦史は、ヤケには①支配、②経営、③所有・相続がありこれが相互に未分化な形で存在するのがヤケとしている（仁藤2009）。いずれにしても重視されたのは、勤労力としての人であり、再生産に向けて蓄積された富と拠点施設である。耕作地、田畑がそれほど重視されていない点を確認しておく。

　中世の村落共同体においても、個々の家が自立した経営を営むことは困難であった。村八分の処罰を受ければたちまち生活は維持できなくなるし、追放は死刑に近い重罰である。中世においても、共同体の枠組みを離れて農民が自立することはできなかった（藤木2010など）。

　とすれば、7世紀の横穴に葬られた小家族も単体で自立した経営体ではない。小家族は、横穴群を形成した群集墳造営体のなかで、それぞれの役割を担い存在したのであろう。つまり、横穴墳を形成する個々の横穴を造営する小家族共同体が、当時の社会を維持する基礎組織と考えられる。阿武隈川上流域の沖積平野を臨む場所に造られた群集墳は、このような小家族共同体がそれぞれに形成され、これをまとまりとして群集墳と集住集落を営んでいたことを反映しているのであろう。そして倭王権は、豪族を介して群集墳を造営させることにより、各小家族共同体の規模と構成員数を視覚的に把握することが可能になった。人の数を数えることは支配の基礎である。小家族共同体にすれば群集墳を造営することにより、この地が自分たちの土地であることを主張し、実力を誇示したのだろう。

小家族共同体　群集墳に偏在性があることは重要である。会津盆地や福島盆地では群集墳の形成は周辺と比べて活発な造営活動は見られない。むしろ低調な場所である。この地域では有力古墳の数は少ない。福島盆地ではいくつかの有力首長古墳が確認されてはいるが、会津地域では全く知られていない。郡山盆地北部の状況も近似している。これは群集墳が、単に生産性の発展を背景に生み出されたのではないことを示している。近接する場所間で、極端な経済格差を想定することは難しい。ただ、阿武隈川流域では、有力古墳の造営地域と群集墳の造営は結びついているが、福島県太平洋岸では、有力古墳が確認されていないにもかかわらず、群集墳が活発に造営される。

　阿武隈川上流域では、群集墳の盛行と合わせて河川近くに規模の大きな集落が形成される。一方、丘陵地帯や台地の集落は衰退する。大規模集落が形成される期間は、7世紀代に限定される。阿武隈川流域では、5・6世紀から奈良時代以降現代まで散居形態の集落が主体である。集住集落の出現は、内部で自然に成立したのではなく、特殊な事情によって成立したことを示している。

　河川周辺への集住化は、気候温暖化を受けて水稲農耕を中心に開発が進行したことも原因のひとつである。水稲農耕の人口支持率は、畑作と比べて高くなる。権力の側は、畑作よりも稲作主体の農業に執着する。水稲農耕では、畑作耕作に比べて各種の協業が必要になり、散居形態よりも集村の方が効率的である。集住化によって、労働力を確保することになる。水稲農耕を基盤とする西日本型農耕が、この地でも導入されようとしたのであろうか。

　群集墳は、在地集団の編成を行う方法として形成されたのである。これは河内や近江の大型群集墳が渡来系集団の編成と把握を目的に形成された政策と近似している（堀江1983）。この核となったのは、白石太一郎が主張するように、豪族を核として編成された同族集団であろう（白石2000）。地域社会を編成して集住を進めるには、散居する小集落をまとめる強制的な権力が求められる。その中心勢力となったのが、新興の豪族層である。

　地方官衙も、官僚制度も成立していない段階では、たとえ中央からの施策・指示があったとしても、それを遂行する行政機関は存在していない。笊内古墳群や弘法山古墳群でみたように、比較的均一な小家族共同体が7世紀代に世代を重ねて群集墳を造営した。この小家族群共同体は、同族集団に類する存在であり、群集墳造営の目的が同族関係の主張、確認にあったとすれば、これは山中敏史の指摘に実態として近い（山中1986）。

　同族には縦と横の関係がある。姻戚による関係は同時代的な横の関係である。これに対して、祖父母から父母そして子から孫に至る縦の関係がある。同族という場合は後者の縦を軸に形成される集団である（明石1976）。それが父系か母系、あるいは互系性なのか議論があるが、群集墳の造営単位は縦の関係を示している。

群集墳の政治性　このように考えると群集墳の造営開始は、官人層の形成を受けた結果ではない。また、家父長家族の豪族からの自立宣言とすることもできない。豪族によって集住化された在地集団を一つの政治的集団としてまとめるため、さらにはこの政治集団を構成する人々の社会的な地位を自らが標示する装置として、群集墳の造営がなされたのである。古墳は政治的墳墓であり、個々の横穴群を造営することによって在地集団が政治的関係に組み込まれたことを示す。この横穴群を造営した集団は、武装した集団であり、阿武隈川の沖積平野を主な基盤とする農民層である。農民層が豪族とともに在地社会を形成したことを反映して造営されたのである。これによって、在地における豪族を中心に在地社会を経営する基盤勢力が成長・育成されたのである。

　群集墳の盛行時期には、中核地と阿武隈川上流域では明確な時期差がある。一方、群集墳がいわゆる複葬墓として出現して、個人用の単葬墓となって終焉をむかえる過程は共通している。中核地における群集墳の多くは、盛行期は6世紀中葉〜7世紀前半にかけての100年ほどの盛行期がある。白石太一郎のいう高安型群集墳である（白石2000）。また群集墳は、渡来人集団の社会的編成と結びついて造営されることが想定されている（堀江1983）。十分な戸籍の編成ができない段階では、群集墳造営集団として在地勢力が把握され、群集墳を構成する個々の横穴（古墳）造営

体が在地社会のなかで基本的なまとまりとなっていたのである。群集墳で横穴系埋葬施設が造られ、系族に類する人々が葬られたのも、横穴（古墳）造営体の構成員を葬ることを目的とした結果である。

　南東北での群集墳盛行期は、後の郡につながる評が設置された期間と重なる。この段階の評は、行政機関による住民の土地区分ではなく、族制的な編成の段階という文献史学による研究がある。早川庄八や山尾幸久など見解である（早川 1975、山尾 1977）。評を創設したとしても、住民を戸籍で把握する手段がない段階では、旧来の族制による古墳造営を通した視覚的な住民の把握が最も簡便であろう。群集墳が造営されることは、支配者の側からみれば、これを数えることにより在地集団の員数を視覚的に把握することが可能になる。逆に在地集団の側に立てば、それまでほとんど組織されていなかった地域の人々が、小家族共同体として政治的まとまりを形成し、実力を反映した地位を獲得したことになる。

　さらに群集墳造営期間の後半になると横穴群では、単体埋葬を想定した横穴が造られる。この段階の横穴では副葬品が極端に少なくなることもあって、詳しい分析は難しくなる。阿武隈川上流域では、数は少ないが 8 世紀中頃から後半の鉄刀も出土していること、8 世紀代の土師器・須恵器も出土している。この段階では、横穴に埋葬は行われても、新しく造られることはほとんどない。あるいは蔵骨器に納められた火葬骨が出土する場合がある。横穴の基本的な性格に大きな変化が生まれたことを意味している。

　8 世紀になれば、この地域にも地方官衙が整備され、それと前後して律令制度も機能する。在地勢力も古墳を通して結集する必要性は急速に薄れてゆく。古墳から単なる墓への変化である。古墳を造営することは急速に社会的意義を失っていく。人々を系族ではなく個人として掌握することは可能になったのであろうか。

　律令体制による支配体制の成立に向かって社会体制の改革が進むなかで、群集墳の内容も変化した。中核地でも 7 世紀後半になると、群集墳も個人埋葬を前提とした古墳に変化する。これの現象を白石太一郎は、天智朝における庚午年籍の造籍と関連させて考えている（白石 1982）。南東北では、むしろ庚寅年籍（690 年）に対応しているように見える。ただし、造籍といっても、群集墳を介しての住民編成であれば、それは古墳後期の族制的な仕組みである。これを律令の外皮で覆ったのであろう。この段階では、群集墳造営という手段以外に、倭王権が住民を編成する手段はなかった。

　これ以降は、白河市野地久保古墳や須賀川市稲古舘古墳のような例もあるが、有力豪族の古墳も急速に造られなくなり、古墳がそれまでの社会的意義を急速に失ってゆく。阿武隈川上流域でも、7 世紀後半になると群集墳は、単葬を前提にした埋葬施設に変化する。群集墳は、まず戸籍が造られない時期に、在地の血縁集団をまとまりにして社会を編成し、兵士を確保する手段として造られた政治的な墳墓である。6 世紀の中核地で有力豪族間の闘争を勝ち抜くため、住民を編成する方法として造営された群集墳は、7 世紀の苛烈な東アジアの国際環境のなかで、倭王権の在地編成政策として東国の広範囲で採用されたのであろう。それは、軍国体制の構築に対応した倭王権の施策のひとつである。群集墳の造営は、在地豪族を介した倭王権による支配の網であった。

む　す　び

　阿武隈川川上流域では、須賀川市から白河市にかけての場所で横穴による群集墳が営まれた。この群集墳は7世紀前半から後半にかけては複数埋葬で、7世紀後半から8世紀初頭前後には単体埋葬に変化する。中核地の長尾山型群集墳と同様の変化である。東日本の多くではこの種の群集墳が広く分布している。この頃の中核地では、倭王権が強化される。また東アジアの動乱期にあたり、軍国化が進む。東日本に広く出現する群集墳もそのような時代背景のなかで、倭王権の在地編成を受けた施策である。

　7世紀代になると、関東の有力古墳と比べても遜色のない古墳がこの地に出現する。須賀川市蝦夷穴古墳などである。横穴を中心として群集墳は、有力豪族勢力が抑制されて出現するのではない。両者は平行して盛行する。横穴からは、成人男女に加えて小児骨まで出土する。横穴には小家族が葬られた。5・6世紀の古墳群との大きな相違点である。このような人々には、武器類と装身具類が副葬されている。武器を保有して、身体を飾る人々である。豊かさと実力を象徴する副葬品である。

　横穴群は、阿武隈川とその支流に面した段丘崖面に形成されている。まとまりのある沖積平野を臨む場所で、ほぼ現在の大字程度の範囲で分布している。この時期、沖積平野には大規模な集落が形成されていた。横穴群はこの大集落の住人によって造営された。在地社会は、小家族共同体を基盤とし、群集墳を造ることで自らの土地を誇示していた。大規模集落の形成、豪族古墳の復活・横穴の活発な造営は、阿武隈川上流域の社会がこの頃に大きく成長したことを示している。

　また北東北では、7世紀末頃から8世紀代にかけて単体埋葬の群集墳が造られる。均一な規模の古墳に、武器・装身具が副葬されている。これは、同時期の南東北の群集墳と共通する特徴である。この地に、群集墳の造営という習俗を導入することにより、在地勢力の規模が判明する。これは、古代日本国の北域を広げる施策のひとつであろう。そういう意味で、北東北の末期古墳群も群集墳に含まれる。

　群集墳を通しての在地編成は、古墳後期における中核地の方式を踏襲している。それは住民の土地別編成とは、相容れない方式である。律令による「郷」は土地区分ではなく戸を単位とした住民支配であったことの反映である。7世紀の群集墳を営んだ河川周辺の大規模集落は、土地と結びついた中世の村落とは別な存在である。

第**7**章

装飾付大刀の政治的役割

は じ め に

　古墳時代の後期や終末期の古墳からは、黄金色に輝く装飾付鉄刀が出土している。頭椎大刀、圭頭大刀、双竜文環頭大刀などの金銅装装飾付大刀である。古今東西を問わず、特別な装飾が加えられた刀剣には、様々な社会的意義が付与されている。金銀や宝石で飾られた刀剣は、保持する者の地位や武力を象徴し、社会制度と結びついて公的な権力を表示することもあった。このことに着目して、飾付鉄刀を研究することから当時の政治的状況や保持者の社会的役割が追究されてきた。

　筆者は、把と刀身の結合方法、鞘との結びつきという鉄刀の構造に着目して、古墳時代の鉄刀を分析した（矢吹町教育委員会 1983 ほか）。この構造変化から、多くの研究者が想定している鉄刀年代（新納 1987、町田 1987a）よりも、約半世紀も新しくなる年代を提示した（福島 2005）。金銅装装飾付大刀も基本的な構造は、実用刀と同じである。実用的な鉄刀の変化と連動しているのは当然である。したがってその年代も、同様に新しくしなければならない。

　西暦 600 年前後における半世紀の年代差は、金銅装装飾付大刀と古墳被葬者の社会的役割、倭王権による政治体制等に関連して、その歴史的役割を理解する上で、大きな影響を与えることになる。これらの頭椎大刀や双竜文環頭大刀に 7 世紀前半から中葉の年代を想定すれば、古代日本国成立に向かう地方統治体制の形成とのかかわりが問われよう。

第**1**節　鉄 刀 年 代 の 考 え 方

　鉄刀の研究から何を明らかにするのか。目的によって分析方法は異なるが、考古学的な研究では、型式変化の過程と暦年代的位置づけが基本となる。

　鉄刀の区分　古墳時代鉄刀の名称は、刀装具の材質と把頭の形態から命名された呼称で行われるのが一般的である。木装大刀や鹿角装大刀、銀装大刀、あるいは環頭大刀、頭椎大刀はこの例である。さらに把頭細部の相違により、単鳳環頭大刀、横畔式頭椎大刀というようにも区分されている。また双脚足金物付大刀という特徴的な刀装具からの呼称もある。

　近年、装飾付大刀の研究が進み、装飾付大刀の生産地（主要出土地）ごとの施された装飾要素から、倭国系大刀や外来系大刀（舶載系大刀）、折衷系大刀という区分から議論が進められている（町田 1987、大谷 1999 ほか）。環頭大刀という外来系大刀、捩環頭大刀や楔頭大刀という倭国の大刀

に施された装飾による区分である。この両者をあわせて、折衷様式という区分もなされている。

　あるいは環頭大刀では、環頭飾りの意匠と製作技法の系列にしたがった系譜に着目した分析方法も提示されている（新納 1982、穴沢・馬目 1986、大谷 2006）。生産地や製作集団とともに鉄刀の装飾方法と、これをもとにした暦年代の解明を目的とした着眼点である。

　把構造の視点　後藤守一は、倭国の操刀法が斬撃を主とし、海外では刺突を主としていたことから、前者では鐔が発達し、後者では刀身が長くなることを指摘している（後藤 1936）。より効果的な斬撃を加えるには、刀身を重くして両手で握るほうが効果的である。また、相手の斬撃を受ける頑丈な把構造が必要になる。扁茎一本造構造の倭国系鉄刀である（福島 2005）。これに対して、より遠くまで鋭く突き刺すには、片手で持つ方が有利になる。刀身を軽くして、把間は手の幅程度の長さとなる。外来系鉄刀の、直茎二枚合わせ構造である。

　7 世紀代は、倭国の鉄刀が外来系鉄刀の影響を受けて、大きく変貌する時期である。6 世紀代の木装大刀から扁茎板鐔付大刀、直茎両区鉄刀という変化である。さらに 8 世紀の中頃には鐔茎接鉄刀が出現する（福島 2005）。この間に把や鞘の構造、刀身の形態、刀装具は外来の新しい要素に在来の特徴を加えて改良が加えられている。そうして平安時代に、日本刀の把構造が誕生する。鉄刀は、刀身・茎・把、そして鞘で構成されている。これらを結びつけるのが把構造である。ここに鉄刀それぞれの特質が表顕する。操刀法、佩用法、産地、年代などである。

　鉄刀の年代　古墳や副葬品の相対的年代を決める物指は、土器である。古墳後期から終末期の鉄刀の年代の検討においても、この点に代わりはない。ところが、横穴式石室から出土した遺物の共伴関係は、認定の困難な場合が少なくない。兵庫県箕谷 2 号墳においても、戊辰年銘大刀と出土した須恵器の共伴関係には議論がある。横穴式石室の場合、追葬と整理によって、共伴関係が損なわれることが少なくないからである。

　これに、須恵器型式自体の認識差と想定年代の違いが加わる。さらに古墳後期の関東や南東北の須恵器は、それ自体が東海や近畿と異なる形態に変化しているので、問題はより複雑になる。たとえば、著しく在地化し大型化と過飾化が進んだ善光寺 1 式の須恵器である（福島県教育委員会 1988c）。

　また須恵器型式と鉄刀型式の時間幅が、一致しているとは限らない。ひとつの事例で、ある須恵器との共伴関係が成立していても、別の事例では須恵器型式と供伴する場合もある。鉄刀の年代を須恵器の年代軸から輪切りにするのではなく、まずは鉄刀自体の変化による型式を設定しなければならない（矢吹町教育委員会 1983）。

　鉄刀は土器と比べて、使用期間が長い傾向を持っている。鉄刀の年代という場合、それが作られた年代か、使用が終了する時点か、あるいは使用期間かという問題が生じる。このことは、鉄刀の出土する遺跡とも密接に関連している。製作遺跡であれば製作年代であるし、集落跡や居館跡では使用期間中の年代である。墳墓であれば使用後となる。

　古墳時代の鉄刀は、そのほとんどが古墳から出土した資料である。これをもとに鉄刀の型式が設定されたのであれば、副葬された時点の資料が蓄積して形成された時間幅が、鉄刀型式の年代ということになる。作られた年代は、これより古いのは当然である。使用期間は、伝世によって極めて長いこともある。これに対して副葬用に製作されたのであれば、考古学的には同時と考えられよう。鉄刀型式の上限は出現した年代に限定され、盛行期は出土数で保障される。これに対

して、下限は不明瞭となる。

これまでの鉄刀暦年代　1980年代まで、金銅装装飾付大刀の盛行年代は7世紀代と想定されていた（町田1976など）。これが6世紀後半と考えられるようになったのは、新納泉による一連の研究によってである（新納1983・1984・1987ほか）。

新納泉は、百済武寧王陵出土単竜環頭頭大刀（大韓民国文化財管理局1974）を520年頃として、鉄刀の暦年代を決める基準とした。さらにこの点から、須恵器のTK43式期の開始が520年をあまり降らない時期とした（新納1983）。ただしこの考えは、田辺昭三や白石太一郎が想定する年代（田辺1981、白石1982・1985a）と比べて、かなり古い暦年代観である。

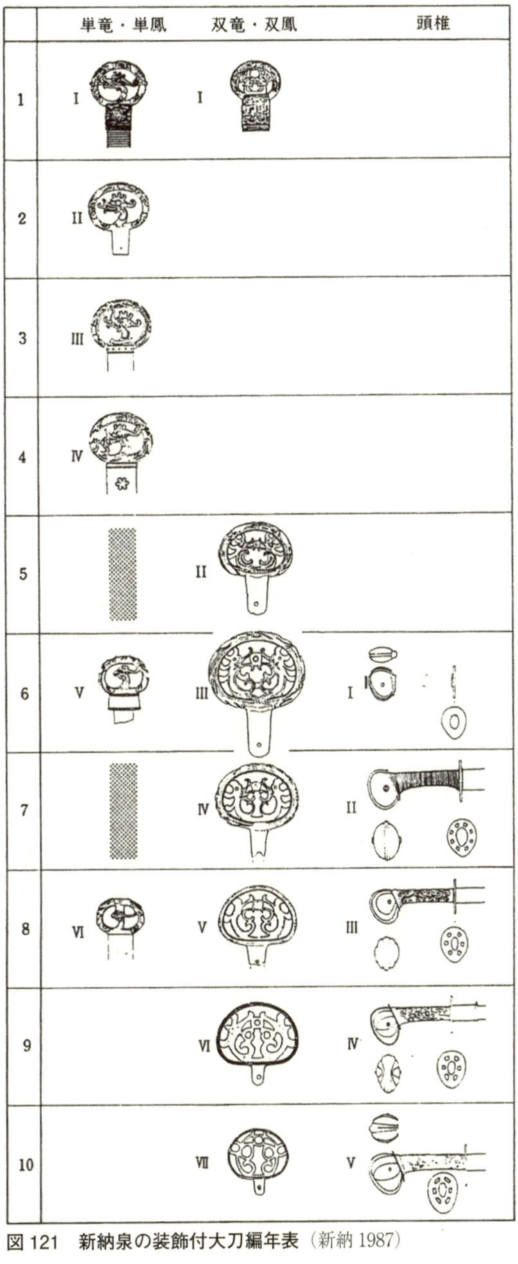

図121　新納泉の装飾付大刀編年表（新納1987）

つぎに新納は、関東の金銅装装飾付大刀と最終段階の前方後円墳の関係を検討するなかで、須恵器型式との対比を踏まえて、金銅装装飾付大刀が7世紀初頭で盛行を終えるとした（新納1984）。このなかで新納泉は、京都府湯舟坂2号墳の報告書で検討した双竜大刀の型式変化（京都府久美浜町教育委員会1983）から、金銅装装飾付頭椎大刀の平行関係について整理を行い、終焉が同じ段階であることを指摘している。

また町田章は、兵庫県箕谷2号墳の戊辰年銘大刀の検討を行い、668年頃は合状足金物が出現する時期と想定して、この鉄刀の年代を608年に比定した（兵庫県八鹿町教育委員会1987）。この年代をもとに新納泉は、単鳳足金物の変化から、箕谷2号墳の戊辰年銘大刀がその最終段階にあることを明らかにした。そうして、この大刀の製作年代を608年として、鉄刀年代の定点とすることを提案した。

現在、新納の年代案は多くの研究者に受け入れられている。最近では、図122に示した松尾充晶による装飾付鉄刀の編年（松尾2003）などである。これらによれば、茨城県風返稲荷山古墳の頭椎大刀（茨城県霞ヶ浦町教育委員会2000）など、金銅装装飾付大刀はTK43型式（田辺1981）期に出現し、TK209型式期が盛行期であるという。松尾の論考も関連して示されたた写真図図版には、TK209型式期とされた千葉県木更津市金鈴塚古墳の金銅板装飾付頭椎大刀や（伝茨城県玉里村舟塚古墳の円頭大

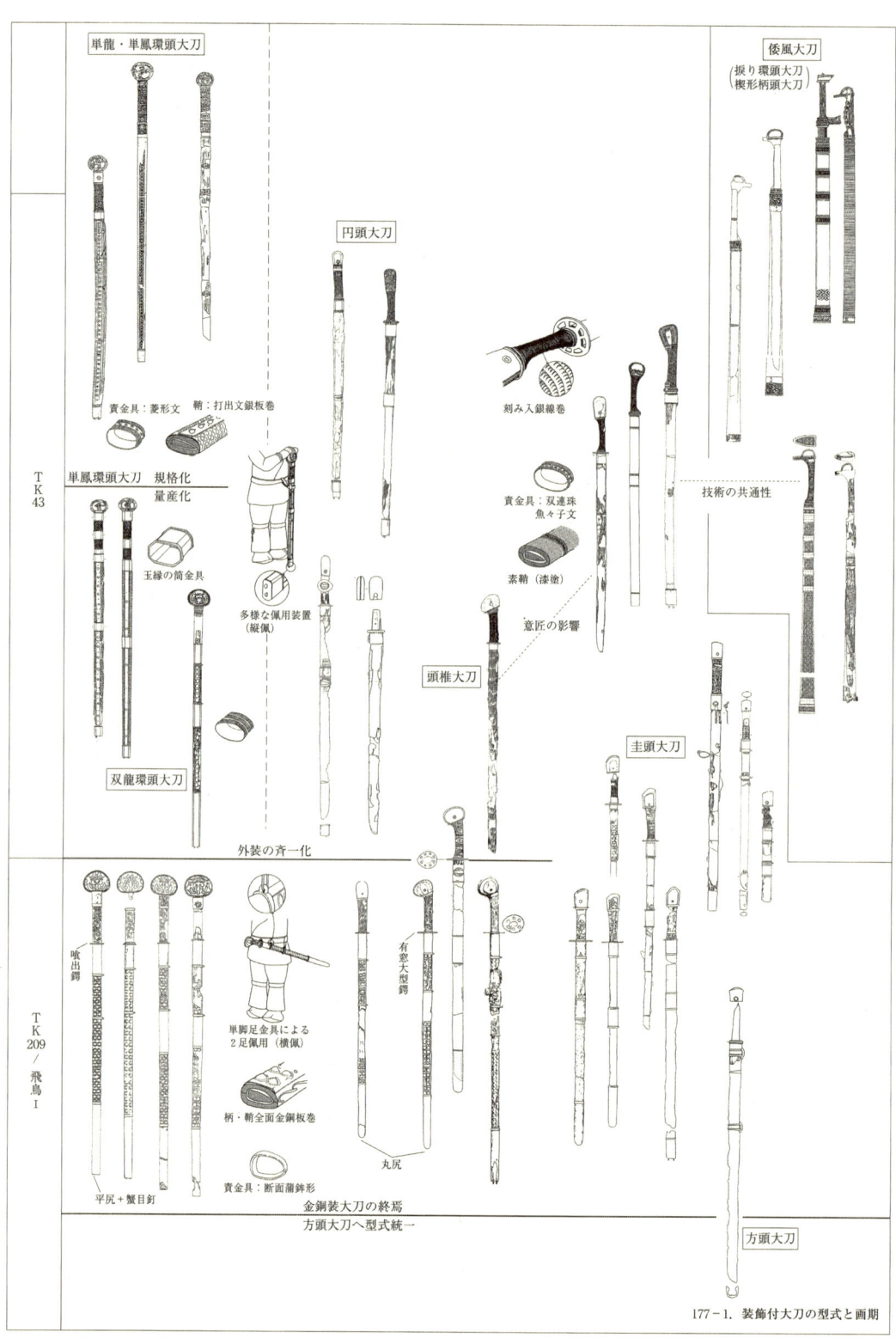

図 122　松尾充晶の装飾付大刀編年案（松尾 2003）

刀は、6世紀後半の年代が想定されている。

　続けて、編年表には双脚足金物の装着された方頭大刀が配置されている。飛鳥Ⅰ型式期のなかである。埼玉県西原1号墳出土など、双脚足金物が装着された鉄刀は、7世紀初頭には出現していたという考えである。また下江健太による方頭大刀の年代観（岡山大学考古学研究室2001）も、この方向に合った論考である。

　筆者は、新納の相対的な鉄刀の変化について、大きく異なる意見は持っていない。単脚足金物の変化、双竜環頭大刀と頭椎大刀の終焉などの型式変化である。しかし、絶対年代の比定については約半世紀の相違がある。新納泉の想定する鉄刀年代は、筆者の鉄刀想定年代（矢吹町教育委員会1983、福島2005）と比べて古く、装飾付大刀の年代幅が圧縮されている。

　筆者の根拠　鉄刀の把構造の視点から、年代を決める根拠として7点示しておく（矢吹町教育委員会1983、福島2005ほか）。

①中核地など西日本を中心とする場所において、後期群集墳から出土する鉄刀は扁茎木装刀が中心である。中核地の後期群集墳盛行期は、田辺昭三による須恵器編年（田辺1981）のTK10型式期からTK209型式期に相当する時期である。6世紀代中葉から7世紀前半である。扁茎板鐔付鉄刀（福島2005）は、後期群集墳盛行期の後半、6世紀末葉のTK43型式期から普及しはじめる。

②中核地において、6世紀後半（TK43型式期）の古墳から直茎両区金銅装装飾付大刀が出土した例はない。

③双脚足金物が装着された大刀と7世紀前半の須恵器（TK209型式および飛鳥Ⅰ型式）が共伴関係にある出土例はない。

④北東北を中心とする末期古墳から出土する正倉院様式（福島2005）の鉄刀は、正倉院の烏作大刀と共通する構造・装飾である。8世紀代の鉄刀である。

⑤東日本における群集墳の盛行期は、田辺編年Ⅲ期、7世紀中葉が中心である。これにともなう鉄刀は、扁茎板鐔付鉄刀と直茎両区鉄刀（福島2005）である。扁茎板鐔付鉄刀と正倉院様式鉄刀の間にあるのが、直茎両区鉄刀である。

⑥古墳時代終末期には、多数の鉄刀が東日本に扁って出土している。鉄刀分布の扁差は、中核地で鉄刀の副葬が衰退した結果を反映した疑似分布である。

⑦須恵器型式の絶対年代は、白石太一郎の考え（白石1982・1985a）に準拠している。これを東北に当てはめる場合は、善光寺編年（福島県教育委員会1988c）である。

第2節　竜鳳文環頭大刀の変化

　古墳中期の後半頃から、竜鳳文で装飾された外来の環頭大刀が増加する。この鉄刀の把木は、2枚合わせで鑷と責金によって茎に装着され、把間には金属線が巻かれている。茎は扁りが無く、区は直に落とした両区である。鞘に鞘口金具・鞘尻金具・責金が装着されている。さらに鞘木を金属板で包み込んでいる。全体が金色・銀色に輝く大刀である。

　竜鳳文環頭大刀の刀装具や構造的特徴は、古墳中期では倭国の鉄刀とは異なっている。しかし後期には、その構成要素が順次取り入れられてゆく。そこで、倭国系大刀から金銅装装飾付大刀

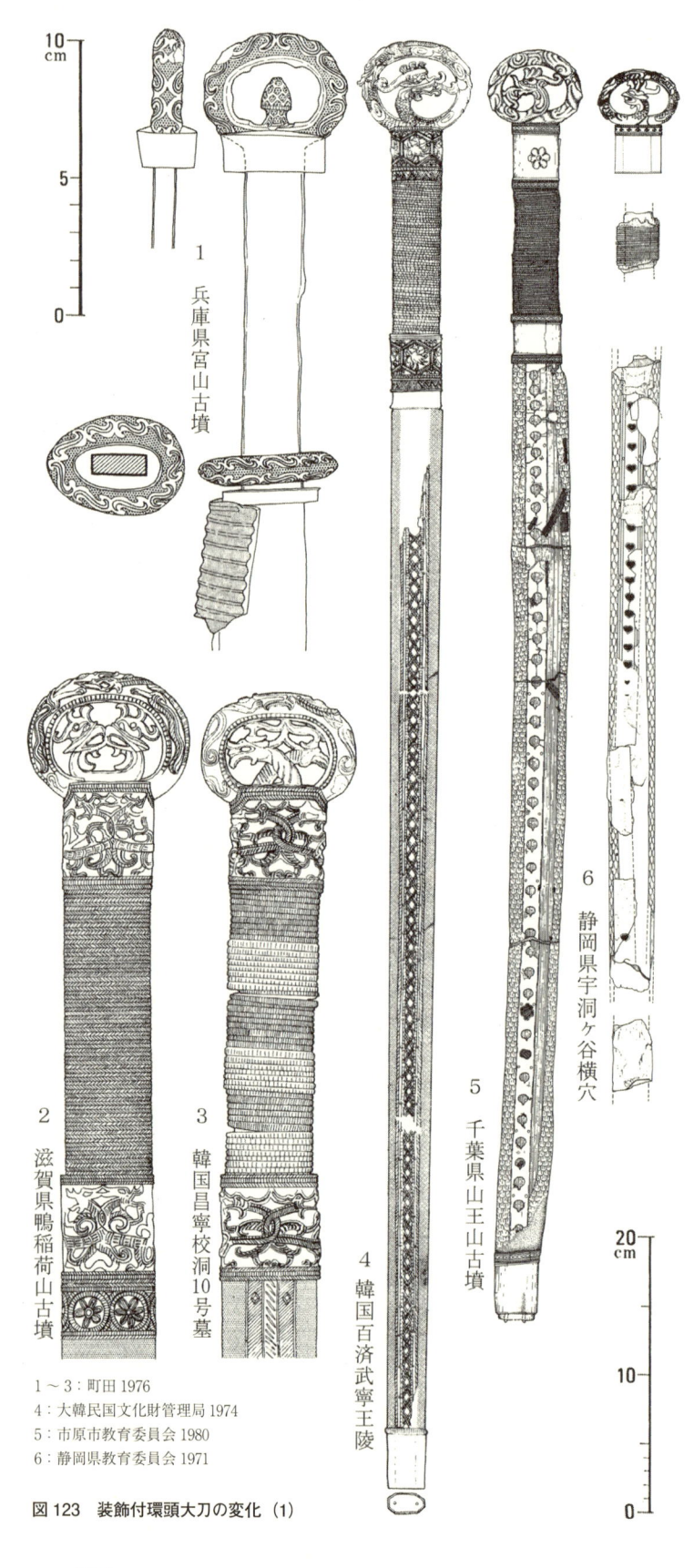

1　兵庫県宮山古墳

2　滋賀県鴨稲荷山古墳

3　韓国昌寧校洞10号墓

4　韓国百済武寧王陵

5　千葉県山王山古墳

6　静岡県宇洞ヶ谷横穴

1〜3：町田 1976
4：大韓民国文化財管理局 1974
5：市原市教育委員会 1980
6：静岡県教育委員会 1971

図123　装飾付環頭大刀の変化（1）

が出現する過程を説明する前に、竜鳳文環頭大刀の年代を確認しておきたい。

竜鳳文環頭大刀編年研究の現況　竜鳳文環頭大刀の編年は、把頭飾りの変化を中心にした穴沢咊光・馬目順一や新納泉の論考（穴沢・馬目1976、新納1987）、把および外装全体を総合した向坂鋼二の分析（静岡県教育委員会1971）、あるいは把の構造に着目した町田章の編年がある（町田1976）。

　新納は、単竜・鳳環頭大刀の環頭図文に着目して、退化過程から編年を行っている（新納1982）。最も精巧に作られた武寧王陵刀（図123-4）を西暦520年頃の製作と考えて、単竜環頭大刀の最古型式の年代根拠とした。そして図文の形骸化にしたがって、単竜環頭大刀をⅠ〜Ⅵ型式に配列した（図121）。さらに須恵器編年と対応させて環頭大刀の年代を算出している。この結果、新納の環頭大刀Ⅱ・Ⅲ・Ⅳ型式は、須恵器のTK43型式と対応するとした。

　精巧な図文が次第に形骸化することは、多くの遺物で知られている。これとともに、古墳から出土する副葬品には階層差を反映した格差もある。百済王であった武寧王の単竜環頭大刀が、精美な優品であるのは当然である。これと比べて、倭国の中小古墳か

ら出土した単竜環頭大刀が見劣りするのは、保持者間の格差であろう。

　単竜・鳳文環頭大刀文様の退化（新納1983）は、新納が想定するほど良好な年代差を反映していないのではないだろうか。また武寧王陵刀が520年代の遺物であっても、この鉄刀型式の最後であるとは限らない。Ⅱ・Ⅲ・Ⅳ型式との間に時間差があることから考えれば、むしろ初期の例ではないだろうか。

　町田章は、竜鳳文環頭大刀を環頭と茎の関係からⅠ型とⅡ型に分けている（町田1976）。Ⅰ型は、環頭の本体は鉄製で、茎と一体に作られて、環に金板を貼り付けた装飾が施されている。また環の下部が把縁金具によって隠される特徴がある。そうして、この型式の年代を5世紀後半から6世紀前半としている。ただし埼玉県将軍塚古墳出土刀（穴沢・馬目1976）については、7世紀の遺物も出土していることから、6世紀後半の年代を想定している。筆者は、何らかの事情で副葬された時期が著しく遅れたと考えて、新しくする必要は無いと考えている。

　6世紀Ⅱ型は、環頭飾りと茎が別作りになる。さらに装飾要素の強いⅡa式と、それが比較的簡化されたⅡb式に区分されている。6世紀Ⅱa型の年代は、この型式の武寧王陵刀から6世紀前半としている。またⅡb1式は、静岡県宇洞ヶ谷横穴刀（図123-6）が武寧王陵刀との関連で6世紀前半に置き、下限は千葉県城山1号墳の資料から西暦550年頃とした。さらに、Ⅱb2式は飛鳥寺塔心礎出土の銅鈴類似品と共伴例から6世紀末年とした。

　段階変化　筆者は、竜鳳文環頭大刀の中頃の型式について、新納のⅡ・Ⅲ・Ⅳ型式が、須恵器のTK43型式と対応するのであれば、これと並行する6世紀後半とすべきであろう。また静岡県宇洞ヶ谷横穴刀も、6世紀後半の年代を想定している。この観点から、竜鳳文環頭大刀の変化をまとめておく。

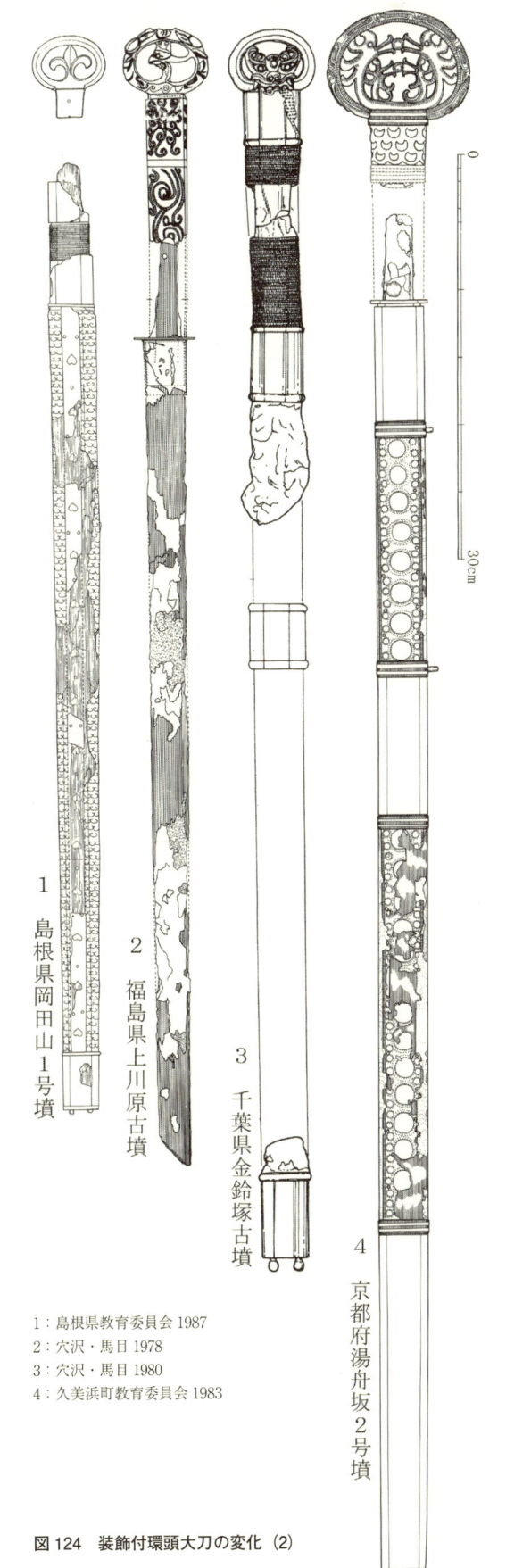

1　島根県岡田山1号墳
2　福島県上川原古墳
3　千葉県金鈴塚古墳
4　京都府湯舟坂2号墳

1：島根県教育委員会 1987
2：穴沢・馬目 1978
3：穴沢・馬目 1980
4：久美浜町教育委員会 1983

図124　装飾付環頭大刀の変化（2）

215

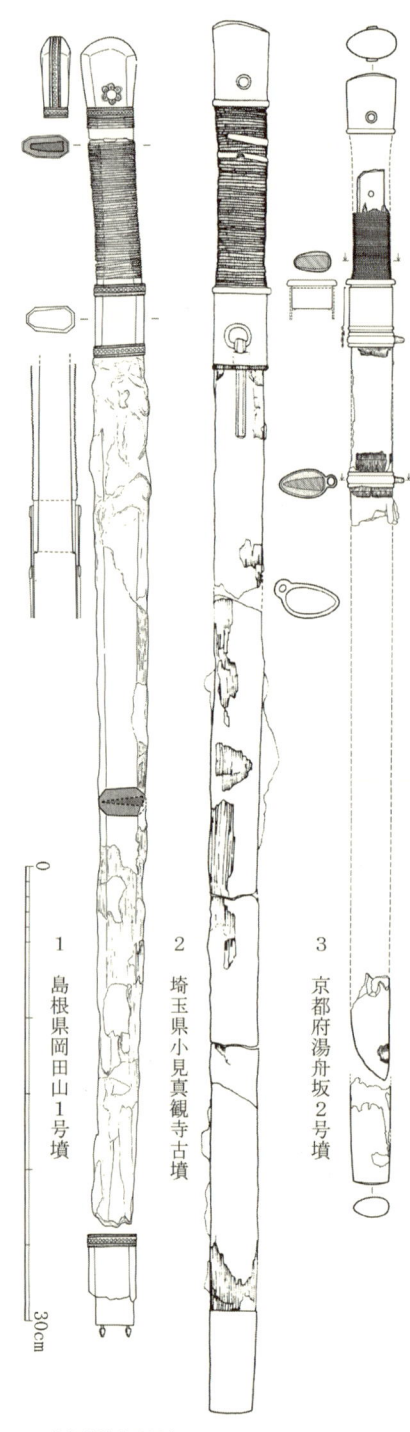

1：島根県教育委員会 1987
2：滝瀬 1984
3：久美浜町教育委員会 1983

図125　外来系円・圭・方頭大刀

6世紀型Ⅰ式環刀の年代は5紀後半から6世紀前半の年代である。滋賀県鴨稲荷山古墳出土の双鳳大刀（濱田・梅原 1923）（図123-2・3）などである。6世紀型Ⅰa刀では、環頭に接した把縁と鞘口の金具には絡首竜文画施されている。

この段階の佩用装置については、韓国南部の昌寧校洞10号墳刀の例が知られている（穴沢・馬目 1976）。鞘口に刀身方向の紐通し孔を設け、鞘にはこれと直交する方向の紐通し孔が配置されている。

6世紀前半には、環頭飾りと茎が別作りになる6世紀Ⅱ型環刀が出現する。環頭の本体は銅製の鋳造品で、環頭下部が把縁金から出た作りになる。把縁金具、帯状責金・刻銀線巻把、鞘飾金具、蟹眼釘という武寧王陵刀に典型的な環頭大刀である。

刀装具に施された文様は、把縁金具では亀甲の区画文のなかに鳳文が配置されている。帯状責金具には、点文と鋸歯文が組み合わされた浮彫文様が施されている。鞘飾金具には斜格子文を中央に、両側には斜線と平行線の刻目文が配置されている。この種の環頭大刀は、6世紀中葉頃まで盛行する。

6世紀中葉から世紀末には、竜鳳文環頭大刀の把縁金具や責金が無文になる特徴がある。あるいは、施される文様が簡略化する。千葉県山王山古墳の鉄刀（市原市教育委員会 1980）（図123-5）は、この段階でも前半の資料である。把縁金具には竜や鳳に代わって花文が採用される。鞘装飾金具には、円一列の文配置されている。また責金は、菱形文で飾られている。

この段階の後半期には、宇洞ヶ谷横穴刀（静岡県教育委員会 1971）や群馬県平井地区1号刀（藤岡市教育委員会 1993）があげられよう。把の断面形は、扁平八角の把縁金具が多くなる。責金の断面形は半円形となる。鞘飾金具は、一列のハート形文が多用されている。宇洞ヶ谷横穴刀や京都府岡1号墳刀（京都府教育委員会 1961）である。

7世紀前半は、7世紀型環刀（町田 1976）の前半期である。この段階は、佩用方法に大きな変化が生じる。足金物の出現には、埼玉県小見真観寺古墳の圭頭大刀（図125-2）が注目される。

この鉄刀は、1個の足金物と鞘口に装着された環と合

216

わせて吊手で佩用する方式である。足金物の紐通孔は、身の肩側に寄った位置に造られている。昌寧校洞10号墓刀（図123-3）の佩用装置と基本的に同じである。京都府湯舟坂2号墳の環頭大刀（図124-4）と共通した位置で、倭国における足金物の初現形態である（新納1987）。

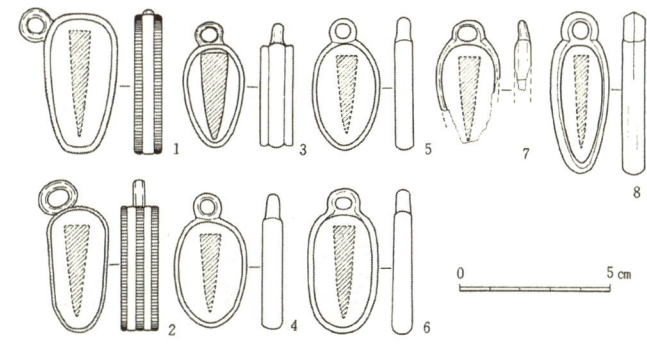

1　金鈴塚古墳石室D区出土双竜環頭大刀第1佩用金具（略測）　　2　湯舟坂2号墳出土双竜環頭大刀第2佩用金具
3　湯舟坂2号墳出土圭頭大刀第2佩用金具　　4　文堂古墳出土双竜環頭大刀第2佩用金具（錆による変形あり）
5　文堂古墳出土頭椎大刀第1佩用金具（錆による変形あり）　　6　金鈴塚古墳石室B区出土双竜環頭大刀第1佩用金具（略測）
7　箕谷2号墳出土戊辰年銘大刀第1佩用金具　　8　大阪上古墳（静岡県富士市）出土方頭大刀
（1～7　新納実測　8　後藤守一編『吉原市の古墳』（1958年）による）
図126　新納泉による吊手孔佩用金具の変化（新納1987）

つづいて、一の足金物と二の足金物が装着された大刀が出現する。足金物が装着されることによって、帯に挟む佩用方法から水平に吊り下げる方法に変化する。横佩大刀（滝瀬1991）である。7世紀前半でも中葉に近い頃である。

新納は、足金物の出現から方頭大刀に装着されるまでの相対的な変化を明らかにしている。①銅板帯に吊手孔を佩裏に寄せたもの。②吊手孔が棟の真上にあり、身と一体となった鋳造品。そして②の身部か扁平になる方頭大刀という変化である。身部の形態について注目すると、①は倒卵形で扁平気味、②は楕円形、③は扁平な楕円形である。鞘構造を反映した観点（福島1983）からも妥当な変化である。また足金物から、兵庫県箕谷2号墳の戊辰年銘大刀が双竜大刀の最終段階と平行するとしている点も同意見である。

西暦600年頃になると、竜鳳文環頭大刀以外の外来系鉄刀も急増する（図124-3～4、図125-3）。奈良県藤ノ木古墳の実用的な円頭大刀は、その初期の例である。金銅製円頭と鎺、把間の刻銀線の直茎両区刀である。金銅製の鞘口と鞘尻金具は、細長い八角形の断面である。続いて、圭頭大刀、獅噛頭大刀が出現する。埼玉県小見真観寺古墳（図125-2）や茨城県武者塚古墳の圭頭大刀、千葉県金鈴塚古墳（滝口編1952）の獅噛頭大刀（図124-3）・鶏頭刀である。また、島根県岡田山1号墳の外来系円頭大刀（島根県教育委員会1987）（図125-1）などもある。

7世紀中頃は、7世紀型環刀（町田1976）（図124-4）の時期である。把間には、金属板が貼り付けられる特徴がある。また双竜環頭大刀の把縁には、把頭に接する部分把縁に円文とこれを起点に曲線文が配置されている。これは花文の変化であろう。単竜鳳環頭大刀は著しく少なくなる。鎺金の断面形は半円形となり、鞘には単孔足金物が装着される。また鞘飾金具は幅広くなり、2列の円形浮文が配置されるようになる。佩裏側は列点文で施された曲線文である。これは、同時期の金銅装装飾付大刀と同じである。

第3節　倭国系装飾付大刀の変化

外来系刀装具の導入　古墳時代中期後半から後期にかけて、倭国の大刀に外来系鉄刀の刀装具や装飾方法が継続的に導入された。まず5世紀後半に、金板・銀板を使った装飾手法が倭国の扁茎大刀に導入された。大阪府峯ヶ塚古墳出土刀の例である（大阪府羽曳野市教育委員会2002）。把

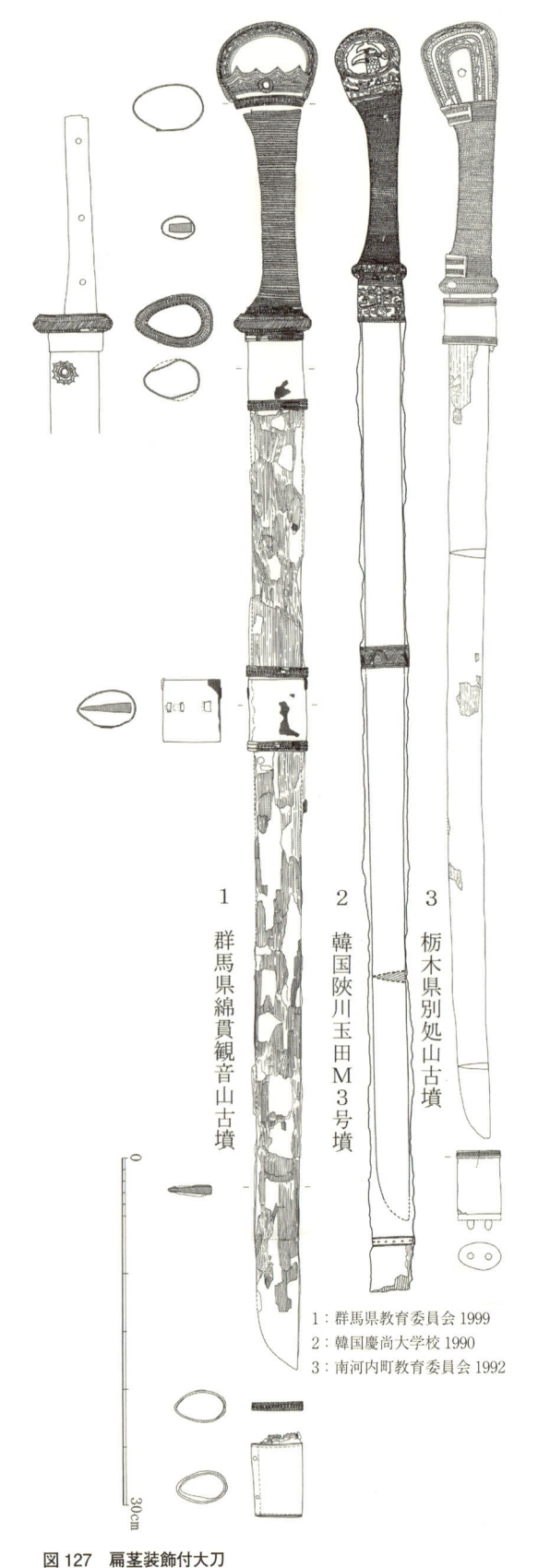

1 群馬県綿貫観音山古墳

2 韓国陜川玉田M3号墳

3 栃木県別処山古墳

1：群馬県教育委員会 1999
2：韓国慶尚大学校 1990
3：南河内町教育委員会 1992

30cm

図127　扁茎装飾付大刀

頭が側面菱形や頂部楔形という形態、鹿角製刀装具の把縁突起状、把には勾金が装着されるという伝統的な倭国の大刀姿である。把頭とその捻り飾りは銀板で作られ、把や鞘にも彩色された鹿角や華やかな色彩の織物、銀帯などで装飾が施されている。

つぎに環頭大刀の金属製刀装具が、倭国の鉄刀にも装着されるようになる。三重県井田川茶臼山古墳出土刀（三重県教育委員会 1988）や群馬県綿貫観音山古墳出土の捻り環頭大刀（群馬県教育委員会 1999）である。鞘金具に施された竜文は、環頭大刀に特徴的な装飾文様である。倭国の刀に採用された金属製刀装具の系譜を示している。

6世紀後半のTK43式期には、金属板と刻み銀線が多用された装飾付大刀が確認されている。奈良県藤ノ木古墳の鉄刀（奈良県教育委員会 1990・1995）（図16）は、伝統的な倭国の形式に則った鉄刀と鉄剣である。楔形の把頭、捻り環頭、棟に扁って刃側が大きく内湾する把間、それに巻かれた銀線、鹿角製鐔・把縁具、鞘口と鞘尻の刀装具が装着され、把や鞘を金板や錦で包み、ガラス玉を散らした装飾が施されている。剣は、鹿角刀装具A類（小林 1976）の把縁金具が装着された最後の資料である。この時期に、金属製板譚が一般化していないことの反映である。

栃木県別処山古墳刀（栃木県南河内町教育委員会 1992）、群馬県綿貫観音山古墳の円頭大刀（群馬県教育委員会 1999）（図127-1）、藤ノ木古墳4号大刀では、環状鐔が装着されている。木心に銀板を貼り付けて作られ、ドーナツ状で、縁が厚い形態である。5世紀代の兵庫県宮山古墳（町田 1976）（図123-1）のそれと近似している。朝鮮半島の鐔であろうか。朝鮮半島でも、陜川玉田M3号墳の単鳳環頭大刀（慶尚大学校博物館 1990）（図127-2）にも装着されている。

218

この鉄刀の把頭は、大きく膨らませた形状に特色がある。さらに把頭を縦に分割する帯状飾りがめぐらされている。捻り環頭の痕跡であろう。把間の刻み銀線、筒状の鞘口金具、鞘尻金具、帯状金板の責金具という、環頭大刀の刀装具が使用されている。しかし把構造は、扁茎大刀である。陝川玉田Ｍ３号墳は、単鳳環頭大刀であるが、把は茎が棟方に扁る倭国の把構造である。朝鮮半島の鉄刀様式が倭国に輸入されたのではなく、逆の場合もあったことを示している。同古墳からは、木装扁茎大刀が出土している。

扁茎板鐔付装飾付大刀期　扁平な板鐔は、愛知県豊田大塚古墳（豊田市教育委員会 1966）にあるように古墳後期前半にはすでに出現していた。ただし小さな板鐔で、拳を防御するというよりは喰出鐔である。この後 TK10 型式期までにも少数ではあるが、出土例が知られている（福島 1991）。

群馬県台所山古墳からは、銀象嵌の施された環頭大刀に装着された板鐔が出土している（町田 1987a）（図 128）。6 世紀Ⅰ型環頭大刀である。この板鐔は、やや細長い楕円形である。棟方が大きく、刃方が小さくなっている。内孔も楕円形である。倭国系大刀初期の板鐔では、内孔は円形を基調としているのに対して特徴的な形態である。これは、外来系環頭大刀の把断面形に対応した形であろう。平の片側に長方形の孔が設けられているのも、親子刀と関連するのであろうか。

台所山古墳刀の年代について、町田章は、把縁金具などの鳳凰文がA型（6 世紀Ⅰ型）環頭大刀でも古い特徴を持っているとして、5 世紀後半と推定している（町田 1987b）。筆者は、鞘尻金具責金の断面系が半円形であること、亀甲文内部に簡略化された鳳凰文と花文が施されている、板鐔の平には、簡略化された連続渦巻き文であることから、6 世紀代でも中葉頃の年代を想定している。環状鐔に続く型式であろう。また、把縁金具や鞘尻金具の断面形、鐔の中心孔の形状がやや扁平な楕円形であることは外来系大刀の特徴である。この時期、倭国の大刀では、把の断面形は円形か倒卵形である。

この板鐔が倭国系大刀に導入されて、大刀姿は一変する。烏土塚古墳刀（矢吹町教育委員会 1983）（図 129‐2）など、TK43 式期には金属製板鐔の装着された倭国系大刀が普及しはじめる（福島 1983、豊島 2001 ほか）。ただし、畿内ではこの頃、群集墳の盛行期であるが、鉄製板鐔の装着された鉄刀は、それほど出土していない点を再度確認しておく。また東海でも、鉄製板鐔の普及状況に大きな相違はない（西澤 2002）。

板鐔は、後の倒卵形と比べると円形に近い形である。金属製板鐔の安定的な装着は、金属製鎺の採用によって可能になる。区に接して鎺を装着しこれに続けて板鐔を填める。鎺によって茎と把木が固定されることから、装着された板鐔が安定する。鎺は、環頭大刀の把縁金具から発展した刀装具である。板鐔出現期の鉄刀で、茎が棟方に扁って刃区が大きく発達し、棟区が設けられていないのは、倭

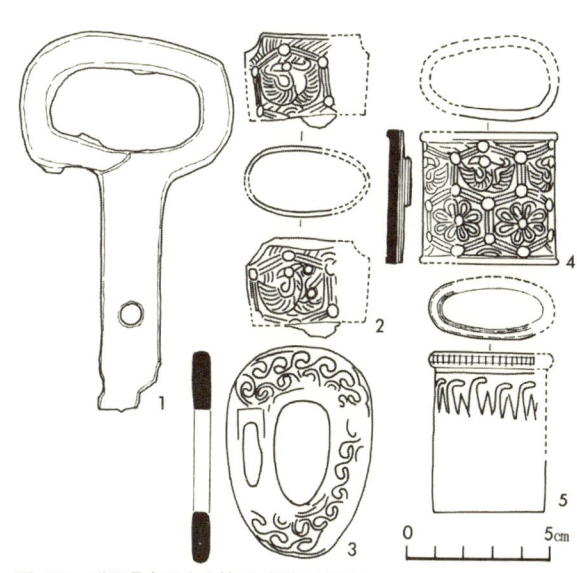

図 128　群馬県台所山古墳刀（町田 1987b）

219

国系大刀の特徴である。鋼を安定して装着される区が出現するのはこれより後である。板鐔は無窓で、円形気味である。

　鉄製の円形把頭に銀象嵌の施された群馬県平井地区1号刀（藤岡市教育委員会1993）（図129-3）には、初期の板譚が装着されている。鐔の平は狭く、喰出鐔に近似した形態である。耳も丸く仕上げられ、前段階の環状鐔を平にした形状である。把間には刻み銀線が巻かれ、把間刃方は緩く湾曲している。長さは12cm程度と短く、片手幅程度である。また茎の扁りも小さい。

　鞘には、金鍍金の施された口金と鞘尻金、中央部に筒金が装着されている。鞘口の先、筒金の前後、鞘尻の元には、責金具が装着されている。責金は幅が狭く、断面形は半円となっている。また鞘尻の先は平で、2本の蟹目釘が打ち込まれている。鞘中央の筒金は、奈良県烏土塚古墳刀など前段階の装飾付大刀要素を伝えている。平井地区1号墳出土円頭大刀は、一見すると倭国風であるが、外来の要素を色濃く伝えている。

　TK209式期の前半には、鉄製板鐔の装着された扁茎板鐔付大刀が定着する。島根県上塩治築山古墳円頭大刀（島根県古代文化センター1999）や岡田山1号墳の倭国系円頭大刀（島根県教育委員会1987）（図129-1）など

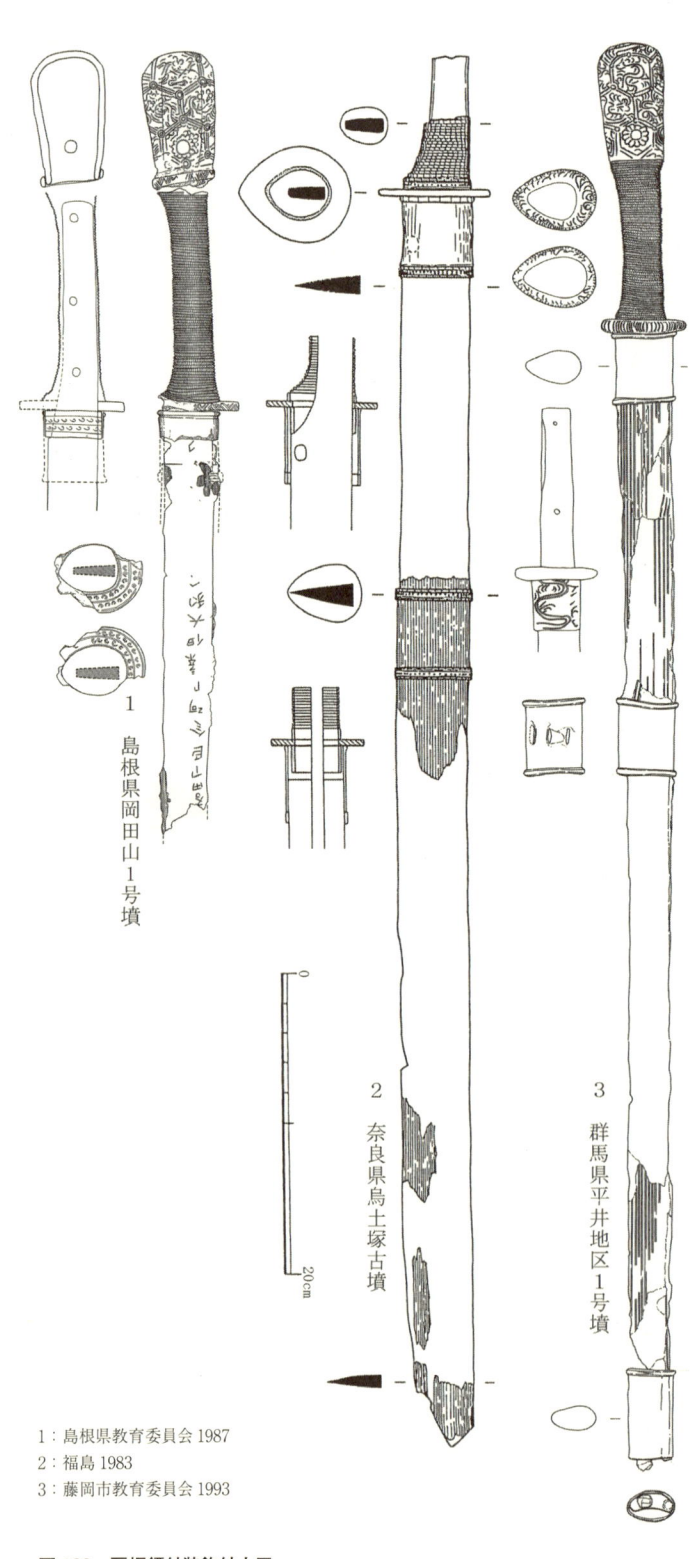

1　島根県岡田山1号墳

2　奈良県烏土塚古墳

3　群馬県平井地区1号墳

1：島根県教育委員会 1987
2：福島 1983
3：藤岡市教育委員会 1993

図129　扁板鐔付装飾付大刀

である。把間に巻かれた銀線は、TK43式期から継続している。鞘口金具に加えて、鞘の中央部に筒金が装着される点も特徴的である。鞘尻が丸くなること、板鐔に窓が設けられるのは新しい特徴である。上塩冶築山古墳の把頭を縦に分割する装飾付大刀は、捻り環頭大刀から台所山古墳刀、さらに綿貫観音山古墳の円頭大刀を経た図文の系譜を引く装飾付大刀である。

　金属装頭椎大刀の起源については、後藤守一が円頭大刀から発展したと考え（後藤1936）、穴沢咊光・馬目順一もこれに賛意を表している（穴沢・馬目1977）。続いて新納泉は、伝統的な鹿角装・木装大刀を起源として、金銅装を取り入れる過程で円頭大刀の技法を採用したと考えている（新納1987）。大筋は、先学の想定した通りであろうが、直接の起源となった円頭大刀は倭国系であろう。大きく発達した板鐔は頭椎大刀の特徴である。

　把頭に、亀甲形の象嵌を施し、その内部に鳳凰文が配置された装飾付大刀図文は、島根県岡田山1号墳刀などこの時期の特徴である（図129-1）。さらに鐔・把頭や鐔などに銀象嵌の施された装飾付大刀がある。西日本から東日本にわたって出土している。初期の例では鳳凰文が施されている。円頭形の把頭、亀甲形の区分文のなかに鳳凰が表現された初期のものから、亀甲文に渦文が充填された文様、そして亀甲文や失われて子葉文となる変化が明らかになっている（橋本1986・1993ほか）。この文様は、外来の竜・鳳環頭大刀に特徴的な装飾付大刀要素である。

　5世紀後半から始まった外来系大刀装具の倭国系大刀への導入は、把縁金具、鞘口金具の導入に始まり、金属板を用いた飾り金具や責金をへて、喰出鐔から板鐔へ改良したので一応の区切りが付く。ここに原日本刀が誕生したといえるであろう。

直茎両区装飾付大刀期　TK209式後半からTK217式期、7世紀前半から中葉である。直茎両区刀は、環頭大刀の把構造が倭国の鉄刀に採用することによって生み出された。頭椎大刀、圭頭大刀、円頭大刀などの金銅装装飾付大刀である。金銅板が使用された特徴的な装飾付大刀である。

　造りは全般に華奢で実用性に乏しい。把頭の形態、鐔の有無という相違点はあるが、金銅板を多用した装飾が施されている点が共通している。装飾方法と佩用装置の相違から前半と後半に区分した。

　前半の大刀は図130に示した。把間が銀線巻きで仕上げられている点は、扁茎板鐔付装飾付大刀と共通する方法である。ただし把は真っ直ぐである。鞘中央に筒金が装着されている。これも前段階と共通している。また足金物が装着されていない。責金は鋳造で断面形は半円形である。

　風返稲荷山古墳の円頭大刀（図130-1）には、板鐔が装着されていない。新納などが注目するように、外来系円頭大刀の系譜であろうか。板鐔付大刀では茨城県梶山古墳刀（図130-3）と風返稲荷山古墳刀では、平に窓がない。これは前段階の特徴である。風返稲荷山古墳刀では、鞘口金具と中央の筒金に三本の切り込みが設けられている。佩用装置であろう。郡山市渕ノ上古墳の大刀は、鐔に6個の窓が作られている（図130-4）。つぎの段階に続く特徴である。

　図131には、兵庫県文堂山古墳の頭椎大刀と双竜環頭大刀、風返稲荷山古墳の円頭大刀、伝茨城県玉里村舟塚古墳の圭頭大刀を示した。いずれもこの種大刀の新しい段階の資料である。

　把間の金銅板は、佩裏で端を合わせ、これを釘で止める方法である。金銅板には打ち出しによる渦巻きなどが施されている。板鐔は倒卵形で、窓数は6個あるいは8個である。ただし、双竜環頭大刀は板鐔ではなく喰出鐔が装着されている。鐔に接して責金も装着されている。区は両区で、鎺がこれに接している。茎は真っ直ぐにのび、二枚合わせの把木である。

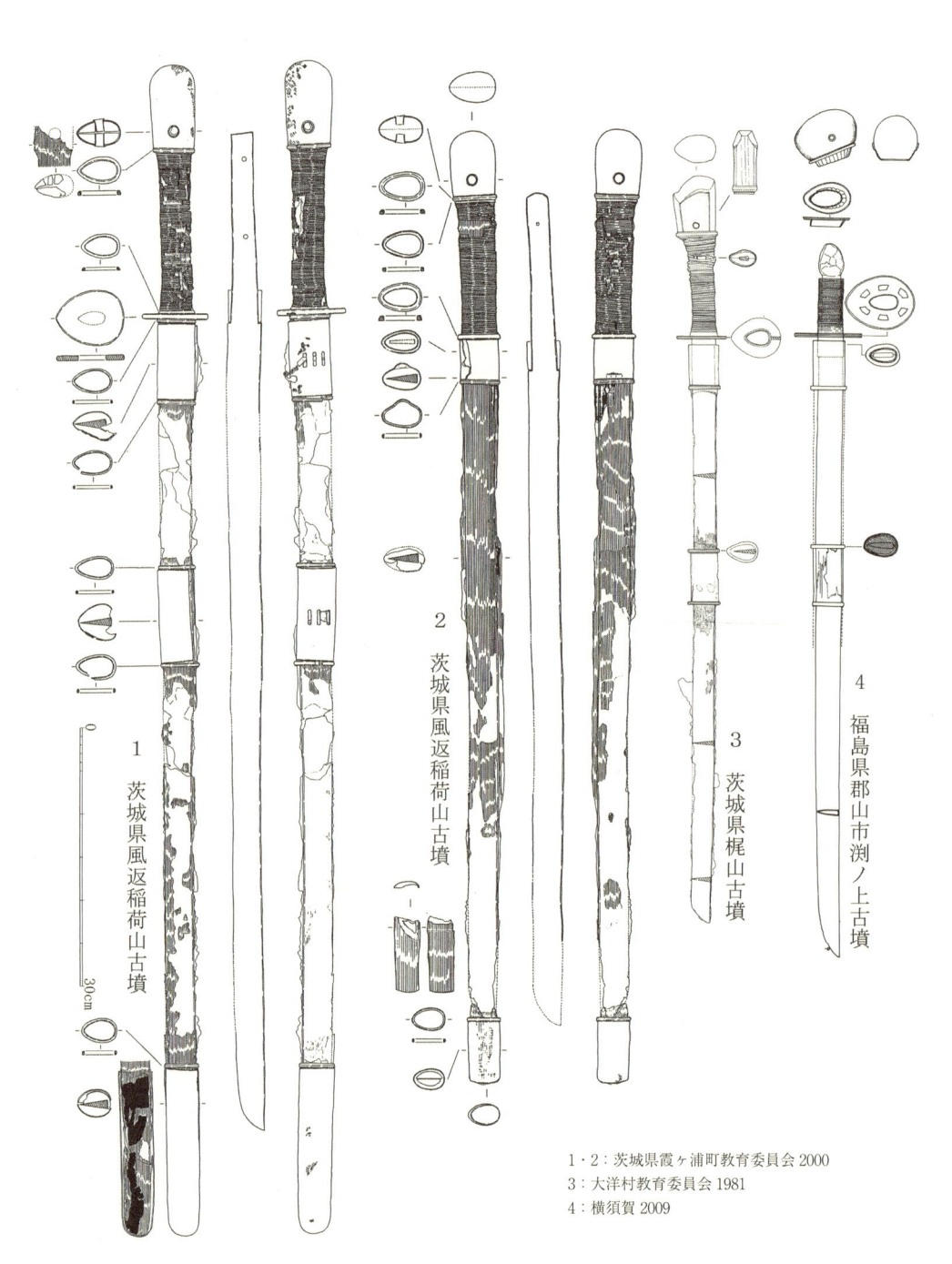

1・2：茨城県霞ヶ浦町教育委員会 2000
3：大洋村教育委員会 1981
4：横須賀 2009

図 130　直茎両区装飾付大刀

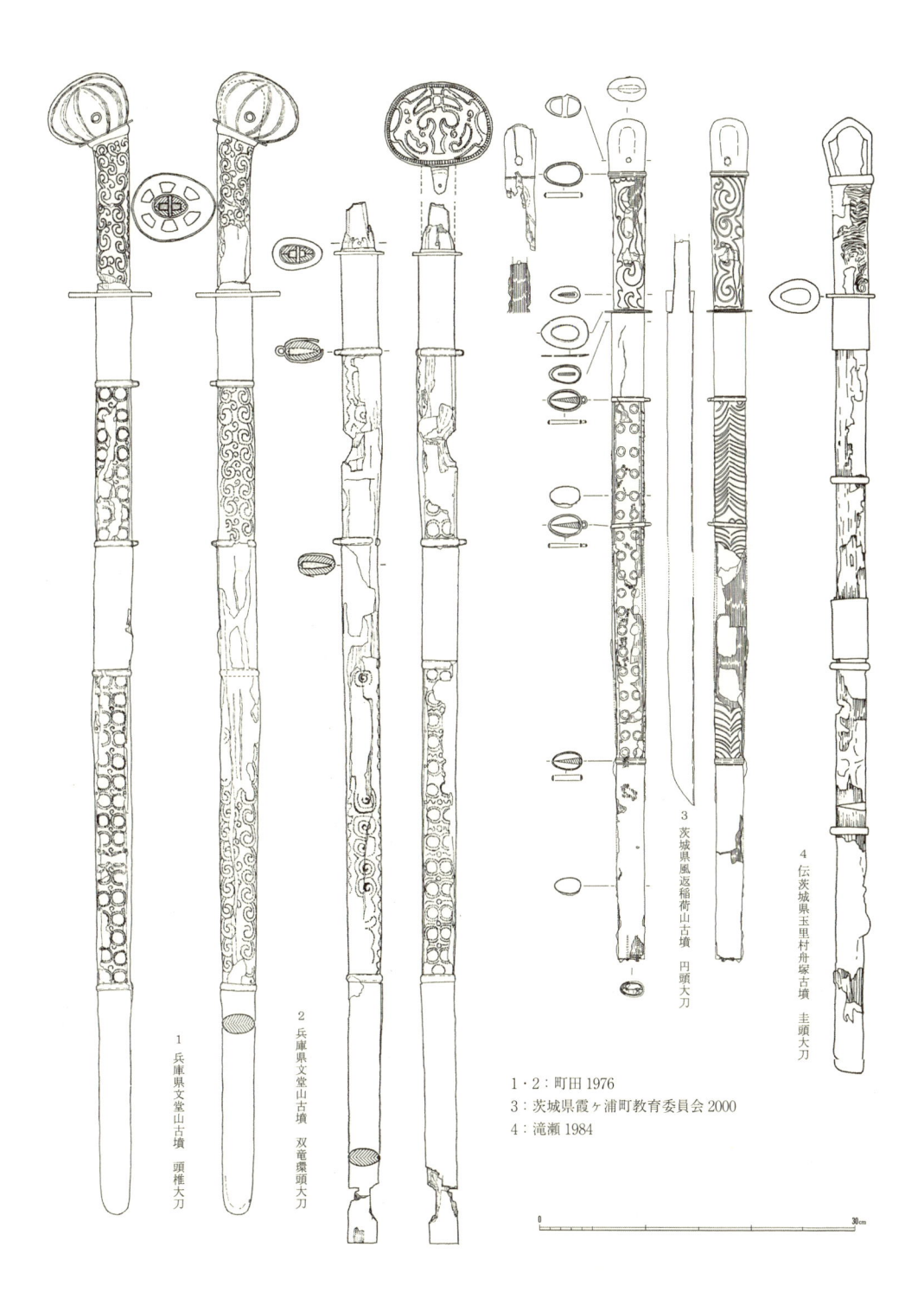

1　兵庫県文堂山古墳　頭椎大刀

2　兵庫県文堂山古墳　双竜環頭大刀

3　茨城県風返稲荷山古墳　円頭大刀

4　伝茨城県玉里村舟塚古墳　圭頭大刀

1・2：町田 1976
3：茨城県霞ヶ浦町教育委員会 2000
4：滝瀬 1984

0 ～～～～～～～～～～～～～～～～～ 30cm

図131　直茎両区金銅板装飾付大刀（古）

　鞘は、鞘口金具と足金物、責金、鞘尻金具という各種の金属製刀装具が装着され、その間に金銅板が巻かれている。足金物の装着が定着するのも、この時期である。金板の佩表は円形浮文で飾られ、佩裏側は打ち出しによる渦巻文や波形文綾杉文がめぐらされている。足金物は棟の上に紐通し孔を設けた造りで、全体は「8」字形である。鞘尻金具は細長く、刀身が長く見えるようになっている。先端は丸尻である。責金や足金物の身は、断面が半円形である。

　新納は、把頭の相違から圭頭大刀系と頭椎大刀系に区分した独自性を重視している（新納 1987）。しかし金銅装装飾付大刀は、把頭形態を除いて外装の斉一化が顕著である。金銅板に施された文様、各刀装具の形態は極めて規格的な特徴を持っている。

　この時期、刀装具の要所に金属装飾の施された実用的な鉄刀も知られている。たとえば笊内23号横穴A刀の直茎両区鉄刀である（福島県教育委員会 1979）。鞘口周辺を中心に、金銅製や鉄地に銀板を被せた刀装具が使用されている。施された装飾付大刀に規格性は乏しい。町田章のいう百済系円頭大刀の系譜（町田 1987a）を伝える鉄刀である。吊手佩用であることも、外来系であることを示している。

　TK209式期からTK217型式期にかけて、金銅装装飾付大刀が、奈良県や大阪府の遺跡から出土した例は少ない。頭椎大刀とされる天理市竹之内例（後藤 1936）は、金銅製鋼と縁金具が出土しているのみで、頭椎の金属把頭は確認されてはいない。近年、大阪府三日市10号墳と奈良市新堂寺古墳から圭頭金銅装装飾付大刀、同13号墳から円頭金銅装装飾付大刀が出土している例（大阪府立近つ飛鳥博物館 1996）が、注目される程度である。いずれも7世紀中葉の古墳である。また奈良県平群町梨本2号墳からは、方頭の装飾付大刀が出土している（服部 2007）が、これは、正倉院様式の刀ではない。

　正倉院様式期　7世紀後半になると、櫓金式双脚足金物が装着された正倉院様式1（福島 2005）の烏作大刀が倭国の東西から出土する。埼玉県西原1号墳出土刀（金井塚・渡辺 1976）など、いわゆる方頭大刀と呼ばれる鉄刀である。把の構造は、直茎両区刀と同じである。初期の双脚足金物は、神林敦雄が指摘した栃木県助戸新山古墳（神林 1936）など、帯通し孔が比較的小さく、その前後に狭い平が設けられた形式である。また鞘尻は鍬先式である。

　この時期は、鞘を薄く作ることが追求され、断面形はより扁平になる。それにともなって、鞘の構造も大きく変化する。鞘口金具、櫓金式双脚足金物、責金、鞘尻金具の装着が定まり、これと合わせて鞘木を布や獣皮で包み、その上から漆で固める作り方である。佩用でも、双脚足金物を通した紐で鞘を巻き、さらに帯と結びつける機能的な佩用方法である。一部には吊手佩用金具（宮城県松山町亀井囲16号横穴）や単脚足金物（栃木県助戸新山古墳・岡山県定西塚古墳ほか）が装着された例がある。初期の例であろうか。

　図132に関連する鉄刀を示した。図132-1は外来系円頭大刀である。足金物は新納泉が指摘した変遷の中間段階である（新納 1987）。京都府湯舟坂2号墳の方頭大刀と共通している。耳幅の厚い喰出鐔、円頭の紐貫孔の発達などにやや新しい特徴が見られる。図132-2の兵庫県東山刀では把頭の端部が膨らむようになっている。この把頭の鉄刀では、双脚足金物が装着される例もある。しかし装着されていたのは、単吊孔に扁平な責金の足金物である。この次に双脚足金物が装着された鉄刀が出現する。図132-3の埼玉県西原1号の例である。7世紀後半である。

　図132-4の群馬県外平刀は金銀装大刀である（神林 1936）。櫓金式双脚足金物の装着された実

用刀である。この鉄刀の双脚足金物は、紐通し孔が幅広く、前後に狭い平は設けられていない。これは正倉院宝物の黄金荘大刀（正倉院事務所 1977）と共通する構造の大刀である。8世紀前半であろう。

　烏作大刀は喰出鐔が主流で、板鐔があまり装着されない特徴がある。板鐔は前段階に盛行し、後の日本刀でも特徴的な刀装具であるが、7世紀後半から8世紀代の実用刀では主流とはならない。

　烏作大刀とともに、山形足金物が装着された唐様の装飾付大刀も出現する。出土品では、奈良県高松塚古墳（奈良県立橿原考古学研究所 1972）や奈良県マルコヤマ古墳（明日香村教育委員会 1978）で断片的に確認されている。畿内でも極めて高位な地位にあった人物の古墳である。正倉院宝物でも、山形足金物の装着された鉄刀は、金・銀・漆による華麗な装飾付大刀が施されている。律令体制の身分秩序を視覚的に表徴する役割の一端を担うために作られた鉄刀である。

　奈良時代鉄刀の年代変化について八木光則は、烏作大刀の把頭と鞘尻金具が筒金から覆輪式に変化することを指摘（八木 2003）している。正倉院伝世刀には、これが混在しているので、この変化は8世紀中葉頃のことであろうか。烏作大刀把頭の覆輪式は、後世に続く形式である。

　これに加えて、新しく茎鐔接鉄刀（福島 2005）が出現する。蕨手刀の把構造と同じである。出現時期を細かく限定できないが、正倉院宝物には蕨手刀が伝えられている。また京都府西野山古墓から出土した平安時代太刀（神林 1936）の把構造がこの方式である。蕨手刀を経て毛抜太刀に続く構造である。足金物の紐執りに、環状吊し金具や絞金具が採用される変化もある。この足金物変化も、平安時代太刀に続く要素である。

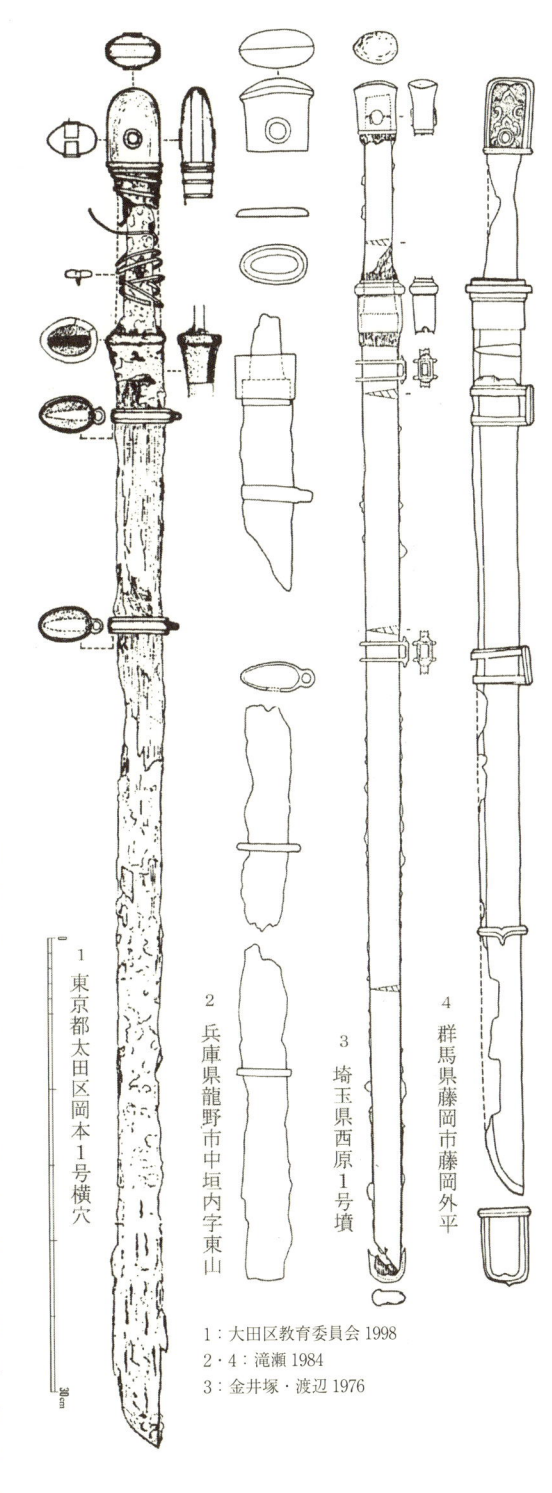

1　東京都太田区岡本1号横穴

2　兵庫県龍野市中垣内字東山

3　埼玉県西原1号墳

4　群馬県藤岡市藤岡外平

1：大田区教育委員会 1998
2・4：滝瀬 1984
3：金井塚・渡辺 1976

図132　正倉院様式大刀（1）

225

第4節　古墳出土の装飾付大刀分布

阿武隈川上・中流域の装飾付大刀　この地域の環頭大刀は、保原町（現伊達市）土橋古墳出土の単竜環頭大刀（穴沢・馬目 1983）、郡山市枇杷沢古墳出土三塁環大刀（穴沢・馬目 1983）、玉川村後田古墳出土三葉環頭大刀（穴沢・馬目 1983）がある。3 例とも横穴式石室を埋葬施設とする小古墳である。6 世紀代の鉄刀である。また須賀川市上川原古墳の単鳳環頭大刀（穴沢・馬目 1983）（図124-2）は、把間は金銅板巻きで、金銅装装飾付大刀と共通する特徴である。7 世紀中葉の鉄刀である。

このほかに福島県内では、単竜・単鳳大刀が太平洋岸の 4 ヶ所で出土（穴沢・馬目 1978）している。多くは小古墳、ないし群集墳を構成する古墳である。有力な豪族の古墳は含まれていない。

金銅装装飾付大刀は、頭椎大刀 6 振りと圭頭大刀 5 振り、形式不明の大刀 5 振りである。金銅板装飾付頭椎大刀は、須賀川市（旧岩瀬村）跡見塚古墳、須賀川市蝦夷穴古墳（2 振り）、郡山市淵ノ上 2 号古墳、福島市月ノ輪山 1 号墳（2 振り）である。いずれも高塚古墳で、埋葬施設は横穴式石室である。また白河市下総塚古墳から 2 振りの出土が伝えられているが、下総塚古墳例は、『集古十種』による例で、確実ではないかも知れない（穴沢・馬目 1976）。

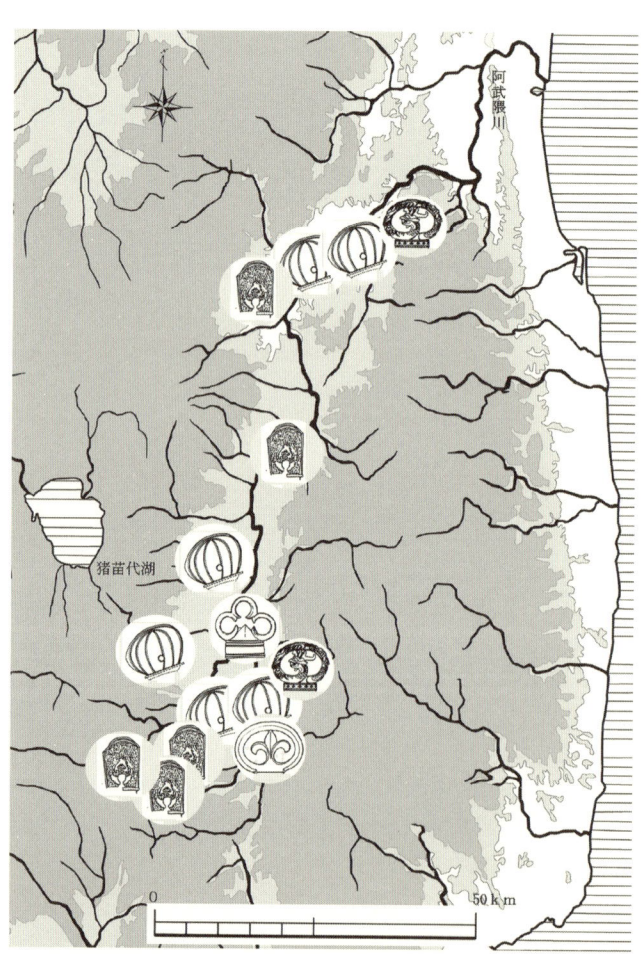

図 133　阿武隈川中・上流域の装飾付大刀分布 （福島作成）

このほか把頭は失っているが、福島市源氏山古墳（福島市 1969）からは、金銅装の切羽（？）、喰出鐔、責金、足金物、鞘尻が出土している。切羽であれば、頭椎大刀の可能性がある。喰出鐔があるので、双竜・双鳳環頭大刀や圭頭大刀も含まれていた可能性もある。福島市上条 2 号墳（福島市 1969）では、八窓のある板鐔が装着された装飾付大刀が出土している。頭椎大刀であろうか。また双竜環頭大刀は、阿武隈川上・中流域では確認されていないが、福島県の太平洋岸では、いわき市八幡横穴 24号横穴と相馬市福廻横穴群から出土している。

横穴群から出土した金銅装装飾付大刀には、圭頭大刀が多い。白河市観音山 3 号横穴 A 刀、矢吹町七軒 1 号横穴 A 刀（福島 1983）である。郭内 7 号横穴 A 刀（白河市教育委員会 1982）は圭刀以外に、茎が棟

方に寄っていること、板鐔が出土していることからすれば、頭椎大刀の可能性もある。また高塚古墳からは、本宮市久保古墳（福島県 1964）と福島市浜井場古墳（後藤 1938）から、各1振りの圭頭大刀が出土している。

　鉄地銀板張装飾付大刀が施された鉄刀は、笊内6号横穴A刀・同23号A刀（福島県教育委員会 1978、福島 1983）、小刀の白河観音山3号横穴D刀（白河市教育委員会 1973）の3例がある。簡素な装飾付大刀で実用的である。

　鉄地銀象嵌刀は、白河市郭内6号横穴刀、同8号横穴刀、矢吹町弘法山5号横穴刀、須賀川市早稲田15号墳刀、須賀川市跡見塚古墳群、福島市御春田古墳群出土刀、郡山市蝦夷穴13号横穴刀から出土している。弘法山5号横穴刀が大刀である以外は、小刀である。また前4例が横穴、後3例が横穴式石室からの出土である。横穴と高塚古墳で出土数に大差はない。

　施された文様は渦巻文、波状文、子葉文、魚鱗文である。この種の鉄刀では、後半に位置づけられる文様が施されている。ほかの地域から出土する鉄刀で通常みられる文様である。施される場所も把頭、鐔、鋼、鞘尻で、ほかの例と変わりはない。

　正倉院様式期には、鉄刀自体の出土例は少なくなる。大刀が4例、稲古舘古墳刀（須賀川市教育委員会 2003）（図134-1）、笊内26号横穴A刀（福島県教育委員会 1979、福島 1983）（図134-2）と郡山市牛庭刀（須賀川市教育委員会 2003）である。郡山

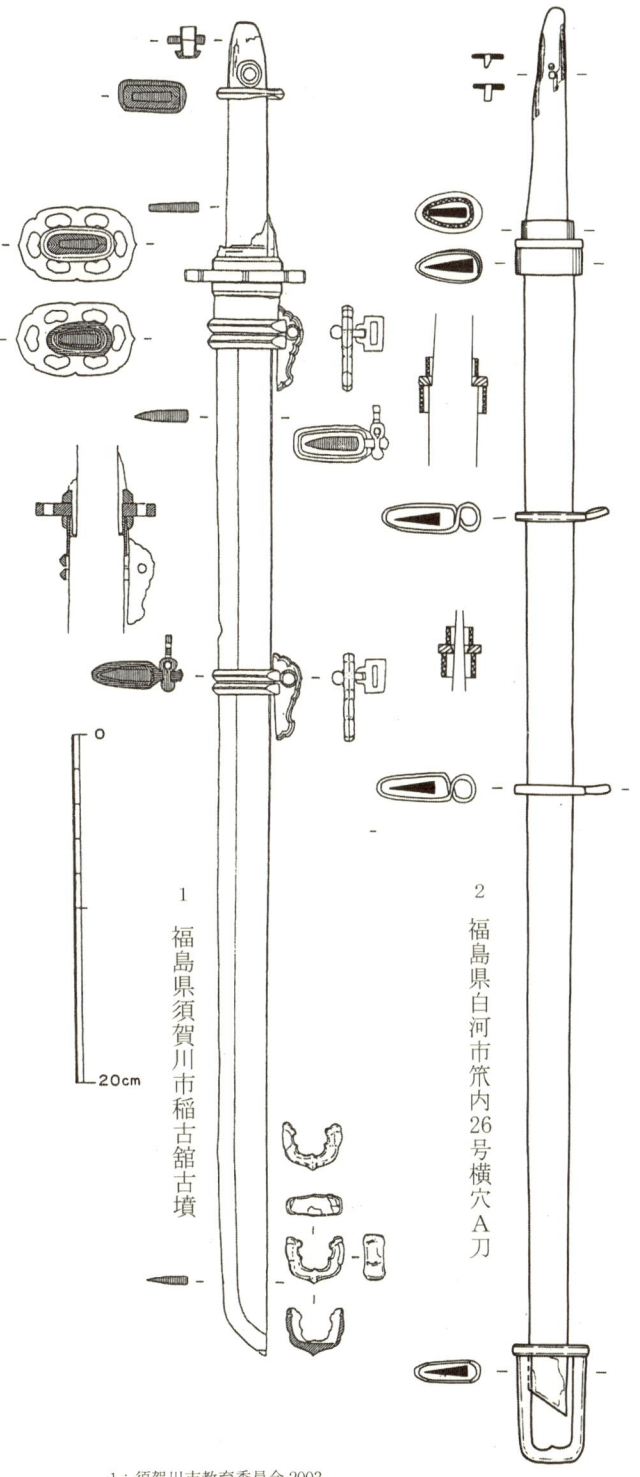

1：須賀川市稲古舘古墳

2：福島県白河市笊内26号横穴A刀

1：須賀川市教育委員会 2003
2：福島 1983

図134　正倉院様式大刀(2)

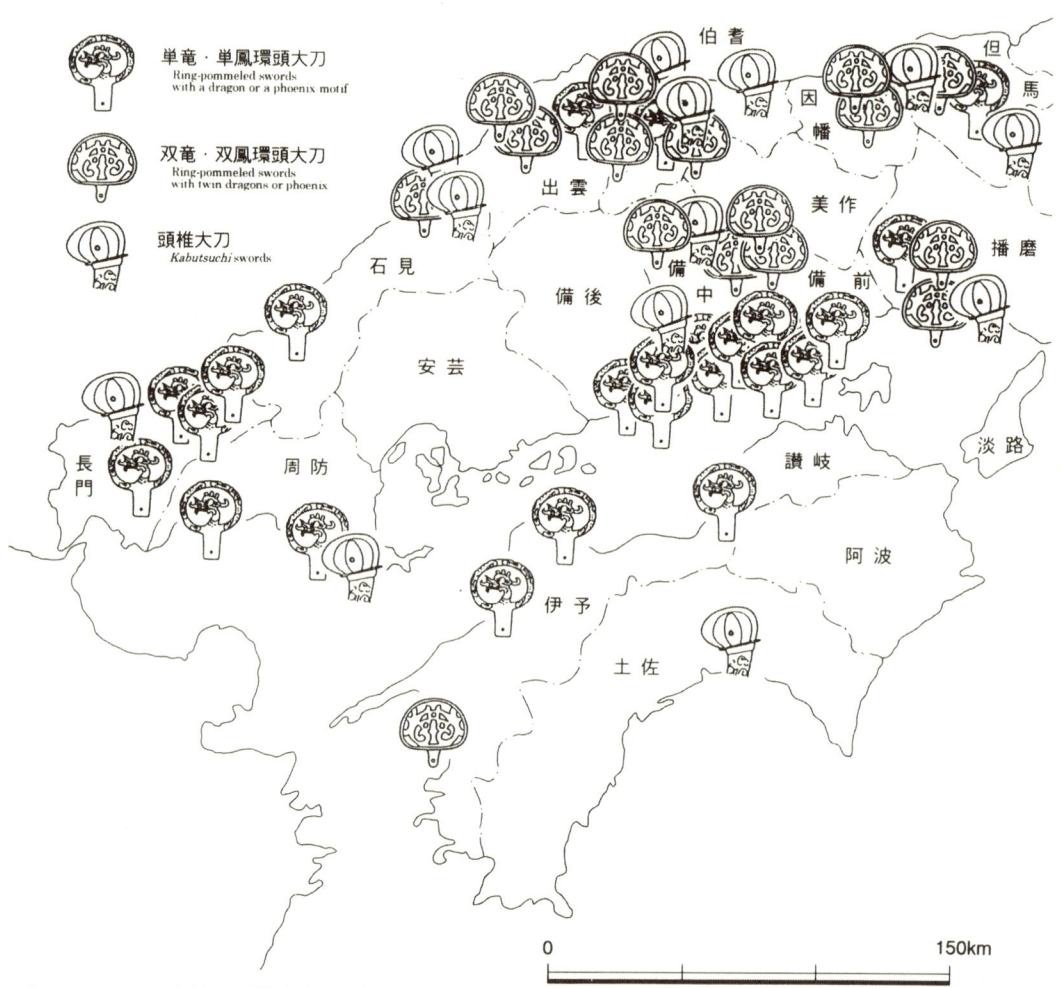

図 135　中国・四国地方の装飾付大刀分布（岡山大学考古学研究室 2001）

市蝦夷穴 12 号横穴刀（郡山市教育委員会 2004）は正倉院様式期前半の資料である。把頭端が半円を描くように膨れ、横断面は長楕円形の柄頭である。平の下端近くに鳩目金具がある。直に落とした両区に接して鎺が装着され、さらに喰出鐔がこれに続いている。櫓金付双脚足金物は失われていたが、本来は装着されていたであろう。正倉院の武官用の刀装具が装着される鉄刀と、基本的構造は同じである。

　稲古舘古墳刀と郡山市牛庭刀は、山形金具の施された儀仗刀である。地方から出土した例は、秋田県小阿谷地刀（武藤 1918、須賀川市教育委員会 2003）、風返稲荷山刀（茨城県大栄町教育委員会 2004）など数例が知られている。

　郡山市牛庭刀は、出土した古墳の実態が不明である。稲古舘古墳刀は、横穴式石室の玄室から出土した。玄室の壁は、柱状の石材で材木列を作るような構成で、横穴式石室の構造としては特異である。鉄刀が副葬された被葬者は、石背国の成立に在地で関与した人物で、五位に近い位にあった人物である（須賀川市教育委員会 2003）。これに対して笊内 26 号横穴 A 刀は、横穴からの出土である。横穴造営集団に属する人物が保持した鉄刀である。

　正倉院様式期になると鉄刀の出土例が極端に少なくなることは、東日本の状況と共通してい

る。金銅装装飾付大刀の急激な衰退は、鉄刀の正倉院様式による画一化である。このなかで、稲古舘古墳刀と郡山市牛庭刀は、特異な例である。奈良時代になっても、この地域の有力首長は古墳に葬られたのである。

他地域の分布状況　旧出雲国では、装飾付大刀の分布が東西で大きく異なっていることが指摘されている（松尾 2005）。TK10〜43 式期では、その西部から扁茎装飾付大刀が 2 振り出土しているが環頭大刀が出土していない。これに対して東部では逆になっているという認識である。これは西部で倭国系大刀、つまり振り環頭大刀が出雲市大念寺古墳と上塩治築山古墳から出土し、折衷系円頭大刀（扁茎板鐔付鉄刀）が上塩治築山古墳から出土している点を重視した指摘である。

ただし筆者は、この扁茎板鐔付鉄刀は TK209 式期と推定している。同型式の鉄刀は東部の岡田山 1 号墳から出土している。また、西部の大念寺古墳に匹敵する東部の松江市山代二子塚古墳の状況が不明である点に注意すべきである。この種の装飾付大刀は、在地の最高首長古墳から出土しているからである。TK217 式期では、東西の地域で頭椎大刀や双竜環頭大刀が出土して、地域差は認められない。

倭国西部のなかで出雲周辺は、古墳後期から終末期にわたって活発な古墳の造営が継続した地域である。終末期になっても大型古墳が造られ、群集墳の造営も盛んな地域である。関東の状況と近似している。このことが、出雲周辺で多くの装飾付大刀が出土する結果につながっていよう。

東海では、TK10 式期から振り環頭大刀を中心に装飾付大刀の出土例が知られ、続いて扁茎板鐔付鉄刀、さらに直茎装飾付大刀と出土例を増す。装飾付大刀は、古墳造営者層の広い範囲にわたっている。そうして正倉院様式期に至って、装飾付大刀の副葬は急速に減少している。

旧上野国でも、東海と出土する装飾付大刀の時期的変化は、ほぼ同じである。この地域は、関東でも突出して古墳が造営された地域である。そのことを反映して、200 例を越える装飾付大刀の出土例が確認されている（徳江 2005）。装飾付大刀は、有力豪族の古墳ばかりではなく、群集墳からも出土している。

この 3 地域は、いずれも 7 世紀に群集墳が盛行する地域である。また北陸や中部高地、関東なども同様である。これに対して、中核地や瀬戸内沿岸など、7 世紀に群集墳の造営活動が低調な地域では金銅装装飾付大刀の出土数は少なくなる。金銅装装飾付大刀の出土する地域は、7 世紀に古墳の造営が盛んな地域である。

装飾付大刀の分布格差　6 世紀代における倭風の装飾付大刀は、倭国西部を中心に倭国東部にまで広がり、分布の中心には中核地が位置している。このことは、数よりも大阪府峰ヶ塚古墳と奈良県藤ノ木古墳から出土した装飾付大刀によって明らかである。また竜鳳文環頭大刀は、中核地を挟んで東西の地域から多数の出土が確認されている（新谷 1977、穴沢・馬目 1986、新納 1983）。

鉄刀の分布状況が大きく変化するのは、扁茎板鐔付大刀時期になってからである。装飾付大刀の出土例が倭国西部で減少し、中核地ではほとんど出土しないのに対して、東海以東の東日本地域では、各種装飾付大刀が出土している。

新納は、金銅装飾付頭椎大刀の出土分布が大きく倭国東部に扁ることこれらの、装飾付大刀が有力首長墳と群集墳から出土する理由として、畿内政権による在地支配の在り方の相違を想定した（新納 1983）。畿内政権が中央集権化を推し進める 3 段階である。①在地首長の支配体制を温存

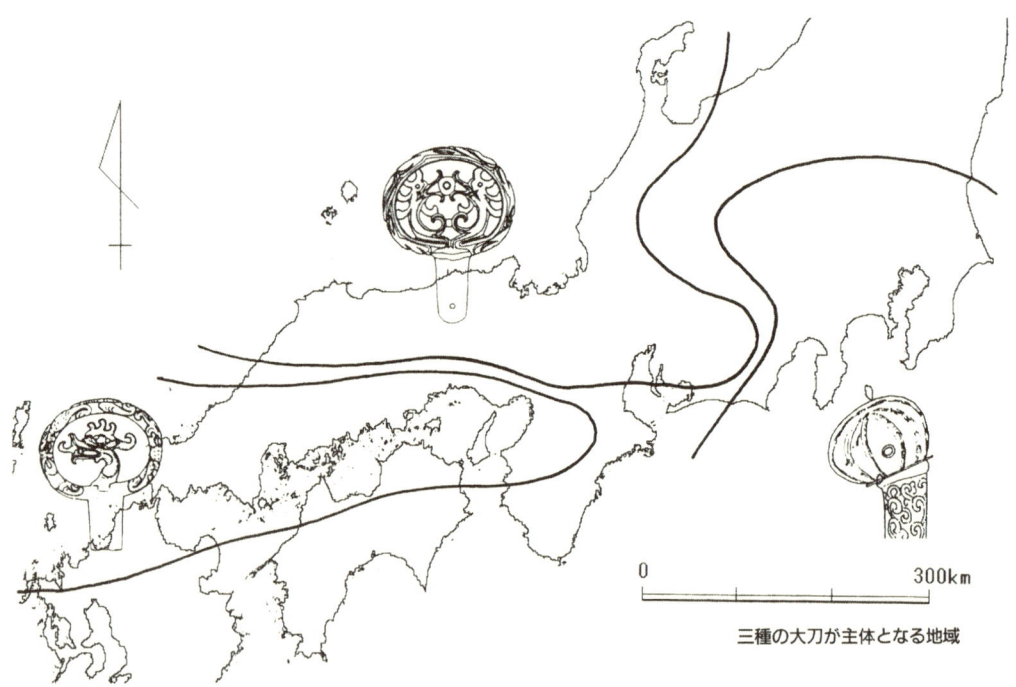

図136　新納泉による装飾付大刀分布圏（新納2001）

しながら自己傘下に置く地域。②在地首長の支配にクサビが打ち込まれて首長墓が衰頹し、群集墳が盛行する。③群集墳の造営停止し、その造墓エネルギーを租税として収奪する。①の場合、装飾付大刀は首長古墳から出土し、②では群集墳から出土する。

　この方式により、6世紀の倭国西部では畿内政権により独自の軍事的基盤を持つ首長権力の弱体化が図られた。一方関東では、首長層の支配体制を温存しながら王権の軍事力として利用したとした。

　古墳後期の倭国西部で、中核地と同じように前方後円墳の造営が衰え、群集墳が盛行することは、この地域の一体化が進行したことを意味していよう。そして中核地としての畿内が設定された時期である。倭国西部では、装飾付大刀の授与という旧来の支配方式が必要としないで中央集権的な体制に移行することができたのであろう。この場合でも、官僚機構による地方行政組織が構築されていないのであれば、在地における政治はそれぞれの首長層が担うことになろう。在地首長の支配にクサビが打ち込まれたとは限らない。

　最近の研究で新納は、単竜・単鳳環頭大刀が瀬戸内沿岸の大伴氏、双竜・双鳳環頭大刀を山陰・北陸の蘇我氏、双竜・双鳳環頭大刀を東海・関東の物部氏に対応する地域ブロックを想定している。これをもとに中央豪族の盛衰と地域の政治関係を具体的に復元している（新納2001）。

　しかし単竜・単鳳環頭大刀と双竜・双鳳環頭大刀・頭椎大刀は、小論で論じたように盛行期のずれがある。また単竜・単鳳環頭大刀は、東国にも分布している。双竜環頭大刀と頭椎大刀の関に、明瞭な分布圏の区別は認めがたい。場所によって把頭の種類が異なる大刀の多い少ないはあるが、これが特定の氏族と結びついた政治的ネットワークを反映した政治圏と理解することは困難である。

　金銅装装飾付大刀は、中核地からはほとんど出土していない。あるいは、古墳に副葬するとい

うことが必要ない社会となっていたのであろうか。古墳終末期の中核地では、前方後円墳の造営が終了し、古墳自体の小型化が進むとともに、古墳の副葬品が全般に乏しくなる。平尾山型群集墳（白石1982）では、須恵器を中心とする土器が納められる程度である。

　有力な古墳では、武器類の副葬は少なくなり、代わって文具などが納められている。奈良県御坊山古墳である（奈良県教育委員会1977）。鉄刀が副葬された古墳にも、被葬者の身の回り品の一つとして納められたと推定される。終末期の古墳は、墓本来の役割に帰っていくのである。古墳を必要としない政治体制が成立していた結果であろう。倭国西部でも、中核地ほどではないが、同様に古墳造営活動は大きく減退する場所が大半である。

　これに対して、東国における群集墳の盛行期は7世紀代であり、大型古墳も盛んに造られている。東国の終末期群集墳からは、多数の鉄刀や鉄鏃（弓矢）、あるいは馬具が出土している。また活発な古墳の造営が継続していた。東国では、古墳を造営する社会的意義が継続し、また各豪族や群集墳造営集団が武力を保持していたということである。

　さらに古墳造営や武器の保有に対して、倭王権の制限が加えられていない。あるいは、規制を加えることができない状況にあったのであろう。そして、古墳に古墳としての役割が維持されていた。つまり古墳時代的な社会体制が継続していたのである。倭国の西部と東部では、畿内と政治的な関係における格差が存在したのである。このことが、装飾付大刀の分布格差となったのであろう。

第5節　装飾付大刀の意義

古墳時代後期の装飾付大刀　これまで、6世紀代の装飾付大刀は、王権や有力氏族との脈絡で歴史的な意義が考えられてきた。町田章によれば、6世紀代の環頭刀は倭国王によって軍事権・支配権、玉纏大刀等は祭祀権の象徴として、地方首長に贈与されたものである。倭国王は地方首長を掌握する過程で、飾大刀を贈与・承認・剥奪という行動を通して、地方政権を吸収したとしている（町田1976）。

　把頭形式が異なることについては、佩用者の政治的・社会的な地位や職掌を反映するという穴沢咊光・馬目順一などの考え（穴沢・馬目1978、大谷2006）、百済・高句麗あるいは東国と関係深い倭王権の有力氏族と対応させる桐原健の考えがある（桐原1969）。桐原は頭椎大刀と物部氏との結びつきを考えている。これらを発展させて、大谷晃二は倭風系と大陸系に分け、倭風系装飾付大刀を物部氏に、外来系環頭大刀を渡来系の蘇我氏と対応させて考えている（島根県古代文化センター1999）。最近の松尾充晶による研究（松尾2005）も、この考えをより強調した結論である。新納泉の見解は、前節でふれた。

　竜鳳文環頭大刀の分布圏で、中核地が中心に位置しているのであれば、倭国で生産されたと推定するのは当然である。しかし、竜鳳文環頭大刀が倭国内で生産されたのであれば、その技術がほかの鉄刀装飾付大刀や装身具に応用されるはずであろう。この段階では、倭的な鉄刀の装飾付大刀に金属板は用いられているが、環頭大刀の装飾付大刀と比べると単純である。一部で生産がなされた可能性もあろうが、大半は舶載品ではないだろうか。ただし、朝鮮半島では単竜環頭大刀の出土例は倭国ほど多くはない。

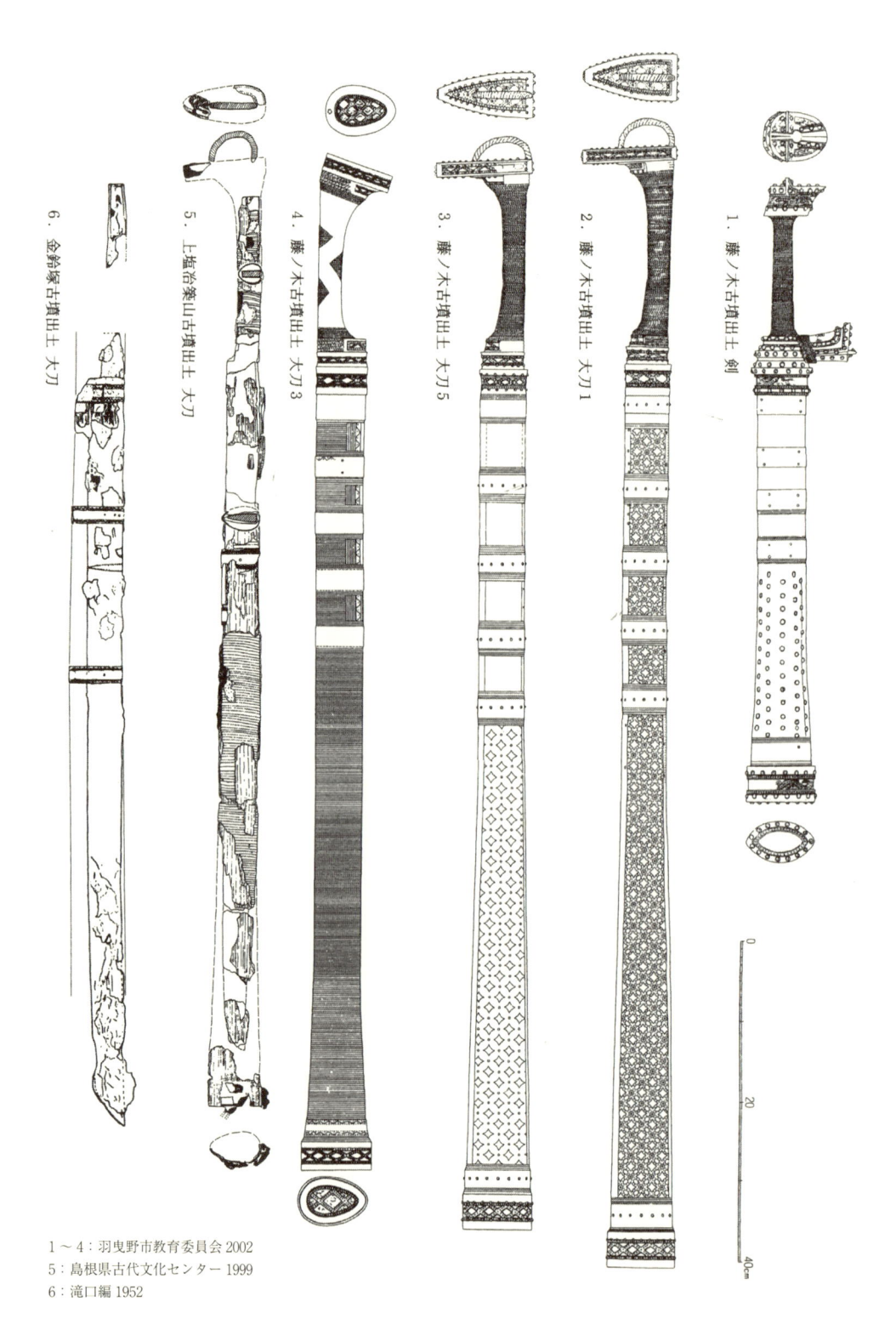

1～4：羽曳野市教育委員会 2002
5：島根県古代文化センター 1999
6：滝口編 1952

図 137　扁板鐔付装飾付大刀

この時期、垂飾付耳飾や飾履、冠、帯飾など、朝鮮半島系の宝飾品が舶載されている。煌びやかな海外製宝飾品である。この分布圏も竜鳳文環頭大刀とほぼ重なっている。鉄素材も含めて、海外宝飾品の入手と流通に倭王権が深くかかわっていた。地方の首長が入手する手段を確保していることは、その実力を証明している。

竜鳳文環頭大刀は、外来系の貴重な宝刀である。しかし、付随した職掌や支配権を表示するための階層性は、認められない。また海外の鉄刀様式で倭国の政治秩序を表示することは、極東アジアにおいて倭王権の独自性を損なうことである。朝鮮半島をめぐる利害関係が厳しさを加える当時の国際環境のなかで、独自性の喪失は倭王権にとって致命的であろう。

6世紀の倭王級古墳、奈良県藤ノ木古墳と大阪府峯ヶ塚古墳から出土した鉄刀は、豪華な装飾付大刀が施されている倭国様式である。その装飾付大刀は実用品とするには大型である。中核地以外に類例のない装飾付大刀である。これに竜鳳文環頭大刀は含まれていない。藤ノ木古墳の外来系円頭大刀は、武威を張るのではなく身近な実用刀である。両古墳とも、倭王権に連なる畿内の最高権力者に近い被葬者が想定される古墳である。

この装飾付大刀は、外来系環頭大刀や板鐔付鉄刀でないことに注目したい。倭王権に連なる権力者は、倭国の装飾付大刀によって伝統的な権威を表示しようという意識があったと関川尚功が指摘している（奈良県教育委員会1995）。外来の環頭大刀ではなく、倭国の鉄刀様式で倭王権の独立した威儀を示したのである。

6世紀代の倭国系装飾付大刀は、過飾的で、実用以上に長大化する特徴はあるが、画一的ではない点に注目しなければならない。個々の装飾付大刀ごとに個体差が大きいのである。鉄刀の保有者が個々に装飾付大刀を加えることにより、自らの権力や権威を表徴していたのである。鉄刀に施された装飾付大刀が、倭王権による統一的な意志を表示しているとは言い難いのである。

装飾付大刀によって倭王権が、軍事権や支配権、外交権などという機能を保証するのであれば、それを示す共通の装飾が必要であり、これに階層的な秩序付けがなされていなければならない。それが成立していなかった段階の装飾付大刀である。

黄金の衣装・装身具・刀剣で身を飾った人物は、その姿をみるだけで、常人とは異なることは明白である。豪族の権威を視覚的に明示する道具として、古墳後期社会の要請を受けて、装飾付大刀が作られたのであろう。各種の儀礼、祭祀の場で首長の威儀を張る装置である（穴沢・馬目1979）。

地方統治体制の構築　7世紀前半から中葉にかけて、扁茎板鐔付鉄刀に銀象嵌を施した装飾付大刀、金銅板が部分的に使用され把間に銀線が巻かれた装飾付大刀が出現する。さらに7世紀中葉になると、各種の金属板装飾付大刀が作られる。装飾付大刀の量産化とともに装飾付大刀の形骸化と画一化が進行する。把頭の形状と鐔の形態が異なるが、把や刀身・鞘の構造と金属板を用いた金銅装装飾付大刀はほぼ共通した特徴である。作られた場所は中核地であろう。少なくとも、倭王権に管理された状態で作られたと推定される。

金銅装装飾付大刀は、画一的な金銅装装飾が施されることに意味があった。装飾付大刀を流通させる側、それを受け取る側にある約束事を確認するためである。しかも鉄刀自体が、武器としての役割を失っているのであれば、鉄刀を飾ることにより、保持している社会的な役割や地位が表現されているのである。

金銅装装飾付大刀の形骸化は、軍事権・支配権を象徴することの形骸化とする見方（町田 1976）もある。武器が武器としての役割を果たすことができない製品となり、装飾付大刀も形骸化している。しかし鉄刀に施された装飾は、鉄刀が持っている機能の背後にあるものを荘厳しているのである。

形骸化した装飾付大刀が多量に出土することは、日本列島の広い範囲で金銅装装飾付大刀に象徴される政治的な位置や社会的な職掌を表徴する役割が機能していたことである。機能していたからこそ、過飾的な非実用的鉄刀で表示したのである。金銅装装飾付大刀の出土する範囲が、倭国の領域と重なっていることから、倭王権全体の政治的秩序を表すために作られた飾付大刀であろう。

町田章は、金銅装装飾付大刀が共通する定型化した量産品であること、頭椎大刀と双竜・双鳳環頭大刀が同一古墳から出土する例が比較的珍しくないことを指摘して、これをセットにして、朝廷が地方首長に賜与したと考えている（町田 1976）。これにしたがえば、少なくとも把頭形式の相違は、特定の氏族集団との結びつきや職掌を反映したのではなかったことになる。

さらに町田章は、『日本書紀』の天智 3 年（664 年）2 月条に官位 26 階を制定して、大氏には「大刀」、小氏には「小刀」を賜り、伴造りの氏上には干楯と弓矢を賜った記載に注目した。この「大刀」は、推定全長 2.6 m にも達する巨大な福岡県宮地嶽古墳（後藤 1936）の頭椎大刀と推測している。金銅装装飾付大刀は、頭椎大刀だけでも総数 100 振り以上が確認されている（桐原 1969）。『日本書紀』に記載された以外にもこの時期、倭国王権から装飾付大刀が地方の豪族層に下賜されたのであろう。頭椎大刀は、大規模古墳から出土する傾向がある。これに対して、圭頭大刀や円頭大刀の割合は少ない。この種の大刀は、小古墳から比較的多く出土している。

金銅装装飾付大刀が主体的に出土するのは、小古墳である。新納によれば、円墳と横穴を合わせた割合は 73％を占めている（新納 1983）。金銅装装飾付大刀の主体的な佩用者層が、群集墳の造営者層であった。群集墳の被葬者自体が、支配権や祭祀権あるいは軍事権の象徴する権力を保持していたとは考えられない。金銅装装飾付大刀が有力首長層の古墳と群集墳を区分することなく出土することは、金銅装装飾付大刀が在地社会の階層関係や政治的上下関係と対応していないといえよう。

穴沢咊光・馬目順一は、金銅装装飾付大刀を倭王権の親衛隊的職能を持った地方氏族首長の佩刀と考えている（穴沢・馬目 1979）。また新納は、直木孝次郎による 6 世紀の天皇親衛軍が東国の国造子弟を編成して成立するという説（直木 1968）を受けて、地域における軍事組織の頂点に立つ者、国造や中央に出仕した舎人も含む佩用者層を考えている（新納 1983）。さらに新納は、倭王権による地方支配の 2 形態として、有力な地域首長が存在する場合はそれを通して行い、そうでない場合は個々の群集墳造営者を直接支配するという理解をしている。

しかし東国地域では、大規模古墳が造営され、同時に群集墳も盛行している。むしろ有力首長は、群集墳造営の核となっていた。有力首長の支配体制が衰退して、群集墳が盛行するのではない（福島県教育委員会 1999c）。

7 世紀中葉は、朝鮮半島の情勢が厳しさを増し、国内においても極度に緊張した政治情勢であった。中央集権的な国家体制の構築、軍事力の強化は政治上の重要な課題であった（下向井 1991）。7 世紀の群集墳から金銅装装飾付大刀が広範囲に出土することに注目して、被葬者像を

地方的下級官僚とする向坂鋼二の説（静岡県教育委員会編1971）は、孝徳朝における「天下立評年」との関連で興味深い考えである。

この時点で「評」が成立し、在地の豪族が評造に任命されたと推定されている（鎌田1977）。成立直後の「評」は、古墳時代と基本的な相違のない在地支配体制であろう。「評」を機能させるためには、行政組織を造る必要があった。「評」を運営するには、評造が任命されるとともに、それを支える人々が組織されなければならない。

向坂鋼二のいう下級地方官僚と直ちに結びつかないが、それを編成する前段階として、何らかの形で在地の人々を統治組織に組み込まなければならなかった。在地首長や群集墳の造営層などを政治的・軍事的に編成する必要があった。この手段として、金銅装装飾付大刀が授与されたのであろう。地方の行政と軍事を担う人々が、その職責を遂行するための権力と職掌を表示するためである。授与を通して、倭王権と在地支配の末端担当者が結びついたことになる。

群集墳は、在地社会を構成する個々の在地社会を反映して造られている。阿武隈川上流域では、河川に沿った沖積平野のまとまりごとに対応して群集墳が造営されている（福島県教育委員会1999c）。群集墳の被葬者は、地域を代表する上位の首長ではない。それぞれの小地域の在地社会を構成する人々である。群集墳の造営単位は、在地社会を構成する基本単位である（福島県教育委員会1999c）。

これら在地社会の隅々までを倭王権が掌握する手段の一つとして、装飾付大刀が授与されたのである。当時の倭国は、このような装飾付大刀の授与を通した地方の掌握が必要な状況にあったことを示している。また中核地で、この種の鉄刀が出土しないことは、倭王権の本拠となる地域であり、それが必要とされない統治体制が成立していたのではないだろうか。

単なる装飾付大刀であれば、古墳に葬られない階層でも保持していた。福島県郡山市阿弥陀壇古墳群の23号土坑（福島県郡山市教育委員会1979）からも、装飾の施された直茎両区鉄刀が出土している。これは、実用的な鉄刀である。土坑は墓跡と考えられる遺構である。鉄刀が副葬されていることは、このような鉄刀が被葬者の所有物であったことを示している。

金銅装装飾付大刀の特徴をまとめてみよう。

①過剰な装飾付大刀の施された儀刀であること。武器に象徴される軍事力、さらには政治的な権力と職掌を示している。

②出土する金銅装装飾付大刀は、把頭形式・鐔以外に明確な違いは少なく、画一的である。畿内で作られた量産品である。

③有力首長の古墳とともに群集墳からも出土している。金銅装装飾付大刀とともに葬られた人物は、地域の頂点に立つ有力首長層とは限定できない。

④倭王権によって、主に東国の在地社会を掌握する手段の一つとして授与された。

軍隊と官僚組織の創設　7世紀後半には、金銅装装飾付大刀は作られなくなる。これは金銅装装飾付大刀に表徴されるような古墳時代的な政治関係が、倭王権の側でも地方の側でも必要とされなくなったのである。代わって、正倉院様式鉄刀が出現する。

律令体制下では、身分や位階によって、衣服の色や装飾付大刀が細かく規定されている。鉄刀も同様で、職掌・官位により大刀の装飾様式が規定されている。古墳時代的な金銅装装飾付大刀が倭王権との結びつきを示す表徴であったのに対して、8世紀の鉄刀に施された装飾付大刀は、

位階・職掌を示す標章に変化した。

　山形足金物が装着された鉄刀は、文官が佩用する儀仗刀である。稲古舘古墳刀の被葬者は、文官であった可能性が高い。牛庭刀は刀装具に焼漆が施され、小阿地刀は金銅装飾が施されている。稲古舘古墳刀の佩用者は、金銀装飾付大刀に乏しい点（一部で金銅装飾の可能性がある。（須賀川市教育委員会 2003））からすれば五位以下の官位となるが、正倉院第 5 号刀（正倉院事務所 1977）と同様な様式であることから、地方では国司に匹敵する人物であったと想定される。稲古舘古墳の被葬者は、官人の地位を獲得した地元の実力者で、そのことにより山形足金物が装着された鉄刀を得たのであろう。

　鉄刀の変遷のなかで、古墳後期から普及する板鐔が 7 世紀中葉から 8 世紀代にかけて、畿内を中心に一時的に衰退することは重要である。喰出鐔は、把と刀身を分離して、鉄刀の掌握を助ける用途が主目的である。板鐔が倭国系大刀や日本刀の特徴であるのに対して、喰出鐔は朝鮮半島や中国大陸で広く普及する形式である。喰出鐔が装着された鉄刀が普及することは、板鐔を必要としない外来の操刀方法が導入された結果であろう。

　7 世紀後半の軍事的緊張は、畿内や特定の場所に限定されたものではなく、倭国全体の課題であった。朝鮮半島での敗戦を受けて倭国内では、唐や朝鮮半島の外来軍事技術を導入して、徹底的な改革が実施されたと推定される。こうして創設された律令体制の軍隊は、対新羅、あるいは唐という国家間における戦争を想定した組織であった（下向井 1991）。

　部隊の編成・維持、戦闘方法の改革は当然であるし、様々な武器・武具も改良の対象になったことであろう。組織された軍隊の編成に際して、兵士が使用する武器・装備は、規格に合わせて統一されることが必要になる。兵士の装備に統一が無ければ、部隊行動に支障が生じる。効率的な補給もできない。

　櫓金双脚足金物の装着された大刀は、日本列島の東西に分布が確認され、斉一的な構造の実用的な鉄刀である。兵士の鉄刀である。帯執を通した佩用は、強固で安定性があり、鞘木を布や獣皮で包み、漆で覆った鞘は軽くて強靱である。重厚な刀身と頑丈な把は、実用刀の重要な要素である。この種の鉄刀が出現する 7 世紀後半の例として、千葉県木更津市庚申塚A遺跡の鉄刀を図 138 に示しておいた（福島 2018）。

　律令体制では、武器は規格の統一された「様」を基準に各国・施設で造られ（中村 1995）ていた。東大寺正倉院の烏作大刀と呼ばれる一群の鉄刀が、概ね共通する特徴で作られている理由である。双脚足金物の装着された方頭大刀の出現と広範な分布は、律令制度の軍隊組織が、7 世紀末葉までには成立していたことを示している。

む　す　び

　古墳後期、倭国風の装飾付大刀は、倭王権を構成する豪族にとって権力を表示する重要な役割を担っていた。首長は、自らの身体を豪華に荘厳することにより、その社会的地位を表示したのである。過飾的な装身具が発達したのも、このためである。なかでも鉄刀は武器である。これを飾ることは、武器の背後にある権力を象徴することになる。ただそこに、倭王権による身分秩序や職業を規定するような役割はなかった。

　古墳終末期、7 世紀前半になると、外来の環頭大刀を含めた画一化された各種装飾付大刀が出

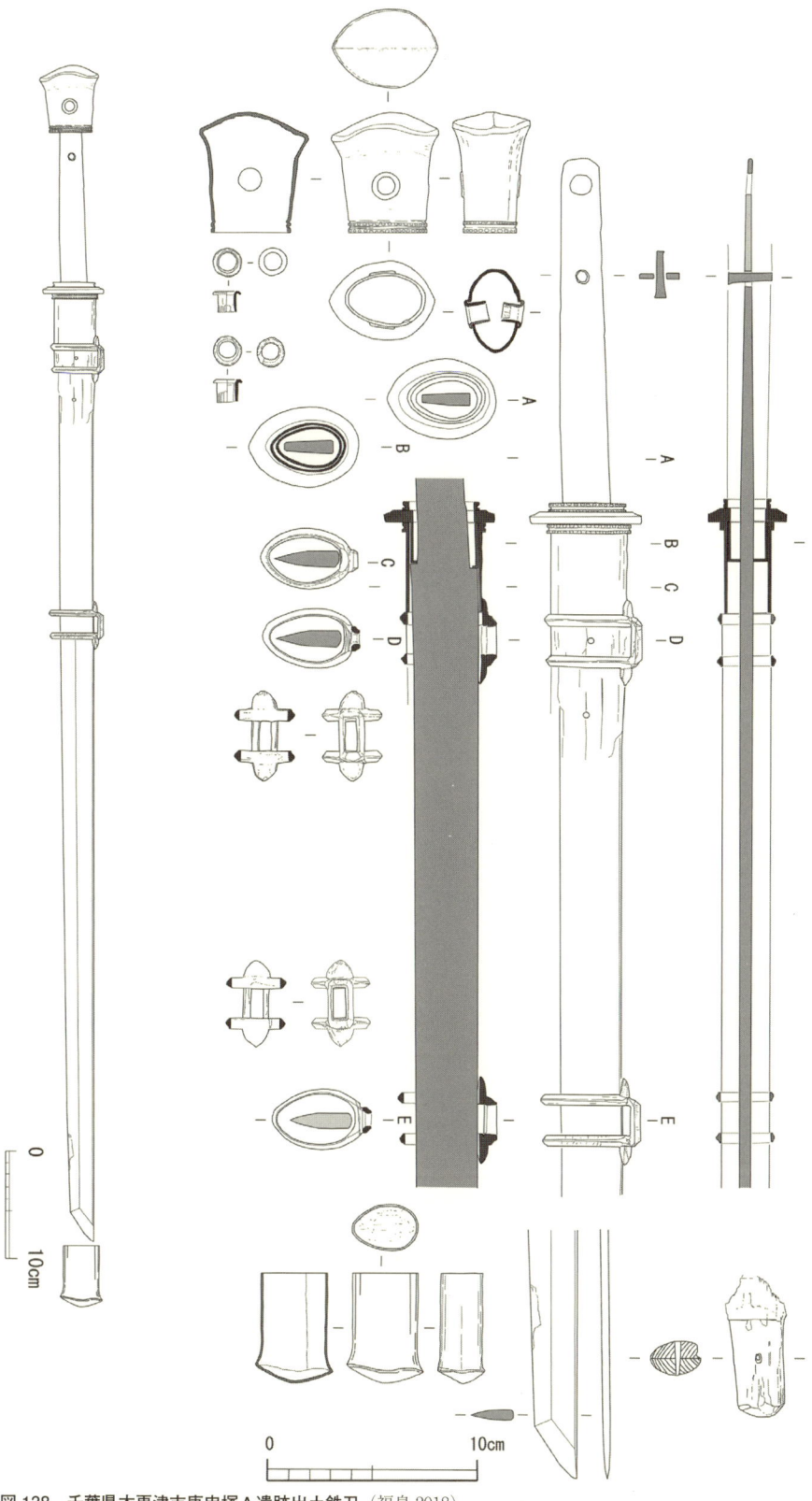

図138　千葉県木更津市庚申塚Ａ遺跡出土鉄刀（福島 2018）

現する。そうして、7 世紀中葉には金銅装装飾付大刀として開花する。東アジアにおける 7 世紀代の苛烈な国家間情勢のなかで、中央集権的な国家体制の構築は急務であった。

　金銅装装飾付大刀は、古墳時代的な中核地と在地の関係を脱却した集権的な統治体制を構築する一連の施策として、倭王権により在地豪族の各層に授与されたのであろう。地方の統治制度を担う人々を組織するためである。画一化された金銅装装飾付大刀を示すことによって、倭王権につながる保持者の社会的役割が表示されたのである。倭国の東国と西国では、倭王権の支配体制に大きな格差が存在していた。

　7 世紀後半、金銅装装飾付大刀は急激に衰退する。代わって、正倉院様式の鉄刀が出現する。正倉院様式の鉄刀が出現する背後に、軍隊と官僚組織の創設を想定した。双脚足金物が装着された兵士の実用的な鉄刀、山形金具の装着された文官用装飾付大刀である。古墳時代的な装飾付大刀とは、全く別な役割である。そこに律令体制による一元的な統治体制が成立し、倭国から日本国への飛躍があった。

第**8**章

装飾古墳に描かれたもの

は じ め に

　古墳は墓であり、その埋葬施設には死後の世界観が反映されている。墓は、亡き人の遺骸を葬る場であり、そこには遺された人々が亡き人への哀悼と来世での平安を願う祈りがあった。葬儀は遺された生者の務めである。それは、死者の果たした役割を引き継ぎ、新たな秩序を再生させる行為でもある。葬儀は死者のためでもあるが、遺された生者が生きるためにも葬儀は執り行われる。

　古墳には、埋葬施設を中心に彩色や線刻あるいは陽刻等により、各種の図文や絵画の装飾を施されたものが600基ほど知られている。これらは、通常の古墳から区別して装飾古墳と呼ばれている（濱田・梅原 1917）。施された装飾には、当時の死生観や葬送儀礼の一端が表現されているはずである。

　装飾古墳の研究指針として重視されているのは、小林行雄の業績である（小林・藤本 1964）。小林は、まず各種文様の内容を分析した。幾何学的文様の直弧文は、一定の幅をもった帯の組み合わせを表現した文様と認識して、鍵手文はこの変形と考えた。さらに直弧文の省略形として、連続三角文が作りだされたとした。この想定は、岡山県楯築遺跡から出土した弥生後期の弧帯文石の出土によって証明された（白石 2011 ほか）。

　同心円文については、石棺に配置された形状から、鏡の類の器物であると考えたが、福岡県珍敷塚古墳の場合は蝦蟇が描かれていることから、これを月の象徴と考え、対応する円文を太陽と解釈した。しかしこの他の幾何学的文様については、器物を描いたものではないとした。双脚輪状文は縦にも横にも描かれていることから、蕨手文は渦巻文の一種とした。つまり連続三角文、双脚輪状文、蕨手文は、具体的な器物ではなく文様と考え、これらは辟邪を目的として施されたという。

　つぎに小林は、装飾の施された施設と部位から(1)石棺系、(2)石障系、(3)壁画系、(4)横穴系に至る時系列上の変化を把握した。そして施された装飾を(1)幾何学的文様、(2)器物の図形、(3)人物鳥獣像に分けて、(1)幾何学的文様である直弧文を主とする段階→(2)器物の図形を主とする段階→(3)人物鳥獣の像および船の組み合わせる段階とする変遷を提示した。またこれらを(1)抽象画から(2)半抽象画、そして(3)具象画への変化ととらえた。

　以上の分析を受けて、装飾古墳の本質を次のようにまとめた。直弧文は死者を聖別するため、あるいは鎮魂的意義をもって施された。器物図形は墓室の平安をはかり邪悪なるものを排除する

意図の表れ、また人物像その他の登場は、日常的生活ないし物語的要素を加味していたとした。そうして装飾古墳は、主として九州に発達した特殊な古墳文化の産物と考えた。

　小林行雄の提示した埋葬施設の発達過程と図文の施紋方法の分析、その時間経過を追究する方法は、装飾文様を辟邪とする考え方とともに、基本的な研究方法として、今日も継承されている（白石1999、柳沢2004、広瀬2009ほか）。

　ただし、装飾古墳に描かれた図文や表現方法が特異なこともあって、その意味するところは明快ではない。明確な器物や動物、武器と武具、馬や船などが描かれていても、それは単なる図文なのか、あるいは具体的な意図があるのか、装飾の意味は理解しがたい。描かれた器物と図文が何を描いているのか、その背後にある人々の考えについて、装飾古墳が自らこれを語ることはない。「謎の装飾古墳」と呼ばれる理由である。具体的な装飾を辟邪文とするほかにも、多種多様な見解も表明されているが、見解の一致はみていない。

　そこで佐原眞は、まず描かれた絵の文法を解明することから研究を始めなければならないという認識から、古墳時代絵画の表現手法についての分析を行った（佐原2005b）。このなかで、古墳画は、心像を描くイメージ画等の見方から自然発生的に生じるイメージのなかから生まれ、絵記号、基底線、重なり、代表表現、主題の拡大、展開、レントゲン画、多視点画等の特徴を指摘して、多視点画という観点から、描かれた絵画を理解すること提案した（佐原1999）。佐原の着眼点は、古墳時代の絵画を解き明かす有力な方法であるが、なぜこのような絵画が描かれたかの説明はない。

　筆者は、佐原が指摘したレントゲン画や多視点画などの多様な表現方法は、絵画ではなく対象を説明する図であると理解している。子供が描く絵画は、自らの理解した対象を説明するために描くのであり、それは美術として行う写生とは別である。古墳に描かれた絵画や図文も、写生ではなく、何かを語り説明する図である。また小林行雄が考えた抽象画から半抽象画、そして具象画への変化は美術の視点での総括であり、古墳時代に美術という概念で絵画を描いたとも考えていない。

　連続三角文などを幾何学文様とする小林行雄の理解に対して、具体的な器物を描いたという研究報告は、装飾古墳研究の当初からあった。濱田耕作は、熊本県井寺古墳の石障に施された装飾模様分子をAからEに区分して、その配置に着目した。このなかで、「模様帯は之を多くの直方区に分ち、各区の周囲は梯子形の細帯ありて之を繞り、間々少しく廣き幅を有する柱状のものあり、之は其上部は模様帯を貫きて挺出し、其頂端は匕首状をなす、第四圖E模様帯を以て幕を匝らせる形状とみれば、之は正しく、其の支柱を中間に立てたる觀を呈す。」とした。

　つまり井寺古墳の石障に施された文様は、遺骸を安置した周囲に支柱を立て、布幕を張りめぐらせた状況を描いていると指摘した。さらに直弧文自体についても、帯状のものを不規則に纏き付けた形より変化した平面的な模様と民族例をもとに考え、井寺古墳の石障文様にして、編み物に由来するとした（濱田1917）。今日、濱田の指摘を評価する研究者はいないが、筆者は重要な指摘であると認識している。

　絵画が描かれた場合、人物や鳥獣・武器武具および船騎馬像などは、何を描いているかは明らかであるが、蕨手文や双脚輪状文などは、それが具体的な器物であるのか、あるいは単なる文様かは議論がある。後者では、周辺の図文・絵画との関連、形状の特徴、施された場所に着目し

て、装飾内容を分析することが求められる。図文群は、その意味するところにより、位置と構図が定められる。また古墳を造り、葬られた人々は、現代人とは異なる世界に生きた人々である。したがって、図文を現代の感覚や常識でとらえないことにも留意しなければならない。

　装飾古墳は九州を中心に分布しているが、これらとは別に倭国東部の茨城県域からの太平洋岸にそって宮城県までの間に、集中する場所がある。そこで、福島県を中心とした装飾の施された横穴から、その意味するところを考えてみた。

第1節　九州の装飾古墳

　東国の装飾古墳の要素は、九州の装飾古墳と共通していることも少なくない。この方面の装飾古墳について、若干の整理をしておきたい。

　直弧文系装飾　図 139 は、濱田耕作による井寺古墳の石障と模式図である。ただし濱田はDに2種類の図文を含めているので、左側をd、右側をDとしておく。Dは文様上端の二重線から突

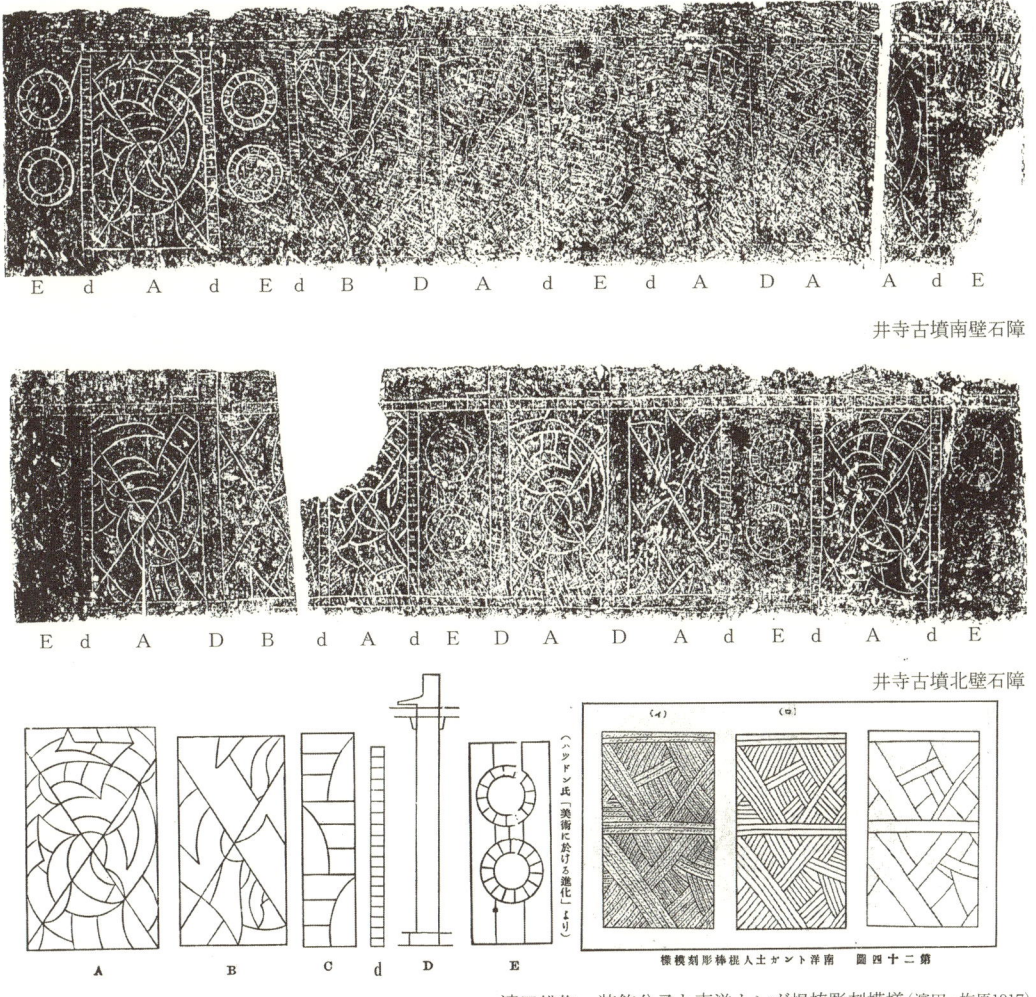

井寺古墳南壁石障

井寺古墳北壁石障

濱田耕作　装飾分子と南洋トンガ棍棒彫刻模様（濱田・梅原1917）

図139　熊本県井寺古墳石障（濱田・梅原1917）

241

き出し、二重線を抑えるように一端がＬ字形になっている。また上端二重線の下端側には柱を挟むような造作がある。さらに下端の二重線に接する部分でも、礎石の上に据えられた柱形を写した造作がある。しかも北壁石障の上面にはＣの文様が施されているが、奥壁右側よりのＤと対応する部分に、角円形の造作がある。Ｄは、濱田耕作が指摘するように柱を写した状況である。そうすれば、井寺古墳の石障は、ｄで区画された直弧文と車輪状文を配置して、Ｄの支柱でこれを固定したことになる。これは、布幕を張った具体的な状況を描いたと理解されよう。また上下の二重線も、布幕の端を固定した渡し板のようなものを描いたのであろう。

　直弧文と円文を交互に組み合わせる文様は、熊本県鴨籠古墳の家形石棺屋根外面の下半部に施されている。これに関連して濱田耕作は、直弧文を分析するなかで、「人類の物を造り出だし、石器に柄を結付け、編垣の屋根を作り、敷物を織り出すや否や、此の人工物を模して紋様とする、Skeuomorphs は人類の頭脳と離れ難き一部と成り、終には一の精神的願望若しくば期待たるに至る」と人類学の考えを引用している（濱田・梅原1917）。組紐文様は、古くから世界各地各種の装飾に転化されている。

　直弧文と円文で構成された図文が、布幕を描いたとすれば、石棺に施された同類の図文もこの可能性が考えられよう。福岡県浦山古墳の石棺には、横中央に二重円文帯、これを挟む上下に直弧文が線刻されている。この文様帯最上端には、区画線で挟まれたなかに縦の刻み目がめぐらされている。それは、カーテンを固定する器具のようにも見え、遺骸を納めた石棺の内部に吊るされた布幕を描写して表現したと理解できる。

　さらに福岡県石人山古墳では、石榔の屋根外面下半部に直弧文をめぐらせ、上半部には円文が配置されている。この円文は鏡を表現したと理解されているが、施された場所と形状からは、建物の屋根装飾に使われた堅魚木の側面を表現していることになる。堅魚木は、権威の象徴として用いられる建物装飾である。直弧文も同様な意味があり、これらが結びついて井寺古墳の布幕が生み出されたのであろう。熊本県鴨籠古墳の家形石棺の直弧文も、井寺古墳と同様な一例である。このほか、熊本県長砂連古墳、福岡県日輪寺古墳などにも同類の石障装飾である。

武器武具系装飾　布幕とともに熊本県では、武器武具を描いた古墳も知られている（図140）。熊本県大鼠蔵東麓１号墳と長迫古墳、小田良古墳に施された装飾図文である。小田良古墳の石障には、上下に並行する二重横線があり、この間に靫・盾・二重円文が配置されている。左右の側壁と前障壁には二重円文、奥壁側には、向かって右から靫・二重円文・盾・二重円文・盾・二重円文・靫が配置されている。靫と盾は明白であるが、二重円文は鏡から変化した図文という解釈が有力である。そうすると弓矢の携行具である靫、弓矢の防具である盾の間に、鏡が配置されたことになる。この理由は辟邪と説明されているが、納得はできない。

　二重円文には上下にこれを挟むように二重線が描かれている。これは鏡の鈕に吊した状態を描写したのであれば、上下の二重線は鏡の背面を突き抜けて表現されるはずである。また鏡面ならば、二重線とはならない。二重円文は、これを上下で固定した状況の描写であれば、靫と盾との関連から、弓矢の的を示していると読み取れる（乙益1974）。的は弓の訓練に不可欠な道具である。『日本書紀』にも、「仁徳天皇記12年に、高句麗から鉄の盾と的が貢じられた」という物語がある。的と盾の結びつきは強い。この場合、石障の上下端に施された二重横線は、背後にある無文の布幕となる。

長迫古墳の石障には、同心円文や三重円文が描かれ、上端から吊り下げた状態である。やはり上部の直線は、円文も中心には至らない。三重円文の外圏には、連続三角文がめぐらされている。これは縁取り装飾であり、鏡の背面装飾ではない。鏡の鈕に紐を結んで吊り下げれば、鏡面は水平となり、横からの描写であれば「Ｔ」字を逆にした図になる。壁に接して吊り下げれば、鏡面に文様はない。

大鼠蔵東麓1号墳の箱式石棺には、左から弓、靫、吊り下げ円文、短甲、大刀と吊り下げ円文が線刻で描かれている。これを副葬品の代用（中村2002）とすれば、多くは武器と武具である。靫と短甲に挟まれた円文は的、大刀から吊り下げられた円文は、弓の弦巻きであろうか。中世の絵画資料にも円形の弦巻は大刀と近接した腰の位置に描かれる。この線刻画には、武器武具が写実的に描かれていたことになる。円文が、すべて鏡を表現したとは限らない。

直弧文・円文系図文と武器系図文をあわせたのが、熊本県千金甲1号墳の石障に描かれた図文である。井寺古墳のＸ字形斜行線文は、直弧文からの変化でとらえられている（白石1999b）。ただし、石障に描かれた円文を堅魚木の図文変化としたのでは、共に配置された靫の説明がつかない。円文は別の物、武器武具系装飾の要素と直弧文系装飾

千金甲石障東壁石障

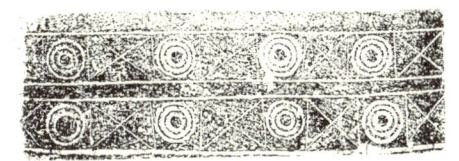

千金甲石障北壁石障

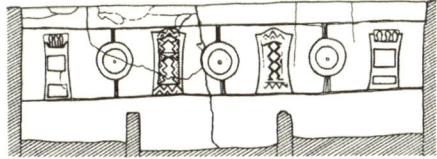

小田良古墳東壁障壁

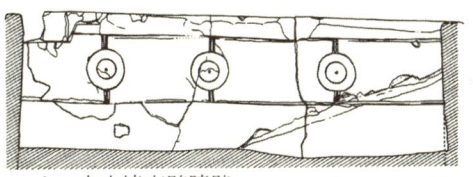

小田良古墳東壁障壁

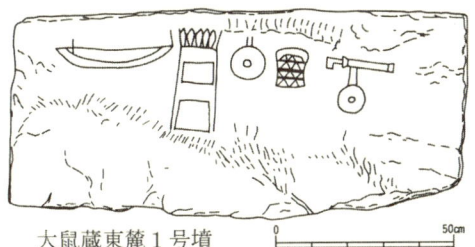

大鼠蔵東麓1号墳

図140　武器武具系石棺・石障（熊本県教育委員会1984）

をあわせた表現である。つまり、Ｘ字形斜行線文帯を布幕とみて、これを背景に武器武具系図文を配置したのが井寺古墳の装飾である。石障には、上端と下端に横沈線、中段に幅広の並行横沈線で区画され、この間にＸ字形斜行線文と浮き彫りによる三重の同心円文が交互に配置される。これは、横に張られた布幕に吊り下げられた的を描いた図である。この後、奥壁部分にはＸ字形斜行線文の上から靫が浮き彫りされている。さらに屍床の前面にも、同心円文が配置されている。

石棺系装飾古墳と石障系装飾古墳に施された図文をこのように理解すると、直弧文を並べた装飾は、それが布幕に描かれた状況を描写したことになる。石棺系装飾古墳は、この布幕で石棺を覆った状態である。島根県丹花庵古墳の石棺に施された連続三角文も、幕で棺を覆った状態を表現していると読めないであろうか。棺を幕や旗で覆う習俗は、かなり一般的である。

そして石障系装飾は、遺骸を取り巻くように張られた布幕を背景に立て並べられた武器武具を表現していると理解されよう。葬儀において、遺体を安置した周囲に布幕をめぐらせて、静寂・安寧の空間を造り保つ。これに武器・武具を配置することにより、被葬者の武力を背景にした権

力を示した。これの状況が、埋葬施設にも再現された図である。

　連続三角文と陣幕　九州では後期前半に、石障に代わって新たに石屋形が玄室の奥壁前に設置される。これにも三角文を主体に円文で装飾がなされる。つまり、遺骸を安置する場所に布幕を張りめぐらせた形状の写しである。

　つぎの段階では、石室の壁面にまで連続三角文が施されるようになる。このとき多用される連続三角文は、基本的には天井部に施されない。施されるのは、壁面あるいは柱面である。しかも連続三角文と呼ばれるように、三角形を連ねて面的に広がっている。さらに靫や盾などの武器武具類と一緒に描かれることが多い。この連続三角文は、必ず地文として施され、武器武具の上には描かれない原則を小林行雄は指摘している（小林・藤本 1964）。

　これまで連続三角文は、呪術的な意味を持つ純粋な文様とされてきた（小林・藤本 1964、齋藤 1967 ほか）が、その根拠は遺体を納める横穴式石室に施され、これを呪術的に保護するという機能的な解釈であった。多くの研究者も、この見解を出ることはなかった。確かに連続三角文は、弥生時代から古墳時代の各種器物にかなり頻繁に施されている。弥生時代の土器や銅鐸、銅剣類、銅鏡など、あるいは埴輪の人物や鎧・兜・家の形象埴輪など、多くの器物にそれを見ることができる。古墳時代の図文としては、かなり一般的な図文であろう。このような特徴から、日下八光は便利な文様、あるいは因襲的に神聖な文様と推定している（日下 1978）。

　連続三角文の場合、描かれた文様自体の特徴と共に、施される場所と他の文様との位置関係を考えなければならない。たとえば短甲埴輪では、描かれた連続三角文が呪術的である前に、用いられた三角形の鉄板がつなぎ合わされた状況を写実しているのである。このように図文が同じでも、器物と装飾古墳では意味や対象が異なっている場合がある。図文は、その占める位置と構成により、意味を表現した。多くの遺物を比較対象に加えて連続三角文を検討すれば、多様な目的で施されたであろうから、最大的解釈として便利な図文ということになる。しかしそれでは、装飾古墳に描かれた連続三角文の意味を見失うことになる。異なる器物や遺構に描かれた連続三角文を分析しても、装飾古墳に描かれた図文の意義を明らかにすることはできない。

　装飾古墳に施された連続三角文をみると、次の7点の特徴があげられる。①面的な広がりを持って、多くは横方向に三角形が連続している。②必ず地文として施される。③主体部の壁面をめぐるように施される例が多く、天井や床面には施されない。④当時としては特異な文様ではない。⑤武器武具の背景となっている。⑥玄門などでは、天井部を縁取るように施される例もある。⑦玄門の柱部分や石屋形では、連続三角文が縦方向に配置される場合がある。

　装飾古墳に施された図文の多くは、具体的な器物や人物・動物を表現している。連続三角文も武器武具の背景として、被葬者を取り囲むように施されている。これは石障に施された直弧文とX字形斜行線文が、布幕を描いたことと同じである。

　連続三角文が布幕を表現しているとみれば、その特徴をまとめる必要がある。そこで一般的な解釈として、『国史大辞典』（島田 1992）から特徴を抜き出してみよう。Ⓐ幕は広い意味で、布帛を縫い合わせて作った遮蔽具を総称する。Ⓑ制式・用途により種類がある。Ⓒ単に幕という場合は、布帛を横に縫い合わせた制式を特称した。これは古代以来、軍陣には不可欠の用具であった。外幕とも呼ばれている。Ⓓこの幕には、内側から外側を見るために、縫い目の一部に物見孔が設けられている。Ⓔ精神的な面では、内部を隠して矢石を防ぎ、安全を守ることから、古くから攘災

の威力があるとされている。Ｆ幔幕は主要部分を竪幅にして縫い、その上下端に横幅を付けて正式とし、多くは下端が省略されている。Ｇ幔幕を屋舎の周囲に張りめぐらせて堺幔とし、その出入り口を幔門という。

　軍隊による戦争では、指揮所と戦闘部隊さらに補給部隊が必要である。その中心で軍隊を統合する場所が本陣である。古墳時代の戦争でも同様であろう。発掘調査では武器と種々雑多な武具の存在が確認されている。埴輪からも兵士や馬装の様子が復元される。古墳後期の武器と武具は、律令期のそれと比べても、用途や種類という点では基本的に大きな違いはない。そうであれば、戦闘部隊を総合的に編成するための用具も、同じように存在した可能性が高い。連続三角文を布幕とすることに、それほどの矛盾点はない。

　日下八光は連続三角文の所々に円文が配置されていることを指摘している（日下 1978）が、これはＤと対応して物見孔を具体的に表現しているのであろう。熊本県大坊古墳やチブサン古墳例である。連続三角文ではないが、熊本県永安寺東古墳の連続円文も、それを文様とみれば、同様に布幕を表現していると考えられる。

　本陣を描いた図画　ここで注目したいのは、福岡県寿命王塚古墳である（梅原・小林 1939）。この古墳の横穴式石室には連続三角文を背景に盾や靫・大刀が規則正しく配置され、さらに玄門の全面には騎馬像が描かれている（図141）。この横穴式石室は玄室と玄門・前室で構成され、奥壁に接して石屋形が設けられている。石屋形の形はまさに玄室に造られた握舎や天蓋、つまりテントである。高句麗安岳3号墳の墓主は握舎のなかに描かれている。また北魏様式の仏像は、当時の貴人のために設けられた天蓋のなかに納められた。古墳の被葬者、つまり貴人の居場所である。石屋形の連続三角文も、握舎を飾る幔幕を写実的に表現したのである。

　しかし、石室壁面の連続三角文は、基本的に縦方向に連続する特徴がある。通常の陣幕では布を横方向に縫い合わせることから、連続三角文も横方向に連続することになるので、この点は陣幕の特徴からは外れている。特別な幕であったのか、あるいは縦に幕を用いたのか、もしくは描く時に区別をしなかったのであろうか。整美な連続三角文を凹凸面に描くことは、案外難しい作業である。

　寿命王塚古墳の連続三角文を陣幕と理解すれば、問題は蕨手文と双脚輪状文の解釈である。双脚輪状文については、濱田耕作が動物模倣説、人類模倣説、単なる手法説などをあげて検討し、そのなかでも動物模倣説の可能性が高いと考えた（濱田・梅原 1919）。人類模倣説は、人体の一部を図文化したという考えである。また齋藤忠による円文と蕨手文の複合文様とする説もある（齋藤 1973）。各説のなかで比較的多くの支持を得ているのが、樋口隆康による翳説である（樋口 1956）。近年でも橋口達也がスイジカイ説を復活させている例（橋口 1993）や、若松良一による埴輪人物像などを根拠にした帽子文様起源説が発表されている（若松 1991）。これらに対して、小林行雄は「何かの器物を描いたものとすれば、図文が縦方向や横方向に描かれて一定していない」ことから否定的な見解を示し、この文様を幾何学文の一種に含めて考えた（小林・藤本 1964）。

　これまでの器物・動物類模倣説では、ほかの装飾文様と関連させると説明ができなかった。武器武具群のなかに、スイジ貝や帽子文様が配置される十分な理由はない。この欠点は、形状が似ているだけで、図文の施された周囲の状況が考慮されていない点である。ほぼ定説となっている翳説も、図文の中に占める位置が問題であろう。翳本来の用途とは異なるからである。しかも形状は、双脚輪状文の形状と明らかに異なっている。

　双脚輪状文には、埴輪の実例がある。白石太一郎は香川県公文山古墳、和歌山市井辺八幡山古墳、同市岩橋千塚大谷 22 号墳、奈良県天理市荒蒔古墳、京都府音乗山古墳などで出土していることをあげ、形象埴輪には必ずその形象画の対象が存在することを指摘している（白石 1999b）。また群馬県本郷埴輪窯跡出土の翳埴輪とされている例は、中央に穴のある円盤の縁に三角形の突起をめぐらせた形状の輪状文埴輪である。これに二対の蕨手文を付ければ、双脚輪状文となる。そのままでは、突起のある輪状文である。

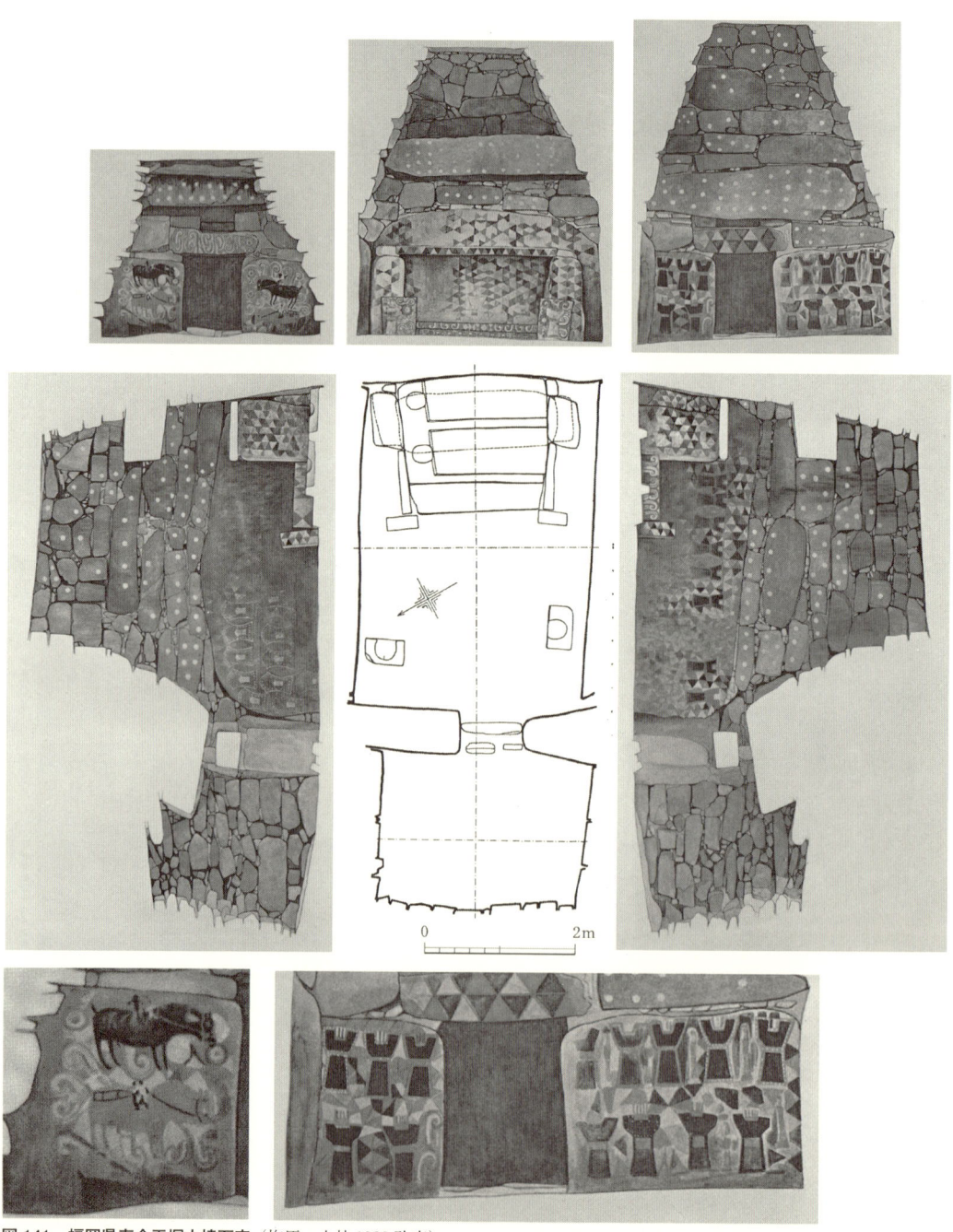

図 141　福岡県寿命王塚古墳石室（梅原・小林 1939 改変）

蕨手文の理解についても、同様な状況である。原田大六による唐草文説、森浩一による早蕨模倣説などがある。蕨手文の形状は、小林行雄や日下八光によって整理されている。小林行雄は「単独で用いることも絶無ではないが、ふつうは二個並置して描くことが多い。二個を並置するばあいにも、渦文を外側に配置して直線部が並行するものと、渦文を上下転倒したものとがある」とし、「彩色法からいえ

図142　双脚輪状文と蕨手文（各報告書）

寿命王塚古墳	1, 2, 4, 5, 7
釜尾古墳	3
塚花塚古墳	6
珍敷塚古墳	8

ば、一色で渦文を描くものよりも、二色で二重の渦形を描く方が多い」とその特徴をまとめている（小林・藤本1964）。

双脚輪状文と蕨手文は、騎馬群と石屋形の前面に配置される特徴がある。騎馬群は玄室の入り口に相当し、この壁画が陣であるとすれば前面に当たる位置である。旗指物類を立て並べるには、相応しい場所である。蕨手文が騎馬像の周りに天地左右に揺れているが、これは、多視点画的表現である。

現在の旗の多くは、長竿に四角い布をくくりつけた形状であるが、旗類には多くの種類がある。神社の祭礼で立てられる幟や鯉幟、仏事で用いられる幡などである。このうち幡は、先端の幡頭、本体の幡身、これから横に付けた幡腕、下に伸ばした幡足で構成され、さらに飾りがつく。和田萃がいう大宝元年朝賀式に大極殿の前に構建された幡・旗はこのような類であろうか（和田1999）。朝賀式では、大舎人が各種の威儀具を整えている。

そこで、蕨手文を幟と理解すれば、たとえば福島県二本松市東和町の『木幡の幡祭』が参考になろう。群衆の間に林立する幟幡は、先端が垂れ下がった蕨手文であり、旗競争で横や縦にはためく旗は、横や逆位に描かれた蕨手文である。また幡身を大きな円板として、二股の幡脚のようにすれば、幡が風になびいている状況をそのまま描けば、双脚輪状文に近似した図文となろう。法隆寺には伝世された平絹大幡もあり、これは幡頭と幡脚で構成されている。

図142には、いくつかの古墳に描かれた蕨手文と双脚輪状文を集めてみた。1と2は双脚輪状文が正位に立てられた状態で、3は横風に吹き流された様子と理解できよう。5は蕨手文が斜め横に揺れる状況、4と7は直立したところであろう。6は重なるように林立する状態を描いているのであろう。8は靭の上に大きく掲げられた幡である。

また寿命王塚古墳に描かれた円文は、玄門外面だけであるが、これが玄室奥壁に数多くしかも大きく描かれる古墳がある。福岡県日ノ岡古墳である。連続三角文を背景に2段にわたって3個の大きな重円文が配置され、その周辺には双頭の蕨手文が配置されている。この古墳の側壁には、三角文を地文にして、比較的小さな重円文と蕨手文が点在している。これと弧状の文様が、

側壁中央に三角文の上に描かれている。

　描かれた場所と大きさは、壁画を理解する重要な観点である。佐原眞は、古墳画について、書き手の関心の大きさが絵の大きさに示されていると理解している（佐原1999）。とすれば、日ノ岡古墳の主題は奥壁の重円文群である。奥壁は中心的な被葬者が安置される場所である。三角文を背景に大きく描かれた重円文は、纒幟のように筆者には見える。被葬者を中心とする集団の誇示し、指揮所を明示するものである。つまり双脚輪状文や蕨手文・重円文は、指揮命令を伝える道具と集団の帰属を示す旗指物類である。陣幕をめぐらせ、武器武具を配置した旗指物は、本陣になくてはならない要素である。

　以上から、寿命王塚古墳の壁画をまとめてみよう。玄門の前面には、騎馬像を主体に、これを取り巻くように蕨手文や双脚輪状文・同心円文のような幡・幟・旗指物が描かれている。旗指物類は武威の鼓舞、戦闘集団の単位と帰属を明示していることになる。騎馬軍の機動性を有効に利用するには、軍団の中心に配置するよりは、前面に置いて歩兵軍の障害にならないようにしなければならない。この背景に連続三角文で示された幕が配されている。

　玄室の玄門側には、横方向の連続三角文、つまり外幕を背景に靫と大刀が整然と並べられる。また蕨手文も玄門に続く部分に少し描かれている。この部分の連続三角文が乱れていることからすれば、陣の出入り口であろうか。右側壁の靫と連続三角文は右側壁の中央部まで続き、靫と大刀が描かれている。整然と配置された靫と大刀は、歩兵集団の攻撃隊を表しているのであろう。

　側壁の連続三角文は、縦方向に変化している。これは幔幕であり、塀幔に類する施設であろう。中世の絵巻物にも同様の施設が描かれている。これを背景に靫が、石屋形を意識して2段に配置されている。上段は9個でこのうち玄門側の2個には上に弓が描かれている。下段は6個である。左側壁の奥半部には、数本の横線が描かれた上に盾が並べられ、防御隊や護衛隊が表現されている。ここでは連続三角文は部分的にしか描かれていない。横線は佐原眞の視点から見れば、地面である（佐原1999）。図は、地面に並べ置かれた盾である。

　玄室の奥壁に造られた石屋形は、古墳の被葬者が安置される施設である。この壁面には縦方向の連続三角文が描かれている。つまり幔幕である。入り口の門に相当する場所には、靫と幡を示す双脚輪状文、蕨手文が立てられている。さらに石屋形の奥壁にも一列の靫が並べられ、被葬者を護る近衛を表している。遺体が安置される石屋形は、壁画が戦陣を描いているとすれば、その中心に相当する天蓋であろう。

　このように理解すれば、寿命王塚古墳の装飾壁画は、本陣の状況が描かれたとするのに不都合な要素はみられない。構図も明確である。軍士像は描かれていないが、靫や盾の存在でこれを象徴的に表現していると考えられる。騎馬像の主体は馬で、人物像は極めて小さい。天井部や壁面の上半部の点文は、通説の星である。暗い横穴式石室の天井部を夜空と見重ねて、星を配置したのである。

　つまり、王塚古墳に描かれた図文は、すべて具体的な器物を描いて、被葬者の威儀を示したことになる。石室に結界を張って、寄りくる魔物から被葬者を守る呪術的な文様ではない。かりに、連続三角文が呪術的あるいは聖別的な意味を込めた図文であっても、それはひとつの要素でしかない。

　人物絵画の出現　古墳後期後半には、武器武具に加えて、船や人物・獣馬類が描かれた壁画が

登場する。生活壁画とも呼ばれるが、農耕や手工業生産あるいは日々の家事に、関連した図柄はない。描かれているのは、人を中心に船と馬、武器武具などである。これ以前の寿命王塚古墳の玄門外面にも騎乗人物と馬引人物が描かれているが、これは馬が主題である。また熊本県チブサン古墳の人物像も石屋形の内側面であり、主題ではない。ところが人物が主題になり、何かの行動を描く壁画の出現は、以前の静的な壁画に比べて動的な表現が生まれる。この結果、施された壁画の意味も当然変化する。

珍敷塚古墳に描かれた奥壁の壁画（図143上）について、被葬者の魂が現世から来世に旅立つ様子（白石1999b）、あるいは来世に到着した図（広瀬2009）という理解が

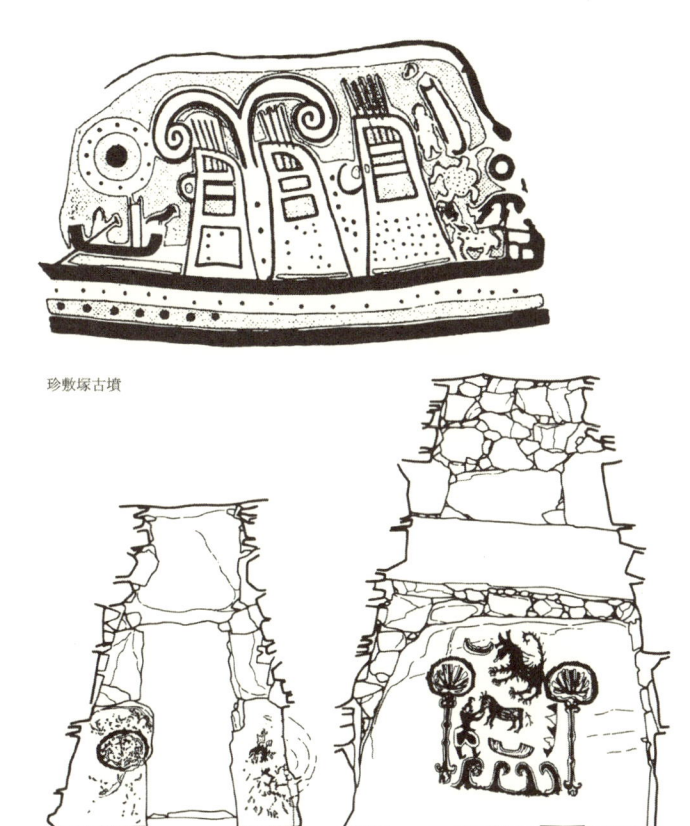

珍敷塚古墳

竹原古墳前室　　　　　　　竹原古墳奥壁

図143　福岡県珍敷塚古墳・竹原古墳壁画（吉井町史編纂委員会1977）

なされている。白石や広瀬は、左側の小さく描かれた船の上側にある円文を太陽とみて、右側のヒキガエルを月の象徴とすることを前提とした理解である。白石は、奥壁の下段に描かれた4本の横線を大きな船の船腹とみて、全体が左から右への時間の流れとみている。

ただ佐原眞のいうように、描かれた絵の大きさが主題を表現している（佐原1999）とすれば、この絵画の主題は、大きな船とそこに据えられた3個の靫である。また大きな蕨手文と円文をあわせて戦船を描いていることになる。

福岡県竹原古墳の壁画は、奥壁に描かれた絵画が主題である（図143下）。奥壁の左右にある大きな靫、中央上部に左描かれたゴンドラ状の舟。この右にあって大きく口を開け、長い尾を振り上げ、後脚を踏ん張り、前脚を突き出して跳ねる獣。その下に描かれた馬の前に立って手綱を引く人物その下の舟。この右ある縦に描かれた三角文。最下端の波状的な図とする。

この壁画の理解は難しい。多くの研究者は、金関丈夫が読み解いた竜媒説としている（金関1969）。また、前室奥壁に描かれた鳥と劣化の著しい円形装飾とをあわせて、四神図であるという森貞次郎の理解もある（森1985）。この場合、四神図は前室と奥壁に分かれて描かれたことになる。高句麗や百済の四神図は、玄室に描かれるので、位置が異なる。奥壁に描かれている図文は明快であるが、筆者に断案はない。

福岡県五郎山古墳の壁画　この古墳は再調査が実施され、壁画についても詳細な報告書が刊行されている（福岡大学1998）（図144）。埋葬施設は複室構造の横穴式石室で、奥壁から前室北壁

249

にかけて多数の壁画が描かれている。主題は、奥壁に描かれた人物群と武具・武器・家屋等の群像である。

　後室側壁から前室北壁に至る部分は、船（舟）が主題である。合計5隻以上の舟が確認されている。人物像も1体あるが、詳細は不明である。船（舟）とともに同心円文や珠文が配置されている。玄室側壁の船はゴンドラ型で中央に長方形の図を描き、舳艫に接して前室側に矩形の図がある。また西側側壁の舟には、その上部に珠文が点在している。これ以外の図文は、劣化等により詳細が不明瞭である。

　奥壁で確認された図文は50個である。それぞれに番号を付けて、詳しい解説がなされている。これをもとに、筆者なりの理解を略記しておく。奥壁の大きな基底石とこの上にある大石で図像群は大別される。さらに基底石の図像群も中央で二分されている。鳥とされた図文（23）、その下の靫（24）、そして舳艫を持つ船（25）である。靫は人物像よりも大きく、船と同じ程度の大きさである。これを境にして、図文群は左右に分かれている。

　奥壁中央の図文は、右部の図文群と関連していよう。船（25）の中央には矩形線が描かれている。奥壁中央縦列に人物像は配置されていない。鳥とされた図（23）について、辰巳和弘は珍敷塚古墳に描かれた形状と関連させて、蕨手文と理解している（辰巳1992）。飛鳥図は大分県ガラントヤ1号墳で報告されているが、不明瞭である。佐原眞は、飛翔する鳥が描かれた図文はないとしている（佐原1999）。これが蕨手文であれば、筆者の理解では幡である。

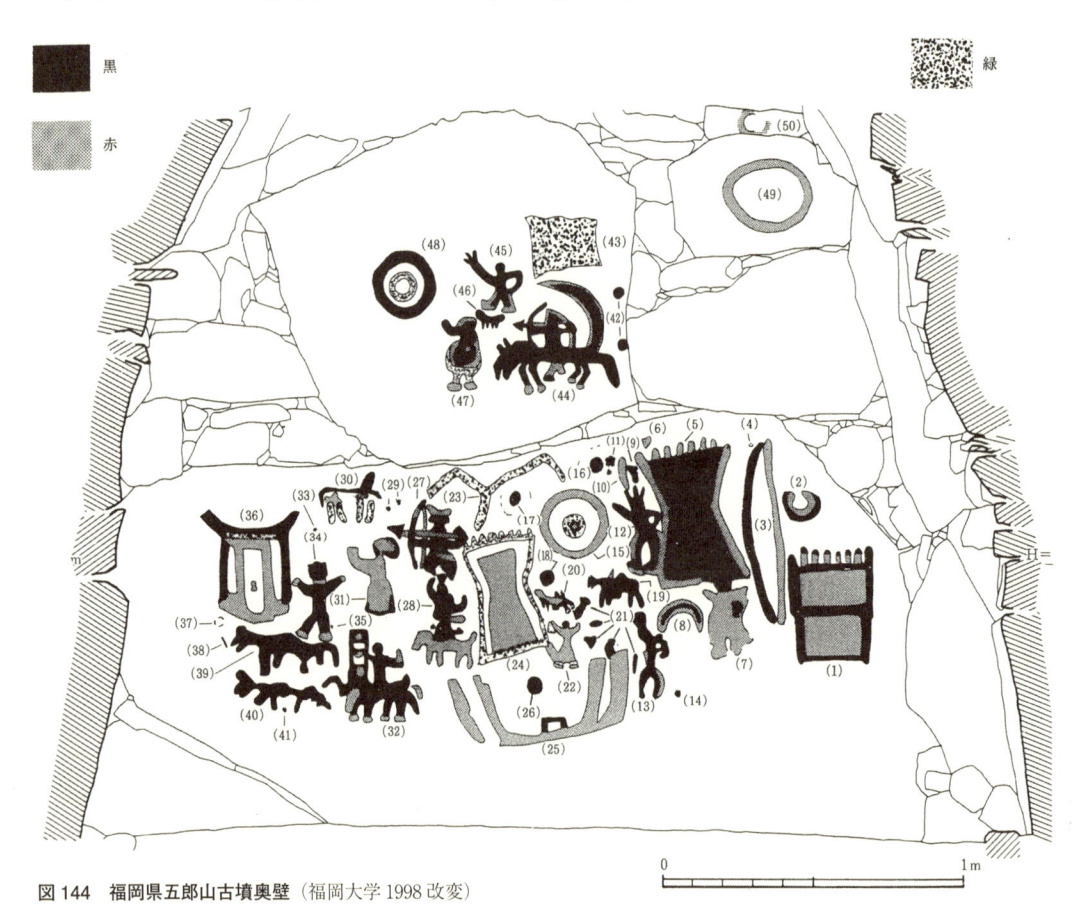

図144　福岡県五郎山古墳奥壁（福岡大学1998改変）

　右部は右端に鞍（1）・鞆（2）・弓（3）・鞍（5）があり、これが中央の蕨手文・鞍と対応している。この間に人物像4体（7・12・13・22）と獣像2体（19・20）、それに重円文（15）が配置されている。弓・鞍との関連からすれば、重円文は的であろうか。人物像4体が正面を向いているとすれば、左端の1体（22）は両腕をあげ拡げた姿勢で、スカートを着ているように見える。残りの3体は右腕を斜め上にあげている。このなかで最上部の1体（12）は冠をかぶり、左手を腰に当て、両脚を大きく広げている。このポーズは、大阪府高井田横穴群や清戸迫76号横穴にもある。当時の何か、喝采を示すようなしぐさである。人物群に囲まれて四足獣（19・20）が描かれているが、詳細は確定できない。中心に描かれている（19）は、頭を左に向けた馬のようにも見える。他の部位でも馬が描かれていることから、可能性はあろう。

　基底石左部右下の図像群のうち、弓を左に向けた人物は、弦は引き絞っていないが、矢を引いた人物像である（27）。その下には騎乗人物像（28）。真中にはスカートを付けて何かを捧げ持つ人物像（31）。後頭部が大きく右に膨らんでいる。女性の髷を表現しているのであろう。この右側には大字形の人物像（34）。さらに下側には頭を左に向けた馬2頭（39・40）、この右に大きな長方形の器物を持った騎馬像（32）。やはり左向きである。長方形の器物を報告書では旗とみているが、左腕は水平で、手は上向きに表現されている。弓か盾の可能性もあろう。最も左端には切妻造りの家（36）と報告されている。屋根をみあげた図であろうか。また最上部には、頭を右に向けた四足の獣（30）が描かれている。報告書では、弓で狙われているとしている。

　上段の図像群は、6個の図文で構成されている。右端に左向きに弓を引く騎馬像（44）があり、旗棹が大きく湾曲している。そしてこの右上にある長方形（43）は、旗と報告されている。妥当な解釈である。弓の先には重円文（48）があり、的であろうか。この間には2体の人物像（45・47）と獣（46）が配置されている。上端の人物像は、右腕を大きく斜めに挙げ手を広げているのであろう。指まで描かれている。左腕は腰に当て、両脚は大きく広げている。下端の人物像（47）は下半身が大きく膨らんでいる。スカートのように見える。左側に腕を挙げている。この間には四足の小獣が描かれている。細かな表現は不明であるが、犬であれば猟犬であろうか。

　このほか、図文群から離れて右上に円文（49）がある。児童画では、太陽が描かれることが少なくない。あるいはその例とも考えたい。中央の船は、主題であるが、ほかの図文群との関連は難しい。

　図文群は、鞍・弓・鞆それに弓をかまえた人物像から、弓射儀礼を描いたように筆者には見える。捧げ持つ女性像はこれにともなう宴会を象徴しているのであろうか。船の役割はわからないが、三角文を背景に重円文や蕨手文・騎馬像と大字人物像の描かれた佐賀県田代太田古墳の壁画でも船が描かれている。この儀礼は、水辺の川原のような広い空間がある場所で挙行されたのであろうか。

　弓射儀礼を描いた壁画　五郎山古墳の奥壁については、小田富士雄が検討している。小田は壁画の解釈を大別して、①現世における記念すべき場面を記録した追憶的な供養画。②死後の世界において繁栄を願う予祝儀礼画とした。そして森貞次郎の装飾古墳は一貫して呪術的要素が強いという考えとあわせて、五郎山古墳の壁画を「被葬者の再生を願う殯行事から、常世に航行する行程までを描いて被葬者の辟邪鎮魂を祈念した」と結論付けた（福岡大学1995）。

　確かに奥壁に至る前室から玄室側壁までの主題は船（舟）である。そこには四角い箱のような形

状の絵が描かれている。これは遺骸を運ぶ船に見立て、奥壁の正面に描かれたのは、それが到着した状況と理解することもできる。古墳前期の例ではあるが、奈良県巣山古墳からは船そのものが出土している（奈良県広陵町教育委員会 2005）。『隋書倭国伝』には、「葬におよんで屍を船上に置き、陸地これを牽く」とある。遺骸を船にのせて運んだのであろう。この船を描いている可能性はある。ただし、船に載せて運ぶのは遺骸であり、死者の魂ではない。

　遺骸を納めた木棺は確かに直方体を基本とした形状であるが、葬儀で棺を運ぶ場合には多くの場合は飾り付けがなされる。それが死者に対する儀礼である。白木の木棺をそのままで衆目のなかを運ぶことは、まずない。また九州の横穴式石室は開かれた空間であり、遺骸を木棺に納めて埋葬した痕跡は乏しい。木棺の存在を示す釘の出土もない。船（舟）で運ばれる直方体は、日常の荷物運搬状況を描いているのではないだろうか。

　何よりも、奥壁に描かれた図像群を殯行事と説明するのは難しい。まず殯の対象となる墓主がいない。もし、墓主が描かれた家に安置されているのであれば、奥壁中央に大きく置かれるべきであろう。奥壁に描かれている主題は弓を引く人物とこれに関連する図文である。描かれているのは、弓射行事とそれにともなう宴会である。他の壁画でも弓を射る人物像の描かれている例は少なくない。横穴式石室は、遺骸を安置した死者の住家である。五郎山古墳に描かれた情景は、死者が安楽で平穏な生活を営むことを祈念して描かれた図像群である。弓射儀礼は当時の生活で重要な行事であり、楽しみであろう。また集団的狩りは、農作物を荒らす害獣を駆除するためにも行われたであろう。古墳後期も後半になり、古墳の政治的な意義よりも、墓としての役割が主になり、安楽な来世を期待した図像であろう。

　小　結　古墳前期に棺を覆った布幕から、それを写し取った装飾石棺が造られる。さらに石障が導入され、布幕を背景に並べ置かれた武器武具が表現される。そして豪族が葬られた横穴式石室では、全体が戦陣の本陣を表現するようになる。この段階までは、古墳の主が保持していた権力と権威が墓所に持ちこまれていた。古墳に葬られた人物の果たした社会的役割に応じた葬儀が執り行われたのである。

　しかし古墳後期後半になると、群集墳の盛行とともに古墳自体の意義も変化する。古墳に葬られる人々は飛躍的に増加した。このことは、古墳の社会的意味にも変化をもたらす。古墳は権力者だけの墓ではなくなり、広い階層の人々が葬られることにより、墓である本来の役割が顕在化した。墓は、亡き人の安住の地であり、来世の平安を願う場所になった。五郎山古墳の玄室奥壁に描かれた弓射儀礼や宴会の状況は、そのような生活を墓主が送れるように祈念した絵画である。

　装飾古墳は、寄りくる魔物から被葬者を守る辟邪や呪術的な意味で図文が施されたのではない。横穴式石室という外来の墓室が受容された時、ここが墓主の安住の場所であるという思想とともに、被葬者の社会的役割を反映した装飾がなされたのである。それは高句麗の壁画古墳や中国の墳墓に描かれた絵画とも共通している。違いは、絵画技法が導入されなかった結果、描かれた図文の表現方法が異なっただけである。横穴式石室の受容は、武器武具、装身具などの受容とともに、倭国の文化が東アジア化する現象（白石 1993b）のひとつである。

　九州の横穴式石室では、遺骸は石障に囲まれた死床や出入り口のある石棺、あるいは石屋形に安置される。石室内が死者に対しての開放された石室である。これに対して、中核地の石棺は密

封されている。死者に対して閉ざされた石室と指摘した。そして和田晴吾は、「横穴式石室は死者が棲む開放された空間であり、他界の擬えものである。」とした（和田2009）。そうであるからこそ、被葬者の生前の威儀を描き、弓射儀礼を描いたのである。九州の装飾古墳は、中核地とは別の論理で造られたのである。在地化した古墳形態のひとつである。

第2節　福島県の装飾横穴

　東北の装飾古墳は、約60基が確認されている。装飾の種類と方法には彩色絵画、彩色、線刻絵画、線刻文字がある。主に福島県の太平洋岸と宮城県に点在し、これ以外では福島県の阿武隈川流域で3例が確認されているにすぎない（図145）。装飾古墳は横穴が中心で、明確な横穴式石室は、鹿が線刻された福島市日向1号墳だけである。またすべて、群集墳のなかに造られている。装飾の施される部分は、奥壁を中心とした玄室で、羨門部や外壁に図文の描かれた例は少ない。福島県の装飾横穴では、赤と白で連続三角文の施されたいわき市中田1号横穴、あるいは人物や獣・渦巻文などが描かれた一群があり、内容も豊かである。まず主要な壁画横穴について、筆者の視点からまとめておこう。

いわき市中田1号横穴（いわき市史編纂委員会1971）　中田1号横穴は、2個の玄室を連結させた複室構造である（図146）。奥側の玄室に、赤色と白色で連続三角文による装飾が施されている。文様は、奥壁と左右の側壁の全面と玄門の上に描かれているが、天井部に装飾は施されていない。床面は全面が赤く彩色され、骨粉も集中して遺存していた。連続三角文の施された玄室が、横穴の中心であることを示している。つまり、壁面に施された連続三角文は、遺体と副葬品を取り巻くように描かれていたのである。

　壁面の文様は、線刻で縁取られた内部を彩色する方法で施されている。玄室壁の全面を三等分するように横方向の水平線で区画され、その内部に連続する三角形を3段に配置して構成されている。赤く彩色された三角形のうち上段は逆位に並べられ、また最上部の分割線からやや間隔を置いている。これに対して中位と下位の三角形

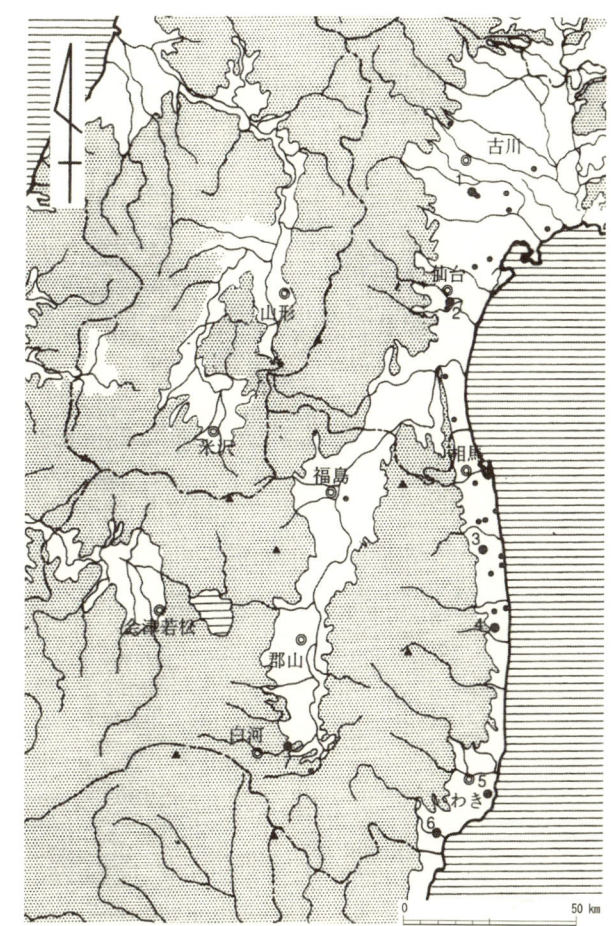

1　山畑横穴群　2　愛宕山C地区1号横穴　3　羽山1号横穴
4　清戸迫横穴群　5　中田1号横穴　6　館山6号横穴　7　泉崎4号横穴
図145　南東北の主要装飾古墳

図146　いわき市中田1号横穴（いわき市史編纂委員会1971改変）

は正位で、区画線の上に配されている。さらに、最下段の三角形は中段の三角形と中心線を合わせて山形に重なるように配置されている。また中段の三角形は頂点が上段の三角形と対応しないように、上段の三角形の逆頂点を結ぶ中心点に配置されている。このような三角形の配置の結果、壁面は三角形の中に上段と中段を水平方向に走る稲妻状の文様が目立つようになっている。とくにこの文様が奥壁に位置する部分では、白色粘土が塗り込められていたことから、それが強調されていた。

　玄門では、天井線の近くに正位の三角形を並べている。この上に平行線を描き、その内部を直線で区切ってジグザグ線を配置している。

　馬目順一の観察によると、中田1号横穴の装飾文は、線刻沈線で文様を割り付け、その上に赤色顔料で縁取りを施す。さらに三角形の内部を1個置きに赤く塗る。最後に三角形の合間は、白色顔料を塗るという順序で文様が施されている。しかし、完成したのは奥壁の中位と上位だけである。とくに左壁や玄門近くは、明らかに未完成のままである。また稲妻状のジグザグに見える部分も、白色顔料が塗られていたのは奥壁だけである。

　泉崎村泉崎4号横穴（矢吹町教育委員会1983）　横穴の発見時には、天井部と東・北・南の三壁に絵画が赤色顔料で描かれていた（図147）。図像の表現方法は、線刻や縁取りなどは行わず、赤一色のベタ塗りである。発見当時は部分的に顔料が厚く盛り上がっていた。しかし劣化が進み現在では不明瞭な部分も多い。

　奥壁の絵画は、4 個の構成要素からなっている。中央の上部には、水平に描かれた直線の上に、手をつなぎ、脚をガニ股に開く 4 人の人物が正面を向いている。身長は 20 ㎝内外であろう。服装の細部は不明であるが、身体の部分では、斜めに下がった腕と、大きく開いた脚がとくに目立っている。頭部は、最左端の人物が三角形に表されている以外は、ほぼ円形である。奥壁の中央部に描かれた絵画は、装飾の主題であろう。

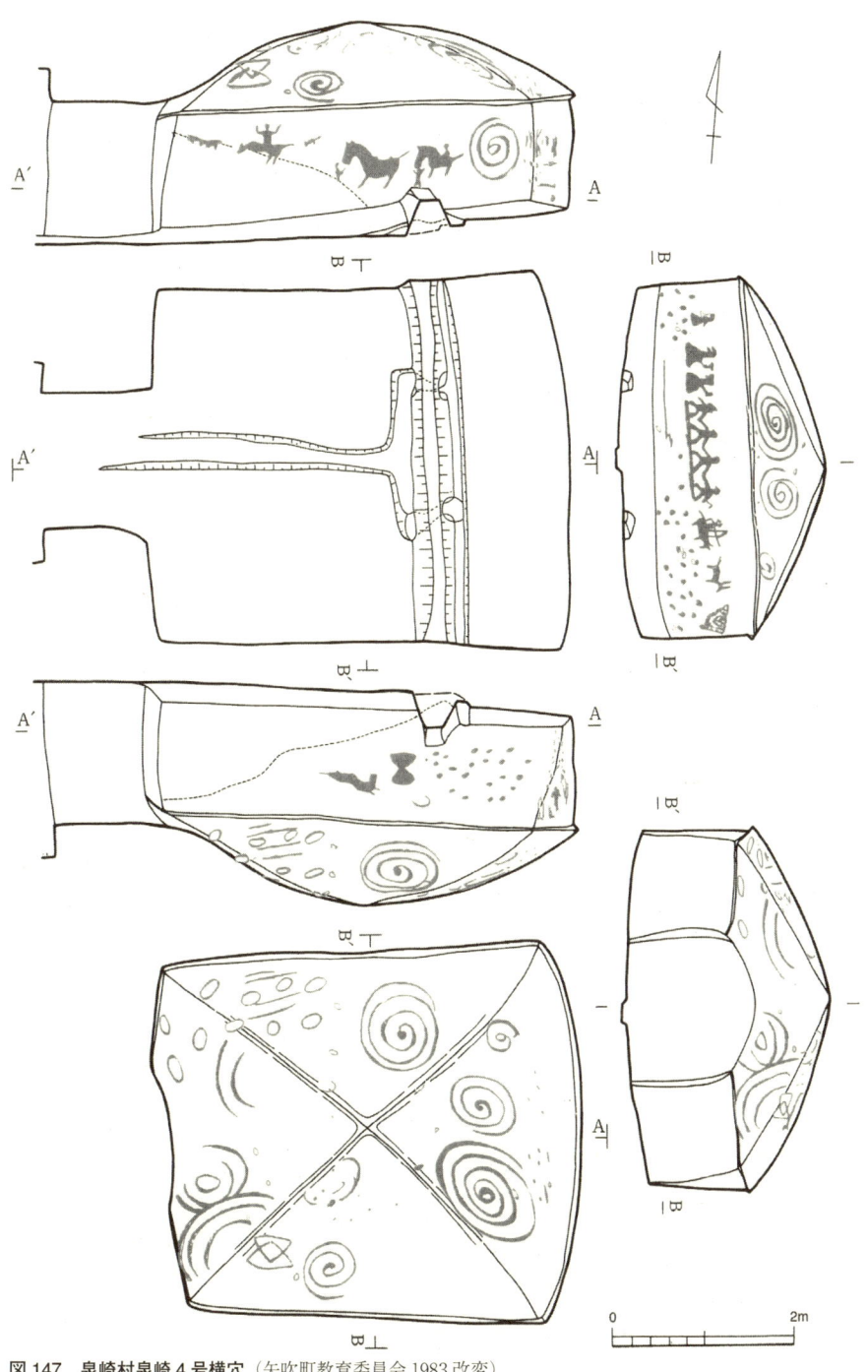

図 147　泉崎村泉崎 4 号横穴（矢吹町教育委員会 1983 改変）

　中央人物群の北側の近くには、2体の人物を側面から描いている。手を前に捧げて、何かを顔の高さまで持ち上げ、中央人物群の方向を向いている。左側の人物像の持ち物は、下方が小さく、上方が開いている。頭部は髪を束ね上げたように大きく膨らみ、下半身は長いスカートのような三角形で表されている。体部は他の部分に比べてやや小さい。身長は20cm内外であろう。この2体の人物像と離れて、さらに1体の人物像がある。上半身が小さく、下半身がスカート様に表されているが、不明確である。

　中央人物群の南側には、矢をつがえて弓を引く騎馬像と、その前方に一頭の獣が配置され、両方とも側面から描かれている。騎馬像では、弓を引く人物が比較的大きく表され、馬は小さい。馬の脚は、前脚後脚とも1本の線で表されている。尾は水平に伸びて、馬の耳と頭部は明確に表されている。前方を走る動物について、岩越二郎文書に残された資料では不明瞭である（矢吹町教育委員会1983）が、小林行雄によると、長く大きな角もしくは耳、長い頭、細い胴、長い前脚と後脚が明瞭に描かれている（小林・藤本1964）。尾は水平に伸びている。動物の前方には大きな三角形が描かれている。騎馬像・動物像・三角形ともに20cm内外である。これらの絵画の下方には、小さな赤点が群集して描かれていた。しかし中央部はその密度が少なく、代わって一条の横線が描かれていた。

　両方の側壁絵画では、入り口側の天井部から屍床の堤にかけては、内部に進入した土のために失われていた。北壁には、渦巻文・4頭の馬・人物が描かれている。渦巻文は最右部に位置し、屍床の上に描かれている。直径は40cm前後で、起点から中心に向かって左回りに巻いている。

　屍床の堤の上には、騎馬像と轡をとる馬丁が描かれている。全長は30cm程度である。馬上の人物は小さく、馬体は大きい。馬の前脚と後脚は1本の線で表され、尾をはね上げているが、轡をしっかり馬丁にとられている。馬丁の像は、右手で轡をとり、左手をまっすぐ上にあげ、両脚はやや開いている。2番目の馬も、前脚と後脚と揃えて尾を跳ね上げているが、馬上に人物はない。馬の各部分では、頭部が大きく描かれ、左右の耳も明確に表されている。馬の背中には前後に小さな突起がみられ、鞍を表したと推定される。馬の前方に馬丁らしき人物が描かれているが明確ではない。この馬は全長40cm前後と推定され、馬像のなかでは最も大きい。2番目と3番目の馬の間には30cm程度の開きがあり、小さな動物と半円が描いてある。小動物は入り口を向き、長い尾と脚がみられる。半円は下方が消失し、不明確となっている。

　3番目と4番目の馬は下半部を失っている。3番目の馬は、頭をやや下げて尾を水平に伸ばし、後脚2本が認められる。また馬上には、左右に大きく腕を伸ばし、手を広げた人物像が描かれていた。全長30cm程度である。4番目の馬は、左右の耳と背中だけが遺っていた。全長20cm程度である。

　南壁も北壁と同じく西半部を失っていた。発見時に確認された絵画は、点群と馬、それに不明確な器材である。点群は屍床と堤の上部に描かれていた。馬は頭部から胴部にかけてが、遺っているにすぎない。頭部と到部が大きく描かれ、左右の耳も明瞭に表されている。器材は馬と点群の間に位置するが、何を表しているか不明である。中央がくびれて、鼓をたてたような図である。

　天井部には渦巻文を中心とした図文が描かれているが、馬や人物像はみられない。奥壁側の天

井には、3個の渦巻文と点文が描かれている。すべての渦巻文は、起点から中心に向かって左回りに巻いている。北側が大きく、南側になると小さくなる。巻き数は、北側から四重、三重、二重となり、大きさも長径60cm、30cm、20cmとなっている。点文は、渦巻文と庇の間に描かれている。

　北壁の天井には、渦巻文と組み合わせ三角文が描かれている。この部分の図像は、西側に偏って位置していた。組み合わせ三角文は、天井の区画線に接して描かれ、線で表した正位と逆位の三角形が組み合わされていた。この三角形は互いの頂点が、底辺には到らずに終わっている。大きさは30cm前後である。その東には、三重の渦巻文がある。直径は30cm強である。天井の中心近くにも、不明確な渦巻状の図文がある。

　南壁の天井には、1個の渦巻文と7個の円文が描かれている。渦巻文は屍床の堤の上に位置し、三重に巻いている。直径は40cm前後である。その西側には10個のリング状の円文が配されていた。円文は直径15〜20cm程度の線で表されている。

　西壁の天井には、3個の円文と3個の渦巻文が描かれている。円文は南壁近くに片寄って、直径15〜20cm程度の線で表されている。その東側には二条の弧が描かれ、渦巻文の断片と推定される。中心寄りにも2個の渦巻文が描かれているが、未完成である。天井の区画線で途切れたものは、三重の半円が描かれ、直径は60cm程度であろう。それに接して、直径は40cm程度の渦巻文がある。

南相馬市羽山1号横穴（原町市教育委員会 1973）
　横穴は玄室と玄門・前庭部で構成され、玄室は奥行き約3m、幅2.8m、高さ1.8m以上で、この地では大型である（図148）。形態は家形で、壁は垂直に整えられ、天井部とは明確に区分されている。天井はドーム状であるが4分割線で区分され、屋根を明確に意識している。この横穴は天井と壁の境が特異で、天井部が壁より一段内側に迫り出している特徴がある。また奥壁と側壁に沿って低い台床が「コ」字形に造られている。玄室の特徴や出土遺物から、7世紀中頃でも古く位置づけられる横穴であろう。

　装飾は玄室の奥壁と左右の側壁、天井部に施され、奥壁には具象的な絵画が描かれていた。使用された顔料は、赤色を主体にして白色を補助的に用いて描かれている。装飾は、具象的な絵画と点文・家の梁軒線からなる。家の梁軒線は、各壁と天井の分割線に沿って彩色が施されている。彩色線は、天井の分割線が赤で施されている。これに対して軒まわりでは白い線を上にし、その下に接して赤い線が引かれている。

　点文は左右の側壁と天井部に描かれている。配置は側壁と天井部では異なり、側壁では直径3cmの点を横二列の帯状に並べられ、左壁では上下13個、右壁では上側で10個と下側に12個が確認されている。また左壁では、上下の点が対応するのに対して、右壁では対応はしてない。天井の点文は直径3〜5cm程度で、赤を主体にして、その間に白を配している。赤い点は約10cm前後で、これを直線で結ぶと区画が方形になる部分もある。

　奥壁の絵画は、構図が左右に大きく分れている。つまり、奥壁の中央に描かれた赤い縦長の長方形を境にして、右半部は渦巻文、左半部では動物群と人物群が配置されている。また中央には白鹿が描かれ、体部には斑点が赤色で描かれている。

　渦巻文は、2個が太い水平線の上に並置され、中心に向かって左回りに収束して6重に描かれている。右側の渦巻文では中央を起点に十字に、左側ではX字に分割する区画線が描かれて

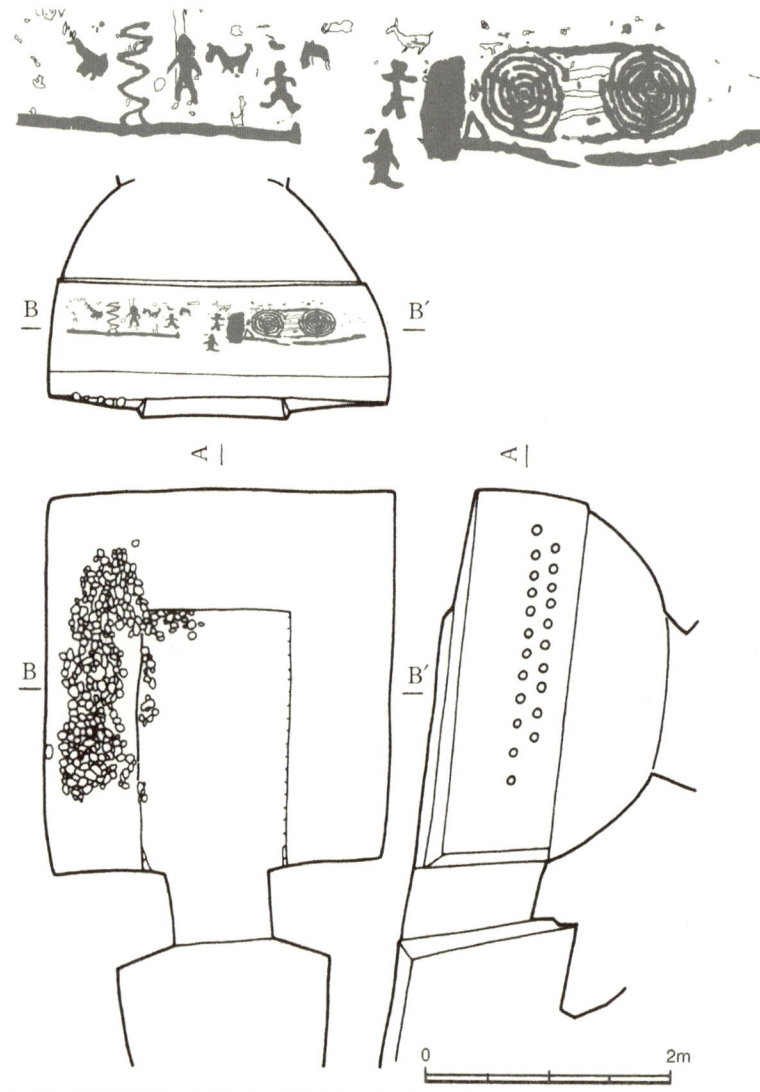

図 148　南相馬市羽山 1 号横穴（原町市教育委員会 1973）

いる。さらに渦巻を連結するように 4 本の直線が平行して描かれている。分割線の回転と太い水平線を地表面と見て、右半部全体は回転する車輪や花輪と見る意見もある。このほか、赤と白の点文が渦巻文の周囲に配されている。

　左半部の絵画は、太い水平線の上に描かれた人物・動物群と中央部に上下に配置された白鹿と人物に大きく分けることができる。さらに前者では縦方向のジグザグ線を境に細分される。

　後者は上から下にみると、白鹿・刀を佩く人物・三角頭の人物という配置である。白鹿は最も具体

的で、白を主体に赤で耳や体部の斑点を表すという点で特異な描き方である。頭を左側に向けて側面から見た姿勢である。細長い頭と斜めにのびた耳、あるいは角、長い首、丸く太ったような体部、小さく斜めに上がった尾、前脚と後脚を揃えた様子が適確に描写されている。白鹿以外の人物像や動物像の多くが、その輪郭さえ不明瞭であるのに対して際立った特徴である。白鹿を描いた人物と他の動物像や人物像を描いた描き手が異なるか、あるいは鹿の持つ重要性であろうか。

　白鹿の下の人物は、腕を大きく水平に振り上げ、脚を斜めに開いている。水平に佩いた刀が右側に片寄っていること、体部がやや左上がりに描かれている点から、左側に向かって歩くようにみえる。最下の三角頭の人物像は、右側の腕を斜めに下げ・左側の腕はやや斜めに下げている。体部は真っ直ぐに立ち、左足は不明確であるが、右脚は水平近くまで大きく開いている。

　ジグザグ線左側の動物について、報告者は左向きの馬で、体部は不明であるが、頭部から首部

を描いているとしている。ジグザグ線右側の絵画でも、動物像は不明確なものが多い。報告者のいう枝角のある鹿は、どの部分を指すのかわからない。耳の見える馬も、頭部の特徴からその可能性が高いが、不明瞭である。左向きの馬と報告された絵画は、大きな頭部と尾に比べて体部が小さく、とくに脚は極端に短い。頭部に耳が表され、尾は大きく上に振り上げて先端が頭の方に曲がっている点からすると、馬以外の動物、犬なども考慮すべきであろう。

　動物像に対して、人物像は比較的明瞭である。ジグザグ線の右に位置する人物像は三角頭で、自然体で立っている姿勢である。膝を伸ばしてやや開く脚部、斜めに下げた両腕が明確に描かれている。また水平線の右端に描かれた丸頭の人物像は、動的な人物像である。両腕を水平に伸ばして手を下に向け、脚は大きく開いている。脚は左脚を短く、右脚を長く描いている。後述する清戸迫76号横穴の左側の大きな人物像と共通点の多いポーズである。さらに水平線の上部には、白色顔料の点文がまばらに配されている。

　羽山1号横穴には、天井部や側壁の点文群・屋根と軒線・奥壁の人物と動物・渦巻文という装飾が施されている点で、南東北の装飾横穴の色彩装飾要素をすべて集めた特徴がある。玄室の形態と屋根と軒線は、玄室が死者の家であることを明確に示している。天井の点文は適当な間隔を置いて、一様に規則的に分布している。側壁の帯状点文は、位置と形態から中田1号横穴の連続三角文との共通点が考えられよう。奥壁の絵画では、渦巻文は大きさと位置から中心となる図像である。また白鹿も描かれた位置と表現方法・表現の確かさという点で、高い位置を占めている。

双葉町清戸迫76号横穴（双葉町教育委員会1985）　前庭部を失い、玄門と玄室が遺存するにすぎない。玄室は奥行き3.15m、幅2.84m、高さ1.56mとやや大型である。玄室の断面形は蒲鉾形で、壁と天井の境界は不明瞭である。遺物は不明であるが、横穴の規模と形態から7世紀の中頃に造られたと推定される。絵画は奥壁にベンガラを顔料にして描かれている。

　絵画は、渦巻文と人物像・騎馬像・鹿・犬・弓を射る人物などで構成されている（図149）。絵画のうち最も目立つのは渦巻文である。奥壁上部の中央には、直径70cm前後で、内側に向かって左回りに8重に収束する渦巻文がある。位置と大きさから1個の独立した主題を表しており、しかも絵画の中心になる図である。その下には犬と大小2頭の鹿、それを射止めようとする人物が配置されている。まとまりのある狩猟図である。しかし、大きな鹿の上に描かれた小動物は鹿と反対に右側を向いていることから、むしろその右側に位置する人物像との関連を考えたい。奥壁右側の人物像は、右に位置する騎馬像と下端を揃えて描かれていること、さらに相対する向きから一連の場面と考えたほうが自然である。そうすると狩猟図の左側に描かれた大きな人物像と動物が組み合うのであろう。このように考えると、清戸迫76号横穴の絵画は、3個の場面と渦巻文を組み合わせて構成されたことになる。

　各場面のうち、狩猟図の動物や人物は相対的にほかの図と比べて小さく表現されている。右側の鹿は、大きい角と小さく振り上げた尾が特徴的であり、体躯も大きい。前足は揃えて直線的に、後ろ足はやや曲げて描かれていることから、突然、踏ん張るようにして停止した瞬間であろう。その前にやや小さく同様な動物が描かれている。やはり尾を振り上げて描かれ、鼻部を前に突き出しているのか、角は背に接するようになっている。

　この2頭に相対するように、前足をやや上げて上体を起し、尾を元から上げ、先端を下げた犬

図 149　双葉町清戸廹 76 号横穴奥壁壁画（双葉町教育委員会 1985）

が描かれている。鹿を追い詰めた状況であろう。その左側から、小さな鹿に向かって、まさに矢が放たれた瞬間が描かれている。矢の先端は平根の鏃で、大きく強調されている。弓を持つ人物は大きく脚を開いていて体を立て、弓を持つ腕は真直ぐに、矢を放った腕をやや下げている。適確な描写である。この人物の頭は頂部が二つに割れたように表現されている。

　右側の大きな人物像は、これが正面を向いているとすると、右手を腰に当て、左腕を水平よりやや斜め上に挙げて手を広げ、両足をやや開いた立ち姿で表されている。服装は不明瞭であるが、頭部と脚部が特徴的である。頭部の頂部は、Ｔ字形に表され眉庇付甲の受鉢のように見える。すると顔から斜め下に伸びた線は、下げ髪よりは甲の錣であろうか。脚部は乗馬ズボンをはいたように表されている。ズボンは膝の上と足首で細くなる。脚結いであろうか。靴は、左足の踵が平らで先端が小さく上に突き出して細く尖るように表されている。これに対して、右脚は小さな塊のように描かれ、靴の先端は尖っていない。足の位置や全体のポーズから推定して、右側の騎馬像の方を向いて描かれているのであろう。とすると騎乗の人物像に向かって呼びかけるようなポーズである。この人物は、描かれた絵画のなかで最も大きく、全長 70cm 前後である。

　この人物像の左側の足元には、獣と見える動物が描かれている。脚は 6 本あるが、これは顔料が垂れ下がった結果であろう。頭部を人物像の方に向け、尾をやや斜めに上げている。頭部には小さな耳と見える表現もあり、頭部と体躯・脚の状況や大きさから犬のような動物であろう。

　騎馬像は、中央部を向いて大きな人物と対応するように描かれている。人物像と比べると小さく、長さ 50cm 程度である。馬の脚は直線で表され、前脚は揃えて踏ん張るように斜めに描かれている。また後ろ脚は前脚と対応して、体を支えるようにやや斜めに揃えている。首とたてがみは大きく湾曲して描かれ、馬頭は下を向いて長方形で表されている。両耳は、真っ直ぐに伸びてＶ字状に描かれている。尾は元が水平に伸び、先はやや垂れている。馬の全体的な様子は、前方に対して力をためている状況であろう。人物像は上体をやや反らして騎乗し、馬に比べると小さく描かれた上半身像である。両腕は水平方向にのばして、やや斜め上に短く表されている。また

頭部は楕円形で、水平に下げ髪あるいは甲の錣が描かれている。

　左側の人物像は全長50cm前後で、両脚を大きく開いて踏ん張り足の先は外側を向いている。さらに、両腕を下に湾曲して下げ、手は強く外側に折り曲げている。また上体をやや左側に傾けている。かなり特異なポーズであるが、弓を射る人物像や腰に手をやる人物像の適確な描写を考えると、具体的な何らかのポーズを表現しているのであろう。この場合、腕が直線的でないのは捩じっているためであり、そうすると手を強く曲げることにより、このようなポーズに近くなる。さらにこの人物像が正面を向いているとすると、左腕は肩を怒らすように上げ、右腕は長く伸ばしている。この姿勢では上体が自然に少し右側に傾くようになる。頭の頂部は平たく、その周囲が突き出して表現され、下げ髪のようなものが左右に描かれている。これは左側の先端が強く上を向いていることから、錣ではないであろう。体部は細く描かれ、具体的な衣服などは不明である。ズボンは右側の人物像とほぼ同様で乗馬ズボンのように上脚部が膨らみ、下脚部は細く表されている。足も同様で先の尖った靴であろう。人物像に描かれた姿勢は特異であり、それを実際に行ってみると、動的な動きの一瞬を表現しているように理解できる。踊る姿を表現しているのであろうか。

　この人物像の左後ろに当たる位置に、小さな獣と推定される動物が描かれている。脚と体部以外は不明確なために具体的な様子は不明であるが、位置と大きさから、右側と同様に犬の可能性もあろう。

　清戸迫76号横穴の絵画は、大きな渦巻文を中心に3個の場面が合成された構図と考えたい。つまり、狩りの状況・踊る人物と犬・呼び掛ける人物と犬、さらに騎馬像である。左右の人物像の背後にある動物を犬と解釈すれば、この絵図も狩りの一場面を表しているかもしれないが、描かれた人物像の大きさからすると場面の主題は左右の人物像であろう。

第3節　東国の布幕壁画

中田1号横穴と連続三角文　福島県のなかで最も古い装飾古墳は中田1号横穴で、連続三角文が玄室を取り囲むように奥壁や側壁に施されている。中田1号横穴の報告で馬目順一は、在地の埴輪などに施された連続三角文との関連を考え、九州の連続三角文とは別の系譜も想定しなければならないと指摘しているが、連続三角文が呪術的とする点では同じであると理解している（いわき市史編篡委員会1971）。

　第1節で検討したように、連続三角文を布幕として復元的にみてみよう。この文様は玄室の天井ではなく壁に施されている。壁の連続三角文は、四本の水平線で区画されていることから、幔幕ではなく3段横引きの外幕である。また最上部の水平線は連続三角文よりやや離れて、しかも太く明確に描かれていることから、手縄とも見える。さらに、後室の入り口天井部に描かれたジグザグ三角線は、幕門の上端であろうか。幕の模様は見た通りである。

　つぎに、連続三角文にともなう武器と武具類の在り方が問題になる。中田1号横穴には、武器武具類が描かれていないからである。代わりに壁面には、最上部の横線に沿うように、あるいは点在するように盲孔が穿たれている。大きさは直径、深さとも3cm程度で、合計31個が確認されている。

　これについて報告書では、最上部の横線に沿う盲孔は、白細布を張って天井部に装飾を施した盲孔と推定し、連続三角文の上から穿たれた盲孔は、他の用途が考えられるとしている。しかし布を張る目的で盲孔を設けたのであれば、最上部に20個前後も並べる必要はないし、設けられた高さも一定していない。しかも側壁に片寄って造ることはない。

　横穴や横穴式石室の内部に設けられた穴については、中田1号横穴の考察以外にも菅谷文則の考察があり（菅谷1971）、寿命王塚古墳の報告書でも注目はされている。菅谷は、布帛の垂帳を吊す用途を考えている。中田1号横穴の報告によれば、高崎市綿貫観音山古墳の横穴式石室で検出された盲孔に、布錆が付着する鉄製鉤手が差し込まれていたことから、天蓋等を張りめぐらすことを目的に盲孔が設けられたと推定されている。また何かを吊す用途も推定されている。同様な盲孔には、鉄釘を刺した例もある。いわき市館山2号横穴では奥壁の上両隅に、鹿島町大窪横穴では左壁の上両隅に鉄釘が打ち込まれていた。しかも大窪横穴では、その真下に当たる床面から、鉄地金銅張雲珠が出土している。この場合は、盲孔が、器物を吊り下げる鉤を固定する穴であった可能性を示している。

　中田1号横穴の盲孔が天蓋等を張る目的であれば、主体部の形状に合わせて壁の四隅に吊手を作れば足りる。また垂帳を吊すのであれば、最少2個、三壁で4個あればよい。しかし垂帳では報告書でも述べているように、壁画の連続三角文が隠れてしまうことになる。したがって中田1号横穴の盲孔は、天蓋や垂帳を張るのではなく別の用途、大窪横穴のように、器物を吊す鉤を差し込む穴や固定することなどの目的が考えられよう。この時、盾や靫・大刀等の武器と幡などの武具類を並べれば、寿命王塚古墳の装飾壁画と同様な構図になる。

　中田1号横穴では、連続三角文が施された後室から人骨の散布が確認されているから、この部分に遺体が埋葬されたことを示している。遺体を指揮者とみて、連続三角文と周囲に立て並べられた武器武具を配置すれば、その情景は本陣に近い状況である。ただ中田1号横穴からは、多量の副葬品が出土しているが、撹乱を受けて埋葬当時の状況は不明である。また茨城県かんぶり穴11号横穴奥壁などでは、連続三角文を地文にして、武器や武具の描かれた壁画が確認されている。この図文のなかに武人を置いて見れば、それは本陣の情景になる。

茨城県虎塚古墳　全長55.6mの前方後円墳である（勝田市史編さん委員会1978）。埴輪は配置されない、埋葬施設は後円部にあり、前庭部と羨道・玄門・玄室で構成されている（図150）。羨道は凝灰岩の乱関積み、玄門は切石の石柱支柱にして、楣石を渡した造りである。外側には、閉塞の板石を嵌め込む額縁状の造作がある。玄室は切石で造られている。床面は、比較的小さな石材を組み合わせて構成されている。奥壁と東側壁は一枚石、西側壁は2枚の石材、天井は3個の石材で構成され、最奥部は比較的小さな石材である。7世紀前半の古墳である。

　複数の埋葬が執り行われたらしいが、片づけが施され、最終埋葬は、床面に1体の遺骸が安置された状況であった。遺骸左腹部から小刀、右腹部からは刀子と毛抜き形鉄器が出土している。埋葬後、人為的な撹乱は受けていない。

　虎塚古墳の帯状三角文は、壁の上端に幅広の横帯を描き、その下にジグザグ線で三角形を連ね、さらに横線を描く特徴がある。これは幕の上端に縁取られた装飾と、吊手を表現している。とくに玄室奥壁の上端部はジグザグ線を二重に施されている。また奥壁下端にも横線とジグザグ三角線が描かれている。地表面である。玄室の正面であり、厳重に固定され、布幕を弛みなく張

られた状況である。

　下端横線の上には、武器武具類が描かれている。右から大刀3本を斜めに、この上に靫2個右端に鞆を2個、そして中央部から左端には先の尖った15本の棒が縦に並べられている。槍あるいは鉾の類いである。正面中央から左寄りには、大きな環円文が2個ある。さらに三角形を上下に配置した図文がある。

　環円文は位置と大きさから、九州の本陣を描いた図文からすれば、幡指物類である。三角形を合わせた図について、報告書で大塚初重は、「この上下連接三角文を全体の中心とした意識で、描いたもの」と指摘した（勝田市史編さん委員会1978）。そうであれば、奥壁画文の主題がこの図文となる。この上下連接三角文も具体的な器物を描いているとすれば、そこに墓主が座る器物として、折り畳み式の床几を正面から描いた図に見える。だからこそ主題として描かれたのである。

　玄室の東壁の壁画は、奥部上端にジグザグ線下の横線から吊り下げた小さな円文と横方向の双頭渦巻き線がある。布幕に物を吊り下げる用具であろう。この近く側壁の奥部では、1本の横線の上に2個の靫と3個の盾が描かれている。横線は地上面である。最奥側の盾では横線の下に「U」字形の図文がある。

　さらに玄門部側には7個も図文が配置されて井桁形図文、有刺棒形図文、頸玉形図文、翳形図文、鐙形図文、凹字形図文である。このうち鐙形図文は、吊手金具まで描かれていることから2個の鐙である。凹字形図文も上部に結び目が描かれているので、鐙との関連からすれば障泥を横から見た図となる。その上に描かれた井桁形図文も広げた鞍褥を描いたのであろう。頸玉形図文は、これを頸飾りとすれば、玉が紐緒に連結した図になるが、円文は、紐緒から飛び出しているように描かれている。胸繁のようにも見える。これらはすべて馬具である。有刺棒形図文と翳形図文は、どのような器物を描いているか不明であるが、ほかの図文との関連から何かの馬具であろうか。翳形図文と面甲、有刺棒形図文は鞭のようなものであろうか。ただ鞍と鐙・鏡板は、あっても良いはずであるが、描かれていない。

　玄室西壁には連続する円文が帯状に

玄室東壁

虎塚古墳壁画　　　　　　　玄室西壁

かんぶり穴11号奥壁

玄室奥壁

図150　茨城県虎塚古墳とかんぶり穴11号壁画
（勝田市史編さん委員会1978、茨城県史編さん委員会1974）

配置されている。これは幕の文様であろう。その下に描かれた弧線文については、報告書では形式化した舟とする見方が示されている。西壁を幕とすれば、物見孔の可能性が高い。物見孔は、横に縫い合わせた布の一部を縫い残して作られることから、弧状あるいは半円形になるのが通例である。また玄門近くには、鐙と、障泥がそれぞれ2個、描かれている。馬具の一部が描かれた状況である。

　以上のように、虎塚古墳の装飾壁画を読み解けば、奥壁は布幕を背景に墓主を象徴する椅子を置き、幡指物を配置して、この前に靫と槍・鉾大刀を並べた状況となる。そして、東壁には吊手金具、西壁には円文の装飾文様がある布幕が用いられている。また東壁にも靫と盾が布幕を背景に配置された。両側壁玄門側に描かれた馬具類は、副葬品の代用であろうか。この古墳の被葬者は、古墳の規模からすれば、副葬品は少ない。描かれた壁画は、墓主の生前の社会的地位を反映して威儀を示したのである。

　その他の布幕壁画　中田1号横穴や虎塚古墳の連続三角文やジグザグ壁画が布幕を表しているとすると、同様な特徴で玄室に配置された点文や円文も、布幕を表現した可能性がある。羽山1号横穴や浪岩12号横穴、仙台市愛宕山C地区1号横穴の上部文様である。愛宕山C地区1号横穴では、奥壁の天井部近くに平行水平線が配置され、その内部に2段の連接する円環文が描かれている。浪岩12号横穴では、側壁の屍床近くに点状の円文が施されている。この例では、左壁の円文は群在しているように見え、規則性は不明確である。これに対して右壁では、3段の円文が水平に並べて配置されている。羽山1号横穴では、玄室左右の側壁に上下二列に平行する円文列が描かれている。

　布幕の描くもの　連続三角文と武器武具の描かれた寿命王塚の壁画を総合的にみて、戦陣の状況を表現していると理解すれば、この壁画は被葬者の軍事力を象徴すると考えられる。また中田1号横穴の連続三角文が本陣の布幕を表し、その幕を背景として各種の武器武具類が配置されていたのであれば、それは軍事力の持つ社会的意義が死後の世界にまで持ち込まれたことになる。描かれた壁画に生前の被葬者の姿、あるいは属する集団の性格が反映されているならば、葬られた人物は生前に戦陣の中心にあり、軍事力を死後の世界でも継続して維持したことを示している。中田1号横穴では武器や武具は描かれてはいなかったが、陣幕は「幕府」という言葉があるように軍事力を象徴する武具である。連続三角文の描かれた壁画は、それを示しているのであろう。

　現在の葬儀でも将軍や英雄の葬儀では、その人物が生前に指揮した軍隊を再現して執り行なわれることがある。過去においても、たとえば古代ローマの独裁官スラの葬儀では、スラが生前に指揮をした軍隊を再現して葬儀が行われた。また秦の始皇帝陵の周辺に、その軍隊を再現した兵馬俑が整然と埋められていた。これは、被葬者の生前の力と業績の根源を象徴する葬儀であり、施設である。連続三角文の描かれた装飾古墳も、同様な意義が考えられる。

　戦陣を描く装飾古墳の図文と絵画の構成要素は、埴輪祭祀の一部として確認できる。中田1号横穴の連続三角文あるいは描かれた武器と武具類は、古墳に樹立された盾・靫・鞆・刀・鎧・甲・武装騎馬像など埴輪群と共通する要素である。双脚輪状文も、これが幡類であれば埴輪に表現されている。また群馬県塚廻り4号墳では、幡などを支え持った手付きの人物埴輪が確認されているし、囲形埴輪は布幕の可能性もある。武器と武具類の埴輪を、本来の用途と機能に合わ

せて統一的に配置すれば、それは戦陣を構成することになる。

第4節　狩猟系絵画の表現するもの

　福島県の彩色横穴には、渦巻文と馬・狩猟図など共通する構成要素で描かれた横穴がある。またこれらは、倭国東部の代表的な装飾横穴でもある。この種の絵画を以下では、狩猟系絵画と呼ぶことにする。造られた順序は、泉崎4号横穴から羽山1号横穴、そして清戸迫76号横穴であろう。館山6号横穴は、不明としたい。築造年代は、7世紀初頭からでも中頃に近い時期であろう。

　描かれた図文のうち、人物像について多くの研究者は被葬者と解釈している。たとえば、清戸迫76号横穴を日下八光は一代記と解釈（日下1978）し、羽山1号横穴では被葬者が白鹿に遭遇した記念などの説を竹島国基が提示している（原町市教育委員会1973）。前説は、描かれた人物像に大小があることから、これを成長過程と理解している。後説では白鹿を聖獣と考えて、被葬者との関係を推定している。両方とも共通するのは、描かれた絵画の主題は被葬者であるという前提である。しかし対象となる人物像は、絵画の主題が描かれる奥壁の中央部には描かれていない。

　古墳は、各種の集団を単位として造られ、現代のように一個人の墓ではない。群集墳では、男女や年代の異なる人々の複葬を基本にしていることから、その単位は家族に類する系類であり、これを単位に群集墳を構成する集団が成り立っていた。このように考えると、狩猟系絵画の人物像を被葬者と限定することはできない。絵画は、被葬者を含めた横穴の造営単位のために描かれたのであろう。

　さらに共通する内容の狩猟系絵画が福島県内に点在して確認されていることは、絵画の主題が被葬者の個人的経験や経歴を描いたのではないこと意味している。共通する絵画が偶然に描かれたとするよりは、当時の社会のなかで意味の明確な主題が描かれたと考えるのが自然であろう。描かれた画題に、何かの思想的・社会的意義が存在していたと推定される。古墳時代のなかで、被葬者個人やその業績を明確に表した古墳は、終末期以外には確認されていない。しかも墓誌がともなう終末期古墳は、むしろ古墓に近い性格の墳墓で、被葬者は渡来人系や初期官僚層に当たる比較的限定された人々である。

　泉崎4号横穴の絵画　狩猟系絵画では、絵画の構図や図文に共通点と相違点があることから、時間経過によって内容も変化したと予想される。この場合、最も古い泉崎4号横穴が絵画の原型を伝えていると考えられ、絵画の内容も豊かである。そこで、泉崎4号横穴の絵画を中心に内容を検討したい。

　この絵画は、4つの構成要素に分かれている。主題は、奥壁の中心に描かれた手をつなぎ、脚を開いて踏ん張って踊る4人である。これを勢子とする説は、狩猟の中心が獲物を捕獲や射殺する場面とすれば、その補助であることから奥壁の中心に描かれる図文にはふさわしくない。また祖霊とする解釈（大林1979）も、構図が似ているだけでは、時間と場所の隔絶を考えれば無理があろう。さらに4人の人物像の左側には、2人ないし3人の女性像が描かれている。捧げ物をもって、中央の人物群の方を向いている。捧げ物が食物であるならば、この2人が踊る4人と一緒になって、宴会や舞踏をともなう飲食儀礼を描いている可能性が考えられる。

　清戸廸76号横穴の左側の人物像は、それが適確に描かれていれば、かなり特異なポーズであり、踊る仕種であろう。また羽山1号横穴の人物群も大きく脚を開いて腕を水平に伸ばした人物や歩くような人、あるいは脚を振り上げるような人物が配置されていることから、踊る人物群とも理解できる。

　古墳時代の踊る人物像や土器などを捧げ持つ人物像は、埴輪像に残されている。埴輪は墳丘に立て並べられ横穴の玄室に描かれた図文とは異なるが、古墳での葬送儀礼の一部を構成することや作られた時期が近接していることからすれば、狩猟系絵画との関連が推測されよう。

　図151には、踊る人物埴輪を示した。1は胸に手を当てて片方の手を上げている。この時、上に上げた手は曲がるように表現されている。2は腕を曲げて踊る姿勢である。3は直立した姿勢であるが、4のような踊りのために用いられる衣服を着ている姿であろう。長い袖を振り回し、あるいは旋回させて踊れば、高句麗の舞踏塚の壁画に描かれたような状況になろう。また、そのほか土器類を捧げ持つような姿勢の埴輪人物像は、広く確認されている。

　これらに加えて、泉崎4号横穴奥壁の右側に描かれた鹿を追って馬上から矢を射ようとする狩りの図も、絵画のなかで占める位置は重要である。馬上から獲物を追うことができるのは、巻狩りなどで獲物が追い出された場合であろう。日本の気候・風土では、このような狩りを単独で行うことは不可能である。食料や毛皮などを目的として獲物を捕らえる猟師的な狩りとは、明らかに異なっている。集団的な狩りでは、獲物を狩る行為とともに儀礼と宴会が重要な要素となる。それを表現しているのが舞踏図である。

　点文は、泉崎4号横穴では奥壁の左右に描かれ、主題の空間を埋めるように描かれている。丁度、屏風絵の雲のような配置である。連続三角文で検討したように、円文の一部には明らかに布幕を表現している場合がある。羽山1号横穴の側壁に描かれた2列に平行する点文もその一例である。また同横穴の渦巻文と他の図文を区分する四角い図は、盾とも推定されているが、布幕の可能性を考える必要がある。布幕は狩猟の場でも、それが集団的な狩りであれば、中心部に必要な施設である。このように考えれば、泉崎4号横穴の点文群が幕を表現している可能性もあろう。

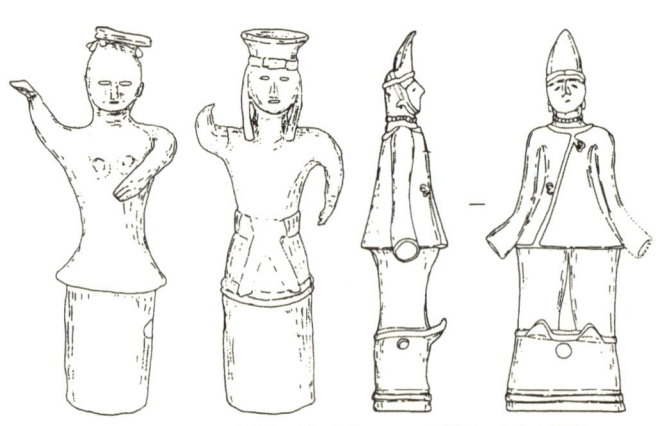

1　埼玉県　寺浦1号墳　　2　福島県　原山1号墳　　3　千葉県　山倉1号墳

4　中国輯安県　舞踏塚

図151　舞踏埴輪と高句麗舞踏塚壁画（池内・梅原1988、辰巳1992ほか）

　側壁に馬や人物などの図像が描かれた例は、南東北では泉崎4号横穴だけである。北壁の主題は、渦巻文と馬である。北壁の馬は2頭が一組になると推定され、奥壁から2番目と3番目にはやや広い空間がある。馬のほかに馬丁や騎馬人物も描かれているが、小さく影も薄いことから主題は馬である。この絵画は、入り口側が消失しているために全体的な構成は不明であるが、奥壁側から入り口に向かってみると、騎馬像と轡をとる馬丁、鞍をつけられ轡を馬丁に取られているか、あるいは繋がれている馬、走りながら背上に両手を大きく広げた人物を乗せる馬、はだか馬（？）という絵画である。

　両手を大きく広げた騎乗の人物や裸馬は、戦争に関連する情景を描いたとするには、緊張感に乏しい。戦場でも遊びはあったであろうが、他の図文と合わせて理解するには無理がある。また対応する別の構図はみられない。騎馬群像というのではなく、馬場に馬を集めたような情景である。馬遊びであろうか。羽山1号横穴で馬や馬群とされている図は明確ではないが、それが馬であれば、このような情景とも理解できよう。

　清戸廻76号横穴の騎馬像も、少なくとも疾走する状態を描いてはいない。犬を従えて腕を大きく上げた人物が、騎馬像に呼びかけているのであれば、狩りに行く前後の情景や馬遊びの場面を描いている可能性もある。同様な姿勢の人物画は、大阪府高井田横穴群や福岡県五郎山古墳の絵画にもみられる。埴輪では、群馬県塚廻り4号墳で出土している。右手を腰に当て、左腕を斜め上方向に伸ばして手先をそろえて伸ばす姿勢の埴輪である。この場合、付近に一頭の飾り馬の埴輪が出土しているが、手先が伸びていること、出土数が2体であることから、馬丁の埴輪ではない。なにか明確な意味のある姿勢であろう。

　あるいは左腕が伸びているのであれば、鷹狩りで鷹を放った姿勢を表現している可能性もあろう。埴輪では、鷹は左腕に止まっている。この状態から鷹を放てば、左手をのばした姿勢になろう。ただし、飛翔する鷹は描かれていない。同様な姿勢に踊る人物像があるが、のばした左腕が指先まで真っ直ぐに表現され、背筋も直立した立ち姿となっている点が異なっている。また埴輪像のなかには、褌を締めたような人物像が同様の姿勢をとっている例がある。近くの泉崎村原山1号古墳である。力士像と理解されている。

　南壁では屍床近くの点群が、北壁の渦巻文と対置される位置にある。器材は臼・餌料容器・壺とされているが、絵画の遺存状況からは判断が難しい。器物が描かれていることは確かであろう。中央部の奥壁に向かう馬に馬丁はみられず、背上に人物を乗せていない。はだか馬の可能性が高い。

　以上のように、狩猟系絵画の図文をみれば、集団的な狩りとその祭祀儀礼が描かれていることになる。しかも、騎馬による狩りは支配者層の狩りであり、農民や狩猟民の狩りではない。古代の薬狩では獲物は鹿であり、その袋角を取ることが目的であった。また中世の武家の集団的な狩猟儀礼でも、主要な獲物は伝統的に鹿である。横穴に描かれた鹿の狩猟は、個人的な狩りではなく集団的な狩猟儀礼を描いたと推定される。

　渦巻文の検討　もう一つの主題である渦巻文について考えてみよう。ここでは、描かれた位置と図文の変化から整理する。図文の位置と大きさは、絵画のなかで中心となる題目や関心の軽重関係を示していると考えられる。つまり、重要な意味をもつ内容であれば、絵画のなかで中心となる部分に、大きく描くことによってこれを強調することができる。反対に意味の小さい図文の

場合には逆になる。

　最も古い泉崎4号横穴の渦巻文は、主題の描かれている奥壁ではなく、天井部や側壁に描かれている。これは単純な渦巻文である。絵画の主題は狩猟とそれにともなう図であり、渦巻文は補助的な位置にある。つぎの羽山1号横穴では、奥壁の右半分に、他の図文と区別されて、大きく描かれている。また渦巻文の中心に「十」字が加えられ、それを水平方向の直線で結ばれている。つまり渦巻文は、主題の半分を占める大きさで、重要な位置に描かれている。さらに清戸廹76号横穴では、渦巻文が奥壁の中央に大きく描かれ、その左右や下部に狩猟図などが配置されている。図文の位置関係からみれば、主題の中心が渦巻文にあることを示している。

　横穴に描かれた渦巻文の位置や大きさから見ると、時期が新しくなるにしたがい重要になってくる。これに反して狩猟図は省略される傾向にある。この変化の最後に位置する仙台市愛宕山C地区1号横穴では、渦巻文の変形した十字円文などが絵画の主題になる（宮城県仙台市教育委員会1985）。渦巻文は狩猟図と共に描かれ、最初は補助的な図文であったが、最終的には主題の狩猟図に代わる位置を占める。また、羽山1号横穴の渦巻文で特徴的な区画線状の交差直線に注目すると、愛宕山C地区1号横穴の円文と十字円文などは、この変化の最終形態にあることを示している。この十字円文を馬具とする解釈は、描かれた位置から不適当であろう。天井の上辺に描かれた円文連続と平行線を幕の上端と理解すれば、十字文などは幕を背景として描かれた渦巻文の変化を反映しているとみることもできよう。

　このように整理すれば、渦巻文の対象と意味が問題になる。渦巻文について、梅宮茂や阿部義平・川崎純徳などは直弧文との関連（梅宮1976、阿部1978、川崎1988）を考えている。確かに直弧文は、九州における前半期の装飾古墳に多用された文様である。阿部や梅宮は直弧文が形態的に崩れれば、渦巻文に変化して行く可能性を指摘している。

　直弧文説以外では、藤井功・石山勲による太陽説（藤井・石山1979）、森貞次郎の同心円文変形説（森1985）、辰巳和弘による埴輪文様起源説（辰巳1992）などが示されている。太陽説は清戸廹76号横穴の絵画の理解から示されているが、泉崎4号横穴では天井や壁面に多くの渦巻文が描かれていることから、太陽を描いたとするには、複数の太陽が存在したという古代中国の神話等を表現しているのでなければ、描かれた数から問題があろう。また壁面に描かれた渦巻文と馬群の位置関係を説明できない。同心円文でも、描かれた対象と意味が問題になる。同心円文の起源には、盾や鏡などの模倣説などがあり、結局は呪術文という説明になる。

　渦巻文が何かの具体的な対象を描いたのか、その形状自体が純粋な文様だったのかについては、現状では十分な説明はされていない。しかし筆者は、幡などの図文の一種ではないかと考えている。この考えと関連するのは、渦巻文と同類の図文狩猟文と同時に描かれた例が、伝群馬県出土の狩猟文鏡にある（図152）。この鏡は、司祭者と戦士による祭りの光景を描いたと理解されている（佐原1999）。

　鏡の内圏には、弓を持ち大きく踏ん張り立つ1体の人物像と両腕を大きく斜め上に広げ、両脚を踏みひろげた3体の人物像がある。またこの間に獣4体が配置され、鈕を中心に上して、展開されている。獣には角があるので、鹿であろうか。ただし、尾が長く巻きあげた表現もあり、これは鹿というよりは犬に近い。あるいは、描き分けているのかもしれない。これに加えて、半渦巻文が内圏の外縁にめぐらされている。このほか双頭渦巻線もある。

外圏は、放射状に丸頭で直立する棒柱により10区画に区分されている。このうち1区画は、両腕を大きく斜め上に挙げ、手の平を開き、両脚を広げた人物が描かれている。頭は鈕の方を向けている。内圏の3体と同じ姿勢である。このほかの2〜10区画には、長方形の盾を持ち、剣を振り上げた戦士像が、左回りに頭を向けるように鈕と直交する位置で配置されている。頭頂には瘤上の突出物があり、これに続けて細長い蕨手文上の線がある。かぶり物である。大半の顔面は磨滅し

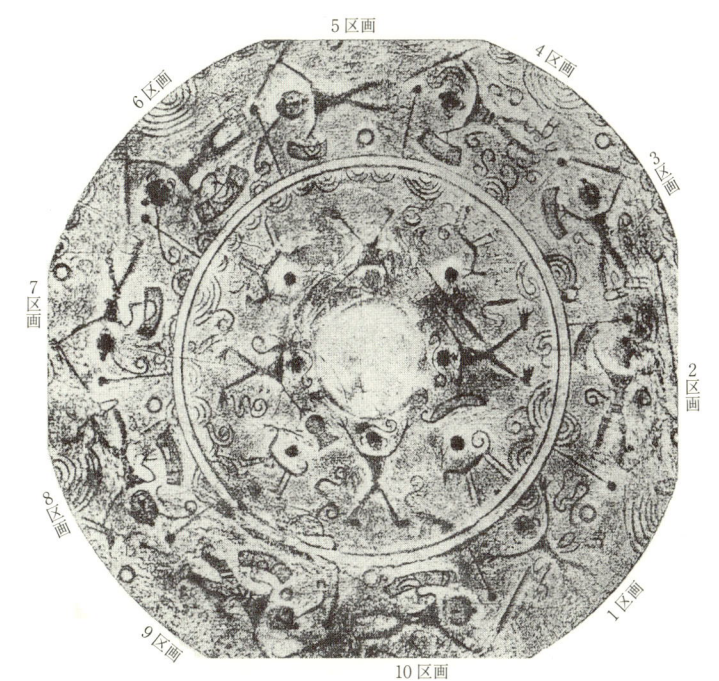

図152　伝群馬県出土狩猟文鏡（佐原1999）

ているが、明確に目鼻口の描かれた1体がある。他の顔面にも、鼻状の痕跡があるので、本来は顔面が表現されていたのであろう。戦士像の脚は、やや開き気味で、足は大きく描かれている。また足先には、指先か、靴飾り様の線がある。

　これらの戦士像と司祭像を囲むように、鏡縁に大きな半渦巻文が5個と小さな半円文が描かれ、まれに円文を散らしている。また内圏区画線の外側にも半渦巻文が配置されている。

　これが祭りの場を表現しているのならば、狩猟文と泉崎4号横穴と羽山1号横穴、清戸迫76号横穴に描かれた渦巻文と狩猟壁画との結びつきが想定されよう。つまり渦巻き幡のような器物を描き、これがその祭りを象徴するように大きく描かれたのである。馬は描かれていないが、狩猟文鏡が古墳前期であれば、まだ馬はなかった。また手持ち盾も古墳終末期にはない。横穴の壁画とは、約300年の時間差があり、直結することは難しいかもしれないが、祭りの場に幡類が掲げられることには不都合はない。

　この間を埋める渦巻文に似た図文は、群馬県赤堀茶臼山古墳の報告で後藤守一が集成した資料（後藤1913）に、線刻により描かれた蕨手文や花状文・弧文がある。図153の1〜4である。これなども、家の周囲に立てられた幡類を描いているのであろうか。埴輪の表現が細部にわたって忠実に表現されているのに対して、蕨手文などは簡略的に描かれており、家とは別の対象を表現しているようにみえる。家形埴輪は、豪族の屋敷や中心施設を示す器物であり、その周囲に儀仗の一つとして幡が立てられる可能性もあろう。

　7世紀前後の渦巻文では、須賀川市早稲田15号墳の鉄刀の鍔に銀象眼で描かれた例がある。鍔の表裏面で、渦巻文の形状は泉崎4号横穴の渦巻文と近似している。いうまでもなく鉄刀は当時の主要な武器であり、武力を象徴する器物である。また、山形県菅沢2号墳の盾形埴輪や茨城県ドンドン塚古墳の盾持人埴輪にも渦巻文が描かれている。さらに平城宮から出土した隼人の盾

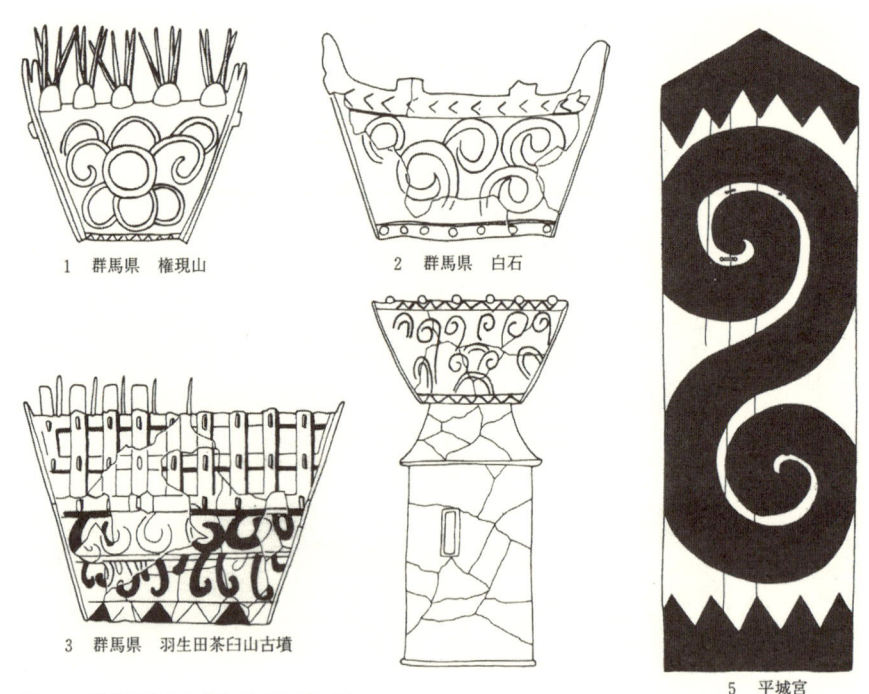

1　群馬県　権現山　　　　2　群馬県　白石

3　群馬県　羽生田茶臼山古墳

図153　埴輪渦巻文と隼人盾（各報告書）

5　平城宮

にも渦巻文が描かれている。

　これまで検討したように、同時に描かれた絵画を集団的な狩りとそれにともなう儀礼を表しているると考えれば、儀仗類の一部として幡を立て並べた可能性がある。その図文に描かれた渦巻文を描くことにより、林立する幡を表現しているのであろう。そうすれば、泉崎4号横穴で天井や側壁に描かれた渦巻文の位置や数が理解できよう。

　渦巻文を描くことにより、集団的な狩りを行う主催者の位置を明示される。多数の渦巻文は林立する幡を表現し、集団的狩りの場面を示しているのである。渦巻文と軍事・武力の結びつきは強いようである。武器武具類に施された文様を描くことにより武力を象徴する意味が付加され、背後に武力が意識されるからである。したがって軍事力の中心が所在することを示す幡の文様が、武器類に描かれても不思議はない。

　「旗幟を明らかにする」という言葉がある。幡はそれを立てる集団の所属や意思を端的に表す標識である。この場合、幡があることにより狩りの祭りが挙行されていることが示された。そしてこれを描くことにより、狩猟儀礼の背後にある意義を統合して横穴のなかに持ちこまれたのである。いわき市八幡横穴群からは、幡金具が出土している例がある（大竹1988）。金具だけではなく、幡自体も納められたのである。横穴壁画で、初めは補助的位置にあった渦巻文が、最終的には円文と十字円文として、絵画の主題として奥壁の中央に描かれるようになる。幡の図文が、主題である狩猟儀礼そのものを象徴しているからである。

　狩猟系絵画の理解　狩猟系絵画に描かれた裸馬、鞍の付けられた馬、騎馬像、武人像、歌舞像、捧げ物を持つ女像、鹿、犬等も、ほとんどが埴輪祭祀で確認されている。とくに、古墳後期の関東で特徴的な埴輪列に共通する要素である。たとえば千葉県小川台5号墳や同県殿部田1号墳等である。小川台5号墳の埴輪列は、最初に馬子と馬、その後に武人が続き、さらに女子像が続い

ている。またこれらの人物像の列から離れて、鹿が配置されている。千葉県殿塚古墳や同県姫塚古墳等でも、同様な埴輪の配置されている。なかには鷹を左腕にとまらせた人物、埴輪列に対して蹲る人物、水鳥や鹿・猪などの動物群や犬等の埴輪が、墳丘を背に立て並べられた古墳もある。狩猟を示した埴輪群は、大阪府昼神車塚古墳で猪と犬が向かい合った状況の埴輪配置が確認されている。鷹匠埴輪や猪、鹿などの埴輪は広く分布している。ほかの地域でも断片的ではあるが、西日本の古墳までも広くみられる要素である。

　しかし、埴輪祭祀のすべてが装飾古墳の絵画に取り入れられたのではない。埴輪群が構成する多様な内容からみれば、装飾古墳にはその一部が描かれているにすぎない。表現方法や施される場所が変化すれば、当然内容にも影響をおよぼすであろう。

　埴輪祭祀については、首長継承儀礼や殯宮での葬送儀礼を表現した（群馬県教育委員会 1980）という橋本博文の見解が、一般的な理解である。なかでも、水野正好による首長権継承儀礼説（水野 1971）が有力である。確かに人物埴輪が出現する以前は古墳での首長継承儀礼が行われていたとする考えもあり（近藤 1983 など）、また水野が示す群馬県保渡田八幡塚古墳では、墳丘の頂部に整然と配置されて豪族の権力構成機構を示すような埴輪群が検出されている。しかし、多様な人物埴輪や各種の器物や動物を表現した埴輪が作られるようになると、埴輪祭祀は大きく変質した可能性は考えられないであろうか。少なくとも狩猟儀礼が殯宮などで実施された痕跡はない。

　埴輪列のなかには、豪族による集団狩猟とそれにともなう儀礼を示したとする考えも、想定が可能であろう。動物埴輪群がその対象を明示している。また埴輪群の配列や内容も時期により当然変化していることから、その意味も同様に微妙な違いがある。古墳時代では支配者が集団で行う狩りは、巻狩りや鷹狩りである。この場合には、編成や役割分担・物資の確保・猟場の維持など多大な労力と資金・組織が必要となる。

　したがってこのような狩り自体は、有力者の指揮に従って行われる一種の軍事訓練である。これを挙行することは、現実の豪族権の一部である。つまり、大王や有力豪族の指揮下に、集団で狩りを挙行し、神の賜物である獲物を狩ることによって、支配の承認と神の祝福を得るために催された儀式と軍事訓練であった。当時の集団的狩猟は宗教的・政治的儀式や軍事訓練としての狩りである。現代の狩りとは意味が異なっていたのである。

　ただし、狩猟系絵画の描かれた横穴は、群集する横穴群の一つであり、副葬品もそれほど豪華ではないことからすれば、装飾横穴の被葬者が、描かれた狩猟儀礼の主催者とすることはできない。後に検討するように南東北では、当時の最有力豪族層を装飾横穴の被葬者として限定することは困難である。むしろ被葬者層は、有力豪族層を支える階層に属していたと推定されるのが、その理由である。当時の在地集団で挙行された祭礼の様子を描いたのであろう。

　また古墳の墳丘に並べられた埴輪と異なり、南東北の装飾横穴は、玄室に装飾が施されている。とくに前庭部のように閉塞が終了しても見える位置には、絵画は描かれていない。被葬者の事跡や地位を記念して装飾が施されるのであれば、群馬県山上古墳前碑の碑文のように、埋葬後も多くの人々に見える部分に描くであろう。横穴の玄室奥壁という、本来は近親者以外には見ることのできない空間に、同じ横穴に葬られる系族に類する集団のために描かれたのである。葬儀は、死者の冥福を祈るとともに、残された生者が家族と社会の秩序を再構築する儀式でもある。そして横穴は遺体の最終的な安置場所である。

第5節　装飾横穴の被葬者

装飾古墳の背景　このように考えれば連続三角文で描かれた戦陣と狩猟系絵画は、埴輪群を構成する内容とほぼ同じである。倭国の東西に別れて造られた装飾古墳も、埴輪群を介してみれば共通する思想的基盤のもとに造られたと推定されよう。装飾古墳が確認されていない場所にも同様な思想があったと推定される。相違は、墓室の彩色絵画と墳丘に埴輪類を並べる表現方法である。

この問題について、森貞次郎も東国の装飾古墳と埴輪祭祀の結びつきを推定している（森1985）。しかし森は群馬県を中心に形象埴輪が発達するのに対して、その周辺にあたる茨城県方面で、これに対抗するように装飾古墳が造られたと考える点で、小論の見解とは異なっている。

また小田富士男は、九州で絵画古墳が発達するのは、磐井の乱以降であることを強調している。この時、『日本書紀』に記載されている石人・石馬の否定から、それを石室の内部に置き換えたと小田は解釈している（小田1974）。同様に東国の装飾古墳も、埴輪祭祀が否定された以降に発達している。東国の装飾古墳は、6世紀後半から7世紀代にかけて造られている。西暦600年前後は、東国においても埴輪祭祀が急速に停止され、また古墳時代の伝統的な古墳である前方後円墳の築造がほぼ終了する時期に近い。そこに、古墳時代から律令期に移行する社会変革が開始された一端を読み取ることもできよう。これに抵触するように、装飾古墳が造られたのであろう。彩色の施された装飾古墳は九州や東国の一部を中心に生み出されたが、線刻による装飾古墳は比較的広い範囲に存在が確認されている。装飾古墳は、古墳時代の思想的共有と社会を基盤に造られたのである。

古墳後期から終末期にかけては、日本全体が東アジアの国際関係と文化のなかで、それと連動して巻き込まれた時代である。古墳前期の古墳は、東アジアのなかでは極めて特異な構造と内容を持っていた。当然、それを支える思想的な根拠があったと推定される。ところが後期になると、古墳の内部は横穴系埋葬施設が主体になり、副葬品も被葬者の性格を反映した装身具や武器武具類・食物を納める土器類などになる。つまり被葬者が生前に日常的に使用していた器物が、そのまま副葬されたのである。これは当時の東アジア諸国の墳墓と基本的に共通する特徴である。

つまり古墳で営まれた葬送儀礼が大きく変化し、当時の東アジア世界の一部に組み込まれていたのである（白石1993b）。当然、これにともなって生死観も変化した。東アジアの墓室に描かれた絵画は、現世における各種の生活の様子が描かれていた。日常生活の一部である。ここで述べたように、装飾古墳では豪族の軍事力や権威を象徴する絵画が描かれたと理解すれば、墓室に被葬者層の生前の生活を再現するという葬送思想を反映する一つとして装飾古墳も造られたのである。ただし、狩猟系絵画ではそれが被葬者個人の生活を描いているというよりは、構成される要素と伝統から、その属する階層の思想と地域的特性を反映しているのであろう。以上のように装飾古墳を考えるならば、これを呪術や鎮墓という、日本独自の考えで理解することには無理があろう。

横穴の地域性と氏族の移住　装飾古墳の被葬者は、古墳自体の特殊性から当時の有力者という推定が一般的である。また九州との関係では、清戸迫76号横穴や泉崎4号横穴の人物像と五郎山古墳に共通する要素（齋藤1973）があること、連続三角文、盾、靫など文様の共通性、横穴自体

の類似点（乙益1988）などが指摘されている。この点から東国における装飾古墳の出現を、九州と関係する多氏・物部氏など、古墳時代の有力豪族が東国へ移住や勢力の布殖を行ったと考える説（大場1974）等がある。確かに被葬者の階層については、中田1号横穴のように、いわき地域の有力な豪族墓である。彩色された装飾古墳は、九州と茨城県・福島県が主要な分布圏であることから、両地域の関連が考えられている。

　これらの見解に対して、南東北における装飾横穴の出現背景と被葬者の社会的位置が、ここでの課題である。被葬者の社会的位置については、古墳自体の構造や形態・規模と副葬品を対比することから、ある程度の限定が可能であろう。

　南東北の横穴を構造や形態からみると、長い羨道を設ける場所と、羨道が発達しない場所に分かれる。前者は宮城県の中北部例が中心で、玄室に発達した造り付け台床が設けられている。宮城県山畑横穴群や亀井囲横穴群などである。これに対して福島県では、台床はほとんど発達していない。福島県の横穴は、構造的に近接する栃木県や茨城県北部と共通する点が多く、まとまった分布圏を形成している。このほか複室構造の横穴も確認されているが、数は少ない。

　横穴の形態と構造は、東日本でもある程度の分布圏を持って分かれている。たとえば神奈川県から東京都にかけては、玄室の平面形が細長い台形で床面に小さな円礫の敷かれた横穴が発達しているし、千葉県ではいわゆる高壇式横穴と造り付け台床に特徴がある。東国の横穴は、形態的特徴からいくつかの分布圏に分かれよう。

　ところが宮城県中北部では、羨道が発達する在地的な横穴のほかに多様な特徴の横穴が確認されている点で、他の場所と比べて特異である。宮城県中北部では羨道の発達した横穴のほかに、羨道の発達しない福島県の横穴と共通する例や玄室に大きな段を設けた高壇式横穴、側板の造られた台床、あるいは複室構造の横穴もみられる。高塚式古墳でも同様で、宮城県安久東古墳群や色麻古墳群では、関東中西部に特徴的な横穴式石室も確認されている。色麻古墳群は、400基以上の横穴式石室で構成される群集墳である。また御駒堂遺跡などの集落跡では、関東の土師器が多量に出土している。これらの調査成果から、宮城県中北部には関東からの集団的な移住が想定されている（古川1996ほか）。

　しかし山畑横穴群の彩色横穴は、羨道の発達した在地的な横穴である点を強調しておきたい。また福島県の羽山1号横穴や清戸廹76号横穴・泉崎4号横穴も同様に、福島県に特徴的な形態の横穴である。前庭部の発達は、宮城県大久保古墳や福島県錦木塚古墳の石室につながる要素であり、広くは北関東の横穴式石室にみられる空間構成である。横穴と横穴式石室の在り方を合わせてみた場合、宮城県と福島県の装飾横穴の横穴自体は、在地的特色を持つ形態と空間構成と考えられよう。

　一方、南東北の横穴構造については、九州のなかでも肥後の横穴と関連させて、古代氏族の移住を想定する説がある（乙益1988）。指摘される横穴の構造が、玄室と玄門、さらに前庭部で構成される点やゴンドラ状の屍床、玄室の形態が家形に造られている点、装飾図文を要素に分解した場合は、同様の特徴と考えることはできよう。しかし、それを根拠とするには問題がある。

　熊本県で発達するゴンドラ状の屍床は、福島県では明確な例は確認されていない。泉崎4号横穴の屍床は縁が高く造られているが、これはゴンドラ状の屍床とは異なる。玄門についても、いわゆる額縁状と形容される熊本県の横穴に特徴的な深い重圏ではない。熊本県の7世紀代横穴では、外

壁に施された浮き彫りが多い。これに対して、南東北の横穴は、大半が玄室に彩色や線刻で施されている。また、両地の装飾横穴に施された図文自体にも違いがある。彩色画では、泉崎4号横穴と近似する特徴が指摘される五郎山古墳は、横穴式石室に描かれた壁画で横穴ではない。

中田1号横穴のような複室構造についても、熊本県桜ノ上横穴群などにあるが、前室と後室にも死床が設けられていることから、移住の根拠とするには異なる点が多い。中田1号横穴の調査後、笊内横穴群や宮城県白穴横穴群等でも、複室構造の横穴は確認されている。しかし数は少ない。確かに九州では複室構造の横穴式石室や横穴が分布しているが、関東の横穴式石室にも複室構造の例は多い。横穴の形態や構造には、在地の横穴式石室の特徴が反映される場合もあることから、複室構造の横穴を九州と結びつける必要はない。むしろ横穴地帯に散在していることから、この場合は必要に応じて造られたと考えたい。

このような点から個々の構成要素では似ている部分もあるが、統一的にみた場合かなりの相違がある。したがって指摘される類似点から、熊本県方面の有力氏族等が移住して、東国の装飾横穴が造営されたと考えることはできない。

出土遺物と被葬者像　つぎに、副葬品や供献品・遺存する人骨などの出土状態を検討しよう。出土する遺物と人骨には、横穴で行われた葬送儀礼の一部が示されていよう。したがって出土状況には、当時の宗教思想と被葬者の性格の一端が反映されていると考えられる。

横穴の人骨は多くの場合、細片や粉粒に変化していることから、埋葬された状態を遺存している例は少ない。しかし、状況が良好に保たれている例では、玄室に伸展された状態で出土することが多い。台床の設けられた横穴は、明らかに伸展葬を目的とした構造である。また数体分の人骨を集積した状態で出土することから、玄室内で遺体の整理も行われたのであろう。なかには小さな副室を設けて、成人の骨を納めた例もある。いずれの場合でも、福島県の横穴では、玄室以外から人骨が出土することは少ない。また棺の存在が確認された例はなく、木棺があったことを推定させる鉄釘が出土する例はほとんどない。この点は、九州の開かれた石室と共通している。

副葬品は玄室に納められるが、玄門や前庭部からも出土することがある。種類は、鉄刀や鉄鏃など武具・馬具・勾玉や小玉などの装身具が中心である。遺体に身につけて、あるいは添えるような状態で出土する。しかし農工具類や土器類は、ほとんど出土しない。副葬品は、横穴群によって差が認められるが、相対的に貧弱である。これに対して土器類の多くは、閉塞部の前面に供献されたような状態あるいは前庭部から出土する。中心は須恵器で、器種は長頸壺や坏類など食物を入れる容器である。しかしその数は多くない。このほかでは須恵器の大甕が出土することもある。

横穴から出土する副葬品や供献品は、倭国西部と比べると、土器類が玄室から出土しない点で特異である。横穴式石室でも同様で、南東北の後期古墳の特徴の一つである。この点から福島県と倭国西部では、横穴の葬送儀礼のなかで、土器の役割に相違が推定されよう。つまり南東北では、倭国西部の須恵器とその背後にある食物の副葬儀礼が、玄室内で行われなかったことを示している。この点も、倭国西部から氏族などの集団的な移動が、大規模に認められない根拠のひとつであろう。

副葬品と横穴の構造から、中田1号横穴の被葬者が地域の最有力者層の古墳であることは異論がない。問題は、この横穴の造営集団が在地の勢力を背景にしているのか、あるいは移住してきた勢力であるのかという点である。古墳は原則として造営氏族の地元に造られるとすれば、中

田1号横穴の被葬者は、いわき市夏井川下流域の豪族と考えられる。これに対して馬目順一は、この地では、古墳中期から後期にかけて有力古墳が造られていないこと、横穴という古墳の形態から、中田1号横穴の被葬者を新たに進出してきた職業集団としてのリーダーと推定している（いわき市史編纂委員会1971）。

　確かに中田1号横穴は、以前に古墳が造られた神谷作古墳群や後に夏井廃寺などが存在する地区とは、少し離れて造られている。しかしそれほど離れた地区でもない。むしろ夏井廃寺がある平野に続く谷筋に位置している。また連続三角文の装飾や副葬品の馬具・挂甲から復元される被葬者像は、武人的な有力豪族であり、職業集団の族長という根拠は認められない。

　高塚古墳と横穴の相違が示す意義は明確ではないが、伝播形態の違いはもっと注目される必要があろう。横穴は5世紀に北部九州で発生し、ほぼ海岸線に沿って段階的に時間をかけて拡大する特色がある（阿部1999）。この伝播形態は、高塚古墳とは意味の異なる一面を暗示している。古墳後期に、中田1号横穴の副葬品が納められた古墳であれば、大型前方後円墳であっても不思議はない。

　中田1号横穴以外の装飾横穴では、副葬品の内容はそれほど豊かではない。山畑横穴群や亀井囲横穴群・矢本28号横穴では、土器類が出土しているにすぎない。愛宕山C地区1号横穴や泉崎4号横穴では、刀子や鉄環程度である。清戸迫76号横穴は、埋葬当時の状態で確認されたが、副葬品はなかった。飾り大刀や馬具が出土した羽山1号横穴は、豊富な方である。南東北の横穴群では、白河市観音山横穴群や郭内横穴群・いわき市八幡横穴群など、多くの武器・武具の出土する例もあるが、全体的に副葬品は少ない。

　この点からみると中田1号横穴以外の装飾横穴では、副葬品は他の一般的な横穴と変わらない。したがって、特別有力な被葬者を想定することはできない。むしろ副葬品は貧弱な傾向にある。立地条件も、ほかの横穴と比べて特異な点は指摘できない。多くの場合、横穴群を構成する枝群のなかに造られている。この特徴から中田1号横穴以外の被葬者層は、横穴群を構成する集団のなかでも有力な豪族、あるいは族長という想定は成り立たない。

む　す　び

　装飾古墳は、呪術や鎮魂・僻邪という目的で施されたというのが、定説である。人物像が描かれた例では、墓主などを描いていると解釈されることも少なくない。しかし、描かれた壁画が独特の手法であることから、個々の具体的な装飾内容や図文が、なぜ辟邪なのか、何を描いているのか、理解できないことが少なくない。「謎の装飾古墳」とよばれる理由である。装飾古墳に装飾された内容を読み解くために、佐原眞は絵の文法を考える必要を説いた。これを念頭に、描かれた物を考えた。図文は、その意味するところにより、位置と構図が定められた。

　九州の石棺系と石障系装飾古墳は、具体的な器物を描いている。石棺に描かれた直弧文は布幕であり、石障系の井寺古墳ではこれを張り囲った状況を描いている。壁画系装飾も具体的な器物を描いている。寿命王塚古墳は、本陣の状況である。被葬者生前の威儀を墓室で表現したのである。それは、あるいは葬儀の場に安置された遺骸の状況である可能性もあろう。また五郎山古墳は、弓射儀礼の状況を描いている。来世での平安な暮らしを祈念したのであろう。古墳の埋葬施設への装飾は、辟邪文とした呪術的なもとして施されたのではない。

　中田 1 号横穴の連続三角文は、被葬者を取り囲む幕を表していると考えられる。壁面に穿たれた盲孔は、武器や武具類を吊し、立て掛ける目的で設けられた可能性がある。これに豊富な副葬品を合わせて考えれば、復元される中田 1 号横穴の埋葬状況は戦陣の中心部、本陣が表現されていることになる。したがってその被葬者は、強力な武力を持つ有力豪族であろう。中田 1 号横穴の連続三角文は、その権力の根拠となる武力の根源を陣幕として象徴的に描いていることになる。虎塚古墳の壁画も、布幕を背景に武器武具類と馬具類が描かれているとした。

　狩猟系絵画は、狩猟図や馬・歌舞などが描かれ、巻狩りのような儀式を表していると理解される。また渦巻文は、儀式の中心施設の周囲に立てられた幡の図文を描いたと推定した。これが最後には狩猟儀礼を象徴するようになり、狩猟図は省略される。しかし狩猟系絵画の描かれた横穴の被葬者は、このような行事を挙行する主宰者ではない。

　装飾古墳の研究では、被葬者の社会的位置や属する氏族等も問題にされてきた。なかでも東国の装飾古墳が出現する背景に、九州の有力氏族などの移住を想定する説は、装飾古墳が分布する範囲の偏在を説明する説として有力であった。しかしこの説は、横穴の構造や遺物の出土状況・装飾図文を比較検討すれば、統一的に理解できないことから成立はしない。また古墳の構造や副葬品の在り方から被葬者の社会的地位についても、中田 1 号横穴以外の装飾横穴の被葬者は有力豪族層ではなく、群集墳を構成する集団に属している点を強調しておきたい。

　装飾古墳の要素を埴輪祭祀に求めれば、東国から九州の広い場所に共通する思想的基盤が存在したことになる。このとき、何かの理由で埴輪や石人・石馬の樹立が否定されたならば、代わりに墓室の内部に壁画を描くことは、それほど特異な現象ではない。ただしこの場合でも、埴輪祭祀の思想がそのまま装飾壁画の思想に受け継がれるとは限らない。様式が変れば、意味や意義にも新たな考えが生まれる。変化を追求する視点が必要であろう。

　古墳後期から終末期にかけては、日本全体が東アジアの国際関係と文化に連動した時代である。そのなかで東アジア諸国の墳墓との基本的な相違は少なくなる。つまり古墳を営む思想が大きく変化していたのである。この背後には、各種文物の流入による生産体制や政治制度の変化を受けた古墳文化の東アジア化現象がある（白石 1993b）。装飾古墳にも、そのような思想的変化の一端が反映されているはずである。

　装飾古墳は、①棺としての石棺に装飾を施すことから始まった。死者を荘厳に納めるためであろう。②つぎに石障系装飾古墳が出現する。これは、遺骸をとり囲んで幕をめぐらし安置した状況である。これに武器・武具関連装飾が加えられた。③そして、されに幡指物や騎馬像を加えて、被葬者の権力の根源が墓所でも表現された。これは、葬儀で安置された遺骸の状況でもある。①から③までは、豪族を葬った古墳である。しかし、群集墳が普及する段階では、古墳に葬られる人々は、豪族層から農民層にまで拡大した。これにより古墳の社会的意味も変化する。古墳には、墓としての意味合いが強くなった。古墳が死者の納まる場所となった。横穴系埋葬施設は、死者の住居である。そこに描かれた生活の様子は、来世での平安な生活を祈念したのであろう。

終　章

北からみた倭国

は じ め に

　前章までは、倭国北辺のなかでも今日の南東北について、埋蔵文化財調査の成果をもとに考えてみた。この地の倭国化は、気候の寒冷化を受けた北方農耕文化の南下と、北陸・関東方面との結びつきを受けて成立した農耕社会が基盤であった。そして気候の一時的な温暖化により、在地王権を成立させるまでに飛躍した。

　ところが気候の寒冷化が再び始まると、この地の社会的活動は大きく低下した。ただし倭国北辺を担う役割に、変化はなかった。北方文化の南下は、東北中部が限界であった。そして7世紀には、気候の温暖化と東アジアの国際関係の緊張を受けて、倭国の端を固めて律令国家建設に向かう改革が直結して実施された。こちらと向こうの境が、周縁地帯である。だからこそ、中核地とともにこちら側の特徴が典型的に表出した。

　この地が倭国で担った役割を考えるには、中核地や倭国西部の状況にも配慮しなければならない。また倭国自体の特質、古代日本国の形成に向かう動きも同様である。そこで終章では、まず前章までの要約に若干の考察を加えた。つぎに、①古墳の誕生から普及、②古墳の在地化、③古墳の造営停止から古代日本国成立に至る過程の3点について、筆者の視点で北からみた倭国像をまとめた。

第1節　倭国北辺の社会

　時代と文化のタクサ　「日本で食料生産を基礎とする生活が開始された時代」として、佐原眞は弥生時時代を定義した（佐原1975）。近年、炭素14年代測定の成果を受けて、藤尾慎一郎は、日本列島に人類が出現する約3万6000年前以降の歴史を「日本の歴史」と理解して、「本格的な水稲農耕が九州北部ではじまった紀元前10世紀から、定型化した前方後円墳が近畿に造られて古墳時代が始まる後3世紀までの約1200年間を弥生時代」とした（藤尾2013）。

　文化と時代の定義は多様である。民族学における文化、現代社会における文化。様々な考えがある。日本考古学でいう弥生と縄文の区別は、二通りの考えに集約されている。ひとつは使用する縄文式土器・弥生式土器を基準とする考えかた。もうひとつは生業に農耕があるかないかである。そこに「日本」という空間は問われていない。縄文式土器とはどのような土器か。多様な縄文土器の特色を「深鉢」の存在とする見解が有力である。佐原眞は、深鉢が沖縄諸島まで分布す

ることから、この地までを縄文文化圏とする（佐原 2005a）。しかし狩猟採集生活の段階で、環境が大きく異なる亜熱帯地帯の沖縄の島々と寒冷な北海道が、同じ生活様式を営むことは無理である。深鉢という器形は同じかもしれないが、日本列列島各地での土器の多様性は自明である。土器は、生活の一部でしかない。

　では、縄文文化を日本列島における狩猟採集文化とすれば、十分であろうか。この場合は、日本列島という範囲が問われる。今日の日本列島は、明治以降の歴史過程で形成されたからである。これ以前に、日本列島という概念はない（網野 2000 ほか）。狩猟採集文化とすれば、東アジア近隣諸地域と日本列島との間にある違いを示さなければならない。あわせて多様な気候風土の日本列島が、単一の縄文文化を形成したことも明らかにしなければならない。近代国家成立以前の日本列島では、多様な生活があった。縄文文化について、日本列島をひとつの地域として成立するという認識も、その概念が問われよう（小杉 2003）。

　弥生文化も同様である。山内清男は弥生文化を東西に区分した（山内 1968）。これは設楽博己により、大陸系弥生文化と縄文系弥生文化として継承されている（設楽 2000）。この後、炭素 14 年代測定の進展により、九州北部に水稲農耕が導入されてから、南関東に受容される紀元前 2 世紀まで、約 800 年の期間があったことが判明した（今村 2001 ほか）。同時期の九州から東北にかけての場所に、水稲農耕とは別な文化が存在していたことになる。弥生文化も、その初期段階と終末期で段階では、集落や生活・祭祀・墳墓の在り方が大きく異なる。

　農耕文化の伝播時期の相違を藤尾慎一郎は、藤本強の日本列島における文化の空間区分（藤本 1988）を受けて、時間軸による「縦のボカシ」と表現する（藤尾 2013）。この場合でも、東日本の弥生文化と北部九州の弥生文化をひとつの同じ文化の概念で、まとめることは可能であろうか。生業・道具・宗教・集落などの考古資料にも相違は明確である。北部九州住人と東北住人の間に、共通する帰属意識が存在したと想定することはできない。また、併存する文化を縄文文化とすることも可能であろうか。「ボカシ」を設定することは、先天的な「日本」の存在が前提となる。

　縄文文化・弥生文化というタクサを成立させているのは、現在の日本国である。ひとつの文化を規定するのは土器ではなく、生活様式とそれに裏付けられた「人々」でなければならない。会津平の桜町式期農耕文化や津軽平野の田舎館式期農耕文化などを同じひとつの弥生文化とするのか、あるいは別の農耕文化とするのか、文化と時代のタクサが問われている。

　近世以前、今日の日本国の領域では、それぞれの土地で多様な生活があった。九州島・四国島そして本州島の諸地域である。さらに帰属する集団も、場所と社会的階層により異なっていた。この地に居住する人々が、日本人として内と外に向かって「吾々」という帰属意識を確立したのは、19 世紀後半の国民国家の成立後であろう。

　縄文・弥生という文化は、日本列島で栄えた文化であるが、それを「時代」とする認識が揺らいでいる。縄文文化と弥生文化に長い並行期があると判明したからである。それよりも、北海道と九州の縄文文化は、はたしてひとつの文化と認識することが可能であろうか。九州の弥生後期と朝鮮半島南部の原三国期の文化は、東日本の同時代文化よりも共通点が多くあるのではないか。縄文・弥生という文化自体も存在が問われている。

　北からの農耕文化　会津平において、弥生中期に営まれていた文化は、これまでの認識では縄文系弥生文化である（設楽 2000）。それは、縄文文化の生業の中に農耕が組み入れられた複合的

（石川 2010）・網羅的（藤尾 2013）生業形態であるとしている。丘陵や山地に集落が形成されていることも、縄文的要素を伝えている。また東北中部の仙台平野では、水田跡ともに各種農耕具が出土している。このなかには大陸系石器も含まれている。宮城県南部から福島県太平洋岸北部では、多量の石包丁も出土している。沖積平野では、水稲農耕が営まれていたであろう。

　ただこの時期に水稲農耕が、東北で普遍的に営まれていたとは言い難いのではないか。1980年に、阿武隈高地の都路村（現田村市）で弥生前期とされる山口E遺跡（福島県教育委員会 1981c）の調査に従事した。標高 700 m の山地である。ここでは地形的にも気候的にも、水稲農耕は想定できない。これよりやや低地にある飯館村岩下A遺跡でも、弥生中期の水田跡の報告がある。しかし、プラント・オパールの分析からは否定的である（福島県教育委員会 1985a・1988d）。福島県太平洋岸北部の丘陵地帯では、弥生時代の遺物・遺構はあるが、水稲農耕の痕跡は確認されていない。この場所は、この時期生活痕跡が確認されている以外は、古代製鉄が営まれた。この時期以外は荒林地帯で、集落は形成されていない。

　阿武隈高地や会津地域の縄文系弥生社会では、水稲農耕が社会基盤とはなっていなかった。道具も石器が主体で、金属器が普及していた痕跡も乏しい。山間部では、農耕も営まれていたであろうが、狩猟採集経済の比重は大きかった。墓も、土器棺墓と土坑墓からなる集団墓であり、縄文文化の系譜上にあった。大陸由来の銅鏡や青銅製武器類は出土していない。集落や金属製品・墳墓などの在り方は、西日本の弥生社会との相違が大きい（山内 1968）。

　ところが弥生後期に東北に出現する天王山式土器を使用する人々のうち、会津平の沖積平野では、広範囲に集落が営まれる。縄文時代や弥生中期までは、人々の活動痕跡が乏しい場所である。桜町遺跡での水田は未検出であるが、この時期の生業が水稲農耕にあったことは、集落の状況と出土遺物から類推することができよう。この場所では、縄文的な狩猟・採集生活が主体となることはない。ここに大きな相違がある。

　会津平の天王山土器のうち、能登遺跡の土器群は青森県の田舎館式系の系譜を伝えている。甕の形は、端部が外に開き、太い頸部、膨らんだ下半部である。施されたヘラ描き文様や縄文も同様である。道具も石器が基本である。木器そのほかも、出土していないが同様であろう。会津平と津軽平野との交流は、弥生中期にもあった。垂柳遺跡からは、会津平系の壺も出土している（藤尾 2013）。

　津軽平野の農耕文化は、弥生前期の砂川式期には受容される。近畿における弥生前期中葉と並行する時期である。水田の存在も明らかである。さらに弥生中期の垂柳遺跡では、見事な水田が営まれていた。西日本と同じ水稲農耕に特化した社会である。しかし道具類は、縄文の伝統を保持していた。東日本の縄文系弥生文化とは、かなり異質な内容ではないだろうか。弥生後期に会津平に伝えられた田舎館系の農耕を北からの農耕文化としたが、大陸系弥生文化とも、会津平の在地の縄文系弥生文化とは異質な農耕文化である。

　藤尾慎一郎は、東北南部から関東北東部では、水田はあるがそのほかの要素は欠けたまま古墳文化に移行する地域とした（藤尾 2013）。しかしこの指摘は、桜町遺跡の調査成果とは相いれない。桜町遺跡では、大型建物跡の部材、木製農具が出土し、集落と墓地の分離がみられ、稲をはじめとする各種栽培植物の種子も見つかった。そして四隅切れ周溝墓から、突出部のある周溝墓への変化に加え、天王山式土器から土師器への継続的な変化が明らかにされた。この経過は、北

陸方面の弥生から古墳への変化と共通している。水田は未確認であるが、桜町遺跡の状況からすれば、営まれていたはずである。形成された社会も北陸と基本的に変わりはない。高地性集落は未確認ではあるが、白河市天王山遺跡は丘陵上にあり、見方によっては高地性集落の条件を備えている。

移住と社会変容　弥生後期の会津に北方からの水稲農耕を携えた人々が移住する。これとともに集落は、平地に営まれる。北方の農耕文化が、この地にもたらされた段階の能登遺跡では、北陸や関東方面との交流は活発ではない。道具の石器は北方系であり、土器は地元の土で造られている。このことから、男性だけではなく女性を含めた移住である可能性がある。一方で、会津平周辺の高地では、集落は減少する。気候の寒冷化は、従来の生活様式にとっても、大きな困難をしいたのであろうか。

従来の丘陵地住人と移住者の間では、それまで無住の低湿地に移住者が集落と耕地を営んだことから、大きな緊張関係も生じなかったのであろうか。移住人と地元民の間に武力紛争の痕跡は確認されていない。大規模な移住の場合、最初の冬を越す負担は大きい。会津平に移住してきた集団も、水稲農耕が軌道に乗るまでは幾多の困難に遭遇したであろうことは想像に難くない。移住の前に交流もあり、現地人の援助はあったであろう。移住してきた人々の数も、小さな規模であれば、地元民との圧力も小さくなる。大規模な集団移住では、紛争の発生は避けられない。

会津平の平坦な地形は、北陸の沖積平野と共通している。当時の北陸は、先進地である。この地の先端農耕の受容は、必然的である。農耕技術とともに周溝墓が受容された。その背後には文化全般の受容とともに、社会構造の転換があった。この受容と転換の主体は、会津平の住人にあった。桜町土器諸式がこのことを示している。能登式土器を受けついだ人々が、先進地の要素を取り入れて作ったのである。同時に、東関東方面との交流も開始された。天王山式の形をした土器に、口縁部は北陸の疑凹線、頸部は東関東の十王台式文様を施した桜町式土器の存在が、地元人の主体性を証明している。周辺地域との交流により、桜町式段階の社会は本格的な農耕弥生社会に変化した。

これは、四隅切れ周溝墓にの受容に示されている。縄文系弥生文化にはなかった周溝墓という墓制を受け入れることは、北陸を介して東海系弥生文化の社会構造を受け入れた結果である。周溝墓に葬られた人々を核とする農耕社会の成立である。そして周溝墓にも、一辺が20m程度の大型と5m程度の小型の大小がある。周溝墓に葬られた人々にも、社会的地位の格差が生じていた。

会津平の王権　この後の墳墓変化は、倭国東部の変化と歩みをともにする。四隅切れ周溝墓から方形・円形周溝墓、さらに突出部の発達過程である。そして、大型前方後円墳の造営に至る過程である。この過程に戦乱に類する緊張関係の痕跡は確認されていない。会津平に王を頂く社会が出現した。現代の主権在民の考えからみれば、王制には否定的な響きがある。しかし、西洋の市民革命以前では、むしろ誇るべき体制である。王を戴かない未開の会津平に、王権が誕生したのである。それは、住民にとって誇らしい出来事である。

会津大塚山古墳では、2基の埋葬施設が確認されている。複数の人物で、王権が構成されていたのである。王の姿は、会津大塚山古墳の副葬品に端的に表現されている。農耕具を背景に武器・武具と装身具を着飾った人物である。これを身につけた人物は、常人とは異なる神聖な姿を

人々の前に誇示したであろう。副葬品の武器・武具は、この段階で戦争に使用するほど普及してはいない。それは武器・武具ではなく宝器である。会津平では、王の出現過程で戦乱が想定されないことから、この王は、基本的に宗教的な神聖王であったと想定される。また武器を誇示して武力王としての姿も合わせていた。ひとつの古墳に、当時の王権の在り方が凝縮されていた。会津平以外の南東北でも、同様な王権ではないだろうか。やはり戦乱の痕跡はない。

東日本のほかの場所に遅れることなく、会津平には在地王権を核として、倭国の政治体制に包括される。これを端的に表しているのが古墳である。古墳は政治的な構築物である（小林 1961）。この造営と執り行われる葬送儀礼は、倭王権の覇権に連なる在地集団の政治的立場を物的に表明していよう。会津大塚山古墳を造営するには、それを遂行する権力と権威、社会的要請がなければ不可能である。造るのは在地である。この古墳は、会津平の在地社会より造営された。

成立した在地王権は、会津平の頂点に立っていた。周辺そして倭王権との交渉で獲得した文物の分配と情報の管理、そして王権を支える社会的安定が使命であった。会津平では王権を核とする政治・経済・宗教体制が形成された。これはまた、倭国の北端を担う在地王権でもある。

倭国は、政治・経済・情報が一体化した国家体制ではなかった。各地にはそれぞれに在地王権があった。倭王の覇権下、その優位性は認めてはいるが、個々の王権が倭王権の支配下にあったのではない。むしろ在地王権が、強固に維持されていた。定形的墳墓とされる古墳にも、在地ごとの差異と特色があった。

関東の田舎　古墳前期後半から後期にかけて気候の寒冷化が進行する。この結果、南東北の在地社会は活力を失う。会津平では、北西部の段丘上に灰塚山古墳や長井前ノ山古墳が、単発的に造られたにすぎない。坂下町中平遺跡では、洪水砂層の下から古墳中期の集落が検出されている。場所は、阿賀川が会津平から流出する付近の河岸段丘上、海抜 215 m 前後にある。この標高は会津平の低地よりも高い。この地の集落が埋没するような洪水が発生すれば、会津平は広く水没したことになる。この後、会津平では奈良時代まで、集落の営みが希薄になる。

古墳中期から後期にかけて、阿武隈川上流域でも関東のような大型古墳は営まれなくなり、散居集落が展開する。畑作が中心の農業が営まれた結果である。この時期の水田跡は、多くの発掘調査が実施されているにもかかわらず確認されていない。散在する小集落とこれらを統合した集団を反映した古墳群が営まれている。少数の中規模古墳も知られているが、この地の在地王権は、存在しても一時的で安定することはなかった。古墳の規模は小さく、副葬品も貧弱なことから、「関東の田舎」という認識も生じた（穴沢・馬目 1986）。

埋葬施設や副葬品の種類は限定され、倭国中核地との相違は大きい。古墳の在地化が進行した結果である。古墳の埋葬施設は、箱式石棺や土坑が多くなり、造られる場所も、墳丘外の周辺や周溝内に設けられることが少なくない。古墳には武器・装身具類は副葬されているが、数は限定的である。

しかし竪穴住居の構造は、共通している。5 世紀前半に北部九州に導入される造り付けカマド（杉井 2001）は、5 世紀中葉には南東北でも受容される。ただし多孔甑は受容されないし、須恵器生産も定着しない。地元の事情による選択的受容である。土師器型式は、阿武隈川上流域・仙台湾沿岸・太平洋岸浜通りで独自に発達する。南東北は、倭国の物流・情報網のなかで、明確な位置を確立していた。

　人口に比べた広大な土地のなかにあって、小集落を営む人々は、大きな貧富の差もない比較的等質的な社会を形成していたと考えられる。気候の寒冷化のなかで豊かではないが、それほど追い詰められた生活環境にあったとは思えない。社会が緊張関係にあった痕跡も希薄である。

　支配の網　治安が安定したなかで気候が温暖化に向かえば、社会の活力は回復する。7世紀の直前までに、この地では豪族が再生する。復活した豪族の古墳は、7世紀中葉までは関東方面との強い結びつきがあった。埋葬施設は、関東系の切石積横穴式石室が導入された。副葬品の量も種類も増加する。ただこの地では、須恵器が玄室内に副葬されることは少ない。これは、倭国の中核地と異なる葬送習俗である。

　また横穴には、彩色装飾が施された例がある。九州の装飾古墳の関連が問われるが、伝播による受容ではなく、独自の在地性であろう。施された装飾は、基本的に物事を説明する図である。芸術としての美術絵画は、この段階で成立はしていない。有力豪族が葬られた中田1号横穴の三角文は、安置された遺体を囲む幕の存在を説明している。群集墳のなかにある泉崎4号横穴の壁画は、装飾というよりは、死後に想定される生活を説明した図ではないだろうか。

　そして7世紀後半には、白河市の周辺では、谷地久保古墳などの畿内系の埋葬施設を持つ古墳が出現する。さらに須賀川市では、8世紀前半の稲古舘古墳に正倉院様式の鉄刀が副葬されていた。この地の在地の豪族層が、倭王権による直接支配に組み込まれた結果である。

　7世紀に盛行する群集墳・横穴群は、統治単位にまとめられた人間集団を示している。個々の横穴造営単位は、いわば家族に類する系族のような構成であろう。在地集団の規模を豪族は、横穴の造営から把握する。横穴を造営する在地集団は、造ることにより自らの集団を主張する。群集墳の盛行は、集落の集住と対応した現象であり、倭王権の施策である。群集墳の造営により、在地集団の規模と造営集団の規模が表示される。文字による戸籍を作るまでもなく、在地住人が把握できる。在地と倭王権双方の利害が一致した施策である。

　この時点で、文字による造籍の技術基盤はこの地にない。代わりに群集墳と集住集落より住民集団を把握したのであろう。また戸籍では、人間と居住地を合致させなければならないが、当時の在地に地番はない。8世紀の文献でも自然村落は「村」である。「郷」は戸籍の単位ではあるが、住地ではない。群集墳を戸籍として在地住人が把握され、支配の網がかぶせられた。

　群集墳や豪族古墳では7世紀前半から中葉にかけて、金銅装装飾付大刀が大小の古墳に副葬される。過飾で、形骸化したことに特徴があり、実用の武器ではない。画一的な装飾を鉄刀に施すことにより、保持者の権利や職掌を倭王権が保障したのである。在地の人々にとっては、地位の獲得である。倭王権の側からは、在地を政治的に編成する要となる人々の編成である。

　あわせて、集落の様相が古墳中・後期とは大きく変化する。それまでの散居集落は7世紀になると河川周辺の自然堤防に集まり、大規模化する。集落の周辺には、大小の溝も設けられる。水田の検出はされていないが、生活の場が低地に移動したことからすれば、周辺の湿地を開発した水稲農耕が推進された結果である。倭国西部型農耕の導入である。また集村の形成は、住人が自らの意思で実施したのではない。阿武隈川上流域ばかりではなく、関東や北陸など広範な場所で生じる現象であり、その背後には倭王権の施策が想定される（宇野1991ほか）。

　この段階で支配の対象は土地ではなく人である。土地は、そこにあるだけでは、富は生み出さない。当時の段階では、土地に働きかけて富を得る労力を確保することが必要であった。人を掌

握した上で、効率的な集約農業の導入が図られた。ただしこの農業政策は十分な成果を上げることはできなかったのではないか。8世紀には再び散居集落が復活する。

これらの改革が順調に進められた7世紀中頃、南東北では須恵器生産の改革、造瓦技術と製鉄技術の導入も相次いで開始される。須恵器製作以外は、新しい技術である。それまで在地化した技法で作られていた須恵器も、中核地の技術で再生された。小型須恵器は、官衙・寺院で使用される食器であり、大甕は、貯蔵用具として各種の役割があった。瓦は、寺院建築に不可欠の資材である。なかでも製鉄技術が導入されることにより、この地で経済的自給体制を構築することが可能になる。鉄は、統治施設の建築や社会資本の開発など在地社会の維持に不可欠な物資である。鉄を作り、鋼に加工することにより農耕具の自給を可能にして、自己完結的な経済体制を構築する施策である。版図・領内の自給は、古代君主・統治者の理想と目標である。

また黒木田遺跡・腰浜遺跡等の仏教寺院もこの頃までに創建される。寺院は、国家体制を支える思想の主柱である。あわせて、知識の貯蔵庫であり、地方統治の実務者の育成、教育機関でもある。瓦葺の荘厳な建築物は、その背後にある権力を住民に誇示していた。

そして、仙台市長町郡山遺跡に柵をめぐらせたⅠ期官衙が、関東を飛び越えていち早く造営される。倭国版図の北端にあって、交易と統治・防衛の拠点である。責任者は、中核地の貴族であろう。南東北を統括する責任者は中核地の官人が任命されたであろう。7世紀末には、藤原京を模したⅡ期官衙になり、さらに8世紀前半の多賀城へと継承される。また7世紀末には、南相馬市泉官衙遺跡や須賀川市栄町官衙遺跡などで、評衙も出現する。中央集権化による地方統治機構が、急速に構築された。

行政施設には常駐する役人がいて、現地の支配を地元の豪族が担当する体制である。この統治方式は、中国の「土司支配」と近似している。ただしこの統治は、収奪のためではなく、国力の強化が目的である。在地での自給経済体制を確立するとともに、版図の境を安定させる。そして関東の秩序を確保するためである。7世紀の南東北に、収奪する富は蓄積されていない。あったのは「人」である。住民を兵士や労働力として動員することが目的であった。

この地には、関東のような有力な王権が存在しないこともあって、倭国から古代日本国の成立へと向かう中核地からの諸改革が、典型的に実施された。そのために地方行政施設が造られ、製鉄をはじめ各種手工業の育成が積極的に進められた。手工業に当時の先端技術が移植され、南端の白河では畿内系の終末期古墳も造られた。重要拠点の在地豪族優遇政策である。この結果、社会資本の蓄積は急速に進んだ。古代における高度成長期である。

倭国から古代日本国へ　南東北における7世紀の諸改革は、この地で長く蓄積された社会的成果の延長上に誕生したのではない。当時の国際環境を受けた急激な対応である。瀬戸内海から北部九州にかけての正面防備に対して、背面の安定と兵站地を確保するための改革が実施されたのである。それは、評を実質的に運営する在地首長層を基盤に、畿内の官人がこの上に立つ統治体制であり、畿内による植民地型支配ともいえよう。この評は、人間集団の組織であり、土地区分による住民の組織ではない（早川1975）。在地首長制を基盤にした編成であり、在地の秩序を温存した「生産関係」である（石母田1971）。

古代日本国が成立した後、8世紀前半からは、宮城県北辺に城柵帯が形成される。旧倭国の北端線から一歩踏み出した場所である。あわせて、関東方面からの移民政策も実施される。蝦夷と

呼ばれた人々の土地への集団移住である。現代の言葉でいえば、移住植民地である。古代日本国の北辺を拡げて、版図の安全を強固にするためである。

　7世紀後半以前、倭国と蝦夷交流が個人的段階あるいは朝貢形態の交易であれば、紛争が生じても集団間の戦いには至らない。しかし他の人々の土地へ外部からの集団的移住が実施されれば、現地では必ず戦乱が生じる。長町郡山遺跡の官衙中枢部が、堀溝と材木柵さらには櫓をめぐらした防御施設が必要とされたのも、戦いに備えるためであった。現に倭国の北端に一連の城柵が設置された8世紀前半には、戦乱が勃発した。在地の反発である。

　7世紀の南東北は、倭国の内と外とを画する境界であった。版図の北端を画する城柵地帯を支えるとともに、南側には関東がある。しかも日本海岸に沿った道筋は、南東北から倭王権の根拠地とも結びついている。南東北は、倭国から古代日本国の成立に向かう東国統治の要地であった。この地の安定した支配は、倭国の国力集中にとって不可欠であった。

第2節　古墳パンデミックと倭国誕生

　歴史のなかで宗教や文物は、時に地域を越えて爆発的な拡散・伝播をすることがある。世界宗教の流布、あるいは産業革命の波及などである。このような現象について梅棹忠夫は、文物の伝播を伝染病のパンデミックとその在地化を風土病的なエンデミックという見方から説明している（梅棹 1966）。伝染病の爆発的な流行には、病原体の存在、それが伝播する手段と環境、保菌者の存在などの条件が前提となる。

　日本列島においても3世紀後半、古墳がそれまでの在地的な墳墓造営圏を越えて南東北から九州まで広く波及する現象は、文物の爆発的な拡散例のひとつといえよう。この現象も、梅棹と同様な観点からの説明が可能ではないだろうか。つまり、①王およびこれに類する人々を大型墳丘墓に葬る儀礼の普及。②これを伝播させる社会環境の醸成。③倭地の諸王権の上に立つ倭王権の成立である。

　社会環境の醸成　弥生後期の倭地西部は、環濠集落が「島」のように分布する多島海である。環濠集落は、政治・宗教・手工業生産、交易の拠点であった。長崎県原ノ辻遺跡・福岡県比恵遺跡・同那珂遺跡・佐賀県吉野ヶ里遺跡から大阪府池上遺跡・奈良県唐古遺跡・愛知県朝日遺跡などである。集落はこれを囲う大環濠のほかに、幾重にも濠や柵列がめぐらされていた。内部の秩序を保ち、外敵に対する防衛の施設である。内部には大型掘立柱建物があり、土器には楼閣も描かれていた。大型建物や楼閣は、一般的な居住施設ではなく、政治的施設であろう。これらの環濠集落間には、土器型式・銅鐸・武器形祭具、墳墓様式などで顕著な地域間の相違があった。北部九州から四国西南部に至る広形銅矛分布圏、近畿式銅鐸分布圏・三遠式銅鐸分布圏・瀬戸内の特殊器台付墳墓・山陰の四隅突出型墳墓という地域的な祭祀圏があった。

　環濠集落は都市的な集住に特色がある。集落内で作られた手工業品、土器・石器・木器・布・青銅器・骨角器・装身具・武器類などは、自らが使用するほか交換材であった。環濠集落では、山海産物の自給ができないので、これら生活必需品交易および各種手工業資材の交換による入手は不可欠であった。

　最盛期の弥生中期、唐古遺跡（藤田 2012 ほか）では、この地で産出しない多数の海産物残滓が出

土している。食料は、栽培植物以外に周辺や近辺のあらゆる可食物が対象であった。産地は大阪湾から紀州灘、あるいは伊勢湾方面である。木材は近辺の丘陵・山地から、石材は耳成山・二上山や紀ノ川流域、淀川流域から運ばれている。日常生活に必要な物資は、比較的近くから確保されていた。

環濠集落の周辺での、必要な物資の交換関係の成立は、政治圏に転換する。有力な環濠集落を核として、その周辺に形成された衛星集落と近隣の山野を含めた範囲である。環濠集落は、経済力・政治力・軍事力、さらには文化・宗教の核であった。

このような必要物資の交換に対して、海外の先進文物の交易も環濠集落間で、盛んに行われていた。これらは、威信財となる先進文物であり、倭地では作れない金属器とその素材交易である。環濠集落は、交易路の網目と網目を結ぶ拠点でもあった。倭地では当時、青銅や鉄の素材は作ることができなかった。また銅鏡や武器類、あるいは中国産の各種高級文物などは、威信財として政治的・宗教的役割を担っていた。環濠集落の強弱は、中国産や朝鮮半島産文物を確保することと直結していた。

交易路には、朝鮮半島から日本列島を東西に結ぶ南路と北路の長距離交易路があった（久住2007）。交易路は北部九州が起点である。この場所が、倭外からの文物受け入れ口であり、倭地物流拠点であった。宝飾品や織物という奢侈品、武器類、金属素材など各種文物は、この地を経由して流通した。また北部九州は、青銅器や鉄器、ガラス製品などの宝器・武器・生活用具などの生産拠点でもあった。

弥生時代の北部九州では、狭い範囲にマツラ国、イト国、サワラ国、ナ国という国々が連なっていた。その王墓には、多量の中国製宝器や装身具、武器が納められていた。北部九州地域には、都市国家的様相の一端もみられた（高倉1995）。この地の文化状況は、東方諸地域と比べれば、格段に洗練されていた。ただ北部九州全体が、ひとつの政治体に統合されることはなかった。また北部九州が、周辺に対して経済力を背景とした覇権を積極的に行使した兆候もない。

交易南路は、北部九州から瀬戸内海を通って、近畿から東海・関東方面に延びている。交易北路は、北部九州から日本海にそって出雲・伯耆を経て丹後半島から若狭・能登を経由して越に至る路である。南と北の交易路は、敦賀湾から伊勢湾に至る場所で交差する。これより以東は、山路と川路・海路による網目路となる。弥生時代の両交易路は、東北・関東に入ると細く、不明瞭となる。弥生中期以前、倭地の東端では、金属器の普及はなく、倭地の西半とは大きく異なる状況にあった。

倭地からの海外への交易対価は、『魏志倭人伝』に記された女王卑弥呼の献上品に一端が示されている。各種玉類と織物類それに「人」である。このほか、朝鮮半島には産出しないコウヤマキやクスなどの木材、南海の宝貝・海産物・米などの食物も含まれていたであろう。西南諸島の宝貝は、生活物資との交換により獲得したのであろうか。

弥生後期の交易品では、鉄が重要であったとする研究者は少なくない（都出1989b、白石1999ほか）。鉄器時代であれば、その経済的役割が重要なことはいうまでもない。しかも倭地では、鉄の生産がされていないことから、すべてを輸入しなければならなかった。鉄以外の先進文物も、状況は同様であろう。

弥生時代から古墳時代において、鉄器の出土量をX軸、九州からの距離をY軸として、野島永

が作成した線グラフでは、北部九州が突出して多く、東に向かっては逆放物線を描いて少なくなる（野島2009）。村上恭通によれば、弥生時代末において完全に鉄器化したのは北部九州までという。山陰・山陽方面でも鉄器はそれなりに普及していたが、近畿やこれより東では、鉄器の出土量に大きな断絶がある（村上2007、野島2009ほか）。

　この結果から野島永は、鉄交易の3形態を提案している（野島2009）。北部九州から瀬戸内西部にかけては、①相互互恵的交易、②日本海岸から瀬戸内東部では拠点的交易、そして③関東の威信財交易である。この交易は、鉄以外の先進文物でも同様であろう。

　③は、分析資料が少ないことから判断は難しいが、①は、隣接する集団間における互酬性の高い日常的な交易という。石材や木器製品などにみられる日常材の交易と変わらない段階に、鉄素材の流通が始まっていた。弥生時代に貨幣はない。各種交易品の価格を決める共通基準がない。各種の交易は基本的に物々交換である。あるいは、人の交換もあったかもしれない。

　②では、逆放物線から突出する場所に着目し、これを鉄器の交易の拠点であると考えている。日本海側の突出地は、伯耆や丹後・越前などの拠点が点在している。交易南路では、瀬戸内東部沿岸では、備讃瀬戸と大阪湾に拠点がある。両路に挟まれた内陸部や太平洋沿岸には、突出する拠点はない。交易路は、それを維持する施設が必要となる。拠点は、交易の場所であり、補給地であり、安全を確保する場所でもあった。

　両交易路のうち、弥生後期では北路の方に勢いがあった。丹後では大型方形墳丘墓が造られた。朱の散布とともに、鉄器・ガラス製品などの豪華な副葬品が納められていた。副葬された各種の鉄製武器や装身具に交易品の一端をみることができる。これとともに日本海沿岸では、弥生中期以降に玉生産が活発になる。交易品の対価として生産されたと推定されている。鋳造鉄脱炭鋼製品は、石器を加工する技術で造られた工具の材料にもなった（野島2009）。

　交易南路では瀬戸内沿岸の備前と河内、それに尾張で小さな中心地が出現した程度である。この地は、突出部付円形墳丘墓など特徴的な大型墳墓がある。周辺各在地集団が、まとまった政治的統合が北部九州より進んでいたのであろう。ただし墳墓の副葬品は、北路と比べると貧弱である。交易の対価が十分ではなかったことの反映である。鉄の出土状況や玉類生産遺跡の活性化からみると、交易北路の優位が顕著である。

　各種文物の行きかう恒常的な交易路は、人と情報が交流する路でもある。文物に手足はない。運ぶのは人である。人が移動すれば各種の情報も伝達される。倭地からの物流網は、日本列島の南北から朝鮮半島を介して東北アジアにまで伸びていた。これが倭の各地を結びつけ、古墳を流行させる社会環境の醸成に寄与したのではないだろうか。人々が生活を営むなかで、完全な自給自足はいつの時代でも不可能に近い。個人間でも交換は頻繁に行われるし、集落間ではより大きな物資・知識・人の交換もあったであろう。倭地ではこのような交流網が醸成されていた。

　交易路の維持は、環濠集落の間で優位な地位を占めるために不可欠であった。交易路が大きく変わり、物資の流通拠点が移動すれば、富を集積していた場所はそれを失う。逆に新たな交易拠点を確保した勢力が、利益を独占することになる。この場合、交易路上の環境集落間の争いであれば、その規模は局地的紛争で収まる。しかし、交易路と交易路に連なる環濠集落群の争いであれば、在地間の紛争となる。交易路と交易路の争いは在地間の物資と人的資源を対象とした経済的・政治的争いとなる。交易路をめぐる争いも、それはそれで交流形態のひとつである。

弥生時代に想定される戦いは3形態である（松木1996ほか）。①環濠集落内とその周辺における権力争い。②環濠集落間の戦い。③地域間の戦いである。①は弥生時代を通して継続した。規模の小さな争いである。②は、繰り返されることにより環濠集落間の勢力秩序が形成される。北部九州では、この種の戦いが長く継続していたらしい。しかし、弥生時代を通して、北部九州がひとつの政治圏を形成することはなかった。この戦いは、たとえば古代ギリシャの都市国家間紛争のような様相であろうか。

③は、広域地域を単位とする政治圏の形成が成立したことが前提となる。大和川流域や淀川流域、揖保川流域、湖東地域などという河川流域や地形的まとまりのある範囲では、個々の政治圏が形成された。さらに山陰や丹波・丹後、瀬戸内東部等の特徴的な墳丘墓は、これらの範囲で政治的なまとまりが形成されたことを示している（白石2009ほか）。このような在地間で主導権と優位を確保する争があり、各地の環濠集落や集落群が淘汰され、ひとつの在地圏が形成される。さらには山陰などの日本海沿や瀬戸内沿岸の特徴的な墳丘墓が造営を停止して、古墳に置き換わったことは、在地間競争の結果を示していよう。

地域間の戦いで、武力を直接行使する在地集団の戦いには、多大の費用と組織が必要となる。軍隊組織のない段階では、戦いがあったとしても、その規模は限定的である。武力による直接的な戦争以外に、経済・文化・宗教の競争という側面もあったのではないか。

青銅器祭祀から大型墳丘墓へ　2世紀後半、倭地における弥生後期の在地間関係は、後漢の衰退と気候の寒冷化により不安定になる。東アジアの動乱により、朝鮮半島及び中国からの先進的な文物交易が大きく阻害され、また安定した水稲農耕が維持できなくなったからである。青銅器祭祀を中心にした在地社会秩序は、維持できなくなり崩壊した。銅鐸や銅矛は、墳墓からは出土しない。地域社会の共有祭具であったからである。これとは別な社会システムが模索された。危機のなかで弥生後期の在地間競争を勝ち抜くためである。

青銅器祭具に代わって、大型墳墓が出現する。大型墳墓に葬られる人物が出現した。在地社会が宗教的まとまりにより維持されていた段階から、王権を核として在地社会が形成されたことを意味していよう。山陰を中心とする四隅突出型墳丘墓であり、丹後方面の方形墳丘墓、あるいは瀬戸内東部の前方後円型墳丘墓。それに東海以北の前方後方型墳丘墓である。そして、共通する墳丘墓様式で、首長間の利害関係や墳墓造営思想を共有する人間集団が形成された。これを媒介とした政治圏である。また北部九州では、大型墳丘墓でよりも、豪華な副葬品を納める方向で王墓が発達した。

死者を葬る墳墓は、当時の死生観や宗教思想を前提として造られる。この基は現世の営みである。弥生時代の墳墓は、装身具や武器などを副葬していた。副葬品を身につけた人物は、武器を持ち、装身具を身につけた貴人であり、副葬品は生前の姿を死後も保つための品々である。それは、通常の人とは異なる社会的役割を担った人の威儀を示している。この姿は武力王ではなく、神聖王としての側面が強いのではないか。

葬儀は死者を埋葬する行為であるが、亡くなった人物が担っていた役割を引き継ぎ、再生するために執り行われる。王には王の葬儀が必要であった。このような葬儀が、社会を維持する不可欠のシステムとして求められたのである。

王の墳墓を共同体で造り、協力関係にある他地の王や王権を支える人々が葬儀に参加すること

により、新しい王のもとで、共同体の秩序が復活し、関係地との結びつきも再確認される。その政治的装置が必要であった。大規模な墳墓はこの装置であった。多くの人々が集まり、葬儀を執り行うことで、共同体の実力を誇示し、また協力関係にある他地との秩序も明白になる。我々という人間集団、我々の土地という場所が形成された。外には、彼ら、彼女らとその土地がある。

　埋葬施設の近くからは、高坏や壺・器台という食物を盛り付けいれる土器が出土している。死者に食物を供えた行為の痕跡である。弥生後期と古墳時代の墳墓は、この点で共通した価値観を表現している。食器には、食べ物の盛りつけがなされていたのであろう。あるいは、食器でこれを示すこともできよう。死者も、食べ物が必要な生活を営むという考えがあり、供えることで死者にこれを提供できるというのであろうか。ただし、これにより神と人の飲食儀礼があったかどうかはわからない。岡田精司は、王位継承儀礼が墳墓で執り行われたことに否定的である（岡田1999）。

　弥生後期の段階では、副葬品は場所による差が顕著であった。北部九州の副葬品は絢爛豪華で、東日本に向かって貧弱になる。このことは、在地の貧富と王権の性格を反映していよう。山陰や山陽方面では、水銀朱と鉄剣・鉄刀、宝玉・ガラス製装身具などがある。これに武器類が少量含まれる。農工具の副葬は少ない。東日本では、鉄剣・鉄刀や装身具が添えられる程度である。弥生後期、墳墓がそれぞれに在地的特色をもって造られていた。ただし、王を葬るには大型の墳丘墓が必要であるという思想は、倭地で広く共有されていた。

倭国大乱　　庄内式期には倭地の全域を巻き込んで土器の広域的な交流がある（寺沢1987ほか）。日常の調理に使う土器が移動する在地間交流である。土器型式には、人々の間の密接で恒常的な交流の存在が前提となる。土器を作る方法と用途を共有する生活文化の結びつきである。そこには、各種の交換も成立する。衣食住にともなう日々の品、これを結びつける知識や技術・思想・宗教という文化要素である。それは、生活を共にする人々の存在を背景としている。土器自体や中身の商品が交易の対象ではなく、人と人々の移動が想定される。海外の文物ではなく、労働力としての「人」の確保が争いの焦点ではなかったか。

　土器移動には、3つの主体的な場所がある。一つは日本海岸方面の土器である。北陸系土器は関東から大和川・淀川流域、さらには九州からも出土する。山陰系土器も関東から九州にわたって分布が確認されている。この場合、集落全体で日本海岸系土器が出土するのではなく、在地土器の中に確認されることが多い。この土器を作った人々は、在地集団のなかで少人数であった。移住をした、またはさせられた人々であろうか。

　日本海岸の土器は広範囲に出土するが、ほかの文物とあわせてみると、主導的な役割を果たしたのではない。弥生後期に盛んに造営された四隅突出型墳丘墓は、古墳前期初頭に大型古墳は造られなくなる。山陰の諸集団が、古墳時代初頭までには衰退したことの反映であろう。これとあわせて、九州方面の在地土器が他所から出土しないことも、この時期の特徴である。九州方面では、人々を受け入れることはあっても、在地人の移出が活発でなかった。九州方面の土器が東方から出土する例は少ない。

　東海系土器は、東日本方面へ向かって広範囲に分布している。なかでも関東北西部では在地土器の分布域を割り裂いて、古墳前期には東海系を母体とした石田川式土器を成立させる（尾崎ほか1966）。多数の人々による集団的な移動が想定でき、その影響は北陸方面にまで広く及んでい

る。東海は、東方に向かう政治・文物の中核地となった（比田井 1997）。

　大和川流域の土器は、九州から関東方面にまで広く出土するとともに、在地土器の布留式化を進めてゆく。一方で倭王権の本拠とされる纒向遺跡からは、東西の広範囲な土器が多量に出土している。土器の広域間移動現象は、布留式土器期までに終息する。

　庄内式期土器の広域間移動は、それまでの文物の移動と質的に異なり、集団的に人が動いたことを示している。その背後には何があったのか。宝飾品は富を象徴するにすぎない。土地は、それだけでは富を生み出さない。土地に働きかけて富を生み出す人がいなければ価値はない。中世や近代に比べて格段に人口の少ない庄内式期では、人と人の集団が持っている労働力が富の源泉であった。

　高地性集落は見張り台や連絡網としての役割もあったが、人を守る逃げ城の機能をもっていた。大阪府和泉観音山遺跡のような大規模集落である。環濠集落自体も富を守るだけではなく、人と集団を守る施設である。倭の全域に及ぶ土器の移動には、人と人間集団をめぐる在地間の争いから、倭王権が成立する一端が反映されているのではないだろうか。

　これまで、社会変化を説明する上で、土地、生産力の多寡が社会変化のなかで重視されてきた。農業生産の基盤である。確かに土地の広さ、豊かさは重要である。しかし当時の倭全体の人口がせいぜい100万人程度（鬼頭 2000 ほか）であれば、開発可能な土地に限界はない。むしろ不足していたのは、労働力と物資である。人と資材の獲得をめぐる競争が当時の焦点であった。中世の土地をめぐる争いのなかで発達した城砦と異なり、環濠集落は人間と財産を守る機能が重視された構造である。集落全体に溝をめぐらすことが端的にそれを示している。奈良時代でも、「累世富家」が相続したのは、共同体の中核となる「ヤケ」とその従属民（ヤケヒト・ヤッコ）であり、耕地である「田」を含んでいなかった（吉田 1983）。

　古墳時代と弥生時代では、集落の在り方が大きく変化する。弥生時代の環濠集落は、古墳時代が始まる前に衰退する。また新たに特定の場所に集落が出現する。多くの場所では、集落は急速に規模を縮小したらしい。集落の再編や移動は、社会の構造変化の反映である。この時期に、倭国内で在地集団間の興亡に一区切りが付き、防御の対象が住民から居館を構えた豪族層に変化した結果である（都出 1989a ほか）。

環濠集落の解体　弥生時代の「畿内」では、大和川流域と淀川流域という南北の地域圏があった（佐原 1973）。環濠集落の廃絶にもこれが関係している。まず和泉方面の池上遺跡、淀川流域の安満遺跡など、大和川流域周辺の拠点的な大規模環濠集落が弥生時代後期のうちに衰退する。これと前後して、和泉観音山遺跡などの高地性集落が出現する。この一方で大和川流域の大阪府亀井遺跡や奈良県唐古遺跡は庄内式期まで継続する。これらの営みが衰退するころ、奈良盆地東南部に倭王権の王都である纒向の居館と集落が出現する（寺沢 1984）。環濠集落の解体と纒向遺跡の出現は、3世紀初頭までに大和川流域の集団を核として一つの政治体制が確立したことを示している（白石 1999a ほか）。

　環濠集落を廃して、別形態の集落を造るのは容易なことではない。単に住家を造りかえるのではなく、日常生活から手工業生産や物流拠点など、在地社会の基礎システムを大きく変えることになるからである。秩序が崩れて社会が再生する時、必ず争いが惹起する。そして、戦争を含む厳しい社会環境を克服して獲得した勝者が、集落の再編成を実施し、支配体制の強化を図った結

289

果、新しい社会体制に適合する集落が造られるのである。このほか、自然災害による危機的状況の発生が、その混乱の後に在地間の一体性を高めること、あるいは崩壊も想定されるが、これは場合による。

　環濠集落では、内部に首長の住居が取り込まれていた。それが古墳時代になると首長の居館は、集落から分立する。首長は集落の住民とともにあった段階から、これを支配する王に移行したのである。考古学的には環濠集落の解体、高地性集落の廃絶、広域間土器の交流の背後にある人の移動活発化、在地型大型墳丘墓の造営停止、銅鐸・銅鉾など弥生的青銅祭具の廃棄、首長居館の出現、続いて大型古墳の築造という変化が確認されている。そういう意味で、環濠集落の多島海とは異なる社会、倭国が出現したのである。

　倭王権の成立と前後して、交易路は南路優位に変化する。先進文物では、岡村秀典が指摘した中国製銅鏡の分布状況が大きく変化する（岡村1986）。中核地も、北部九州から大和川流域に移るとともに、大和川流域を中心として、東西に広がる新しい交易路が成立した。朝鮮半島に向かう主要路には、大阪湾岸の大阪府中田遺跡から瀬戸内海を抜けて九州北部の福岡県新町遺跡に延びる交易拠点が出現する。これらの遺跡に環濠はない。古墳時代前期には、古墳に副葬される宝飾品や武器・武具流通の中核は、大和川流域を核とする一元的な流通網に転換した。その東端も、東北中部まで拡大した。この交易路は、政治と宗教の路でもあった。

　倭国成立の条件に、多くの研究者は鉄器の普及を重視している（都出1989b、白石2009ほか）。鉄は社会の基礎資材である。鉄器が普及した弥生時代後期以降は、鉄素材の確保が在地社会を維持する上で不可欠となった。石器素材は各地で産出したが、鉄素材は当時、朝鮮半島から輸入するしか入手方法がなかった。したがって交易路の確保は在地集団の生命線となった。

　しかし、集落跡から出土する鉄素材量は、古墳時代になっても西高東低であることに変化はない（村上1998ほか）。弥生時代後期とそれほどの相違はない。倭国大乱の要因が、鉄素材の確保を原因とするわけではなかったことになる。村上恭通の指摘は、古墳の出現を考える上で重要である（村上2007）。

　倭国東部の集落からは、古墳時代になっても鉄器が出土することは少ない。南東北の集落跡から多数の鉄器が出土するのは、現地での鉄素材生産が確立した8世紀になってからである。鉄器は大切に使われ、鉄素材の再利用も徹底されていたのであろう。日常的に使用する鉄器・鉄素材の供給が、倭王権の成立以降に著しく増大したとはいえない。素材としての鉄そのものは、倭人の生活のなかで必要不可欠な物資ではあろうが、それが意識され、また重視されていたとは限らない。戦略的物資という考え方は、現在の認識であり、当時の常識とはなっていなかったのではないか。

　古墳パンデミックと倭国の誕生　　文献記録、『魏志東夷伝倭人条』でも、女王国の卑弥呼が30余国を束ねて、中国の魏から倭国王に任命されたことを伝えている。倭国の誕生である。ただし、この時点で、30余国は存続していたらしい。

　王を葬る墓には大型の墳丘墓が必要であるとする思想、これを媒介する社会環境、倭王権成立の3条件が満たされて、古墳が誕生した。箸墓古墳は、最古の倭王の古墳と推定されている。巨大古墳である。近藤義郎は、前方後円墳の成立について、「前方後円墳は、弥生時代各地の墳丘墓の要素をあわせて造られているが、その継承には飛躍的の結果としての断絶があり、その意味

では地方性の断絶であり、新たな創造である。」としている（近藤1986）。前方後円形の墳丘、段築と葺石それに埴輪という外表施設、竪穴式石室（石槨）とコウヤマキの巨大木棺、銅鏡・武器・武具・装身具の副葬、朱彩荘厳などは、弥生時代に存在した倭地の墳墓要素である。

　巨大な古墳で執り行われる葬送儀礼、副葬される武器や宝飾品は、被葬者の権力を示している。新しく誕生した倭王の権力と権威を隔絶して強大な古墳をもって誇示するためである。それだけではない。宗教的な要素も強く見られる。箸墓古墳からは、吉備の特殊器台・特殊壺と東海の二重口縁壺も出土している。箸墓古墳の葬送儀礼を通して、弥生時代各地にあった権威や宗教的価値を継承するとともに、それを否定して別な次元に押し上げるためである（近藤1986ほか）。古墳の造営の直前に、弥生時代に特徴的な銅鐸や青銅武器祭具を用いた祭祀も廃絶する。古墳は、これらに代わる新しい祭祀儀礼でもあった。王権には、政治経済力や武力という実力以外に、精神的な権威も必要である。

　葬儀に参加、あるいは情報を得た倭国各地の在地王権は、自己の地位を内外に表示するために古墳を造った。短期間のうちに、爆発的に伝播する古墳の造営状況は、古墳のパンデミック的現象ということができよう。

　そのような社会が、倭王権を中核にして、南東北から九州にいたる範囲で形成されたのが古墳時代の始まりである。倭国の諸地の王権の上に立つ大王と諸地における在地王権である。倭国の王都とされる纏向遺跡では、宮殿・神殿に類する施設や大規模な祭祀施設が造営され、東西の地域から多くの人々が集った。彼ら彼女らは、倭王権で各種の役割に従事するとともに、それぞれの出身地の利益を追求したのであろう。

　しかしこの段階の倭国に、版図を統治する行政組織が存在した痕跡はない。倭国では、それぞれの在地王権によって政治的、宗教的、経済的まとまりが形成され、その上に倭王権の覇権や優位を認める程度ではなかったのではないだろうか。倭王権が直接支配する版図も、大和川流域周辺という比較的狭い範囲であろう。倭王権にしても、版図の細部まで掌握する意図はないであろうし、必要ともしない。東西に細長い版図のうえに、倭王権の優位と緩やかなまとまりが形成されたのが倭国である。白石太一郎が、この時期の倭王権を初期ヤマト政権と呼び、豪族連合の段階とするのも、このような理解であろうか（白石2009）。それは専制的・一元的な王国ではない。

　ではなぜ、大和川流域に倭王権が成立したか。多くの議論はある。王都を日本列島の要地に据えるのであれば、奈良盆地よりも滋賀県湖東の方がふさわしい（寺沢2000ほか）。淀川から木津川を経て奈良盆地に至る勢力を基盤として古墳が創設された（福永2008）。大和川流域を基盤として奈良盆地南部に古墳が造られた（白石2009）。纏向遺跡が庄内式期に形成され、これと前後して纏向型前方後円墳形墳丘墓も成立していた。古墳が出現する直前にこの地に王権が、成立していた。大和川流域にはこの時期、有力な墳丘墓は他の場所で造られる例は少ない。庄内式期には、纏向周辺に大和川流域を統合する王権が出現していたといえよう。

　弥生時代の「畿内」は、北部九州と比べると後進地帯である。北部九州は朝鮮半島との結びつきも強く、各種中国産品も多量に出土している豊かな先進地である。「畿内」はこれに比べると、確かに見劣りはする。しかし経済力や生産性は、必ずしも覇権成立の必要十分条件とはならない。「畿内」の弥生集落にも、大阪府池上・曽根遺跡や唐古遺跡などの大規模環濠集落がある。銅鐸という特異な祭具も作っていた。王権の成立が、経済格差や社会発展状況によって、決定さ

れるとは限らない。弥生時代の社会状況であれば、大和川流域が核となって、倭王権が成立して
も不思議はない。

　出現期古墳は、大和川流域の奈良盆地東南部に集中しているが、淀川流域では中小古墳が点在
している。初期古墳の在り方から白石太一郎は、大和川流域がヤマトの本拠地であり、纒向周辺
に王墓とそれに連なる人々が葬られたと考えている（白石 2013a ほか）。大和川流域を中核とした
政治的・宗教的一体化が庄内式期に形成され、これを核として、瀬戸内沿岸諸地が相互依存的に
協力する政治体制が女王卑弥呼の段階で形成され、そして布留 0 式期に、九州から南東北に古墳
が出現した。それは、倭国を版図とする倭王権の成立を意味している（白石 2009 ほか）。

　大和川流域の最大規模の古墳には、倭王が葬られた。古墳を造営することにより、それぞれの
地で王を葬る習俗が成立した。各地の在地王権が自らの実力を示し、古墳に納める副葬品を埋葬
する儀礼を通して富を示したのであろう。古墳の大きさは、動員力の規模であり、副葬品は富と
被葬者の果たした役割を示している。副葬品から生前の姿を知ることができよう。また葬儀を執
り仕切ることで、後継王に権力と権威を引き継がれたことも示すことになった。そういう政治装
置が古墳である。

　ただし、前期古墳にも在地的特色が保持されていた。東日本では前方後方墳が多数を占めてい
る。竪穴式石槨の普及も普遍的ではなく埋葬施設も多様である。墳丘に段築を設けること、埴輪
を据えること、葺石を用いること等も少ない。前方後円墳あるいは前方後方墳という墳形以外に
も、相違点は少なくない。この相違を倭王権における政治秩序とする考えが主流であるが、そう
ではなく在地独自の主張と筆者はみている。古墳は、在地が在地の要請を受けて造ったのである。

第3節　　倭王権と在地王権の競合

　古墳中期の位置　古墳時代を区分する上で、中期の位置づけは焦点である。近藤義郎は、竪穴
系埋葬施設から横穴系埋葬施設の採用による、埋葬方法の変化を重視した。古墳自体の変化から
も、明快な区分であり、中期を含めてこの期間を前期とした。そして後期は、後期群集墳が形成
されることによる古墳造営者の増大、その背後にあった社会変化をも想定した。古墳に葬られた
人々の増加、群集墳の造営に、首長を核とした地域共同体のなかから台頭した広範な人々の出現
という社会構造の変化をみている（近藤 1983 ほか）。

　もうひとつは、古墳被葬者の社会的役割の変化から中期を設定して、3 期区分とする小林行雄
などの考えである（小林 1961 ほか）。中期は、前期の古墳要素を受け継ぎながら武器・武具類の大
量副葬、巨大古墳の築造とその周辺に形成された大型古墳群の造営に特徴があり、古墳被葬者は
前期の司祭者的役割から中期の武人的要素を強めたとした。つまり、司祭者から政治的支配者と
その役割が変化したことを重視した。古墳の極大化と大小古墳で構成される古墳群の造営、副葬
品の祭具から武器類という古墳変化の背後に、支配者層の社会的役割の変化を見出す見解であ
る。あるいは、古墳時代前期と中期の境間に大きな画期を見出して、古代国家の成立をみるとい
う主張もある（田中 1991 など）。

　また白石太一郎は、中期と後期を政治的な画期として、中期までを豪族政治連合として初期ヤ
マト政権、後期からは地方の豪族が直接大王と結びつくのではなくヤマト王権を構成する畿内豪

族がそれぞれの職掌的関係を踏まえて結びつく政治体制に変化し、これをヤマト政権として区分する（白石 1984 ほか）。

　古墳中期は、窯業生産や鉄器生産が渡来系技術の導入により改革されるとともに、文字資料も確認されるようになる。当然、政治体制も産業・物流構造にも大きな変化が想定される。統治組織の整備も進んだであろう。次の社会体制の始まりをここに求め、古墳中期は前期と後期の間という意味ではなく、特色あるひとつの画期という理解である。

　近年は、古墳自体の編年網が詳細になり、より細かな変化を踏まえて、古墳自体の構造変化を区分すること、さらには中核地と周縁の変化を対比させることから、古墳時代の社会変化を解明する研究が行えるようになった（都出 1991、和田 2004 ほか）。しかし画期をより細かく設定しようとすればするほど、分析者の視点による相違も生じる。たとえば南東北を対象とした菊地芳朗の研究（菊地 2010）では、分析項目に煩雑な小画期が設定されているが、設定された区分を統合すれば、古墳時代の前中後の 3 期区分に収斂しているようにも思える。

　古墳時代の大区分に中期を設定することにより、中核地では政治体制や手工業生産の発展など、社会の変化をより理解しやすくなる。ところが、倭国全体をみれば古墳の在り方は同じではない。前期古墳の要素を保持した継続変化や新しい改変の試み、あるいは古墳自体の造営の衰退など、多様な変化がそれぞれの地域で顕在化する。各地の古墳は、必ずしも中核地の古墳変化と連動してはいない。それぞれの場所で、それぞれの事情を背景にして古墳が造営されたのである。古墳中期は、古墳の在地化が顕現した時期ともいえる。

　古墳の在地化　古墳前期前半、古墳形の画一化は進行する。前方後円墳の広域波及が到達した姿である。しかし古墳前期の後半、古墳は各地で在地化する。倭国東部で、前方後方墳から前方後円墳へ墳形の転換が進むのもこの一環である。古墳はそれぞれの場所で、多様な個性ある変化を始める。古墳の構造形態、外表施設、内部施設、副葬品、埋葬施設などである。在地間の多様な変容は、後期にかけてより顕在化する。

　中核地では、中期に倭王墓の巨大化が頂点に達し、これとともに墳丘形、周濠、段築、葺石、埴輪という外表施設の顕示が強化される。一方で内部施設は簡略化が進む。長大な木棺は石棺になり、竪穴式石槨の規模も小さくなる。なかには墳丘に直接石棺を埋納めることもあった。副葬品も前期の呪術的要素が薄れ、武器・武具の大量埋葬が盛んになる。古墳の被葬者の性格も司祭者から政治的支配者に転換したと考えられている（小林 1961）。同時に中核地では、古墳の大小と形状による階層の序列化も進行した（和田 2004）。

　北部九州では、前期後半に横穴式石室が導入される。古墳の埋葬施設にそれまでとは大きな相違が生じた。これにより、中期の葬送儀礼は大きく変化した。横穴式石室は、複数の被葬者を継続して埋葬することを前提とした施設である。古墳には、複数の人々が葬られるようになった。九州の横穴式石室には、直方体の玄室とこれに斜道の羨道を設けた北部九州型、玄室天井が球形となる肥後型、竪穴式石槨に羨道を設けた竪穴系横口式がある。あるいは、石棺に出入り口を設けた埋葬施設も造られた。石室には、被葬者が生前に身につけた衣服、装身具や器物、武器類や馬具類が納められた。

　九州では、横穴式石室に屋形という開放された遺骸安置施設が発達する。中核地の密閉された石棺・木棺とは異なる特徴である（和田 2008）。またこの地で出現する横穴も同様に、玄室に遺骸

を安置する構造である。埋葬施設が家形を志向していることは、単に遺骸を保護するのではなく、そこが死者の居住施設とみなされていた思想の反映である。そして内部には、各種図紋の施された装飾古墳が発達する。このほか、墳丘には埴輪ではなく、石人・石馬などが配置されるという特色もある。

　不知火海沿岸から北部九州にかけてこの時期、大和川流域とは別な個性的な古墳が造られていた。それは記紀が伝える筑紫国造磐井の勢力圏とも重なる。磐井をこの地の王とする豪族連合の形成があった。さらに北部九州の古墳要素は、岡山県千足古墳に始まり、横穴式石室として東日本にも展開する。倭王権とは異なる交流があり、その背後には政治的関係も想定されよう。

　一方で、中核地と共通する要素が継続して造られた場所もある。倭国の南西端にあたる九州南東部では、前期に引き続き中期も大和川流域との密接な交流が継続していた。西都原古墳群の女狭穂古墳は、盾形周濠、前方部後墳三段築成、括部の左右に方形造り出しがある。全長170mの大型古墳である。この築造規格は、大阪府仲津山古墳、あるいは上石津ミサンザイ古墳など、倭王古墳級との近似性が指摘されている（岸本2014・2018）。また西都原古墳群の埴輪ほど、「畿内」的特徴が色濃く発現した地方埴輪はほとんど例がないという（犬木2012）。しかし九州南東部では、桜井茶臼山古墳のような前期に特徴的な柄鏡形前方後円墳が、中期にも継続して造られているという独自の動きもある。またこの地では、地下式横穴という独特の埋葬施設が、造り出されて盛行する。九州南東部でも、在地王権を核にした国が形成されていた。

　古墳後期の山陰方面では、北部九州の交流により石棺式石室を誕生させる。中核地とは、別な動きである。北九州型横穴式石室は、中核地を飛び越えて倭国の東部に進出する。埋葬施設の多様化は、古墳における葬送儀礼の多様化である。このことは、古墳築造意義の在地化が進行する動きである。中国・四国、北陸や東海等においても、同様に在地色が顕在化する。

　関東では、大型古墳の墳形が中期までに前方後方墳から前方後円墳に統合される。ただし埋葬施設は、粘土槨や土坑、箱式石棺、礫槨等で、原則的に前期と共通している。倭国西半に顕著な竪穴式石槨はほとんど普及しなかった。副葬品の組成は中期になっても、前期とそれほどの変化はない。古墳の埋葬施設は、前期以来の伝統が固定的に継承されている状況といえよう。

　古墳造営の在地的特色は、そこで執り行われた埋葬儀礼・葬送儀礼がそれぞれの場所で独自な考えや作法により執り行われた結果である。古墳は、それぞれの場所で、独自の価値観を踏まえて造られたのである。そこに、倭国の版図内で古墳造営を規定する統一的な規格はない。あるのは、地域と個々古墳の自己主張である。なかには、墳丘形態の近似した古墳、長持形石棺という倭王と共通する埋葬施設を採用された古墳もある。確かに、技術伝播・文化要素の受容ではあるが、それは交流の一例である。

　王権の競合　倭国の版図では、前方後円墳や円墳、そのほかの古墳が造られていた。前方後円古墳という墳墓形は、古墳構成要素として、時間と空間のなかで把握することが可能である。この場合でも、前方後円形の墳丘は、時間的経過により変化するし、造られた場所により在地の特色が顕現する。内部施設や副葬品、復元される葬送儀礼を含めてみれば、古墳は多様である。これらを含めて、古墳がひとつの墳墓型式として存在するには、古墳造営を共有する在地の存在が問われる。各種の恒常的な交流により、政治・経済そして文化の遷移がリンケージする在地圏である。在地ごとに変容した古墳は、この反映である。

　古墳前期には、奈良盆地東南部に限って巨大古墳を核とする古墳群があった。倭王の古墳、そしてこの王権を支えた人々が葬られた中小の古墳である。この場合倭王の古墳は、古墳群を形成する支群ごとに分かれている。倭王の古墳は一世代ごとに、ひとつの支群を形成した形態である。倭王は、大和川流域に本貫地を置く政治勢力間で共立され、王権がこの内部で移動した結果である。

　倭王の古墳がひとつの古墳群として造営されるのは、奈良盆地北部の佐紀古墳群からである。それも、古墳中期が始まる直前の一時期でしかなかった。古墳中期になると、倭王の古墳は古市古墳群・百舌古墳群で、交互に造営されるようになる。倭王に推戴される系譜を継承する集団が分立した結果である。これらの大古墳群では、中小の古墳が合わせて造られる。倭王権やその他の王権を支えた人々の古墳である。

　古墳中期、大和川流域と淀川流域では、巨大古墳を頂点にして中小の古墳が連なる古墳群が、複数世代にわたって形成される。倭王と倭王権の職務執行集団が世襲的に構成されたのである。百舌鳥古墳群、古市古墳群、佐紀古墳群である。そして葛城古墳群や久津川古墳群など、倭王に準ずる王墓群も出現した。

　倭の版図内では、瀬戸内の総社古墳群、宮崎の西都原古墳群など基本的な構成要素は同じである。これより規模は小さいが、同様な構造の古墳群は、関東からと南九州南東部に点在している（和田2004ほか）。それぞれ地で王権が形成されたことを示している。なかには吉備のように、倭王墓に匹敵する規模の古墳が築造されることもあった。

　在地王権が形成されれば、その間で競合が顕在化する。大和川流域の内部においても、王権をめぐる競合はあった。佐紀古墳群から古市・百舌鳥古墳群への王墓移動。そうして古市古墳群に王墓の築造場所が統合される過程は、競争の結果を示していよう。この競合に武力の行使も想定されるが、考古学的にこれを明らかにすることは難しい。この時期、急速な武器・武具の改良が進行する。当然、実戦による使用を踏まえてなされたのであろう。多量の武器・武具が古墳に副葬されることも、それが必要とされる社会状況にあったことの反映である。

　在地王権内部ではなく、在地王権間の集団による戦争を遂行するには、当時の状況では兵站に大きな制約がある。朝鮮半島への派兵を可能とするには、水運力の向上と安全な運行が不可欠である。比較的安定した瀬戸内海から対馬海峡に至る海路がその役目をそれでも、長期間にわたって兵站を継続することは容易ではない。中核地より東方では、太平洋と日本海方面の航路は未発達である。東方は陸路が中心であった。

　この時期、倭国内で戦争に備えた恒常的・大規模な防御施設は造られてはいない。在地王権間の継続的・恒常的に長期にわたる継続的な戦争状況、たとえば戦国時代的な社会状態ではない。在地王権間の競合は、古墳築造という権力の物量誇示と産業力・交易の相互依存関係を保った状況と推定される。比較的安定した関係で、倭王権と在地王権が結びついていたのである。

　当時の手工業は、倭王権が圧倒的優位にあった。倭王権の産業拠点は、大和川・淀川流域圏に分かれて集中型と分散型がある。集中型の須恵器生産は、阪南丘陵と千里丘陵に分かれている。粘土採取と燃料取得場を確保するにはある程度の山林と粘土を採取する土層が不可欠になる。大阪層群の丘陵地帯はこの条件に合致している。また生産物輸送を考えれば、水運に便利な場所が選ばれる。そこで、大和川流域と淀川下流域の沿岸部に分かれて配置されたのであろう（菱田

2004 ほか）。

　奈良県曽我遺跡では、倭国の版図内から産出した玉素材が集積され、各種の玉類が集中的に作られていた。玉類は装身具でありとともに、祭祀具であり、王権間の交易品でもあろう。ただ後期には、出雲の玉作りが特産品化する。そしてこの出雲産の玉は、倭国の版図全域に流通した（島根県古代文化センター 2009）。

　馬の生産も拠点的である。乗用馬・軍馬を育成するには、広大な牧が必要になる。河内平野北部の淀川南岸には、それほど大きな集落跡や古墳群は確認されていない。開発の及ばなかった広大な空地が存在していたのであろう。河川と丘陵に限定されて、牧にも適した地形であった。関東平野や中部高地・九州中部などには、これに相応しい土地があった。乗馬の導入は、軍事的な要素は当然であるが、権力誇示においても重要な役割があった。豪華絢爛な衣装を身にまとい、朝鮮半島風の光り輝く馬具を装着した騎乗者は、その姿により常人とは異なる人物であることが顕示される。

　鉄器・金属器生産は、分散して拠点が設けられていた。大阪府大県遺跡、・同長原遺跡、奈良県布留遺跡、同葛城遺跡群など、それぞれ倭王権や有力豪族の地元に造られている。これらは、自らの権力を誇示するために独自の技術・意匠を競ったのであろう。布・衣服については、遺存例も少なく、製作地の限定も難しいが、王者・権力者が身につけるのであれば、その意向に合わせて地元で作られたのであろう。輸入された高級品であっても、作り替えたアレンジがなされたであろう（花田 1989 ほか）。

　古墳中期、手工業は弥生時代以来の伝統技術に加えて、朝鮮半島からの諸技術が導入された。手工業の画期である。集中型の須恵器生産・馬匹生産も同じである。その中核を渡来系氏族は担った。渡来人居住地の伝承は、大和川・淀川流域に色濃く伝えられている。考古学的には竈の導入とそれにともなう日常食器の変化、オンドルに類する暖房設備、大壁式建物跡の検出、各種渡来文物の集中的な出土などがある。

　倭王権は、内部でいくつかの王権に分かれていたが、中心的生産施設が大和川流域とその周辺に設置されていたことからすれば、他の在地王権に対しては、倭王権としての一体性と優位を堅持していたのであろう。

　各地に出現した在地王権も、規模は異なるが、基本的に同様な生産施設の構築を目指した。地域王権は、同様な構造、近似した政治状況であろう。たとえば須恵器生産では、北部九州や東海で生産が開始されている。一方で、鉄や金銀銅素材が倭国内で生産がされていない他立経済下では、自立的な手工業生産を確立できなかったらしい。金銀素材の宝飾品は、大半を製品輸入するしかなかった。主要な武器・武具においても、在地王権ごとに独自の特色は顕在化していない。社会的な必需品、基礎物資は交易により確保しなければならなかった。

　交易で文物を入手するには、対価を支払わなければならない。朝鮮半島に対してこの時代、倭国版図内の産物で、輸入品の対価に値する十分な産物はない。鉱物資源の開発は不十分であり、木材・海産物も限定されている。倭国産ヒスイ製玉は、朝鮮半島から多数出土するので有力な製品であろうが、限定された産地の糸魚川周辺に大規模な採取場や工房は知られていない。大半の手工業製品は生産力も品質競争力もない。日本列島の南方や北方からの文物を中継するにも、十分な交易路は確立されてはいない。倭国の資源のなかで、朝鮮半島の資源や文物の輸入に対す

る主な対価は、人的資源でしかない。

　人的資源の輸出、朝鮮半島の緊張状態に対応した傭兵的活動も、見方によれば産業である。この時期、朝鮮半島は戦争状態が継続する社会状況であった。倭国はこのことに積極的に関与している。倭国の社会を維持する基礎物資鉄資源や各種高級手工業製品を獲得するために、朝鮮半島への派兵や駐留が文献で伝えられ、沖ノ島祭祀が倭王権と結びついて執り行われた。

　古墳中期の物流網も、大和川流域に中核があった。ここから、瀬戸内海航路を経て朝鮮半島に至る経路が基軸交通路である。これに枝路が分延していた。大阪市法円坂遺跡と和歌山県鳴滝遺跡の巨大倉庫群は、その一端を示している。流通した品目は、古墳の副葬品と祭祀遺跡から窺い知ることはできる。出土する文物は、祭具である銅鏡の割合が少なくなり鉄素材・鉄器類の割合が増加する。これに新しい文物、馬や馬具、須恵器類も加わった。

　法円坂遺跡の巨大倉庫群が、これらの文物で満たされたかもしれないが、食料倉庫の可能性もある。しかし、これが倭国で消費されたとは限らない。朝鮮半島に送りだした兵士の食料であったことも考えられる。検出された倉庫構造は、後に稲籾を備蓄した郡家正倉と共通している。重量物の輸送は水運が有利である。古墳前期後半には阿蘇溶岩製石棺も讃岐産石棺も、大和川流域まで運ばれている（高木1994）。古墳後期初頭の家形石棺も阿蘇溶岩である。瀬戸内海航路の送運能力は、常に改良されていたであろう。瀬戸内海を基軸にした物流の増大は、この地域内の経済的・政治的・文化的な結びつきにより強固にする。

　これに比べて、大和川流域から東方へ伸びる物流網は、古墳前期と大きな変化はない。新しい武具・武器類や装身具の出土例は、倭国西部地域に比べれば少ない。とくに関東平野における鬼高式土師器の成立は、興味深い現象である。鬼高式土師器は、須恵器を模倣した坏に特徴がある。須恵器の供給と生産が、不十分な状況にあった結果であろう。地元の土師器製作技術でこれを代用した土器である。この地域に須恵器生産が定着しなかったこと、生活様式における土器の役割に相違があったことを示している。また、倭国中部以西との手工業生産の相違をも端的に示している。古墳前期の埋葬施設が継続して造られることとあわせて、倭国西部と異なる地域要素である。

　倭王権と在地王権　古墳中期後半は、倭国版図の東西で象嵌銘鉄剣・鉄刀が出土している。熊本県江田船山古墳、埼玉県稲荷山古墳、それに千葉県稲荷台1号墳である。これらの鉄刀については、多くの論文がある。考古学からは、白石太一郎により詳細な検討を踏まえて、歴史的な位置づけと解釈がなされている（白石1997）。白石の考古学的な検討結果は有力説ではあるが、別な理解もあるのではと考えている。

　稲荷台1号墳の鉄剣には「王賜」の表記がある。しかも「王」の文字は太く大きく書かれて、行頭に突き出した擡頭法で記されている。そのような王が存在したこと、中国式の書法が知られていたことを示している。王について、平川南と白石太一郎は、倭の大王とする（平川2008、白石1997）。白石は、5世紀中葉のないしそれ以前の鉄剣として、「畿内の王から軍功のあった東国の小首長に下賜するためにつくられたもの」して、「畿内の王がヤマト王権を代表して、直接地方の首長との結びつきを強化しようとした」と理解した。

　白石は、「この鉄剣が王の下賜刀であることを極めて簡潔に示したものであろう。この場合の王はとくに限定しなくてもだれにでもわかり、また他の王と間違われるおそれのない王であろう

から、それは倭国の王、すなわちヤマト王権の王と考えるのが自然であろう。」ということを根拠としている。

白石も指摘するように、当時の倭国には、ほかに王を称する権力者がいた。倭国は倭王と在地王権間の連合政権という状況である。千葉県の東京湾岸で在地王の古墳には、内裏塚古墳がある。また同時期の茨城県石岡市舟塚古墳や群馬県太田天神山古墳もある。これら古墳の被葬者は、当時の倭国でも有力な在地王であろう。そう考えると王と特定しないことは、「王」といえば在地の王であったからではないか。

また5世紀中葉以前に、倭国王が東国の小豪族と直接関係を結んだのであるならば、6世紀、西日本での前方後円墳造営活動の低下に対して、二重基準ともされる前方後円墳造営の活発化が起きたであろうか。関東においては、古墳後期でも在地王が割拠していた。これを介さないで、倭王権が在地の小豪族と直接関係を結ぶことは難しいのではないか。

稲荷山古墳の鉄剣には、「ヲワケの臣」が上祖先から自らにいたる系譜、以上が世々杖刀人の首としてワカタケル大王に仕えて天下を佐治した事を誇り、その根源を明記した内容である。系譜では、オオヒコに続いて、スクネ、ワケというのちの姓に類する呼称の人物名が記されている。利刀を作らせた「ヲワケの臣」がワカタケル大王のもとで杖刀首として天下左治した奉事の根源を記しされている。この「オワケ臣」が東国の豪族であるのか、大和川流域で倭王に仕えた有力臣であるのかは、議論のあるところである。

埼玉稲荷山古墳の埋葬施設について、白石は未発見の中心的な埋葬施設の存在を想定している。これは、墳丘くびれ部出土の須恵器と礫槨・粘土槨という墳頂部の埋葬施設から出土した副葬品の年代にずれがあること、礫槨・粘土槨が墳頂部の中心から外れた位置にあることが根拠である。白石の詳細な出土遺物の検討から、礫槨と粘土槨の年代はその通りであろう。ただし、稲荷山古墳後円部の中央に設定されたトレンチから、埋葬施設は確認されていない（埼玉県教育委員会1980）。ただ、地下レーダー探査では、埋葬施設の存在痕跡も示されているが、判断は難しい。

白石太一郎は、稲荷山古墳出土鉄剣の意義を次のように考えている。①稲荷山古墳は全長110mの大型前方後円墳であり、北武蔵の豪族が倭王に杖刀人首として奉事した記念として作らせたことは十分考えられる。②しかしこの鉄剣が出土した埋葬施設が中心施設でないこと、この中心施設に20年ほど遅れて追葬されたことから、鉄剣が出土した礫槨の被葬者は古墳の中心人物ではない。③とすれば「天下を左治」した本人ではなく、中央豪族の「オワケ」とその配下に位置づけられた北武蔵の豪族がこれと擬制的同族関係を成立させた記念に授与されたとした。つまり、北武蔵の豪族と倭王権は、中央の有力豪族「オワケ」を介して結びついていたことになる。

ほぼ同時期の江田船山古墳銘文では、ワカタケル大王の世に典曹人という役職とそれに就いたムリテという個人名、続いて利刀の吉祥句と子孫繁栄、そして「不失其所」が明記されている。典曹という役目を担った組織の存在は、統治機構の整備がこのころまでになされたことを示している。「不失其所」は、鉄刀保持者の地位がより保障されることを祈願している。保障するのは倭王ではなく奉典曹人「ムリテ」である。さらに作刀者の伊太と書者の張安の名前を加えている。典曹人ムリテも合わせて、氏姓に類する呼称はない。

白石は、江田船山古墳の鉄刀について、「ワカタケル大王の世に「曹をつかさどる人」として仕えた畿内の豪族ムリテがその配下にあって朝鮮半島との交渉や交易に活躍した肥後の江田船山

古墳の被葬者にその地域における統治権の永続を願う銘文を記した大刀を与え、両者の関係が安定的に継続することを記したものである」として稲荷山鉄剣とあわせて、ヤマト王権を構成する個々の畿内豪族と地方豪族が、それぞれの職掌を踏まえて擬制的同族関係を媒介としてそれぞれに結びついたものと考えた（白石1997）。これは、5世紀後半の倭王権には杖人・典曹人という統治組織があり、それを職掌とする有力中央豪族と周辺の地方豪族間に職掌を介した君臣関係が形成されていたとする考えである。

　他方、ワカタケル大王に比定される倭王武が、中国南朝の宋に奉呈した上奏文には、「東毛人五十五西衆夷六十六国」とある。倭国の東には毛人国があり、西には衆夷の国があったとしている。これについて中林隆之の分析によれば、『宋書』における国の用語は、倭国・百済国のように宋と外交関係を結んで相対的に独立した周辺諸族の王権、及びその勢力を表記しているのに対して、倭王武の上奏文による東西の国は倭国を構成する内部地域的、集団的、政治的結合とみなしている。つまり在地ごとに自生的に形成された政治的結合体としている（中林1999）。

　倭王権を構成する人々の間では、倭国は倭自体と版図の東西にこれとは別な政治的結合体で構成されているとする認識があったらしい。『日本書紀』にある「東国の調」も服属する東方諸国という認識であろう（武廣2000）。大和川流域を本拠とする倭王権を核として、周囲に形成された在地の諸王権集団が衛星のように取り巻く状況である。いわば国のなかに国があることになる。倭王と中国王朝との関係も基本的に同じ、重層する君臣関係である。

　江田船山古墳の主君は、「ムリテ」であったのか。「ムリテ」を介した倭王であったのか。一方、百済王との関係はどうなのか。江田船山古墳からは百済系の副葬品が多数出土している。これらは倭王を介して入手したというよりは、百済から直に下賜されたのではないか。出土した百済様式の冠は、百済王族に類する被葬者が想定される製品である。また『日本書紀』が伝える「日羅」の物語のように、肥後の豪族は、百済王権の臣下としても仕えている。

　この時期、韓国栄山江流域を中心に点在する13基の前方後円墳については、北部九州系の横穴式石室を埋葬施設に採用している（白石2009）。被葬者については、地元の豪族が百済に対抗して倭王権との関係を強調するために造営したとする考え（柳沢2001bほか）と百済がこの地の領有化を進めるために派遣した百済王配下の倭人の古墳とする見方がある（山尾2001、朴2002）。いずれにしても5世紀後半から6世紀前半段階では、この地は倭王権と百済王権、さらには北部九州諸勢力の係争地であった。また北部九州も、倭王権一辺倒ではなく、新羅や百済との結びつきもあったのではないだろうか。

　仁藤敦史は「伽耶諸国は、その独立を維持するために倭国・高句麗を含む周辺諸国との連携する外交を展開していた」と考えている（仁藤2009）。磐井戦争後、筑紫君葛子は糟屋屯倉を献じて死を購ったという物語は、倭王権が戦争に勝ったとしても、筑紫君を滅ぼすことができなかったことを意味する。在地には、強固な基盤があった。北部九州の豪族たちも、倭王権と朝鮮半島諸国と両面外交を行っていたのではないか。筑紫君磐井が新羅と結んだという物語も、この一環として考えたい。

　古墳中期から後期にかけて、有明海沿岸を中心に装飾古墳が発達する。この地では共同体首長の葬送に際して、共通の宗教思想に基づく共通の葬送儀礼が営まれていたことになる（白石2009）。それは石室を埋葬空間とする開かれた棺であり、倭国中核地とは大きく異なっている。

つまり、この地では倭国の中核地とは異なる思想で古墳が造られていた。

　古墳を政治的な構築物というのであれば、この状況は、中核地とは別な政治圏を形成していたことになる。中核地とは異なる埋葬施設と葬送儀礼が発達した点は、関東や他の地でも同様である。倭国は、その内部に在地王権を内蔵する構造であった。古墳中期における岡山県造山古墳は、倭王古墳であろう大阪府石津ミサンザイ古墳とほぼ同形同大の巨大古墳である。しかし、陪塚として、北部九州系埋葬施設を持つ千足古墳を従えている。東国でも群馬県太田天神山古墳の墳丘は200mをこえている。倭王古墳と比べて規模は小さいが、巨大古墳であることに変わりはない。

　前方後円墳の東西　古墳後期の埋葬施設は、古墳の大小にかかわらない横穴系埋葬施設への一元化が進行する。一方で古墳の造営状況、とくに前方後円墳の規模と個数、築造停止時期に大きな相違がある。またいわゆる畿内型横穴式石室は、倭国中核地で集中して造営されるが、広域的には分布しない。

　前方後円墳の造営停止も、倭国西部では旧国単位でみると早い方では6世紀前半、多くの場所では6世紀中頃を最後である。6世紀になって墳丘規模が100m近い大型前方後円墳の築造が継続する場所は、北部九州や岡山県と山陰に点在するにすぎない。ただし山口県防府市大日古墳や鳥取県米子市石府州52号墳など、7世紀後半近くの前方後円墳が知られている。京都市蛇塚古墳も、7世紀代の前方後円墳である（白石2013b）。いわゆる前方後円墳の築造規制があったとしても、淀川流域でさえ貫徹されなかった。

　古墳後期段階で、各地の強弱は古墳の在り方から知ることもできるが、それのみで表示されていたとは限らない。大和川流域では、例外的に300m級の古墳も造られるが、わずかに2基と大阪府高槻市今城塚古墳の200m級が1基である。多くは大きくても100m級の古墳であり、このなかには倭王の古墳も含まれていよう。大和川・淀川流域や西国では、古墳の造営により自らの実力を主張する意味も軽減したのであろう。

　これに対して、関東では、古墳後期がまさに大型前方後円墳造営の最盛期である。この地では倭王の古墳に匹敵する規模の古墳が造営され、墳丘には多数の形象埴輪が配置されている。また副葬品も多数の武具・武器と装身具が納められている。さらに埋葬施設に着目すると、後期初頭の横穴式石室は極めて少なく、採用し始めるのは古墳後期でも中頃からであり、広く普及するのは古墳後期後半になってからである。しかも畿内型横穴式石室は、ほとんど採用されていない。北部九州系などから、独自の変化を遂げた横穴式石室である。つまり古墳後期になっても、独自な古墳が営まれていたといえよう。そして、終末期には倭王古墳の規模をこえる巨大方・円墳も造営される。このことは、古墳の規模と形により倭王権の身分秩序を表現するとする理解が、成り立たないことを示している。

　中核地の古墳では、確かに古墳の規模と形状、副葬品の在り方に、倭王墓を頂点とした秩序が形成されている。しかし古墳の画一化は、倭国の全域に及んではいない。埋葬施設である畿内型横穴式石室は、限定的な範囲内で造られ、倭国の東西に広く波及することはなかった。中核地以外の場所では、古墳の特徴に大きな個性がある。様々な古墳が造られていたのであれば、古墳によって身分秩序を整然と示すことはできない。器物による社会的職掌や役割・資格の表示は、金銅装装飾付大刀の出現からである。

　倭国の時代、覇権は大和川流域の倭王にあった。ただし倭王権が直接に支配した範囲は、その周辺である。倭国の外交権を代表したのは倭王権であるが、版図内にはそれぞれの地に在地王権があった。土地と住民を自らの力で支配し、社会秩序を維持する王権である。その上に倭王権があったとしても、在地には在地の王権が重なって存在していた。繰り返しになるが、大和川流域を根拠とする倭王権を核として、周囲に在地王権が衛星的に取り巻いていたのが倭国であったのである。

　福岡県八女市岩戸山古墳の別区は、裁判の状況を示しているという奈良時代の『筑後国風土記』の逸文がある。地方王権の支配体制を示す痕跡である。また大槻市今城塚古墳の埴輪群は、それ自体に何を表示していたかの議論があるが、多様な形象埴輪に示された人々は、王権に連なる各種職制に連なる人々の姿がなければ、表現することはできないであろう。関東においても、群馬県保渡田八幡塚古墳には在地王権を構成した各種職制を反映した埴輪群像が配置されていた。

第4節　倭国から古代日本国へ

7世紀の危機　文献史学では、日本古代国家の形成に与えた国際環境の重要性が指摘されている。石母田正は、「日本古代国家の成立と構造の歴史的特質は国際的関係と切り離しては考察できない。」とその結びつきを強調している。また「政ノ要ハ武」であるいう天武天皇の言葉を重視している。7世紀の東アジアは、戦争と内乱の周期であり、外政と内政は表裏一体となって推移した。この結果、大王を軸とした支配層が中国および朝鮮半島の先進的な統治技術、国家機構、法典等々を輸入し継受することによって、共同体諸関係に人民に対する階級的優位体制を体制化して古代日本国が成立したと説いた(石母田1971)。

　石母田正に対して鬼頭清明は、国際関係はアジア社会固有の問題ではなく、むしろ国内的社会の矛盾を媒介とすることにより、国家成立に規定力を持つと考えた（鬼頭1976a)。確かに倭国内部における経済的基礎と政治的成熟がなければ、古代国家は成立しない。倭国内で、古代国家を成立させる条件の成立が前提となることは当然である。しかし石母田正が指摘するように、倭国では共同体が強固に長く存続することから古代国家成立に至る内的要因は弱く、急速な古代国家形成にはこれを推し進める外的要因が必要である。この場合、7世紀の国際環境は、倭国に急転換を迫った主因である。

　東アジアにおける7世紀の動乱は、直前に起きた598年の隋による高句麗攻撃に始まる。そして、隋・百済・高句麗の滅亡と唐の勃興、新羅による朝鮮半島の統一そして渤海国の成立で終わる。この間の倭国内でも、物部氏滅亡から壬申の乱に至る内乱を経て、古代日本国の成立に至る苛烈な権力闘争があった。また白村江の敗戦直後は、唐・新羅の侵攻に備えた危機があった。唐の武装使節団が、5回にわたって倭国に派遣された。それは遠征軍の先遣隊であり、機会があれば、直ちに侵攻戦に移行する危機である(西嶋1981)。

　この後、壬申の乱を経て成立した強力な王権のもとに、中央集権国家の建設に向かう国家機構と公民・版図の編成が強力に進められた。こうして大宝律令の制定直後の702年、唐から新しい国号の承認を得ること、あわせて国交を結ぶことを目的に遣唐使が派遣された。この使命が達成され、対唐関係は一応の安定をみた。

倭国西半部　この前後における倭国の状況を考古資料からまとめておく。古墳後期、倭王権は大和川流域と淀川流域周辺を含めた範囲の政治的統合を強化した。それまで、倭国王の古墳は大和川流域の特定の古墳群に造られていたが、継体大王の古墳は淀川北岸に初めて営まれる。この後、倭王古墳は、特定の古墳群から離れて、大和川流域に点在して営まれる。倭王が特定の本拠地から離れて、後の畿内に相当する範囲を統合して諸豪族の上に君臨したことの反映であろう。さらに推古朝の直前には、大王の前方後円墳が造営を修了する。このことは、古墳に対する倭国の伝統的な政治的価値基準が放棄されたことを意味する。古墳造営による政治秩序ではない新しい政治制度の模索が始まった。それが推古朝の官司制である。また女王の推戴と王族摂政、これと蘇我氏や有力臣による合議制も確立して、中央権力の強化が図られた。

　経済的にも7世紀前半の中核地では、大阪平野や京都盆地・近江南部などには、製鉄を始め各種の手工業生産拠点が設けられ、淀川南岸から河内湖岸には牧による馬の管理施設も強化された。この時期、狭山池などの築堤・古市大溝の掘削、道路の建設など、大規模土木工事も盛んに行われた。倭王権による労働力の把握と編成がなされたと推定されよう。中央政権の強化と前後して、経済的基盤の強化も進んだ結果である。

　倭国西部では、対磐井戦争の勝利を踏まえて、瀬戸内沿岸から北部九州に至る地域の支配体制を強化した。北部九州や吉備における屯倉の設置は、この地域にも直接的な支配が及んだことを物語っている。このことは、TK209型式期以前に北部九州から瀬戸内沿岸に、先地方官衙が築かれることで、遺跡からも確認できる（長2014ほか）。

　愛媛県久米官衙遺跡の正庁は、柵に囲まれた内部に長舎建物が配置され、さらに中央の広場に面してL字形に長舎が配置されている。後の東国郡家正庁や城柵と同様の建物配置である。また福岡県比恵遺跡では、北に東西方向の長舎を置き、この東西端から南北方向に三本柵が配置されている。特異な形態の配置である。多量の穀物や物資・武器武具を保管する施設である。先地方官衙に相当する施設である。先官衙施設では、官人が常駐して、行政や外交・情報収集・対外防衛を担当したであろう。また、多くの兵員も集積されたと伝えられているが、その痕跡はまだ確認されていない。北部九州から瀬戸内海岸では、軍国的な政治体制が形成されたのであろう。

　隋・唐の高句麗侵攻を受け、対外からの侵略に備えた国と防衛拠点の軍事拠点の建設が、倭国西部で開始される。神籠石式山城については、その築造時期を特定できないが、福岡県鹿毛馬神籠石式山城の水門構築時の遺物とみられる7世紀初頭を上限とする須恵器片が出土していること、佐賀県帯隈山神籠石式山城の構築によって破壊された後期の陶棺が出土していることから、7世紀初頭を上限とする時期が推定されよう（頴田町教育委員会1984、西谷1994）。

　下限は、天智朝における朝鮮式山城との関係で、これ以前と考えられる。西谷正は、百済が滅んで唐・新羅連合軍に対する防衛不可欠となった翌年、斉明7年（661）の一年間に神籠石式山城の築城を終えたとしている（西谷1994）。現在知られている神籠石式山城は、兵庫県播磨山城から佐賀県武雄市おつぼ山山城の14城である。このうち8城が北部九州に集中し、6城が瀬戸内海の要所に配置されている。斉明朝の大規模な土木工事は『日本書紀』にも記載されているが、いかに非常時といっても1年余の期間で、諸城を築城することは難しい。隋の対高句麗戦争開始をうけた7世紀前半から中葉にかけての築城と推定しておく。瀬戸内海から九州に至る倭国の正面

玄関で、集権的な統治に向かう地方統治の改革と対外緊張をうけて防御施設の構築された結果である（狩野 2001）。

白村江の敗戦をうけて、倭国では朝鮮式山城が北部九州から瀬戸内沿岸、そして畿内には高安城が設けられる。北部九州に設けられた大野城と基肄城は、博多湾に面した福岡平野の狭窄部に設けられた水城とともに、大宰府を防衛する施設である。さらに博多湾には規模の小さな天神山遺跡・大土居遺跡・上大利遺跡という小水城が配置されていた。前進基地であろう。また有明海方面にも小水城があり、さらに上津土塁遺跡もある。そして熊本県には後備の鞠智城がある（西谷 1994）。大宰府防衛施設として山城と水城を一体とした羅城を形成している（阿部 1991）。瀬戸内海も、要所に築かれた長門・常城・茨城・屋嶋城、そして高安城に至る防衛帯である。また宮都は、琵琶湖西岸に移される。唐・新羅との戦争に備えた施策である。

朝鮮式山城は、山頂部を鉢巻状にめぐる大規模な石垣に特徴がある。中世の山城が土地の収奪をめぐる土豪間の争いを想定した施設であったのに対して、住民を保護するための施設であろう。内部には多くの建物が造られている。戦略物資と人員の生活を考慮した施設である。大宰府正面の水城は第一防衛線である。沿岸部の小水城は、それほど強力な防衛拠点とはならなかったであろう。侵攻軍の上陸を想定して、ここが防衛の正面とされた。突破されれば、山城が次の抵抗拠点となる。当然、瀬戸内海方面からの救援が想定される。

しかし畿内には、高安城以外に大規模な防衛拠点は設けられなかったらしい。壬申の乱で大津京が脆くも陥落し、奈良盆地も同様であったことを考えれば、強固な防衛施設は設けられていなかったと推定されよう。天智朝の段階では、瀬戸内海・北九州の防衛施設を建設することが優先され、国力がこれに費やされたからであろう。

ただし飛鳥の地では、大規模な宮と寺院が建築されている。それは、宗教的・政治的な意味だけであろうか。蘇我本宗家の滅亡に際して、飛鳥寺は攻撃の拠点であった。多武峯に設けられたと双槻宮は、宮ではなく山城ではなかったか。畿内に設けられた道路に、軍用の用途はなかったか。北九州で羅城が築かれたのであれば、畿内でも何らかの施設は考慮されていた可能性がある。しかしその痕跡は、いまだ確認されていない。

防衛施設を建設するには、膨大な労力と資材が必要であり、それを計画して実行する組織が前提となる。古墳築造とは比べ物にならない。これを遂行するには、行政組織の存在が不可欠である。築城の背後には、倭王権による地方統治組織の構築があったことになる。これには当然、在地の協力が不可欠である。7世紀前半から、北部九州・瀬戸内沿岸に出現する先官衙施設は、律令官衙の先駆けとして営まれたのであろう。倭王権の足下でも、住民の組織化が推進された。群集墳の盛行期はこの時期と重なっている。群集墳は、住民の族制的組織を具現した政治的墳墓である。

中核地では、有力豪族・王族間の内乱をうけて、王権に権力が集中した。物部氏から蘇我本宗家滅亡までの戦いは、氏族・王族の私兵による戦いであった。この過程を生き抜いた倭王権により、権力の集権化が実現した。百済に対する支援戦争の遂行も、強化された倭王権の成果である。

続いて生じた壬申の乱は、行政的に組織された軍隊による戦いである。ここに、それまでとは大きな相異がある。天智朝の危機的な状況の下で、軍隊に類する組織が創設されていたからであ

ろう。軍隊を組織するには、人口調査と政治機構の構築が前提となる。白村江の敗戦から壬申の乱までは、10年にも満たない。これが短期間で実施されたことになる。

　あわせて前期難波京の造営から藤原京に至る過程は、中央官僚制の形成過程を示している。畿内豪族の身分秩序を定めて官僚が組織され、国家行政が官僚により運営される制度の構築が進められた。これは、壬申の乱による王権への権力の集中がより強化されたことにより、都城の建設と律令制度の制定として結実した。また文献記録にある吉備太宰、筑紫太宰は、瀬戸内海から九州に至る範囲の統治機構も整備された痕跡を伝えている。

　統治機構により掌握された労働力は、社会資本を蓄積する労力となる。集積された租税がこの費えを保障する。計画的に各種の開発が推し進められた。その恩恵は民にも及んだであろう。古代の高度成長期である。

　倭国の東部　東方の関東では、大型前方後円墳の活発な造営が6世紀に最盛期をむかえていた。各地で100ｍ級の大規模古墳が造られていた。これらの古墳も7世紀初頭には築造を停止すると考えられている（新納1984、白石2009ほか）。しかし筆者は、概ねTK209型式期を通して前方後円墳は造られ、埋葬も行われていたと考えている。確かに千葉県駄ノ塚古墳などの大型方墳は、TK209型式期の中頃の古墳である。しかし、埼玉県中の山古墳からは、TK209型式の須恵器が出土している。また須恵器の甕形埴輪も出土している。さらに千葉県成田市船塚古墳は、前方後円墳の一種とされているが、基底面と二段目は長方形であり、最上部の三段目も形は乱れているが、墳形は長方形であろう。全長85ｍの大古墳で埴輪がともなうという。この墳形は推古天皇陵とされる大阪府山田高塚古墳と近似している。

　千葉県浅間山古墳からは、7世紀中葉の遺物が数多く出土している。ただ、捩じり環頭の刀装具が出土していることから、埋葬の上限は6世紀後半までは古くなる可能性がある。横穴式石室は、筑波石の副室構造である。しかも奥壁の中央に石室の軸線と直交させて石棺を配置する形状は埼玉県小見真観寺古墳と同じである。7世紀前半の古墳であろう。小見真観寺古墳の副室からは、金銅装装飾付頭椎大刀が出土している。このほか群馬県今泉口八幡山古墳もTK209型式期であろう。また前方後方墳である千葉県六孫王原古墳は、TK217型式期である。同県日立精機1号・2号墳なども、TK209型式期より新しい可能性を排除できない。

　大型方・円墳の造営は確かにTK209型式期に増加し、後続するTK217型式期まで継続する。このTK217型式期の古墳では、出土した遺物は少ないので時期の限定は困難であるが、前段階の大型前方後円墳や大型方・円墳から金銅装装付飾大刀が多数出土するのに対して、TK217型式期の大型古墳からの出土は極端に減少する。埼玉県八幡山古墳や東京都熊野神社古墳からは、原正倉院様式の方頭大刀の刀装具が出土している。7世紀後半の古墳である。

　7世紀前半の関東では、大型方・円墳の造営が増加するが、これとともに大型前方後円墳の造営も継続していた。少なくとも、これらの古墳に埋葬は継続していた。金銅装装飾付大刀の出土がそれを示している。7世紀中葉には前方後円墳の築造も下火になり、代わって大型方・円墳が造営される。さらに7世紀後半には、大型古墳の造営も停止される。

　後期の関東では、100ｍ級の大型古墳が盛んに造られていた。西国の多くの場所で前方後円墳の築造が衰退する傾向にあるなかで、関東の状況は特異である。古墳を造営する諸王権に対して、倭王権の統制が十分には及んでいないことを示している。いや、そのような統制も、意図し

ていなかった。古墳の状況から関東は、有力王権が割拠する状況であり、古墳造営の盛期である。倭国西部とは異なる状況であった。

　この状況が大きく変わるのは7世紀中葉における大型前方後円墳の造営の停止である。前方後円墳に王を埋葬する意義が、関東でも価値を失った結果である。それでも大型方・円墳は造られた。王権が古墳を造り葬られる意味は、まだ生きていた。これも7世紀後半には意義を失い、もはや大型古墳が造営されることはなくなる。

　中核地における軍国化は、対外的に倭国を防衛するためだけではなく、東国に対しても効力を発揮した。朝鮮半島諸国の興亡は、東国の諸王権にも情報として知られていた。国の滅亡による難民は、東国にも集団で移住してきた。各種交流によっても、危機が倭国西半部だけではないことは、理解されていたであろう。新たな方式で国力の集中が必要とされた。古墳造営を競うのではなく、国力の増強が急務であった。「政ノ要ハ武」という天武天皇の言葉は、当時の政権中枢部の認識を示す言葉である。古墳の造営は、7世紀中葉と7世紀後半の二段階を経て停止に向かった。古墳という膨大な労力と富の消費は、社会資本の蓄積に向かう方向に変わった。それは、在地社会を豊かにした。

む　す　び

　多様な倭国像　倭国の見方は、ひとつとは限らない。視点と場所を変えて倭国を眺めれば、それぞれに異なる様々な像を結ぶ。倭国の北側には、別な土地があった。北辺は境界である。境界は、こちらと向こうを分け、属する側の特徴を端的に示す。北辺には、倭国の在り方が鋭く反映されているはずである。

　倭国の時代、3世紀から7世紀にかけて造られた古墳は、誕生から築造停止に至る間に大きく変化した。墳丘の形や施設、内部の埋葬施設、副葬品である。古墳を構成する主要な構成要素も、時期により、場所による相違がある。古墳の相違は、執り行われた葬送儀礼の多様化であり、死生観の差異である。古墳に葬られた人々も、当初の倭王や豪族から、終末期には民にまで拡大するとともに、老若男女を問われなくなった。古墳の造営が続くなかで、個々の場所それぞれの事情で在地化した古墳が造られた。この時代の社会が、古墳に体現されているとすれば、倭国の社会も古墳と同様に変化したことになる。

　小論では、古墳に倭王権の身分秩序が表示されているとは考えていない。倭王権が、身分秩序を古墳により設定したのであれば、秩序のある画一的な古墳を造って、これを示さなければならない。しかし古墳には、在地的な特色がある。九州の古墳や関東の古墳をみれば、大和川流域の中核地およびその周辺とは大きく異なっている。埋葬施設や副葬品、外部施設、遺された土器など、古墳は様々である。それぞれの場所に、多様な古墳があった。

　倭国の各地で営まれた古墳の築造に、倭王権の主体的関与はない。この時代、古墳は在地で造られ、造ることにより、その集団が持っている実力を誇示した。古墳の大きさは、動員力、副葬品は富の反映である。また在地の習俗や死後の世界観の相違でもある。古墳を造営する集団は、周囲との力関係と結びつき、自らの帰属意識を示したのである。倭国の版図では、このような意識を共有する人間集団で、様々な古墳が造られた。造る必要があった。造る人間集団の帰属意識と実力を誇示するためである。古墳が倭王権による身分秩序を表示しないと考えれば、古墳を

造ったそれぞれの在地王権について、その意義を考え直さなければならない。

　これまで古墳時代研究の中心は、中核地における古墳と社会の変化を基軸に、倭国の全域が律せられていた。また倭王権は、古墳の造営を通して版図の政治秩序を維持していたとされていた。この観点からの古代国家形成は、倭国から古代日本国に至る継続的な変化となる。これに対して在地王権論では、倭王を核としながらも、それぞれの場所で成立していた在地王権が、各々の役割を担って古代日本国に至る形成過程を考えることになる。これは、定まった一本の道ではなく、倭国の身体を構成していた各地が分離する可能性を想定することにもつながる。古代日本国とは、別の国家が成立した可能性を探る歴史的思考の多様性である。

　倭王の古墳とされる古墳は、同時代の古墳のなかで抜きんでて巨大である。ただ、その差は相対的である。岡山県造山古墳は、倭王の古墳と比べて遜色はない。倭王の古墳に準じる古墳は各地で造られて、それらにより古墳群が形成された。倭国の時代、倭王が外交・政治・宗教・経済の面でも優位にあったがあろうが、各地にも在地王権は形成されていた。当然、在地王権も自らが関与する外交権や統治権を担っていた。倭国のなかに、国があるという状況である。

　国のなかの国という在り方は、歴史的にそれほど特異なことでもない。むしろ主権国家という概念がウェストファリア条約に始まり、それが国際関係の原則とされたのは、西洋近代国家による国際関係が形成された以降である。

　古代日本国　倭国を継承して成立した古代日本国の律令体制は、中央集権的な軍事体制を根幹として、制度的にも近代的な中央集権国家に近似している。しかし律令制度は、倭国の内部には存在していない。倭国は、隋・唐と朝鮮半島諸国の制度を移入し造り替えて、古代日本国に変身した。これには、隋・唐帝国の勃興により生じた東アジアの動乱に、強制された外因があった。この国際環境は、19世紀の帝国主義国家に対する明治維新と近似している。だからこそ、国外の優れた制度を受け入れて、自らの自立を維持する国力を持つ中央集権国家の建設が必要であった。推古朝に始まる7世紀の諸改革と政治的闘争は、この結果である。

　ただし法制度ができたとしても、それがその通りに機能したとは限らない。20世紀に多くの社会主義国家が出現し、そして崩壊した。この後に、再生したのは民族国家である。このことは、在地の社会構造を制度により造り替えることが、いかに困難であるかを示している。明治国家のなかにも、そして現代でさえも、前時代の社会規範は根強く生きている。

　古代日本国では、律令制度を外皮として、強化されたのは在地の支配体制ではないのか。巨大古墳の築造に投資された労力と富は、農業や道路・港湾設備そして寺院・官衙等の社会資本の蓄積に向けられた。強化された在地支配を中央政権が制度により統治する仕組みである。多様な倭国版図の在地社会において、律令制度を従来の在地の支配方式とすり合わせて、辻褄を合せていたのではないか。在地の富を吸い上げて都城は築かれたが、それ以上に在地支配の強化と社会資本の蓄積があった。

　7世紀、古代日本国の成立に至る律令体制の構築期に、在地の強固な反発や階級闘争が発生した痕跡はない。古墳後期、倭王古墳や倭王権を構成する豪族古墳に匹敵する古墳を造り、大王古墳よりも大きな古墳を営んだ関東の諸王権が、武力に訴えることなく、律令体制に移行したのは、それが在地の権益を損なわなかったからであろう。つまり、倭王権が在地支配の正当性を保障した結果、古墳築造競争による王権の継承から解放され、労働力と富の消費ではなく在地の社

会資本を蓄積することが可能となった。それは富の蓄積として在地に還元された。

　古代日本国は、畿内を本国として四方国を統治する帝国型国家である。諸国を統べる国司は畿内貴族層から派遣され、その下にある郡は在地の郡司が統治する制度である。帝国としての畿内、植民地としての諸国という古代日本国像である。畿内政権論である（早川 1984 ほか）。

　この構造は、大王継体による倭国中核地と中部が合体し、磐井の乱の結果をうけた 6 世紀中葉に、倭国西部が一体化した強力な倭王権が成立した以降である。これ以前の倭国には、在地王権が分立していた。各地で在地化した古墳の在り方がそれを示している。さらに 7 世紀の外圧に対応して、倭王権がこれらの在地王権を組み込んで、律令制度を外皮とする中央集権的軍国体制として古代日本国が成立した。

　網野善彦は、いまある日本国は、先天的に存在するのではないと、繰り返し主張した（網野 2000 ほか）。アジア大陸東端に連なる弧状列島のひとつに成立した日本は、歴史的に形成された存在である。日本が先天的に存在したかのような虚像は、中国や朝鮮半島諸国と海を介して適当な距離に位置した環境が、生み出したのではないだろうか。

　倭国と古代日本国は、別な国である。倭国から、古代日本国とは別な国が誕生した可能性はなかったか。朝鮮半島栄山江流域で、前方後円墳を築いた人々は、百済ではなく倭の方向を向いていたのではないか。逆に九州には、朝鮮半島を向いた人々もいた。百済の達率、「日羅」などである。歴史の結果に「もしも」はないが、この可能性を考えることは、より歴史研究を深化させ、豊かにする。それは、未来に向けて可能性を開けるからである。

　倭国と倭国の在地社会が、律令制度による古代国家に転換するとき、統治体制の根幹を変える改革が必要となる。律令による統治が在地に貫徹されるとき、在地の王は、もはや王ではなく地方官人に転化する。そして土地と人々は国家の台帳に記録され、官僚機構のもとで統治支配の対象となる。あわせて、律令統治の母体となった東アジア文化が在地文化を駆逐する。古代日本国の建設は、それぞれの在地社会に律令制度による化粧を施すことであった。

　藤原京の造営、大宝律令の制定と前後する頃、古代日本国、つまり日本の古代国家が完成したという説に対して、吉田孝は「律令制度は古代国家の青写真、設計図」であるとした（吉田 1983）。有力な学説である。ただ筆者には、在地社会が法令により新しい体制に何事もなしに移行したとは考えられない。在地は在地のままであり、これに律令の外皮を合せたのではないか。律令制度が機能不全となる平安中期に、台頭するのは在地勢力である。

考古資料と在地の論理　律令体制の栄光は、文字史料に裏打ちされて伝えられた建造物や種々の宝物が、雄弁に物語っている。明確な意図を持って創作・保存記録された。『日本書紀』は、古代日本国の根源と正統性を主張する物語である。正倉院の宝物は、偉大な聖武天皇を誇示するとともに、古代日本国の権威と権力の一端を示している。古代国家の栄光を主張する雄弁な証言者である。

　これに対して考古資料は、過去の痕跡が生のまま遺された沈黙の歴史資料である。文字資料が自らを雄弁に語るのに対して、考古資料は自らが何物であるかを示さない。考古学では、物の形状、材質、作り方、使われ方、廃棄状況などを総合して属性を推定することから、分析が始まる。文献の保護外にある史料である。

　考古資料が史実を語りだすには、過去の混沌から意味のある痕跡を選び出し、秩序を与えなけ

ればならない。知りたい史実は、意識しなければ視えない。発掘調査は、意味のある過去の痕跡を選び出し、秩序を与える作業である。選び出した痕跡を時間経過に配列して考古学による歴史が見えてくる。客観的な生の真実ではなく、視ようとする主観が示す事実である。

　意味が判明すれば、考古資料は文字資料にはない具体的な歴史を語りだす。人々が居住した集落の様子、墳墓・古墳の造営とその背後にある政治的な動きや葬送儀礼など、あるいは須恵器や鉄生産技術の導入による生活の変化、装飾付大刀の変遷に反映され統治システムなどである。しかも、文字が書き手の理解や意図による選択が加えられるのに対して、考古資料自体に意図的な歪みが加えられることは少ない。

　華やかな栄光に輝く古代日本国像に比べて、在地社会は薄暗いなかに映る鏡像のように鈍色の霧に沈んでいる。しかし、律令による実行統治はどこまで機能したのであろうか。国家の制度が創られたとしても、それは計画案でしかない。制度を作るだけでは、社会自体は変らない。律令統治の実現には、価値基準や構造規範まで人と社会が、これに順応するように改めなければならない。それには背後にある文化の受容が求められる。文化は、人間集団の存在を支える基盤である。文化の転換を求められることは、在地の論理を否定することにつながる。在地社会と国家制度の間で、大小種々の軋轢が生じたであろう。ときには力と力を行使する争いになることもあった。東北はその場所であった。

　阿武隈川上流域にも、古代日本国の痕跡は地方統治施設、宗教施設やモニュメント、手工業生産施設などとして遺されている。これらは、古墳時代と比べて格段の違いがある。古代国家の強勢を誇る考古資料である。その一方でこれらには在地で様々な役割を分担した人々、造営に従事した人々の痕跡も含まれている。考古資料は、人の生活が営まれた土地に等しく遺されている。だからこそ、文字による記録を伝えなかった人、人々の営みも伝えられている。そこには当時の社会のなかで支配され、記録を遺せなかった弱者の生きた証拠がある。この証拠には、必ず在地の論理が反映されている。

　歴史記録が語る物語に対して、考古学の歴史は異議の声を発する。倭国の在地、統治される側の人々にとって、古代日本国と遭遇した意味は何であろうか。国家の末端に編成されることは、在地が意図したことではない。倭王権が古代日本の天皇に転換するとき、倭国の在地社会に律令統治の網が被せられたのである。考古学から古代国家の形成を考えることは、強者の主張ばかりではなく、弱者の歴史も含めて考えることである。

あ　と　が　き

　本書は、2003 年に総合研究大学院大学に提出した学位請求論文『古代日本国形成期における陸奥南部の考古学的研究』を底本にしている。出版までに 15 年以上の時間が経過した。この間、研究の状況は大きく変化した。新しい研究状況に対応することができなかったことは、本書が示している。ご指導をいただいた白石太一郎先生、査読を担当された阿部義平、鈴木靖民、春成秀爾、宇野隆夫、そして当時の研究科長であった平川南、今村峯雄、西本豊弘の各先生に、お詫びを申し上げたい。

　埋蔵文化財の保存と調査が、私の仕事である。このうち、埋蔵文化財包蔵地を復元する記録の作成が記録保存調査である。調査報告書では、結果を埋蔵文化財のなかに位置づけなければならない。調査した埋蔵文化財包蔵地が日本列島の埋蔵文化財という樹木のどの部分であるのか。現在の研究状況のなかで、調査成果はどの位置にあるか。枝葉か、幹か、根かを示すことも責務である。だから考察を書く。そして、この結果から新しい若芽が出せれば幸いである。発掘調査によって新しい知見があり、旧来の定説が覆ることも多い。吟味され蓄積された知見は、埋蔵文化財調査の澱となる。この作業は、考古学研究とも重なる。

　初出・新稿は以下のとおりであるが、旧稿には改稿・加筆を加えた。

　　序　章　舞台と考え方　（新稿）

　　第 1 章　倭国北辺の形成
　　　　　　（福島県文化財調査報告書 474 集　第 3 章第 3 節　会津平における古墳時代のはじまり
　　　　　　改稿・加筆）

　　第 2 章　寒冷期の集落と生活　（新稿）

　　第 3 章　寒冷期の古墳　（新稿）

　　第 4 章　豪族の復活
　　　　　　（考古学雑誌第 72 巻第 2 号　阿武隈川上流域の切石積横穴式石室　改稿・加筆）

　　第 5 章　集住集落の編成
　　　　　　（福島県文化財調査報告書 394 集　第 3 章第 7 節　改稿・加筆）

　　第 6 章　群集墳による支配の網
　　　　　　（福島県文化財調査報告書 389 集　第 3 章第 5 節弘法山古墳群の造営と意義　改稿・加筆）

　　第 7 章　装飾付大刀の政治的役割
　　　　　　（考古学雑誌第 92 巻第 2 号　古代装飾付大刀の政治的役割　改稿）

　　第 8 章　装飾古墳に描かれたもの
　　　　　　（国立歴史民俗博物館研究報告第 80 集　福島県の装飾横穴・同志社大学考古学シリーズ XII
　　　　　　加筆・改稿）

　　終　章　北からみた倭国　（新稿）

　私的な歩みを記すことをお許し願いたい。何をするか、わからないまま入学したのは同志社大学神学部である。その1976年4月、ある教授が呟いた。「いったいイエスの物語に、どのような価値があるのでしょうねぇ」と。深い意味はわからない。ただ、神学部の先生は、聖書を絶対的権威と認めていないらしい。「神がいる」というならば、どのような存在かを問うていると感じた。一応、組織神学関連の学科を履修した。組織神学は、聖書を真理として、ものごとを考えるのが前提である。教授のつぶやきとは、相入れない。ヨーロッパの知は、縦型塹壕と似ている。どこまで突き進んでも底がない。

　授業で、存在について話をすることになった。教授と学生2名である。中学生のころから、『ガモフ全集』などを読んでいた。ビックバンによる宇宙の誕生。高校生の頃には図書館に籠っていた。教科書に興味はない。歴史・中国の古典・哲学・科学書など。進化論と創世記の『Intelligent　Design』などもあった。

　では、この宇宙の前には、何があるのか、宇宙の終わりの後は、どうなるのか。この宇宙とは、別な宇宙があるのか、ないのか。宇宙に、以前以後というのはあるのか。宇宙の研究は物理学と天文学の仕事である。How も when も whose も what もそのうち解明される。しかし、why と who は、明らかになるであろうか。啓示の道は、ここに神を想定する。私の話したことは、新トマス主義であると、別の学生が神学用語で解説と説明をされた。『神学大全』は古典である。「君は、神様と相撲をとるのか」。

　「あるということ」の証明は、いまだに出来ていない。「なぜ、無ではなく、なにかが、あるのだろうか。それは、そうだだからそうなのだ」（ウンベルト・エコ『カントとカモノハシ』）。とすれば、つぎに「神」が問われる。時間と空間と質量を超越した存在である。この考えは、イスラム教の教えとも重なる。では、そこにはたらく「意志」とはどういうものか。$E=mc^2$ を組みかえて、E を消失させれば、無から質量が生じる。それでも、Eがなければならない。現代科学では、宇宙で生み出された光の総量も計算されたという。しかし「光あれ」という言葉の背後に、人格は想定できるのか。人格は、生物進化の果てに生じた。あるとすれば神格である。「神のなさることを語るなかれ」。語りえないことは、沈黙するしかない。

　当時の神学部には、図書館にメールボックスがあった。学校に来れば、必ずここに立ち寄る。ほとんどの図書は外国語である。少なくともキリスト教圏の主要言語、それに古代中東の言語を習得しなければ、神学はできない。私にとってこの図書館は、沈黙の空間である。しかし図書館は本来、かしましい場所である。本と本、論文と論文の激論、罵声と嘲笑、高笑い、歯ぎしりが響くところである。その声が聞こえない者に、居る場所はない。「空の空、空の空なる哉、都て空なり」。

　ユング心理学の樋口和彦先生から、京田辺市の教会ボランティアを紹介していただいた。行ってみた。が、どうしてもたどり着けない。その時出会ったのが、吉村正親さんだった。「発掘調査に来ないか」とお誘いを受けた。京都市内の発掘調査現場に出入りするきっかけである。樋口先生が、「共時性。君にはそれがふさわしい」と。

　その後、京都市内の調査会組織を統合して、京都市埋蔵文化財研究所が設立された。1970年代は、埋蔵文化財調査員という職業が定着した頃である。文化財保護法による埋蔵文化財包蔵地の記録保存が、主要な業務である。考古学研究とは異なるが、境は不明瞭である。高度成長をう

けて日本列島改造が提唱され、大規模な土木工事による国土の改変の最盛期である。行政が地下の文化財保護を無視することができない状況に至り、今日に至る埋蔵文化財行政の方針が定められた。

「やってみなはれ」と埋状文化財の調査現場に紛れ込んだ。専門的な考古学は、学んでいない。基本的な考え方も、理論も、知らない。猿回しの猿のように訓練されて、埋蔵文化財の調査技術を身につけた。多くの学生と現場をまわった。山口博さん、竹原一彦さん、水谷壽克さん。高橋猪之助さんの遺物撮影現場もあった。数日、一人きりで見学させていただいた。いろんなお話を聞かせていただいた。ただ、撮影台の光と影は見えていなかった。

京都市旭山古墳群の調査に参加したことが、歩む方向を定めた。梅川光隆さん、木下保明さんが調査員であった。そこで、1号墳と9号墳の調査を担当した。浪貝毅さんには、何かと良くしていただいた。岡田文男さんと出会ったのも、旭山古墳群の現場である。保存処理や分析など、調査で困ったことがあると、ご教示とご指導を得るようになった。日独文化研究所のアンケ・ビーガントさん、そして神埼一昌さんにもお世話になった。知らない世界を見せていただいた。

同時に、同志社大学の考古学実習室に居ついた。森浩一先生の懐の深さである。図書の閲覧に制限はなかった。蔵書の限られた小さな書庫であった。『考古学雑誌』は揃っていた。考古学を覗き始めた学生にとっては、これで十分。考古学実習室で過ごす時間が増えた。図書のざわめきも聞こえる。

白石太一郎先生との出会いは、実習室の忘年会であったと記憶している。翌年、考古学実習を担当された。ご自宅が奈良県で、帰る方向が同じであった。近鉄電車のなかで、「福島君は、キリスト教徒ですか。」とお尋ねになった。「いいえ違います。」と答えた。「キリスト教徒ではないのですね。」という問いならば、どう答えたか。

京都市旭山古墳群の現場で、横穴式石室の調査を経験した次の年、1978年に京都府井手町から、小玉岩古墳群調査の話があった。学生にも、このようなことがある時代であった。現場には、京都府の高橋美久二さんと確認に行った。「終末期の群集墳ですね。」と言ったら、「福島君は、掘らないでわかるのですか。」と。優しいが、厳しい人である。浪貝毅さんに相談をしたら、「自信があるなら、やってみなさい。」という。真意はどこにあったか。

現場は、標高300mの山頂にある3基の古墳、埋葬施設は横穴式石室。関西電力の送電線鉄塔建設にともなう発掘調査であった。井手町の村田奈良夫さん、高校先輩の村田輝久さん、後輩の原田正則さん、そして同志社大学実習室から中村潤子さんと石川直章さん、地元な方々の協力で、調査をおこなった。白石先生には、現地でのご指導、そして京都駅前のホテルラウンジで報告書の原稿を見ていただいた。千葉県酒々井町へのご帰宅は、深夜になったであろう。京都府の担当者は堤圭三郎さん。言うことの聞かない学生に苦労された。1980年、報告書は形になった。

1979年の末、森浩一先生から「福島県で採用試験がある。」と連絡があった。福島県では、1978年に（財）福島県文化センターに遺跡調査課を作り、阿武隈川上流域右岸の大型圃場整備にともなう発掘調査を進めていた。笊内古墳群等の調査である。おもしろいと感じた。採用となり、森先生に報告すると「福島君、人からどこの出と問われたら、同志社の森研究室と言うように。ただし、履歴書はあかんで」と。餞である。

福島県の埋蔵文化財行政は、まだまだ手探りの段階であった。文化庁記念物課に移られた浪貝

毅さんが、心配されたのだろう。1981 年に、須賀川市早稲田古墳群の現場まで来てくださった。「田舎に来たなら、一年ぐらいは、おとなしゅうになぁ〜」と。1983 年、業務とは別に『七軒横穴群』の報告書を作った。近接する泉崎村泉崎横穴群の基礎資料を整理し、阿武隈川上流域の鉄刀を構造的に分析した論考もいれた。これを契機に、穴澤咊光さんから多数の資料と情報が届くようになった。

1986 年、「阿武隈川上流域の切石積横穴式石室」を『考古学雑誌』に発表した。石室の実測には、佐藤洋一さんの助力を得た。原稿を書き、白石先生と電話で、1 時間近い指導を受け、なんとか形のようなものになると、国立歴史民俗博物館（歴博）で指導を受けた。指導の前に「博物館の展示を見てください。原稿を確認しますから」と。机に並んで座り、赤線の引かれた目印に「これはどういうこと」と問われる。説明する。説明できない部分はそのまま、明白な間違いは、丁寧にご指摘をいただいた。2 時間は経過していただろう。「原稿をもってかえります」と引き下がる。再度の検討を経てようやく、「考古学雑誌の編集部に渡しておきます」と。原稿は、そのまま掲載された。

この後、福島県で各時代・各種遺跡の埋蔵文化財調査を担当した。1886 年の新地町三貫地遺跡、1987 年の相馬市善光寺窯跡、1988 年の三春町柴原 A 遺跡と続いた。1995 年と 1996・1997 年の三春町越田和遺跡、1998 年の矢吹町弘法山古墳群、2000 年の玉川村江平遺跡、2002 年の楢葉町馬場前遺跡、そして 2010 年の湯川村桜町遺跡。このほか須賀川市一斗内遺跡、矢吹町白山 C 遺跡、三春町四合内 B 遺跡、同町春田遺跡、同町仲平遺跡、同町蛇石前遺跡等がある。いずれも興味深い埋蔵文化財の調査であった。弘法山古墳群以降は、福田秀生さんと調査を共にすることが多かった。私のお守役である。馬場前遺跡・江平遺跡・矢吹町赤沢 A・B 遺跡以外は、報告書の作成も担当した。

D 論の作成時期は、江平遺跡西部と馬場前遺跡の調査と重なる。学生との兼務である。私には難しい遺跡であった。馬場前遺跡を担当した時は、とくに厳しかった。縄文中期の大遺跡である。しかも古代集落跡・中世館跡とも重なっている。後半の 9 月から 12 月にかけては、約 300 人の作業員さん、30 人の調査員で現場を運営する状況に追い込まれた。結局、次年度に延長となった。遺跡にも酷い調査であった。

三貫地遺跡の旧石器時代石器製作跡の報告は、概報である。1 万点近い石器が出た。報告書の作成期限は 3 月末である。大半の剥片と石核・製品は写真で示した。石器の一部しか、実測図を作れなかった。最も多く出土した砕片の分析はできなかった。しかも、表紙に示したナイフ形石器の調整には誤認がある。側縁加工のインバースリタッチを認識出来なかった。柳田俊雄さんに、ご指摘をいただいた。岡村道雄さんには、現場でもご指導を得た。ローム層の下から出土した加工痕跡状の木片が、どのようにできたかを考えた。そして、自然の作用で作られた可能性に気づいた。遺跡の現場で考えなければ、遺物の認識は間違う。整理室では、人工の加工痕跡と判断していたかもしれない資料である。

記録保存の埋蔵文化財の調査は、予算・人員・期間のなかで、完結しなければならない。大半はなんとかした。しかし明らかに出来ない調査、不必要な調査は、拒否をした。だから柴原 A 遺跡の調査は、確認段階で終わった。ダムの常時湛水線より上にある河岸段丘に形成された遺跡である。護岸工事で、保護は可能である。しかも、縄文後期前半の砂に覆われて、当時の

集落地表面をそのまま伝えている。遺跡が伝える情報量は膨大である。これを調査する能力は、私にない。

　第8章は、修士論文の一部である。工藤雅樹先生のご指導を得た。提出年度の8月、同じ学年の学生が、東北地方における古墳の受容をテーマで書くという。重なった。そこで、テーマを資料が限定的な装飾古墳に変えた。装飾古墳のキャッチフレーズは、「謎の古墳」。本当にそうか。幾何学文様とされているのは、その通りか。抽象画を描くような文化が、古墳時代にあったのか。古墳時代の絵画は、美術・芸術とはたぶん違う。多視点画は、物事を説明する「図」ではないのか。授業は、装飾古墳について、私がどのように解釈するかという方向で進んだ。8月から提出期限の1月までは半年である。この間、昼間は現場。夜中に、ワープロで仕上げた。夢の中で書いた論文である。

　歴博では当時、白石先生を中心に装飾古墳の研究が進められていた。修士論文は、歴博研究報告に掲載されることになった。ただし、装飾古墳についての考えは白石先生と異なる。でも先生は、世に問う機会を与えてくださった。柳沢一男先生からは、厳しい書評をいただいた。定説からの評価である。ありがたい。そこで本書の第8章の前半に、濱田耕作先生の井寺古墳報告を入れた。遺体の周囲に幕を張りめぐらせて、葬儀を執り行う。この状況を保持して古墳に埋葬される。福岡県寿命王塚古墳などには、これが伝えられていたのではないかと。

　第1章は、桜町遺跡の調査成果をもとにした考察である。弥生後期の会津平で、水稲農耕が営まれた集落と周溝墓の存在を明らかにした。それまでの定説が壊れた。弥生後期から古墳の出現に至る土器編年は、93号土坑の調査によって大きく進展した。この遺構で確認した土器群は、北陸・関東・南東北の土器群をめぐる編年研究を一変させた。

　第6章も、発掘調査報告書の考察である。弘法山古墳群の調査は、8基の横穴と1基の墳丘施設の調査である。横穴の掘削と埋葬過程、形成された土層の検討である。横穴は三次元的構築物である。それを復元する記録を残さなければならない。あわせて微細遺物の確認のため、玄室・前庭部下部の堆積土は、水洗選別を実施して回収に努めた。長方形の池を掘り、この上に床のないプレハブを建て、土の洗い場を作った。出土した鉄器は、錆による変形が著しかった。2ヶ月以上も錆の除去に努めた。鼻の穴を黄色くして。しかし十分には出来なかった。だから、実測図がアマイ。7世紀の群集墳は6世紀と同じか、違うか。何故、律令体制に向かう時に前代の群集墳が盛行するのか。不思議であった。

　遺跡を掘るとは、どういうことか。埋蔵文化財の仕事に40年間も従事してきたが、いまだに土坑1基も完璧に掘る技量はない。たとえば土坑、山林原野の調査なら土坑は、表土層の下に隠れている。土坑が造られる時、表土はあったのか、なかったのか。埋め戻す時、なにが含まれていたか。どのように埋められたのか。あるいは埋まったのか。内部の土はどのように形成されたか。それがどのように変化したか。表土は何時、どのように形成されたのか。土坑を構成する土層は、雨水・季節変化・土圧・空気・微生物・動植物などにより、様々に変化する。そして何が含まれ、どのように変化したか、しなかったか。そもそも土層の区分とは何か。どのように土を掘り除くか、残すのか。念頭にはあった。しかし、これを見極めて掘り下げ、記録する技量は、まだない。

　夢がある。遺構を構成する土層を三次元で記録する。これを記録して、遺跡全体につなげた

時系列に配置する。ひとつの土層が、はたしてひとつであるのかを吟味しながら。遺物も土層のひとつとすれば、遺跡は土層で構成される。土層の塊が、遺構になる。遺跡を土層の集合体とみて時系列で表示すれば、遺跡の認識は飛躍的に豊かになる。そのような調査が、出来ればと思う。

　これまでの筆者が従事した発掘調査は、試行錯誤と蟻の這いまわりである。現場で考えたことを整理して本書とした。筆者は、考古学・歴史学の体系的・正統な訓練を受けていない。我流だから、重要な学説や基本概念から踏み外すことも多い。結果、教科書的な倭国像とはかなり違う。読者諸賢に、蒙を啓いていただければ幸いである。本書の内容は、報告書の域を出ていない。開発行為にともなう埋蔵文化財の調査をして報告書を作成するのが、私の仕事であった。ご寛容を願いたい。

　本書の作成に関して、株式会社雄山閣の方々に多大の助力を得た。記して感謝をいたします。

引用・参考文献

論文・著書
【あ】

相澤清利 2002「東北地方における弥生後期の土器様相」『古代文化』第 54 巻第 10 号　古代學協會

赤塚次郎 1988「東海の前方後方墳」『古代』第 86 号　早稲田大学考古学研究会

赤塚次郎 1989「古墳文化共鳴の風土」『研究紀要』第 7 号　愛知県埋蔵文化財センター

赤塚次郎 1992「東海系のトレース」『古代文化』第 44 巻第 6 号　古代學協會

赤塚次郎 1996a「東海の方形周溝墓と前方後方墳」『考古学研究』第 43 巻第 2 号　考古学研究会

赤塚次郎 1996b「先方後方墳の定着」『考古学研究』第 43 巻第 2 号　考古学研究会

青木幸一 1996「家族論への塑像」『史館』第 28 号　史学同人会

青木幸一 1998「古墳時代の政治社会組織」『史館』第 30 号　史学同人会

青木　斌 1995「地球の水圏」『新版地学教育講座』第 10 巻　地学団体研究会編　東京大学出版会

明石一紀 1976「日本古代家族研究序説」『歴史評論』No. 347　歴史科学協議会

明石一紀 1990『日本古代の親族構造』吉川弘文館

秋元陽光・大橋泰夫 1988「栃木県南部の古墳時代後期首長墓の動向」『栃木県考古学会誌』第 9 号　栃木県考古学会

秋元陽光・大橋泰夫・水沼良浩 1989「国分寺甲塚古墳測量調査報告」『栃木県考古学会誌』第 11 号　栃木県考古学会

阿久津久・片平雅俊 1992「常陸の後期古墳の様相」『国立歴史民俗博物館研究報告』第 44 集　国立歴史民俗博物館

東　潮 1999「北朝・隋唐と高句麗壁画」『国立歴史民俗博物館研究報告』第 80 集　国立歴史民俗博物館

安達厚三・木下正史 1974「飛鳥地域の古式土師器」『考古學雑誌』第 60 巻第 4 号　考古学会

穴沢咊光・中村五郎 1972「福島県真野寺内 20 号墳に関する考察」『考古学研究』第 19 巻 1 号　考古学研究会

穴沢咊光 1972「東北南部における胴張プランの横穴式石室とその諸問題」『福島考古』第 13 号　福島県考古学会

穴沢咊光・馬目順一 1976「龍鳳文環頭大刀試論」『百濟研究』7　忠南大學校百濟研究所

穴沢咊光・馬目順一 1977「頭椎大刀試論」『福島考古』18 号　福島県考古学会

穴沢咊光・馬目順一 1978「東北地方出土環頭大刀の諸問題」『福島考古』第 19 号　福島県考古学会

穴沢咊光・馬目順一 1979「郡山市牛庭出土の銀作大刀」『福島考古』第 20 号　福島県考古学会

穴沢咊光・馬目順一 1980「蟹目釘付鞘尾装具を持つ飾大刀とその系統について」『福島考古』第 21 号　福島県考古学会

穴沢咊光・馬目順一 1983「三累環刀試論」『古代文化論叢』藤沢一夫先生古希記念論集刊行会

穴沢咊光・馬目順一 1986「福島の古墳と横穴」『福島の研究』1 地質・考古編　清文堂出版

穴沢咊光・馬目順一 1987「獅噛環刀試考（改定版）」『日本考古学論集』8　吉川弘文館

阿部義平 1978「装飾古墳とその保護」『月刊文化財』第一法規

阿部義平 1986「国府の類型について」『国立歴史民俗博物館研究報告』第 10 集　国立歴史民俗博物館

阿部義平 1987「田舎館式土器」『弥生文化の研究』4　雄山閣

阿部義平 1997「北部日本における古代文化と農耕」『国立歴史民俗博物館研究報告』第 70 集　国立歴史民俗博物館

阿部義平 1990「俘囚と考古学」『考古学古代史論攷』伊東信雄先生追悼論文集刊行会

阿部義平 1991 「日本列島における都城形成」『国立歴史民俗博物館研究報告』第36集　国立歴史民俗博物館

阿部義平 1999 『蝦夷と倭人』青木書店

阿部朝衛 1990 「新潟県阿賀野川以北の古墳時代前期」『北越考古学』第2号　北越考古学会

阿部朝衛 1989 「土師器から見た東北地方古墳成立期の様相」『帝京史学』第4号　帝京大学文学部史学科

甘粕　健 1964 「前方後方墳の性格に関する一考察」『日本考古学の諸問題』考古学研究会

甘粕　健 1986 「第4章　古墳時代の社会と文化」『新潟県史』通史編1　原始・古代　新潟県

甘粕　健 2004 『前方後円墳の研究』同成社

網野善彦 1993 「日本列島とその周辺」『岩波講座日本通史』第1巻　岩波書店

網野善彦 2000 「「日本」とは何か」『日本の歴史』第00巻　講談社

荒木　隆 2011 「陸奥南部の「海の道」」『福島考古』第52号　福島県考古学会

荒井秀規 2009 「領域区画としての国・評（郡）・里（郷）の成立」『古代地方行政単位の成立と在地社会』（独）奈良文化財研究所

安藤鴻基 1980 「房総七世紀史の一姿相」『古代探叢』早稲田大学出版部

安藤鴻基 1994 「終末期方墳」『国立歴史民俗博物館研究報告』第44集　国立歴史民俗博物館

池上　悟 2004 『日本横穴墓の形成と展開』雄山閣

池上　悟 2006 「東北横穴の問題点」『考古学の諸相』II　坂詰秀一先生古希記念会

池上　悟 2009 「東北における横穴墓型式の展開」『立正大学大学院紀要』第25号　立正大学大学院

池田淳子 1997 「弥生研究の一視点」『新潟考古学談話会会報』第17号　新潟県考古学談話会

石井克巳 1990 「黒井峯遺跡」『古墳時代の研究』2　雄山閣

石井克巳 1994 「東国の村と生活」『東国と大和政権』吉川弘文館

石井智大 2010 「方形周溝墓からみた弥生終末期の地域間交流」『待兼山考古論集』II　大阪大学文学部

石井昌国 1966 『蕨手刀』雄山閣

石上英一 1988 『古代国家と日本』中央公論社

石上英一 1994 「大化改新論」『岩波講座日本通史　古代2』第3巻　岩波書店

石上英一 1996 『律令国家と社会構造』名著刊行会

石川幸夫 1979 「益子町小宅東古墳石室調査報告書」『峰考古』第2号　宇都宮大学考古学研究会

石川　功 1989 「茨城県における横穴式石室の様相」『第10回三県シンポジウム』資料集　千曲川水系古代文化研究所・北武蔵古代文化研究所・群馬県考古学研究所

石川日出志 1990 「天王山式土器編年研究の問題点」『北越考古学』第6号　北越考古学研究会

石川日出志 2000 「天王山式土器弥生中期説への反論」『新潟考古』第11号　新潟県考古学研究会

石川日出志 2001 「弥生後期湯舟沢式土器の系譜と拡がり」『北越考古学』第12号　北越考古学研究会

石川日出志 2004 「天王山式土器成立期における地期間関係」『駿台史学』第120号　駿台史学会

石川日出志 2010 『農耕社会の成立』岩波新書1271

石附喜三男 1976 「鈴谷式土器の南下と江別式土器」『北海道考古学』12　北海道考古学会

石野博信 1985 『古墳文化出現期の研究』学生社

石野博信 1990 「古墳時代史」『考古学選書』31　雄山閣

石部正志 1980 「群集墳の発生と古墳文化の変質」『東アジアにおける日本古代史講座』第4巻　学生社

石橋　充 1995 「常総地域における片岩使用の埋葬施設について」『筑波大学先史学・考古学研究』第6号　筑波大学歴史人類学系

石橋　充 1997 「常陸の横穴式石室と前方後円墳」『第2回東北・関東前方後円墳研究会』東北・関東前方後円墳研究会

石母田正 1948 「古代貴族の英雄時代」『論集史学』三省堂

石母田正 1962 「古代史概説」『岩波講座日本歴史』1　岩波書店

石母田正 1967 「民会と村落共同体」『歴史学研究』第 325 号　歴史学研究会

石母田正 1971 『日本の古代国家』岩波書店

石本　弘 1995 「東北地方における律令制成立以前の様相」『東国土器研究』第 4 号　東国土器研究会

泉森　皎 1994 「装飾古墳の壁画についての二、三の考察」『橿原考古学研究所論集』第十一　吉川弘文館

伊東信雄 1950 「東北地方の弥生文化」『文化』第 2 巻 4 号　東北大学文学部

伊東信雄 1954 「岩手県佐倉河村発見の弥生式土器」『古代學』第 3 巻第 2 号　古代學協會

伊東信雄 1973 「東北の装飾古墳」『家庭と電気』東北電力株式会社

伊東信雄 1979 「福島県双葉郡浪江町上の原 3 号墳」『福島考古』第 20 号　福島県考古学会

伊東信雄 1984 「青森における稲作農耕文化の形成」『東北文化研究紀要』第 15 集　東北学院大学

伊藤玄三 1967 「装飾古墳の直弧文」『文化』31 巻 2 号　東北大学文学部

伊藤玄三 1968 「末期古墳の年代について」『古代文化』第 13 巻第 3 号　古代學協會

伊藤玄三 1973 「福島県上の原 4 号墳の鹿角刀装具」『福島考古』第 14 号　福島県考古学会

伊藤玄三 1978 「会津大塚山 2 号墳の調査」『福島考古』19 号　福島県考古学会

伊藤雅文 1989 「能登半島の古墳研究」『石川県考古学会々誌』第 39 号　石川県考古学研究会

井上辰雄 1980 「装飾横穴墓をめぐる豪族と其の性格」『えとのす』第 13 号　新日本教育図書

稲田健一 2007 「東茨城郡城里町徳化原古墳について」『考古学の深層』瓦吹堅先生還暦記念論文集刊行会

稲村　繁 1991 「茨城における横穴式石室の変遷（1）」『博古研究』創刊号　博古研究会

稲村　繁 2000 「茨城における前方後円墳の終焉とその後」『第 5 回東北・関東前方後円墳研究会』東北・
　　　　　　　関東前方後円墳研究会

犬木　努 2012 「埴輪からみた南九州と近畿」『南九州とヤマト王権』大阪府立近つ飛鳥博物館図録 58

井上光貞 1965 『日本古代国家の研究』岩波書店

井上光貞・武田幸男 1971 「14　律令国家群の形成」『岩波講座世界史』第 6 巻　岩波書店

井上光貞 1984 『日本古代の王権と祭祀』東京大学出版会

井上尚明 1988 「七世紀における集落の再編成とその背景」『埼玉県史研究』第 20 号　埼玉県民部県史編
　　　　　　　さん室

猪熊兼勝 1976 「飛鳥時代墓室の系譜」『研究論集Ⅲ　奈良国立文化財研究所学報』第二八冊　奈良国立文
　　　　　　　化財研究所

今泉隆雄 1922 「八世紀の郡領の出自と任用」『史學雑誌』第 82 編第 12 号　史學会

今泉隆雄 2000 「陸奥国と仙台平野」『仙台市史　通史 2 古代中世』仙台市

今泉隆雄 2002 「多賀城の創建―郡山遺跡から多賀城へ―」『条里制・古代都市研究』第 17 号　条里制古
　　　　　　　代都市研究会

今尾文昭 1982 「素環頭刀考」『橿原考古学研究所紀要』第 8 冊　奈良県立橿原考古学研究所

今村峯雄 2001 「縄文～弥生時代移行期の年代を考える」『第四紀研究』第 46 巻第 6 号　日本第四紀学会

今村峯雄・藤尾慎一郎 2009 「炭素 14 の記録から見た自然環境変動」『弥生時代の考古学』2　同成社

岩越二郎 1936 「西白河郡鳥峠付近の遺物・遺蹟について」上・中・下『岩磐史談』7・8・9 号　岩磐郷土
　　　　　　　研究会

岩崎卓也 2000 『古墳時代論』上・下　雄山閣

磐下　徹 2007 「郡司と天皇制」『史學雑誌』第 116 編第 12 号　史學会

岩永省三 1991 「日本における階級社会に関する学説史的検討序説」『古代文化談叢』第 24 号　九州文化
　　　　　　　研究会

岩永省三 1992 「日本における階級社会に関する学説史的検討序説（Ⅱ）」『古代文化談叢』第 25 号　九州
　　　　　　　文化研究会

岩原　剛 2001a「東海の装飾大刀」『立命館大学考古学論集』Ⅱ　立命館大学考古学論集刊行会

岩原　剛 2001b「東海地域の装飾付大刀と後期古墳」『装飾付大刀と後期古墳』島根県古代文化センター

岩松　保 2005「黄泉国への通路」『待兼山論集　都出比呂志先生退任記念』大阪大学考古学研究室

植木　武編 1996『国家の形成』三一書房

上田三平 1934「泉崎横穴」『考古學雑誌』第 24 巻 6 号　日本考古學會

上山春平 1984「論理から国家へ」『思想』no.722　岩波書店

上原真人 2003「初期瓦生産と屯倉制」『京都大学文學部研究紀要』第 42 号　京都大学大学院文学研究学科

上野秀一 1992「本州の文化受容と農耕文化の成立」『新版古代の日本　東北・北海道』⑨　角川書店

氏家和典 1957「東北土師器の型式分類とその編年」『歴史』14 輯　東北史学学会

氏家和典 1960「辺境における横穴古墳の諸問題」『日本考古学の諸問題』考古学研究会

氏家和典 1967「陸奥国分寺跡出土の丸底坏をめぐって」『山形の考古と歴史』山形大学史学会

氏家和典 1974「東北横穴の研究」『日本考古学・古代史論集』吉川弘文館

氏家和典 1977「仙台平野における横穴式石室について」『研究紀要』Ⅳ　宮城県多賀城跡研究所

氏家和典 1980「古墳時代と亀井囲横穴古墳」『松山町史』第 1 巻考古・地質編　松山町

氏家和典 1984「宮城の古墳」『宮城の研究』清文堂出版

臼杵　勲 1984a「古墳時代鉄刀について」『日本古代研究』創刊号　古墳文化研究会

臼杵　勲 1984b「鋁本孔を持つ鉄刀について」『考古学研究』第 31 巻 2 号　考古学研究会

臼杵　勲 1992「Ⅳ　考察 1. 柴又八幡神社古墳出土鉄刀と 7 世紀型鉄刀　柴又八幡神社古墳」『葛飾区郷土と天文の博物館考古学調査報告』第 1 集　葛飾区郷土と天文の博物館館

内山敏行 2007「北関東と東北」『本州東北部における古墳時代の終末と律令社会の成立』福島大学行政政策学類考古学研究室

宇野隆夫 1991『律令社会の考古学的研究』桂書房

宇野慎敏 1990「日本出土冠帽とその背景」『九州上代文化論集』乙益重隆先生古稀記念論文集刊行会

梅棹忠夫 1967『文明の生態史観』中央公論社

梅沢重昭 1994a「「毛野」形成期の地域相」『駿台史学』第 91 号　駿台史学会

梅沢重昭 1994b「毛野の周溝墓と前方後方型周溝墓」『駿台史学』第 92 号　駿台史学会

梅原末治 1920「山科西野山ノ墳墓ト其ノ発見遺物」『京都府史蹟調査会報告』第 2 冊　京都府

梅宮　茂 1976「東北地方の装飾古墳私考」『東北考古学の諸問題』東北考古学会

江藤吉雄 1967「長沼町亀居山祭祀遺跡調査報告」『福島考古』第 7 号　福島県考古学会

及川良彦 1998「関東地方低地遺跡の再検討」『青山考古』第 1 号　青山考古学会

及川良彦 1999「関東地方低地遺跡の再検討 (2)」『青山考古』第 15 号　青山考古学会

大金宣亮 1984「各地における最後の前方後円墳　東日本Ⅱ栃木県」『古代學研究』第 106 号　古代學研究會

大久保徹也 2004「古墳時代研究における「首長」概念の問題」『古墳時代の政治構造』青木書店

太田宏明 2011『畿内政権と横穴式石室』学生社

大津　透 1992「大化改新と東国国司」『新版古代の日本　関東』⑧　角川書店

大津　透 1993『律令国家支配構造の研究』岩波書店

大塚初重 1956「前方後方墳の成立とその性格」『駿台史学』第 6 号　駿台史学会

大塚初重 1962「前方後方墳序説」『明治大学人文科学研究紀要』第 1 冊　明治大学人文科学科

大塚初重 1975「福島県深沢古墳の測量報告」『福島考古』第 19 号　福島県考古学会

大塚初重 1988「常陸における装飾古墳の性格」『考古学論叢』下巻　齋藤忠先生頌寿記念論文集　吉川弘文館

大塚久雄 1970『共同体の基礎理論』岩波書店

大林太良 1984「民族形成の時期―日本民族を中心として―」『民族学研究』第 48 巻 4 号　日本民族学会

大林太良 1979「装飾古墳の文様と絵画」『図説日本文化の歴史』小学館

大橋泰夫 1990「下野における古墳時代後期の動向」『古代』第89号　早稲田大学考古学研究会

大場巖雄 1974「古代氏族の移動と装飾い古墳」『どるめん』4号　JICC出版局

大場巖雄 1975『考古学から見た古代氏族の研究』長井出版企画

大日方克己 1996「古代における国境の形成と日本」『歴史評論』№555　歴史科学協議会

大町　健 1986『日本古代の国家と在地首長制』校倉書房

大村　直 1995「東国における古墳の出現」『展望　考古学』考古学研究会

大谷晃二 1999「上塩治谷築山古墳出土大刀の時期と系譜」『上塩治谷築山古墳の研究　島根県古代文化研究センター調査研究報告書』第4集　島根県古代文化研究センター

大谷晃二 2006「龍鳳文環頭大刀研究覚書」『大阪府近つ飛鳥博物館共同研究成果報告書』大阪府近つ飛鳥博物館

大谷晃二 2015「金鈴塚古墳出土大刀の研究（1）単竜環頭刀」『金鈴塚古墳研究』創刊号　木更津市郷土博物館金のすず

大場磐雄 1965「方形周溝墓」『日本の考古学Ⅲ』月報3　河出書房新社

大屋道則 1991「方形周溝墓観察の一視点」『研究紀要』第8号　（財）埼玉県埋蔵文化財調査事業団

大和久震平 1971「栃木県における横穴式石室と馬具の変遷」『栃木県史研究』第1・2号　栃木県史編さん専門委員会

大和久震平 1976「切石積横穴式石室」『江上波夫教授古希記念論集』考古・美術編　山川出版

小笠原好彦 1989「古墳時代の竪穴住居集落にみる単位集団の移動」『国立歴史民俗博物館研究報告』第22集　国立歴史民俗博物館

岡田茂弘 2003「陸奥国府多賀城の建設」『東北歴史博物館研究紀要』4　東北歴史博物館

岡本淳一郎 1998「佐野台地における古墳出現期の土器について」『富山考古学研究』第2号　富山県文化振興財団

岡田精司 1970『古代王権の祭祀と神話』塙書房

岡田精司 1989「古代伝承の鹿」『古代史論集』上　塙書房

岡田精司 1999「古墳上の継承儀礼説について」『国立歴史民俗博物館研究報告』第80集　国立歴史民俗博物館

岡田茂弘・桑原滋郎 1974「多賀城周辺における古代杯形土器の変遷」『研究紀要』Ⅰ　宮城県多賀城跡調査研究所

岡村秀典 1986「輸入青銅器B中国の鏡」『弥生文化の研究』6　雄山閣

岡村秀典 1993「後漢鏡の編年」『国立歴史民俗博物館研究報告』第55集　国立歴史民俗博物館

岡村秀典 1999『三角縁神獣鏡の時代』吉川弘文館

岡安光彦 1986「馬具副葬古墳と東国舎人騎兵」『考古學雑誌』第71巻4号　日本考古學會

置田雅昭 1985「古墳時代の木製把装具」『天理参考館報』第145輯　天理大学出版部

置田雅昭 1985b「古墳時代の木製刀剣鞘具」『考古學雑誌』第71巻1号　日本考古學會

置田雅昭 1989「中国　鉄素環刀大刀の把の構造」『古文化談叢』20（中）　九州古文化研究会

尾崎喜左雄 1965『横穴式石室の研究』吉川弘文館

小沢　洋 2003「房総の出現期古墳」『新世紀の考古学』大塚初重先生喜寿記念論文集刊行会

小田富士雄 1974「九州考古学研究　古墳時代編」『小田富士雄著作集』2　学生社

小田富士雄 1998「装飾古墳にみる大陸系画題」『古文化談叢』第40集　九州古文化研究会

小田富士雄 2003「百済熊津・泗沘時代の都城制と倭」『古文化談叢』第49集　九州古文化研究会

小田富士雄 2015「大宰府都城の形成と律令体制」『古文化談叢』第74集　九州古文化研究会

小田木治太郎 1989「北陸東部における古墳時代開始期の土器様相」『石川県考古学会々誌』第32号　石川

　　　　　　　　　県考古学研究会

乙益重隆 編 1974「装飾古墳と文様」『古代史発掘』8　講談社

乙益重隆 1984「装飾古墳壁画の一解釈」『滝川政次郎先生米寿記念論文集・神道史論叢』国書刊行会

乙益重隆 1988「装飾古墳横穴の伝播」『考古学論叢』中巻　齋藤忠先生頌寿記念論文集　吉川弘文館

小野山節 1979「古墳時代の地域性」『日本の黎明』同朋社

【か】

垣内和孝 1995「古墳時代及び古代集落研究のための予察」『考古学研究』第 42 巻 2 号　考古学研究会

垣内和孝 1996「古代集落についての一考察」『考古学研究』第 43 巻 3 号　考古学研究会

蔭山誠一 2006「弥生時代の大型土坑」『研究紀要』第 7 号　愛知県埋蔵文化財センター

柏木善治 2009「葬送に視る横穴墓の機能と構造変化」『古代』122 号　早稲田大学考古学会

柏木善治 2013「古墳時代後・終末期の喪葬観念」『考古学研究』第 60 巻第 1 号　考古学研究会

春日真実 1994「山三賀遺跡出土の古墳時代前期の土師器について」『新潟県考古学談話会会報』第 14 号
　　　　　　　　　新潟県考古学談話会

加藤道男 1989「宮城県における土師器研究野現状」『考古学論叢』Ⅱ　芹沢長介先生還暦記念論集刊行会

門井直哉 2000「律令時代の郡衙立地に関する一考察」『史林』第 83 巻 1 号　史学研究会

門井直哉 2009「歴史地理学からみた郡領域の成立」『古代地方行政単位の成立と在地社会』(独)奈良文化
　　　　　　　　　財研究所

勝部明生 1968「装飾古墳における壁画器材の考察」『関西大学考古学研究年報』2 号　関西大学考古学研
　　　　　　　　　究室

門脇禎二 1961『日本古代共同体の研究』東京大学出版会

門脇禎二 1975「古代社会論」『岩波講座日本歴史』古代 2　岩波書店

門脇禎二 1978「在地首長制と古代共同体」『歴史学研究』第 462 号　歴史学研究会

門脇禎二 1981『日本古代政治史論』塙書房

門脇禎二・甘粕　健 1967「古代専制国家」『大系・日本歴史』1　日本評論社

金関丈夫 1963「福岡県鞍手郡若宮町竹原古墳奥壁の壁画」『九州考古学』第 19 号　九州考古学会

金関丈夫 1969「竹原古墳奥壁の壁画」『Museum』№.215　国立東京博物館

金関丈夫 1975「竹原古墳奥壁の壁画」『発掘調査から推理する』朝日選書

金関　恕 1982「神を招く鳥」『考古学論考』平凡社

金井塚良一 編 1980『前方後円墳の消滅』新人物往来社

加納俊介 1991「東日本における後期弥生土器研究の現状と課題」『東海系土器の移動から見た東日本後期
　　　　　　　　　弥生土器』第Ⅰ分冊　東海埋蔵文化財研究会

狩野　久 1990『日本古代の国家と都城』東京大学出版会

狩野　久 2001「西日本の古代山城が語るもの」『岩波講座日本歴史』月報 21　岩波書店

鎌田元一 1977「評の成立と国造」『日本史研究』第 176 号　日本史研究会

鎌田元一 1980「評制施行の歴史的前提」『史林』第 63 巻 4 号　史学研究会

鎌田元一 1984「古代日本の人口について」『木簡研究』第 7 号　木簡学会

鎌田元一 1994「7 世紀の日本列島」『岩波講座日本通史』第 3 巻　岩波書店

鎌田元一 2008『律令国家史研究』塙書房

亀井正道 1966『建鉾山遺跡―福島県表郷村古代祭祀遺跡の研究―』吉川弘文館

亀田修一 1995「日韓古代山城比較試論」『考古学研究』第 41 巻第 4 号　考古学研究会

亀田　博 1977「後期古墳に埋納された土器」『考古学研究』第 23 巻第 4 号　考古学研究会

賀来孝代 1993「銅鐸と鳥」『考古学研究』第 44 巻第 1 号　考古学研究会

軽部慈恩 1957「千葉県山武郡大堤権現塚前方後円墳の発掘調査」『古代』第 25・26 号　合併号早稲田大

学考古学会

川上洋一 1999 「大和における井戸の成立と展開」『みずほ』31 号　大和弥生文化の会

川崎純徳 1981 『茨城の装飾古墳』新風土記社

川崎純徳 1988 「古墳壁画図文の型式学的検討」『考古学論叢』中巻　齋藤忠先生頌寿記念論文集　吉川弘文館

川崎純徳 1990 「東国における終末期壁画の歴史的性格」『茨城県考古学会誌』第 2 号　茨城県考古学協会

川西宏幸 1978 「円筒埴輪総論」『考古學雜誌』第 64 巻 4 号　日本考古學會

川西宏幸 1988 『古墳時代政治史序説』塙書房

河村好光 2010 『倭の玉器』青木書店

川村浩司 2003 『古墳出現時期の研究』高志書院

神林淳雄 1936 「「雙脚」足金物について」『考古學雜誌』第 26 巻第 7 号　日本考古學會

神林淳雄 1938a 「古墳時代鐶付足金物について」『考古學雜誌』第 28 巻第 7 号　日本考古學會

神林淳雄 1938b 「原史時代剣装攷」『考古學雜誌』第 28 巻第 9 号　日本考古學會

神林淳雄 1939 「金銅装大刀と金銅製柄頭」『考古學雜誌』第 29 巻第 4 号　日本考古學會

神林淳雄 1940 「銀装大刀と銀製柄頭」『考古學雜誌』第 30 巻第 3 号　日本考古學會

菊地芳朗 1990 「考察　1 出土遺物の検討と大年寺山横穴の造営年代　大年寺山横穴群」『宮城県文化財調査報告書』第 136 集

菊地芳朗 1993 「東北地方における横穴の出現年代」『福島県立博物館紀要』第 7 号　福島県立博物館

菊地芳朗 1999 「古墳の諸段階と地域権力」『会津若松市史研究』創刊号　会津若松市史研究会

菊地芳朗 2001 「東北地方の古墳時代集落」『考古学研究』第 47 巻第 4 号　考古学研究会

菊地芳朗 2010 『古墳時代史の展開と東北社会』大阪大学出版会

菊池佳子 1994 「多賀城以前の陸奥国と須恵器」『歴史』第 82 輯　東北史学学会

岸　俊男 1980 「稲荷山古墳出土鉄剣銘の読みについて」『遺跡・遺物と古代史学』吉川弘文館

岸本直文 1989 「三角縁神獣鏡の応神群」『史林』第 72 巻 5 号　史学研究会

岸本直文 2014 「倭の国家形成と古墳時代開始のプロセス」『国立歴史民俗博物館研究報告』第 185 集　国立歴史民俗博物館

岸本直文 2018 「倭王権と倭国史をめぐる論点」『国立歴史民俗博物館研究報告』第 211 集　国立歴史民俗博物館

喜谷美宣 1964 「後期古墳研究抄史」『日本考古学の諸問題』考古学研究会

鬼頭清明 1976a 『日本古代国家の形成と東アジア』歴史科学叢書　校倉書房

鬼頭晴明 1976b 「8 世紀の社会構成史的特質」『日本史研究』第 172 号　日本史研究会

鬼頭清明 1985 「東アジアにおける国家生成史の理論的諸問題」『歴史学研究』第 540 号　歴史学研究会

鬼頭清明 1989 「郷・村・集落」『国立歴史民俗博物館研究報告』第 20 集　国立歴史民俗博物館

鬼頭　宏 2000 『人口から読む日本の歴史』講談社

木本元治 1995 「東北地方の飛鳥時代」『歴史』第 85 輯　東北史学学会

木本元治 1999 「七世紀土器年代観の諸問題」『歴史』第 93 輯　東北史学学会

木本元治 2001 「いわき市甲塚古墳の再検討」『福島考古』第 42 号　福島県考古学会

木本元治 2009 「南東北弥生後期の土器編年」『福島考古』第 50 号　福島県考古学会

木村　礎編 1990 『日本村村落史講座』全 9 巻　雄山閣

桐原　健 1969 「頭椎大刀佩用者の性格」『古代學研究』第 56 号　古代學研究會

桐生直彦 2005 『竈をもつ竪穴建物の研究』六一書房

金　宇大 2017 『金工品から読む古代朝鮮と倭』京都大学学術出版会

日下八光 1967 『装飾古墳』朝日新聞社

日下八光 1978 『装飾古墳の秘密』講談社

草野潤平 2007 「下野における後期・終末期古墳の地域設定と動向」『関東の後期古墳』六一書房

久住猛夫 1999 「北部九州における庄内式併行期の土器様相」『庄内式土器研究』XIX　庄内式土器研究会

久住猛夫 2007 「『博多湾貿易』の成立と解体」『考古学研究』第 53 巻第 43 号　考古学研究会

工藤雅樹 1998a 『古代蝦夷の考古学』吉川弘文館

工藤雅樹 1998b 『蝦夷と東北古代史』吉川弘文館

工藤雅樹 2000 『古代蝦夷の古代史』吉川弘文館

蔵富士寛 2002 「装飾古墳の展開―菊地川流域―」『装飾古墳の展開』埋蔵文化財研究会第 51 回埋蔵文化財研究集解資料　埋蔵文化財研究会

小泉範明 1999 「石田川式土器の再検討」『群馬県立歴史博物館紀要』第 19 号　群馬県立歴史博物館

広野一隆・野島　永 2003 「弥生時代水晶製玉作の展開をめぐって」『京都府文化財情報』第 88 号　京都府埋蔵文化財調査研究センター

広野一隆 2001 「刺激伝播と国際秩序」『考古学研究』第 47 巻第 4 号　考古学研究会

甲元　眞 1986 「農耕集落」『岩波講座　日本考古学』4　岩波書店

国立歴史民俗博物館編 1993 『装飾古墳の世界』朝日新聞社

国立歴史民俗博物館編 1995 『装飾古墳がかたるもの』吉川弘文館

古代學研究會編 1984 「特集各地域における最後の前方後円墳　東日本 II」『古代學研究』第 106 号　古代學研究會

後藤建一 2015 『遠江湖西古窯跡群の研究』六一書房

後藤守一 1928 「原始時代の武器と武装」『雄山閣考古学講座』第 2 巻　雄山閣

後藤守一 1936 「頭椎大刀について（一・二）」『考古學雑誌』第 26 巻第 8・12 号　日本考古學會

小杉　康 2003 「縄文のマツリと暮らし」『先史日本を復元する』3　岩波書店

小林行雄 1961 『古墳時代の研究』青木書店

小林行雄・藤本四八 1964 『装飾古墳』平凡社

小林行雄 1967 『女王国の出現』文英堂

小林行雄 1976 「黄泉喫」・「鹿角製刀剣装具・直弧文」『古墳文化論考』平凡社

小林敏男 1993 「古代国家における雄略朝の位置」『歴史評論』No.514　歴史科学協議会

駒見佳容子 1993 「前方後方墳の性格」『土曜考古』第 17 号　土曜考古学研究会

小森哲也 1990 「下野の首長墓」『峰考古』第 8 号　宇都宮大学考古学研究会

小森哲也 2012 「地域間交流としての石棺式石室」『日本考古学』第 34 号　日本考古学協会

小森哲也 2014 「しもつけ古墳群にみる 6〜7 世紀の東国社会」『下野市埋蔵文化財調査報告書』第 11 集

近藤義郎 1959 「共同体と単位集団」『考古学研究』第 6 巻第 1 号　考古学研究会

近藤義郎・藤沢長治編 1966 「古墳時代　上」『日本の考古学』IV　河出書房新社

近藤義郎・春成秀爾 1967 「埴輪の起源」『考古学研究』第 13 巻第 3 号　考古学研究会

近藤義郎 1983 『前方後円墳の時代』岩波書店

近藤義郎編 1994 『前方後円墳集成』東北・関東編　山川出版社

小森紀男 1988 「古墳出現期における外来系土器の検討」『栃木県考古学会誌』第 10 集　栃木県考古学会

小宮俊久 2014 「関東・東北における長舎と官衙」『長舎と官衙の建物配置　報告編』第 17 回古代官衙・集落研究会報告書　（独）奈良文化財研究所

【さ】

斎藤　聡 2010 「古墳時代後期における集落とその周辺景観」『研究紀要』第 28 集　（財）群馬県文化財調査事業団

齋藤　忠 1965 「古墳壁画」『日本原始美術』V　講談社

齋藤　忠 1971「装飾古墳・装飾横穴の課題」『日本歴史』第 183 号　日本歴史学会

齋藤　忠 1973『日本装飾古墳の研究』講談社

齋藤　忠 1976『日本古代遺跡の研究』吉川弘文館

斎野裕彦 2005「水田跡の構造と理解」『古代文化』第 57 巻第 5 号　古代學協會

斎野裕彦 2011「東北地域」『講座日本の考古学 5 − 弥生時代（上）』青木書店

斎野裕彦 2012「仙台平野中北部における弥生時代・平安時代の波痕跡と集落動態」『東北地方における環
　　　　　境・生業に関する歴史的動態の研究』研究調査報告Ⅰ　東北芸術工科大学文化研究セン
　　　　　ター

佐伯有清 1975「貴族文化の発生」『岩波講座　日本歴史』2　岩波書店

佐伯有清 2006『邪馬台国論争』岩波新書 990

佐伯英樹 1999「特集 2 滋賀県弥生時代研究の現状と課題 2.　前方後方形周溝墓」『滋賀考古』第 21 号　滋
　　　　　賀県考古学会

酒井清治 1988「関東における古墳時代の須恵器生産」『考古學雑誌』第 73 巻 3 号　日本考古學會

酒井清治 2002『古代関東の須恵器と瓦』同成社

酒井清治 2004「須恵器生産のはじまり」『国立歴史民俗博物館研究報告』第 110 集　国立歴史民俗博物館

坂口　豊 1984「日本の先史・歴史時代の気候」『自然』第 460 号　中央公論社

坂口　豊 1993「過去 8,000 年の気候変化と歴史」『専修大学人文学論集』第 51 号　専修大学学会

坂口　一 1986「榛名山二ツ岳起源ＦＡ・ＦＰ層下の土師器と須恵器」『昭和 56 年度県営圃場整備荒砥南
　　　　　部地区における埋蔵文化財調査報告書』群馬県文化財調査事業団

鷺森浩幸 1998「古代における王家と大土地所有」『日本史研究』第 428 号　日本史研究会

桜井達彦 1987「頭椎大刀の編年に関する一考察」『比較考古学試論』雄山閣

佐久間正明 2001「福島県　中期古墳から後期古墳へ」『中期古墳から後期古墳へ』東北・関東前方後円墳
　　　　　研究会

佐久間正明 2010「福島県のおける古墳と横穴」『横穴墓と古墳』東北・関東前方後円墳研究会

佐久間正明 2018「福島県正直 27 号墳の出土遺物」『考古學雑誌』第 100 巻 1 号　日本考古學會

佐々木憲一 1990「日本考古学における古代国家論」『国家形成期の考古学』大阪大学考古学研究室

佐々木憲一編 2007『関東の後期古墳群』六一書房

佐田茂 1972「群集墳の形成とその被葬者について」『考古學雑誌』第 58 巻第 2 号　日本考古學會

佐藤信行 1976「東北地方の後北大式文化」『東北考古学の諸問題』東北考古学会

佐藤敏幸 2003「律令国家形成期の陸奥国牡鹿地方（1）」『宮城考古学』第 5 号　宮城考古学会

佐藤敏幸 2004「律令国家形成期の陸奥国牡鹿地方（2）」『宮城考古学』第 6 号　宮城考古学会

佐藤敏幸・大久保弥生 2007「宮城県の湖西産須恵器」『宮城考古学』第 9 号　宮城考古学会

佐原　眞 1970「大和川と淀川」『古代の日本　近畿』5　角川書店

佐原　眞 1975「農耕の開始と階級社会の形成」『岩波講座日本歴史』1　岩波書店

佐原　眞 1987「みちのくの遠賀川」『東アジアの考古と歴史』岡崎敬先生退官記念事業会

佐原　眞 1999「古墳時代の絵の文法」『国立歴史民俗博物館研究報告』第 80 集　国立歴史民俗博物館

佐原　眞 2005a「道具の考古学」『佐原眞の仕事』2　岩波書店

佐原　眞 2005b「美術の考古学」『佐原眞の仕事』3　岩波書店

佐原　眞 2007「幡枝窯の瓦」『史林』第 90 巻 3 号　史学研究会

沢田吾一 1927『奈良朝時代民政経済の数的研究』富山書房

澤田秀実 1990「東北日本における前方後円墳の出現とその様相」『法政考古学』第 15 集　法政考古学会

沢田むつ代 1991「鷺ノ山横穴墓ＡⅢ群の遺骸を包んでいた織物」『鷺ノ山横穴墓Ａ群発掘調査報告書』鷺
　　　　　ノ山横穴群調査会

設楽博己 1996「Ⅳ　戦いについて考える」『倭国乱れる』朝日新聞社

設楽博己 2000「縄文系弥生文化の構想」『考古学研究』第 47 巻第 1 号　考古学研究会

柴田俊彰 1975「胴張り横穴式石室の形態について」『福島考古』第 16 号　福島県考古学会

柴田俊彰 1985「福島盆地の古墳」『福島地方史の展開』名著出版

清水潤三 1967「福島県真野古墳群」『古代学論叢』末永先生古稀記念会

島田貞一 1992「幕」『国史大辞典』吉川弘文館

下垣仁志 2011『古墳時代の王権構造』吉川弘文館

下向井龍彦 1987「律日本律令軍制の基本構造」『史学研究』第 175 集　広島史学研究会

下向井龍彦 1991「律日本律令軍制の形成過程」『史學學雑誌』第 100 編第 6 号　史學会

正倉院事務所 1974『正倉院の刀剣』日本経済新聞社

正倉院事務所 1977『正倉院の大刀外装』小学館

庄内式土器研究会 1997「庄内式併行期の古墳出土土器」『庄内式土器研究』Ⅷ

白石太一郎 1966「畿内の後期大型群集墳に関する一試考」『古代學研究』42・43 合併号　古代學研究會

白石太一郎 1967「岩屋山式の横穴式石室について」『ヒストリア』第 49 号　大阪歴史学会

白石太一郎 1973「大型古墳と群集墳」『橿原考古学研究所紀要　考古学論攷』第 2 冊　吉川弘文館

白石太一郎 1975「ことどわたし考」『橿原考古学論集』研究所創立三十五周年記念　吉川弘文館

白石太一郎 1982「畿内における古墳の終末」『国立歴史民俗博物館研究報告』第 1 集　国立歴史民俗博物館

白石太一郎 1984「日本古墳文化論」『講座日本歴史』1　東京大学出版会

白石太一郎 1985a「年代決定論（二）―弥生時代以降の年代―」『岩波講座日本考古学』1　岩波書店

白石太一郎 1985b「神まつりと古墳の祭祀」『国立歴史民俗博物館研究報告』第 7 集　国立歴史民俗博物館

白石太一郎 1991「常陸の後期・終末期古墳と風土記建評記事」『国立歴史民俗博物館研究報告』第 35 集
　　　　　国立歴史民俗博物館

白石太一郎 1993a「弥生・古墳文化論」『岩波講座日本通史』第 2 巻　岩波書店

白石太一郎 1993b「上総・金鈴塚古墳がかたるもの―」『企画展「甦る金鈴塚」記念講演会記録』木更津市
　　　　　金鈴塚遺物保存館

白石太一郎 1997「有銘刀剣の考古学的検討」『新しい資料学を求めて』吉川弘文館

白石太一郎 1999a『古墳とヤマト政権』文芸春秋

白石太一郎 1999b「装飾古墳にみる他界観」『国立歴史民俗博物館研究報告』第 80 集　国立歴史民俗博物館

白石太一郎 2000『古墳と古墳群の研究』塙書房

白石太一郎 2003「山ノ上古墳と山ノ上碑」『古墳時代の日本列島』青木書店

白石太一郎 2009『考古学から見た倭国』青木書店

白石太一郎 2011『古墳と古墳時代の文化』塙書房

白石太一郎 2013a『古墳からみた倭国の形成と展開』敬文舎

白石太一郎 2013b「太秦蛇塚古墳の造営時期」『橿原考古学研究所論集』第 16 冊　奈良県立橿原考古学研
　　　　　究所　八木書店

白鳥良一 1990「多賀城跡出土時の変遷」『研究紀要』Ⅶ　宮城県多賀城跡調査研究所

白鳥良一 1997「陸奥国における多賀城以前の様相」『古代の土器研究―律令的時様式の西・東』5　古代
　　　　　の土器研究会

新谷武夫 1977「環状柄頭研究序説」『考古論集』松崎壽和先生退官記念事業会

進藤秋輝 1986「多賀城創建をめぐる諸問題」『東北古代史の研究』吉川弘文館

末永雅雄 1941『日本上代の武器』弘文堂

菅波正人 2011「福岡県元岡・桑原遺跡群の概要　官衙・集落と鉄」『奈良文化財研究所研究報告』第 6 冊
　　　　　（独）奈良文化財研究所

菅谷文則 1971「横穴式石室の内部」『古代學研究』59号　古代學研究會

杉井　健 2001「朝鮮半島系渡来文化の動向と古墳の比較研究試論」『考古学研究』第47巻第4号　考古学研究会

杉井　健 2004「前方後円墳分布圏とその周辺における生活様式伝播の多様性」『文化の多様性と比較考古学』考古学研究会

杉井　健 2005「古墳時代集落研究序説」『待兼山論集　都出比呂志先生退任記念』大阪大学考古学研究室

杉山晋作 1969「所謂「変則的古墳」の分類について」『茨城考古学』第2号　茨城考古学会

杉山晋作 1974「変則的古墳の分類一解釈」『古代』第57号　早稲田大学考古学研究会

杉山晋作 2005『東国の埴輪と古墳時代後期社会』六一書房

椙山林継・山岸良二 2005『方形周溝墓研究の今』雄山閣

杉本　宏 1987「隼上り瓦窯跡と中心として」『歴史考古学を考える―古代瓦の生産と流通―』帝塚山考古学研究所

杉本　宏 2007「り隼上窯跡発掘調査二十五年目の検証」『考古学論究』小笠原先生退任記念論集刊行会

鈴木　啓・橋本博幸 2002「高松塚古墳出土金銅製歩搖付雲珠について」『福島考古』第43号　福島県考古学会

鈴木靖民 1984「東アジア諸民族の国家形成と大和政権」『講座日本歴史』1　東京大学出版会

鈴木靖民 1985a『古代対外関係史の研究』吉川弘文館

鈴木靖民 1985b「倭の五王の外交と内政」『日本古代史の政治と制度』続群書類従完成会

鈴木靖民 1988「倭の五王」「武（雄略）の王権と東アジア」『古代を考える　雄略天皇とその時代』吉川弘文館

鈴木靖民 1994「日本古代国家形成史の諸段階」『國學院雑誌』第94巻11号　國學院大學

鈴木靖民 1996「日本古代の首長制社会と対外関係」『歴史評論』No.551　歴史科学協議会

鈴木靖民 2002「倭国と東アジア」『日本の時代史』2　吉川弘文館

須田祥二 1996「八世紀野郡司と在地」『古代地方制度形成過程の研究』吉川弘文館

須藤　隆 1990「東北地方における弥生文化」『考古学古代史論攷』伊東信雄先生追悼論文集刊行会

須藤　隆・今泉隆雄編 1992『新版古代の日本』9　角川書店

須藤　隆 1997『東北日本先史時代文化・社会変動の研究』纂修堂

須原祥二 1996「八世紀の郡司制度と在地」『史學雑誌』第105編第5号　史學会

清家　章 2009「古墳時代における父系化の過程」『考古学研究』第56巻第3号　考古学研究会

清家　章 2010『古墳時代の埋葬原理と親族構造』大阪大学出版会

清原陽一 2009「常陸国の古墳分布と郡領域」『古代地方行政単位の成立と在地社会』（独）奈良文化財研究所

関　晃 1952「律令支配層の成立とその構造」『新日本史大系2 古代社会』朝倉書店

関　晃 1954「畿内制の成立」『山梨大學學芸学部研究報告』第5号　山梨大學学芸学部

関　晃 1959「大化改新と天皇権力」『歴史学研究』第228号　歴史学研究会

関　晃 1976「律令貴族論」『岩波講座日本歴史』3　岩波書店

関　晃 1988「日本古代社会の基本的性格」『歴史』第70輯　東北史学研究会

関本輝夫編 1987「国家と文明への過程」『現代の社会人類学』3　東京大学出版会

関野　克 1938「埼玉懸福岡村の縄紋前期住居址と竪穴住居の系譜に就いて」『人類学雑誌』第53巻8号　日本人類学会

【た】

高木恭二 1994「九州の刳り抜き式石棺について」『古代文化』第46巻5号　古代學協會

高木恭二 2002「九州の装飾古墳」『東アジアと日本の考古学　墓制』II　同成社

高木正文 1999「肥後における装飾古墳の展開」『国立歴史民俗博物館研究報告』第80集　国立歴史民俗博物館

高倉洋彰 1995 『金印国家群の時代』青木書店

高倉洋彰 2001 『交流する弥生人』歴史文化ライブラリー 123　吉川弘文館

高島弘一・小野　浩 1995 「調査速報菅俣Ｂ遺跡」『研究紀要』第 6 号　いわき市教育文化事業団

高田貫太 2006 「5，6 世紀の日朝交渉と地域社会」『考古学研究』第 53 巻第 2 号　考古学研究会

高田貫太 2014 『古墳時代の日朝関係』吉川弘文館

高田貫太 2018 「5，6 世紀朝鮮半島南西部における「倭系古墳」の造営背景」『国立歴史民俗博物館研究報
　　　　　　告』第 167 集　国立歴史民俗博物館

高橋一夫 1985a 「前方後円墳の性格」『土曜考古』第 10 号　土曜考古学研究会

高橋一夫 1985b 「関東地方における非在地系土器出土の意義」『草加市史研究』第 4 号　草加市編さん委
　　　　　　員会

高橋浩二 1995 「越中における古墳出現期の様相」『大境』第 17 号　富山考古学会

高橋浩二 1999 「Ｓ字状口縁台付き甕の伝播とその評価」『国家形成期の考古学』大阪大学考古学研究室

高橋信一 1983 「阿武隈川流域における古墳時代中期の土師器とその問題」『しのぶ考古』第 8 号　しのぶ
　　　　　　考古学会

高橋信一 1994 「福島県内横穴墓における埋葬形態の検討」『しのぶ考古』第 10 号　信夫考古学会

高橋信雄 1987 「岩手県における末期古墳群の再検討」『北奥古代文化』第 18 号　北奥古代文化研究会

高橋　実 1983 「北陸弥生・古墳時代の竪穴住居址」『石川県考古学研究会々誌』第 26 号　石川県考古学
　　　　　　研究会

高橋誠明 2007 「律令国家の成立期における境界地帯と関東との一関係」『国士舘考古学』第 3 号　国士舘
　　　　　　考古学会

高橋誠明 2009 「古代社会と地期間交流」『古代社会と地域間交流』国士舘考古学会

高橋　和 1985 「東北地方南部の古墳時代前期高坏に関する一視点」『法政史論』第 3 号　法政大学大学院
　　　　　　日本史学法政史論会

高橋洋子 1976 「装飾古墳における文様の基礎的研究」『福島考古』第 17 号　福島県考古学会

高松俊雄 1999 「福島県の祭祀遺跡」『東国土器研究』第 5 号　東国土器研究会

高林真人 2002 「方形周溝墓とＳ字」『新潟県考古学談話会誌』第 26 号　新潟県考古学談話会

滝瀬芳之 1984 「円頭・圭頭・方頭大刀について」『日本古代文化研究』創刊号　古墳文化研究会

滝瀬芳之 1986 「円頭大刀・圭頭大刀の編年と佩用者の性格」『月刊考古学ジャーナル』第 266 号　ニュー
　　　　　　サイエンス社

滝瀬芳之 1991 「大刀の佩用について」『埼玉考古学論集』(財)埼玉県埋蔵文化財調査事業団

滝沢　誠 1995 「古墳時代における軍事組織の形成過程」『考古学研究』第 41 巻第 4 号　考古学研究会

滝沢規朗・野田豊文 2002 「新潟県北部の弥生時代中期後半から後期の土器について」『新潟県考古学談話
　　　　　　会誌』第 26 号　新潟県考古学談話会

滝沢規朗 2007 「新潟県後期における北陸系・東北系・八幡山の野焼方法について（余察）」『新潟県考古
　　　　　　学談話会誌』第 32 号　新潟県考古学談話会

田口一郎 2000 「北関東西部におけるＳ字口縁甕の波及と定着」『Ｓ字甕を考える』東海考古学フォーラム

武廣亮平 2000 「「東人」と王権・国家」『歴史評論』№ 597　歴史科学協議会

辰巳和弘 1992 『埴輪と絵画の古代学』白水社

辰巳和弘 1999 『黄泉の国の考古学』講談社現代新書

辰巳和弘 2002 『古墳の思想』白水社

田中新史 1977 「市原市神門 4 号墳の出現とその系譜」『古代』63 号　早稲田大学考古学研究会

田中新史 1984 「出現期古墳の理解と展望」『古代』77 号　早稲田大学考古学研究会

田中晋作 1995 「古墳時代中期における軍事組織について」『考古学研究』第 41 巻第 4 号　考古学研究会

田中　琢 1965「布留式以前」『考古学研究』第 12 巻第 2 号　考古学研究会

田中　琢 1991「倭人争乱」『日本の歴史』2　集英社

田中　敏 1987「福島県内における古墳時代前期の様相について」『福島県立博物館紀要』第 1 号　福島県立博物館

田中則和 1981「善応寺横穴墓群、法領塚古墳出土鉄・銅製品整理報告」『仙台市博物館調査研究報告』第 7 号　仙台市博物館

田中広明・大谷　徹 1989「東国における後・終末期古墳の基礎的研究(1)」『研究紀要』5　(財) 埼玉県埋蔵文化財調査事業団

田中広明・大谷　徹 1996「東国における後・終末期古墳の基礎的研究(2)」『研究紀要』10　(財) 埼玉県埋蔵文化財調査事業団

田中広明 1988「霞ヶ浦の首長」『婆良岐考古』第 10 号　婆良岐考古同人会

田中史生 2000「七世紀の寺と「家」」『国史學』第 169 号　国史學会

田中新史 1977「市原市神門四号墳の出現と系譜」『古代』第 77 号　早稲田大学考古学研究会

田中良之・村上久和 1994「墓室内飲食物供献と死の認定」『九州文化史研究所紀要』第 39 号　九州大学九州文化史研究所

田中良之 1995『古墳時代親族構造の研究』柏書房

田中良之 2004「親族論からみた日本考古学」『文化の多様性と比較考古学』考古学研究会

田中良之・川本芳昭編 20045『東アジア古代国家論』すいれん舎

田辺昭三 1981『須恵器大成』角川書店

玉川一郎・大越道正 1978「大玉村上高野遺跡出土遺物の再検討」『しのぶ考古』第 7 号　しのぶ考古学会

玉利　勲 1979「装飾古墳」『カラー新書』100　平凡社

玉利　勲 1984『装飾古墳紀行』新潮社

玉利　勲 1987『装飾古墳の謎』大和書房

俵　国一 1982『日本刀の科学的研究』日本評論社

千葉徳爾 1969『狩猟伝承の研究』風間書房

千代　肇 2003「古墳文化の北方伝播と後期続縄文文化南進の問題」『村越潔先生古希記念論文集』弘前大学教育学部考古学研究室 OB 会

長　直信 2003「豊前の大型建物について」『古文化談叢』第 74 集　九州古文化研究会

長　直信 2014「九州における長舎の出現と展開」『長舎と官衙の建物配置　報告編』第 17 回古代官衙・集落研究会報告書　(独) 奈良文化財研究所

高瀬克範 2000「東北地方初期弥生土器における遠賀川系要素の系譜」『考古学研究』第 46 巻第 4 号　考古学研究会

高瀬克範 2004『本州島東北部の弥生社会誌』六一書房

塚田良道 2007『人物埴輪の文化史的研究』雄山閣

次山　淳 1992「塩竈式土器の変遷とその位置づけ」『究班』埋蔵文化財研究会 15 周年論文集　同編集委員会

次山　淳 2000「土器からからみた諸変革」『関西例会 100 回記念シンポジウム　国家形成の諸改革』考古学研究会例会委員会

辻　秀人 1984「宮城の横穴と須恵器」『宮城の研究』第 1 巻考古・地質編　清文堂出版

辻　秀人 1986「福島における埴輪生産の動向」『福島の研究』1 地質・考古編　清文堂出版

辻　秀人 1989a「東北地方における埴輪工人の動向」『地方史研究』第 220 号　岩田書院

辻　秀人 1989b「古墳時代の画期について (その 1)」『福島県立博物館研究紀要』第 3 号　福島県立博物館

辻　秀人 1990a「6 東北・1 福島」『古墳時代の研究』第 11 巻　雄山閣

辻　秀人 1990b「東北古墳時代の画期について（その2）」『考古学古代史論攷』伊東信雄先生追悼論文集
　　　　刊行会

辻　秀人 1992「古墳の変遷と画期」『新版古代の日本　東北・北海道』9　角川書店

辻　秀人 1993「東北南部の古墳出現期の様相」『東日本における古墳出現過程の再検討』日本考古学協会

辻　秀人 1994「東北地方南部における古墳出現期の土器編年―その1会津盆地」『東北学院大学論集』歴
　　　　史・地理学第26号　東北学院大学文経法学会

辻　秀人 1995「東北地方南部における古墳出現期の土器編年―その2」『東北学院大学論集』歴史・地理
　　　　学第27号　東北学院大学文経法学会

辻　秀人 1996「蝦夷と呼ばれた社会」『古代王権と交流』1　名著出版

辻　秀人 2001「東北南部にみる中期後半の変動」『中期古墳から後期古墳へ』東北・関東前方後円墳研究会

辻　秀人 2011「10　東北南部」『講座日本の考古学　古墳時代（上）』7　青木書店

辻　秀人 2018「（I）灰塚山古墳の発掘調査概要」『日本考古学協会第84回総会研究発表要旨』日本考古学
　　　　協会

辻本純代 1988「古墳時代の親族構造について」『考古学研究』第35巻第1号　考古学研究会

都出比呂志 1970「横穴式石室と群集墳の発生」『古代の日本　近畿』5　角川書店

都出比呂志 1979「はたして郷戸は最初の個別経営か」『日本史研究』187号　日本史研究会

都出比呂志 1983「環濠集落の成立と解体」『考古学研究』第29巻第2号　考古学研究会

都出比呂志 1984「農耕社会の形成」『講座日本歴史』1　東京大学出版会

都出比呂志 1986「国家形成期における階層分化とムラ」『日本民俗　社会の形成と発展』山川出版

都出比呂志 1989a『日本農耕社会の成立過程』岩波書店

都出比呂志 1989b「前方後円墳の誕生」『古代を考える　古墳』吉川弘文館

都出比呂志 1991「日本古代の国家形成論序説」『日本史研究』第343号　日本史研究会

都出比呂志 1993a「古墳時代首長の政治拠点」『論苑　考古学』天山舎

都出比呂志 1993b「古墳時代の豪族居館」『岩波講座日本通史』第2巻　岩波書店

都出比呂志 1993c「前方後円墳体制と民族の形成」『兼待山論叢』第27号　大阪大学文学部

都出比呂志 1995「前方後円墳体制と地域権力」『日本古代国家の展開』上巻　思文閣出版

都出比呂志 1996「国家形成の諸段階」『歴史評論』No.551　歴史科学協議会

都出比呂志 1997「都市の形成と戦争」『考古学研究』第44巻第2号　考古学研究会

都出比呂志編 1999『古墳時代首長系系譜変動パターンの比較研究』大阪大学文学部

都出比呂志 1999「古墳時代首長の政治拠点」『論苑　考古学』天山舎

津野　仁 2000「八幡14号墓の甲冑」『福島考古』第41号　福島県考古学会

津野　仁 2003「唐様大刀の展開」『研究紀要』第11号　（財）とちぎ生涯学習文化財団埋蔵文化財センター

津野　仁 2008「蝦夷の武装」『考古学研究』第54巻第4号　考古学研究会

坪井清足 1953「福島県天王山遺跡の弥生式土器」『史林』第36巻第1号　史学研究会

坪井正五郎 1889「筑後日ノ岡にて古代文様の発見」『東洋学芸雑誌』第6巻第38号　東洋学芸社

鶴間正昭 1999「関東の7世紀須恵器生産」『東京考古』第17号　東京考古談話会

出宮徳尚 1991「瀬戸内の古代山城」『新版古代の日本④　中国・四国』角川書店

寺沢　薫 1984「纒向遺跡と初期ヤマト政権」『橿原考古学研究所論集』第六　吉川弘文館

寺沢　薫 1987「布留0式土器拡散論」『考古学と地域文化』II　同志社大学考古学シリーズ刊行会

寺沢　薫 1988「纒向型前方後円墳の築造」『考古学と技術』IV　同志社大学考古学シリーズ刊行会

寺沢　薫 2000「王権の誕生」『日本の歴史』02　講談社

寺沢　薫 2010『弥生時代政治史研究』吉川弘文館

寺沢　薫・寺沢知子 1981「弥生時代植物質食料の基礎的研究」『考古学論攷』奈良県立橿原考古学研究所

東野治之 1993「銘文の釈読」『江田船山古墳出土国宝銀象嵌銘大刀』国立東京博物館

藤間生大 1946『日本古代国家』伊東書店

藤間生大 1951『日本民族の形成』岩波書店

東北・関東前方後円墳研究会編 2014『古墳と続縄文文化』高志書院

徳江秀夫 1992「上野地域における装飾付大刀の基礎的調査」『研究紀要』10 （財）群馬県埋蔵文化財調査事業団

徳江秀夫 1994「関東・東北地方の刳抜式石棺」『古代文化』第 46 巻第 5 号 古代學協會

徳江秀夫 2005「上野地域における直刀の生産と流通」『装飾付大刀と後期古墳 島根県古代文化研究センター調査研究報告書』第 31 集 島根県古代文化研究センター

栃木英道 1983「器台形土器の形態変化について」『石川県考古学研究会々誌』第 26 号 石川県考古学会

利根川章彦 1991「前方後方墓・方形周溝墓群の構成」『埼玉県立博物館紀要』第 22 号 埼玉県立博物館

利根川章彦 1991「「鬼高式土器」の外部」『（財）埼玉県立埋蔵文化財調査事業団研究紀要』第 8 号 （財）埼玉県立埋蔵文化財調査事業団

豊島直博 2000「鉄器埋納施設の性格」『考古学研究』第 46 巻 4 号 考古学研究会

豊島直博 2001「古墳時代後期における直刀の生産と流通」『考古学研究』第 46 巻 2 号 考古学研究会

豊島直博 2003「弥生時代の鹿角装剣」『東国史論』第 18 号 群馬考古学研究会

豊島直博 2010『鉄製武器の流通と初期国家形成』塙書房

豊島直博 2013「環状足金物を持つ鉄刀の編年」『考古学研究』第 60 巻第 3 号 考古学研究会

【な】

内藤 晃 1959「古墳文化の成立」『歴史学研究』第 236 号 歴史学研究会

内藤 晃 1960「古墳文化の発展」『日本史研究』第 48 号 日本史研究会

内藤 晃 1973『日本原始古代文化の研究』塙書房

直木孝次郎 1968『日本古代兵制史の研究』吉川弘文館

直良信夫 1968「狩猟」『者と人間の文化史』法政大学出版局

中井正幸 2005『東海古墳文化の研究』雄山閣

中尾麻由実 2003「図文構成からみた壁画系装飾古墳の展開」『筑波大学先史学・考古学研究』第 14 号 筑波大学歴史人類学系

長島榮一 2004「仙台郡山遺跡の調査成果」『日本考古学』第 18 号 日本考古学協会

長島榮一 2009「郡山遺跡」『日本の遺跡』35 同成社

長瀬 出 2000「東京都豊島馬場遺跡における「方形周溝墓」の再検討」『法政考古学』第 26 集 法政考古学会

長瀬 出 2003「南関東における「周溝を持つ建物」の検討」『法政考古学』第 30 集 法政考古学会

仲田茂司 1997「東北・北海道における古墳時代中・後期土器様式の編年」『日本考古学』第 4 号 日本考古学協会

中村恵次 1974「房総半島における横穴式石室」『史舘』第 2 号 史舘同人会

中村光一 1995「令制下における武器生産について」『律令国家の地方支配』吉川弘文館

中村五郎・小川原栄喜・穴沢咊光・小滝利意 1973「塩川十九壇古墳群調査報告」『福島考古』第 14 号 福島県考古学会

中村五郎 1976「東北地方南部の弥生土器編年」『東北考古学の諸問題』東北考古学会

中村五郎 1983「東北中・南部と新潟」『三世紀の考古学』学生社

中村五郎 1988『弥生文化の曙光』未来社

中村五郎 1995「弥生土器・続縄文土器・古式土師器」『福島考古』第 36 号 福島県考古学会

中村 浩 1981『和泉須恵邑窯の研究』柏書房

中村幸弘 2002「肥後」『装飾古墳の展開』埋蔵文化財研究会第 51 回埋蔵文化財研究集解資料　埋蔵文化財研究会

中林隆之 1999「古代における国境編成」『歴史評論』No. 586　歴史科学協議会

中林伸浩 1969「東南アジア首長制の構造」『思想』No. 535　岩波書店

長山泰孝 1992『古代国家と王権』吉川弘文館

長山泰孝 1994「国家と豪族」『岩波講座日本通史』第 3 巻　岩波書店

生江芳徳 1976「会津坂下の大型古墳」『福島考古』第 17 号　福島県考古学会

生江芳徳 1977「会津坂下町宇内青津古墳群出崎山支群の測量調査」『福島考古』第 18 号　福島県考古学会

生江芳徳・田中幸悦 1980「会津坂下町宇内青津古墳群虚空蔵森前方後円墳の測量調査」『福島考古』第 21 号　福島県考古学会

生江芳徳編 1981『会津田村山古墳』田村山古墳周溝調査報告書刊行会

生田目和利 1991「十王前（カンブリ穴）横穴墓考」『博古研究』創刊号　博古研究会

中山吉秀 1976「離れ国分考」『古代』第 61 号　早稲田大学考古学研究会

楢崎彰一 1959「後期古墳の諸段階」『名古屋大学文学部 10 周年記念論集』名古屋大学文学部

新納　泉 1982「単竜・単鳳環頭大刀の編年」『史林』第 65 巻 4 号　史学研究会

新納　泉 1983「装飾付大刀と古墳時代後期の兵制」『考古学研究』第 30 巻第 3 号　考古学研究会

新納　泉 1984「関東地方における前方後円墳の終末年代」『日本古代文化研究』創刊号　古墳文化研究会

新納　泉 1987「戊辰年銘大刀と装飾付大刀の編年」『考古学研究』第 34 巻第 3 号　考古学研究会

新納　泉 1991a「六、七世紀の変革と地域社会の動向」『考古学研究』第 38 巻第 2 号　考古学研究会

新納　泉 1991b「権現山鏡群の型式学的位置」『権現山 51 号墳』権現山 51 号墳発掘調査団

新納　泉 1992「巨大墳から巨石墳へ」『新版古代の日本④中国・四国』角川書店

新納　泉 2001「空間分析からみた古墳時代社会の地域構造」『考古学研究』第 48 巻第 3 号　考古学研究会

新納　泉 2009「前方後円墳廃絶期の暦年代」『考古学研究』第 56 巻第 3 号　考古学研究会

新納　泉 2014「6 世紀前半の環境変動を考える」『考古学研究』第 60 巻第 4 号　考古学研究会

西　弘海 1978「土器の時期区分と型式変化　飛鳥・藤原宮発掘調査報告Ⅱ」『奈良国立文化財研究所研究学報』第 31 冊

西　弘海 1986『土器様式の成立とその背景』西弘海遺稿集刊行会

西川明彦 2009「正倉院の武器・武具・馬具」『日本の美術』523 号　（株）ぎょうせい

西川　宏 1964「吉備政権の性格」『日本考古学の諸問題』考古学研究会

西口壽生 1999「飛鳥地域の再開発直前の土器」『奈良文化財研究所年報 1999-Ⅱ』奈良文化財研究所

西山要一・山口誠治・李午憙 1996『日韓古代象嵌遺物の基礎的研究（一）』青丘学術論集　韓国

西嶋定生 1961「古墳と大和政権」『岡山史学』第 10 号　岡山史学会

西嶋定生 1981「序説　七世紀の東アジアと日本」『東アジアにおける古代史講座』5　学生社

西嶋定生 1992『倭国の出現』東京大学出版会

西嶋定生 1993「倭国連合の形成と構造」『新視点日本の歴史　古代編 1』2　新人物往来社

西嶋定生 2002「東アジア世界と日本」『西嶋定生東アジア史論集』第 4 巻　岩波書店

西谷　正 1994「朝鮮式山城」『岩波講座日本通史』第 3 巻　岩波書店

西山要一 1986「古墳時代の象嵌」『考古學雑誌』第 72 巻第 1 号　日本考古學會

仁藤敦史 1991「律令国家論の現状と課題」『歴史評論』No. 500　歴史科学協議会

仁藤敦史 1998『古代王権と都城』吉川弘文館

仁藤敦史 2009「古代王権と「後期ミヤケ」」『国立歴史民俗博物館研究報告』第 152 集　国立歴史民俗博物館

野垣好史 2006「装飾付大刀の変遷諸段階」『物質文化』第 82 号　物質文化研究会

野崎直治 1988「考古学と社会史」『思想』no.769　岩波書店

野島　永 2000「鉄器からみた諸変革」『関西例会 100 回記念シンポジウム　国家形成の諸改革』考古学研究会例会委員会

野島　永 2009『初期国家形成過程の鉄器文化』雄山閣

野田嶺志 1975「律令軍事機構の成立とその役割」『日本史研究』150・151 号合併号　日本史研究会

野田嶺志 1980『防人と衛士』教育社

野田嶺志 1984『律令国家の軍事制』吉川弘文館

野田豊文 2006「新潟県における「天王山土器」について」『新潟県考古学談話会会報』第 22 号　新潟県考古学談話会

野村　崇・滝瀬芳之 1990「北海道余市町フゴッペ前庭部出土の鉄製武器」『古代文化』第 42 巻 10 号　古代學協會

野水晃子 2006「越後・越中における弥生時代後半の土器について」『新潟県考古学談話会会報』第 22 号　新潟県考古学談話会

【は】

橋口達也 1993「装飾古墳の蕨手文と双脚輪状文」『九州歴史史料館研究論集』18　九州歴史史料館

橋口達也 1995「古墳時代中期における金工技術の変革とその意義」『考古學雑誌』第 80 巻第 4 号　日本考古學會

橋本英将 2003「外装からみる装飾大刀」『鉄器研究の方向性を探る』鉄器文化研究会

橋本英将 2006「「折衷系」装飾大刀考」『古代武器研究』第 7 号　古代武器研究会

橋本博文 1985「古墳時代首長層居宅の構造とその性格」『古代探叢』2　早稲田大学出版部

橋本博文 1986「金銀象嵌飾円頭大刀の編年」『月刊考古学ジャーナル』第 266 号　ニューサイエンス社

橋本博文 1993「亀甲繋鳳凰文象嵌大刀再考」『翔古論聚』久保哲三先生追悼論文集刊行会

橋本博文 2001「第 4 章　古墳時代の社会構造と組織」『村落と社会の考古学　現代の考古学』6　朝倉書店

橋本澄夫 1989「加賀・能登の前方後円（方）墳」『石川県考古学会々誌』第 32 号　石川県考古学研究会

長谷川厚 1995a「東国における 7 世紀史への胎動」『古代探叢』IV　早稲田大学出版部

長谷川厚 1995b「東国における 7 世紀史の意義」『王朝の考古学』雄山閣

畑中英二 1997「技術の伝播とそのイデオロギー的側面」『滋賀考古』第 17 号　滋賀考古研究会

畑中英二 1999a「陶邑 TK43 号窯跡の年代観に関する再検討」『瓦衣千年』森郁夫先生還暦記念論文刊行会

畑中英二 1999b「近畿地方の飛鳥・白鳳時代時編年研究と問題点」『飛鳥・白鳳の瓦と土器』古代土器の研究会

花田勝広 1989「倭政権と鍛冶工房」『考古学研究』第 36 巻 3 号　考古学研究会

服部伊久男 1988「終末期群集墳の諸様相」『橿原考古学研究所論集』第 9 冊　吉川弘文館

服部伊久男 2007「大和の装飾大刀概観」『同志社大学考古学シリーズ』IX　同志社大学考古学シリーズ刊行会

服部敬史 1995「東国における古墳時代須恵器生産の特質」『東国土器研究』第 4 号　東国土器研究会

土生田純之 1991『横穴式石室の系譜』学生社

土生田純之 1998『黄泉国の成立』学生社

土生田純之 2003「古墳の定義についての研究略史」『関西大学考古学研究室伍拾周年記念考古学論叢』上巻　関西大学考古学研究室

早川庄八 1975「律令制の形成」『岩波講座日本史』2　岩波書店

早川庄八 1984「古代天皇制と太政官政治」『講座日本歴史』2　東京大学出版会

早川庄八 1986a『日本古代官僚制の研究』岩波書店

早川庄八 1986b「天皇と太政官の機能」『日本歴史研究の新視点』吉川弘文館

林　謙作 1978「『五条丸古墳群』の被葬者たち」『考古学研究』第 25 巻第 3 号　考古学研究会

林部　均 2011「古代宮都と郡山遺跡・多賀城」『国立歴史民俗博物館研究報告』第163集　国立歴史民俗
　　　　博物館

原秀三郎 1980『日本古代国家史研究』東京大学出版会

原秀三郎 1984「日本列島の未開と文明」『講座日本歴史』1　東京大学出版会

原田　幹 1992「北陸における東海系土器の動向」『石川県考古学会々誌』第35号　石川県考古学研究会

春成秀爾 1984「前方後円墳論」『東アジアにおける日本古代史講座』2　学生社

坂野和信 2001「末野窯成立期の系譜と陶邑窯」『研究紀要』第16号　（財）埼玉県埋蔵文化財調査事業団

坂野和信 2007『古墳時代の土器と社会構造』雄山閣

樋口隆康 1956「双脚輪状文とさしは」『古代學研究』13　古代學研究会

菱田哲郎 1986「畿内の初期瓦生産と工人の移動」『史林』第69巻3号　史学研究会

菱田哲郎 2004「古墳時代中・後期の手工業生産と王権」『文化の多様性と比較考古学』考古学研究会

菱田哲郎 2007『古代日本国家形成の考古学』京都大学学術出版会

菱田哲郎 2011「後期・終末期の実年代」『古墳時代の考古学』Ⅰ　同成社

日高　慎 2000「風返稲荷山古墳出土の飾り大刀と佩用方法について」『風返稲荷山古墳』霞ヶ浦町遺跡調
　　　　査会

日高　慎 2000「関東地方における最終末前方後円墳と風返稲荷山古墳」『風返稲荷山古墳』霞ヶ浦町遺跡
　　　　調査会

日高　慎 2013『東国古墳時代埴輪生産組織の研究』雄山閣

広井　造 1995「越後における前方後方形墓の出現」『新潟考古』第6号　新潟県考古学会

広瀬和雄 1975「群集墳研究の一情況」『古代研究』第7号　元興寺仏教民俗資料研究所考古学研究室

広瀬和雄 1978「群集墳論序説」『古代研究』第15号　元興寺仏教民俗資料研究所考古学研究室

広瀬和雄 1978「古墳時代の集落類型」『考古学研究』第25巻第1号　考古学研究会

広瀬和雄 1983「河内古市大溝の年代とその意義」『考古学研究』第29巻第4号　考古学研究会

広瀬和雄 1991「前方後円墳の畿内編年」『前方後円墳集成』中国・四国編　山川出版社

広瀬和雄 1993「古墳時代の社会構造」『歴史評論』No.514　歴史科学協議会

広瀬和雄 1994「考古学から見た古代の村落」『岩波講座日本通史』第3巻　岩波書店

広瀬和雄 1995「古墳時代首長館論」『展望　考古学』考古学研究会

広瀬和雄 2003『前方後円墳国家』角川書店

広瀬和雄 2007「地方首長墓の動向と政治秩序」『古墳時代政治構造の研究』塙書房

広瀬和雄 2008「6・7世紀の東国政治動向（予察）」『古代日本の支配と文化』奈良女子大学21世紀COE
　　　　ポログラム報告集vol.18古代日本形成の特質解明研究拠点

広瀬和雄 2009「装飾古墳の変遷と意義」『国立歴史民俗博物館研究報告』第152集　国立歴史民俗博物館

広瀬和雄・太田博之編 2010『前方後円墳の終焉』雄山閣

広瀬和雄 2012a「東京湾岸・「香取海」沿岸の前方後円墳」『国立歴史民俗博物館研究報告』第167集　国
　　　　立歴史民俗博物館

広瀬和雄 2012b「多摩川流域の後期・終末期古墳」『国立歴史民俗博物館研究報告』第170集　国立歴史
　　　　民俗博物館

比田井克仁 1997「定型化古墳出現前における濃尾，畿内と関東の確執」『考古学研究』第44巻第2号　考
　　　　古学研究会

比田井克仁 2001『関東における古墳出現期の変革』雄山閣

比田井克仁 2004「古墳時代前期における関東土器圏の北上」『史館』第33号　史館同人会

比田井克仁 2010「東北における古墳出現期の二つの流れ」『比較考古学の新地平』同成社

平川　南 1978「古代城柵に関する試論」『原始社会研究』4　校倉書房

平川　南 1985「古代の白河郡」『福島県文化財調査報告書』第 153 集　福島県教育委員会

平川　南 1989「シンポジウム「古代の国府」」『国立歴史民俗博物館研究報告』第 20 集　国立歴史民俗博物館

平川　南 1993a「多賀城の創建年代」『国立歴史民俗博物館研究報告』第 50 集　国立歴史民俗博物館

平川　南 1993b「地下から発見された文字」『新版古代の日本⑩　古代資料の研究方法』　角川書店

平川　南 1996「里刀自小論」『国立歴史民俗博物館研究報告』第 66 集　国立歴史民俗博物館

平川　南 2008「日本の原像」『日本の歴史』第 2 巻　小学館

平野邦雄 1969『大化前代社会組織の研究』吉川弘文館

平野邦雄 1985『大化前代政治過程の研究』吉川弘文館

平野邦雄 1983「クラ（倉・庫・蔵）の研究」『太宰府古文化論叢』上巻　九州歴史資料館

平野邦雄 1993「「ヤマト土権」の用語について」『新版古代の日本①　古代史総論』角川書店

福永伸哉 1998「舶載三角縁神獣鏡の製作年代」『侍兼山論叢』第 30 号　大阪大学考古学研究室

福永伸哉 2004「前方後円墳の出現と国家形成」『文化の他法制と比較考古学』考古学研究会

福永伸哉 2005『三角縁神獣鏡の研究』大阪大学出版会

福島雅儀 1983「福島県における終末期古墳・二例」『文化福島』第 133 号　（財）福島県文化センター

福島雅儀 1986「阿武隈川上流域の切石積横穴式石室」『考古學雑誌』第 72 巻 2 号　日本考古學會

福島雅儀 1989「福島県の横穴式石室」『東日本における横穴式石室の受容』第 10 回三県シンポジウム資料　千曲川水系古代文化研究所・北武蔵古代文化研究会・群馬県考古学研究所

福島雅儀 1991「鉄製板鐔付鉄刀の成立」『福島県中島村文化財調査報告書』第 2 集　中島村教育委員会

福島雅儀 1992「陸奥南部における古墳時代の終末」『国立歴史民俗博物館研究報告』第 44 集　国立歴史民俗博物館

福島雅儀 1999「福島県の装飾壁画」『国立歴史民俗博物館研究報告』第 80 集　国立歴史民俗博物館

福島雅儀・福田秀生 2003「陸奥南部における畿内系横口式石室の新例」『行政社会論集』第 15 巻 3 号　福島大学行政社会学部

福島雅儀 2005「古代金属装鉄刀の年代」『考古學雑誌』第 89 巻 2 号　日本考古學會

福島雅儀 2008「古代装飾付鉄刀政治的役割」『考古學雑誌』第 92 巻 2 号　日本考古學會

福島雅儀 2010「古代，金属装鉄刀の暦年代」『考古学研究』第 57 巻第 2 号　考古学研究会

福島雅儀 2010「陸奥国南部の畿内型終末期古墳」『同志社大学考古学シリーズ』ⅩⅡ　同志社大学考古学シリーズ刊行会

福島雅儀 2018「金鈴塚古墳石棺内出土圭頭大刀」『金鈴塚研究』第 6 号　木更津市郷土博物館金のすず

福田　聖 2000「方形周溝墓の再発見」『ものが語る歴史シリーズ』③　同成社

福田　聖 2004「方形周溝墓と土器Ⅱ」『研究紀要』第 19 号　（財）埼玉県埋蔵文化財調査事業団

福田　聖 2005「方形周溝墓と土器Ⅲ」『研究紀要』第 20 号　（財）埼玉県埋蔵文化財調査事業団

福田　聖 2007「方形周溝墓と周溝の覆土と出土状況」『研究紀要』第 22 号　（財）埼玉県埋蔵文化財調査事業団

福田秀生 2013「桜町遺跡の調査成果」『東北南部における弥生後期から古墳出現期の社会変動』弥生時代研究会

福山敏男 1968「豊浦寺の創立」『日本建築史研究』墨水書房

藤井　功・石山　勲 1979『装飾古墳　日本の原始美術』10　講談社

藤尾慎一郎 1999「コメのもつ意味」『新　弥生紀行』朝日新聞社

藤尾慎一郎 2013『弥生文化像の新構築』吉川弘文館

藤尾慎一郎 2000「弥生文化の範囲」『倭人をとりまく世界』国立歴史民俗博物館

藤尾慎一郎 2015「弥生時代の歴史」『講談社現代新書』2330　講談社

藤木　海 2016「善光寺遺跡」『相馬市史』第4巻資料編Ⅰ原始・古代　相馬市

藤木　海 2016「黒木田遺跡」『相馬市史』第4巻資料編Ⅰ原始・古代　相馬市

藤木久志 2010「中世民衆の世界」『岩波新書』1248　岩波書店

藤沢　敦 1992b「引田式再論」『歴史』第79輯　東北史学研究会

藤沢　敦 2000「阿武隈川下流域の前方後円墳（その1）」『宮城考古学』第2号　宮城県考古学会

藤沢　敦 2001「倭の周縁における境界と相互関係『考古学研究』第48巻第3号　考古学研究会

藤沢　敦 2002「東北地方の円筒埴輪」『埴輪研究会誌』第6号　埴輪研究会

藤沢　敦 2004a「前方後方墳の変質」『古墳時代の政治構造』青木書店

藤沢　敦 2004b「倭の「古墳」と東北北部の末期古墳」『古墳時代の政治構造』青木書店

藤沢　敦 2004c「創出された境界―倭人と蝦夷を分かつもの」『文化の多様性と比較考古学』考古学研究会

藤沢　敦 2007「倭と蝦夷と律令国家」『史林』第90巻第1号　史学研究会

藤沢　敦 2006「古墳としての前方後方墳」『考古学ジャーナル』第551　ニューサイエンス社

藤沢　敦 2009「墳墓から見た古代の本州島と北海道」『国立歴史民俗博物館研究報告』第152集　国立歴史民俗博物館

藤沢　敦 2014「古墳文化と続縄文文化の相互関係」『古墳と続縄文文化』高志書院

藤沢　敦 2018「弥生後期から古墳時代の北海道・東北地方における考古学的文化の分布」『国立歴史民俗博物館研究報告』第211集　国立歴史民俗博物館

藤田和尊 1995「古墳時代中期における軍事組織の実態」『考古学研究』第41巻第4号　考古学研究会

藤田三郎 1999「弥生時代の井戸と唐古・鍵遺跡の井戸」『みずほ』第30号　大和弥生文化の会

藤田三郎 2012「唐古・鍵遺跡」『日本の遺跡』45　同成社

藤田定市 1966「表郷村堀の内古墳群について」『福島考古』第7号　福島県考古学会

藤田富士夫 1990『古代の日本海文化』中公新書

藤田亮作 1948「真野古墳群調査概報」『史学』第23巻第3号　三田史学会

藤野一之 2016「土器から見た埼玉古墳群の葬送儀礼と特質」『埼玉考古』第51号　埼玉県考古学会

藤本　強 1988『もう二つの日本文化』東京大学出版会

古川一明 1996「北辺に分布する横穴墓について」『考古学と遺跡の保護』甘粕健先生退官記念論集刊行会

古川一明 1997「色麻古墳群の諸問題」『北奥古代文化』第18号　北奥古代文化研究会

古川一明・白鳥良一 1991「2　土師器の編年　8東北」『古墳時代の研究』第6巻　雄山閣

古川一明 2013「宮城県地域における古代地方行政単位の形成について」『国立歴史民俗博物館研究報告』第179集　国立歴史民俗博物館

古川　登 1993「北陸地方の四隅突出型墳丘墓について」『島根県考古学会誌』第17集　島根県考古学会

古川　登 1994「北陸型四隅突出型墳丘墓について」『大境』第16集　富山県考古学会

古川　登 1997「北陸西部における弥生首長墓の認識」『考古学研究』第43巻第4号　考古学研究会

古川　登 2001「北陸地方における弥生時代墓制の特質」『古代文化』第53巻第4号　古代學協会

古屋紀之 1998「墳丘における土器配置の最新成果」『駿台史学』第104号　駿台史学会

古屋紀之 2002「古墳出現前後の葬送祭祀」『日本考古学』第14号　日本考古学協会

古屋紀之 2004「北陸における古墳出現前夜の墳墓の変遷」『駿台史学』第120号　駿台史学会

古屋紀之 2007『古墳の成立と葬送祭祀』雄山閣

ブルース・バートン 2001『国境の誕生』日本放送出版社

邊見　端 1981「東北地方における装飾古墳の分布について」『東北学院大学東北文化研究所紀要』第12号　東北文化研究所

北條芳隆 2000「讃岐型前方後円墳の提唱」『国家形成期の考古学』大阪大学考古学研究室

朴　天秀 2002「栄山江流域における前方後円墳の被葬者の出自分とその性格」『考古学研究』第49巻第

4 号　考古学研究会

堀江門也 1983「河内における大型群集墳の展望」『藤沢一夫先生古稀記念古文化論叢』古代を考える会

堀井　茜 1998「下老子笹川遺跡出土の木製鍬について」『富山考古学研究』第 2 号　（財）富山県文化振興査事業団

堀込静雄 1956「鹿島町に於ける横穴式古墳壁画の年代推定について」『福島県相馬地方横穴壁画調査報告』相馬高校郷土室

本田信之 2000「玉里村村木船塚古墳の再検討」『玉里村資料館報』第 5 号　玉里村資料館

【ま】

前園実知雄 1979「大和における後期前方後円墳の規模と分布について」『橿原考古学研究所論集』第四冊吉川弘文館

前田清彦 1991「方形周溝墓平面形態考える」『古代文化』第 43 巻第 8 号　古代學會

間壁葭子 2003「古墳時代の生活と文化」『古墳時代の日本列島』青木書店

麻柄一志 1992「土屋根の竪穴住居」『魚津市立博物館紀要』第 3 号　魚津市博物館

増田一裕 1995「飛鳥時代須恵器の編年にかかる追試作業」『土曜考古』第 19 号　土曜考古学研究会

増田四郎 1981『社会史への道』日本エディタースクール出版部

増田義郎 1969「政治社会の諸形態」『思想』no.535　岩波書店

増田精一 1980「金属工芸の展開」『東アジアにおける日本古代史講座』4　学生社

増田精一 1993「布幕の西と東」『オリエント古代文明の源流』弥呂久

町田　章 1970「古代帯金具考」『考古學雑誌』第 56 巻第 1 号　日本考古學會

町田　章 1976「環刀の系譜」『研究論集』Ⅲ　国立奈良文化財研究所

町田　章 1987a「岡田山 1 号墳の儀仗大刀についての検討」『出雲岡田山古墳』島根県教育委員会

町田　章 1987b『古代東アジアの装飾墓』同朋社

町田　章 1988「三重県井田川茶臼山古墳鉄地象嵌振り環頭大刀について」『井田川茶臼山古墳』三重県教育委員会

町田　章 1995「胡服東漸」『研究論叢』Ⅱ　国立奈良文化財研究所

松井和幸 2001『日本古代の鉄文化』雄山閣

松浦宇哲 2005「福岡県王塚古墳の出現にみる地域間交流の変容」『待兼山論集　都出比呂志先生退任記念』大阪大学考古学研究室

松尾昌彦 2003『古墳時代東国政治史論』雄山閣

松尾充晶 2001a「身分表徴としての装飾大刀」『鉄器研究の方向性を探る』鉄器文化研究会

松尾充晶 2001b「装飾付大刀の評価と諸問題」『かわらけ谷横穴墓群の研究　島根県古代文化センター調査研究報告』第 10 集　島根県古代文化センター

松尾充晶 2003「装飾大刀」『考古資料大観』第 7 巻　小学館

松尾充晶 2005「出雲地域の装飾付大刀の後期古墳」『装飾付大刀と後期古墳　島根県古代文化センター調査研究報告』第 31 集　島根県古代文化センター

松木武彦 1991「前期古墳副葬鏃の成立と展開」『考古学研究』第 37 巻第 4 号　考古学研究会

松木武彦 1992「古墳時代前半期における武器・武具の革新とその評価」『考古学研究』第 39 巻第 1 号　考古学研究会

松木武彦 1991「古墳時代の武器・武具及び軍事組織研究の動向」『考古学研究』第 41 巻第 1 号　考古学研究会

松木武彦 1996「日本列島の国家形成」『国家形成』三一書房

松木武彦 2000「古墳時代首長系譜論の再検討」『考古学研究』第 47 巻第 1 号　考古学研究会

松木武彦 2007『日本列島の戦争と初期国家形成』東京大学出版会

引用・参考文献

松木武彦 2018「倭王権の地域構造」『国立歴史民俗博物館研究報告』第211集　国立歴史民俗博物館

松本浩一 1977「群馬県における終末期古墳の様相」『群馬県史研究』第5号　群馬県史編さん委員会

松本浩一・桜場一寿・右島和夫 1980・1981「截石組積横穴式石室における構築技術上の諸問題」『群馬県史研究』第11・13号　群馬県史編さん委員会

松本猛速 2006『蝦夷の考古学』同成社

黛　弘道 1976「衣服令第十九」『律令　日本思想体系』3　岩波書店

丸山竜平 1988『群集墳の性格論争』『論争・学説日本考古学　古墳時代』5　雄山閣

三浦茂三郎 1985「古墳の終末をめぐる研究抄史」『史館』第18号　史館同人会

三浦茂三郎 2010「群馬県における後・終末期古墳からみた律令郡領域の研究Ⅰ」『群馬県立歴史博物館紀要』第31号　群馬県立歴史博物館

右島和夫 1985「前橋市総社古墳群の形成過程とその画期」『群馬県史研究』第22号　群馬県史編さん委員会

右島和夫 1992「古墳から見た6，7世紀の上野地域」『国立歴史民俗博物館研究報告』第44集　国立歴史民俗博物館

右島和夫 1994『東国古墳時代研究』学生社

右島和夫 2011「横穴式石室の鉤状鉄製品」『古文化談叢』第65集　九州古文化研究会

水野浩一・小林行雄編 1959『図解　考古学辞典』東京創元社

水野正好 1970a「滋賀郡所在漢人系帰化氏族とその墓制」『滋賀県文化財調査報告書』第四冊　滋賀県教育委員会

水野正好 1970b「群集墳と古墳の終焉」『古代の日本　近畿』5　角川書店

水野正好 1971「埴輪芸能論」『古代の日本研究資料』2　角川書店

水野正好 1974a「群集墳の群集構造とその性格」『小野市文化財調査報告書』第六冊　小野市教育委員会

水野正好 1974b「雲雀山東尾根中古墳群の群構造とその性格」『古代研究』第4号　元興寺仏教民俗資料研究所考古学研究室

水林　彪 1991『記紀神話と王権の祭り』岩波書店

水林　彪 1995「『日本書紀』における公民と王民」『日本史研究』第393号　日本史研究会

宮本信二・國下多美樹・中塚　良 2001「山城盆地西縁における古墳時代の古環境と遺跡立地」『歴史地理学』第43巻2号　歴史地理学会

武藤一郎 1918「羽後国川辺郡小阿地其他の遺跡について」『人類学雑誌』第39巻第30号　日本人類学会

村田晃一 2000「飛鳥・奈良時代の陸奥北辺」『宮城考古学』第2号　宮城県考古学会

村田晃一 2002「7世紀集落の視点(1)」『宮城考古学』第4号　宮城県考古学会

村田晃一 2009「律令国家形成期の陸奥北辺経営と坂東」『古代社会の地域間交流』国士舘大学考古学会

村田健二 1991「関東地方南部における古墳出現期の様相Ⅰ」『研究紀要』第8号　（財）埼玉県埋蔵文化財調査事業団

村田文夫 1995「横穴式石室・横穴墓内を垂下する布帛」『みちのく発掘』菅原文也先生還暦記念論集刊行会

村上恭通 1998『倭人と鉄の考古学』青木書店

村上恭通 2001「古墳出現前夜の「地域性」」『考古学研究』第47巻第4号　考古学研究会

村上恭通 2004「古墳時代の鉄器生産と社会構造」『文化の他法制と比較考古学』考古学研究会

村上恭通 2007『古代国家成立過程と鉄器生産』青木書店

村上恭通 2006「日本古代の製鉄炉と国家政策」『鉄と古代国家』愛媛大学考古学研究室

毛利光俊彦 1978「古墳出土銅鋺の系譜」『考古學雑誌』第64巻第1号　日本考古學會

毛利光俊彦 1995「古代日本の冠」『文化財論叢Ⅱ』同朋社出版

毛利光俊彦 1999「朝鮮古代冠」『瓦衣千年』森郁夫先生還暦記念論文刊行会

桃崎祐輔 2010「九州の屯倉研究入門」『還暦、還暦？還暦！』武末純一先生還暦記念事業会

森　浩一 1958「和泉河内窯址出土の須恵器編年」『世界陶磁全集』1　河出書房

森　浩一 1962「日本の古代文化」『古代史講座』3　学生社

森　浩一・石部正志 1962「後期古墳の討論を回顧して」『古代學研究』第 30 号　古代學研究會

森　浩一編 1973『論集　終末期古墳』塙書房

森　浩一 1975「群集墳と古墳の終末」『岩波講座日本歴史』2　岩波書店

森　浩一編 1976「特集原始絵画」『古代學研究』第 45 号　古代學研究會

森　浩一 1978「古墳文化と国家の誕生」『大阪府史』1　大阪府

森　公章 2000『古代郡司制度の研究』吉川弘文館

森岡秀人 1983「追葬と棺体配置」『関西大学考古学研究室参拾周年記念考古学論叢』関西大学考古学研究室

森貞次郎 1956「筑後風土記逸文にみえる筑紫君磐井の墳墓」『考古學雑誌』第 41 巻第 3 号　日本考古學會

森貞次郎 1970「装飾古墳の展開」『古代の日本　九州』3　角川書店

森貞次郎 1985『装飾古墳』教育社

森本　徹 1999「群集墳の変質からみた古代墳墓成立過程」『古代文化』第 51 巻第 11 号　古代學協會

【や】

八木　充 1986「国府の成立と構造」『国立歴史民俗博物館研究報告』第 10 集　国立歴史民俗博物館

八木光則 1996a「蕨手刀の変遷と性格」『考古学の諸相』坂詰秀一先生還暦記念論集刊行会

八木光則 1996b「蝦夷社会の地域性と自立性」『古代蝦夷の世界と交流』名著出版

八木光則 2003「7・8 世紀鉄刀の画期と地域性」『武器生産と流通の諸画期』七世紀研究会

柳沼賢治 1989「福島県中通り地方の土師器」『福島県における古代土器の諸問題』鹿島町教育委員会

柳沼賢治・押山雄三・仲田茂司 1991「正直 35 号墳の測量調査」『福島考古』第 32 号　福島県考古学会

柳沼賢治 1999「福島県における 5 世紀土器とその前後」『東国土器研究』第 5 号　東国土器研究会

矢内尾晋司 1983「北加賀における古墳出現期の土器について」『北陸の考古学』Ⅱ　石川県考古学会

柳沢一男 1987「石製表飾考」『東アジアの考古と歴史』下　同朋社

柳沢一男 2001a「国立歴史民俗博物館編『装飾古墳の諸問題』」『考古学研究』第 48 巻第 2 号　考古学研究会

柳沢一男 2001b「全南地方の栄山江型横穴式石室の系譜と前方後円墳」『朝鮮学報』第一七九輯　朝鮮学会

柳沢一男 2004『描かれた黄泉の世界』新泉社

柳沢和明 2009「多賀城市田屋場横穴墓群の再検討」『東北歴史博物館研究紀要』第 11 号　東北歴史博物館

柳沢和明 2010「多賀城市山王・市川橋遺跡における住社～栗囲期集落の様相」『宮城考古学』第 12 号　宮城県考古学会

山内清男 1925「石器時代にも稲あり」『人類学雑誌』第 40 巻 5 号　東京人類学会

山内清男 1939「十王台式」『日本先史土器図譜』先史考古学会

山内清男 1967「日本遠古の文化」『山内清男・先史考古学論文集』第 1 冊　先史考古学会

山内清男 1968「日本先史時代概説」『日本原始美術』Ⅰ　講談社

山尾幸久 1976「7 世紀前半期の国家権力」『日本史研究』第 163 号　日本史研究会

山尾幸久 1977『日本国家の形成』岩波書店

山尾幸久 1983『日本古代王権形成史論』岩波書店

山尾幸久 1989『古代の日朝関係』塙書房

山尾幸久 1995a「国家形成史の諸問題」『歴史評論』No. 514　歴史科学協議会

山尾幸久 1995b「時代区分論の基礎的考察」『日本史研究』第 400 号　日本史研究会

山尾幸久 2001「五・六世紀の日朝関係」『朝鮮学報』第一七九輯　朝鮮学会

山尾幸久 2003『日本古代国家と土地所有』吉川弘文館

山尾幸久 2005「『倭国』と『倭王』」『青丘学術論集』第 25 集　韓国文化振興財団

山岸良二 1991 『原始・古代日本の墓制』同成社

山口耕一 2014 「栃木県内出土須恵器との比較について」『下野市埋蔵文化財調査報告書』第 11 集　下野市教育委員会

山田邦和 1988 「飛鳥・白鳳時代須恵器研究の展望」『古代文化』第 40 巻 6 号　古代學協會

山田国和 1998 『須恵器生産の研究』学生社

山田邦和 2011 「須恵器の編年　①西日本」『古墳時代の考古学』同成社

山中敏史 1986 「律令国家の成立」『岩波講座　日本考古学』第 6 巻　岩波書店

山中敏史 1994 『古代地方官衙遺跡の研究』塙書房

山中敏史 2001 「評制の成立区分と領域区分」『考古学の学際的研究』岸和田市教育委員会

山中敏史 2005 「地方官衙と周辺寺院をめぐる諸問題」『地方官衙と寺院』(独)奈良文化財研究所

山ノ井清人 1981 「栃木県における切石積横穴式石室の編年」『栃木県考古学会誌』第 6 集　栃木県考古学会

山本　啓 1983 「マルクスと世界認識のパラダイム」『思想』no.705　岩波書店

山本有造編 2003 『帝国の研究』名古屋大学出版会

横須賀倫達 2006 「勿来金冠塚古墳出土遺物の調査Ⅱ」『福島県立博物館紀要』第 20 号　福島県立博物館

横須賀倫達 2009 「渕の上 1・2 号墳出土遺物の調査と研究」『福島県立博物館紀要』第 23 号　福島県立博物館

横須賀倫達 2017 「双葉町清戸迫 8 号横穴出土遺物の研究Ⅱ」『福島考古』第 59 号　福島県考古学会

横田義章 1982 「5 世紀代古墳出土刀装具の例」『九州歴史資料館研究論集』第 8 号　九州歴史資料館

横田義章 1986 「圭頭と頭椎」『九州歴史資料館研究論集』第 11 号　九州歴史資料館

横田美香 2001 「須恵器の編年」『定東塚・西塚古墳』岡山大学考古学研究室

義江明子 1986 『日本古代の氏の構造』吉川弘文館

義江明子 1985 「古代の氏と共同体および家族」『歴史評論』№ 428　歴史科学協議会

義江明子 1986 『日本古代の氏の構造』吉川弘文館

義江明子 2000 「婚姻と氏族」『女と男、家と村　古代史論集』第 2 巻　小学館

義江明子 2009 「鉄剣銘「上祖」考」『国立歴史民俗博物館研究報告』132 集　国立歴史民俗博物館

吉田博行・高橋　和 1992 「福島県耶麻郡塩川町田中舟森山古墳採取の埴輪」『福島考古』第 33 号　福島県考古学会

吉田　晶 1970 「古代国家論」『講座日本史』1　岩波書店

吉田　晶 1973 『日本古代国家成立史論』東京大学出版会

吉田　晶 1975 「古代国家の形成」『岩波講座日本歴史』2　岩波書店

吉田　晶編 1975 『日本史を学ぶ　原始・古代』1　有斐閣

吉田　晶 1980 『日本古代村落史序説』塙書房

吉田　晶 1993 「古代における住民の武装と国家的軍制」『歴史評論』№ 514　歴史科学協議会

吉田　晶 1998 『倭王権の時代』新日本出版社

吉田　晶編 1998 『日本古代国家と村落』塙書房

吉田　孝 1976 「律令制と村落」『岩波講座日本史』古代 3　岩波書店

吉田　孝 1983 『律令国家と古代の社会』岩波書店

吉村武彦 1996 『日本古代の社会と国家』岩波書店

米倉伸之・貝塚爽平・野上道男 2001 『日本の地形　総説』東京大学出版会

【わ】

若狭　徹 2007 『古墳時代の水利社会の研究』学生社

若狭　徹 2018 「東国における古墳時代地域経営の諸段階」『国立歴史民俗博物館研究報告』第 211 集　国立歴史民俗博物館

若松良一 1991「双脚輪状文と貴人の帽子」『埼玉考古学論集』(財)埼玉県埋蔵文化財調査事業団

和島誠一 1948「原始聚落の構成」『日本歴史学講座』東大歴史研究会編　学生書房

和島誠一・金井塚良一 1966「集落と共同体」『日本の考古学』Ⅴ　河出書房新社

和田　萃 1999「四神の系譜」『国立歴史民俗博物館研究報告』第 132 集　国立歴史民俗博物館

和田　萃 1973「殯の基礎的考察」『論集終末期古墳』塙書房

和田晴吾 1992「群集墳と終末期古墳」『新版古代の近畿Ⅰ　古代の日本　近畿Ⅰ』5　角川書店

和田晴吾 1994「古墳築造の諸段階と政治階層構成」『古代王権と交流』5　名著出版

和田晴吾 2000「国家形成論研究の視点」『関西例会 100 回記念シンポジウム　国家形成の諸改革』考古学
　　　　　　　研究会例会委員会

和田晴吾 2004「古墳文化論」『日本史講座』第 1 巻　東京大学出版会

和田晴吾 2008「黄泉国と横穴式石室」『吾々の考古学』和田晴吾先生還暦記念論集刊行会

和田晴吾 2009「古墳の他界観」『国立歴史民俗博物館研究報告』第 152 集　国立歴史民俗博物館

渡辺一雄 1980「東国の横穴と古代氏族」『えとのす』第 13 巻　新日本教育図書

渡辺義通 1948『古代社会の構造』伊藤書店

渡邊泰伸 1980「東北古墳時代須恵器の様相と編年」『考古學雑誌』第 65 巻 4 号　日本考古學會

渡邊泰伸 1991「3　須恵器の編年　9 東北」『古墳時代の研究』第 6 巻　雄山閣

王　仲殊 1992『三角縁神獣鏡』学生社　尾方勇・杉本憲司訳

E．R．サーヴィス 1977『文化進化論―理論と応用―』社会思想社　松園万亀雄・小川正恭訳

E．R．サーヴィス 1979「未開の社会」『人類学ゼミナール』12　弘文堂　松園万亀雄訳

マルク・ブロック 1995『封建社会』岩波書店　堀米庸三監訳

M．D．サーリンズ 1973「部族民」『現代文化人類学』5　鹿島研究所出版会　青木保訳

発掘調査報告書・資料集など
【東北地方】

青森県教育委員会 1985「垂柳遺跡」『青森県埋蔵文化財調査報告書』第 88 集

岩手県文化振興事業団 2002「中半入遺跡・蝦夷塚古墳発掘調査報告書」『岩手県文化振興事業団発掘調査
　　　　　　　報告書』第 380 集

岩手県胆沢町教育育委員会 2002「角塚古墳」『胆沢町埋蔵文化財踏査報告書』第 28 集

山形県教育委員会 1979「大之越古墳発掘調査報告書」『山形県埋蔵文化財調査報告書』第 18 集

山形県教育委員会 1986「西沼田遺跡発掘調査報告書」『山形県埋蔵文化財調査報告書』第 101 集

山形県川西町教育委員会 2000「下小松古墳群 (3)」『川西町文化財調査報告書』第 19 集

山形県米沢市教育委員会 1983「戸塚山第 137 号古墳発掘調査報告書」『米沢市文化財調査報告書』第 9 集

宮城県教育委員会 1973「山畑装飾横穴古墳群発掘調査概報」『宮城県文化財調査報告書』第 32 集

宮城県教育委員会 1974「岩切鴻ノ巣遺跡」『宮城県文化財調査報告書』第 35 集

宮城県教育委員会 1978「愛宕山横穴群」『宮城県文化財調査報告書』第 53 集

宮城県教育委員会 1980a「塩沢北遺跡」『宮城県文化財調査報告書』第 69 集

宮城県教育委員会 1980b「安久東遺跡」『宮城県文化財調査報告書』第 72 集

宮城県教育委員会 1980c『多賀城跡―政庁跡　図録編―』

宮城県教育委員会 1981「清水遺跡」『宮城県文化財調査報告書』第 77 集

宮城県教育委員会 1982a『多賀城跡―政庁跡　本文編―』

宮城県教育委員会 1982b「色麻古墳群」『宮城県文化財調査報告書』第 86 集

宮城県教育委員会 1983a「色麻古墳群」『宮城県文化財調査報告書』第 95 集

宮城県教育委員会 1983b「宮前遺跡」『宮城県文化財調査報告書』第 96 集

宮城県教育委員会 1984「色麻古墳群」『宮城県文化財調査報告書』第 100 集

宮城県教育委員会 1985a「色麻古墳群」『宮城県文化財調査報告書』第 103 集

宮城県教育委員会 1985b「今熊野遺跡」『宮城県文化財調査報告書』第 104 集

宮城県教育委員会 1990「大年寺横穴墓群」『宮城県文化財調査報告書』第 136 集

宮城県教育委員会 1991「台町古墳群」『宮城県文化財調査報告書』第 144 集

宮城県教育委員会 1995「大畑遺跡」『宮城県文化財調査報告書』第 168 集

宮城県教育委員会 1997〜1998「山王遺跡 Ⅱ・Ⅲ・Ⅳ・Ⅴ」『宮城県文化財調査報告書』第 167・170・171・174 集

宮城県教育委員会 2001a「市川橋遺跡」『宮城県文化財調査報告書』第 184 集

宮城県教育委員会 2001b「市川橋遺跡八幡地区の調査 2」『宮城県文化財調査報告書』第 186 集

宮城県教育委員会 2009「市川橋遺跡の調査」『宮城県文化財調査報告書』第 218 集

宮城県教育委員会 2017『多賀城跡―外廓Ⅰ―南門地区―』

宮城県多賀城調査研究所 2010『多賀城跡―政庁跡　補遺編―』

宮城県石巻市教育委員会 1988「五松山洞窟遺跡」『石巻市文化財調査報告書』第 3 集

宮城県岩出山町 1970『岩出山町史』

宮城県角田市教育委員会 1987「西屋敷 1 号墳・吉ノ内 1 号墳発掘調査報告書」『角田市文化財調査報告書』第 8 集

宮城県角田市教育委員会 1997「大久保古墳群Ⅰ」『角田市文化財調査報告書』第 21 集

宮城県小牛田町教育委員会 1974「山前遺跡」『小牛田町文化財調査報告書』第 1 集

宮城県鹿島台町教育委員会 1977「大迫横穴群」『鹿島台町文化財調査報告書』第 1 集

宮城県三本木町教育委員会 1971「三本木町坂本館山横穴古墳調査報告書」『宮城県三本木町文化財調査報告書』第 1 集

宮城県三本木町教育委員会 1972「三本木町館山横穴古墳群第二次調査報告書」『宮城県三本木町文化財調査報告書』第 2 集

宮城県三本木町教育委員会 1975「青山横穴古墳群・混内山横穴古墳群」『宮城県三本木町文化財調査報告書』第 3 集

宮城県三本木町教育委員会 1981「青山横穴古墳群第二次調査報告書」『宮城県三本木町文化財調査報告書』第 5 集

宮城県白石市教育委員会 2012「鷹巣古墳群」『白石市文化財調査報告書』第 42 集

宮城県柴田町教育委員会 1976「寺後古墳群」『柴田町文化財調査報告書』第 8 集

宮城県仙台市 1995『仙台市史』特別編 2

宮城県仙台市教育委員会 1968『仙台市燕沢善応寺横穴古墳群発掘調査報告書』

宮城県仙台市教育委員会 1972「法領塚古墳調査報告書」『仙台市文化財調査報告書』第 1 集

宮城県仙台市教育委員会 1974「裏町古墳発掘調査報告書」『仙台市文化財調査報告書』第 7 集

宮城県仙台市教育委員会 1976a「崇禅寺横穴発掘調査報告書」『仙台市文化財調査報告書』第 9 集

宮城県仙台市教育委員会 1976b「安久東遺跡発掘調査報告書」『仙台市文化財調査報告書』第 10 集

宮城県仙台市教育委員会 1982「栗遺跡」『仙台市文化財調査報告書』第 43 集

宮城県仙台市教育委員会 1981〜1991「郡山遺跡Ⅰ〜Ⅺ」『仙台市文化財調査文化財調査報告書』第 29・38・46・64・74・86・96・110・124・146 集

宮城県仙台市教育委員会 1983「史跡遠見塚古墳」『仙台市文化財調査報告書』第 48 集

宮城県仙台市教育委員会 1984「南小泉遺跡」『仙台市文化財調査報告書』第 68 集

宮城県仙台市教育委員会 1985「愛宕山装飾横穴古墳」『仙台市文化財調査報告書』第 85 集

宮城県仙台市教育委員会 1989「仙台市茂ヶ崎横穴墓群」『仙台市文化財調査報告書』第 130 集

宮城県仙台市教育委員会 1990「大念寺山横穴墓群」『仙台市文化財調査報告書』第 136 集

宮城県仙台市教育委員会 1994a「愛宕山横穴墓群」『仙台市文化財調査報告書』第 187 集

宮城県仙台市教育委員会 1994b「南小泉遺跡」『仙台市文化財調査報告書』第 192 集

宮城県仙台市教育委員会 2005「郡山遺跡発掘調査報告―総括編―」『仙台市文化財調査報告書』第 283 集

宮城県多賀城町教育委員会 1970『多賀城跡調査報告Ⅰ―多賀城廃寺―』

宮城県多賀城市教育委員会 1985「大代横穴古墳群発掘調査報告書」『多賀城市文化財調査報告書』第 7 集

宮城県中田町教育員会 1978「白地横穴群」『中田町文化財調査報告書』第 1 集

宮城県名取市教育委員会 1978「史跡雷神山古墳―昭和 52 年度発掘調査概要」『名取市文化財調査報告書』
　　　　　　第 5 集

宮城県名取市教育委員会 1986a「史跡飯野坂古墳群」『名取市文化財調査報告書』第 17 集

宮城県名取市教育委員会 1986b「愛島東部丘陵遺跡群詳細分布調査報告書」『名取市文化財調査報告書』
　　　　　　第 26 集

宮城県東松山市教育委員会 2008「矢本横穴墓群Ⅰ」『東松山市文化財調査報告書』第 5 集

宮城県東松島市教育委員会 2010「矢本横穴墓群Ⅱ」『東松島市文化財調査報告書』第 7 集

宮城県古川市教育委員会 1981「青塚古墳」『古川市文化財調査報告書』第 5 集

宮城県松山町 1980「第 2 節　古墳時代と亀井囲横穴古墳群」『松山町史』

宮城県村田町教育委員会 1992「千塚山古墳測量調査報告」『村田町文化財調査報告書』第 11 集　千塚山
　　　　　　古墳測量調査団

宮城県矢本町 1973「矢本の古墳」『矢本町史』第 1 巻

宮城県矢本町教育委員会 1991「小松遺跡・赤井遺跡」『矢本町文化財調査報告書』第 2 集

宮城県湧谷町教育委員会 1973「迫戸・中野横穴群」『宮城県湧谷町調査文化財調査報告書』第 1 集

宮城県湧谷町教育委員会 1999「迫戸横穴群Ａ地区」『宮城県湧谷町調査文化財調査報告書』第 4 集

宮城教育大学歴史研究会 1968「宮城県名取市山囲古墳調査報告」『仙台湾周辺の考古学的研究』

福島県 1964「資料編 1　考古資料」『福島県史』第 6 巻

福島県 1969「通史編 1　原始・古代・中世」『福島県史』第 1 巻

福島県教育委員会 1960「勿来金冠塚古墳」『福島県調査文化財調査報告書』第 8 集

福島県教育委員会 1970「観音山横穴概報」『福島県文化財調査報告書』第 22 集

福島県教育委員会 1975「一斗内古墳群」『福島県文化財調査報告書』第 47 集

福島県教育委員会 1978「佐平林遺跡（Ⅰ～Ⅳ・Ⅵ区）・谷地前Ｃ遺跡」『福島県文化財調査報告書』第 67 集

福島県教育委員会 1979「板倉前Ｂ遺跡・笊内古墳群・佐平林（Ⅵ区）」『福島県文化財調査報告書』第 74 集

福島県教育委員会 1980a「治部池横穴群」『福島県文化財調査報告書』第 81 集

福島県教育委員会 1980b「下小山田古墳群」『福島県文化財調査報告書』第 84 集

福島県教育委員会 1980c「西原遺跡・佐平林遺跡（Ⅶ・Ⅷ区）」『福島県文化財調査報告書』第 85 集

福島県教育委員会 1981「徳定遺跡」『福島県文化財調査報告書』第 92 集

福島県教育委員会 1981b「大久保Ａ遺跡」『福島県文化財調査報告書』第 96 集

福島県教育委員会 1981c「山口Ｅ遺跡」『福島県文化財調査報告書』第 98 集

福島県教育委員会 1982「早稲田古墳群」『福島県文化財調査報告書』第 107 集

福島県教育委員会 1983「薬師堂遺跡」『福島県文化財調査報告書』第 117 集

福島県教育委員会 1984「駒形Ａ遺跡・梅木平遺跡」『福島県文化財調査報告書』第 131 集

福島県教育委員会 1985a「岩下Ａ遺跡（第 1 次）」『福島県文化財調査報告書』第 150 集

福島県教育委員会 1985b「関和久遺跡」『福島県文化財調査報告書』第 153 集

福島県教育委員会 1986「兎喰遺跡」『福島県文化財調査報告書』第 163 集

福島県教育委員会 1988a「蛭舘Ｂ遺跡」『福島県文化財調査報告書』第 187 集

福島県教育委員会 1988b「一ノ堰Ａ遺跡・一ノ堰Ｂ遺跡」『福島県文化財調査報告書』第 191 集

福島県教育委員会 1988c「善光寺遺跡」『福島県文化財調査報告書』第 192 集

福島県教育委員会 1988d「岩下Ａ遺跡（第 2 次）」『福島県文化財調査報告書』第 195 集

福島県教育委員会 1989a「深沢Ａ遺跡・桑名屋敷遺跡・滝原前山Ｃ遺跡・滝原前山Ｂ遺跡」『福島県文化財調査報告書』第 206 集

福島県教育委員会 1989b「高田遺跡・善光寺遺跡（2 次調査）」『福島県文化財調査報告書』第 211 集

福島県教育委員会 1989c「駒板新田横穴群」『福島県文化財調査報告書』第 220 集

福島県教育委員会 1990a「辰巳城遺跡」『福島県文化財調査報告書』第 222 集

福島県教育委員会 1990b「山崎遺跡」『福島県文化財調査報告書』第 225 集

福島県教育委員会 1990c「能登遺跡」『福島県文化財調査報告書』第 242 集

福島県教育委員会 1991a「辰巳城遺跡」『福島県文化財調査報告書』第 246 集

福島県教育委員会 1991b「屋敷遺跡」『福島県文化財調査報告書』第 262 集

福島県教育委員会 1991c「和泉遺跡・横沼西遺跡」『福島県文化財調査報告書』第 263 集

福島県教育委員会 1992a「山崎遺跡（2 次）」『福島県文化財調査報告書』第 270 集

福島県教育委員会 1992b「弥明遺跡」『福島県文化財調査報告書』第 278 集

福島県教育委員会 1993「本飯豊遺跡（1 次）」『福島県文化財調査報告書』第 295 集

福島県教育委員会 1994a「殿畑遺跡」『福島県文化財調査報告書』287 集

福島県教育委員会 1994b「正直Ａ遺跡」『福島県文化財調査報告書』第 288 集

福島県教育委員会 1994c「関和久上町遺跡」『福島県文化財調査報告書』第 300 集

福島県教育委員会 1994d「落合遺跡」『福島県文化財調査報告書』第 309 集

福島県教育委員会 1995「正直Ｃ遺跡」『福島県文化財調査報告書』第 305 集

福島県教育委員会 1996a「笊内古墳群」『福島県文化財調査報告書』第 328 集

福島県教育委員会 1996b「タタラ山遺跡（2 次調査）」『福島県文化財調査報告書』第 331 集

福島県教育委員会 1998「上宮崎Ａ遺跡・上宮崎Ｂ遺跡」『福島県文化財調査報告書』第 352 集

福島県教育委員会 1999a「白山Ａ遺跡・白山Ｃ遺跡」『福島県文化財調査報告書』第 354 集

福島県教育委員会 1999b「白山Ｄ遺跡・白山Ｅ遺跡」『福島県文化財調査報告書』第 367 集

福島県教育委員会 1999c「弘法山古墳群」『福島県文化財調査報告書』第 370 集

福島県教育委員会 2001a「山王川原遺跡」『福島県文化財調査報告書』第 380 集

福島県教育委員会 2001b「高原遺跡・金波Ａ遺跡」『福島県文化財調査報告書』第 381 集

福島県教育委員会 2002a「江平遺跡」『福島県文化財調査報告書』第 394 集

福島県教育委員会 2002b「高木遺跡・北ノ脇遺跡」『福島県文化財調査報告書』第 401 集

福島県教育委員会 2003「南倉沢遺跡」『福島県文化財調査報告書』第 409 集

福島県教育委員会 2005「桜町遺跡（1 次）」『福島県文化財調査報告書』第 430 集

福島県教育委員会 2006「荒屋敷遺跡・高堂太遺跡」『福島県文化財調査報告書』第 438 集

福島県教育委員会 2007「高堂太遺跡（2 次）」『福島県文化財調査報告書』第 446 集

福島県教育委員会 2008「高堂太遺跡（3 次）・沼ノ上遺跡」『福島県文化財調査報告書』第 454 集

福島県教育委員会 2011a「桜町遺跡（2 次）」『福島県文化財調査報告書』第 474 集

福島県教育委員会 2011b「桜町遺跡（3 次）」『福島県文化財調査報告書』第 481 集

福島県教育委員会 2012「桜町遺跡（4 次）」『福島県文化財調査報告書』第 485 集

福島県立博物館 1982『原山 1 号墳』

福島県立博物館 1987「古墳測量調査報告」『福島県立博物館調査報告』第 16 集

福島県立博物館 1984「明戸遺跡発掘調査概報」『福島県立博物館調査報告』第 8 集

福島県立博物館 2000「長井前ノ山古墳調査報告Ｉ」『福島県立博物館調査報告』第 15 集

福島県立博物館学芸課考古分野 2017「長井前ノ山古墳調査報告」『福島県立博物館紀要』第 31 号

会津大塚山古墳測量調査団 1989『会津大塚山古墳測量調査報告書』

会津美里町教育委員会 2007「油田遺跡」『会津美里町文化財調査報告書』第 2 集

会津坂下町教育委員会 1985「若宮地区分布調査報告」『会津坂下町文化財調査報告書』第 7 集

会津坂下町教育委員会 1987「鍛冶山 2 号墳」『会津坂下町文化財調査報告書』第 12 集

会津坂下町教育委員会 1988「舘ノ内遺跡・細田遺跡」『会津坂下町文化財調査報告書』第 14 集

会津坂下町教育委員会 1990a「宮東遺跡・中西遺跡・男壇遺跡」『会津坂下町文化財調査報告書』第 16 集

会津坂下町教育委員会 1990b「樋渡台畑遺跡」『会津坂下町文化財調査報告書』第 17 集

会津坂下町教育委員会 1991「臼ガ森古墳」『会津坂下町文化財調査報告書』第 23 集

会津坂下町教育委員会 1992a「古舘遺跡・高畑遺跡」『会津坂下町文化財調査報告書』第 27 集

会津坂下町教育委員会 1982b「宮ノ北遺跡」『会津坂下町文化財調査報告書』第 28 集

会津坂下町教育委員会 1992c「経塚古墳」『会津坂下町文化財調査報告』第 29 集

会津坂下町教育委員会 1993「亀ヶ森古墳・臼ガ森古墳」『会津坂下町文化財調査報告書』第 32 集

会津坂下町教育委員会 1994a「東舘遺跡」『会津坂下町文化財調査報告書』第 41 集

会津坂下町教育委員会 1994b「阿賀川地区遺跡発掘調査報告書」『会津坂下町文化財調査報告書』第 42 集

会津坂下町教育委員会 1995「杵ガ森古墳・稲荷塚遺跡発掘調査報告」『会津坂下町文化財調査報告』第 33 集

会津坂下町教育委員会 1998「鎮守森古墳」『会津坂下町文化財調査報告書』第 50 集

会津坂下町教育委員会 1999『森北古墳群』創価大学

会津坂下町教育委員会 2000「出崎山遺跡」『会津坂下町文化財調査報告書』第 52 集

会津坂下町教育委員会 2003「中平遺跡・男壇遺跡」『会津坂下町文化財調査報告書』第 54 集

会津若松市史出版委員会編 1964「会津大塚山古墳」『会津若松市史』別巻 1

会津若松市教育委員会 1986「若松城三の丸跡発掘調査報告書」『会津若松市文化財調査報告書』第 11 号

会津若松市教育委員会 1991「堂ヶ作山古墳山Ⅰ」『会津若松市文化財調査報告書』第 17 号

会津若松市教育委員会 1992「堂ヶ作山古墳山Ⅱ」『会津若松市文化財調査報告書』第 22 号

会津若松市教育委員会 1994「川原町口遺跡」『会津若松市文化財調査報告書』第 36 号

会津若松市教育委員会 1996「堂ヶ作山古墳山Ⅲ」『会津若松市文化財調査報告書』第 50 号

会津若松市教育委員会 1999a「史跡若松城跡Ⅲ」『会津若松市文化財調査報告書』第 64 号

会津若松市教育委員会 1999b「矢玉遺跡」『会津若松市文化財調査報告書』第 61 号

会津若松市教育委員会 1999c「会津若松市埋蔵文化財分布調査報告書」『会津若松市文化財調査報告書』第 62 号

会津若松市教育委員会 2000「西木流・東高久遺跡」『会津若松市文化財調査報告書』第 6 号

会津若松市教育委員会 2004「屋敷遺跡」『会津若松市文化財調査報告書』第 94 号

浅川町教育委員会 1989「簑輪坂ノ前古墳群発掘調査報告書」『浅川町埋蔵文化財調査報告書』第 1 集

飯館村教育委員会 1974『姥石向 2 号墳発掘調査概報』

石川町教育委員会 1978『悪戸古墳群調査報告書』

石川町教育委員会 1996「大壇古墳群発掘調査報告」『石川町文化財調査報告書』第 10 集

いわき市教育委員会 1970『いわき市竹の下古墳緊急発掘調査報告』

いわき市教育委員会 1971『館山横穴群』

いわき市史編纂委員会 1971「中田装飾横穴」『いわき市史』別巻

いわき市 1976『いわき市史』第 8 巻　原始古代中世編

いわき市教育委員会 1977『白穴横穴群調査報告』

いわき市教育委員会 1981「朝日長者遺跡　夕日長者遺跡」『いわき市埋蔵文化財調査報告』第 6 冊

いわき市教育委員会 1985a「龍門寺遺跡」『いわき市埋蔵文化財調査報告書』第 11 冊

いわき市教育委員会 1985b「愛谷遺跡」『いわき市埋蔵文化財調査報告書』第 12 冊

いわき市教育委員会 1988「小申田横穴群」『いわき市埋蔵文化財調査報告書』第 70 冊

いわき市教育委員会 1989「御台横穴 A 群・御台遺跡」『いわき市埋蔵文化財調査報告』第 25 冊

いわき市教育委員会 1998『平窪諸荷遺跡』

いわき市教育委員会 2001「横山 B 遺跡」『いわき市埋蔵文化財調査報告』第 77 冊

いわき市教育委員会 2002「横山古墳群」『いわき市埋蔵文化財調査報告』第 82 冊

いわき市教育委員会 2004「餓鬼堂横穴墓墳群」『いわき市埋蔵文化財調査報告』第 131 冊

いわき市教育委員会 2005「県指定史跡玉山古墳」『いわき市埋蔵文化財調査報告書』第 135 冊

岩瀬村教育委員会 1994『下山古墳群発掘調査概報』

小高町 1975『小高町史』

表郷村教育委員会 1991「深渡戸 B 横穴発掘調査報告書」『表郷村文化財調査報告書』第 4 集

表郷村教育委員会 1999『建鉾山 II』

鹿島町教育委員会 1960『横手古墳群第 1 号古墳調査報告書』

鹿島町教育委員会 1995「高田古墳発掘調査報告書」『鹿島町文化財調査報告』第 8 集

国見町 1973『国見町史』第 2 巻　原始・古代・中世・近世資料

国見町教育委員会 1972「堰下古墳調査報告」『国見町文化財調査報告書』第 1 集

国見町教育委員会 1974「大木戸古墳群」『国見町文化財調査報告書』第 8 集

喜多方市 1995『喜多方市史』4

喜多方市教育委員会 1977『輪具古墳群』

喜多方市教育委員会 2001「山崎横穴群」『喜多方市埋蔵文化財調査報告』第 10 集

郡山市教育委員会 1961『郡山市麦塚古墳』

郡山市教育委員会 1971『福島県郡山市安積町渕ノ上遺跡発掘調査概報』

郡山市教育委員会 1977『正直 11・12・13 号墳―発掘調査概要―』

郡山市教育委員会 1979『阿弥陀壇』

郡山市教育委員会 1982a「大善寺地区遺跡」『郡山東部』II

郡山市教育委員会 1982b『正直古墳群第 30・36 号墳』

郡山市教育委員会 1986『北山田 2 号墳』

郡山市教育委員会 1987a『大根畑遺跡』

郡山市教育委員会 1987b『中山大田遺跡』

郡山市教育委員会 1987c「永作遺跡」『郡山東部』7

郡山市教育委員会 1989「北山田遺跡」『郡山東部』9

郡山市教育委員会 1991『南山田遺跡』第一冊

郡山市教育委員会 1992a『蒲倉古墳群』

郡山市教育委員会 1992b『正直 B 遺跡』

郡山市教育委員会 1993『清水台遺跡―第 16 次 A 地点発掘調査報告―』

郡山市教育委員会 1996『清内遺跡―1・2・3・区調査報告―』

郡山市教育委員会 1997a『清内遺跡―4 区調査報告―』

郡山市教育委員会 1997b『清内遺跡―5 区調査報告―』

郡山市教育委員会 1999a『清内遺跡―6・8・9 区調査報告―』

郡山市教育委員会 1999b『清水内遺跡―7 区調査報告―』

郡山市教育委員会 1997c～1999c『大安場古墳―1 次・2 次・3 次発掘調査報告―』

郡山市教育委員会 2001『蒲倉古墳群―第 7 次調査報告』

郡山市教育委員会 2004 『蝦夷穴横穴墓群』

桑折町教育委員会 1994 「錦木塚古墳発掘調査報告書」『桑折町文化財調査報告書』第 11 集

塩川町教育委員会 1998 「舘ノ内遺跡」『塩川町文化財調査報告』第 4 集

塩川町教育委員会 1999 「古屋敷遺跡」『塩川町文化財調査報告』第 6 集

塩川町教育委員会 2004 「内屋敷遺跡」『塩川町文化財調査報告』第 12 集

白河市教育委員会 1973 『白河市観音山横穴古墳群発掘調査概報』

白河市教育委員会 1981 「郭内横穴墓群Ⅰ」『白河市埋蔵文化財調査報告書』第 4 集

白河市教育委員会 1982 「道南北遺跡」『白河市埋蔵文化財調査報告書』第 6 集

白河市教育委員会 1990 「的石山横穴墓群」『白河市埋蔵文化財調査報告書』第 16 集

白河市教育委員会 2001a〜3a 「下総塚古墳発掘調査報告（第 4 から 6 次調査）」『白河市埋蔵文化財調査報告書』第 30・35・39 集

白河市教育委員会 2001b・3b 「舟田中道遺跡」『白河市埋蔵文化財調査報告書』第 31・33 集

白河市教育委員会 2004a・5a 「谷地久保古墳発掘調査報告書」『白河市埋蔵文化財調査報告書』第 36・41 集

白河市教育委員会 2004b〜10a 「借宿廃寺跡」『白河市埋蔵文化財調査報告書』第 40・44・45・47・50・55 集

白河市教育委員会 2005b 「観音山横穴墓群発掘調査報告『白河市埋蔵文化財調査報告書』第 42 集

白河市教育委員会 2010b 「野地久保古墳確認調査報告書」『白河市埋蔵文化財調査報告書』第 52 集

白河市 2001 「自然・考古」『白河市史』第四巻資料編 1

須賀川市 1974 『須賀川市史（自然・原始・古代）』Ⅰ

須賀川市教育委員会委員会 1974a 『仏坊古墳群』

須賀川市教育委員会委員会 1974b 『県営浜田地区圃場整備事業地内埋蔵文化財発掘調査概報』

須賀川市教育委員会 1984 『イカズチ古墳群』

須賀川市教育委員会 1987 『仲ノ平古墳群』

須賀川市教育委員会委員会 1998a 「仏坊古墳群」『福島空港アクセス道路関連遺跡発掘調査報告』Ⅳ

須賀川市教育委員会委員会 1998b 「上ノ代遺跡」『福島空港アクセス道路関連遺跡発掘調査報告』Ⅴ

須賀川市教育委員会委員会 2002 「八ッ木遺跡」『須賀川市文化財調査報告書』第 44 集

須賀川市教育委員会委員会 2003 「稲古舘古墳・古舘遺跡」『須賀川市文化財調査報告書』第 40 集

須賀川市教育委員会委員会 2011 「上人壇廃寺跡」『須賀川市文化財調査報告書』第 59 集

須賀川市教育委員会委員会 2012 「栄町遺跡」『須賀川市文化財調査報告書』第 60 集

相馬市 1983 『相馬市史』1 通史編

相馬市 2016 『相馬市史』第 4 巻資料編Ⅰ原始・古代

福島県立相馬高校学校郷土クラブ 1978 『福迫横穴群』Ⅰ　相馬市教育委員会

棚倉町教育委員会 1975 『胡麻沢古墳発掘調査報告書』

天栄村教育委員会 1981 『舞台遺跡』

玉川村 1980 『玉川村史』

天栄村教育委員会 1980 『龍ヶ塚古墳発掘調査概報』

中島村教育委員会 1991 「蝦夷穴古墳群」『福島県中島村文化財調査報告書』第 2 集

中島村教育委員会 2014 「四穂田古墳出土遺物調査報告書」『中島村文化財調査報告書』第 7 集

長沼町教育委員会 1970 「才舎地山横穴古墳報告」『長沼町文化財調査報告書』第 3 集

長沼町教育委員会 1991 「洞山横穴古墳群」『平成 2 年度長沼町内詳細分布調査報告書』

浪江町教育委員会 1979 『加倉古墳群』

浪江町教育委員会 1985 『丈六横穴群発掘調査報告書』

浪江町教育委員会 1989 「鹿屋敷遺跡発掘調査報告」『浪江町埋蔵文化財調査報告書』第 6 冊

原町市教育委員会 1969 『原町市高見町 1 号墳・与太郎内 1 号墳調査報告書』

原町市教育委員会 1973『羽山装飾横穴発掘調査概報』

原町市教育委員会 1985「国指定史跡桜井古墳範囲確認調査報告書」『原町市埋蔵文化財調査報告書』

原町市教育委員会 1996「高見町A遺跡発掘査報告書」『原町市埋蔵文化財調査報告書』第 26 集

原町市教育委員会 2000「荷渡古墳群」『原町市埋蔵文化財調査報告書』第 19 集

原町市教育委員会 2001a「桜井古墳群渋佐支群第 7 号墳発掘調査報告書」『原町市埋蔵文化財調査報告書』
　　　　　　　第 27 集

原町市教育委員会 2001b「国指定史跡桜井古墳保存整備事業報告書」『原町市埋蔵文化財調査報告書』第
　　　　　　　31 集

福島市 1969『福島市史』第 6 巻

福島市教育委員会 1989「月ノ輪山 1 号墳」『福島市埋蔵文化財報告書』第 32 集

福島市教育委員会 1995「学壇遺跡群」『福島市文化財調査報告書』第 67 集

双葉町教育委員会 1882『沼の沢第 3 号古墳発掘調査報告書』

双葉町教育委員会 1984『標葉における横穴墓群の研究』双葉町教育委員会

双葉町教育委員会 1985『清戸廹横穴群』

保原町教育委員会 1980『土橋古墳発掘調査報告書』

保原町教育委員会 2000「大泉みずほ遺跡発掘調査報告書」『保原町文化財調査報告書』第 15 集

南相馬市教育委員会 2007「泉廃寺跡」『南相馬市文化財調査報告書』第 6 集

南相馬市 2017『南相馬市史』第 1 巻通史 I

本宮町教育委員会 1984「天王壇古墳」『本宮町文化財文化財調査報告書』第 8 集

本宮町教育委員会 1989「山王川原遺跡」『本宮町文化財文化財調査報告』第 11 集

梁川町教育委員会 1975「新山古墳群」『梁川町文化財調査報告書』第 1 集

矢吹町 1977『矢吹町史』第 2 巻　資料編 1

矢吹町教育委員会 1971「鬼穴古墳・谷中古墳」『矢吹町調査文化財調査報告書』第 1 集

矢吹町教育委員会 1983「七軒横穴群」『矢吹町調査文化財調査報告書』第 6 集

関西大学考古学研究室 1984「東北地方南部における終末期古墳の調査」『考古学研究紀要』4

福島大学行政社会学類考古学研究室 2007「市野関稲荷神社古墳 1・上条古墳群 2」『福島大学考古学研究
　　　　　　　報告』第 2 集

福島大学行政社会学類考古学研究室 2009「庚申壇古墳 2」『福島大学考古学研究報告』第 4 集

法政大学文学部考古学研究室 編 1985『本屋敷古墳群の研究』

【関東地方】

茨城県史編さん教育委員会原始古代史部会 1974「古墳時代編」『茨城県考古資料編』

茨城県教育委員会 1960『三昧塚古墳』

茨城県岩瀬町教育委員会 1985「花園壁画古墳（第 3 号）調査報告書」『岩瀬町文化財調査報告書』第 7 集

茨城県大洋村教育委員会 1981『常陸梶山古墳』

茨城県霞ヶ浦町教育委員会 2000『風返稲荷山古墳』日本大学考古学会

茨城県勝田市史編さん委員会 1978「虎塚壁画古墳」『勝田市史』別編 I　勝田市

茨城県桂村教育委員会 1985『頓（徳）化原古墳整備調査報告書』

茨城県関城町 1988「船玉装飾古墳」『関町史』別冊資料編

茨城県大栄町教育委員会 2004『稲荷山』

茨城県高萩市教育委員会 1972『茨城県高萩市赤浜古墳群発掘調査概要』

茨城県新治村教育委員会 1986『武者塚古墳』

後藤守一 1957『常陸丸山古墳』丸山古墳顕彰会

大和久震平 1974『七廻り鏡塚古墳』(株)帝国地方行政学会

栃木県 1976『栃木県史資料編一』栃木県史編纂委員会

栃木県 1979『栃木県史資料編二』栃木県史編纂委員会

栃木県教育委員会 1974「下石橋愛宕塚古墳」『東北新幹線埋蔵文化財発掘調査報告書』

栃木県教育委員会 1986「星の宮神社・米山古墳」『栃木県埋蔵文化財調査報告書』第 76 集

栃木県教育委員会 2012「菅田古墳群」『栃木県埋蔵文化財調査報告書』第 351 集

栃木県市貝町教育委員会 1975『石下 14 号墳』

栃木県宇都宮市教育委員会 1983「針ケ谷新田古墳群」『宇都宮市埋蔵文化財調査報告』第 11 集

栃木県小山市教育委員会 2001「飯塚古墳群」『小山市文化財調査報告書』第 44 集

栃木県喜連川町教育委員会 1971『早乙女台古墳調査報告書』

栃木県芳賀町教育委員会 1980「芳賀二塚古墳」『芳賀町の文化財』第 9 集

栃木県南河内町教育委員会 1992「別処山古墳」『南河内町文化財調査報告書』第 6 集

栃木県南河内町 1992『南河内町史』資料編 I 考古

栃木県下野市教育委員会 2012「丸塚古墳」『下野市文化財調査報告書』第 9 集

栃木県下野市教育委員会 2014「甲塚古墳」『下野市文化財調査報告書』第 11 集

栃木県藤岡町教育委員会 1977『山王寺大枡塚古墳』

栃木県壬生町教育委員会 2006『桃花原古墳』

前沢輝政 1977『山王寺桝形塚古墳』早稲田大学出版部

三木文雄編 1957『那須八幡塚』吉川弘文館

三木文雄編 1981『那須駒形大塚』吉川弘文館

群馬県 1936「多野郡平井村白石稲荷山古墳」『群馬県史跡名勝天然記念物調査報告』第 3 輯

群馬県 1981「原始古代　3　古墳」『群馬県史』資料編 3　群馬県史編さん委員会

群馬県教育委員会 1963「上野国八幡観音塚古墳調査報告書」『群馬県埋蔵文化財調査報告書』第 1 集

群馬県教育委員会 1980『塚廻り古墳群』

群馬県埋蔵文化財調査事業団 1986「三ツ寺 I 遺跡」『上越新幹線関係埋蔵文化財発掘調査報告書』第 8 集

群馬県教育委員会 1998「綿貫観音山古墳 I」『群馬県埋蔵文化財発掘調査事業団報告書』第 242 集

群馬県教育委員会 1999「綿貫観音山古墳 II」『群馬県埋蔵文化財発掘調査事業団報告書』第 255 集

群馬県教育委員会 2007「南原間遺跡」『群馬県埋蔵文化財調査事業団調査報告書』第 415 集

群馬県渋川市教育委員会 1988「中筋遺跡」渋川市発掘調査報告第 18 集

群馬県高崎市教育委員会 2009「史跡保渡田古墳群」『高崎市文化財調査報告書』第 231 集

群馬県藤岡市教育委員会 1993『平井地区 1 号墳』

群馬県子持村教育委員会 1990「黒井峯遺跡発掘調査報告書」『子持村文化財調査報告』第 11 集

群馬県埋蔵文化財調査事業団 2013『自然災害と考古学』

尾崎喜左雄・松島栄治・今井新次 1968　『石田川』石田川刊行会

後藤守一 1933「上野國佐渡郡赤堀村今井茶臼山古墳」『帝室博物館學報』第六冊

駒澤大学考古学研究室 2007『群馬・金山丘陵窯跡群 I』

駒澤大学考古学研究室 2009『群馬・金山丘陵窯跡群 II』

橋本博文 1980『塚廻古墳群』群馬県教育委員会

埼玉県 1982『埼玉県史』資料編二原始古代

埼玉県教育委員会 1979『埼玉県稲荷山古墳出土鉄剣金象嵌銘概報』

埼玉県教育委員会 1980「埼玉稲荷山古墳」『埼玉県遺跡発掘調査報告』

埼玉県文化財事業団 1982「桜山窯跡群」『(財)埼玉県埋蔵文化財調査事業団報告』第 7 集

埼玉県吉見町 1978『吉見町史』上巻

金井塚良一・渡辺久生 1976『西原古墳群』東松山市埋蔵文化財調査会

天理　努 1874『八千代市村上遺跡群』房総考古資料刊行会

千葉県 2002『千葉県古墳時代資料』第一分冊

千葉県 2003『千葉県の歴史』古墳時代資料 2

千葉県教育振興財団文化センター 2009「武射郡衙跡」『千葉県教育振興財団調査報告』第 626 集

千葉県市原市教育委員会 1980『上総山王山古墳』

千葉県市原市教育委員会 1988『「王賜」銘鉄剣概報―千葉県市原市稲荷大 1 号墳出土』吉川弘文館

千葉県小見川町教育委員会 1978『城山第 1 号前方方円墳』

千葉県木更津市教育委員会 2002「高部古墳群 I」『千束台遺跡発掘調査報告書』IV

千葉県木更津市教育委員会 2007「金鈴塚古墳出土遺物の再整 2」『木更津市文化財調査報告集報』12

千葉県史料研究財団 2002「印旛郡栄町浅間山古墳発掘調査報告書」『千葉県史編さん資料』千葉県史研究財団

千種山遺跡発掘調査団 1979『千種山遺跡発掘調査報告書』

滝口　宏編 1952「上総金鈴塚古墳」『早稲田大学考古学研究室報告』1

田中新史編 2010『武射経僧塚古墳　石棺篇報告』早稲田大学経僧塚古墳発掘調査団

東京都大田区教育委員会 1998「考古学から見た大田区」『大田区の文化財』第 30 集

東京都世田谷区教育委員会 1981「喜多見古墳群 I」『世田谷区遺跡調査報告』2

東京都世田谷区教育委員会 2013「東京の終末期古墳」『文化財の保護』第 45 号

東京都世田谷区教育委員会 1999『野毛大塚古墳』野毛大塚古墳調査会

駒澤大学考古学研究室 1981『八王子市石川天野遺跡　第 3 次調査』

八王子市椚田遺跡調査会 1981『神谷原』I

【中部地方】

新潟県教育委員会 1989「山三賀 II」『新潟県文化財調査報告書』第 53 集

新潟県三条市教育委員会 2001「内野手遺跡・経塚山遺跡」『三条市文化財調査報告書』第 10 号

新潟県胎内市教育委員会 2016『城の山古墳発掘調査報告書（4 次～9 次調査）』

新潟県新津市教育委員会 2001『八幡山遺跡発掘調査報告書』

新潟県新津市教育委員会 2004『八幡山遺跡発掘調査報告書―第 11・12・13 次調査―』

新潟大学考古学研究室 1989a『越後山谷古墳』新潟県巻町教育委員会

新潟大学考古学研究室 1989b『保内山王山古墳群測量・発掘調査報告書』三条市教育委員会

新潟大学考古学研究室 1992『古津八幡山古墳 I』新津市教育委員会

富山県文化振興財団 2006「下老子笹川遺跡発掘調査報告」『富山県埋蔵文化財発掘調査報告』第 31 集

富山県文化振興財団 2014「下老子笹川遺跡発掘調査報告」『富山県埋蔵文化財発掘調査報告』第 59 集

富山市教育委員会 1984『富山市呉羽丘陵古墳分布調査報告書』

富山大学人文学部考古学研究室 2016『杉谷 4 号墳―4 次調査報告書―』

氷見市教育委員会 2001「柳田市尾山古墳」『氷見市埋蔵文化財調査報告』第 33 集

石川県立埋蔵文化財センター 1986a『金沢市近岡遺跡』

石川県立埋蔵文化財センター 1986b『漆町遺跡』I

石川県立埋蔵文化財センター 1988『漆町遺跡』II

石川県立埋蔵文化財センター 1989a『漆町遺跡』III

石川県立埋蔵文化財センター 1989b『漆町遺跡』IV

石川県松任市教育委員会 1995「旭遺跡群 1」『松任市旭工業団地中央区造成に係る旭小学校発掘調査報告書』

石川県松任市教育委員会 1996「旭遺跡群 2」『松任市旭工業団地中央区造成に係る旭小学校発掘調査報告書』

石川県松任市教育委員会 1997「松任一塚オオミナミチク遺跡」『工場増築工事に伴う発掘調査報告書』

福井県 1986『福井県史』資料編 13　考古

福井県埋蔵文化財調査センター 1986「吉河遺跡発掘調査概報」『福井県教育庁埋蔵文化財センター所報』2

福井県鯖江市教育委員会 1987「西山古墳群」『鯖江市埋蔵文化財調査報告』

福井県清水町教育委員会 2003a「小羽山古墳群」『清水町文化財調査報告書』VI

福井県清水町教育委員会 2003b「風神巻神山古墳群」『清水町文化財調査報告書』VII

長野県更埴市教育委員会 1992『史跡森将軍塚古墳—保存整備事業発掘調査報告書』史跡森将軍塚古墳調
　　　　　査団

静岡県 1992『静岡県史』資料編 3

静岡県教育委員会 1953『静岡賤機山古墳』

静岡県教育委員会 1971「掛川市宇洞ヶ谷横穴墓発掘調査報告書」『静岡県文化財調査報告書』第 10 集

静岡県埋蔵文化財研究所 1990a「高尾向山遺跡」『静岡県文化財研究所調査報告』第 23 集

静岡県埋蔵文化財研究所 1990b「川合遺跡（遺構編）」『静岡県文化財研究所調査報告』第 25 集

静岡県埋蔵文化財研究所 1992「瀬名遺跡（遺構編 I）」『静岡県文化財研究所調査報告』第 40 集

静岡県湖西市教育委員会 1987『西笠子第 64 号窯跡発掘調査報告書』昭和 61 年度

静岡県沼津市教育委員会 2012「高尾山古墳発掘調査報告書」『沼津市文化財調査報告書』第 104 集

静岡市教育委員会 1996「鷹ノ道遺跡」『静岡市埋蔵文化財調査報告書』第 35 集

愛知県埋蔵文化財センター 1990「廻間遺跡」『愛知県埋蔵文化財センター調査報告書』第 10 集

愛知県埋蔵文化財センター 1997「西上免遺跡」『愛知県埋蔵文化財センター調査報告書』第 73 集

愛知県埋蔵文化財センター 2009「朝日遺跡VIII総集編 2009」『愛知県埋蔵文化財センター調査報告書』第
　　　　　154 集

愛知県豊田市教育委員会 1966『豊田市大塚古墳発掘調査報告書』

富山大学考古学人文学部考古学研究室 1999「象鼻山 1 号墳」『養老町埋蔵文化財調査報告』第 3 冊　養老
　　　　　町教育委員会

【近畿地方】

三重県教育委員会 1988「井田川茶臼山古墳」『三重県埋蔵文化財調査報告』第 26 集

濱田耕作・梅原末治 1923「近江国高島郡水尾村鴨の古墳」『京都帝國大學文學部考古學研究報告』第八冊

滋賀県教育委員会 1966「甲賀郡甲西町狐栗古墳群調査概要」『滋賀県文化財調査概要』第 6 集

雪野山古墳発掘調査団 1996『雪野山古墳の研究』八日市市教育委員会

京都府教育委員会 1961「峰山桃谷古墳」『京都府文化財調査報告書』第 22 冊

京都府埋蔵文化財センター 1997「奈具岡遺跡（第 7・8 次）」『京都府遺跡調査概報』第 76 冊

京都府岩滝町教育委員会 1995「大風呂南墳墓群」『岩滝町文化財調査報告』第 15 集

京都府宇治市教育委員会 1983「隼上り瓦窯跡発掘調査概要」『宇治市埋蔵文化財発掘調査概報』第 3 集

京都府大宮町教育委員会 1999「三坂神社墳墓群」『大宮町文化財調査報告書』第 14 集

京都府久美浜町教育委員会 1983「湯舟坂 2 号墳」『久美浜町文化財調査報告書』第 7 集

京都府向日市教育委員会 1988「物集女車塚古墳」『向日市埋蔵文化財調査報告書』第 23 集

京都府山城町教育委員会 1998「昭和 28 年椿井大塚山古墳発掘調査報告」『山城町埋蔵文化財調査報告書』
　　　　　第 20 集

京都府弥栄町教育委員会 1986「奈具岡遺跡発掘調査報告書第 3 次」『京都府弥栄町文化財調査報告』第 4 集

京都大学文学部考古学研究室 1971「京都向日丘陵の前期古墳群の調査」『史林』第 54 巻第 6 号　史学研究会

京都大学大学院文学研究科 2005『紫金山古墳の研究』

京都大学総合博物館 2013『京都大学総合博物館蔵秋田市小阿地遺跡出土金銅装大刀の調査』奈良文化財
　　　　　研究所飛鳥資料館

同志社大学文学部文化史学科 1990「園部垣内古墳」『同志社大学文学部考古学調査報告』第 8 冊

梅原末治 1955「竹野郡網野町産土山古墳の調査」『京都府文化財調査報告書』第 21 冊

奈良県教育委員会 1969「藤原宮」『奈良県史跡名勝天然記念物調査報告』第 25 冊

奈良県教育委員会 1971「飛鳥京一」『奈良県史跡名勝天然記念物調査報告』第 26 冊

奈良県教育委員会 1972「烏土塚古墳」『奈良県史跡名勝天然記念物調査報告』第 27 冊

奈良県教育委員会 1972「桜井茶臼山古墳」『奈良県史跡名勝天然記念物調査報告』第 29 冊

奈良県教育委員会 1975「天理市石上・豊田古墳群」『奈良県文化財調査報告』第 32 集

奈良県教育委員会 1976「葛城・石光山古墳群」『奈良県史跡名勝天然記念物調査報告』第 31 冊

奈良県教育委員会 1977「竜田御坊山古墳」『奈良県史跡名勝天然記念物調査報告』第 32 冊

奈良県教育委員会 1978「桜井市外鎌山北麓古墳群」『奈良県史跡名勝天然記念物調査報告』第 34 冊

奈良県教育委員会 1977a「メスリ山古墳」『奈良県史跡名勝天然記念物調査報告』第 35 冊

奈良県教育委員会 1977b「竜田御坊山古墳　付平野塚穴山古墳」『奈良県史跡名勝天然記念物調査報告』
　　　　　第 32 冊

奈良県教育委員会 1981a「新沢千塚古墳群」『奈良県史跡名勝天然記念物調査報告』第 39 冊

奈良県教育委員会 1981b「太安萬侶墓」『奈良県史跡名勝天然記念物調査報告』第 43 冊

奈良県教育委員会 1986a「能峠遺跡群Ⅰ」『奈良県史跡名勝天然記念物調査報告』第 48 冊

奈良県教育委員会 1986b「矢部遺跡」『奈良県史跡名勝天然記念物調査報告』第 49 冊

奈良県教育委員会 1987「能峠遺跡群（Ⅱ）」『奈良県史跡名勝天然記念物調査報告』第 51 冊

奈良県教育委員会 1990『斑鳩藤ノ木古墳　第 1 次調査報告書』奈良県斑鳩町教育委員会

奈良県教育委員会 1993「竜王山古墳群」『奈良県史跡名勝天然記念物調査報告』第 98 冊

奈良県教育委員会 1995『斑鳩藤ノ木古墳　第 2・3 次調査報告書』奈良県斑鳩町教育委員会

奈良県教育委員会 2008「ホケノ山古墳の研究」『奈良県立橿原考古学研究所研究成果』第 10 冊

奈良県県立橿原考古学研究所編 1972『壁画古墳高松塚古墳中間報告』

奈良県明日香村教育委員会 1978『奈良県マルコヤマ古墳発掘調査概報』

奈良県高取町教育委員会 1992「イノヲク古墳群」『高取町文化財調査報告』第 12 冊

奈良県広陵町教育委員会 1987「史跡　牧野古墳」『広陵町文化財調査報告書』第 1 冊

奈良県広陵町教育委員会 2005『巣山古墳調査概報』学生社

奈良国立文化財研究所 1973「坂田寺跡」『飛鳥・藤原宮発掘調査概報』3

奈良国立文化財研究所 1978「飛鳥水落遺跡」『飛鳥・藤原宮発掘調査概報』12

奈良国立文化財研究所 1994「山田寺遺跡」『飛鳥・藤原宮発掘調査概報』20

奈良国立文化財研究所 1995「甘橿岡東麓遺跡」『飛鳥・藤原宮発掘調査概報』25

奈良国立文化財研究所 1960「川原寺発掘調査報告」『奈良国立文化財研究所学報』第 9 冊

奈良国立文化財研究所 1976「飛鳥・藤原宮発掘調査報告書Ⅰ」『奈良国立文化財研究所学報』第 27 冊

奈良国立文化財研究所 1978「飛鳥・藤原宮発掘調査報告書Ⅱ」『奈良国立文化財研究所学報』第 31 冊

奈良国立文化財研究所 1995「飛鳥・藤原宮発掘調査報告書」『奈良国立文化財研究所学報』第 55 冊

（独）奈良文化財研究所 2001「山田寺発掘調査報告書」『奈良国立文化財研究所学報』第 66 冊

（独）奈良文化財研究所 2005「奈良山発掘調査報告書Ⅰ」『奈良国立文化財研究所学報』第 72 刷

（独）奈良文化財研究所 2014「奈良山発掘調査報告書Ⅱ」『奈良国立文化財研究所学報』第 93 冊

（独）奈良文化財研究所 2017「特別史跡高松塚古墳発掘調査報告」『国宝高松塚古墳壁画恒久保存事業報
　　　　　告書』1

濱田耕作・梅原末治 1937「大和島庄石舞台の巨石古墳」『京都帝國大學文學部考古学研究報告』第一四冊

福尾正彦・徳田誠志 1994「畝傍陵墓参考地石室内現況調査報告」『書陵部紀要』第 45 号　宮内庁書陵部

大阪府 1979『大阪府史』第 1 巻

大阪府教育委員会 1957「河内松丘山古墳の調査」『大阪府文化財調査報告書』第 5 輯

大阪府柏原市教育委員会 1996「高井田山古墳」『柏原市文化財概報 1995 ─ Ⅱ』

大阪府高槻市教育委員会 1965「塚脇古墳群」『高槻市文化財調査報告書』第 1 冊

大阪府豊中市教育委員会 1987「摂津豊中大塚古墳」『豊中市文化財調査報告書』第 20 集

大阪府羽曳野市教育委員会 2002「史跡古市古墳群峯ヶ塚古墳後円部発掘調査報告書」『羽曳野市埋蔵文化財調査報告書』第 48 集

大阪府東大阪市教育委員会 1973「山畑古墳群」『東大阪市文化財調査報告書』第 1 集

藤　直幹・井上　薫・北野耕平 1964「河内に於ける古墳の調査」『大阪大学文学部国史研究室研究報告』第一冊

藤　直幹・井上　薫・北野耕平 1967「河内野中古墳の研究」『大阪大学文学部国史研究室研究報告』第二冊

大阪大学稲荷塚古墳発掘調査団 2005「井ノ内稲荷塚古墳の研究」『大阪大学文学研究学科考古学研究報告』第 3 冊

上田　舒・森　浩一 1960「大阪府泉北郡高石町富木車塚古墳」『大阪市立美術館学報』第三冊　大阪市立美術館

北垣一也ほか 1978『高井田横穴群線刻画』和光大学古墳壁画研究会

末永雅雄・嶋田　暁・森　浩一 1954『和泉黄金塚古墳』

田中　琢ほか 1962『船橋Ⅰ・Ⅱ』平安学園

田辺昭三 1966「陶邑古窯跡群Ⅰ」『平安学園創立 90 周年記念研究論集』第 10 号　平安学園

和歌山県教育委員会 1984『鳴滝遺跡発掘調査報告書』

同志社大学文学部文化史学科 1972「井辺八幡山古墳」『同志社大学文学部考古学調査報告』第 5 冊

兵庫県教育委員会 1971「宝塚市長尾山古墳群」『兵庫県埋蔵文化財調査集報』第 1 集

兵庫県宝塚市教育委員会 1975「宝塚市雲雀山古墳群」『宝塚市文化財調査報告書』第 6 集

兵庫県宝塚市教育委員会 1980「長尾山の古墳群調査集報」『宝塚市文化財調査報告書』第 14 集

兵庫県八鹿町教育委員会 1987「箕谷古墳群」『八鹿町文化財調査報告書』第 6 集

近藤義郎編 1991『権現山 51 号墳』権現山 51 号墳刊行会

【西日本】

岡山県 1986「考古資料編」『岡山県史』第 18 巻

岡山県総社市 1987『総社市史』考古資料編

岡山市 1962『岡山市史　古代編』

岡山大学考古学研究室 2001『定東塚・定西塚古墳』北房町教育委員会

近藤義郎 1952『佐良山古墳群の研究』第一冊　岡山大学医学部第 2 解剖学教室内人類考古学教室

近藤義郎 1954『蒜山原四つ塚古墳群』第二冊　岡山大学医学部第 2 解剖学教室内人類考古学教室

近藤義郎編 1960『月の輪古墳』月の輪古墳刊行会

近藤義郎編 1992『楯築弥生墳丘墓の研究』楯築遺跡刊行会

鳥取県埋蔵文化財センター 2018「青谷横木遺跡Ⅰ」『鳥取県埋蔵文化財センター調査報告書』67

島根県教育委員会 1987『出雲岡田山古墳』

島根県古代文化センター 1999『上塩谷築山古墳の研究』島根県教育委員会

島根県古代文化センター 2003「宮山古墳群の研究」『島根県古代文化センター調査研究報告』16

島根県教育委員会 1972『仲仙寺古墳群』

島根県古代文化センター 2009『古代出雲における玉作の研究』島根県教育委員会

島根県出雲市教育委員会 1988『史跡今市大念寺古墳保存修理事業報告書』

島根県出雲市教育委員会 2012「中村 1 号墳」『出雲市の文化財報告』15

島根県安来市教育委員会 1999「荒島古墳群発掘調査報告書」『安来市埋蔵文化財調査報告書』第 27 集

小林行雄・佐原　眞 1964『紫雲出』香川県詫間町文化財保護委員会

大分市教育委員会 1982「古宮古墳」『大分市埋蔵文化財発掘調査報告』第 4 集

大分県教育委員会 1995『大分の装飾古墳』

梅原末治・小林行雄 1939「筑前嘉穂郡王塚装飾古墳」『京都帝國大學文學部考古学研究報告』第十五冊

福岡県 1925「上津荒木浦山古墳」『福岡県史蹟天然記念物調査報告書』第 1 輯

福岡県 1935「筑前王塚古墳」『福岡県史蹟天然記念物調査報告書』第 11 輯

福岡県 1937「筑後石人山古墳」『福岡県史蹟天然記念物調査報告書』第 12 輯

福岡県頴田町教育委員会 1984「鹿毛馬神籠石」『頴田町文化財調査報告書』第 1 集

福岡県久留米市教育委員会 1994『久留米市史』第 12 巻資料編

福岡県桂川町教育委員会 1994『王塚古墳―発掘調査および保存整備報告』

福岡県吉井町史教育委員会 1990「重定古墳・塚花塚古墳」『吉井町文化財調査報告書』第 10 集

福岡県田主丸町教育委員会 1984「田主丸古墳群」『田主丸町文化財調査報告書』第 1 集

福岡県田主丸町教育委員会 1996「西舘古墳」『田主丸町文化財調査報告書』第 6 集

福岡県田主丸町教育委員会 2001「寺徳古墳」『田主丸町文化財調査報告書』第 18 集

福岡県広川町教育委員会 1994「弘化谷古墳」『広川町文化財調査報告書』

福岡県福岡市教育委員会 2004「西新町遺跡」『福岡市埋蔵文化財調査報告書』第 375 集

福岡県吉井町史編纂委員会 1977「珍敷塚古墳・鳥船塚古墳」『吉井町史』吉井町教育委員会

福岡県吉井町史教育委員会 1989「若宮古墳群 II」『吉井町文化財調査報告書』第 4 集

福岡県若宮町町教育委員会 1996『竹原古墳保存修理事業概要報告』

福岡大学 1998「国史跡五郎山古墳」『筑紫野市文化財調査報告書』第 57 集

佐賀県鳥栖市教育委員会 2010「田代太田古墳」『鳥栖市文化財調査報告書』第 81 集

熊本県宇土市教育委員会 1978「向野田古墳」『宇土市埋蔵文化財調査報告書』第 2 集

熊本県 1922「玉名江田船山古墳調査報告」『熊本県史蹟名勝天然記念物調査報告』第 1 冊

熊本県教育委員会 1984「熊本県装飾古墳総合調査報告書」『熊本県文化財調査報告書』第 68 集

濱田耕作・梅原末治 1917「肥後に於ける装飾のある古墳および横穴」『京都帝國大學文學部考古学研究報
　　　　　　　　告』第一冊

濱田耕作・梅原末治 1919「九州に於ける装飾のある古墳」『京都帝國大學文學部考古学研究報告』第三冊

大韓民国

大韓民国文化財管理局 1974『武寧王陵』

慶尚大學校博物館 1990「陝川　玉田古墳群 II」『慶尚大學博物館調査報告』第 6 輯

池内　宏・梅原末治 1938「舞踊塚」『通溝』下　日満文化協會

資料集など

第 10 回三県シンポジウム 1989『東日本における横穴式石室の受容』千曲川水系古代文化研究所・北武蔵
　　　　　　　　古代文化研究会・群馬県考古学研究所

水戸市立博物館 1990『装飾古墳』

福島県立博物館 1992『図説　福島の古墳』

日本考古学協会 1993『研究発表資料集』1993 度　新潟大会

福島県立博物館 1994『会津大塚山古墳の時代』

近藤義郎編 1994『前方後円墳集成』東北・関東編　山川出版社

日本考古学協会 1995『研究発表資料集』20104 度　茨城大会

大阪府立近つ飛鳥博物館 1996『金の大刀と銀の大刀』大阪府立近つ飛鳥博物館図録 9

古代の土器研究会 1997『7 世紀の土器』第 5 回シンポジウム資料

盛岡市教育委員会 1999「蕨手刀集成」『文化財資料集』第 2 集

古代の土器研究会 1999『飛鳥・白鳳の瓦と土器』第 7 回シンポジウム資料

茨城県考古協会 1999『茨城県における弥生時代研究の到達点』十王町教育委員会

埋蔵文化財研究大会福島県実行委員会 2000『東日本弥生時代後期の土器編年』第 9 回東日本埋蔵文化財
研究大会資料

埋蔵文化財研究会九州国立博物館誘致推進本部 編 2002 『装飾古墳の展開』第 1 回埋蔵文化財研究会

日本考古学協会 2004『研究発表資料集』2004 年度　福島大会実行委員会

新潟県考古学会 編 2005『新潟県における高地性集落の解体と古墳の出現』研究会資料

（独）奈良文化財研究所 編 2005『地方官衙と寺院』研究会資料

鯖江市教育委員会 2009『方形周溝墓の埋葬原理Ⅱ』シンポジウム資料

日本考古学協会 2017『研究発表資料集』2017 年度　宮崎大会実行委員会

索 引

〈研究者〉
【あ】

■ 著者紹介 ──────────────

福島 雅儀 （ふくしま　まさよし）

1954 年、京都府生まれ。
総合研究大学院大学大学院文化科学研究科
日本歴史専攻　後期博士課程単位取得退学
博士（文学　総合研究大学院大学）

2019 年 5 月 25 日　初版発行 　　　　　　　　　　　　　《検印省略》

北からみた倭国

著　者	福島　雅儀
発行者	宮田　哲男
発行所	株式会社 雄山閣

　　　　　　東京都千代田区富士見 2-6-9
　　　　　　ＴＥＬ　03-3262-3231 ／ ＦＡＸ　03-3262-6938
　　　　　　ＵＲＬ　http://www.yuzankaku.co.jp
　　　　　　e-mail　info@yuzankaku.co.jp
　　　　　　振　替：00130-5-1685

印刷・製本　株式会社ティーケー出版印刷